国家社会科学基金项目

西方妇女史

裔昭印　等著

商　务　印　书　馆

2009年·北京

图书在版编目(CIP)数据

西方妇女史/裔昭印等著. —北京:商务印书馆,2009
ISBN 978-7-100-06674-7

I. 西… II. 裔… III. 妇女史学—西方国家 IV. D441.9

中国版本图书馆 CIP 数据核字(2009)第 082710 号

西 方 妇 女 史

裔昭印 等 著

商 务 印 书 馆 出 版
(北京王府井大街36号 邮政编码 100710)
商 务 印 书 馆 发 行
北京瑞古冠中印刷厂印刷
ISBN 978-7-100-06674-7

2009 年 12 月第 1 版 开本 787×1092 1/16
2009 年 12 月北京第 1 次印刷 印张 37½
定价: 74.00 元

目　录

序　言

在传统史学中，男性一直占据着历史舞台的中央，而广大妇女则被遗忘，成了历史叙述的“失语者”。这不但造成了历史研究题材的狭窄，也导致人们对历史认识的偏差和失误。

人类进入20世纪后，随着马克思主义影响的增强和西方新史学的崛起，史学家的视野不断开阔，研究的领域空前扩大。社会史、家庭史、妇女史、心态史、风俗史、灾荒史等众多领域被开拓出来，以往历史隐蔽着的社会结构、宗教信仰、私人生活、民众心态和性别关系等方面的变迁亦被揭示出来，重构的历史画面变得愈益丰富多彩。与此同时，欧美妇女运动空前发展，取得了令人瞩目的成就。正是在上述背景下，从20世纪60、70年代起，妇女史研究异军突起，蓬勃发展。它以占人口一半的妇女的历史经验为研究对象，大大拓宽了历史研究的领域，丰富了史学的内容，也为历史研究增添了新的视角，促使人们重新审视重要的历史问题，从而对当代史学产生了巨大的影响。

作为一个在史学变革中兴起的新兴学术领域，妇女史十分注意吸取马克思主义史学、西方新史学、后现代主义等不同学派和社会学、心理学、人类学、语言学等不同学科领域的研究成果。在研究对象方面，它把目光对准了全体妇女，在继续研究知名妇女和上层妇女的同时，也开始了对城市和乡村普通妇女的研究。在研究的途径方面，它从孤立地考察妇女状况，或者简单地把妇女的历史活动填入以男性为中心的传统历史中的做法发展到结合男性状况和两性关系来进行研究。在研究的范围方面，它从研究妇女的政治、经济活动、家庭婚姻进一步扩展到她们的宗教、文化活动以及日常生活的方方面面。在研究的分析范畴方面，妇女史最重要成就之一是把社会性别概念引入历史研究之中，并把它用作历史分析的一个基本范畴。

“社会性别”(gender)概念产生于20世纪70年代，它指的是社会文化形成的对男女两性差异和行为特征的理解。1972年，英国社会学家安·奥克利出版了《性别、社会性别和社会》一书，论证了生理上的性别(sex)与心理和文化上的社会性别(gender)之间的差异。[①] 1975 年,美国人类学者盖尔·卢宾发表了《女人交易——性的"政治经济学"初探》一文,提出了"性/社会性别制度"的概念,认为性别制度是导致妇女处于从属地位的根本原因。1976 年,美国历史学家琼·凯利发表了《性别的社会关系》一文,主张把社会性别看作如同阶级和种族一样的一种分析社会制度的基本范畴。[②] 1986 年,美国女性主义史学理论家琼·斯科特在其论文《社会性别:一个有用的历史分析范畴》中指出,社会性别是代表权力关系的主要途径,它成为表示"文化构造"的一种方式,表明社会造就了男女不同的角色分工。[③] 20 世纪 80、90 年代以来,西方妇女史学家注意到了不同妇女群体之间历史经验的差别和妇女主体身份的多元性。与此同时,他们还对生理性别与社会性别的两元对立思维模式提出了挑战,认为男女两性之间生物学上的差别也会随着社会实践的变化而发生变化。总的说来,社会性别概念深刻地揭示了男女两性不平等的社会文化根源,它引起了历史学家,尤其是妇女史学家的重视,促使他们去探索隐藏在社会制度之中的两性关系,撰写包括男女两性历史经验在内的全新的人类发展史。

早在 19 世纪下半叶至 20 世纪上半叶,西方学者就开始了对妇女史的研究。例如,1855 年,法国历史学家米什莱出版的《大革命的妇女》,讲述了法国大革命中妇女的活动与状况。[④] 1931 年,美国学者和社会活动家比尔德撰写的《理解妇女》一书付印出版;1946 年,她又发表了其名著《作为历史中一种力量的妇女》。[⑤] 比尔德在这两本书中以历史学家的眼光,探讨了女性在历史上作出的重要贡献,并分析了法律对妇女地位的影响。当时,妇女史著作的出现与西方女权主义运动兴起密切相关。不过,其研究的理论与方法仍然受到了传统史学的较大束缚。妇女史兴盛近三四十年以来,涌现的著述数以万计,这个时期的研究成果在理论、方法、广度与深度上都有了很大提高。就通史性的西方妇女史著作而言,国外史学界取得了不少成果。美国学者安德森和津泽的两卷本著作《她们自己的历史》(1988 年)以专题的形式描述了西方妇女的发展历程,探讨了妇女社会角色的发展

---

① Ann Oakley, *Sex, Gender and Society*, Maurice Temple Smith Ltd., London, 1972.

② Gayle Rubin, "The Traffic in Women: Notes on the 'Political Economy' of Sex", in Rayna Reiter, ed., *Toward an Anthropology of Women*, Monthly Review Press, New York, 1975, pp. 157-210; Joan Kelly-Gadol, "The Social Relation of Sexes: Methodological Implication of Women's History", *Signs*, 1:4 (1976), pp. 809-823; 这两篇论文的中译本可参见:王政、杜芳琴主编:《社会性别研究选译》,三联书店 1998 年,第 21—100 页。

③ Joan W. Scott, "Gender: A Useful Category of Historical Analysis", *American Historical Review*, Vol. 91, No. 5 (Dec., 1986), pp. 1053-1075.

④ Jules Michelet, *Les Femmes de la Révolution*, Paris: Adolphe Delahays, 1855.

⑤ Mary R. Beard, *On Understanding Women*, New York, 1931; Mary R. Beard, *Women as Force in History*, Collier Books, New York, 1946.

和变化。[1] 由法国学者乔治·杜比和米歇尔·佩洛特任总主编的五卷本著作《西方妇女史》考察了从史前到现代西方女性的历史活动经验，论述了社会性别的建构方式以及它对社会政治、经济和文化生活的组织过程。[2] 美国历史学家布里登特尔等人主编的《变得可见：欧洲历史上的妇女》从1977年起先后出了三版，其中第三版从社会性别、阶级、劳作、法律、文化、宗教等方面对欧洲妇女地位的历史变迁作了较深入的探讨。该书吸取了近年来学术界研究的最新成果，对于在全球化背景下社会政治、经济、文化、宗教的变化与流动对妇女的作用以及各国妇女运动之间的相互渗透与影响进行了研究，并对妇女的性特征及其象征意义作了描述与分析。[3] 此外，美国学者莉莎·卡普里奥和梅丽·维斯娜编纂的史料集《生活与声音》搜集了从古代到当代有关欧洲妇女历史的重要资料，也为人们的相关研究提供了便利条件。[4]

国内对于西方妇女史的研究起步于20世纪80、90年代，兴盛于本世纪初。随着改革开放后中外学术交流的日益加强、高校中研究生培养制度的恢复和史学革新的深入发展，国内史学界开始关注西方妇女史的研究，《历史研究》、《世界历史》、《史学理论研究》等专业刊物上刊登的这方面论文逐渐增加，研究性的著作在艰苦探索的基础上脱颖而出。[5] 由于受到资料等各方面条件的限制，国内对于西方妇女通史的研究状况不尽如人意。除了两本介绍性的书籍——李平的《世界妇女史》(1993年)和李雪季主编的《世界女性历程图说》(1999年)外，尚无总体的西方妇女史研究专著出版。正因为如此，国家社科基金评

---

① Bonnie S. Anderson and Judith P. Zinsser, *A History of Their Own: Women in Europe from Prehistory to the Present*, 2 vols., New York, 1988.

② Georges Duby and Michelle Perrot, gen. eds., *A History of Women in the West*, 5 vols., The Belknap Press of Harvard University Press, 1992-1994.

③ Renate Bridenthal, Susan Mosher Stuard and Merry E. Wiesner, eds., *Becoming Visible: Women in European History*, 3rd ed., Houghton Mifflin Company, 1998.

④ Lisa DiCaprio and Merry E. Wiesner, *Lives and Voices: Sources in European Women's History*, Houghton Mifflin Company, 2001.

⑤ 近年来国内出版的有关西方妇女史的著作主要有：闵冬潮的《国际妇女运动：1789—1989》(河南人民出版社1991年)、马缨的《工业革命与英国妇女》(上海社会科学院出版社1993年)、王政的《女性的崛起：当代美国的女权运动》(当代中国出版社1995年)、裔昭印的《古希腊的妇女——文化视域中的研究》(商务印书馆2001年)、刘文明的《文化变迁中的罗马女性》(湖南人民出版社2001年)与《上帝与女性——传统基督教文化视野中的西方女性》(武汉大学出版社2003年)、陆伟芳的《英国妇女选举权运动》(中国社会科学出版社2004年)、潘迎华的《19世纪英国现代化与女性》(浙江人民出版社2005年)、贺璋瑢的《神光下的西方女性》(中国青年出版社2007年)和王赳的《激进的女权主义——英国妇女社会政治同盟参政运动研究》(上海三联书店2008年)等。这些著作分别从不同的角度或方面对西方妇女的状况进行了专题研究。端木美、周以光、张丽合著的《法国现代化进程中的社会问题：农民·妇女·教育》(中国社会科学出版社2001年)、邢来顺的《德国工业化经济—社会史》(湖北人民出版社2003年)、薄洁萍的《上帝作证——中世纪基督教文化中的婚姻》(学林出版社2005年)、晏绍祥的《荷马社会研究》(上海三联书店2006年)、裔昭印、苏振兴、路光辉的《古希腊人的爱》(中国青年出版社2007年)和黄虚锋的《美国南方转型时期社会生活研究：1877—1920》(上海人民出版社2007年)等著作也以一定的篇幅探讨了有关妇女与性别的问题。

审组的专家们对我们申请的《西方妇女地位的历史变迁》的课题给予了全力的支持。专家们的支持激励着本书的作者们在吸取国外史学界已有研究成果的基础上，以中国学者的独特视角来研究西方妇女史，并从妇女和性别史的角度来重新审视世界历史的发展进程。

本书共分十章。主要内容为从爱琴文明至今的西方妇女发展史，具体包括古代希腊和罗马、中古时代、转型时期、近现代西方各主要国家的不同阶层女性的经济、政治、法律、工作、宗教、家庭婚姻、文化教育等方面的状况。在本书中，我们一方面从纵向的角度对西方妇女的各个历史发展阶段进行了系统的叙述，另一方面又从横向的角度对涉及女性的若干问题进行了深入的专题探讨，以期达到对西方妇女史的整体把握与理解。

从目前掌握的资料来看，爱琴文明时期妇女的地位较高。自荷马时代开始，西方男女两性关系逐渐从伙伴式的合作关系让位于女性从属于男性的不平等关系。这一现象在古风时代日益明显，并在古典时代达到登峰造极的地步。虽然从经济和文化的角度来看，在古典时期达到鼎盛的雅典民主政治的确激发了公民的积极性，促进了雅典经济和文化的繁荣，使之成为全希腊的学校。然而，从妇女史和性别关系的角度来观察，人们不难发现，雅典民主政治仅仅只是占雅典人口少数的男性公民的民主，它把广大妇女、外邦人和奴隶排除在外，而且为了消除男性公民之间的纷争，缓和平民与贵族之间的矛盾，民主政府加强了对妇女的控制和对公民妻子的幽禁，从而使雅典妇女的地位比先前时代更为降低。当然，不同城邦的女性略有不同，如古代斯巴达女性要比雅典女性享有较多的自由，她们的家庭和社会地位也较高。

在希腊化时代和罗马时代，女性的状况出现了一些新的变化。在希腊化时代，女性在公共和私人领域的地位有了较大的提高。无论在政治、经济、法律、婚姻，还是在受教育方面，希腊化时代的女性所享有的权利都超过了此前的时代。在罗马时代，尽管罗马人建立和发展了古代历史上颇为强大、严格和完备的父权家长制度，女性作为男性家长的财产和附属品的地位从来也没有从根本上得到改变，但与希腊妇女相比，罗马的女性有着较多的自由和权利。她们不仅在家庭生活中独当一面，而且还走出家门，出现在战场、市政厅、手工业作坊和她们的异国姊妹所不能涉足的公共场所中，在宗教和社会生活中享受着她们的异国姊妹很少享有的权利。尤其值得一提的是，在西方历史上，是罗马妇女第一次意识到了属于自己的性别权利，并付诸行动，向男权至上的观念挑战。

与古代相比，中世纪西方女性的社会地位并未发生什么根本性的改变。但不可否认的是，在该时期确实也出现了一些新的变化。当然，这与中世纪西方社会文化的变迁是相一致的。

在中世纪时代的早期（公元 5—10 世纪），一种新的西方社会和文化结构得以形成。

它是以基督教文化为核心，并融合日耳曼、罗马因素而形成的。在这一过程中，对女性的观念建构也随之而来。强调女性从属于男性，并应顺从男性，应保持贞洁等的男尊女卑的观念得到重新的确认。与之相适应，女性在公共和私人领域所应遵守的各种规范也逐步建立起来。对女性的歧视和压制这种传统的性别关系也成为整个中世纪西方社会的主流。

至中世纪盛期（公元11—13世纪），尽管传统的性别观念仍然占据主导地位，但是由于该时期社会经济的发展，城市的兴起和繁荣，古典文化的回归和文化的复兴与繁荣，性别关系发生了某些变化。首先，出现了一种强调尊重女性，强调两性平等的思想。在天主教思想界，一些教会人士开始反省传统的神学理论，强调亚当也应当对原罪负责。有的教士甚至认为，女性不仅与男性是平等的，甚至还要优越于男性。同时，在该时期，圣母崇拜也兴盛起来，反映出人们对女性心态的一种变化。在世俗社会中，许多文人学者开始歌颂和赞美女性，其中最引人瞩目的就是行吟诗人所歌颂和传播的典雅之爱。其次，女性（主要是贵族女性）在公共领域的作用增强，其社会和法律地位有所提高，这与贵族骑士大批地参与十字军东征有关。再次，女性的社会作用得到凸现。贵族女性自不待言，而城市和农村的普通女性也积极参与到了社会性劳动之中，对于社会经济发展作出了不可磨灭的贡献。与此同时，女性还推动了该时期文化和教育的发展。总体看来，在中世纪盛期，西方的两性关系发生了一定程度的变化。与前期相比，西方女性在该时期的社会地位有所上升，其作用也有所增强。当然，在中世纪的西方社会，不同地区、不同阶层和不同领域的女性，其社会地位、政治和法律权利、家庭和婚姻、受教育的程度等都存在着较大的差别。

14—18世纪是西方近代化转型时期。在这一时期，资本主义的发展和民族国家的形成使欧洲在社会经济与政治结构方面发生了根本性的变革，经过文艺复兴、宗教改革和科技革命等一系列具有深远影响的革命性事件，欧洲人产生了以人为本、自由、平等的近代思想，西方文化开始了从中世纪向近代的转型。在社会转型时期，西方女性在法律上受到了一定的保护，其财产权在某种程度上获得了承认；她们活跃在不同的劳动领域中，少数上层女性还接受了较高程度的人文主义教育。然而，在此期间也发生了一些极具影响力的恶性事件，如猎巫运动等。可见，西方社会的转型并非像以前我们所认为的那样充满着美好与希望，同时也有一些不和谐之音。

与西方社会转型相适应，社会性别关系的重构当然也在所难免。我们的研究表明，在该时期对两性关系进行重新建构的过程中，人们并没有弱化或打破旧有的男权社会，而是对之进行了重新的确证，其目的是使男性能够全面地控制女性，使她们沿着男性设计的道路前行，由此也就导致了劳伦·斯通所谓的“父权制的强化”之情况的出现。在这种形势下，那种强调女性贞洁、缄默、温顺的传统女性观不仅得以重新流行，而且还得到了进一步的强化。事实上，当时绝大多数的人文主义者和新教改革家仍然固守传统的性别观念。在宗教改革期间，尽管基督教新教教徒和天主教教徒在宗教思想上针锋相对，但他们在歧视女性的态度上却有很大的相似性。在这个时期，在社会经济组织中占主导地位的男性通过各种途径，设法将女性从不同行业和行会中排斥出去或者对之进行最大程度的限制。与此同时，他们还加强了对女性行为规范的控制。所以，在社会转型时期，西方女性的社会地位不仅没有得到什么改善，而且在某些方面还有所退步和下降，社会转型给男性而不是女性提供了更多的发展机会。

英国资产阶级革命、欧洲启蒙运动、美国革命乃至暴风骤雨式的法国大革命风起云涌，一系列波澜壮阔的政治革命和思想启蒙，成为西方步入近代的标志性事件。虽然这些激荡整个社会的巨大政治和思想变革，及其带来的社会政治结构性调整，为女性冲破传统的家庭私生活樊篱，参与政治公共领域事务提供了机遇，事实也表明众多女性投身于革命的洪流之中，并且作出了突出的贡献。但是，政治革命激起的浪花也并未动摇传统的不平等的性别制度，在革命过程中和结束后产生的法律和法规仍然将妇女的平等权利排除在外。在启蒙运动时期，不少启蒙思想家仍然把女性看作是低于男性的二等公民。由此可见，西方妇女在漫长的历史进程中积淀而成的现实地位和观念形象，是一种超稳定的长时段结构，难以为短暂的政治思想革命所彻底撼动。

18 世纪 60 年代发轫于英国的工业革命，既是一场彻底改变社会经济结构和人类生活面貌的变革，也为两性关系发生根本性变化开辟了广阔的道路。在此期间，不可避免地被卷入这一变革潮流里的人类"另一半"的命运也随之发生巨大的沉浮变化：中产阶级妇女从社会生产和劳动领域离开，成为囿限在家庭天地里的"家庭天使"；而广大的下层妇女为了弥补家庭生计的不足，或受雇于工厂、农庄充当产业工人，或进入富裕家庭做女佣。工业革命尽管为广大劳动阶层妇女走出家庭提供了更多的机会，但并没有对她们的社会和家庭地位的变化产生立竿见影的影响。

西方世界工业革命的深入发展，极大地改变了社会结构和人们的观念意识，随之各国的政治民主化运动和社会改革风起云涌。在这股民主化的浪潮中，女权主义思潮也开始萌发。一些女权主义者著书立说，宣传男女平等的思想。至 19 世纪中期，终于引发了波澜壮阔的第一次女权运动。这次女权运动不仅向不平等的性别关系宣战，争取提高女性在公共领域中的地位，也是对西方社会根深蒂固的性别歧视的一次扫荡。

正是在时代变革赋予的机遇下，西方妇女凭借自己的斗争，力争教育的男女平权，获取工作自由、拥有财产以及诸多其他社会政治权利，并将目标直指一种体现男女平等的重要权利——选举权。西方女性的地位和她们的自我意识终于在工业革命后发生了一系列的变化。而与妇女社会地位紧密相联的家庭中的性别关系则变化甚小,男权力图将之规约在家庭的狭隘领地。直到19世纪后期,这种情况仍未有多大程度的改观。

20世纪上半叶的西方世界,经历了前所未有的社会震荡。相继发生的两次世界大战在很大程度上改变了妇女的生存状况。由于正常的社会秩序被打乱,妇女在家庭和社会担负起更为重要的角色。战时劳动力的缺乏所导致的就业真空,使得广大妇女义无反顾地走上了生产第一线,进入昔日为男性所垄断的一些就业领域。而妇女在战争时期的出色表现,也为自身赢得了主流社会的认可乃至赞许,从而促使其自我意识进一步觉醒。但战争并未彻底瓦解男权主导下的西方社会主流价值观。随着战后"常态"的恢复,西方社会对作为"弱者"和"他者"的妇女的偏见与歧视依旧。不过,社会的进步最终还是促使两性关系朝着平等的终极目标逐渐迈进。至20世纪20年代,西方绝大多数国家已经赋予妇女以平等的选举权。女子接受教育的水平普遍提高,就业特别是已婚妇女就业呈上升趋势,而且逐渐形成一个女性白领职业阶层。更为重要的是,20年代的美国和西欧社会还造就了一种以青春、健康、时尚、反传统的面貌出现的"新女性",她们受教育的程度高,有自己的职业,婚姻观也与老辈有别,追求经济独立、职业发展和婚姻家庭的完美结合。毫无疑问,"新女性"的形成离不开消费社会的时代背景、性革命思潮的影响和大众传媒的推波助澜,但也是女性在向传统的男权文化进行挑战过程中的一次自我张扬。

就世界历史的整体发展而言,第二次世界大战无疑是一个具有重大意义的分水岭。而从妇女社会角色方面来考察,第二次世界大战及其引起的社会政治变迁,同样意义非凡。正是由于二战的剧烈冲击,20世纪中叶西方各国妇女的社会地位均有所提高。然而,妇女解放长路漫漫。客观存在的两性生理差异,根深蒂固的性别歧视,占主流地位的父权文化的制约等等,使得女性赢得真正解放、获得真正平等的美好愿望与现实之间存在着较大的反差。于是,在经历了二战后初期的沉寂之后,一场新的女权运动在60、70年代席卷欧美。

20世纪中叶以后,第三次科技革命和工业革命兴起,全球经济一体化的步伐和进程大大加速,人类的社会生产和生活面貌发生新的巨大改观。受其影响,西方妇女受教育的程度、就业水平、经济状况、社会地位有了很大的提高。秉承福利国家政策的西方各国政府,给予了包括女性在内的社会弱势群体以更多的关怀,通过广泛的社会立法进一步改善了妇女的社会法律地位。与此同时,由于受到日趋开放多元的社会思潮的影响和冲击,西方妇女的婚姻观、家庭观、性别观、权利观等等也呈现出新的动向。然而,在当代西方妇女积极跻身政坛和越来越多地投身于社会经济领域的同时,"妇女问题"迄今仍是困扰当代西方社会的重要问题之一。一方面，广大的女性群体对于男权制度文化主宰下的现实生活中无处不在的对女性的显性和隐性歧视极端诟病；另一方面，对于女性"解放"和"权利"诉求的途径、内涵及其尺度等等，不仅作为一个群体的广大女性本身难以达成共识，而且男性社会也存在诸多认识上的分歧。于是，有关妇女的一系列问题及其改进措施，大至男女平权和性别歧视，小至家庭暴力和生育权，无不引起社会广泛的关注和争议。史实说明，与生产力与科学技术走向现代的历程相比，人的观念，尤其是性别观念的现代化需要更长的时间，男女事实上的平等的实现和两性伙伴关系的确立还有很长的路要走。

本书是国内史学界对西方妇女通史研究的初次尝试，是10多名学者花了在整整7年的时间里通力合作、潜心研究的结晶。在资料的运用方面，我们既注重对原始资料的发掘和解读，也注重对现代西方学者研究成果的吸收和利用。具体而言，我们所运用的原始资料包括各个历史时代作家们的相关著作、公私档案、法律文件、宗教文件以及相关的文学与图像资料等等。在研究近现代英美、法国和德国等西方主要国家的妇女史时，我们也尽量利用了相关的英文、法文和德文等文献资料。为此，我们花了大量的精力搜集与整理国内现有的资料，并从国外购买了许多相关的书籍。与此同时，我们还注意吸取西方学者在妇女与性别史研究方面的最新成果，努力把学术研究的严谨性与前沿性结合起来，并力图通过对丰富翔实的史料的梳理和研究，得出自己独特的见解。

在研究的理论和方法方面，我们在历史唯物主义的指导下，广泛运用历史学、社会学、女性学、宗教学和心理学等学科的理论和方法来研究西方妇女史，在宏观的背景下，对个案做深入细致的分析。本书的研究具有以下几个特点：第一，强调从文化与社会性别的视角来阐述与分析妇女境况和两性关系的变迁。我们认为，妇女的地位和性别差异主要是社会文化的产物，是多种文化因素综合作用的结果。当然，这里所说的文化是一个广义的范畴，也就是经济、政治、法律、意识、宗教、语言、社会制度、人们的行为模式和风俗习惯等多种因素的综合。例如，我们从分析古罗马社会的家长制特征着手，阐述了罗马妇女的宗教地位；从文化的角度探讨了中世纪西方典雅之爱的特点及其社会影响，对这种带有文学景观的爱情观念的社会意义进行了详尽的分析，从而得出了一些与众不同的结论。第二，在借鉴西方学者有关公共领域与私人领域理论的基础上，我们深入研究了家庭劳动与社会性劳动之区分对于女性地位的影响与作用。在对古希腊、文艺复兴和近代等不同历史时期的西方妇女进行研究时，我们分别从公共生活和家庭私人生活等不同领域和活动空间对她们的地位进行了探讨。第三，在考察西方妇女总体状况时，也注意到了她们之间的差异，并尽力关注下层女性。针对西方妇女史和社会性别研究中有时出现的将妇女地位问题简单化的倾向，我们在研究中注意探讨西方妇女在不同历史阶段、不同国家和地区以及不同领域中地位的差异，并对不同妇女群体分别进行研究。例如，我们对围绕雅典男性的不同类型的女性、对中世纪的贵族妇女、修女、寡妇和工业革命时期的中产阶级妇女与女工等不同群体与阶层的妇女分别进行了研究。在现有资料的基础上，我们对女奴、妓女、女佣、女巫、女工等西方社会历史上的下层和边缘女性的状况进行了考察。第四，在研究的领域方面也有所拓展。例如，我们对以往国内妇女史研究基本未涉及的女性身体观、女同性恋、女巫等问题进行了较深入的探讨，从而丰富了妇女史研究的内容。第五，从妇女史角度的探索，使我们注意到不少被传统的历史研究所忽略的问题，并展开了对一些重要历史问题的反思。我们的研究表明，雅典民主政治有其局限性，在一定的程度上，它的发展是以牺牲妇女的利益为代价的。欧洲文艺复兴运动对人的发现主要是对男性价值的肯定，倡导宗教改革的新教教徒的妇女观与天主教教徒有惊人的相似之处。一些宣传"天赋人权"的启蒙思想家依然歧视女性。以"自由"、"平等"、"博爱"为旗帜的法国大革命虽然沉重地打击了封建等级制度，却没有触及不平等的性别制度。工业革命时期西方妇女的状况告诉人们，妇女的地位并不会自然而然地随着科学与技术的发展而同步提高。这些研究成果将有助于我们修正对于重要历史问题和历史分期的看法，更加全面地理解西方社会的历史和文化，认识到全面实现人与道德伦理规范现代化的艰巨性。总之，探讨历史问题不能忽视占人口一半的妇女的历史经验，历史学家应当用男女两性的双重视角来重新审视人类的过去。

对整个西方妇女史作梳理绝非易事，本书仍有一些不尽如人意之处。例如，在对古希腊城邦妇女进行研究时，我们的资料主要局限于雅典和斯巴达这两个城邦。又如，尽管我们注意到对下层女性的研究，限于历史上对这些人的记载十分有限，我们对她们的探讨还是很不够的。我们真诚地希望借本书出版的机会，广泛地听取意见，以把研究进一步深入进行下去。

第一章　古代希腊的女性

西方文明源于古希腊，其思想遗产构成了现代西方精神文明成果的重要基础。同样，古希腊女性史也是西方女性史的源头，古希腊人对待女性的态度及其他们的性别观念对后来西方人的女性观念及社会性别观念产生了深刻的影响。因此，对西方女性史的研究亦如对西方文明史的研究一样，也应当从古希腊开始。

古希腊是西方文明的源头，而爱琴文明则是古希腊文明的源头。但令人遗憾的是，这一时期遗留下来的资料甚少，而有关女性的资料则更少。不过，许多学者认为，在克里特文明中女性的地位要比后来的希腊女性高得多，两性关系的模式是伙伴式的合作关系。至于迈锡尼文明，我们没有更多的证据证明在这个时期女性的地位比克里特时代有所下降，但是，在艺术上，那种女性占主导的现象不复存在。

荷马时代是希腊由野蛮向文明过渡的历史时期。荷马史诗——《伊利亚特》和《奥德赛》反映了当时贵族、平民、奴隶等不同阶层女性的状况和性别关系。在这个时期，希腊的政治权力掌握在王族手中，家庭和政治、私人领域和公共领域的界限还不是那么严格。虽然，当时已经出现了女主内、男主外的性别分工，男性的统治地位也已经初步确立，但是在男性缺席的情况下，女性也可以暂时代替他们履行一些原本属于男性的职责。同时，母权制的影响仍然存在，女性的地位较之后来时代要高。荷马社会的阶级分化已经十分突出，由于资料的限制，我们更多了解到的是以王室为代表的贵族阶级的女性状况，而对下层女性的处境则了解较少。

古风时代是希腊城邦形成和初步发展的时期。在这一时期，希腊世界形成了几百个城邦。这些城邦大都是以一个城市为中心结合周围的农村而形成的，因此，它们保持着小国寡民的规模。不过，它们却是一个个独立而互不相属的政治单位，是独立的城市国家。随着城邦的形成和发展，平民与贵族之间的矛盾日趋尖锐，家庭与城邦的关系也越来越紧密。与此同时，希腊社会的性别关系和女性生活状况也发生了变化，其中一个最大的变化在于，与女性相关的风俗和法律随着城邦的发展而不断走向成熟，并对古典时代的女性观及女性地位产生了影响。女性终生都要在父亲、丈夫、儿子的监护下生活，成为男性的附庸。

在古典时代，随着城邦制度的日趋完善，以男性公民为主体的城邦公共领域与以女性为主体的家庭私人领域的对立格局也逐步形成。于是，女性对公共事务的影响进一步减弱，甚至完全被排除在城邦政治生活之外，她们在社会和家庭中的地位普遍降低。当然，古代希腊城邦繁多，不同城邦的女性状况及人们的性别观念也有所不同。由于我们掌握的相关资料主要是有关古代斯巴达（多利亚人的城邦）和雅典（爱奥尼亚人的城邦）的情况，所以我们对古希腊世界女性的考察，主要是以这两个城邦的女性作为代表来进行。

雅典城邦具有两个重要的特征：它既是一个逐渐实现民主制的男性公民集体，也是一个排外的以血缘关系为纽带的宗教祭祀团体。前者决定了雅典女性被排除在城邦公共生活之外，她们不仅被剥夺了政治和法律权利，而且在婚姻和财产继承上也受人支配；后者则使得在延续家庭和城邦之香火过程中不可或缺的女性又被包括在城邦共同体之内，城邦允许她们参与城邦公共宗教活动，并对她们采取了一些保护措施。但总体来看，雅典女性屈从于男性的这一现实并未因之而改变。

与雅典的女性相比，古代斯巴达女性享有较多的自由，她们的家庭和社会地位也较高。在经济上，斯巴达女性享有较大的经济权力，她们能够真正拥有、继承和处置自己的财产；在教育方面，她们能够像男性一样进行体育锻炼，也会接受一定的文化教育；在政治方面，她们还能对公共政策施以影响。斯巴达女性地位之所以较高，这一方面与斯巴达的财产分割和继承制度有关，另一方面则与该城邦的军事共同体特征密切相关。前者使得她们凭着自己的经济实力能够在家庭和城邦事务中拥有较多的发言权和主动权，后者则使得城邦将男性致力于保卫疆土和女性致力于生育公民战士置于同等重要的地位，这就弱化了男性在家庭中的作用，淡化了女性的贞节观念，从而使女性获得受教育的机会，并获得较多的户外活动的自由。当然，我们必须看到斯巴达妇女仍然屈从于男性统治的现实，不能将她们所享有的较高地位理想化。

在希腊化时代，希腊女性的状况发生了很大的变化，其突出特点就是，与古典时代相比，她们在公共和私人领域的权利和地位有了较大的提高。无论是在政治、经济、法律、婚姻，还是在受教育方面，希腊化时代的女性所享有的权利都超过了此前的时代。而这一变化则是由于当时的社会文化环境造成的，它是在东西方文化的交汇融合、女性经济权利的增长、城邦体制的衰弱、古典价值观念的式微和新的哲学伦理观念的兴起等因素的相互作用下而发生的。

值得注意的是，我们所研究的古希腊女性并非铁板一块，而是相当复杂的。首先，不同城邦女性的地位存在着差异。就雅典城邦而言，女性受到越来越多的束缚，其地位一步步降低，并最终沦为男性的附庸；而在斯巴达，女性则获得了较多的自由和权利。其次，即便在同一城邦内部，不同阶级和阶层女性的社会地位和生活状况也有所不同。城邦的上层女公民和下层女公民有所不同，城邦的女公民和外邦女性、女奴亦有所不同，即便是作为社会底层的妓女内部也存在差异。此外，古希腊人的妇女观也是有差异的，具有尊重妇女和歧视妇女两种不同的性别文化传统，但后者在古希腊社会中占主导地位。

一、爱琴文明时代的女性

爱琴文明存在的时间大约从公元前3000年—前1100年。克里特和迈锡尼先后成为爱琴文明的中心，故该文明又被称作克里特—迈锡尼文明。因为相关的资料极其匮乏，加之克里特时期的文字——线形文字A至今未能成功解读，使得我们对爱琴文明时期的妇女生活状况以及当时人们的妇女观了解甚少，所以我们只能根据出土的雕像、壁画和遗迹对希腊远古时代女性的社会和生活状况作一粗略的介绍。

1. 克里特社会中的女性

宗教在古代社会中占据重要地位，克里特文明也不例外。克里特所有的艺术手段都深深扎根于无处不在的宗教之中。[①] 在克里特的宗教中，女性扮演着十分重要的角色。这一方面体现在人们对女神的崇拜上；另一方面也表现在女祭司在宗教祭祀中所起的作用上。

女神崇拜是克里特文明的显著特征。在克里特宗教中，女性神祇占据比较重要的位置。大女神是至高无上的，她不仅主宰着自然万物，而且还掌控着社会生活。据说，大女神这一名称的含义可能是"迷宫的女主人"、"迷宫的女王"或"迷宫女神"，双面斧是她的象征。[②] 另外一位女神大母神也受到广泛的崇拜。她象征着超凡的生殖能力，保护农业丰产，人丁兴旺。克里特的家神也是一位女神——蛇女神。克里特人认为蛇是友善的，可以保护他们的家宅。鸽女神是丰产女神，同时她也具有家神的特点，可以保护家庭。此外，狩猎女神、树女神等也受到广泛的崇拜。与女神的繁盛相反，在克里特，男性神祇很少，人们崇拜的男神主要是海神波塞冬。

在克里特，女祭司受到人们的尊崇。在克诺索斯的米诺斯王宫（又称"迷宫"）出土的"大看台壁画"中，我们可以看到成群的男女观众坐在看台上的场景。画面中央的10位高

---

① 里安·艾斯勒：《圣杯与剑——男女之间的战争》，程志民译，社会科学文献出版社1995年，第44页。

② Rodney Castleden, *The Knossos Labyrinth*, Routledge, 1990, p. 107.

贵女士可能是主持大型宗教庆典活动的高级女祭司。她们衣着华丽,形象远比旁边的人高大。[①]“迷宫”中的“列队行进壁画”描绘了行进中的拜神队伍,壁画中大概有上百个人物,但大多都残缺不全。人群编列成两队,相向而行。队列中的人长发飘飘,佩戴着耳环、项链、手镯和脚环,身着短袖束腰外衣,外衣长至膝盖,手中拿着花瓶或乐器。中央有一位女子头上蒙着面纱,面纱垂到脚部,她站在那里接受列队行进的人们的祭拜。人们推断,这位女子可能是女神或扮演女神的女祭司。[②]伊文思根据女祭司的显赫地位得出结论:女性在这个时期具有较高的地位。但他同时又推断,在“迷宫”中有一位男性祭司王。卡斯特勒登对伊文思的这一推断提出异议,他认为,祭司王的形象不是男性,而是女性,不管是在克诺索斯的女神祭祀还是其他神祇的祭祀中,强大的女祭司才是真正的主角。[③]

此外,从米诺斯王宫的壁画中我们还可以看出,女子可以观看各种仪式或表演。在“大看台壁画”中人们可以发现女性观众。此外,名为“观礼图”的壁画上描绘的也是一群打扮时髦的妇女正围在看台四周观礼的场面。无论从她们的发型,还是从其穿戴的服饰上来看,这群3600年前的米诺斯女士足以同现代最时髦的女郎相媲美。无怪乎发现此壁画的学者们称她们为“巴黎女郎”了。[④]

至于女性能不能参加斗牛仪式,现在学界还存在分歧。“迷宫”中的“公牛跳跃壁画”刻画了三位年轻人与公牛搏斗的场面,有的学者根据画面上斗牛者肤色的差别,判断参加斗牛仪式的有男性,也有女性。按照米诺斯壁画的通例,两性的区别,除了服装、体形和发式等特征外,主要体现在肤色上。男性由于在室外活动多,受阳光照晒多,肤色较深,因而在壁画中其肤色表现为红褐色;女性在室内活动多,受太阳照晒较少,肤色相对较浅,故在壁画中其肤色被涂成浅白色。但是,近来有学者对女性参加斗牛仪式的真实性提出了质疑。[⑤]

值得注意的是,有证据表明当时社会出现了性别分工,男性主要从事农业活动,而女性则主要从事纺织工作。例如,在瓶画“收获者”上,描绘了携带着各种各样农业工具的众多男性形象。在宫城里的某些区域,人们发现了妇女们从事纺织所使用的纺织机的遗迹。[⑥]

---

① 王以欣:《寻找迷宫——神话·考古与米诺文明》,天津人民出版社2000年,第189、379页。

② 同上书,第189页。

③ Rodney Castleden, *The Knossos Labyrinth*, pp. 113-115.

④ 裔昭印主编:《世界文化史》,华东师范大学出版社2000年,第78页。

⑤ 王以欣:《寻找迷宫——神话·考古与米诺文明》,第381页。

⑥ Bonnie S. Anderson and Judith P. Zinsser, *A History of Their Own: Women in Europe from Prehistory to the Present*, vol. 1, p. 7.

在克里特文明的鼎盛时期，它形成了以宫殿为中心的文明，宫殿的建筑成为该文明在这个时期的重要特征，这些建筑表现出克里特人爱好和平的特点。一位学者指出，克里特的建筑颇具特色，以其宏伟的石台阶、柱廊和辉煌的宴会厅著称的克诺索斯宫殿是米诺斯文化的典型，它注重的是设有御座的觐见大厅和寝宫的美学意义而不是纪念意义，也许这正表现了文化史学家杰奎塔·霍克斯所谓的克里特建筑的"女性精神"。[①]

克里特艺术形象中女性占重要比例，可能也是受到其宗教中女性崇拜的影响。研究表明：在克里特所发现的103个小雕像中，37.3%是女性，9.2%为男性，40.7%分不清性别，12.8%因为残缺不全而无法确认其性别。[②] 因此，有的学者认为，这说明克里特时期的统治者是女性而不是男性。霍克斯评论道："假设米诺斯王位的占有者可能一直是女王的理由之一是，在文化发展的这个时期和这个阶段，在克里特的米诺斯艺术中，几乎普遍地没有表现万能的男性统治的艺术品。"[③]当然，这一推论是否成立还有待发掘更确切的证据。

从宗教崇拜和艺术上来看，女性在克里特文明中占有重要地位。这也使得许多学者认定克里特处于人类社会的母系社会阶段。但是，对于人类社会发展中是否存在母系社会阶段，学界仍无定论。在我们看来，不管人们依据克里特文化的女性特征而断言它是母系社会，还是据之而断言它是母系社会风俗的残余，至少有一点是可以肯定的：与以后历史时期的希腊女性地位相比，克里特时代的女性比较受重视，地位也相对高一些。

2. 迈锡尼社会中的女性

我们对迈锡尼文明中女性的生活和社会状况的了解并不比克里特文明更确切。虽然迈锡尼时代的文字已经被解读，但是我们所获得的该时期的实物和文字资料也不能十分清楚地反映当时社会中的女性状况。

与克里特文明的那种喜好充裕、优雅、平和的生活不同，迈锡尼文明崇尚武力、冒险和奢华的生活。迈锡尼出土的物品中对女性的描绘不多，那里出土的唯一的一件描绘女性生活的小象牙雕像大约创作于公元前1500年。该雕像描绘了两位妇女和一个男孩，两名妇女比膝而坐，其中一名妇女的胳膊放在另一个的肩膀上，她们穿着相同，身着做工精美的褶裙，戴着精细的项链。一个妇女是长发，另一个则较短。小男孩站在她们中间，所有

① 里安·艾斯勒：《圣杯与剑——男女之间的战争》，程志民译，第47页。

② Bonnie S. Anderson and Judith P. Zinsser, *A History of Their Own: Women in Europe from Prehistory to the Present*, vol. 1, p. 8.

③ 里安·艾斯勒：《圣杯与剑——男女之间的战争》，程志民译，第51页。

的人物形象看起来充满温柔、安详之感。但这两个妇女代表的是人还是神，这个雕像所表达的意境到底是什么，都还不能确定。女性艺术形象的缺乏与克里特的情况形成鲜明对比，这似乎说明了，至少在艺术作品中，女性不再是关注的中心。在文字材料方面，已经解读的一些迈锡尼碑铭表明，在王宫中，男性和女性服役者的比例大致相等，在宗教人员中也同样有女祭司。有的学者据此断定，在迈锡尼时代，女性与男性享有同等地位。[①]

综上所述，从艺术和宗教方面来看，在克里特文明中，女性形象较多，女性崇拜比较明显，女祭司享有很高的社会地位。虽然在这一文明中，出现了男女性别分工，但是并没有出现男女活动领域的过度分隔，女性可以与男性一同观礼，甚至可能会参加各种宗教仪式。迈锡尼文化以尚武为特征，我们没有更多的证据证明在这个时期女性的地位比克里特时代有所下降，但是，在艺术上，那种女性占主导的现象不复存在。总之，由于资料的匮乏，我们对爱琴文明时代女性生活状况和社会地位的分析还停留在推测上，因此还有待学术界作进一步的研究。

二、荷马时代的女性

荷马史诗是我们了解荷马时代希腊社会和历史的主要文字资料。[②] 荷马史诗由《伊利亚特》和《奥德赛》两部史诗组成，前者描绘了特洛伊战争的恢弘场面，后者叙述了希腊英雄返回故乡的曲折经历。虽然史诗所描述的都是以男性为主题的事件，但是妇女也以各种不同的角色出现在故事情节里，人们可以从中窥见这一时期男女两性之间的关系，以及当时希腊人对女性的看法和态度。柏拉图曾经说过：荷马“教育了整个希腊”。[③] 荷马史诗是古希腊教育的重要内容，其中所蕴含的伦理思想深深地影响了古希腊人。当然，史诗中所表达的女性观和性别观也成为后来希腊人女性观和性别观的肇始。

妇女的生活状况及两性关系的变化与当时社会文化的发展与变化密切相关。荷马时代是希腊世界由野蛮向文明过渡的时期，其社会经济和政治全面地呈现出过渡的特征。

---

① Bonnie S. Anderson and Judith P. Zinsser, *A History of Their Own: Women in Europe from Prehistory to the Present*, vol. 1, p. 7.

② 关于荷马史诗所反映的年代，学者们看法不一。在国外学术界，芬利认为荷马史诗反映了公元前10—前9世纪希腊社会的情况，而罗斯则主张史诗描述了公元前8世纪希腊的社会现实。在国内学术界，黄洋认为，史诗反映了公元前9—前8世纪的希腊社会生活；晏绍祥提出，史诗的核心内容是以公元前10—前8世纪的希腊世界为基础的。对于这个问题的讨论可参见：M. I. Finley, *The World of Odysseus*, Pimlico, 1999, p. 48；黄洋：《古代希腊土地制度研究》，复旦大学出版社1995年，第23页；晏绍祥：《荷马社会研究》，上海三联书店2006年，第23—49页。

③ Plato, *Republic*, 606e. 本书在运用古典史料时，主要依据《洛布古典丛书》，也参考和引用了部分中文译著，并在引用中文译著时注明了出处。

土地所有制正在由公有制向私有制过渡，氏族制度解体，出现了贵族和平民的分化，城邦制度开始萌芽，家庭和家族则是社会的基本单位。

与这种过渡时期的特征相对应，荷马社会的两性关系也处于转变时期。一方面，父权制已经产生，女性日益屈从于男性；另一方面，母权制的影响依然存在，女性在社会和家庭事务中仍发挥一定的作用。这种社会特征在荷马史诗所表达的女性观中有着充分的体现：它一方面强调男性的权威，另一方面又承认女性的社会作用；一方面尊重女性，另一方面又厌恶女性。

1. 男性权威下的女性

荷马史诗强调了男性的统治权威。不言而喻，史诗所描述的主要是有关男人的故事，妇女只是依附于男性的角色，只有当她与男性发生某种联系时，她才能够出现和存在。但是，史诗中妇女的状况也不是完全一样的，不同阶级、不同身份的女性的地位也存在着差别。正如帕特森所言，"《奥德赛》是一个女神、公主和女王的世界，但也是一个侍女、妾和家奴的世界。"[①]

荷马史诗中的女性大都以妻子和母亲的身份出现，这本身就体现了女性所处的依附地位。在《奥德赛》第21卷中，帕尼罗佩的儿子特雷马科斯阻止母亲进一步参与或亲眼目睹这场决定性的比武，并告诉母亲说："在这个家里我是权威。"[②]更值得注意的是，荷马史诗对杀死母亲为父亲报仇的奥瑞斯提斯表示钦佩，并称赞说："儿子确实报了父仇，阿开亚人会到处传播他的美名，后代人将知道他的事迹。"[③]从这个杀母替父报仇的故事里，我们看到的是父子的姻亲关系战胜了母子之情。这表明史诗赞成男性居于主宰地位的立场。

赫克托尔的妻子安德洛玛刻害怕自己的丈夫战死沙场，劝他不要再回到战场上。她对赫克托尔提起自己的父母和七位兄弟都死了时说："赫克托尔，你既是我体贴入微的丈夫，又是我的父亲，我尊贵的母亲和我的兄弟。可怜可怜我吧，请你留在城墙内，不要让你的孩子成为孤儿，让你的妻子成为寡妇。"[④]由此可以看出，安德洛玛刻所具有的是女儿、妻子、母亲的身份。她的存在取决于与男性的关系，离开了男性她几乎就无法存在。

虽然荷马社会中的妇女生活于男性的统治之下，但是与后来的古典时代的妇女，特别是与雅典的妇女相比，她们的状况要好一些。荷马时代的妇女还没有与男性社会隔绝，如

---

① Cynthia B. Patterson, *The Family in Greek History*, Harvard University Press, 1998, p. 64.

② Homer, *The Odyssey*, XXI, 353.

③ Homer, *The Odyssey*, III, 203-204.

④ Homer, *Iliad*, VI, 429-430.

安德洛玛刻和海伦可以自由地在特洛伊大街上行走。此外，阿喀琉斯的盾牌还展示了家庭妇女站在门口观看婚礼，妇女帮助防御城市的画面。[①] 在荷马社会，有的妇女甚至具有较大的权力和影响。史诗中提到的阿瑞塔就是个很有能力的女人，她"调解争端，甚至男人的争端她都能解决"。[②] 瑙西卡公主和雅典娜都给奥德修斯提建议，如果他想在宫殿中留下好印象的话，他必须绕过坐在朝中宝座上的国王，而直接去见坐在灶边纺线的王后："只要你能博得我母亲的喜悦和欢心，那时你便有希望见到自己的亲人，回到故乡的土地上。"[③]并不是所有的妇女都有如此境遇，妾和女奴的地位远不如令人尊敬的妻子。

女奴被看作是财产，任凭主人处置。《伊利亚特》的开篇是阿喀琉斯之怒，而阿喀琉斯之所以愤怒，是因为阿伽门农夺走了他的战利品——一位名叫布里塞伊丝的女奴。[④] 于是，阿喀琉斯退出战争，由于他的缺席，希腊人遭到了特洛伊人的重创。后来，阿伽门农向阿喀琉斯求和，他表示愿意交出布里塞伊斯，并送很多"礼物"——三角鼎、大锅、金子、马匹以及7名被俘的累斯博斯妇女给阿喀琉斯，来表示诚意。[⑤] 在这里，布里塞伊斯只是被当作战利品分给阿喀琉斯，并作为财产在两个男人之间抢来抢去。女奴的生死也由她们的主人决定。奥德修斯家中的12名女奴只因对主人"不够恭顺"，而被活活吊死。[⑥] 女奴有时会成为主人的妾，她们不但要满足主人的性需要，而且要照顾主人的日常生活。她们的地位很不稳固，一旦主人对她们感到厌倦，就难以逃脱被卖掉的命运。

2. 婚姻生活中的两性关系

在荷马时代，希腊女性还有一定的地位，两性关系也没有后来时代那么紧张。一般说来，婚姻被看作是美好的事情，夫妻之爱受到重视。荷马赞美男女结合的婚姻和夫妻之间的恩爱关系，强调婚姻和家庭对于男性和女性的重要性。奥德修斯曾向公主瑙西卡说，世间再没有比两个人结为夫妻，拥有一个和睦的家庭更好的事情了。[⑦] 在史诗中，荷马细腻而生动地描述了赫克托尔对自己美丽的妻子安德洛玛刻的爱和怜惜，他为妻子将来所要遭受的痛苦而悲痛。他认为妻子的不幸给他带来的痛苦要超过他所有的亲人。他对妻子说：

---

① Homer, *Iliad*, XVIII, 495-496; 514-515.

② Homer, *The Odyssey*, VII, 74.

③ Homer, *The Odyssey*, VI, 313-315; VII, 75-77.

④ Homer, *Iliad*, IX, 344.

⑤ Homer, *Iliad*, IX, 119-135.

⑥ Homer, *The Odyssey*, XXII, 465-473.

⑦ Homer, *The Odyssey*, VI, 182-184.

然而，特洛伊将来的结局，还不至于使我难受得痛心疾首，
即便是赫卡贝或是国王普里阿摩斯的不幸，
即便是兄弟们的悲惨，他们人数众多，作战勇敢，
我知道他们将死在敌人手里，和地上的泥土做伴。
最使我难以忍受的，是想到你的痛苦：
你将流着泪被某个披铜甲的阿开亚人带走，
强行夺去你的自由。[①]

由此可见，赫克托尔对妻子的爱与怜惜超过了他对父母和兄弟的感情，夫妻之爱上升到家庭关系的首位。

奥德修斯和帕尼罗佩也是史诗中描写的一对恩爱夫妻。前者坚毅顽强，抱定回归家园的信念，后者忠贞不渝，千方百计与求婚者周旋。史诗提到，当婚床的秘密被揭穿后，帕尼罗佩确信眼前之人就是自己日思夜想的丈夫奥德修斯时，与丈夫紧紧拥抱，而后上床"享受性爱的愉悦，领略谈话的欢畅，诉说各自的既往"。[②] 这两个例子说明，当时夫妻之间可能存在真切的感情。

在这个时期，婚姻生活中的性别不平等已经出现，男主外、女主内的两性分工模式已被社会普遍接受。荷马史诗肯定了劳动的性别分工和男女不同领域的划分。按照史诗的说法，妇女的主要职责在家里，纺织、料理家务，而外出谋生和打仗则是男人的事情。当然，在荷马时代，政治权力掌握在王族手中，家庭和政治、私人和公共领域的界限不是很严格。因此，在丈夫不在时，王族妇女能够行使一定的政治权力。[③] 在一定的场合下，王族妇女会对丈夫的军事、政治行动提出建议。不过，这会使丈夫感到自己的妻子超出了自己的职责范围。在《伊利亚特》中，赫克托尔的妻子安德洛玛刻请求他为了妻儿不要再去作战，并对丈夫的军事行动提出建议："叫你的人马停留在野无花果树旁边，那个城段防守最弱，敌人最容易攻上城垣。"[④]虽然她出于对丈夫的爱而大胆陈词，但不符合男性对女性的角色期望，所以她的丈夫立刻忠告说：

你且回到家里，照料你的家务，

---

① Homer, *Iliad*, VI, 448-455. 译文见荷马：《伊利亚特》，陈中梅译，花城出版社 1994 年，第 148—149 页。

② Homer, *The Odyssey*, XXIII, 300-302. 译文见荷马：《奥德赛》，陈中梅译，花城出版社 1994 年，第 433—434 页。

③ Sue Blundell, *Women in Ancient Greece*, Harvard University Press, 1995, p. 57.

④ Homer, *Iliad*, VI, 434-436.

看管织布机和卷线杆，打仗的事，男人管
每个生长在伊利昂的男人管，尤其是我。①

在《奥德赛》中，特雷马科斯两次对帕尼罗佩说，让她回去操持自己的纺织和监督女仆的活计，而把辩议和摆弓弄箭这样的事留给男人去做。② 如果细心阅读荷马史诗，我们会发现，它总是用"白臂膀"来形容女神或女人，在荷马的笔下，男人的皮肤则是铜色的，这无疑是对荷马时代性别分工和男女活动领域分离情况的反映。

随着私有制的发展，荷马时代的希腊人开始关注女性的性贞洁，这从另一个侧面反映了当时女性在婚姻生活中所处的从属地位。荷马史诗对于男女两性提出了不同的性道德标准，男性享有性自由，女性则应当保持贞洁。从史诗中我们得知，特洛伊战争结束后，奥德修斯在海上遇到风浪，滞留异乡。在这期间，奥德修斯可以与别的女子寻欢作乐，而帕尼罗佩则表现出对丈夫的忠贞。在《奥德赛》中，希腊联军的统帅阿伽门农可以常常拥有女奴侍妾。他被克吕泰美斯特拉和埃葵斯托斯谋害后，荷马让他的亡魂严厉谴责自己那位不贞洁的妻子：

可见没有什么比女人更狠毒、更无耻，
她心里会谋划出如此恶劣的暴行，
就像她谋划了如此骇人听闻的罪恶，
杀死自己高贵的丈夫。
我原以为会如意地见到自己的孩子们和众奴仆，
幸得返家园。
她犯下如此严重的罪行，
既玷污了她自己，也玷污了后世的温柔的妇女们，
即使有人行为善良。③

荷马时代的希腊人虽然注意女性的性贞洁，但要求还不算严格。在史诗中，荷马除了对与人通奸并谋害自己丈夫的克吕泰美斯特拉表示义愤之外，对失去贞洁的女性没有过分批评。他提到过两个女孩有了非婚生的孩子，声称是神使她们怀了孕，因而未指责她

① Homer, *Iliad*, VI, 490-493. 译文见荷马：《伊利亚特》，罗念生、王焕生译，人民文学出版社 1997 年，第 167 页。
② Homer, *The Odyssey*, I, 356-359; XXI, 350-353.
③ Homer, *The Odyssey*, XI, 427-434. 译文见荷马：《奥德赛》，罗念生、王焕生译，人民文学出版社 1997 年，第 236 页。

们。后来，她们与英雄结婚，还收到了难以计数的聘礼。[①] 墨涅劳斯在与特洛伊人对阵时，仅仅是对拐走海伦的帕里斯表示愤慨，而未对海伦的不忠进行过谴责。在特洛伊被占领之时，墨涅劳斯也没有对海伦进行报复。反而又与她结合在一起，共度幸福的婚姻生活。荷马的性道德观念实际上体现了荷马时代这个过渡阶段希腊人的伦理特征。

3.《荷马史诗》中的女神与女战士

荷马史诗提到了不少女神，神话作为社会意识形态的一种形式是对社会存在的反映。透过荷马史诗对女神形象的塑造，我们可以分析荷马社会的性别关系和当时希腊人的妇女观。根据荷马史诗的描述，参加特洛伊战争的男人不仅有英雄和凡人，还有神。于是，女性在史诗中便以女人和女神形象出现。然而，不管是女神还是女人，都摆脱不了男性的权威。

天后赫拉，是神和凡人的统治者，具有强大的能量和权力，与她的丈夫一样，她也能呼风唤雨，主宰乌云、风暴、闪电和雷霆，赐予人间雨水和收成。她还是司婚姻与夫妻恩爱的女神，负责保护妇女。但是她的权威来自哪里呢？从根本上讲，她的权威来自她丈夫——宙斯。用阿佛洛狄忒的话来说，如果一名女神躺在“宙斯的怀里”，那么对她就一定要尊敬，“因为，他是我们中间最伟大的”。[②] 虽然赫拉可以对宙斯表达自己的不满，甚至可以扰乱和惩罚宙斯的滥情，但是事实却总是在提醒她，宙斯才是天王，她的权限不可能超过他所允许的范围。在特洛伊战争中，赫拉站在希腊人一边，与特洛伊人作对。当她看到希腊英雄连连失利，受到重创之时，便与爱情之神阿佛洛狄忒和睡眠之神许普诺斯(Hypnus)联手，诱使宙斯与她同床合欢，进入酣睡之境，致使战局发生变化，特洛伊人溃败逃窜。[③] 然而，当宙斯从睡梦中醒来，发现真相之后，勃然大怒，对着赫拉破口大骂，提醒她注意自己那至高无上的权力：

赫拉，坏东西，这又是你的恶毒诡计，
使神样的赫克托尔停战，使特洛伊人溃退。
只是不知道，我要是为此用霹雳打击你，
你是不是第一个品尝搞阴谋的恶果！
或者你忘了我一次怎样把你吊起来，

---

① Homer, *Iliad*, XVI, 175-192.
② Homer, *Iliad*, XIV, 213.
③ Homer, *Iliad*, XIV, 160-360.

把两个铁砧挂在你脚上，
手上捆了根永远挣不断的金链子？
你吊在太空和云气里，
众神来到高耸的奥林波斯，
又不敢上前解脱……。[①]

神情沮丧的赫拉只能俯首遵从宙斯的命令，并对所有的神祇说："我们都是傻瓜，试图和宙斯作对，简直是昏了头！"[②]赫拉的故事表明了男权的强大，即使是这位在史诗中贵为天后的女神仍然处于最高男神——宙斯的统治之下。

不过，荷马史诗对女性还比较宽容，它对传说中的阿玛宗人（Amazones）的描述并无贬义。阿玛宗人是希腊神话中尚武善战的女战士，她们离开男子而居，进行被希腊人视为一般只有男性才进行的活动——打猎、耕种和打仗。据说，阿玛宗人为了便于拉弓射箭，将女孩右乳烙去，因而有人把"阿玛宗"解释为"无乳者"。有人认为，她们生活在安纳托利亚北部，或者是东方的"蛮族世界"。在公元前480年之后的阿提卡瓶画中，她们时常穿着波斯服装。[③] 虽然历史上没有确凿的证据证实这个妇女社会的存在，但希腊的文学、艺术和史学作品都描绘过她们的事迹。雅典卫城和帕特嫩神庙的中楣上刻着阿玛宗人的形象，人们认为她们在公元前1200年左右包围过雅典。[④] 希腊神话提到：赫拉克勒斯拿走了阿玛宗人女王希波吕忒的宝腰带；忒修斯拐走了阿玛宗人女王安提俄珀，并同她结了婚；支援特洛伊人的阿玛宗女王彭忒西勒死于阿喀琉斯之手。[⑤] 希罗多德在《历史》中详细叙述了阿玛宗妇女与斯奇提亚人结合的有趣过程，把他们描写成撒乌罗玛泰伊人的祖先。[⑥] 荷马在《伊利亚特》中两次提到了阿玛宗人，认为她们可以与男人匹敌。[⑦] 在史诗中，他对阿玛宗人颠覆妇女在现实生活中的角色的行为没有流露出任何指责之意，这与后来一些古希腊作家和演说家对阿玛宗女战士所持的谴责态度形成了鲜明对比。

总之，在荷马史诗所反映的时代，一方面男性统治已初步确立，女性处于屈从的地位；另一方面，母权制仍有一定的影响，妇女的地位与后来时代相比还算比较高。也正是这种

① Homer, *Iliad*, XV, 14-23. 译文见荷马：《伊利亚特》，罗念生、王焕生译，第378—379页。

② Homer, *Iliad*, XV, 104.

③ M. R. Lefkowitz, *Women in Greek Myth*, London, 1986, p. 20.

④ Bonnie S. Anderson and Judith P. Zinsser, *A History of Their Own: Women in Europe from Prehistory to the Present*, vol. 1, p. 55.

⑤ 鲍特文尼克等编著：《神话辞典》，黄鸿森、温乃铮译，商务印书馆1985年，第26页。

⑥ Herodotus, *Histories*, IV, 110-117.

⑦ Homer, *Iliad*, III, 189; VI, 186.

社会现实使得荷马史诗的女性观具有矛盾性：一方面赞美和尊重女性，另一方面则轻视和厌恶女性。

三、古风时代的诗人与女性

在古风时代（公元前8—前6世纪），希腊城邦制度形成，希腊人开始了大殖民活动，他们的社会制度、生活方式等都因之而发生了重大变化。以城市为中心的生活方式逐步替代以农村为中心的生活方式，贵族与平民之间的矛盾日益尖锐，人们的个人主义倾向增强。与此同时，希腊人口增长迅速，妇女在人口繁衍中的重要性在一定程度上受到削弱，她们的家庭和社会地位也有所变化。在这样的社会背景下，希腊人的女性观产生了分化：有人厌恶女性，把她们看作是祸水；有人赞美女性，歌颂男女之间纯真的爱情，这可以从该时代的诗歌当中反映出来。在古风时代晚期，希腊世界还出现了用法律、法规对女性行为进行规范的现象，这些法律、法规同样有助于我们对当时女性状况的了解。

1. 厌恶女性的诗人——赫西俄德和塞蒙尼德斯

古风时代是希腊诗歌创作的鼎盛期，因此诗歌在社会文化中占有重要的位置。该时期出现了一批抒情诗人，他们开始用诗歌抒发个人的感情，描写自己的遭遇。可以说，这是古风时代个人主义精神在诗歌创造中的鲜明体现。诗人，特别是占绝大多数的男性诗人，通过他们的诗歌告诉我们那个时代人们对于女性的看法，而这些诗歌中一个常见的主题就是对女性的谴责。

赫西俄德是公元前8世纪著名的希腊诗人。在他的诗中，有一种厌恶妇女的强烈倾向。他出生于中希腊彼奥提亚的一个农民家庭，他的父亲原是小亚细亚爱奥尼亚殖民地库麦城人，种田之外常常驾船出海从事海上贸易，后来为贫穷所迫，迁到希腊大陆彼奥提亚的阿斯克拉村，他厌恶女性的倾向可能与其艰难的生存状况有关。

赫西俄德认为妇女是祸水，他在《神谱》和《工作与时日》中都表达了这种思想。在《工作与时日》中，他提到，神创造第一个女人——潘多拉——就是为了让她给人类带来灾难。她来到人世并揭开装满灾难的盒盖之后，“其他一万种不幸已漫游人间。不幸遍布大地，覆盖海洋。疾病夜以继日地流行，悄无声息地把灾害带给人类。”[1]赫西俄德把潘多拉一

① Hesiod, *Works and Days*, 53-104. 译文见赫西俄德：《工作与时日·神谱》，张竹明、蒋平译，商务印书馆1996年，第2—4页。

类的娇气女人比作游手好闲的雄蜂。"就像有顶盖的蜂箱里的工蜂供养的雄蜂一样——工蜂白天里从早到晚采花酿蜜，为储满白色蜂房而忙碌不停，雄蜂却整天呆在蜂巢里坐享别的蜜蜂的劳动成果——在高空发出雷电的宙斯也把女人变成凡人的祸害，成为性本恶者。"[①]字里行间透露出他对于女性深深的厌恶和敌视。

赫西俄德厌恶妇女的观念说明，在当时社会的经济生产中，女性的重要性下降。对于家庭来说，妇女的意义就在于为家庭生育男性继承人。而在人口大量繁衍的情况下，妇女的这一作用则打了折扣，女性以及她所生育的继承人之外的多余子女都成为家庭的负担。赫西俄德对于婚姻的看法也反映了这一点。

与荷马不同，赫西俄德对婚姻的看法是消极和悲观的。在他看来，结婚是一种无奈。他认为婚姻是宙斯给人类制造的第二个灾难，"如果有谁想独身和逃避女人引起的悲苦，有谁不愿结婚，到了可怕的晚年就不会有人供养他；尽管他活着的时候不缺少生活资料，然而等他死了，亲戚们就会来分割他的遗产。如果一个人选择了结婚，并且娶了一个称心如意的妻子，那么对于这个男人来说，恶就会不断地和善作斗争；因为如果他不巧生了个淘气的孩子，他就会下半辈子烦恼痛苦得没完没了。"[②]在这里，赫西俄德描绘了一幅可怕的婚姻图景，毫无荷马所形容的那种浪漫而又和谐的气氛。在赫西俄德看来，考虑到生产，一个妻子比不上一个女奴，"首先，弄到一所房屋、一个女人和一头耕牛。女人，我是说女奴而不是妻子。"[③]对他而言，妻子善于欺骗丈夫。他告诫男人：千万不要让淫荡的妇女用甜言蜜语蒙骗了你，她们目光盯着你的粮仓，信任女人就是信赖骗子。[④]

值得注意的是，赫西俄德在《神谱》中讲述了希腊神话中雅典娜诞生的故事。他告诉人们，雅典娜的母亲是墨提斯，当她就要生雅典娜时，宙斯因害怕即将出生的孩子比自己更强大，便听从乌兰诺斯和该亚的忠告，设法把墨提斯吞进了自己肚里，于是便从自己的头脑里生出了雅典娜。[⑤] 正因为雅典娜是宙斯所生，所以她在神话中总是以手持神盾、身挂铠甲、头戴战盔、全副武装的形象出现，并且拥有一般女神所没有的力量和智慧。这个故事的涵义在于，它将妇女专司的生育职能也剥夺了，它反映了在希腊古风时代，妇女的价值在不少男性眼中进一步降低。

公元前7世纪希腊短长格诗人塞蒙尼德斯（Semonides）对妇女也抱着十分厌恶的态

---

① Hesiod, *Theogony*, 590-600. 译文见赫西俄德:《工作与时日·神谱》，张竹明、蒋平译，第44页。

② Hesiod, *Theogony*, 601-612. 译文见赫西俄德:《工作与时日·神谱》，张竹明、蒋平译，第44—45页。

③ Hesiod, *Works and Days*, 405-406.

④ Hesiod, *Works and Days*, 373-375.

⑤ Hesiod, *Theogony*, 886-926.

度。他在一首诗中,对妇女进行了辛辣的讽刺:

> 最初,宙斯就使妇女的心智各不相同。
> 当长毛的母猪在泥中打滚,摇摇摆摆地在地上走动的时候,
> 他依照其性情造成了一种女人,
> 家中的一切肮脏杂乱,
> 她从不洗澡,整天坐着无所事事,
> 她穿着脏衣服一副狼狈样,变得越来越胖。
> 宙斯依照邪恶的狐狸的性情造成了另一种女人,
> 一种诡计多端的狡猾女人——她不会错过一件事,
> 无论是好是坏。她所言之事有时也令人愉快,
> 更多的时候则令人讨厌,她的情绪不断地改变。
> 下一种女人,宙斯按照狗的性情造成,灵活机智,像其母亲一样淫荡。
> 她想介入人们所谈所做的一切,
> 东奔西跑好奇地打听每一件事,
> 即使没一个人听她唠叨,她也要把它嚷出来……①

他在诗中以形象的比喻告诉人们,宙斯按照肮脏懒惰的母猪、邪恶狡猾的狐狸、灵活淫荡的狗、头脑简单的尘土、喜怒无常的海洋、笨拙固执的驴子、偷鸡摸狗的黄鼠狼、娇生惯养的母马、丑陋调皮的猴子和神圣优雅的蜜蜂的性情塑造了十种不同性格的女人。在他看来,除了像蜜蜂一样辛勤生产的一类妇女之外,其余九种,也就是绝大多数的妇女,都邪恶、可恶。显然,他的诗中充满了对妇女的厌恶和仇恨的情绪。

2. 赞美女性的诗人——阿克曼和萨福

古风时代的诗人并非都歧视和责骂女性,赞扬女性者也不乏其人,其中也包括男性诗人。这些诗人对待女性的态度与赫西俄德和塞蒙尼德斯厌恶女性的思想形成鲜明对照,他们热情地赞美女性和爱情。

阿克曼是斯巴达的著名诗人,他生活于公元前7世纪。阿克曼在他的诗歌中真诚地赞美爱情和妇女。他以简朴清雅的韵律和生动活泼的方言写成了许多俊逸清新的爱情诗

---

① *Greek Lyric*, Simonides, 7.

篇，因而被阿库塔斯认为是希腊爱情诗的创始人。[①] 在一首诗中他写道：

带着令人心酥的欲望，
她的目光比悄然的睡眠还要使我心动，
不知为什么她是那样的甜美。
阿斯蒂梅洛伊莎没有回答我，
她只是手持着花冠，
像闪烁在天空的明亮星星，
又像是缓缓降落的金枝或柔软羽毛……[②]

在这里，虽然我们读到的只是阿克曼诗歌的残篇，但已经可以领略到诗人描写的男女之间纯真爱情那种令人陶醉的意境。阿克曼还以创作优美动人的"巴特尼亚颂歌"(*Partheneian*，即少女合唱颂歌)而著称，它是由未婚少女在笛子的伴奏下进行的正式表演。阿克曼在一首合唱颂歌中热情地赞扬了一些正值豆蔻年华的少女，把她们比作太阳，形容她们的头发像金子般闪烁发亮，跑起来快得像小马一样[③]。戏剧性的颂歌和独特的情调表现了诗人对妇女的真诚热爱。

在古风时代，希腊世界出现了一位杰出女诗人——萨福。她从女性的视角，对女性自身以及她们所追求的爱情进行了真诚的歌颂与赞美。约在公元前612年，萨福出生于累斯博斯岛埃莱索斯的一个富有的土地所有者家庭，但她一生大部分时光都是在该岛的米蒂利尼城度过的。不少人认为，萨福曾和某个叫做凯库拉斯的人结过婚，同他生了一个女儿并以她母亲的名字克勒斯来给她命名。[④] 萨福是当地一个年轻女子团体的核心人物，由于她才华出众，很多少女慕名围聚到她身边，向她学习，这就形成了一个类似学校的团体。[⑤] 萨福把该学校称为"缪司之家"，把来到她身边向她求教的少女称为"hetairae"。在萨福生活的时代，"hetairae"一词并没有妓女的含义，而是"亲密的伴侣"或"知心的朋友"的意思。[⑥] 因此，我们可以把这些向萨福学习的少女称为她的"女伴"或者"学生"。在学

① 吉尔伯特·默雷：《古希腊文学史》，孙席珍等译，上海译文出版社1988年，第104页。

② *Greek Lyric*, Alcman, 3.

③ Sarah. B. Pomeroy, *Goddesses, Whores, Wives and Slaves*, Schocken Books, New York, 1975, p. 55.

④ Marjorie Lightman and Benjamin Lightman, eds., *Biographical Dictionary of Ancient Greek and Roman Women*, New York, 2000, p. 206.

⑤ 参见罗洛译：《萨福抒情诗集》，百花文艺出版社1989年，译序第2—3页。

⑥ Arthur Weigall, *Sappho of Lesbos*, New York, 1932, p. 106.

校里，萨福热心地教授跟随自己的少女学习诗歌、音乐与舞蹈，并与她们一起进行宗教祭祀活动。当然，这所学校的主要作用还是帮助未婚少女完善自我，为她们婚后的生活做好准备。

热情地讴歌爱情是萨福诗篇的重要特征。她以自然清新的诗歌表达情窦初开的少女的内心感受："亲爱的妈妈，我无法再编织下去了，我的心中充满了对一个男孩的期望，你去责怪苗条的阿佛洛狄忒吧！"[①]"像一阵旋风扑击山间的橡树，爱情摇撼着我的心"，"爱情使我得到太阳的光辉和美丽"。[②] 她以质朴真挚的语言描绘出爱情具有的巨大力量：

在我眼里，坐在你对面的男人，就像天神，
他亲密地聆听，你的甜蜜的声音，你的絮语，
那诱人的笑声，使我的心急剧地跳动。
无论何时我注视着你，我都会说不出话来，
我的舌头僵硬了，火焰在我皮肤下面流动，
我什么也看不见了，
我只听见自己的耳鼓在隆隆作响，
浑身汗湿，我的身体在发抖，
我比枯萎的草还要苍白，
那时我已和死相近。[③]

这首热情洋溢的诗篇被后来的诗人多次模仿和引用，成为流芳百世的爱情佳作。有人认为，这首诗表现了萨福的同性恋倾向。坎特瑞拉指出，这首诗歌看上去是萨福写给她所爱慕的一个女孩的，而这个女孩即将忘记她，口吻好像是说给该女孩的未来丈夫听的。[④] 多弗尔认为，这首诗表达了萨福因无力与这名男子竞争而绝望，因害怕失去女孩而担忧。[⑤] 无论怎样，在向自己的女伴或者学生传授知识的过程中，萨福的确与她们产生了深厚的友情乃至爱情。与学生的交谈也激发了萨福的创作热情与思想火花，使她写下了许多令人感动的瑰丽诗篇。这些诗歌塑造了一个个具有完整人格的温柔可爱的女性形

---

① *Greek Lyric*, Sappho, 102.

② *Greek Lyric*, Sappho, 47; 58.

③ *Greek Lyric*, Sappho, 31. 译文见罗洛译，《萨福抒情诗集》，第 51—52 页。

④ Eva Cantarella, *Bisexuality in the Ancient World*, Yale University Press, 1992, p. 80.

⑤ K. J. Dover, *Greek Homosexuality*, Harvard University Press, 1989, pp. 178-179.

象，表现了萨福对女性的理解和尊重。

萨福最爱的学生之一是阿狄司，当阿狄司还是个小女孩时，萨福在自己的诗歌中就表达了对阿狄司的爱慕之情。萨福这样写道：

阿狄司，我很久以前就爱着你。
当时，我仍是花季少女，
而你，还是一个不懂事的小女孩。[①]

从萨福诗歌的字里行间，人们可以体会到她与女弟子之间的深厚感情，欣赏她表达内心感受的卓越才华，这种感情主要是在教学和做伴游玩过程中不断加深的精神爱恋。不可否认，萨福在与她所热爱的女伴交往时也具有性爱的倾向。不过，与排斥异性恋的现代同性恋者不同，古希腊的男女同性恋者一般并不排斥异性恋，也不反对与异性步入婚姻的殿堂。不少学者常把萨福与苏格拉底作比较，认为他们都有同性恋倾向，都在爱的基础上对自己的学生进行教育。的确，在悉心对自己所爱的学生进行教育方面，萨福与苏格拉底有许多共同之处。但在古希腊男权社会中，苏格拉底的性倾向和爱情观受到人们的赞扬。而古希腊人对萨福的评价则经历了一个由褒到贬的过程。在古风和古典时代，不少希腊作家和名人对萨福持欣赏态度，对于她的性倾向则很少在意或者谈及。梭伦十分喜欢萨福的诗歌，表示在学会萨福的一首诗歌后，死也瞑目了[②]。柏拉图十分钦佩萨福的才能，在一首诗中称赞她是"第十位缪斯女神"。[③] 后来，萨福诗歌中的精华日益遭到否定。"累斯博斯岛的女子"甚至变成了"妓女"的代名词。[④] 在某些作家的建构下，萨福诗歌中的性爱欲望被无限夸大，她逐渐被看成是淫荡的女同性恋者的代表。

古风时代诗人的女性观之所以存在着如此大的差异，可能与他们的社会地位和家庭境况有关。阶级和贫富差距使不同阶层的人的生活和生存状况出现了差别，女性对于家庭和经济的作用也不尽相同，从而导致人们对待女性的态度也出现了差异。在这个时期，城邦形成并逐步发展，不同城邦的社会状况和它们各自不同的文化传统也影响了人们对女性的态度，因此不同城邦中人们的女性观念及女性地位也有所不同。总体来说，诗歌反映出古风时代妇女地位已经下降。文学作品中对阿瑞塔这样强大女性的赞颂逐渐消失，

---

① Arthur Weigall, *Sappho of Lesbos*, p. 111.
② *Greek Lyric*, Sappho, 10.
③ Plato, *Phaedrus*, 235c; Arthur Weigall, *Sappho of Lesbos*, p. 2.
④ 利奇德：《古希腊风化史》，杜之、常鸣译，辽宁教育出版社 2000 年，第 363 页。

妇女是祸水的观念流行起来，这说明妇女形象在意识形态中被贬低。然而，从萨福的文学成就以及塞蒙尼德斯对像狗一样东奔西跑的女性的指责来判断，这个时期妇女还有较多的活动自由。

除了诗歌之外，法律也是反映这个时期妇女地位变化的有力证据。在古风时代晚期，为了维护城邦和家庭的利益，一些城邦制定了有关妇女的法律。在雅典，梭伦的立法明显具有压制女性的倾向。公元前594年，梭伦当选为雅典执政官。他上台后颁布了不少涉及妇女的法令，对妇女在出行、节庆、丧葬、嫁妆和饮食等方面的行为规范作了十分具体的规定。他提出，妇女外出的时候，穿的衣服不许超过3件，所带饮食的价值不许超过1奥波尔……。妇女不得夜行，除非是坐在四轮车上，在车前挂灯照路。① 梭伦是雅典民主政治的奠基者，他和后来古典时代雅典民主政府的统治者所采取的这一类针对妇女的措施，目的在于制止奢侈和放纵，防止贵族借婚礼、葬礼等机会炫耀自己的财富，消除男性公民之间的纷争，巩固民主政体的基础。然而，这些法令却使妇女的行动自由逐步受到限制。对于古希腊妇女的法律地位，将在下文中作详细的分析。

四、古典时代的女性

在古典时代(公元前5—前4世纪前期)，希腊社会的经济、政治与文化空前繁荣，民主政治在雅典等城邦获得极大发展。然而，民主政治的发展并没有给妇女带来好处，反而让她们为之付出更多的代价。为了缓和日益尖锐的平民和贵族之间的矛盾，某些城邦甚至加强了对妇女的控制。当时大多数希腊妇女在法律、政治和经济上没有权力，在婚姻家庭中受父权和夫权的支配，在身体上也被医学家和哲学家轻视。当然，由于各城邦的文化传统不同，其妇女地位和性别关系也呈现出各自的特点。

1. 雅典的妇女

消极公民　雅典是爱奥尼亚人建立的城邦，其妇女地位是古典学界所关注的一个热点问题。对此，学者们各执己见，莫衷一是。概括起来有三种意见。第一种意见认为，雅典妇女受到歧视并且处于东方式的被隔绝的生活状态之中。持这种观点的学者以赖特为代表，在1923年出版的一本书中，他把希腊社会特别是雅典毁灭的原因归结为对妇女和奴隶这两个集团实行压迫的结果。第二种意见认为，雅典的妇女受到尊敬，其境况绝不比

---

① Plutarch, *Solon*, 21, 4.

以后时代的妇女差。1925年,戈梅发表论文,表示雅典妇女既没有受到歧视,也没有被隔绝在闺阁之中,他的意见得到了许多学者的支持。第三种意见认为,虽然雅典妇女被束缚在家中,但她们受到尊敬,并作为女主人而主管家庭,埃赫伦伯格和拉塞都持这一观点。[①]拉塞在1968年出版的著名著作《古典希腊的家庭》中指出,要注意雅典妇女隐居地位的积极方面,它能够保护妇女免受无耻男人的侵害,并使她们享有现代已婚妇女都没有享受到的经济保障。[②] 在本节中,我们打算由分析雅典城邦的特征入手,从城邦的公共生活和私人家庭生活两个不同的层面对雅典妇女的状况作一探讨。

雅典城邦既是一个逐渐实行了民主制的公民集体,又是一个排外的以血缘关系为纽带的宗教祭祀团体,其中,公民集体是它最重要的特征。关于城邦是一个公民集体的本质特征,古代学者早就作过明确的解释。亚里士多德在《政治学》中指出:"城邦的一般含义就是为了要维持自给生活而具有足够人数的一个公民集团","城邦本来是一种社会组织,若干公民集合在一个政治团体以内,就成为一个城邦","公民团体实际上就是城邦制度。"[③]城邦是公民集体,因而公民权对于城邦和个人就具有非常重要的意义。当代历史学家莫里斯对此也作出过精辟的论述,他认为:城邦是一个围绕着公民权概念建立起来的复杂的等级社会,城邦与整个公民团体的平衡把它与其他古代国家区分开来,所有的公民都分享城邦的权利,这样的城邦的最发达形式在经济上完全是建立在动产奴隶制基础之上的,如果公民变成了臣民,他们的共同体也就不再是城邦了。[④] 雅典城邦无疑是这样一个以公民权概念为核心建立起来的公民集体。

更为重要的是,雅典通过梭伦、克利斯提尼和厄菲阿尔特等人的改革和希波战争中扩建海军等一系列事件,逐渐摆脱了贵族的控制,确立了主权在民的民主制度,雅典民主政治在伯里克利时代达到鼎盛,全体公民成了城邦的主人。在这种情况下,雅典的公民权显得格外重要。

那么,妇女是否有公民权呢?众所周知,雅典公民权与土地所有权具有密切的联系。在古代雅典和其他希腊城邦中,公民权与土地占有权是一致的。公民身份是占有土地的前提,而占有土地又是公民身份的基础。占有土地是公民的特权,不管一个外邦人有多富,他也不能购买属于城邦的一小块土地。农民往往由于拥有一小块土地,才有资格成为

---

① Sarah. B. Pomeroy, *Goddesses, Whores, Wives and Slaves*, pp. 58-59.

② K. Lacey, *The Family in Classical Greece*, Cornell University Press, Ithaca, 1968, pp. 174-176.

③ Aristotle, *Politics*, 1275b, 1276b, 1278b. 译文见亚里士多德:《政治学》,吴寿彭译,商务印书馆1983年,第113—129页。

④ I. Morris, "The Early Polis as City and State", in John Rich and Andrew Wallace-Hadrill, *City and Country in the Ancient World*, London and New York, 1992, pp. 26-27.

城邦公民集体的一员。奥斯丁和纳奎特指出，雅典公民和非公民的真正经济区别在于土地所有权。[①] 我们在上文中已经知道，妇女是没有经济自主权的。因此就这一点而言，妇女似乎是不能行使公民权的。此外，雅典公民权还意味着参与管理城邦的政治权力。雅典城邦是一个男性公民的集体，在这种体制下，雅典妇女完全被排除于城邦的政治生活之外，她们既不能在公民大会上发言、投票，也不能参加它的会议，更不能担当民众法庭的陪审员和城邦的管理和行政职务，没有任何积极的政治权力。雅典的一则神话从一个侧面反映了妇女的政治权利的缺失。据说，在阿提卡的第一个国王塞克洛普斯(Cecrops)统治时期，智慧女神雅典娜和海神波塞冬为取得这个地区的庇护权而发生了争执。国王在请教了德尔斐的神谕之后，根据传统习惯召集了男女两性公民参加的公民大会进行表决，男人们投票赞成由波塞冬充任庇护神，而妇女们则支持雅典娜，由于妇女方面多了一票，所以雅典娜获得胜利。这个结果激起了波塞冬的愤怒，他驱使着男人们进行报复。于是从那以后，妇女们就失去了投票的权力，不再被称为雅典人。[②] 神话不仅反映了雅典妇女没有政治权力的社会现实，而且也为这种现实作出了神话学的解释。

有关公民身份的词汇也反映了雅典妇女政治上无权的状况。雅典男性公民被称为politai，但是犯有特别严重罪行的公民被宣布是atimos，这类人被剥夺全部的政治权利，是地位最低的公民。因而atimos也被称为astos，说明他们虽然在身体意义上属于这个城市(astu)，但被排除在公民组织之外。在史料中，女公民politis这个词偶尔也出现过，按照坎塔瑞拉的说法，该词仅仅是在《德摩斯提尼演说集》57・43和59・107两处被提到过。在一般情况下，雅典妇女被称为aste[③]，意为城市妇女，这说明雅典妇女在政治上与被剥夺了权利的犯罪男性公民处于相近的地位。

阿里斯托芬的讽刺喜剧《公民大会妇女》(*Ecclesiazusae*)同样说明了雅典妇女政治上无权的地位。根据该剧情节，雅典妇女对男性的统治感到厌恶，决定接管城邦的政权。在普拉萨戈拉的领导下，她们偷偷穿上了丈夫的服装，戴上假胡须，女扮男装出席公民大会，投票通过法律夺取了政权，把男性从城邦统治中驱逐出去，她们制定了新的政治计划，土地、货币和各种财产将公有，家庭将被废除。[④] 在这里我们看到，雅典妇女是靠女扮男装

---

① M. M. Austin and P. Vidal-Naquet, *Economic and Social History of Ancient Greece: An Introduction*, University of California Press, 1977, pp. 95-96.

② Herodotus, *Histories*, VIII, 55; Georges Duby and Michelle Perrot, gen. eds., *A History of Women in the West*, vol. 1, pp. 460-461.

③ Eva Cantarella, *Pandora's Daughters*, The Johns Hopkins University Press, Raltimore and London, 1987, p. 51, 198.

④ Eva Cantarella, *Pandora's Daughters*, p. 70.

出席公民大会并把城邦政权从男性手中夺过来的，这正说明在当时的社会现实中，雅典妇女不但无权参加公民大会，而且也无权参与对城邦的管理。阿里斯托芬在剧中对雅典妇女进行了讽刺：

我将说明她们是我们的长官，
她们总是以传统的方式用滚开的染料染羊毛，
你永远不会发现她们有所改变……
像从前一样，
她们不停地对她们的丈夫唠叨；
像从前一样，
她们与情人幽会；
像从前一样，
她们狡诈地购买货物；
像从前一样，
她们喜爱纯葡萄酒；
像从前一样，
她们享受性的愉悦。①

他企图说明，一旦女性掌握了政治权力，她们会怎样不合理地采取行动，这反映了当时雅典人对妇女掌握政治权力所持的否定态度。

亚里士多德告诉我们："凡是能够参与城邦官职和光荣（名位）的公民是最尊贵的种类。"②雅典妇女不能担当任何社会公职，当然不是尊贵的公民，也绝不是积极的公民，她们在政治上与外邦人和奴隶一样，都处于被统治的地位。但是，雅典妇女与外邦人、奴隶毕竟是有区别的。有些妇女可能由于男性公民在家中与她们讨论城邦事务，而影响他们的政治决定。有些宗教庆典，例如地母节（Thesmophoria），只有雅典公民的妻子才能参加。在公元前5世纪末，参加地母节可作为一个妇女合法地与一个具有完全公民权的雅典公民结婚的有效证据。妾、女奴、外国人与定居外邦人的妻子和妓女都被排除在这个节日之外。③ 在家庭领域内，她们是高居于奴隶之上的女主人。此外，雅典妇女在法律上还

---

① Aristophanes, *Ecclesiazusae*, 214-228.

② Aristotle, *Politics*, 1278a. 译文见亚里士多德：《政治学》，吴寿彭译，第128页。

③ R. Just, *Women in Athenian Law and Life*, London and New York, 1989, p. 24.

享受到外邦人和奴隶所得不到的一些保护。考虑到妇女在公民再生产上的作用，并按照梭伦的以出生定公民权的标准，[①]我们倾向于把雅典妇女看作是城邦公民，但她们属于没有积极政治权利的“消极公民”。

女性与法律　在法律上，雅典女性和未成年人一样也被看作是没有法律行为能力的人。她们一生都必须处于监护人(kyrios)的监护之下。女性必须通过监护人与法律发生联系。一个女孩的监护人首先是她的父亲，如果其父亲死了，她的同父兄弟或者祖父则是她的监护人。结婚后，她的丈夫便成为她的监护人。如果成为寡妇或者离了婚，她就重新回到她最初的监护人那里。如果她怀了丈夫的孩子，她可以留下，处于她丈夫的继承人保护之下，直到孩子出生。如果带着年幼的儿子寡居，她或许可以选择留在已故丈夫的家中，由为她的儿子指定的监护人行使监护职责，直至她的儿子成年；如果她的儿子已经成年，她可以选择儿子做她的监护人。因此，雅典妇女在法律上永远不能独立。她们不能在法庭上为自己辩护，一切都交由她的监护人代办。妇女提供的有关法律诉讼的证据也由其监护人提交给法庭。[②]

在法律诉讼案件中，对于雅典男性，法官可以直呼其名。而对于女性，则一般根据她们与男性的关系来确定其身份。伊赛俄斯在演说中提到阿波罗多洛斯立的遗嘱说：“他立遗嘱，以备不测。并把他的财产赠与阿切达莫斯的女儿，即他自己的妹妹和我的母亲，假若她与现在成为祭司的拉克雷提德斯结婚的话。”[③]在这里，这位继承财产的雅典女子的身份是按她与几位男性亲属的关系来解释的。在法庭上，这位女子的名字仅是在作为阿波罗多洛斯的财产继承人的情况下被提起，以后再也没有被重复过。法庭上人们对男女不同的称呼和解释方法，充分反映了雅典妇女的依附地位。

雅典妇女没有经济的自主权。妇女不能管理或控制以她们的名义继承的任何财产，甚至是她们从已故丈夫那里得到的钱。妇女也不能从事涉及她们的嫁妆或继承的财物的任何重要的交易活动。[④] 雅典法律规定：“一个未成年人不得立遗嘱。法律特别禁止一个未成年人缔结任何契约，或者一个妇女签订价值1麦斗(medimnos)大麦以上的契约。”[⑤]简森斯估计，一麦斗大麦大概够一个家庭吃五至六天。[⑥] 无论这个数字是否准确，雅典妇

---

① C. Leduc, "Marriage in Ancient Greece", in Georges Duby and Michelle Perrot, gen. eds., *A History of Women in the West*, vol. 1, p. 291.

② R. Just, *Women in Athenian Law and Life*, pp. 26-27; D. M. MacDowell, *The Law in Classical Athens*, London, 1978, p. 84.

③ Isaeus, 9.

④ R. Just, *Women in Athenian Law and Life*, p. 29.

⑤ Isaeus, X, 10.

⑥ R. Just, *Women in Athenian Law and Life*, p. 29.

女在法律上没有处理经济事务的权利则确定无疑。

雅典妇女也没有决定自己的婚姻和选择自己丈夫的权利,对此,妇女很少可以表达自己的意愿。订婚、结婚都是由监护人来操办。订婚是待嫁新娘的监护人和未来新郎之间订立的契约,假若新郎还小,那么,新郎的监护人就会取而代之。在雅典男女公民之间通过契约形式产生的合法婚姻叫做“engue”,通常这个术语被翻译为“许配”或“订婚”。[①] 弗拉塞列雷说,它的字面上的意思是把誓言交到手中,但其含义不仅仅是订婚。[②] 利杜斯认为,“engue”的意思是“一小部分”,它表示父亲把新娘和她的那份财产交到他女婿手里。米南德在《剃了头的妇女》等几个作品中以不同方式重复了以下场景,它可以说明雅典人订婚时的情况:

> 岳父:我把女儿交给你,以生育合法的孩子。
>
> 女婿:我要她了。
>
> 岳父:我还给你三塔兰特的嫁妆。
>
> 女婿:我也接受,非常高兴。[③]

订立婚约的engue只是在待嫁新娘的监护人和未来新郎之间进行,至于将做新娘的女子在订婚时是否在场,是否同意,甚至是否知道要结婚,在法律上是无关紧要的。[④] 婚姻安排是由男人们依据经济和政治考虑而作出的,雅典女性不得不同意与由她们的男性亲属为其挑选的男人结婚。妇女的再婚也由她原来的监护人或前夫、成年的儿子来安排。例如,德摩斯提尼的父亲临终之前,把他的妻子许配给他的朋友阿佛波斯。与此同时,他还把自己的女儿许配给了德摩丰。[⑤]

感情在雅典人的婚姻中并不占据十分重要的位置,他们结婚的目的就是为家庭生育合法的继承人,为城邦生产公民。苏格拉底对他的儿子说过:“我们寻找妻子,她将为我们生育最好的孩子,并使他们结婚供养家庭。”[⑥]在举行婚礼以前,雅典新娘要吃一种带有许多种子的水果,这象征着生殖。[⑦] 一个孩子尤其男孩的出生,被看成是婚姻目标的实现。

---

① R. Just, *Women in Athenian Law and Life*, p. 48.

② R. Flacelière, *Daily Life in Greece at the Time of Pericles*, New York, 1974, p. 60.

③ C. Leduc, “Marriage in Ancient Greece”, in Georges Duby and Michelle Perrot, gen. eds., *A History of Women in the West*, vol. 1, p. 273; Menander, *Perikeiromene*, 1012-1015.

④ D. M. MacDowell, *The Law in Classical Athens*, London, 1978, p. 86.

⑤ R. Just, *Women in Athenian Law and Life*, p. 49.

⑥ Xenophon, *Memorabilia*, II, 4.

⑦ Sarah. B. Pomeroy, *Goddesses, Whores, Wives and Slaves*, p. 64.

把女儿或姊妹嫁给没有生育能力的人，被社会舆论指责为不道德的现象。雅典的法庭演说词提到了一个男性公民允许他的姊妹嫁给一个不能再生育的老人的例子，指责说这是一个旨在取得遗产的恶毒计划。① 仍在生育年龄的寡妇再婚，被认为是正常现象。汤普逊考察了雅典公元前 5—前 4 世纪的婚姻情况，发现史料中提到了五十多件再婚的案例，其中有三十多件是妇女的再婚，②这说明在当时，妇女的再婚能够被人们所接受。

在古代雅典，只有通过订立婚约(engue)的婚姻和与女继承人(epikleroi)的婚姻所生的孩子才是 gensioi，即合法的孩子，其他男女结合方式出生的孩子都是 nothoi，也就是私生子。③ 雅典法律明确规定："被其父亲或同父的兄弟或祖父通过 engue 出嫁的女子将成为合法的妻子，她的孩子将是合法的。"④在梭伦立法时，私生子在家庭缺乏合法子嗣的情况下，也许还有可能成为继承人。不过至少从公元前 403—前 402 年起，或是在公元前 5 世纪的大半个世纪中，私生子被法律完全排除在血缘组织(anchisteia)权力之外，无论是在物质上，还是在精神上，都不能继承他的家庭。⑤ 在这种情况下，通过 engue 结婚的意义增大，雅典妇女越加成为两个家庭之间为了达到生育合法孩子特定目的交换的对象。

也正是因为这一目标，不少雅典人倾向于近亲结婚。父亲愿意把女儿嫁给亲属，如果一个年轻妇女嫁给家族以外的男人，就有可能被人谈论她母亲的道德问题，并对她出身的纯洁性表示怀疑。比较受人欢迎的婚姻是两兄弟的孩子之间或者是叔叔与侄女，舅舅与外甥女之间的婚姻。⑥ 而且，由于雅典社会平民与贵族之间的对立，穷人对富人的袭击，促使两个互相了解和信任的集团之间容易达成一致意见，给亲戚以娶到新娘的优先权。同时，近亲结婚形成的公民之间的亲属关系网也有助于促进城邦的团结。⑦ 因此，雅典妇女的婚姻不仅是生育公民、传宗接代的工具，而且也是巩固家庭财产和稳定城邦的一种途径。

雅典人离婚比较常见，它或者由双方协议离婚，或者因为配偶任何一方的行为而离婚。丈夫与妻子离婚往往是因为妻子无子或者妻子犯了通奸的罪行。由于雅典人婚姻的目的就是生育家庭合法继承人和城邦公民，所以把不育的妻子打发走被认为是理所当然

① Isaeus, VIII, 36.

② W. E. Thompson, "Athenian Marriage Patterns: Remarriage", *California Studies in Classical Antiquity*, 5 (1972), pp. 211-225.

③ R. Just, *Women in Athenian Law and Life*, pp. 44-45.

④ Demosthenes, XLVI, 18.

⑤ R. Just, *Women in Athenian Law and Life*, pp. 53-55.

⑥ C. Leduc, "Marriage in Ancient Greece", in Georges Duby and Michelle Perrot, gen. eds., *A History of Women in the West*, vol. 1, p. 282.

⑦ Sue Blundell, *Women in Ancient Greece*, p. 121.

的事。亚里士多德认为，没有孩子的夫妇比其他人更容易分离。[①] 雅典社会不要求丈夫对妻子保持忠诚，但却要求妻子对丈夫忠诚，法律要求发现妻子与人通奸的丈夫必须与妻子离婚，否则，他就有失去公民权的危险。[②] 若离婚是由丈夫最先提出的，他只需要将妻子从家中打发走，无需进一步的正式手续便解除了婚姻。当妻子希望离婚时情景就不同了。她必须到保护所有无能力者的官员——执政官那里去，交给他一份书面的声明，详细陈述她提出离婚的理由。[③] 麦克道尔认为，这种手续可能是为了给丈夫一个干涉的机会，如果丈夫反对离婚，执政官可能不接受离婚妻子声明。[④] 这种说法是有事实根据的。普鲁塔克告诉我们，在伯罗奔尼撒战争期间，希巴格里特想与当时任雅典统帅的丈夫亚西比德离婚，她离开丈夫的家，搬到其兄弟卡里阿斯那里去住。接着，她向执政官登记离婚，结果在法庭上她被亚西比德抓住，并被强行带回他的家中。[⑤] 此外，如果妇女成为一个女继承人，需要和最近的亲属结婚，她就必须和她的丈夫离婚。因此，在离婚时，妇女也没有多少法律赋予的自主空间。

在雅典法律中，妇女没有处置财产的权利。雅典社会的财产继承制度显示了明显的父权制特征。在财产继承中，男性始终有优先权。雅典家庭的财产继承权首先属于儿子，如果有几个儿子则在他们中间平均分配，因为只有儿子才能使家庭传宗接代并维持家庭的宗教祭祀，女儿出嫁后就不再是家庭的成员，而转祭丈夫的祖先与圣火，因而没有继承权。从雅典的法庭演说中我们得知，一个雅典人在法庭上否认阿里斯塔乔斯会把财产移交他人。"因为，他有一个合法的儿子叫做德摩查里斯，他不会希望这样做，他不可能把财产给任何其他人。"[⑥]这说明，儿子是家庭理所当然的第一继承人，只要有儿子，那么女儿就被排除在继承之外。

没有儿子的雅典男性公民可以收养一个儿子来继承他的财产。城邦也赞同这种行为，法律要求"执政官有责任防止家庭灭绝"。[⑦] 被收养的儿子必须放弃自己出生的家庭的所有继承权，他有权拥有养父的财产，但也有义务为养父及其祖先举行所有的传统仪式。[⑧] 在他继承家庭财产的情况下，女儿与其他亲属也被排除在继承之外。收养儿子的雅典男性公民，可以通过将女儿嫁给养子的方式，来巩固家庭继承。例如，一个叫做波利

---

① Aristotle, *Nicomachean Ethics*, 1162a.

② Demosthenes, LIX, 87.

③ R. Flacelière, *Daily Life in Greece at the Time of Pericles*, pp. 65-70.

④ D. M. MacDowell, *The Law in Classical Athens*, p. 88.

⑤ Plutarch, *Alcibiades*, VIII, 5.

⑥ Isaeus, X, 9-10.

⑦ Iseaus, VII, 29-30.

⑧ Isaeus, IX, 7.

尤克托斯的雅典人，只有两个女儿，没有男孩。他收养了他妻子的兄弟利奥克拉提斯，作为他的家庭继承人，同时把他的一个女儿嫁给了他。[1]

只有当某个家庭没有男性继承人时，女儿才会介入财产继承事宜中。倘若一个雅典男性公民没有合法的亲生儿子和养子，但有一个女儿，这个女儿就被称为"epikleros"。这个词一般被翻译为"女继承人"，实际上，它意味着这个女人附属于家庭财产，这笔财产将随她带给丈夫，并传给他们的孩子。[2] 她并不是真正的财产拥有者，也没有权利处置这笔财产，她只不过是家庭财产传递过程中的媒介。因此，她不是真正意义上的继承人。不过，为了方便起见我们还是按照一般习惯，把它译为"女继承人"。

女继承人必须符合四个要求：(1)女继承人死去的父亲没有合法的儿子可以继承他的财产和地位，如果他有几个女儿，每个女儿都得到他的遗产的相等份额；(2)女继承人的父亲不能是所谓的特提斯(thetes)，也就是财产最少的公民群体中的成员，被选中的女继承人的监护人要么娶她，要么以他自己的资产为她筹备一份嫁妆；(3)女继承人的已故父亲无论是活着的时候或是在他的遗嘱中都没有规定如何处置他的女儿及其财产；(4)女继承人必须是合法出生的，妾的女儿不能成为他的继承人。[3]

女继承人父亲的最亲近男性亲属具有与女继承人结婚的权利与义务。如果女继承人已经结婚，这个人甚至可以强迫她离婚，而把她和她的财产归于自己的权利之下。在《伊赛俄斯演说集》中，一位演说者提到："尽管事实上她们是这样结婚了，如果她们的父亲去世而且没有留给她们合法的兄弟，她们将处于她们的最近亲属的合法控制之下。的确，丈夫们时常就这样被剥夺了他们的妻子。"[4]但如果女继承人已经有了一个儿子，人们就不能强迫她解除婚姻。同女继承人结婚按照顺序，第一个请求者应当是她父亲的兄弟，下一个是他父亲的兄弟的儿子等等。女继承人通过在执政官监督下的裁定(epidikasia)过程，被赐给其父亲的亲属中最有资格的请求者。如果出现互相竞争的请求者，问题由执政官任主席的法庭来解决。[5] 成功的请求者成为女继承人的丈夫和她的监护人，并负责监护女继承人的财产。由这一财产所产生的收入归丈夫所有，他们所生的儿子在成年之时继承外祖父的财产。这就是说，女继承人不仅要为丈夫生育孩子，还肩负着为她自己出生的家庭提供一个继承人的责任。在这场财产继承和婚姻的交易中，女继承人父亲的最近男

---

① Demosthenes, XLI, 1-3.

② Sarah. B. Pomeroy, *Goddesses, Whores, Wives and Slaves*, pp. 60-61.

③ C. Leduc, "Marriage in Ancient Greece", in Georges Duby and Michelle Perrot, gen. eds., *A History of Women in the West*, vol. 1, p. 283.

④ Isaeus, III, 64.

⑤ R. Just, *Women in Athenian Law and Life*, p. 96.

亲属提供了“种子”，得到了在较长时间内控制女继承人财产并获取收益的好处，女继承人的父亲的家庭得以延续。

富有的女继承人会引起其父亲男性亲属的激烈竞争，有些人为了娶女继承人而与自己原来的妻子离婚。根据《德摩斯提尼演说集》我们得知，有一个名叫普罗托马丘斯的雅典男子，本来很穷。他与自己的妻子离婚，为她安排了新的婚姻，他自己则通过再娶一个女继承人，而获得了一大笔财产。① 也有些人为得到女继承人而拼命攻击对手。安多西德斯在公元前400年发表《论秘仪》演说时宣称，为了让他改变与一位富有的女继承人的婚约，人们就对他进行控告诬陷，说他玷污了厄琉西斯秘仪。② 这种以取得财富为目标的婚姻只能使女继承人陷于不幸。由于女继承人的丈夫得到的只是监护和管理妻子父亲财产的权利，等到他们的儿子成年时，他们会继承外祖父的财产，这就必然导致一些贪婪的丈夫不愿让女继承人怀孕生孩子，因携带财产而被追求的女继承人的生活状况可想而知。

虽然妇女在法律上像未成年人一样，没有完全的法律行为能力，但是，妇女——特别是女公民——对于城邦具有重要意义，因此城邦也给予妇女适当的保护。法律对妇女的保护主要表现在对监护人监护职责的规范和监督。雅典法律保护母亲，一个据说是梭伦制定的法令称，要剥夺任何殴打父亲或母亲，或者不能供养父母的人在公民大会上发言的权利。③ 雅典法律给予孤儿、女继承人和怀了丈夫孩子的寡妇特殊的保护，名年执政官负责照看这些人，他有权让侵犯他们的任何人付一定数量的罚金。“埃桑吉利亚”(eisangelia)的诉讼程序被用来控告虐待孤儿或者女继承人的任何人，如果被告是一个虐待这类人的监护人，他就会被剥夺对他们的监护权。④ 这些法律无疑对妇女和儿童具有保护作用，问题是城邦为什么要作出这些法律规定。因为，母亲是雅典公民的养育者；一个父亲去世的男性孤儿成年之后会继承家庭的祭祀和财产，使他父亲的家庭得以延续；一个怀孕的寡妇可能会为已故丈夫的家庭提供一个男性后代；而女继承人所生的儿子会成为外祖父家庭的直接继承人。因此，正像贾斯特所说：“在这一方面，法律关心的是确保财产的正确留传，更加重要的是，通过男性后代承接宗教的权利和义务，而不是对妇女法律上无行为能力的补偿。”⑤

① Demosthenes, LVII, 41.

② Sarah. B. Pomeroy, *Goddesses, Whores, Wives and Slaves*, p. 61.

③ Aeschines, I, 28.

④ R. Just, *Women in Athenian Law and Life*, pp. 30-31.

⑤ R. Just, *Women in Athenian Law and Life*, p. 32.

嫁妆被一些古典史家看作是对雅典妇女的保护伞。雅典习俗要求女子结婚时，父亲或者其他监护人应给她提供一份嫁妆以供她维持生计。一些花瓶绘画描绘了妇女们坐在衣箱上的情景，暗示这些嫁妆归新娘们持有。[①] 嫁妆与给予者的财富成比例，法庭演说词提到的嫁妆大约占给予者财富的 5%到 23%。[②] 当然，在实际生活中由于各种因素的影响，妇女嫁妆占家庭财产的比例肯定会有所不同。

附表：[③]

嫁妆数额与提供者财富的情况

嫁妆提供者	嫁妆接受者	嫁妆提供者的财富	嫁妆数额	嫁妆占提供者的财富百分比	史料出处
父亲	女儿	12 塔兰特	1 塔兰特	8.3	LysiasXXXII 6
收养的兄弟	姊妹	3 塔兰特	1000 德拉克马	5.5	IsaeusIII 49
父亲	女儿	90 米那	第一次 25 米那	27.8	Isaeus VIII 8
			第二次 1000 德拉克马	11.1	
父亲	女儿	14 塔兰特	2 塔兰特	14.2	DemosthenesXXVII 5
兄弟	姊妹	30 塔兰特	1 塔兰特	3.3	DemosthenesXXXI

* 1 塔兰特(talent)相当于 60 米那(mines)，1 米那相当于 100 德拉克马(drachmas)。

嫁妆对于新娘、丈夫和他们的儿子具有不同的作用。新娘是嫁妆的名义上的持有者；丈夫是嫁妆和妻子的监护人，他在签订婚姻协议时承认嫁妆是借贷的，并以自己的土地作保，他负责管理这些财产并获取由它产生的收入，因而是嫁妆的受益者；嫁妆的最终获得者是他们的儿子，因为儿子可以继承母亲的财产。[④]

雅典妇女结婚时以嫁妆为表现形式的财产从其父亲的监护转向其丈夫的监护。在婚姻关系保持期间，嫁妆由丈夫支配，他可以使用本金，但要从嫁妆收入中提取 18%左右来养活妻子。在离婚的情况下，丈夫要将嫁妆归还给前妻的监护人，或者支付 18%的利息。[⑤] 如果她的丈夫死亡，她可以离开丈夫家，带走她的嫁妆。假使她选择留下，而且儿子们达到法定年龄，他们要负起像他们父亲那样的责任，以母亲结婚时带来的财富来赡养她，倘若一个丈夫被发现在浪费他妻子的嫁妆，她或她的监护人可以决定离婚，以挽救剩

---

① Sarah. B. Pomeroy, *Goddesses, Whores, Wives and Slaves*, pp. 62-63.

② Anton Powell, *Athens and Sparta*, London and New York, 1988, p. 347.

③ C. Leduc, "Marriage in Ancient Greece", in Georges Duby and Michelle Perrot, gen. eds., *A History of Women in the West*, vol. 1, p. 280.

④ C. Leduc, "Marriage in Ancient Greece", in Georges Duby and Michelle Perrot, gen. eds., *A History of Women in the West*, vol. 1, p. 275.

⑤ Sarah. B. Pomeroy, *Goddesses, Whores, Wives and Slaves*, p. 63.

余部分。[1] 妇女带回的嫁妆一方面可以维持她的生计，另一方面也为她离异或丧偶后的再婚创造了条件。因此，嫁妆对雅典妇女的确起到一定的保护作用。

接下来，我们探讨嫁妆的实质，以及它所反映的雅典妇女的地位问题。首先，嫁妆是以婚姻为媒介的男性之间的财产转移，雅典妇女只是嫁妆有名无实的持有者。嫁妆是妇女体现其与出生家庭的亲属关系的具体象征，这份财产最初在她的父亲或其他监护人控制之下；订立婚约时，父亲把嫁妆转交给她的丈夫监护，但仍保有离婚时收回嫁妆的权利，丈夫从管理嫁妆中获得收益；最后她的嫁妆由儿子继承。因此，是男性从监护和管理嫁妆中得到好处，由于雅典妇女在法律上没有行为能力，她永远不能真正拥有和掌握这笔财富。

其次，名义上持有嫁妆的雅典妇女被排除在父亲家庭财产继承之外。她得到的嫁妆与兄弟继承的财产相比只占父亲财产的一小部分。“她们的嫁妆在严格意义上来说，不能算继承，因为如果她们的父亲去世，那么她们得到嫁妆要靠兄弟的好意与自尊。”[2]

最后，嫁妆被看成是一笔财富，对妇女的婚姻有一定的保护作用，但是，并不能为妇女带来幸福的婚姻生活。嫁妆成为富人炫耀财富的机会，拥有大笔嫁妆的雅典妇女无疑会吸引许多追随者。但是追逐的目标是那笔财富而不是妇女本身。贫穷人家的女儿有时会由于缺乏嫁妆而嫁不出去。一个法律诉讼案件中的讲演者反问道：“谁会愿意娶一个没有财力还欠国家债的男人的没有嫁妆的女儿呢？”[3]在这种贪财欲望驱使下实现的婚姻，只能酿成雅典妇女的悲剧命运。雅典城邦除了责成名年执政官照看女继承人外，还对她们与丈夫的性生活作了具体规定。根据普鲁塔克的说法，梭伦规定：一个女继承人的丈夫要与她每月至少性交三次，如果她丈夫不能这样做，她有权和她丈夫的最亲近的亲属“在一起。”[4]这无疑是针对想控制女继承人财产又不让她怀孕的贪婪丈夫而采取的措施，对女继承人具有保护作用。但是，梭伦制定这一政策无非是想保证女继承人父亲家庭的延续以及整个城邦公民的繁殖。由于退回嫁妆是一大笔财产损失，这使丈夫不敢轻易地与妻子离婚，但这不等于他们的婚姻生活一定会幸福。

总之，在雅典法律中，妇女没有完全的法律行为能力，她们要通过监护人来行使法律事宜。妇女没有经济自主权利，没有处置财产的权利，没有婚姻的自主权。但另一方面，法律也对妇女采取了一系列保护措施，尽管这些措施对妇女起到了一定的保护作用，不过

---

① Anton Powell, *Athens and Sparta*, p. 347.

② R. Just, *Women in Athenian Law and Life*, p. 89.

③ Demosthenes, LIX, 8.

④ Plutarch, *Solon*, XX, 3.

这并没有带来妇女生活状况和社会地位本质上的变化。

妻子、妾与妓女 在以男性为中心的雅典城邦中，无论是在公共生活还是在私人生活方面，都充分体现着男权特征。围绕在雅典男人周围的妇女主要有三种：妓女(hetairai)、妾(pallakai)和妻子(gynaikes)。正如德摩斯提尼笔下的阿波罗多洛斯所声称的："我们有妓女为我们提供快乐，有妾满足我们的日常需要，而我们的妻子则能够为我们生育合法的子嗣，并且为我们忠实地料理家务。"[①]其中，妻子 gynaikes 的含义在雅典实际生活中是明确的，她们是雅典妇女(astai)，通过订婚与公民结婚，其所生的子嗣是合法的。[②] 对于 hetairai 这个词，历史学家具有不同的解释。贾斯特把它看作是从妓院奴隶女孩到自由富有的高等妓女的职业性服务者的统称，并认为 hetairai 是妓女(prone)的委婉说法。[③] 而波梅罗伊和坦娜希尔则把这个词理解为高等妓女的代名词，[④]我们倾向于后一种解释。妾的含义更是模糊不清，有时一个妇女既是妾又是妓女。例如，被阿波罗多洛斯控告的科林斯妓女尼伊拉就同时具有这两种身份。在贾斯特看来，妾是或多或少与一个男人长久住在一起的任何女人，其监护人没有通过订婚(engue)而把她嫁出，长期与一个男人同居的妓女也可以称为妾。[⑤] 麦克道尔则认为，妾是指一个妇女住在一个男人的家中，与他有性关系，但是没有与他正式结婚。[⑥] 鉴于这种众说纷纭的情况，我们在研究中拟对阿波罗多洛斯讲话中划分三类妇女的方法作一修正和调整，把雅典妇女分为合法的妻子和所有其他妇女两大类。第一类人包括合法的妻子和将会成为合法妻子的妇女在内，她们是受人尊敬的，是雅典男性公民的母亲、妻子、姊妹或者女儿，换句话说，她们是通过或将通过订婚(engue)而结婚的雅典公民妇女，被要求保持性的贞节和忠诚；第二类人包括受人鄙视的妾、家内女奴隶、外邦妇女和妓女在内，是雅典男性自由地进行性利用的对象。[⑦]

首先，我们来讨论第一类妇女，即合法的妻子与她们的丈夫之间的关系。在社会学理论中，男女通过婚姻组成的家庭具有生产和消费、人口再生产、满足性需要和感情交流等诸多功能。[⑧] 雅典公民夫妻之间在空间上被分离，妻子不是丈夫公共生活的伴侣。丈夫的兴趣在家外，他们把白天大部分时间都消耗在政治和公共事务上，而妻子却待在家中，

---

① Demosthenes, LIX, 122.

② R. Just, *Women in Athenian Law and Life*, p. 52.

③ R. Just, *Women in Athenian Law and Life*, p. 52, 144.

④ Sarah. B. Pomeroy, *Goddesses, Whores, Wives and Slaves*, p. 89; Reay Tannahill, *Sex in History*, Scarborough House, Revised and Updated Edtion, 1992, p. 100.

⑤ R. Just, *Women in Athenian Law and Life*, p. 52.

⑥ D. M. MacDowell, *The Law in Classical Athens*, p. 89.

⑦ 我们的这种分类方法，受到贾斯特的启发，参见 R. Just, *Women in Athenian Law and Life*, p. 141.

⑧ 吴增寿等主编：《现代社会学》，上海人民出版社 1997 年，第 137—141 页。

丈夫的性要求在家外也能得到满足，因此，雅典家庭的功能主要集中在经济和人口再生产方面，夫妻感情可能并不是生活的重心。

雅典公民妻子的职责之一是料理家务。色诺芬《经济论》中的重要人物伊斯可马可斯对妻子说："你的责任就是待在家里，打发那些应该在外面工作的仆人出去工作。监督那些在家里工作的人，收受外面得到的东西，分配其中必须花费出去的部分，照管其中应该贮存起来的部分；要注意不要在一个月之中花掉留备一年使用的东西。当给你送来毛布的时候，你必须叫人为那些需要斗篷的人缝制斗篷。你还必须照管干的谷物使其不受损失以备制成食物。然而，你的责任之一恐怕是不大合算的：你必须注意让任何得病的仆人得到照顾。"① 在这里，妻子的角色是家务的管理者和丈夫财产的守护者。弗拉塞列雷告诉我们，妻子的权力在于她携带的钥匙，特别是那些贮藏室和地窖的钥匙，如果一个妻子贪食、喝醉或者浪费，她的丈夫也许会把钥匙从她那里取走。②

妻子的另一个职责，并且是最重要的职责，是为丈夫生育合法的子嗣，确保家庭的延续。这是妻子不同于其他女性的根本之处。公元前4世纪，杀死了妻子的奸夫的尤菲利托斯对到庭者说："当我决定结婚，并将一位妻子带进家时，在一段时间内，我不去打扰她，但她也不至于自由得为所欲为，我以一种合理的态度尽可能去观察她。但当我的儿子出生时，我便开始信任她了，把我所有的财产交给她掌管，并认为这是我们之间亲近关系的最好证明。"③ 从这段话里我们注意到，尤菲利托斯因儿子的出生而开始信任妻子。此时，孩子与父母亲联系在一起，夫妻双方为他们的孩子而共同欢乐和烦恼。一个古典时期雅典的瓶画上，描绘着一个父亲看着他年轻的妻子鼓励他们幼的小儿子爬行的情景。④

雅典的丈夫们和妻子们之间的性生活往往不和谐。雅典的公民妻子作为家庭合法继承人的生育者被单方面地要求保持对丈夫的性忠诚，她们的丈夫是她们唯一的性对象。如果她们有与人通奸的行为，就会被逐出丈夫的家门，不能在宗教庆典等重要场合露面。而她们的丈夫却可以不受婚姻关系的约束。他们可能玩弄家中的女奴隶，经常光顾妓院，并且可能与男孩发生性关系。这些都可能造成丈夫与妻子之间性生活的缺乏，这一点我们也可以从梭伦时代雅典法律中得到验证。当时的法律规定，公民必须每月三次与妻子同房，这被认为是对贞洁的公民妻子足够的性关怀。正如波梅罗伊所指出的那样："有关夫妇关系的法律规定可能会使丈夫和妻子之间的性生活成为一种义务行动（通过生育而

---

① Xenophon, *Oeconomicus*, VII, 35-37.

② R. Flacelière, *Daily Life in Greece at the Time of Pericles*, p. 68.

③ Lysias, I, 6.

④ A. Powell, *Athens and Sparta*, p. 364.

实现),而不是一种亲密的情感的碰撞。”①

其次,我们再来考察第二类妇女,也就是妾、女奴、外邦妇女和妓女等女性的状况。雅典男性公民的妾由女奴隶、外邦自由妇女和不是通过 engue 结婚的雅典公民的女儿构成。家内的女奴是主人的玩物,她们不得不在主人需要时向他提供性服务。尤菲利托斯在法庭上谈到了妻子对他的责难,当他让妻子去哄孩子时,妻子说道:“是的,这样你就可以在此与这个小女奴调情了。当你喝醉时,你把她拉到你的面前。”②值得注意的是,尤菲利托斯毫不否认这一责难,并且不羞于向法庭供认事实,因为他知道,陪审团不会把主人与奴隶姑娘发生性关系看成可耻行为。在《经济论》中,当伊斯可马可斯年轻的妻子问他,为了使自己不只是显得漂亮,而是真正漂亮,并能保持下去,她能做些什么时,伊斯可马可斯的回答是,家务及家庭的管理是决定的因素。他进一步说道:“如果妻子的容貌比女奴漂亮,并且穿着更鲜艳得体的衣服时,她们真是令人魂销,特别是在妻子心甘情愿地去愉悦丈夫,女奴屈从于压力身不由己的时候。”③在这段对话中,伊斯可马可斯试图解释,妻子具有女奴所不具备的优越性。但这本身说明,由于主人可以对家内女奴进行性利用,主人的妻子感到了失去丈夫欢心的威胁,她企图通过增添她的风姿来与任何一个会引起丈夫注意的女奴竞争。

雅典法律规定,要把用来生自由孩子的妾与其他妾区别开来。如果说在公元前 5 世纪末以前,由于战争中男性公民数量锐减等原因,本人身份是公民的妾所生的孩子还有可能成为雅典公民,那么在这之后他们就被完全剥夺了这种权利。④ 妾不但要向与她同居的男人提供快感,而且要照顾他的日常生活。妾的地位很不稳固,生活环境在绝大多数情况下是不如意的。正像坦娜希尔指出的那样:“无论如何,妾所处的并不是幸福快乐的地位;她不仅不具有高等妓女的独立性,而且也不享有法律向一个妻子提供的名义上的保护。如果她的主人对她厌倦了,那么谁也不能阻止他把她卖掉,如果他乐意,他就会把她卖给妓院。”⑤

希腊语中的“妓女”一词为 porne,与色情相关,意思是供出售的人。在雅典,妓女由奴隶、定居于雅典的自由外邦妇女和自由的非公民妇女组成。从公元前 6 世纪,卖淫成为一个得到城邦承认并受到城邦控制的行业。据说,梭伦建了第一个国家妓院,为达到生育

---

① Sarah. B. Pomeroy, *Goddesses, Whores, Wives and Slaves*, p. 87.

② Lysias, I, 12.

③ Xenophon, *Oeconomicus*, X, 9-11.

④ D. M. MacDowell, *The Law in Classical Athens*, pp. 89-90.

⑤ Reay Tannahill, *Sex in History*, pp. 103-104.

年龄的男性青少年提供发泄的途径，以免他们和体面的妇女通奸。一个雅典人用感激的口吻说道："哦，梭伦，你是我们的恩人，因为我们的城市里有那么多情绪容易激动的年轻人，他们很可能失去自控，做出错事，受到惩罚。而你买来妇女，把她们集中在特殊的地方，谁有需要，便可以任意使唤她们。在那儿，她们赤身露体，犹如刚出生一般。没有什么惊奇的。把她们看个够吧！你想快乐吗？如果愿意，门就会打开。只要一个奥波尔(obole)，用这些硬币，你就可以买到片刻的欢乐，而不用冒任何风险。你可以选你喜欢的，你可以随意享受。无论白天黑夜，谁都可以享用她们，方便又没风险。"[①]在古典时期，雅典的妓院很多。苏格拉底曾对他的儿子朗普洛克莱说："当然，你不会认为，人们生育子女只是为了满足情欲，因为大街小巷满足情欲的娼寮妓院是很多的。"[②]德摩斯提尼告诉我们，在雅典城里，年轻人经常由于一个妓女而大打出手。[③] 阿里斯托芬在喜剧《蛙》中提到了对于为旅行者提供服务的妓院的规定。在他的另一部喜剧《地母节妇女》的尾声中，欧里庇得斯与一个裸体演出的"吹长笛的女孩"一起出现，以帮助他的朋友逃跑，他允许西徐亚"警察"带着这个女孩到里面交媾。[④]

雅典的妓女分为不同阶层和种类。她们中有街头流莺(Street walker)，也有在妓院以身体进行工作的妓院女郎和在酒会上跳舞或者吹笛子并提供性服务的女子，还有在神庙里款待陌生人的神妓。街头流莺主要由女奴、外邦妇女和贫穷的妇女构成，她们经常漫步在街头招揽顾客。有时，她们穿着一种特殊的便鞋(这种鞋具有反过来钉在鞋底上的大头钉装饰)走在泥路上，以便留下痕迹吸引嫖客。妓院女郎主要由女奴充任。她们身穿薄薄的纱衣，裸露着乳房，排成行倚门卖笑，用甜言蜜语把前来嫖娼的男人们拖到房间里，根据房间的级别以及提供的服务，从嫖客那里得到从 1 奥波尔到 1 斯塔特不等的酬金。[⑤]神妓们不但是神的侍女，也为神的崇拜者提供色情服务，她们的收入主要被用来支付神庙的开支和维持祭司们的生活。除此之外，一些男性公民的妾实际上也是妓女，她们可以与某个雅典男性保持较长时间的同居关系，并且免交妓女税。

妓女中地位最高的是被称为 hetairai 的高等妓女，这个词在字面上是"伴侣"的意思。[⑥] 因为，她们行动自由，可以参加男性社会的活动，是雅典男性公民社会生活和文化

---

① Nikolaos A. Vrissimtzis, *Love, Sex and Marriage in Ancient Greece*, Greece, 1997, p. 60.

② Xenophon, *Memorabilia*, II, 2, 4.

③ Demosthenes, LIV, 14.

④ R. Just, *Women in Athenian Law and Life*, p. 139.

⑤ Reay Tannahill, *Sex in History*, p. 104.

⑥ R. Just, *Women in Athenian Law and Life*, p. 144.

娱乐生活的伴侣。但是她们是为了钱而出卖自己，其身份无疑是妓女。[①] 许多高等妓女不但容貌美丽，而且受过良好的教育，具有艺术才能。坦娜希尔认为，在男人的世界中，高等妓女是成功者，而且有时相当成功。她还下结论说，这些妓女是在有文字记载的历史上第一批与男人关系缓和的妓女。[②] 在我们看来，这种看法是不全面的，它仅仅看到了问题的一个方面。

的确，在某种程度上说，一些高等妓女在雅典社会取得了很大的成功。雅典高等妓女中在社会上影响最大的是阿斯帕西亚。根据史书记载我们得知，阿斯帕西亚是阿克西奥科斯的女儿，生于小亚西亚的米利都。她拥有一所房子，收养着许多年轻的妓女接待客人。她智慧过人，多才多艺，并且很有政治头脑。雅典的著名政治家伯里克利对她一见倾心，为了她，遗弃了自己的妻子，而与她同居。伯里克利逝世以后，出生微贱的羊贩子吕西克勒斯因和她同居，竟然成了雅典第一号大人物。[③] 如前所述，与雅典公民斯蒂法诺斯同居的科林斯高等妓女尼伊拉也取得了较大成功。

但是，我们必须看到问题的另一方面。这样的妓女只占妓女的极少数，而且就是这些少数成功的高级妓女也受到了雅典男性和整个社会的歧视。阿斯帕西亚与伯里克利所生的孩子被称为私生子，没有雅典公民权，只是当伯里克利与前妻生的嫡子在伯罗奔尼撒战争期间死去后，经动了恻隐之心的雅典人民的特准，他才入了雅典籍。[④] 雅典人对于他们的第一公民伯里克利把雅典妻子打发掉，以一个外邦妇女来取代她感到愤愤不平，不少雅典文学作品对她进行了攻击和嘲笑。在喜剧中，她被说成是新翁法勒、新德亚尼拉、新赫拉。克拉提诺斯在诗中公开咒骂阿斯帕西亚：

> 他的赫拉，是淫乱生下的女儿，
> 是个不知羞耻的妓女。

欧波利斯在《乡区》一剧中描写伯里克利，问道，

> 我的独生子呀，他还活着吗？

---

① Nikolaos A. Vrissimtzis, *Love, Sex and Marriage in Ancient Greece*, p. 67.

② Reay Tannahill, *Sex in History*, pp. 100-105.

③ Plutarch, *Pericles*, XXIV, 1-6. 李雪季主编：《世界女性历程图说》第1卷，中国文联出版社1999年，第157—158页。

④ Plutarch, *Pericles*, XXXVII, 5.

米罗尼德斯回答说，

> 活着呢，早已长大成人了，
> 假如他不怕“妓女养的”坏名声。[①]

因此，我们认为：围绕着雅典男性的两类妇女的地位都是低下的。第一类妇女——合法的妻子虽然受人尊敬，但被丈夫忽视，她们不是丈夫的社会生活的伴侣，只是丈夫的生殖工具和家务管理者；以妓女为主体的第二类妇女虽然可以参加社会文化和公共生活，作雅典男性的“伴侣”，但这绝不是一种平等的伙伴关系，她们牺牲了人的尊严，成为雅典男性满足性欲和解除精神寂寞的工具，并受到全社会的歧视。在以男性为中心的雅典社会中，无论是妻子还是伴侣的角色都不是令人羡慕的。不过，总体说来，雅典公民妻子的家庭和社会地位还是要高于其他的女性群体。

女公民的隐居生活　关于雅典妇女究竟是处于隐居还是自由的生活状态的问题，古典史学家弗拉塞列雷的意见值得人们注意。在他看来，雅典女孩自由接触其他年轻人的问题是不存在的，因为她们几乎不离开妇女居住区（gynaikeion）。已婚妇女很少踏过她们自己前门的门槛，少女们如果被允许到家内的庭院中走动已经是很幸运的了，因为她们不得不待在外人甚至是自己家庭的男人都看不到的地方。[②] 他的意见代表了不少学者的想法，但是与对雅典妇女地位持乐观估计的戈梅等人的观点相左。我们认为，从史料上看，雅典公民女性隐居生活的说法是有一定根据的，而其他女性的生活相对自由一些。

雅典公民女性的隐居在私人建筑的设计和安排上有所体现。雅典的私人建筑为男性和女性提供了分开的居住区，女性通常住在离街道和家中公共区域较远的房间中。若房子是两层，那么妻子和女奴就住在上层。[③] 尤菲利托斯在法庭上告诉人们：“我有一座两层的小屋，妇女的居处在楼上，男人的住区在楼下，每一层都有同样大的空间。当我的儿子出生时，他的母亲给他喂奶，为了让她避免每次抱着孩子下楼时出现危险，我就住到楼上，女人们住到楼下。”[④]这段话表明，即使这样一个并不很富裕的雅典家庭，妇女们的起居室也与男性的隔开。从吕西阿斯的法庭演说集中我们得知，被指控企图谋杀他人的一

---

① Plutarch, *Pericles*, XXIV, 6.

② R. Flacelière, *Daily Life in Greece at the Time of Pericles*, p. 55.

③ Sarah. B. Pomeroy, *Goddesses, Whores, Wives and Slaves*, p. 80.

④ Lysias, I, 9-10.

个雅典人为自己辩护道："晚上，他醉醺醺地来到我的住处，破门而入，进到妇女们的房间，里面住的是我的姊妹和我的侄女，她们过的生活是如此有序，甚至被亲属看见时她们都感到窘迫。"[①]这同样说明，女性的居室是单独的居所。

一般来说，妇女不能单独走出家门。在雅典公民家中，一般是丈夫或奴隶负责到市场上购买日常用品。公民妇女需要购买必不可少的用品时，必须带着一个奴隶与她一起出去。[②] 但是，雅典女性公民的隐居不是绝对的，不同阶层的妇女隐居的程度有所不同。在宗教等社会公共活动中，妇女的参与往往是不可缺少的。在婚礼和葬礼上妇女也担任了重要的角色。另外，为生活所迫，比较贫穷的公民妇女不得不走出家门，出外谋生，一些公民妇女在市场上卖东西。根据阿里斯托芬在喜剧《地母节》中的说法，欧里庇德斯的母亲是卖蔬菜的小贩。[③] 在这部剧作中，他还提到，一个公民妇女在丈夫死后靠编织和出卖花冠供养家庭。[④] 从一份雅典法庭原告的纲要中，我们得知，一个雅典妇女先后靠卖丝带和当乳母为生。[⑤] 当阿里斯托芬喜剧中的妇女领袖吕西斯特拉忒组织妇女罢工以图结束战争之时，她嚷道，

> 向前斗争，我的女战士同盟，
> 卖鸡蛋、种子、蔬菜的女孩子们啊！
> 卖蒜女、酒吧女和烤面包的女孩们啊！[⑥]

德摩斯提尼的法庭演说词中提到，许多公民妇女被迫成为葡萄采摘者。[⑦]

隐居生活也不意味着绝对的与世隔绝，它更多的是意识上的束缚，而不是空间上的限制。正像贾斯特所说的那样："在雅典，性隔离和女性的隐居并不一定必须把妇女严格地限定在房子里，它意味着妇女家庭世界与男人的公共世界在意识形态上的隔离。"他还告诉我们："女性的隐居并不是以门闩和栅栏来强制实行，它还可以用男人和女人的世界分离这样的道德约束来保证。"[⑧]男性属于公共生活领域，女性属于家庭生活领域的观念以及女性隐居的道德观念，成为雅典社会关于妇女行为规范占主导地位的意识形态，雅典社

① Lysias, III, 6-7.
② R. Flacelière, *Daily Life in Greece at the Time of Pericles*, pp. 66-67.
③ Aristophanes, *Thesmophoriazusae*, 388.
④ Aristophanes, *Thesmophoriazusae*, 446-450.
⑤ Demosthenes, LVII, 35.
⑥ Aristophanes, *Lysistrata*, 456-458.
⑦ Demosthenes, LVII, 45.
⑧ R. Just, *Women in Athenian Law and Life*, pp. 114-118.

会留传的诸如“受人尊敬的妇女应该待在家里，只有轻佻的坏女人才到街上闲逛”之类的格言约束着妇女的行动。[①] 甚至连妇女与陌生人讲话，也被雅典人看成可耻行为。公元前338年喀罗尼亚战争后，自由的妇女站在门口问过路客人关于她们亲属的消息，就被看作降低了她们身份的行为。[②]

实际上，雅典公民女性甚至在自己的家中也不具有完全的行动自由。在家里有外人的情况下，妇女也应该躲起来。例如，女公民不能参加家庭酒会。酒会(symposion)是指人们进行集体饮酒活动的聚会。酒会不仅是雅典人饮酒作乐的地方，而且也是他们进行学术问题讨论的重要场所。以酒会为基础的政治小集团还对雅典城邦的政治生活发生了影响，雅典政治家西蒙时常参加酒会，来取得人们的支持。普鲁塔克的《西蒙传》描写了一次在劳美冬家举行酒会的情况。他说：“当葡萄酒递给西蒙后，人们邀请他唱歌。他作了非常令人愉快的表演，客人们认为他比地米斯托克利斯更聪明。虽然，地米斯托克利斯知道怎样使国家繁荣强大，但他不知道怎样唱歌或弹竖琴。在举杯喝酒时，谈话就自然地转到了西蒙的成就上，他们回忆了他的辉煌业绩，西蒙本人也列举了自己实行的最精明的计策。”[③]

只有女奴和妓女能参加酒会，她们在酒会上表演歌舞。高级妓女可以陪伴男性伙伴参加酒会，与男人们一起饮酒和讨论政治、文化问题。雅典公民妇女是绝对不允许参加这样的酒会的。雅典人在家中进行酒会的地方称为“饮宴厅”(andron)，意思是“男人的房间”。这说明，酒会是男人们的世界和领地。

雅典男性社会对两性隔离以及公民妇女过隐居生活的强调是为了使妇女保持贞洁和性忠诚，从而使家庭在宗教、经济和血统等各方面得以延续。过隐居生活虽然是雅典的公民妻子们受人尊敬的标志，但是，与丈夫在空间上、思想感情上和性生活上的距离使她们在心理上受到伤害。大多数时间与丈夫分开的雅典公民妻子们“可能通过某种方式把感情直接寄托在她们的儿子身上，有时过分宠爱儿子，有时又把儿子大骂一通，以便维持这种情景。成年人也许在某种程度上会理解这种心情，但孩子却往往摸不着头脑，感到莫名其妙。结果，一代又一代男孩长大后都具有这种信念，即认为妇女是无法预测的，只要有可能，最好是避开她们。”[④]这反过来，又进一步扩大了一代男女两性之间的隔阂和距离。

---

① R. Flacelière, *Daily Life in Greece at the Time of Pericles*, p. 66.

② E. Fantham, H. P. Foley, N. B. Kampen, S. B. Pomeroy and H. A. Shapiro, *Women in the Classical World*, Oxford University Press, 1994, pp. 79-80.

③ Plutarch, *Cimon*, IX, 1-2.

④ Reay Tannahill, *Sex in History*, pp. 97-98.

事实上，雅典女公民的隐居生活习俗是在男权社会对她们的道德压力下形成的。

总的说来，从政治、法律、家庭、活动空间等方面来看，雅典妇女无论是在城邦公共生活还是在家庭私人生活中都处于比较低下的地位。

2. 斯巴达的妇女

斯巴达是多利亚人建立的城邦，以军事化的社会组织和教育制度而闻名于世。这个城邦的妇女是被古代和当代作家谈论得最多的希腊妇女。不少古代作家认为，斯巴达妇女的行为方式难以令人接受，斯巴达城邦对于妇女的纵容，导致了城邦的衰落。例如，亚里士多德就对斯巴达城邦的妇女政策和斯巴达妇女进行了严厉的批评。他在《政治学》中说道："斯巴达妇女的放肆实际违背了他们立法的初衷，并有害于全邦公众的幸福。例如家庭由夫妇两人组合而成，城邦也可以看作是人数几乎相等的男人们和女人们两部分所合成。所以，在各个政体中，如果妇女的地位未经好好规定，那么半个公民团体就欠缺法度了。斯巴达的实况就是这样。当初制定斯巴达法律的立法家的目的在于使全邦公民都能坚毅奋发，他的心愿可以说是一半达到了，斯巴达男子的确都具备这样的品性；但他完全疏忽了妇女这一部分，于是她们一直放荡不羁，过着奢侈的生活。"①与亚里士多德的观点相反，从公元前 5 世纪后期以来西方始终存在着一些"斯巴达热爱者"，他们赞赏斯巴达的一切，认为斯巴达的性习俗和制度是值得赞扬和模仿的。②在柏拉图描绘的理想国家里，与男性同样接受教育进行体育锻炼的女护卫者是以斯巴达妇女为原型的。普鲁塔克在有关著作中，对斯巴达女性也持赞许态度。近代西方兴起妇女解放运动以来，女权主义学者将斯巴达妇女视为妇女解放的榜样，而将斯巴达城邦的妇女政策及妇女地位理想化。波伏娃在其名作《第二性》中指出："斯巴达实行的是公有制，它是给予女人几乎与男人平等的待遇的唯一的希腊城邦。"③波梅罗伊在《女神、妓女、妻子和奴隶》中强调："多利亚妇女与爱奥尼亚妇女相比，享有许多自由，在多利亚人中间，斯巴达妇女最为自由。"④

撇开这些针锋相对的观点不谈，由于斯巴达城邦特定历史现状所带来的军事性质，使得与雅典妇女相比，斯巴达妇女相对来说确实要自由一些。通过一系列战争，斯巴达征服

---

① Aristotle, *Politics*, 1296b. 译文见亚里士多德：《政治学》，吴寿彭译，第 83—84 页。

② Paul Cartledge, "Spartan Wives: Liberation or Licence?", *Classical Quarterly*, 31 (1981), p. 85.

③ 西蒙娜·德·波伏娃：《第二性》，陶铁柱译，中国书籍出版社 1998 年，第 101 页。

④ Sarah. B. Pomeroy, *Goddesses, Whores, Wives and Slaves*, p. 42.

了美赛尼亚和拉哥尼亚，获得了大量土地。这些土地上原来的劳动者沦为被统治者，[①]这些人占斯巴达城邦人口的大多数，而作为统治者的斯巴达人只占少数。被统治者不仅在人数上十分庞大，而且也没有放弃反抗的思想。他们的暴动经常给斯巴达人带来麻烦。数量极其有限的斯巴达人要想维持对如此众多而又不安分的被征服人口的统治，只能将每一个斯巴达人都训练成战士，专门来统治和镇压被征服者。他们不从事任何生产劳动，完全靠黑劳士和庇里阿西人来满足经济需要。他们的份地由黑劳士耕种，他们所需的手工业品由庇里阿西人和黑劳士制作。他们的全部精力都投入到了军事训练之中。

正是斯巴达城邦的这种军事共同体特征，使它给予在生育战士中起重要作用的斯巴达妇女以较多的户外锻炼和活动的自由。但是，斯巴达妇女与古代所有的妇女一样，也要屈服于男性的统治，无法支配自己的命运。斯巴达人的婚姻安排、婚礼习俗和夫妇间性生活的情况突出地反映了斯巴达妇女所处的屈从地位。

婚姻与夫妻关系 斯巴达妇女的婚姻是由男性安排的，首先是她的父亲。但是希罗多德也曾提到，如果斯巴达女继承人(patrouchos)的父亲生前没有对她们的婚姻作出安排的话，国王有权对她们应当嫁给什么人作出裁决。[②] 这说明，国王可以干涉失去父亲的女继承人的婚姻。结婚之后，斯巴达妇女的命运掌握在丈夫手中。斯巴达国王阿里斯通(Ariston)设法让朋友阿吉图斯(Agetus)答应，各自从对方的所有物中挑选一件东西，从而致使中了计的阿吉图斯不得不把自己的妻子让给他。[③] 在这里，我们看到的只是国王、监察官、元老和丈夫为斯巴达女子作婚姻安排，却听不到她们自己的声音和意见。最荒唐的是阿吉图斯失去妻子这件事，他竟然把妻子当作财产一样送给朋友。

与雅典相比，斯巴达人结婚比较晚。来库古指出，女子不应在年幼而又不适合性交的时候结婚，她们应该在完全发育成熟的时候。[④] 斯巴达女子的结婚年龄大约为18岁，而男子的结婚年龄约为25岁。[⑤] 斯巴达人的婚礼习俗是掠夺婚。普鲁塔克告诉我们，新娘

---

① 斯巴达的被统治者主要分为两种，一种是庇里阿西人，他们是自由人，他们的名称在字面上是“住在周边的人”的意思。他们被剥夺了政治权，无权参与斯巴达城邦的管理和决策。但他们在美塞尼亚，特别是拉科尼亚地区组成了许多独立的公社，并享有一定程度的地方自治权。他们不是斯巴达人，没有斯巴达的公民权，但被包括在“拉西第梦人”的范畴之内；另一种是黑劳士(Helots)。Helots这个词起初被解释为战俘或拉科尼亚地区的黑劳斯(Helos)人。《牛津古典辞书》称，黑劳士的名称看来与希腊文αλισκομαι(意为被俘或征服)有关，详见M. Cary, J. D. Denniston, J. Wight Duff, A. D. Nock, W. D. Ross and H. H. Scullard, eds., *The Oxford Classical Dictionary*, The Clarendon Press, Oxford, 1949, p. 411。修昔底德告诉我们，大多数黑劳士都是古代美塞尼亚人的后裔，他们在古代的一次战争中被剥夺了自由，见Thucydides, *History of the Pelopannesian War*, I, 101。

② Herodotus, *Histories*, VI, 57.

③ Herodotus, *Histories*, VI, 62.

④ Plutarch, *Lycurgus*, XV, 3.

⑤ Paul Cartledge, “Spartan Wives: Liberation or Licence?”, *Classical Quarterly*, 31(1981), pp. 94-95.

被丈夫强行带走。之后，伴娘负责照应她，把她的头发贴近头皮剪短，给她披上男子的外衣，穿上男式便鞋，再将她安置在地上的一张简易小床上，让她独自躺在黑暗之中。然后，等新郎像往常一样在公共食堂吃完晚饭后，悄悄地溜进新娘躺着的那间卧室，解开她的处女带，把她抱到婚床上。[①]

在斯巴达，结婚后丈夫依然不能与妻子过正常的夫妻生活。据普鲁塔克说，夫妻在婚后仍要秘密相会，这是为了让他们总是保持相互渴望的火花，而不至于因为轻易相会而变得没有激情。[②] 色诺芬则相信，倘若夫妻俩极度思念对方的话，会生出健康的孩子。[③] 当代古典学者卡特里奇分析说，这是一种试婚，如果一个男子在三十岁之前结婚了，他不能与妻子同居，即使偶尔回家也要趁着夜色偷偷地回去。这种试婚只有在妇女怀孕或生育后才会转为正式的。[④]

关于斯巴达人夫妻性生活的情况，有一点十分引人注意，这就是丈夫可以把妻子“借”给别的男人，进行婚姻外的生育。色诺芬在叙述来库古改革措施时说，他要求年长的丈夫把他所钦佩的某个品德高尚而又身体健康的年轻男子引入家中，与他的妻子生育孩子。如果某个男人想与一个出身高贵的斯巴达女子性交，为自己生育后代，他只要征得这个女子丈夫的同意，便可以放心地去做。[⑤] 斯巴达城邦作出这种规定的目的可能在于保证城邦能够获得更多、更健康的公民。这一规定既反映了斯巴达人不看重妇女性贞节的态度，又反映了斯巴达丈夫拥有支配妻子身体的权利。在借妻的过程中，妇女被丈夫像财产一样借给别人。雷德菲尔德在分析斯巴达人与人分享妻子的现象时指出，这也许与斯巴达人对财产的一般态度相一致，这就是财产应归私人所有，但它的使用可与其他人分享。如果是这样的话，妇女应当与奴隶、狗和马归为一类。[⑥] 我们以为这一观点是有道理的。但是，该城邦的夫妻之间或许也存在着相互爱慕的情感，斯巴达国王阿那克山德里迪斯(Anaxandrides)娶了自己亲姊妹的女儿为妻，由于他们没有孩子，监察官们让他把妻子打发走，但是他却坚持不肯遗弃妻子。[⑦] 不过，这种夫妻之情并不总是斯巴达夫妻关系的主题。总之，在婚姻和夫妻关系上，斯巴达男性对女性处于优势和统治地位。

经济自主权 与雅典妇女相比，斯巴达妇女享有很大的经济权。她们能够真正拥有

---

① Plutarch, *Lycurgus*, XV, 3.
② Plutarch, *Lycurgus*, V, 5.
③ Xenophon, *Constitution of the Lacedaemonians* I, 5.
④ Paul Cartledge, “Spartan Wives: Liberation or Licence ?”, *Classical Quarterly*, 31(1981), pp. 101-102.
⑤ Xenophon, *Constitution of the Lacedaemonians*, I, 7-8.
⑥ J. Redfield, “The Women of Sparta”, *Classical Journal*, 73 (1977), p. 148.
⑦ Herodotus, *Histories*, V, 39-40.

自己的财产，支配自己的地产、嫁妆和货币。鉴于斯巴达关于这方面的材料相对缺乏，我们在此借用与斯巴达情况类似的克里特岛多利亚人社会产生的法典——《格尔蒂法典》的资料。在《格尔蒂法典》中有这样的规定：父亲负责管理财产及分配财产，母亲只管自己的财产；丈夫不可以出卖或抵押妻子的财产，儿子也不可以出卖或抵押母亲的财产；父亲的财产将用于偿还父亲的债务，母亲的财产用于偿还母亲的债务；若母亲亡故后，父亲另娶新妇，孩子将负责管理其母亲的财产；若夫妻离婚，妻子可以得到她来夫家时所带来的自己的财产；若这私房财产有收益，她可得一半，她在这家所编织的某种物品，无论其为何物，亦可得一半；倘若离婚起因于丈夫，妻子还可得到 5 斯塔特。[①] 这些规定说明，在多利亚人的社会中，丈夫和妻子的财产不是共有的，他们各自拥有并掌握、控制自己的财产，斯巴达人的情况也不会例外。

斯巴达妇女的经济权还体现在她们享有继承权。与有名无实的雅典女继承人(epikleros)不同，斯巴达的女继承人被希罗多德称为 patrouchos，其字面上的意思是"祖传财产的所有者"。[②] 卡特里奇认为，斯巴达的 patrouchos 相当于格尔蒂的女继承人 patroiokos。[③]《格尔蒂法典》有关女继承人的法规概括起来主要有如下内容：女继承人应嫁给近亲，她选择丈夫的次序为父亲的兄弟、父亲兄弟的儿子，年长者优先。倘若轮中者或女继承人过于年幼不能结婚，如有房产，女继承人要得到该房产，轮中者得全部财产的一半。若轮中者虽未成年，却已是青春少年但不愿结婚，则在结婚之前全部财产及产品将由女继承人支配。若女继承人不愿嫁给近亲中的轮中者，她可以嫁给本部落中的任何一个求婚者，但她必须把一份财产给近亲中的轮中者。倘若没有以上近亲，女继承人可以嫁给本部落中她所中意的任何一个求婚者。最后，如果本部落中没有人愿意娶她为妻，女继承人有权嫁给部落外的任何人。[④] 从法典的有关规定我们看到，多利亚人社会中的女继承人不但有比雅典妇女更大的择偶自由，而且能够真正拥有和支配她们的财产。因此我们可以说，斯巴达的 patrouchos 是真正的家庭财产继承人，接近女继承人这个名称的真正含义。

斯巴达女继承人不但能继承父亲的部分财产，其中包括动产和不动产，而且她们还可以自主处置通过继承获得的财产。亚里士多德在谈论斯巴达贫富不均的现象时指出："由

① 郝际陶译：《格尔蒂法典》，高等教育出版社 1992 年，第 17、27、51、29、11 页。

② Herodotus, *Histories*, VI, 57.

③ Paul Cartledge, "Spartan Wives: Liberation or Licence ?", *Classical Quarterly*, 31(1981), p. 98.

④ 参见郝际陶译：《格尔蒂法典》，第 31—35 页。

于女继承人的众多和妇女所得嫁妆的丰厚，使得全邦约五分之二的土地归属于妇女。”[①]他的这段话说明，斯巴达妇女可以继承父亲家庭的财产，包括土地财产。《格尔蒂法典》的规定进一步证实了这个问题，有关条文称：“某死，其城里有农奴住着的房子及房中的物品，和乡下没住农奴的房子及不属农奴的大小牲畜，归其儿子；其余的财产将平分。无论有多少儿子，各将分得两份；女儿无论几位，各将分得一份……但若除房产外别无其他财产，女儿们将按上述规定得到一份。”[②]这就意味着，儿子可以继承家庭财产的大部分，即房子和三分之二的土地以及家中的物品、牲畜等，女儿可以得到三分之一土地，在父亲除了房子没有其他财产的情况下，女儿可以得到部分房产。利杜斯分析说，女儿得到的三分之一土地是她拥有公民权的象征。[③] 因此，在斯巴达和格尔蒂等多利亚人的社会中，虽然男女在继承中地位不平等，但妇女可以继承家庭的动产与不动产则是确定无疑的事实。

继承财产使得一些斯巴达妇女十分富有，她们掌握了大量的财富。据说斯巴达国王阿基斯四世的母亲就非常富有，曾借钱给许多人。[④] 富有的妇女还同男人一样雇人参加四匹马拉的战车比赛。她们可以作为马的主人而间接地参加奥林匹克竞技会。西尼斯卡(Cynisca)是斯巴达国王阿吉西劳斯的妹妹，她在哥哥的说服下驯养参加四匹马拉战车比赛的赛马，[⑤]还获得过一次战车比赛冠军的荣誉。铭文资料记载了她获得奥林匹克竞技会这个比赛项目冠军的情况：

> 我的父亲和兄弟是斯巴达的国王。
> 我，西尼斯卡，以自己的马拉战车获得了胜利。
> 谨立此像，我宣布，我是全希腊
> 获得此桂冠的唯一女子。[⑥]

女性教育制度　与其他城邦的妇女相比，享有受教育的权利似乎也是斯巴达妇女的特权。柏拉图在《普罗塔哥拉篇》中评论斯巴达妇女说：“不仅有男人，而且有妇女，为他们的教育感到自豪，我说的是真的，斯巴达人在哲学方面受到过最好的教育。”[⑦]范撒姆等著

---

① Aristotle, *Politics*, 1270 a.

② 郝际陶译：《格尔蒂法典》，第 19 页。

③ Georges Duby and Michelle Perrot, gen. eds., *A History of Women in the West*, vol. 1, p. 262.

④ Plutarch, *Agis*, VI, 7.

⑤ Xenophon, *Agesilaus*, IX, 6.

⑥ E. Fantham, H. P. Foley, N. B. Kampen, S. B. Pomeroy and H. A. Shapiro, *Women in the Classical World*, p. 64.

⑦ Plato, *Plotagoras*, 342 D.

的《古典世界的妇女》称："斯巴达妇女是唯一由城邦进行公共教育的希腊女性。"[①]当然，城邦之所以对她们进行教育，主要还是出于培育公民战士的目的。

斯巴达城邦强调妇女的生育功能。从斯巴达城邦对丧葬的有关规定上，我们可以看出城邦对妇女生育公民战士的作用是相当重视的。根据普鲁塔克的说法，来库古不准人们在墓碑上刻死者的姓名，只有战死的男人和在产床上死去的女人可以例外。[②] 在这里，斯巴达城邦把女性公民生育战士和男性公民作战保卫城邦放到了同等重要的地位。也正是因为这些原因，为城邦生育公民后代成为斯巴达妇女最值得自豪和骄傲的事情。普鲁塔克记载说，当一个爱奥尼亚妇女为她编织的东西而感到自豪时，一个斯巴达妇女却夸耀她的4个英俊的儿子，说道："优秀的妇女应当有这样的杰作，这才是她值得自豪和夸耀的。"[③]

城邦也承认妇女在生育和培养合格和健康的公民后代中的作用。要生育合格健康的公民战士，妇女首先要有健康的体魄，体育锻炼不可或缺。普鲁塔克提到，来库古让少女们锻炼身体，是为了将来她们腹中的胎儿能够在健壮的身躯中打下结实的底子，并发育得更好，也是为了使她们自己能够以充沛的精力怀胎足月，更从容顺利地应付分娩时的痛苦。[④] 色诺芬也告诉我们，来库古坚持女性的身体锻炼不能比男性少。他相信，如果父母都强壮，他们肯定会生育更强壮的后代。[⑤]

因此，斯巴达妇女有机会接受体育训练。她们同斯巴达男性一样，不但参加摔跤、扔铁饼和掷标枪等体育锻炼活动，而且也参加具有宗教仪式意义的跑步比赛。我们都知道，古希腊妇女无权参加奥林匹克运动会。但是，在奥运会结束后，她们就单独地举行"赫拉运动会"来向天后、婚姻女神赫拉表示敬意，运动会的地点也是在伊利斯的奥林匹亚。宝桑尼阿斯在著作中叙述了多利亚人的城邦伊利斯(Elis)的妇女组织纪念赫拉仪式时的情形，从中我们可以推测到斯巴达妇女参加宗教仪式性赛跑的情况。他在文中提到，每隔4年，16名德高望重的已婚妇女为赫拉织一件法衣，并负责组织"天后节"的竞赛活动，比赛内容是少女间的赛跑。少女们年龄不一，最年轻的最先跑，下一个岁数的姑娘接着跑，最年长者最后跑。她们跑步时头发向下垂着，穿着衬衫，右肩裸到胸部。派给她们的跑道是奥林匹亚运动场，但大约要比运动场短六分之一。获胜者获得橄榄树枝编成的花冠，并得到献祭给赫拉的母牛的一份，此外，她们被允许奉献刻着她们名字的塑像。帮助这16名

---

① E. Fantham, H. P. Foley, N. B. Kampen, S. B. Pomeroy and H. A. Shapiro, *Women in the Classical World*, p. 59.

② Plutarch, *Lycurgus*, XXVII, 2.

③ Plutarch, *Moralia*, 241D.

④ Plutarch, *Lycurgus*, XIV, 2.

⑤ Xenophon, *Constitution of the Lacedaemonians*, I, 4.

妇女组织赛跑的人也是已婚妇女。[①] 平时经常参加体育锻炼的斯巴达妇女肯定在这样的竞赛中占上风，各种体育锻炼与竞赛活动增强了斯巴达妇女的体质。

斯巴达妇女可能裸体、半裸体进行锻炼。普鲁塔克说，斯巴达的少女们在参加宗教节日游行与体育竞赛时，半裸着身体出现在青年男子们的面前。[②] 斯巴达的艺术作品中出现的裸体或半裸体的女性形象，说明了这种可能性的存在。在一个公元前 6 世纪的黏土杯子内，描绘着三个裸体长发女孩在河边嬉戏时的情景。[③] 我们注意到，一尊古风时代年轻的斯巴达女运动员的塑像以半裸体的形式表现出来，这在当时其他希腊城邦的艺术中是十分罕见的。[④] 斯巴达妇女的衣着也适应她们经常从事体育锻炼的生活方式，她们穿着多利亚式的披肩外衣（peplos）和便于行动的开摆的裙子。

除了参加体育锻炼之外，斯巴达妇女也受到一定的文化教育。参加合唱队表演合唱颂诗的斯巴达妇女知道如何唱歌、跳舞，并能背诵诗歌中叙述的神话故事。在斯巴达，出现了两名女诗人——梅加洛斯特拉塔（Megalostrata）和克利塔戈拉（Cleitagora），虽然她们的作品没有保存下来，但古代作家提到了她们的名字。除此之外，还有几名斯巴达妇女成了毕达哥拉斯学说的信奉者。[⑤] 与沉默寡言的斯巴达男子相比，斯巴达妇女更具口才，她们对精美的斯巴达省略语的发展作出了贡献。一些刻着奉献者名字的还愿奉献物的铭文资料表明，一些斯巴达妇女基本上是识字的。[⑥] 大量的史实告诉我们，在斯巴达男性接受城邦教育的同时，斯巴达女性也受到了体育和智育两方面的教育。并因此而获得了比深居在闺阁之中的雅典公民妇女大得多的行动自由。

女性与城邦政治 在政治方面，由于男子长期征战在外，斯巴达妇女有一定的机会参与城邦事务。亚里士多德说："在斯巴达人国力鼎盛的时期，他们的许多事情是由妇女管理的。执政者被妇女所统治和一个实际的妇女政府之间究竟有什么差别？"[⑦]在他看来，斯巴达是一个与男子统治女人的自然等级次序相反的 gynaikokratia，即妇女统治的国家。[⑧] 普鲁塔克宣称，斯巴达的男人们服从他们的妻子，并允许她们干预公共事务，这种

---

① Pausanias, V, 16, 2.

② Plutarch, *Lycurgus*, XV, 1.

③ Paul Cartledge, "Spartan Wives: Liberation or Licence ?", *Classical Quarterly*, 31 (1981), p. 92, note47.

④ E. Fantham, H. P. Foley, N. B. Kampen, S. B. Pomeroy and H. A. Shapiro, *Women in the Classical World*, p. 60.

⑤ E. Fantham, H. P. Foley, N. B. Kampen, S. B. Pomeroy and H. A. Shapiro, *Women in the Classical World*, p. 60.

⑥ Paul Cartledge, "Spartan Wives: Liberation or Licence ?", *Classical Quarterly*, 31 (1981), p. 93.

⑦ Aristotle, *Politics*, 1269b.

⑧ E. Fantham, H. P. Foley, N. B. Kampen, S. B. Pomeroy and H. A. Shapiro, *Women in the Classical World*, p. 65.

干预比男性对私人事务的干预多。[1] 他还记载了一段关于斯巴达国王李奥尼达的妻子戈尔戈(Gorgo)的逸事。据说，当一个阿提卡的妇女问戈尔戈："为什么你们斯巴达妇女是唯一统治自己丈夫的女人?"她回答道："只是因为我们是男人们的母亲。"[2]斯巴达国王阿基斯四世(约公元前262—前241年)的母亲阿格西斯特拉就以母亲的身份对城邦政治产生过重要影响。公元前3世纪中叶，当阿基斯四世登上王位之时，斯巴达的社会矛盾十分尖锐。城邦的土地和财富集中在极少数富人手中，大多数人却担负着沉重的债务，因为贫困而破产，失去了土地和公民权。城邦公民人数急剧减少，城邦的社会基础大大削弱。失去土地的斯巴达人对富人十分痛恨和不满，他们随时都有可能爆发起义，斯巴达的统治者面临着统治危机。在这种严峻的形势下上台的阿基斯四世，在母亲和城邦的其他妇女的支持下，对斯巴达城邦的政治和经济进行了大刀阔斧的改革。但改革受到富人和寡头党的拼命抵制，他们趁阿基斯带兵出征之际控制了城邦。最后，阿基斯以试图建立僭主政治的罪名而被判处死刑。在儿子为改革献出了生命以后，阿格西斯特拉也毫不畏惧地把头伸进了绞圈，并勇敢地说道："我的唯一的请求，就是这样做能够为斯巴达带来幸福。"[3]

在我们看来，虽然斯巴达妇女在城邦政治中发挥了一定的作用，但亚里士多德关于斯巴达妇女统治国家的说法，可能有夸大其词和偏颇之处。因为，虽然斯巴达妇女享有较大自由，但斯巴达仍然是一个以男性为中心的社会。无论如何，城邦的政治方向和重大事务是由男性决定的。统治城邦的少数政治寡头，如2名国王、5名监察官和28名长老等，都是斯巴达的男性公民。妇女可能会对他们发生某些影响，但最终的决策权是在他们手中。从前文提及的斯巴达男性有权单方面决定抛弃妻子的做法来看，斯巴达的执政者不可能完全受他们妻子的摆布。不过，斯巴达男性公民长期在外作战，妇女肯定对城邦事务的管理发挥了一定作用，上述普鲁塔克的记载证实了斯巴达妇女对城邦公共事务的干预。

总的说来，斯巴达妇女的社会和家庭地位要比雅典妇女高。这主要鉴于以下几点原因：第一，斯巴达妇女享有的经济权利，使她们在家庭和社会中处于比较有利的地位；第二，黑劳士和庇里阿西人的劳动，使斯巴达公民妇女能够把精力用于体育锻炼；第三，斯巴达男女两性婚龄的差距与教育水平距离的缩短，改善了斯巴达妇女的处境；第四，斯巴达城邦的军事化特征和尚武的社会风气，使妇女得到了某些好处；第五，家庭作用的削弱，使斯巴达男性对女性的控制放松；性贞洁观念的淡薄，给斯巴达妇女带来了较大活动自由。但是，我们也要看到，男性依然是妇女命运的主宰者。另外，上述这些权利只有斯巴达女

① Plutarch, *Agis*, VII, 3.
② Plutarch, *Moralia*, 240e.
③ 李雪季主编：《世界女性历程图说》第1卷，第137页。

性公民才可以享有,而占女性人口多数的依附者的生活则是另外一种景象。

3. 女性的身体

在古典时期,希腊人对妇女身体的认识能够反映他们的妇女观。本文中所指身体有两种含义:一是指自然的肉体,二是指文化的或社会的身体。正如胡塞尔指出的,身体是一种物质存在,也是一种文化存在。[①] 现存的古希腊文献中,有两种文献比较详细地谈论了女性的身体,一个是医学文献《希波克拉底文集》,另一个是亚里士多德有关生物学的文献。[②] 被西方尊为"医学之父"的希波克拉底对妇科医学比较关注,在他的文集中,主要有四个重要的妇科文献:《妇女的疾病 I》、《妇女的疾病 II》、《不孕的妇女》和《妇女的特性》。[③] 亚里士多德的生物学文献,大约写作于公元前 4 世纪中晚期,主要有《动物志》、《论动物的器官》、《论动物生成》。亚里士多德与希波克拉底不同,他很少注意病理学,而是通过解剖和研究其他动物作对照,来了解人体的结构和器官。

希波克拉底和亚里士多德往往以男性的身体为参照来审视女性的身体。他们认为,男人的身体是完美的,而女性的身体是不完美的。他们从不同的方面描述了妇女身体和身体器官的特性及其功能。在他们看来,松软的肉体、游荡的子宫和有缺陷的经血是女性身体的主要特性,这些特征说明她们的身体是有缺陷的。

松软的肉体 根据古希腊医学文献的描述,女性的肉体松软而呈海绵状,比男性的更圆润、更丰满。《希波克拉底文集》常常把女性和男性的肉体形象地比作海绵和布。如在《妇女的疾病 I》中,作者使用这样的比喻来说明女性比男性的身体更松软。[④] 青春期是男女两性身体产生差异的重要时期,在这个时期,他们的身体开始发生质的变化,产生比较大的差异。在青春期,女性的性特征慢慢凸现,胸部隆起,身体开始膨胀并变得松软。而男性的身体并未发生上述变化,相比之下,两者的差异显而易见。

当时的医学文献认为,人体消化食物后产生营养,这些营养会转化成血液。多余营养将转化为大量过剩血液。女性的身体像海绵一样,能够吸收大量的血液,并将血液储存于她的身体中。这些血液在大多情况下没有用,只能排出体外,只有在怀孕后,才能被充分

---

① 布赖恩·特纳:《身体与社会》,马海良等译,春风文艺出版社 2000 年,第 161 页。

② 《希波克拉底文集》是一个约七十个医学文献汇集而成的文集,相传希波克拉底文集为公元前 5 世纪的医生希波克拉底所著,但有的学者却认为文集中的文献可能是由多个作者撰写的,他们大多生活于公元前 5 世纪晚期到 4 世纪中期,但名字已经无从知晓。

③ Sarah B. Pomeroy, *Women's History and Ancient History*, The University of North Carolina Press, 1991, p. 77.

④ E. Fantham, H. P. Foley, N. B. Kampen, S. B. Pomeroy and H. A. Shapiro, *Women in the Classical World*, p. 185.

利用。体现女性肉体松软特性的器官主要是乳房和腺。青春期后，女性乳房发育成熟，膨胀变大，能够产生乳汁。乳汁是由过剩的血液转化而来。女性的乳房吸收了血液后，必须将它们转化成乳汁，否则这些过剩血液就会影响她们的精神。在《流行病II》中，一个医学家说道，在女性身体中有一条血管流经乳房，于是那里囤积了许多血液，故而那里是最敏感的地方。如果一个人疯了的话，很有可能就是血液堆积于乳房的缘故。① 男性的身体比女性结实，其乳房不会膨胀，也不会产生乳汁。因此，他们也不会遭受到由此带来的危害。

在古希腊医学家看来，女性身体中的腺也很松软，它同乳房一样，能够吸收大量血液。男性身体中也有腺器官。它"松软肥厚，内部有很多血管，如果你切开其中的一部分，就会有大量的血流出来。如果你用力捏它，它就会破裂，流出很多液体而完全毁掉"。② 由此可见，男性身体中的腺和女性的肉体的特征是一样的。但是，男性身体中只有这一个器官具有这样的特征。而且在男性身体中，它被赋予了不同的意义。它的存在对男性身体非常重要，是他们拥有结实身体的保证。《腺I》的作者指出，男人的身体如果出现了过多的湿气，腺就会将这些湿气吸收，它就是专门为了这个目的而存在。他认为："在身体的其他部位再也没有像腺一样的器官，在全身也再没有类似于它的任何东西"，而"女性的腺和她们的身体其他地方一样是松软的"。③

除了论述男女天生的身体特征差别之外，古希腊医学家也意识到劳动对于两性身体差异的作用。希波克拉底认为，所有物种的雄性更温暖、更干燥，而雌性更湿润、更低温。因为男性的生存环境很严酷，他需要耗费大量的热量去劳作，去征服严酷的环境，所以他们形成了这样的身体特征。而雌性生存于一个舒适的环境中，无需艰辛的劳动，也无法消耗身体中的热量，因此，她们每个月都要排出一部分热量。④ 也就是说，男性身体通过劳动变得更加结实。

游荡的子宫　子宫是女性身体特有的器官，也是体现女性身体特征一个重要标志。希腊医学家和哲学家都意识到了子宫的独特性，因而将它作为研究和阐述的重要目标。他们都认为，子宫可以在身体中随意游荡，会给妇女带来麻烦和病痛。

"游荡的子宫"这一说法来自柏拉图。在柏拉图的《蒂迈欧篇》中，蒂迈欧说，神为男性和女性制造了生育后代的器官，男性的是阴茎，女性的是子宫。神也创造了男女性交的欲

---

① Sarah B. Pomeroy, *Women's History and Ancient History*, p. 115.

② E. Fantham, H. P. Foley, N. B. Kampen, S. B. Pomeroy and H. A. Shapiro, *Women in the Classical World*, p. 185.

③ E. Fantham, H. P. Foley, N. B. Kampen, S. B. Pomeroy and H. A. Shapiro, *Women in the Classical World*, p. 186.

④ Hippocrates, *Regiment I*, XXXIV.

望,阴茎意欲征服一切,而子宫在妇女体内渴望性交和生育,如果闲置,它会在女性体内随意游荡,引起女性身体的病痛。[1]

希波克拉底也认为,子宫是在妇女体内游荡、有独立意识的物体,它离不开性交和怀孕。子宫缺乏性交会变得干燥、松软,危害妇女的身体健康,并会引起女性一些怪异的行为。因为,子宫变干燥、松软后会吸附在肝脏、心脏、大脑等器官上,这可能会导致妇女失去知觉或"歇斯底里"。只有性交后,它才会停泊下来。怀孕与否也会导致子宫在身体中游荡。如果一个妇女没有怀孕,她的子宫空且轻。在这种情况下,它会在身体中游荡,给身体带来不适。如果"子宫在游荡中碰到肝脏,妇女就会出现突然窒息,因为它占据了腹中的呼吸通道。当它从肝那里吸收到湿气而变重,就回到原来的位置,窒息停止。如果子宫向下沉,……沉到臀部,女性就会感到疼痛"。[2]

古希腊人认识到子宫在繁衍后代中的作用。根据《希波克拉底文集》和亚里士多德的文献,子宫的功能主要有两种:一是生殖,二是处理和排泄垃圾。但两者都更多地强调它的生育功能。子宫在生育后代中的主要作用是为种子结合和孕育胎儿提供场所。古希腊医学家认为,精子和卵子在子宫中结合后产生胎儿。妇女性交达到高潮时,会将卵子射入子宫,如果此时男人射出的精子与卵子结合,她就会怀孕,之后胎儿在子宫中发育成长。他们也注意到月经对怀孕的影响。在经期,血堵塞通道,种子就很难射入子宫。亚里士多德也肯定了子宫在孕育孩子过程中的作用。但他认为,父亲在孩子形成过程中起关键作用,母亲只是为精子和卵子的结合提供了场所。他将父亲的作用比作木头而把母亲的工作比作木匠,而孩子的诞生好比是一张床的制作过程。[3] 可见,他认为父亲对于孩子的诞生是质的保障,而母亲充其量是加工的过程。

子宫的另一个功能是排泄和处理垃圾,这对于女性身体具有重要意义。希波克拉底和亚里士多德都认识到子宫的排泄功能。亚里士多德认为,子宫是承载和过滤血液的容器。[4] 在《古代医学》中,古希腊医学家说,子宫呈"身宽口窄"状,像一个倒过来的罐子。上面宽有利于从身体吸收液体,而下面的窄口使体液更容易流出体外。[5] 在女性身体中,子宫是一个垃圾处理器,血液每通过子宫就清除一次,清除的过程就是月经。因此,不行经对女性来说是很危险的,如果不行经,血就会从子宫回流到全身,积聚到各个部位,引发

---

① Plato, *Timaeus*, 91.

② E. Fantham, H. P. Foley, N. B. Kampen, S. B. Pomeroy and H. A. Shapiro, *Women in the Classical World*, p. 189.

③ 苗力田主编:《亚里士多德全集》第5卷,中国人民大学出版社1997年,第246页。

④ Sarah B. Pomeroy, *Women's History and Ancient History*, p. 120.

⑤ Hippocrates, *Ancient Medicine*, XXII, 25-36.

各种身体疾病。未到青春期的少女和未性交的处女都可能因为子宫未打开使血液回流而得病。如果血液回流后，积聚在心脏周围，就容易导致女性精神异常，她们可能会上吊或跳井。①

有缺陷的经血 经血是女性身体特征的另一个重要标志。希波克拉底等医学家与亚里士多德与对于经血的看法不尽相同。古希腊医学家认为，经血是有缺陷的，但也有其积极作用，它对妇女的身体健康有利。经血是人体过剩的血液，行经是对女性自身缺陷的弥补。如前面所述，女性海绵状的身体如果吸收了过多的血液，会给女性的健康带来危害。如果这些血液以经血的形式排除体外，就能避免这种危害，维护妇女身体的健康。在《流行病 III》中提到两位妇女，她们都出现了精神异常和行为无序的病症，其中一个妇女在行经后康复，而另一个一直没有行经就死掉了。② 在古希腊医学家看来，经血不仅能够维护女性的身体健康，而且对于怀孕的女性是必需的。因为女性在怀孕时，必须为胎儿提供充足的营养，这样便消耗了她们身体中过剩的营养。因此，对于因不能行经而生病的女性，医生给出的处方是怀孕，"如果她怀孕，就可以把过剩的血液消耗掉，从而获得康复"③。

亚里士多德则认为，经血具有可怕的魔力。他在《论梦》中谈到，如果一个行经的"妇女看一面被擦拭的十分明亮的镜子，镜子表面就会蒙上一层血红的颜色"。这是因为她通过眼睛将自己身上经期的特性传到了镜子表面，感染了它周围的空气。④ 此外，亚里士多德还进一步论述了男性精液与女性经血的不同。他在《论动物生成》中指出，精液和经血都是血的分泌物，都是过剩营养，但是经血不能完成彻底的转化。因而精液能够独立承载一个新个体。经血中仍然含有过剩营养，若妇女未怀孕，它只能通过行经排除体外。虽然经血含有更多的营养，但是它却不能像精液那样单独产生后代。因为它不够纯净，不能承载一个有精神的新个体。因此，亚里士多德得出结论，女性永远不可能变得和男人一样，因为雌性之所以为雌性正是由于某种无能。⑤ 无论怎样弥补，她们的身体始终存在缺陷。

建构男权社会的女性身体观 古希腊医学家和哲学家以不同的方式勾勒出女性的身体模式。他们的研究是从物质个体出发，并且使用所谓"科学"的研究方法。然而，他们最终得出关于妇女身体特性的结论却不是真正科学的。古希腊医学家通过对妇科疾病的研究，从病理学角度去阐释妇女的身体，并提供了生理学和解剖学的证据，使得他们对女性

---

① Hippocrates, *Ancient Medicine*, XXIV, 4-10.

② Hippocrates, *Epidemics* III, Case XI-XV.

③ Sue Blundell, *Women in Ancient Greece*, p. 99.

④ 苗力田主编：《亚里士多德全集》第 3 卷，中国人民大学出版社 1992 年，第 167 页。

⑤ 苗力田主编：《亚里士多德全集》第 5 卷，第 239 页。

身体的阐释看来似乎是科学的。然而，事实上，古希腊的医学本身就存在着很多形而上学的因素，正如戴尔姆伯格(Daremberg)所言，到公元前5世纪，古希腊的医学依然包含着很多非科学的因素。[①] 因此，希波克拉底文集中的医学文献也难以克服这一缺陷。虽然，医学家确切地知道子宫是由腱连接在身体上的，但他们仍然坚持子宫在女性身体内游荡的说法。亚里士多德对女性身体的认识基本是以动物作参照，从解剖学和生理学角度研究女性的身体结构，这就为他的观点披上了科学的外衣。但是，作为一个哲学家，他比医学家更多地受到社会文化的影响。例如，他认为男性比女性更长寿，而为了证明自己的观点，他居然伪造证据，他说："男性比女人牙齿多，这就足以证明男性比女性长寿。"[②]由此可见，无论是当时哲人还是医学家的女性身体模式并非科学的认识。正如戴尔姆伯格所说，"他们试图闭上眼睛解释天性"。[③] 他们对女性身体的阐释更多的是一种文化建构而不是科学研究。他们在传统的性别偏见的制约下，建构了一个有缺陷的女性身体形象。

实际上，他们对女性身体的建构是社会文化的产物，反映了当时人们对妇女的认识和看法。在古典时期，希腊人强调男性的统治，他们轻视女性，将她们看作被动者和依附者，女性处于从属地位。如前文所述，无论在城邦还是在家庭中，女性必须在男性的监护下生活。希腊哲人和医学家所建构的女性身体模式也反映了其男性优于女性的观念。在他们看来，男性肉体是完美的，女性肉体则是有缺陷的，这一缺陷使她们容易精神失常，而女性身体中"游荡的子宫"无休止地渴望性交，令女性无法控制自己的欲望。显然，他们认为，保证妇女节制性欲，保持贞洁，就要靠男人的监护和控制。

亚里士多德和希波克拉底都强调女性的生育职责。他们一方面肯定生育过程离不开女性，另一方面又试图否定女性在生育中的作用，以加强男性的统治地位。在他们看来，妇女在产生后代的过程中只是为怀孕和胎儿的成长提供场所。在生产过程中，男性是主动者而女性是被动接受者，这与埃斯库罗斯的悲剧所反映的观念如出一辙。在悲剧《奥瑞斯提亚》中，阿波罗在法庭上为奥瑞斯提亚辩护时说："母亲绝不是生产她所谓的'世系'，而不过是抚育新播的种子；父亲才是生父，养育出新的芽苗。"[④]这说明，当时的医学家和哲学家建构的身体模式正适应了这个时期希腊人对生育的看法，同时也反映了他们维护男权统治的本质所在。

---

① 希腊医学大致经历了三个阶段。在第一个阶段中，医学中夹杂了很多宗教因素，有迷信的成分；第二阶段中，医学抛弃了宗教因素，却仍然受到形而上学因素的影响；在第三阶段，也就是到了公元前5世纪，虽然医学中有了更多的理性因素，但仍然没有摆脱形而上学的影响。

② Sarah B. Pomeroy, *Women's History and Ancient History*, p. 126.

③ W. H. S. Jones, *Hippocrates*, vol. 1, Introduction, 见 The Loeb Classical Library, 1923, pp. 11-14.

④ 埃斯库罗斯：《奥瑞斯提亚》，灵珠译，上海译文出版社1983年，第220页。

五、希腊化时代妇女地位的变化

在希腊化时代，希腊妇女的地位发生了很大变化。“希腊化”(Hellenismus)这一概念首先是由19世纪德国历史学家德罗伊森(Droysen)在其所著的《希腊主义史》一书中提出来的，他用这个概念来概括古代地中海东部地区由亚历山大东征所开创的一个时代的文化特征，后来它逐渐被各国学者所接受和采用。希腊化时代从公元前334年亚历山大东侵开始，到公元前30年罗马征服埃及为止，期间大约经历了300年的时间。[①] 在这段时间内，由于政治版图的变化和东西方文化交流的空前扩大，希腊化世界出现了一种新的政治和文化秩序，并在东西方文化交汇和融合的基础上，产生了一种与以往以城邦为基础的希腊古典文化所不同的“世界主义文化”。与此相适应，希腊化各王国的不同学术领域和公民的社会生活都呈现出新的特点。本节重点考察希腊化时代妇女生活的变化及其原因。

1. 希腊化时代妇女地位的变化

在希腊化时代，托勒密、塞琉古和马其顿这三大希腊化王国的妇女在政治、经济、法律、婚姻、教育、文学艺术方面的地位都发生了不同程度的变化。

在政治上，希腊化时代的广大妇女仍然像希腊古典时代的前辈一样没有参与政治的权力，但与此同时，少数王室妇女和富有的上层妇女通过不同途径掌握了政治权力，对国家或地方的政治生活发生了重大影响。希腊化时代掌有实权、最能影响国家政治的王室妇女的代表人物是奥林匹娅斯(Olympias)、贝勒妮丝二世(Berenice II)和克利奥佩特拉七世(Cleopatra VII)。

奥林匹娅斯(约公元前375—前316年)，是马其顿国王腓力二世的王后，亚历山大的母亲。她精力充沛、做事果断、极有才能，因而在丈夫和儿子死后的宫廷权力斗争中，扮演了十分重要的角色。公元前336年夏天，腓力二世在其女儿的婚宴上被刺身亡，年仅二十岁的亚历山大在其母亲的帮助下继承了王位。两年后，亚历山大率兵东征，奥林匹娅斯实际上主持了朝政，并且经常与留守国内的摄政安提帕特发生摩擦和冲突。公元前331年，她离开马其顿退居伊庇鲁斯，并在那里统治了多年。亚历山大去世后，她发动了反对安提帕特的宣传战。直到公元前317年，当安提帕特之子卡山德拥戴腓力二世的傻儿子腓力

① 也有人把公元前323年亚历山大去世作为希腊化时代开始的标志。

三世为马其顿国王时，她应摄政波利佩孔的请求，在军人们的支持下，处死腓力三世夫妇、卡山德的党羽百余人，毫不费力地掌握了马其顿的政权，使她的孙子亚历山大四世成为唯一的国王。由于她无节制地杀人，丧失了巩固权力的机会，使卡山德乘机卷土重来。公元前 316 年，她被迫向卡山德的军队投降，并被判处死刑。即使如此，把她看作是亚历山大的神圣母亲的士兵们仍不敢执行命令，最后，她被自己所杀的那些人的亲属动手杀死。[①]

贝勒妮丝二世（约公元前 273—前 221 年）是昔兰尼国王马格斯的女儿。她勇敢坚强、意志坚定，敢于骑马奔驰在战场上。她父亲生前把她许配给了埃及的托勒密三世，但在马格斯死后，她母亲却把马其顿的王子底米特里乌斯请来与女儿结婚。贝勒妮丝与他们两人相对抗，并派人把底米特里乌斯杀死。公元前 247 年，她与托勒密三世结婚。而当托勒密三世准备去叙利亚作战时，她奉献一绺头发，以祈求神灵保佑丈夫平安返回家园。在她的丈夫死后，她和她的长子托勒密四世成为共同统治者，掌握了管理国家的实权。公元前 221 年，她被托勒密四世毒死。尽管如此，慑于母亲的威信和影响，托勒密四世专门设立了一个向贝勒妮丝表示敬意的女祭司职位，还以“救世主”的称号为她在亚历山大里亚建立了一座庙宇。[②]

克利奥佩特拉七世（公元前 69—30 年）是希腊化时代最著名的女王，也是埃及托勒密王朝的最后一位女王。她受过良好的教育，才华出众，胆识超人，聪颖机智，善于玩弄政治手腕，还会讲多种语言。普鲁塔克说：“她的声音甜美，舌头就像有着许多根弦的乐器能够时刻转换成任何她喜欢讲的语言，因此她在会见蛮族人时，很少需要翻译。”[③]公元前 51 年，其父亲去世，她和异母兄弟托勒密十三世成为继承人，共同执政。在这以后近二十年的时间内，克利奥佩特拉掌握着埃及的实际统治权。为了维护托勒密王国的利益，加强和扩大自己的权力，克利奥佩特拉以自己特有的魅力和种种手段先后卷入了罗马著名统帅恺撒和安东尼的生活，取得了他们的支持。她与安东尼的关系，激起了罗马人的非议和愤怒，屋大维利用这一点，鼓动罗马人对克利奥佩特拉宣战，并把安东尼宣布为“祖国之敌”。亚克兴战役失败后，克利奥佩特拉自杀，埃及并入了罗马的版图（公元前 30 年），从而也宣告了托勒密王朝和希腊化时代的结束。

少数妇女凭借王室血统、财富或才学获得了政治权力和人们的尊敬，而大多数妇女在

---

① Simon Hornblower and Antony Spawforth, eds., *The Oxford Classical Dictionary*, 3rd ed. Revised, Oxford University Press, 2003, p. 1066; Sarah. B. Pomeroy, *Goddesses, Whores, Wives and Slaves*, p. 122.

② E. Fantham, H. P. Foley, N. B. Kampen, S. B. Pomeroy and H. A. Shapiro, *Women in the Classical World*, pp. 145-151.

③ Plutarch, *Antony*, 27, 2.

政治上却仍然默默无闻。但在经济领域内,希腊化世界中的广大妇女的地位则普遍有了较大提高,在许多地区,妇女不但拥有土地和财富,而且还取得了较大的经济权利。例如她们有权买卖商品和财产,抵押自己的物品,提供和取得贷款,可以被指定为继承人并继承财产,也可以自己订立遗嘱,甚至还有权控制她们的特殊财产——奴隶。[①] 在监护人的参与下,妇女们越来越主动地参与到各种经济活动之中。在开俄斯(Ceos)和泰诺斯(Tenos),土地买卖记录了许多妇女的名字。在提洛岛(Delos),已婚妇女在她们的监护人的帮助下借钱,这说明是她们自己,而不是她们的丈夫对她们的债务负责。[②] 同样,在阿摩哥斯(Amorgos),也发现了一些妇女参加经济活动的证据。一份公元前 3 世纪的抵押借款的契约称:"根据存放在克里托劳斯的儿子伊万塞斯那里的协定,克列狄乌斯的儿子安特诺把房子和花园抵押给伊万格拉斯的女儿帕莎里斯特,以借 90 德拉克马银币。"[③]史实表明,在希腊化时代,妇女的经济地位显著上升。然而,妇女经济地位的提高在希腊化世界的各地区发展得并不平衡,当广大妇女获得更多的控制财产的权利时,雅典妇女仍然无权真正拥有和支配财产,她们只是在有关她们的嫁妆的交易中被提及,这说明她们极少参与其他经济活动。

在法律和婚姻方面,希腊化世界的妇女获得了一定的行动能力和自主权。古典时代希腊妇女的一切经济、法律事物都由监护人来负责安排。到了希腊化时代,希腊妇女进行诉讼或订立财产契约时,仍然需要监护人的帮助,但她们加强了在经济和法律活动中的主动性,她们要像男人一样,对她们从事的买卖、出租、承租、借贷等活动承担起责任。在某些情况下,居住在埃及的希腊妇女可以不通过监护人或在没有监护人的情况下,为自己的利益而采取行动。一些妇女为了自己的事而向政府或警察写请愿书。例如,一位妇女在请愿书中援引早先的政府规定,请求免除自己耕作国家土地的义务。[④] 寡妇或私生子的母亲拥有 matera potestas 权利,依据这种权利,她们能够安排女儿的婚姻和儿子的学徒事宜,还可以在与女儿的婆婆商量的条件下,决定遗弃女儿的遗腹子。在希腊化时代,母亲与父亲的名字有时一起出现在婚姻契约上。母亲法律行为能力的加强,也使她们的义务相应增加。法律规定,在孩子的父亲死后,孩子的母亲必须承担起供养孩子的责任。[⑤]

---

① Eva Cantarella, *Pandora's Daughters*, p. 91.

② Sarah. B. Pomeroy, *Goddesses, Whores, Wives and Slaves*, p. 130.

③ Mary R. Lefkowitz and Maureen B. Fant, eds., *Women's Life in Greece and Rome: A Source Book in Translation*, 2nd ed., The Johns Hopkins University Press, Baltimore, 1992, p. 82.

④ Sarah. B. Pomeroy, *Goddesses, Whores, Wives and Slaves*, p. 127.

⑤ Eva Cantarella, *Pandora's Daughters*, p. 91.

在婚姻问题上，父亲的决定作用在一定程度上受到了削弱，女性的自我意识逐渐觉醒，产生了掌握自己命运的愿望。一份公元前2世纪的纸草文书保存了一部戏剧的片断。在剧中，女主人公试图说服她的父亲，不要把她嫁给比她现在的丈夫更富有的男人，她对父亲说道：

父亲，虽然一个妇女在判断别的事情上可能是傻瓜，但对她自己的事务却有良好的理解力。……父亲，您还要用我的生命作运气试验多久？当我是个孩子的时候，是您为我找到了一个丈夫并把我嫁给了他，那时也是您的选择。可是，一旦您把谁给了我，我就必须照管自己的命运。正因为这样，如果我的判断失误，我自己的生活就会受到损害。所以，看在我家女神的分上，不要抢走那个你曾使他与我结婚的男人。父亲，这就是我向您提出的唯一请求。①

在这里，这位妇女显示出了对父亲包办自己婚事的做法极端不满，表达了女性要求把握自己命运的强烈愿望。

从希腊化时代订立的婚姻契约中，我们也可以看出妇女地位的上升。在希腊古典时代，法律和社会道德体系维护不平等的男女两性关系。它们只要求女性对男性保持贞节，不要求男性守贞节和遵守婚姻道德规范。希腊化时代的婚姻契约在规定夫妻双方的权利义务和相互关系方面取得了很大的进步。现存的一份最早的希腊人婚姻契约（公元前311年），为我们提供了希腊化时代爱琴海岛屿上希腊居民夫妻关系的信息：

赫拉克利德斯和德梅特里亚的婚姻契约。赫拉克利德斯从科斯的德梅特里亚的父亲，科斯的利普提尼斯和其母亲菲洛提斯那里，接受德梅特里亚为自己合法的妻子。两人都是自由的。德梅特里亚带来了价值1000德拉克玛的结婚衣服和饰物。赫拉克利德斯将提供给德梅特里亚所有适合于自由人出生的物品，两人将居住在利普提尼斯和赫拉克利德斯经过共同商量，认为是最合适的地方。

如果德梅特里亚被抓获以欺骗性的诡计给她丈夫赫拉克利德斯带来耻辱，她将丧失她所带来的一切东西。但赫拉克利德斯必须在夫妻双方赞成的三个人

① E. Fantham, H. P. Foley, N. B. Kampen, S. B. Pomeroy and H. A. Shapiro, *Women in the Classical World*, pp. 162-163.

面前证实他指控德梅特里亚的事情。对于赫拉克利德斯来说，如果他把另一个女人带回家，以至于对德梅特里亚傲慢无礼，这将是不合法的，他也不可与另一个女人生孩子，他不能以任何借口沉迷于欺骗性的诡计来反对德梅特里亚。如果赫拉克利德斯被抓获做了这些事中的任何一件事，德梅特里亚又能在夫妻双方同意的第三人面前证实这一点，赫拉克利德斯就要还给德梅特里亚她所带来的价值1000德拉克玛的嫁妆，并支付1000德拉克玛银币的罚款……

赫拉克利德斯和德梅特里亚每人有权各自保管一份契约书，以便引用它来对付对方的越轨行为。[1]

另一份保留在纸草上的婚姻契约是公元前92年由两个波斯人菲利斯库斯和阿波罗尼亚订立的，这个契约反映了希腊化时代埃及地区普通居民的婚姻状况，契约提到：

阿波罗尼亚同意与菲利斯库斯生活在一起并服从他，正像一个妻子所应当对她的丈夫所做的那样，与他共同拥有共同的财产。菲利斯库斯无论是在家还是不在家，都将提供给她生活必需品、一件斗篷和其他适合于他们生活水平的妻子习惯上应拥有的物品。菲利斯库斯不可把另一个妻子，或者妾，或者娈童带回家。只要阿波罗尼亚活着，他就不可以与另一个女人生孩子，除了阿波罗尼亚主持的家庭以外，他不得另外建立一个家庭。他答应绝不抛弃她，也不虐待她，并且不以伤害她的方式让渡他们的共同财产。如果菲利斯库斯做了任何这样一件事，或者他没有提供给生活必需品、斗篷或其他规定的物品，菲利斯库斯就必须立即归还2塔兰特和4000德拉克玛铜币的嫁妆。

同样，没有菲利斯库斯的同意，阿波罗尼亚不可以离开家一个晚上或一个白天，她不可以与别的男人住在一起，或者引起共同家庭的毁灭，或者给菲利斯库斯带来任何一件使他蒙受耻辱的事。如果阿波罗尼亚自愿与菲利斯库斯分开，菲利斯库斯必须在10天之内完整无缺地把嫁妆归还给她。如果他不能归还指明的嫁妆，他必须还给她原来的数目再加上一半。[2]

---

① E. Fantham, H. P. Foley, N. B. Kampen, S. B. Pomeroy and H. A. Shapiro, *Women in the Classical World*, pp. 158-159.

② Mary R. Lefkowitz and Maureen B. Fant, eds., *Women's Life in Greece and Rome: A Source Book in Translation*, p. 90.

从以上两份婚姻契约的摘要中我们可以看出，希腊化时代的男女两性关系中仍然保持着不平等的因素，妻子必须服从丈夫，没有丈夫的批准，妻子不能离开屋子，法律也没有提供阻止丈夫与家庭以外的其他妇女和男人发生性关系的办法，甚至连男女双方居住的地方也是由男方和女方的父亲共同决定，而不是由男女双方商定的。但是希腊化时代的婚姻契约把婚姻双方解释为地位平等的人，承认婚约是对双方行为的规定，婚姻双方都受到了社会和道德的权利和义务的约束，都被要求在家庭中保持性贞洁，这与仅要女性单方面地保持忠诚的希腊古典时代的婚姻道德相比，无疑是一个很大的进步。

在希腊化时代，妇女受教育的机会扩大，一些妇女具备了读和写的能力。从埃及的纸草文献中我们发现，不少妇女能够在契约上签她们的名字。这个时期希腊化各王国广大妇女逐渐获得了接受体育教育的权利，曾经被视作男性教育的基本部分的体育运动向女性敞开了大门。在古典时代，除了斯巴达妇女外，希腊世界的广大妇女无权参加体育锻炼。就体育竞赛而言，除了一些在奥林匹亚举行的与男性隔离的比赛和在埃利斯(Elis)按年龄分组的由少女参加的向赫拉致敬的赛跑外，直到公元 1 世纪以前，希腊妇女从来没有作为个人参加过体育运动竞赛。公元 1 世纪开始，妇女的名字出现在与体育运动有关的铭文上。这时，德尔斐的一份铭文向来自特拉莱斯(Tralles)的三位女运动员表示敬意。铭文提到，她们三人中一位叫做海迪(Hedea)的女子，由于在雅典弹竖琴唱歌，在尼米(Nemea)参加赛跑和在伊斯米亚(Isthhmia)驾驭马拉战车而获奖。[①]

在希腊化时代，妇女受教育机会的扩大以及她们的读写能力的增强，为妇女从事各种职业创造了条件。这个时期各地出现了不少女诗人。特洛斯(Telos)的女诗人爱琳娜(Erinna)大约生活于公元前 4 世纪末，受到了古代评论家的高度赞扬，人们认为她的诗可以与萨福的诗相媲美。她富有想象力和创新精神，当人们普遍采用传统的两行诗或合唱的音步形式来创作时，她毅然采用长短短格的六音步诗行形式来创作哀伤诗。她的一首哀伤诗是她为哀悼她终生的好友鲍西丝(Baucis)而作的，诗中写道：

鲍西丝，我为你而悲伤，
往事浮现涌心头，
件件似在我眼前，
从前的欢乐早已化为灰烬。
当我们尚是年幼女孩的时候，

① Sarah. B. Pomeroy, *Goddesses, Whores, Wives and Slaves*, p. 137.

我们坐在房里，无忧无虑，
假装我们是年轻的新娘。
还记得吗？天刚亮，
给仆人们分发羊毛的“母亲”来了，
叫你帮助腌制咸肉。
当我们年幼的时候，
常常被妖怪吓得魂不附体，
它头上长着两只奇大耳朵，
用四只脚在地上走来走去，
它的脸不断地改变着模样。
然而，当你登上丈夫的床榻，
这些事都被你抛到了脑后，
也忘了当你还是小女孩时，
母亲告诉你的一切。
亲爱的鲍西丝，阿佛洛狄忒把遗忘送给了你。
我悼念你，忽视了我自己的职责……
一阵阵悲伤撕着我的面颊。[①]

除了在文学方面崭露头角之外，希腊化时代的一些妇女也踏入了艺术的殿堂，成为颇有名望的艺术家。普林尼在《自然史》中提到了提玛瑞忒(Timarete)、阿里斯塔瑞特(Aristarete)和拉娅(Laia)等女画家。根据普林尼的介绍我们得知，女画家拉娅生活于公元前1世纪，她主要画妇女肖像，还用镜子画了一幅自画像。她作画速度快，技艺娴熟，所创作的书画价格要比当时大多数画家的作品高得多。[②] 一份德尔斐城的铭文告诉我们，一位名叫波丽格诺塔(Polygnota)的女竖琴师，由于她为神庙提供的服务而被授予了包括拥有土地的权利在内的许多荣誉。[③]

在希腊化时代，一些妇女潜心学习和研究哲学理论，进入了传统上被认为是男人领域的哲学王国。早在古典时期的雅典，柏拉图的学园里就有两名女性像男人们一样学习哲

① Sarah. B. Pomeroy, *Goddesses, Whores, Wives and Slaves*, p. 138.

② Pliny, *Natural History*, XXXV, 147-148.

③ Renate Bridenthal and Claudia Koonz, eds., *Becoming Visible: Women in European History*, Houghton Mifflin Company, 1977, p. 76.

学。当历史的车轮驶入希腊化时期时，更多妇女成为哲学家。大约在公元前300年左右，一位希腊贵族女子希帕奇亚（Hipparchia）与她的兄弟一起热心地学习犬儒派哲学思想，并爱上了犬儒派哲学家克雷茨（Crates）。她不理会许多出身高贵的求婚者，执意要与这位看来又穷又丑的哲学家结合。她甚至威胁父母说，如果不让她与克雷茨结婚，她就会自杀。[①] 与克雷茨结婚后，她与丈夫一起外出，一起出现在大庭广众面前，一起参加各种聚会，并为自己把时间和精力放在教育上，而不是放在织机上感到自豪。希帕奇亚的事迹充分说明了希腊化时代知识妇女对智慧的爱好，以及她们对事业的执着追求。

更值得一提的是，在希腊化时代，部分妇女开始正式学习医学，以行医作为自己的职业。大约是在公元前4世纪后期，一位名叫哈格诺迪塞（Hagnodice）的雅典女子因渴望学医而剪掉了自己的头发，穿上了男人的衣服，跟希罗菲鲁斯（Herophilus）学医，在掌握了医学知识和技能之后，她深入到妇女中去为她们治病，并帮助她们解决分娩时出现的问题，成了雅典的第一个女产科医生。[②]

诗歌和艺术往往是社会生活的反映。在希腊化时代，古风和古典时代流传下来的歧视妇女的思想并没有完全消失。但是，表达普通人的日常生活和情感，歌颂男女之间的爱情成为这个时期文学的主旋律。

洛克里（Locri）的女诗人诺西斯（Nossis）大约生活在公元前3世纪前半期，她以写爱情诗而著称，被称为“爱情诗人”。她把爱情看作世界上最美好的事情，认为爱比蜂蜜甜蜜，她在一首诗中写道：

> 世上无它物能比爱更甜蜜，
> 所有别的快乐都名列其次，
> 拥有爱，我甚至唾弃蜂蜜。
> 阿佛洛狄忒所不爱的女人，
> 将永远不会在夏季的花朵中发现这美丽的玫瑰。[③]

就爱情而言，希腊化时代的男女两性关系在一定程度上是比较平等的。爱情不仅给

---

① E. Fantham, H. P. Foley, N. B. Kampen, S. B. Pomeroy and H. A. Shapiro, *Women in the Classical World*, pp. 167-168.

② E. Fantham, H. P. Foley, N. B. Kampen, S. B. Pomeroy and H. A. Shapiro, *Women in the Classical World*, p. 168.

③ Renate Bridenthal and Claudia Koonz, eds., *Becoming Visible: Women in European History*, p. 78.

女性带来欢乐和痛苦，也同样给男性带来痛苦和欢乐。在一首田园诗中，一个叫做波利菲姆斯的男子由于深爱一个女孩而感到痛苦，诗中写道：

他不是以苹果、玫瑰，
也不是以长长的卷发，
是用真正的疯狂爱她，
世界上没有任何别的事比这爱更重要。①

在这个时期希腊艺术的风格有了很大的转变，对女性人体美的欣赏成为这个时期希腊艺术的时尚，裸体女性雕像的涌现成为希腊化时代艺术发展的显著特征。

对于古希腊艺术来说，女性裸体是一个挑战性的主题。女性裸体违背古希腊的社会风俗。除了斯巴达妇女外，有身份的古希腊妇女都不参加必须脱去衣服的体育锻炼。希腊神话称，阿克泰翁(Actaeon)由于在狩猎时看到阿耳忒弥斯女神沐浴而被女神变成一只鹿，最后被他的猎犬撕碎；铁列西阿斯(Tiresias)由于看见雅典娜沐浴而成为瞎子。② 正因为古希腊社会的这一传统，古风和古典时代的希腊艺术中，男子塑像往往被表现为裸体的形式，大多数女性的雕像则被塑造成穿着带褶衣服的样子，只有个别雕像、花瓶绘画和男性在酒会上使用的酒杯上才出现女性裸体的形象，而且这些裸体绘画描绘的一般都是妓女。③

裸体女性雕塑创作的开拓者，是公元前 4 世纪中叶希腊著名的雕塑家普拉克西特利斯(Praxiteles)，他创作的裸体的阿佛洛狄忒成为不朽的经典之作。这座雕像外形美丽、目光柔和、表情喜悦，受到了人们高度的赞美和喜爱。有人在一首赞誉它的诗中，借女神之口情不自禁地叫道："普拉克西特利斯，你究竟在哪里看到过像我这样的裸体？"据说，这座雕像曾被尼多斯的公民买去，当比尼西亚的国王尼古米底提出以取消尼多斯人的巨额公共债务作为条件换取这座雕像时，被深深喜爱这座雕像的尼多斯人拒绝了。④ 普拉克西特利斯没有继续工作到希腊化时代，但是通过他的同是雕塑家的儿子和他的画坊的影响，裸体的阿佛洛狄忒成为希腊化和罗马时代艺术的中心形象。⑤

---

① Eva Cantarella, *Pandora's Daughters*, p. 95.

② 鲍特文尼克等编著：《神话辞典》，黄鸿森、温可铮译，第 21、287 页。

③ Sarah. B. Pomeroy, *Goddesses, Whores, Wives and Slaves*, p. 143.

④ 苏珊·伍德福特等：《剑桥艺术史》第 1 卷，罗通秀、钱乘旦译，中国青年出版社 1994 年，第 97 页。

⑤ E. Fantham, H. P. Foley, N. B. Kampen, S. B. Pomeroy and H. A. Shapiro, *Women in the Classical World*, p. 174.

公元前3世纪起，希腊艺术中的裸体的阿佛洛狄忒的形象有了进一步的发展，阿佛洛狄忒的塑像由古典时代的冷漠超然站立着的样式变成了弯下腰或蹲在地上的姿势。这时雕像的外形较胖，臀部也趋于宽大，它反映了当时人们审美标准的改变和对丰收的企盼。

与此同时，在希腊化时代艺术中，表现男性之间同性恋活动的作品越来越少，大多数作品都细腻地表现了夫妻之间相亲相爱的情景，所有这一切都从艺术方面体现了希腊化时代男女两性关系的改善。

2. 妇女地位变化的社会文化背景

大量史实告诉我们，在希腊化时代，性别关系发生了重要变化，妇女的社会和家庭地位有了较大提高。我们认为，希腊化时代妇女地位发生的变化与这个时代的文化和社会背景是分不开的。

首先，希腊化时代妇女地位的提高是东西方文化汇合交融的结果。希腊化时代是东西方文化大融合的时代。希腊化时期的文化是在融合希腊和东方因素的基础上产生的一种新文化，希腊化的过程实际上是希腊文化和东方文化互相碰撞、互相影响和互相渗透的过程。虽然在这个过程中，希腊文化处于主导地位，但是东方文化对希腊文化的冲击也是非常强烈的。在性别关系方面，东方民族尤其是古埃及人对于妇女、家庭和婚姻的态度对希腊、马其顿人产生了重要影响。

与古希腊妇女相比，古埃及妇女的地位高得多。古埃及妇女在社会经济生活中扮演了重要角色，并因此而使她们赢得了社会的尊重。根据古埃及法律，埃及女子享有财产权和继承权，并可以根据自己的意愿自由地立遗嘱。在法庭上，古埃及妇女享有与男性同等的权利。当采取与个人权利相关的法律行动时，埃及妇女不必像希腊妇女那样，需要一个监护人作为她们的代表。在政治上，古埃及是唯一允许女子继承王位的东方民族。与深居内室的多数希腊妇女相比，古埃及妇女享有较大的行动自由。埃及的妇女热衷于社交与文化活动，她们可以与男性一起参加饮宴活动。在家族传承和家庭生活方面，古埃及妇女的地位也比较高。与只是按男性亲属关系被人提起的雅典妇女相比，埃及的亚历山大里亚的女子的名字广泛地被人知晓，她们的名字常常出现在铭文和纸草文书中。虽然在整个埃及历史过程中始终贯穿着以父亲论血统这条线，但母亲这条线也与之竞争，母亲也是赋予孩子名字的人。古埃及人的夫妻之间的关系要比古希腊人特别是雅典人显得亲密，家庭和睦是古埃及人家庭关系的主流。在埃及女孩也可以接受舞蹈、音乐和书写等方面的教育。①

虽然，古埃及妇女并没有真正达到男女平等，国家政权在绝大多数时期掌握在男性统治集团手中，家庭重大事情的决策权属于男性，丈夫打妻子的现象也时有发生。但是与比较歧视妇女的古希腊人相比，古埃及人对妇女的态度已经相当开明。在希腊化时代东西文化交汇之时，古埃及人的妇女观和家庭婚姻观必然会对古希腊人产生潜移默化的影响，从而使妇女的地位得到改善。公元前200年左右，在亚历山大里亚这个国际化的都市里，各阶层的妇女都可以在街上自由行动，她们在商店购物时，毫不介意地与男性混杂在一起。事实说明，埃及的社会风俗，影响了包括希腊移民在内的各族人。

其次，城邦独立地位的丧失和公民生活的变化也是希腊化时代妇女地位提高的重要原因。在希腊化时代，在君主制度的统治下，城邦独立丧失，希腊男人们对公共事务和政治事务的关心逐渐变弱，注意力从城市的公共生活转向了私人生活和家庭欢乐，男女两性的关系也随之发生了变化。人们开始把夫妻朝夕相伴当作生活中最重要的事来看待，因此，美国心理史学家黎黑指出，从社会观点来看，希腊化时代最大的赢家就是妇女，原先那种把婚姻作为生儿育女的契约的思想终于为爱情和伴侣的思想所取代。②

离开了旧日的城邦生活轨道的古希腊人发现自己处于一个到处是阶级、种族和文化冲突的动荡世界中，心中充满着忧虑和不安，他们力图在这个艰难的世界中找到解救自己的办法，于是，那种建立在城邦基础之上的古典哲学思想和价值观逐渐衰落，新的哲学伦理思想应运而生。希腊化时代重要的哲学派别在哲学思想、如何应付这个动荡的世界和对女性态度上存在差异，但它们有一个共同之处，这就是关心和追求个人的幸福，而不是社会的福利。伊壁鸠鲁说过："快乐是幸福生活的开始和目的。因为我们认为幸福生活是我们天生的最高的善，我们的一切取舍都从快乐出发，我们的最终目的乃是得到快乐，而以感触为标准来判断一切的善。"③斯多葛学派则断定对于一个人来说，好的生活就是依照自然本性的生活。④ 这些哲学伦理思想反映了在希腊化这个"世界主义"时代中，个人主义的发展和当时人们对社会政治和公共生活所持的淡漠态度。它们的流行更加促使人们对个人和家庭幸福的追求，从而从客观上有利于男女两性关系的改善和妇女地位的提高。

除了上述原因以外，妇女经济权的增长实际上是希腊化时代妇女地位提高的最重要

① 参见安德烈·比尔基埃等主编:《家庭史》第1卷，袁树仁等译，三联书店1998年，第193—233页。
② 托马斯·H.黎黑:《心理学史》上册，李维译，浙江教育出版社1998年，第121页。
③ 北京大学哲学系外国哲学史教研室编译:《古希腊罗马哲学》，商务印书馆1982年，第367页。
④ 特伦斯·欧文:《古典思想》，覃方明译，辽宁教育出版社和牛津大学出版社1998年，第211页。

的基础，由于前文已有所涉及，在此就不再赘述。

六、古希腊妇女与宗教

古希腊妇女的地位不仅在不同的历史阶段和不同文化传统的城邦中有所不同，而且在不同的领域中境遇也不一样。除了斯巴达，古希腊各城邦的妇女基本上都被排除在政治生活之外。但是，她们被以各种方式包括在城邦的宗教生活之内。她们参加家庭的各种祭仪，出席城邦的许多宗教节日庆典，负责主持某些宗教仪式，特别是那些与生死有关的宗教仪式。由于她们对宗教活动的积极参与，有人甚至称她们为“宗教崇拜的公民”。[①]宗教在古希腊人的生活中占有特别重要的位置，研究古希腊妇女问题不能忽视在这一领域内的考察。在本节中，我们拟通过对古希腊妇女宗教活动和仪式的探讨和对她们被包括在城邦宗教生活之内的原因的分析，来研究古希腊妇女在宗教领域内的地位，以更全面地认识她们在家庭和社会中的处境。

1. 妇女参与城邦宗教活动

贝格尔指出：“最早的宗教表达总是以仪式为特征的。仪式行动一般是由两个方面构成的——不得不做的事和不得不说的事。举行仪式是与重复神圣公式密切地联系在一起的。换言之，宗教的观念化是以宗教活动为基础的……。”他还强调说：“宗教的根源在于日常生活的实际事务。”[②]古希腊妇女的宗教生活也是由一系列的仪式和活动构成的，她们是家庭祭祀不可缺少的成员，也是城邦宗教活动的积极参与者。由于古希腊宗教仪式和庆典极多，我们不能一一列举妇女参加的全部宗教活动，只能选取一些有代表性的仪式和庆典来考察妇女的地位。

在古希腊妇女的每个人生阶段和每个重要转折关头都伴随着频繁的祭祀仪式和奉献活动，如少女初始仪式、婚礼等。可以说她们的一生都离不开宗教仪式。不过真正反映她们的社会地位的还是与男性一起参加城邦的宗教庆典活动，其中最著名的是泛雅典娜节。这个节日是阿提卡地方纪念护城女神雅典娜·波利阿斯的庆典。节日每年举行，持续两天。从公元前566年起，每四年举行一次大泛雅典娜节，庆典至少持续四天。节日中，人们进行火炬赛跑等各种竞技比赛，获胜者的奖品是装有圣橄榄油的泛雅典娜奖瓶。庆典

---

① Louise Bruit Zaidman, “Pandora's Daughters and Rituals in Grecian Cities”, in Georges Duby and Michelle Perrot, gen. eds., *A History of Women in the West*, vol. 1, p. 338.

② 彼得·贝格尔：《神圣的帷幕》，高师宁译，上海人民出版社1991年，第49—50页。

最隆重的场面是泛雅典娜游行，游行在传说中的雅典娜诞辰祭月(Hekatombaion)28日举行。[①] 雅典的妇女和男人们一起参加这盛大的节日游行，从帕特嫩神庙中楣上的浮雕形象我们可以看到，年高德劭的老人拿着橄榄树枝，正当壮年的男性牵着献祭的牲口，意气风发的年轻男子骑在马上，美丽的少女挎着篮子，还有被称为阿瑞福拉的女孩也在队列中。然而，游行的主角却是为雅典娜织好法衣的雅典妇女。整个游行场面，真可以说是一幅男女同庆节日的生动图画。

挎篮少女(kanēphoroi)在游行队伍中十分引人瞩目。她们提的篮子里装的是即将被放在祭坛上和动物牺牲头上的神圣大麦，祭司或者其助手使用的屠宰动物牺牲的刀藏在大麦下面。挎篮少女是从贵族家庭的少女中挑选出来的。对于雅典少女来说，被选中挎盛祭品的篮子是极大的荣誉。从铭文资料上我们得知，公元前4世纪中期的一条雅典法令将挎篮少女与执政官、宗教官员和将军一起列在祭品受惠者的名单上。[②] 分享宗教仪式的祭品，这是妇女很少能享受到的权力，由此可见挎篮少女的特殊地位。被拒绝担任这一角色是雅典少女和和她们家族的耻辱。修昔底德记载说，雅典僭主希庇阿斯的弟弟希帕库斯爱上了美少年哈莫迪俄斯，向后者求爱，但遭到了拒绝。于是，希帕库斯和他的哥哥想了一个办法来报复哈莫迪俄斯。他们先是邀请哈莫迪俄斯的一个妹妹带着一个篮子来参加泛雅典娜节的游行。但当这个姑娘到达之后，他们又叫她回家，说她根本不配担当这个任务和参加游行。这对哈莫迪俄斯的家族来说是极大的侮辱，引起了他愤怒，终于和自己的同性恋情人一起杀死了希帕库斯，并因此而成为雅典反僭主的英雄。[③]

泛雅典娜庆典中奉献给雅典娜女神的法衣是由两个阿瑞福拉(arrēphoroi)先开始纺织的，其他雅典妇女接着织，并为法衣绣花。[④] 游行者将它系在带轮子的圣船的桅杆上，从雅典的制陶区出发，经过市中心，最后送到雅典卫城，穿到雅典娜的木雕像上。从泛雅典娜节的庆典特别是游行的过程来看，我们不能不说雅典妇女扮演了重要角色。

古希腊妇女参与城邦宗教生活，不仅表现为她们参与城邦宗教活动和仪式，而且表现为她们可以担当神的祭司和神谕所的预言者，从而对希腊世界各城邦的政治和社会生活产生了极大影响。

在雅典，护城女神雅典娜·波利阿斯的女祭司是城邦最重要的宗教显贵。她是从埃

---

① R. Flacelière, *Daily Life in Greece at the Time of Pericles*, pp. 198-199.

② John Ferguson and Kitty Chisholm, *Political and Social Life in the Great Age of Athens*, The Open University, 1978, p. 182.

③ Thucydides, *History of the Peloponnesian War*, VI, 56.

④ Sarah. B. Pomeroy, *Goddesses, Whores, Wives and Slaves*, p. 76.

特奥波塔德斯(Eteoboutades)家族中挑选出来的,并终身任职。她负责主持城邦的卡里特节(Kallyteria)和普林特利节(Plyteria)的宗教仪式,还领导捧神圣匣子者阿瑞福拉,正是她把阿瑞福拉将要运送的神秘东西藏进匣子。当城邦举行厄琉西斯秘密大祭典所需的神秘物品从厄琉西斯运到雅典之时,人们要向她报告圣品的到达。① 雅典的王者执政官之妻得到"巴西莉莎"(Basilissa)的头衔,协同丈夫一起主持城邦的庆典,并在雅典每年举行的纪念狄奥尼索斯神秘婚姻的仪式中扮演神的妻子。② 除了这些从贵族家庭选出的女祭司外,雅典也有出身于普通公民家庭的女祭司。例如,雅典娜·尼刻(Athena Nike)神庙的女祭司就是从所有的雅典妇女中用抽签的方法产生出来的。她每年可以得到50德拉马玛的津贴以及献祭的动物牺牲的腿和皮。③

在厄琉西斯,德墨忒耳和科瑞神庙的女祭司与男祭司(hierophant)一起负责主持该神庙,她是从菲雷德斯(Philleides)氏族的女儿们中选举出来或者通过抽签的办法产生的。她住在神庙的一间"圣室"内,担负着重要的宗教责任。她是哈洛亚(Haloa)节宗教仪式的首要主持者,并掌管神庙基金。根据一份公元前4世纪的铭文资料来看,有时她还打官司,以反对男祭司对她神圣权力的侵犯。④

古希腊的女祭司与男祭司的地位相近,享有同样的权力和荣誉。像男祭司一样,她们有时享有名祖的特权。例如,厄琉西斯的重要事件是根据德墨忒耳女祭司的名字和她在位持续的时间来记载的。⑤ 女祭司们有时还享有 proedria 权,也就是在剧院或体育馆拥有一个荣誉座位的特权。在奥林匹亚,德墨忒耳·查米尼亚(Demeter Chamynea)的女祭司在奥运会运动场上的座位面对着裁判。⑥ 不仅如此,女祭司们对虔诚信神的古希腊人的政治、军事和社会生活也发生了影响。公元前508年,当斯巴达国王克列欧美涅斯(Cleomenes)试图通过反对民主派改革家克里斯提尼而干预雅典政治,并靠近雅典娜圣殿之时,女祭司提醒他,多利亚人进入圣殿是不合规定的,这实际上也表明了女祭司的政治态度。公元前480年,在萨拉米海战开始之前,雅典娜神殿的女祭司告诉雅典人,说雅

---

① Louise Bruit Zaidman, "Pandora's Daughters and Rituals in Grecian Cities", in Georges Duby and Michelle Perrot, gen. eds., *A History of Women in the West*, vol. 1, p. 372.

② R. Just, *Women in Athenian Law and Life*, p. 24.

③ Mary R. Lefkowitz and Maureen B. Fant, eds., *Women's Life in Greece and Rome: A Source Book in Translation*, p. 282; Nike系雅典娜作为胜利女神的别名之一。

④ Louise Bruit Zaidman, "Pandora's Daughters and Rituals in Grecian Cities", in Georges Duby and Michelle Perrot, gen. eds., *A History of Women in the West*, vol. 1, p. 372.

⑤ Sarah. B. Pomeroy, *Goddesses, Whores, Wives and Slaves*, p. 77.

⑥ Pausanias, VI, 20, 9.

典娜的圣蛇已离开了卫城从而支持了雅典人把妻子和儿女都撤出雅典的决定。[①] 史实说明，古希腊的女祭司受到社会的尊重，享有很高的威望，因而影响到各城邦的政治和社会生活。

然而，对古希腊人影响最大的女性神职人员当数各地神谕所的女预言者，尤其是德尔斐的阿波罗神庙的女预言者——皮提亚(Pythia)。皮提亚是出生于社会下层的处女，古希腊人试图依靠她们的贞洁来与神沟通。普鲁塔克在形容他生活的时代的一位皮提亚时说，她生长在贫穷的农民家庭，她没有把一点点艺术、知识或才能带到这个预言的位置上，她接近神确实凭的是其处女的灵魂。[②] 皮提亚坐在阿波罗神谕所的三脚架上，吸着岩石裂缝冒出的瘴气，处于入迷状态，高声谵语，一旁的男祭司则把这些话语记录下来，作为阿波罗的旨意传达给请示神谕者。由于她们所扮演的与神联系的特殊角色，皮提亚往往成为希腊各城邦政治纷争的调停人和仲裁者，并对古希腊人的思想和行动起到了指导和规劝作用。古希腊人在采取重要的政治、军事行动和殖民建邦之时，往往要到德尔斐的阿波罗神谕所请示神谕。斯巴达人得到德尔斐神谕的支持，在利翁、阿尔息达和达马刚三人的率领下，建立了殖民地赫拉克里亚(Heracleia)。[③] 深受干旱之苦的铁拉人，根据德尔斐女预言者的提示，在利比亚建立了殖民地。[④] 据说，来库古是从德尔斐求得“瑞特拉”神谕后，开始在斯巴达实行政治改革的。[⑤] 德尔斐神谕也为梭伦夺取萨拉米和当选为雅典执政官助了一臂之力。[⑥] 德尔斐女预言者受人贿赂和利用的事实，也反过来说明了她们在希腊政治中的作用。希罗多德提到，德尔斐的女预言者受人贿赂，因而发布神谕，促使斯巴达人去帮助雅典人推翻僭主政治。女预言者还被人说服，编造了不利于戴玛托拉斯继承王位的谎言。[⑦] 除了在政治上的作用之外，德尔斐的女预言者对古希腊的思想家也有很大的影响力。毕达哥拉斯声称，他从德尔斐的一位女预言者那里得到过箴言，他还给她写过一封信，并受到了她的回答的影响。苏格拉底十分坦率地说，他不仅从皮提亚那里获得了灵感，而且他著名的说理、反对论证的方法也来自她们。[⑧] 由此看来，德尔斐的女预言者并不像普鲁塔克说的那样没有知识和才能。她们见多识广，对希腊各邦情况比较熟悉，因而能够不时给人以良好的忠告，加上她们声称的神谕常常以含糊其辞、模棱两可的

---

① Herodotus, *Histories*, V, 72; VIII, 41.

② Plutarch, *On the Oracles of the Pythia*, 405c, 3-11.

③ Thucydides, *History of the Peloponnesian War*, III, 92.

④ Herodotus, *Histories*, IV, 151-157.

⑤ Plutarch, *Lycurgus*, VI, 1.

⑥ Plutarch, *Solon*, IX, 1; XIV, 4.

⑦ Herodotus, *Histories*, V, 63, VI, 66.

⑧ Mary R. Beard, *On Understanding Women*, p. 84.

方式表达出来，这也使她们的话获得了很大的伸缩性和解释的余地。

应当指出的是，虽然古希腊妇女被包括在城邦的宗教生活之中，但是，在宗教领域内的男女不平等的问题仍然存在，其中最突出的表现，是妇女一般被排除在血祭和随后的祭献活动的肉的分配之外。泽德曼指出："血祭是希腊宗教的核心，因为它使得神与男人们之间的协定为人所见，并更新人类社会的情感联结，它是政治生活所依据的基础。"[①]与这种宗教上被排除在血祭之外的情况相呼应的是，绝大多数古希腊妇女也被排除在城邦的政治生活之外，她们不是城邦的积极公民。而且在古希腊社会有影响力的女祭司本身也是由男性公民通过投票或抽签选拔的。因此，我们在承认古希腊妇女在宗教领域中的作用的同时，也不能不看到男女两性之间依旧不平等的事实。

2. 宗教节日对女性的作用

地母节 在古希腊，有专门或者主要由妇女参加的宗教节日，其中地母节(Thesmophoria)还是城邦的主要宗教节日。这些宗教庆典的产生，与妇女在生育中扮演的重要角色有关。因为，古希腊人认为她们与丰产存在着直接的联系，他们希望通过以妇女为中介的对神的祭祀奉献和多产魔法的实施，来换取风调雨顺，实现他们丰饶多产的愿望。

地母节是古希腊人纪念德墨忒耳和珀耳塞福涅(也叫科瑞)两位女神的节日。前者是丰产和农业女神，司谷物的成熟；后者是地狱的女统治者，司谷物生长和土地的丰收。希腊神话称，德墨忒耳的女儿珀耳塞福涅被冥王哈得斯拐走，失去女儿的德墨忒耳悲痛欲绝，四处寻找女儿，后来得知，哈得斯是经宙斯的同意才将珀耳塞福涅拐走的。她气愤地离开奥林帕斯山，化装成老太婆的模样来到厄琉西斯，当地国王刻勒俄斯(Keleos)收留她做自己儿子的保姆，最后她向厄琉西斯人民吐露真情，并让他们为自己建立神庙，创制仪式。德墨忒耳离开之后，土地不长庄稼，饥荒来临，宙斯无奈同意珀耳塞福涅回到母亲身边。然而，在珀耳塞福涅离开冥国之前，冥王哈得斯迫使她吞下了几颗石榴子(婚姻不断的象征物)，使她不能永远离开冥国。这样一来，珀耳塞福涅每年只能有三分之二的时间跟着母亲，其余三分之一时间则在冥国当冥后。德墨忒耳见到女儿后，重返奥林帕斯山，大地又重新结出果实。[②] 希腊的神话传说实际反映了植物一年一度的枯荣，也说明了这两位女神与农业的密切联系。

---

① Louise Bruit Zaidman, "Pandora's Daughters and Rituals in Grecian Cities", in Georges Duby and Michelle Perrot, gen. eds., *A History of Women in the West*, vol. 1, p. 338.

② R. S. Kraemer, *Her Share of the Blessing*, Oxford University Press, 1992, pp. 24-25；鲍特文尼克等编著：《神话辞典》，黄鸿森、温乃铮译，第 75 页。

对于地母节的含义，学者们有不同看法。泽德曼认为Thesmophoria具有丰产和立法的双重含义，因为Thesmoi和Thesmia这两个词既有具体的也有抽象的涵义。它们或者是指祭献猪仔的残体和由节日的庆祝者第一天带来的种子，或者更为抽象地指"法律"这个词汇。① 西蒙的看法与此相反，他认为Thesmophoria来自希腊词θεσμοι意为"放于地下的东西"，节日的名称源出于此。荷马以后，这个词在希腊文字中具有"法律"的含义，但希腊人对地母节的庆祝要早于荷马时代。② 西蒙的观点比较有说服力，因为从节日的仪式来看，庆典的目的无疑是为了确保谷物种子的生长。

地母节庆典将男性排除在外，是完全由女性参加的节日，节日仪式被称为"妇女的秘密"。据说，悲剧家欧里庇得斯得知雅典妇女在庆祝地母节时，要以他在自己的作品中诽谤她们的方式诅咒他，便说服他的一位上了年纪的亲戚扮成妇女混入地母节为他辩护。他的亲戚身份暴露后，受到了处罚，被绑在一块木板上，穿着黄色的外衣示众。③ 这证明了地母节是禁止男性参加的。

地母节的纪念活动在秋天的播种时节进行。在雅典，庆典延续三天。第一天称为Kathods和Anodos，意为下去和上升。妇女们到地窖中将夏季放于地窖中的猪的残余部分挖出，将它与谷物的种子拌在一起，置于祭坛上。第二天称为Nesteia，意为斋戒，妇女们坐在地上斋戒，模仿德墨忒耳失去女儿时的行为。第三天称为Kalligeneia，意思是美好的降生，妇女们将猪的残体与谷物的种子撒于田野之中，④表示对珀耳塞福涅返回的庆祝和对丰饶多产的祈求。只有品行端正的已婚自由妇女，并且是阿提卡出生的雅典女公民才能参加这个节日的庆典，她们被要求保持贞洁三天，避免发生性关系。斋戒时，她们坐在由纯洁树木的枝条做成的垫子上，因为纯洁与多产是互补的，只有纯洁的新娘才有希望生出美丽的孩子。⑤ 与此同时，她们又沉湎于以污秽的语言和污秽的行动为特征的多产仪式之中。这一切都是为了明确的目的，即保证土地的丰产。

女性在地母节的宗教庆典中掌握了平时得不到的政治权。在节日的三天中，男人们不到法庭和议事会见面。⑥ 妇女的"德莫"(demos)开始拥有男人们所放弃的政界。雅典的妇女们在皮尼克斯(Pynx)供奉德墨忒耳和珀耳塞福涅两位女神的神庙中开会，这里是

---

① Louise Bruit Zaidman, "Pandora's Daughters and Rituals in Grecian Cities", in Georges Duby and Michelle Perrot, gen. eds., *A History of Women in the West*, vol. 1, p. 351.

② E. Simon, *Festivals of Attica*, The University of Wisconsin Press, 1983, p. 19.

③ Sue Blundell, *Women in Ancient Greece*, p. 163.

④ Sarah. B. Pomeroy, *Goddesses, Whores, Wives and Slaves*, pp. 77-78.

⑤ Louise Bruit Zaidman, "Pandora's Daughters and Rituals in Grecian Cities", in Georges Duby and Michelle Perrot, gen. eds., *A History of Women in the West*, vol. 1, p. 352.

⑥ Aristophanes, *Thesmophoriazusae*, 80.

平时公民大会开会的地点。每一个德莫的妇女们选出在地母节执掌权力的人，由她们在传统确定的日期里主持公民大会，并做习俗所奉为神圣的任何事。[①] 在这短暂的宗教节日期间，古希腊妇女在仪式上得到了平时由男性公民独享的参政议事权，这对平时基本上被排除在政治生活之外的女性无疑是一种心理上的补偿。

地母节被看作是重要的城邦宗教庆典。妇女通过与土地与丰产的联系，在一年一度的宗教庆典中，部分地实践了自己的社会角色。她们从中获得了认同感。伯克特认为，该节日"至少允许一年一次地"将社会中的妇女组织起来，通过这一组织，她们能够表现她们的独立性与责任。[②] 此外，妇女在宗教节日的庆典中放下了家庭的责任，纵情狂欢，也使她们暂时忘却了生活中的恐惧和苦难，在精神上也得到了放松。

狄奥尼索斯崇拜和阿多尼斯节 古希腊妇女最青睐两位男性神，一位是狄奥尼索斯，另一位是阿多尼斯。亚布洛柯夫认为，宗教执行着补偿性的社会功能。他指出："在宗教里，一切矛盾被臆想地消除：现实压迫被'精神自由'克服，社会的不平等在罪恶和痛苦中变为平等；人们的互相不信任在'基督的怀中'化作兄弟情义；人实际上的无能被上帝的万能所补偿，死者成为永生；整个充满罪孽和不公正的世界被'天堂'代替。补偿功能的心理学方面在此起到了重要的作用，因此，宗教才能成为解除精神紧张状态的手段。"[③]亚布洛柯夫的这段话同样适用于古希腊宗教的情况。受到社会压迫、处于屈从地位的古希腊妇女之所以热衷于参加城邦和家庭的宗教活动和仪式，与宗教的心理补偿作用有着密切的联系，这可以从妇女对狄奥尼索斯（Dionysus）和阿多尼斯（Adonis）祭祀的热情中反映出来。

狄奥尼索斯是古希腊神话和宗教中的植物神、葡萄种植业和葡萄酿酒业的保护神。传统的看法认为，对狄奥尼索斯的崇拜是在公元前第一千纪初期传入希腊的。但是，近年来发现的资料表明，在属于公元前二千纪的派罗斯（Pylos）的线性文字 B 泥版文书上，已列有狄奥尼索斯的名字。在凯欧斯的阿亚·伊瑞尼，人们还发现了表明是祭祀狄奥尼索斯的神殿以及它拥有的最早的谢恩奉献的铭文。在那里，有明确的证据证实，该神殿的祭祀从公元前 15 世纪到希腊时代具有连续性。[④] 因此，希腊人对狄奥尼索斯的崇拜可能要比传统上认定的时间要早得多。

---

① Louise Bruit Zaidman, "Pandora's Daughters and Rituals in Grecian Cities", in Georges Duby and Michelle Perrot, gen. eds., *A History of Women in the West*, vol. 1, p. 349-350.

② W. Burkert, *Greek Religion*, Basil Blackwell Ltd, 1985, p. 245.

③ 伊·尼·亚布洛柯夫：《宗教社会学》，王孝云、王学富译，四川人民出版社 1989 年，第 121 页。

④ W. Burkert, *Greek Religion*, p. 162；鲍特文尼克等编著：《神话辞典》，黄鸿森、温乃铮译，第 82 页。

在希腊,狄奥尼索斯的节日至少有四种类型:在爱奥尼亚—阿提卡地区主要是花月节(Anthesteria)和勒那节(Lenaia)。花月节设在阿提卡历法的第八个月,也就是安替斯铁里翁月(Anthesterion)的11—13日举行。这个月正是阿提卡地区春暖花开、万物复苏的时候,所以也被称为"花月"。花月节开始之际,正是秋天酿造的新酒可以饮用之时。节日庆典的第一天叫做"开桶日"(Caskopening)。这一天,雅典人和其他爱奥尼亚人都打开酒桶来品尝新酒。他们首先用新酒祭奠酒神,然后就开怀畅饮。在这同时,奴隶得到休息,儿童收到礼物,教师拿到束脩,大家都沉浸在节日的欢乐之中。第二天叫做"酒盅日"(Cups)。人们携酒而来,自备酒盅饮酒,还举行饮酒比赛。这一天,平时大门紧闭的狄奥尼索斯神庙向众人开放。人们还用带轮子的小舟把狄奥尼索斯的雕像送到据说是他与摄政王之妻秘密成婚的那个城中。庆节的最后一天称为"瓦钵日"(Pots),它被用来纪念亡灵接引者赫耳墨斯。这一天,家家户户在继续饮宴的同时,摆出盛有各种煮熟的谷物或者豆类的瓦钵供鬼魂享用。到傍晚日落之时,人们喊道:"鬼魂们走吧,花月节结束了。"[①]因此,花月节具有饮酒欢乐和哀悼亡灵的双重含义。多利亚和埃奥里克地区的狄奥尼索斯庆典称为阿格里奥尼亚节(Agrionia)。这时,妇女们一反常态,如痴如狂。在农村,人们在酒神节时用山羊献祭,并举着阴茎游行。公元前6世纪,雅典引入了海上的狄奥尼索斯,开始举行大狄奥尼索斯祭。[②] 虽然各地区狄奥尼索斯节日的类型不同,但都有一个共同的特点,这就是陶醉、狂欢和放纵。

值得注意的是,狄奥尼索斯祭典时妇女的狂迷状况。虽然史料不能向我们描绘那时妇女的详细情况,但神话学向我们提供了十分有用的信息。一则神话在欧里庇得斯的剧作《酒神的伴侣》中得到了反映。在剧中,狄奥尼索斯的母亲塞墨勒(Semele)的三个姐妹,也就是忒拜国王卡德摩斯(Cadmus)的三个女儿,因不相信酒神是宙斯所生,因而受到他的报复。精神错乱的三个姐妹穿着羊皮,戴着常青藤,脖子上挂着蛇,拿着手杖,领着跳着舞的妇女们跑到附近的山中。她们抛弃家中嗷嗷待哺的婴儿,用奶水去喂野兽,喝着牛奶、蜂蜜和葡萄酒,还赤手空拳地把野兽撕成碎片。三姐妹之一的阿高厄(Agava)把自己的儿子潘修斯(Pentheus)也当成野兽杀死并肢解。结果,卡德摩斯的家庭被毁灭,对狄奥尼索斯的崇拜在忒拜得到确立。[③]

另一则神话告诉我们,米尼阿斯(Minyas)的三个女儿拒绝参加狄奥尼索斯祭的舞

① 参见鲍特文尼克等编著:《神话辞典》,黄鸿森、温乃铮译,第150—151页;王晓朝:《希腊宗教概论》,上海人民出版社1997年,第141—143页。

② W. Burkert, *Greek Religion*, p. 163.

③ R. S. Kraemer, *Her Share of the Blessing*, pp. 36-37.

蹈,她们辛勤地忙碌在织机旁。突然,常青藤和葡萄须缠绕在织机上,蛇埋伏在放羊毛的篮子里,从房顶上滴下葡萄酒和牛奶。她们放下了手中的活,撕扯了其中一人的儿子,奔到山上,加入到了酒神的狂女(maenads)的队伍。① 神话中叙述的妇女在狄奥尼索斯祭时表现的狂迷状况在德摩斯提尼和普鲁塔克的作品中得到了一定的证实。德摩斯提尼在演说中提到,埃斯奇内斯(Aeschines)帮助其母亲进行祭祀活动,这些仪式与欧里庇得斯在剧中所描绘的情景十分相似。② 普鲁塔克也提到了妇女进行狂欢的狄奥尼索斯庆典的事,证实她们是在仲冬季节进行祭祀的,结果遇上暴风雪陷于困境,被搜寻的人们救回。③因此,在狄奥尼索斯祭仪中,离开孩子、织机和家庭,处于狂欢状态的说法是有根据的。纺织和做母亲是古希腊妇女的传统职责,在狄奥尼索斯庆典中,她们放弃了这些职责,违反正常的社会和家庭秩序,得到了平时只有男性才能享有的户外自由活动,甚至是狩猎的权利,心理上肯定得到很大的满足。

妇女们对阿多尼斯的祭祀同样使她们在心理上得到了安慰。Adonis 的闪语含义是"统治者"或者"君主"。阿多尼斯的崇拜中心最初是在腓尼基的比布勒斯(Byblos)。在那里,阿多尼斯是主宰自然界之神,是死而复生的植物的化身,并与丰饶女神一起受到祭祀。这一崇拜逐渐传布于地中海的广大地区,大约在公元前 5 世纪左右,阿多尼斯崇拜传入希腊。在这里,阿多尼斯变成了爱情女神阿佛洛狄忒的情人。希腊神话称,阿多尼斯是美女密耳拉的儿子,他是在母亲被众神变为没药树以后出生的。阿多尼斯风采动人,俊美无比,深得阿佛洛狄忒的喜爱,把他交给冥后珀耳塞福涅扶养。男孩长大以后,冥后舍不得放这位美少年离开。于是,便和阿佛洛狄忒发生了争执。后来,天神宙斯出面裁定:让阿多尼斯每年在两位女神处分别住四个月,余下的四个月归他自己支配。不久,阿多尼斯在打猎时不幸被野猪伤害致死,一滴滴鲜血变成为一株株艳丽的玫瑰。在腓尼基和叙利亚,人们在仲夏时节举行阿多尼斯的秘密祭典。有的哀悼他的死亡,有的则庆祝他死后复生。④ 在雅典和其他一些希腊城邦,妇女们可能是在 7 月的一个炎热夜晚,自愿结合成小组,在房顶上举行秘密祭祀典礼。在祭典开始之前,她们就在花盆里种上了一些容易枯萎的花或者其他植物。晚上,她们把这些生命短暂的植物陈列在屋顶上,这就组成了"阿多尼斯花园"。妇女们围绕着花园一面唱歌、跳舞,一面说说笑笑。最后,倒掉盆里的泥土,

---

① W. Burkert, *Greek Religion*, p. 164.

② Demosthenes, XVIII, 259-260.

③ Plutarch, *Moralia*, 953d.

④ 鲍特文尼克等编著:《神话辞典》,黄鸿森、温乃铮译,第 5 页。

并把这些植物放到泉水或者海水中,任其枯萎死亡。[①]

由于阿多尼斯祭典是秘密进行的,所以许多情况只是人们的推测。然而,公元前3世纪亚历山大里亚的诗人西奥克里图斯(Theocritus)的《叙事诗》却为我们提供了关于阿多尼斯祭典的信息。因为这次庆典是托勒密埃及的女王阿西诺爱二世(Arsinoe,约公元前316—前270年)为了向她死去的被神化了的母亲贝勒妮丝一世致敬而主办的,庆典举办的地点就在王宫,作者比较容易了解祭仪的详细情况。《叙事诗》描写了两个从西西里岛的希腊殖民城市叙拉古的女子参加阿多尼斯节日庆典的经过。这两名女子一个名叫普拉克西诺亚,另一个叫做戈高。诗歌一开始,两个多日没有见面的好友到了一块就埋怨各自的丈夫。接着,她们共同来到豪华的宫殿里参加阿多尼斯节日庆典。她们看见宫殿里摆放着许多祭品:新鲜的水果、摆放在银色篮子里的鲜花、用粗粒小麦和蜂蜜做成的甜糕等等。在阿佛洛狄忒和她的情人阿多尼斯的躺椅上铺着柔软的羊毛毯,情人的花园——"阿多尼斯花园"已经建成。在花园上方,有着正在飞翔的小爱神的像。庆典持续了两天。第一天,妇女们高唱颂歌,庆祝阿佛洛狄忒和她的情人的结合。第二天,妇女们把阿多尼斯神像抬到海边放到水中。然后,她们散开头发,解开衣服,裸露着乳房,唱起葬礼的挽歌来哀悼这位不幸死去的神。当歌声停止祭仪结束之时,戈高在心中深情地向阿多尼斯道别,并提醒女友说,她那脾气暴躁的丈夫正等着她回去做饭。于是,她们一起快步走回家去。[②]

狄奥尼索斯和阿多尼斯崇拜仪式为妇女提供了一个发泄不满、颠倒现实角色的机会。在这些崇拜仪式中妇女由于离开统治着她们的丈夫、抛开单调的家务、体验爱的甜蜜和尽情欢乐而感到精神上的慰藉和松弛,而且她们在身体上也得到了放松。在哀悼阿多尼斯的时候,妇女们在公开的场合下,散着头发,解开衣服,裸露着乳房,放松了对自己身体的控制。道格拉斯认为,对身体的控制反映了社会对个人的控制。[③] 参加庆典的妇女在仪式上身体的放松,象征着社会对这些妇女控制的暂时放松。

此外,宗教还具有交往的功能。古希腊妇女大多被隔绝在家庭中,住在家中的妇女住区内,很少有与其他家庭的妇女以及男性交往的机会,处于孤立无助的状态。亚历山大里亚诗人西奥克里图斯的《叙事诗》中的两个女主角虽然都从叙拉古移居到亚历山大里亚,又是好朋友,但是她们已经很长时间没有见面了。城邦举行的宗教节日庆典和祭祀活动不仅给古希腊妇女提供了与其他女性交往的机会,而且也使她们有机会与平时很少接触

① R. S. Kraemer, *Her Share of the Blessing*, p. 30.
② Theocritus, *Idyll*, 15, R. S. Kraemer, *Her Share of the Blessing*, pp. 30-32.
③ R. S. Kraemer, *Her Share of the Blessing*, p. 34.

的男性在一起，打破了隔绝的生活状态，扩大了她们社会联系与交往的范围。

综上所述，我们认为：在宗教领域内，古希腊妇女与男性并不完全平等。她们被排除在最重要的血祭仪式之外，她们在宗教领域里的活动往往是其生育角色在神圣化仪式中的反映和延伸。但总的说来，古希腊妇女的宗教地位还是比较高的，她们是城邦许多宗教活动的积极参加者和不可缺少的角色。有些妇女还担当了女祭司和女预言者的宗教职务，受到社会尊重，并对古希腊社会生活的各个方面发生了不可低估的影响，这与古希腊妇女在政治上被排斥的状况形成了鲜明的对比。由于宗教在古希腊人心目中占有十分重要的位置，而且古希腊的宗教节日庆典又十分频繁，这使没有政治权的古希腊妇女由于能够参加祭祀活动而在心理上得到补偿和满足，这也在一定程度上掩盖并缓和了古希腊男女两性之间的紧张关系和矛盾。古希腊妇女在宗教领域中的地位较多地体现了古希腊文化中尊重妇女的传统。

因此，对于古希腊妇女的地位不能一概而论，不同女性群体的境况既有共性又有差异。在不同历史阶段、不同城邦和不同活动领域内，妇女的地位也是有区别的，而这些区别恰恰反映了希腊各城邦文化传统的差异和变迁。[①]

---

① 第一章在本书的第一作者裔昭印的著作《古希腊的妇女——文化视域中的研究》有关部分的基础上改写增补而成。

第二章　古代罗马的女性

可以毫不夸张地说，在古代世界的妇女中，罗马妇女可以算得上是佼佼者了。这可以从两个方面得到说明：第一，罗马妇女的声音、话语和形象透过历史著作、铭文以及众多男性作品比较清晰地凸现出来，并且比较完整地保留至今，这在一个以男性为中心的历史时代不能不说是一个奇迹；第二，在这样一种古代世界所罕见的清晰的女性形象中，罗马妇女以其勤劳、勇敢、娴熟和智慧赢得了男性们普遍的尊重和发自内心的赞美，她们不仅在家庭生活中独当一面，尽显家庭主妇的风采，实现着"半边天"的价值，而且还走出家门，出现在战场上，出现在市政厅，出现在手工业作坊中，出现在她们的异国姊妹所不能涉足的公共场所，在宗教和社会生活中享受着她们的异国姊妹很少享有的权利，就连后来统治了西方世界一千多年的基督教的兴起也是与罗马妇女的名字紧密相连的。更为重要的是，在西方历史上，是罗马妇女第一次意识到了属于自己的性别权利，并付诸行动，使罗马保守的男权至上者们如临大敌，感到了女性的巨大力量。在这个意义上，出现在罗马的这场妇女解放运动是近代西方女权运动的先声。

但是，与此同时，在我们面对那个古代妇女历史的辉煌时刻，并为此欢欣鼓舞的时候，也不能忘记这样一些基本的事实：正是在罗马，发展和建立起了古代历史上十分强大、严格和完备的父权家长制度，并贯穿了罗马历史的始终，女性作为男性家长的财产和附属品的地位从未在根本上得到改变；正是在罗马，发达的贵族制度和奴隶制度使得社会中的绝大多数女性处于社会的底层，循规蹈矩，终日劳作，毫无权利可言；也正是在罗马，有限的上层妇女的解放运动虽然吹响了争取女性权利的号角，震撼和动摇着男权的宫殿，但她们势单力薄，没有得到社会的认可，并为此付出了沉重的代价。

尽管如此，罗马妇女寻求解放的历程仍不失为一曲回旋在古代世界的充满浪漫和悲剧色彩的华彩乐章。

本章力图以时间为线索，在对妇女在整个罗马历史上的地位与作用、上升与沉沦做出历史的描述的同时，就其中的几个重要的环节进行一些横向的分析和探讨，当中既有罗马妇女所特有的问题，也有古代世界女性的共同问题，我们的目的是想通过对罗马妇女生活的个案研究发掘出古代世界女性的一些规律性的认识。从总的情况看，本章对罗马妇女的考察可以分为三个时期，这三个时期也正是整个罗马历史的三个发展阶段，即共和时代，由共和到帝国的转型阶段和帝国时代，虽然罗马妇女始终生活在强大和根深蒂固的父权制的阴影中，但她们在这三个时期都有着十分出色的表现，始终是"可以看见"的一支重要的社会力量。在共和时代，她们是强大的罗马军队的坚强后盾，没有她们的辛勤劳动和强有力的支持，罗马的征服和崛起是完全不可想象的，她们也因此得到了共和国的尊敬和爱戴；在共和到帝国的转变过程中，早就具备了相当社会、文化和经济基础的罗马妇女，尤其是中上层妇女，在一种新的社会氛围和历史条件的激励下，又掀起了西方古代妇女史上一次影响巨大的妇女解放运动，勇敢地向历来作为天经地义的男性的绝对权威提出了挑战；在帝国时代，罗马妇女再次显示了她们在社会生活，尤其是宗教生活中不可或缺的地位，在早期基督教的产生、发展和壮大过程中始终走在前列。但另一方面，我们也要看到，罗马妇女的社会地位经历了上升与辉煌，但最终还是成为男性权力的牺牲品，这种命运也是古代世界相对稳定的社会结构作用下的必然的结局。因此，我们很难用地位的高或低对罗马妇女进行简单的概括，我们与其用现代人的眼光来对过往的历史进行简单的价值评判，不如用确凿的事实对历史做出真实、全面、客观的描述，实际上，后者做起来更难，也更加重要。

一、父权家长制统治下的罗马女性

1. 罗马女性的法律地位

公元前451—前450年，在平民反对贵族的斗争的推动下，古罗马制定出了第一部成文法典，由于当时全部条文镌刻在十二块铜版上，史称"十二铜表法"。虽然这部法典仅仅是过去的习惯法的汇编，但一旦编订成文，还是在一定程度上限制了贵族在司法上的特权。法典的原文没有保存下来，其内容散见于古典作家的著作。近代以来，经过很多法学家搜集、整理和考订，法典的内容在一定程度上得到了重现。透过这部罗马法学的肇始之作，我们可以对那些奠定了罗马文明基调的规范和观念得以了解，父权家长制就是其中之一。法典的第四表专门对家长权作了如下界定：

> 畸形怪状的婴儿，应即杀之。
>
> 家属终身在家长权的支配之下。家长得监禁之、打之、使作苦役，甚至出卖之，杀死之；纵使子孙担任了国家高级官职的亦同。

家长如三次出卖其子的，该子即脱离家长权而获得解放。

得向妻索回钥匙，令其随带自身物件，把她逐出。

自父死后十个月内出生的，推定其为婚生子女。[①]

“罗马的家庭不仅是一个生物学意义上的单位，而且是一个社会的乃至于政治的单位。”[②]古罗马的家庭是在家父权支配下的一切人和物的总和。在拉丁文中，家庭(Familia)指的是父系直系亲属。[③] 与现代观念不同，古罗马的“家庭”除了妻子儿女等家庭成员，还包括了奴隶和所有家庭财产。家父权就建立在对上面所有这些要素的绝对支配权(patestas，对人，包括妻子儿女)和所有权(dominium，对物，包括奴隶和财产)上面。在罗马人眼中，奴隶仅仅是一种会说话的工具，对其完全的所有和任意使用自不待言，而对于有着人格的妻室和子女的支配权也是无限强大的，这当中包括了生杀大权(ius vitae necique)。比如，《十二铜表法》中规定，其子只有经过三次被出卖才能脱离父权而获得自由。所以，蒙森说，“根据罗马法，奴隶从主人方面获得解放比较容易，儿子从父亲方面求得自由却很难。”[④]

无疑，发达的父权家长制是古代罗马社会最重要的特征之一。恩格斯在《家庭、私有制和国家的起源》中指出，母权制被推翻后，男子在家庭中的至尊地位确立起来，这种家庭形式最完善的典型就是罗马的家庭，这种家庭具有两个特征：“一是把非自由人包括在家庭以内，一是父权。”[⑤]蒙森在《罗马史》的第 1 卷一开始就对希腊人和罗马人作了全面的比较，一方面指出两种文明的密切的亲缘关系，认为希腊人和罗马人就像是亲兄弟，另一方面也不得不承认种种明显的不同。其中，以重视生育合法子女为目标的合法婚姻为特征的家长制虽然为两者所共有，但是，“不顾人性而极力地扩展夫权，尤其是父权，这是希腊所没有而意大利所独有的现象；道德上的服从首先在意大利变为合法的奴役制。”[⑥]因此，在这个意义上，我们认为，古罗马妇女的生活状态，只有在罗马的父权家长制的大前提下才能真正地加以解释和得到理解。虽然，罗马妇女在共和国向帝国的转变过程中，实现了从有夫权婚姻向无夫权婚姻的转变，经历了一次在古代世界的范围内绝无仅有的“解放运动”，但妇女从未摆脱父权家长制的束缚和庇护，也就是说，罗马妇女地位的波动总是

---

① 周枏等编：《罗马法》，群众出版社 1983 年，第 365 页。

② Beryl Rawson，ed.，*The Family in Ancient Rome：New Perspective*，Routledge，London，1992，p. 36.

③ Suzanne Dixon，*The Roman Mother*，The University of Oklahoma Press，1988，p. 13.

④ 特奥多瓦・蒙森：《罗马史》第 1 卷，李稼年译，商务印书馆 1994 年，第 56 页。

⑤ 恩格斯：《家庭、私有制和国家的起源》，《马克思恩格斯选集》第 4 卷，人民出版社 1995 年，第 52 页。

⑥ 特奥多瓦・蒙森：《罗马史》第 1 卷，李稼年译，第 22—23 页。

在既定的范围内进行的，父权家长制从未受到动摇，它贯穿了罗马文明的始终。所以，即使我们将在以下的章节中要不惜重墨探讨罗马妇女在整个古代世界妇女史上所作出的杰出贡献和独特成就，但我们时刻不要忘记这个前提，以免由于言过其实而误入歧途。

实际上，只要看一下紧接着的《十二铜表法》的第五表第一条就可以十分明确地得到妇女在父权家长制下的位置："女性，即使她们已经成年，由于其思想轻浮也必须被置于被监护的地位，除了维斯塔(Vesta)贞女之外，妇女受终身的监护。"[①]这个监护者在没有出嫁的时候是父亲，出嫁以后是丈夫，丈夫死后是儿子或丈夫指定的监护人。那么，这种监护权体现在哪些方面呢？

在《希腊罗马古代社会研究》一书中，古朗士把罗马的父权总结为三个内容，即"主教、产主和审判官"。他提出，家父权的前提和基础是其独有的主持家庭宗教祭祀的权力，其他种种权力皆由此而生。这些权力包括：承认初生子的权；出无子妻和外遇妻的权；嫁女和婚子的权；出继其子的权，承认他人为子的权；临死时指定妻及子女的管理人的权。[②]在这里，我们看到，所有这些权力都围绕着一个明确的目标，那就是能够产生一个血统纯正和合法的继承人以承继家祭和财产，从而使香火流传，这就是婚姻的目的。由于妇女始终不能成为家庭宗教祭祀的主持人，出嫁也仅仅是参加的家祭对象的改变而已，所以被监护的从属地位是命中注定的。传统中国所谓的"在家从父，出嫁从夫，夫死从子"也是罗马妇女命运的写照。因此，"按照罗马法，妇女从未构成一个独特的法律类别。"[③]

这当中唯一的一个例外就是维斯塔贞女，她们是国灶圣火的守护者，通常由 6 人组成，从贵族家庭中的少女中选出，服务 30 年，终身不嫁，如违反贞洁誓言，即处以活埋的惩罚。她们不仅拥有包括财产权在内的种种一般女性所没有的特权，而且在国家中的宗教、政治和社会生活中享有极高的威望。[④] 但她们不仅在人数上是一个少而又少的群体，而且要付出终生不嫁的代价，所以不具有代表性。[⑤] 下面，还是让我们把目光集中在占据罗

① Mary R. Lefkowitz and Maureen B. Fant, eds., *Women's Life in Greece and Rome: A Source Book in Translation*, p. 95.

② 古朗士：《希腊罗马古代社会研究》，李玄伯译，上海文艺出版社 1990 年，第 66 页。

③ Yan Thomas, "The Division of Sexes in Roman Law", in Georges Duby and Michelle Perrot, gen. eds., *A History of Women in the West*, vol. 1, p. 83.

④ Beryl Rawson, ed., *The Family in Ancient Rome: New Perspective*, p. 25.

⑤ 不过，维斯塔贞女虽然不具代表性，但在显示和确立女性的社会地位上还是起到了一种十分特殊的重要作用。例如，巴尔斯顿就把以维斯塔贞女为代表的女性"特殊的魔力"视作罗马妇女在公共和社会生活中的所拥有的重要地位的来源之一，因为她们不仅是"国家道德的象征"，而且还是"经济正常运行的保障"。见 J. P. V. D. Balsodon, *Roman Women: Their History and Habits*, New York, 1998, p. 14。

马妇女主流的中上层妇女，看一看一个女人是如何在男性的监护下走过一生的。

2. 少女时代和婚姻生活

一个新生命的诞生对一个家庭来说无疑是一件大事，在家族宗教依然盛行的罗马，新家庭成员的加入要举行一个仪式。在这种仪式中，我们就可以看出一些男人和女人的一生所将承担的不同责任和享有的不同权利的端倪。当生下来的是一个男孩时，产婆便将他放在地上，然后父亲把这个新生命高高举起（tollere liberos，拉丁文“举起孩子”），这一举起的动作一方面意味着据为己有，更重要的是这一动作意味着使这个男孩进入到他的权力之中，因为“举起孩子”就具有“获得父亲强大权力”的意思，从此，这个孩子长大以后将承继家庭的祭祀和财产，并通过娶妻生子完成祖先和父辈授予的传代任务。如果生下来的是一个女孩，父亲则简单地吩咐仆人抱她去吃奶，也就是“给东西吃”（ali iubere），意思是说会让她活下去。在这里，生男生女的界限是如此分明，一面是传代的神圣使命，另一面则仅仅是生物之必需，也就是说，除了食物，一个女孩不能向父亲要求任何其他东西。[①]

这两种不同的仪式的潜台词是，一个男孩要完成传宗接代的大业，而一个女孩则早晚要离家出嫁，不仅于家庭的延续无益，而且还要陪上一笔不菲的嫁资。重男轻女可以说是传统的农业社会中“财产式婚姻形态”[②]所产生的一种普遍心态。有证据表明，罗马社会存在着遗弃女婴的习惯。罗马民族最古老的法律，也就是所谓的“罗慕路斯法”，命令父母们要养活所有的男孩和第一个女孩。[③] 有学者解释说，这条法律当中所规定的禁止杀死生下来的第一个女婴实际上暗示了在那时遗弃女婴要比男孩容易得多。[④] 但是，在这种重男轻女的心态和传宗接代的使命之间存在着一个明显的悖论，那就是一方面生女不能承继香火，另一方面，传宗接代的任务又离不开女子，到了婚龄不娶是国家和家庭都不能允许的，正如古朗士所言，独身不娶对一个家庭来讲既是大不敬，也是大不幸，大不敬是因为自己的独身将使全家族祖先的幸福皆生危险，大不幸是因为他自己死后将无人奉祀，从而享受不到受祭的快感。[⑤] 因此，在这个意义上，家中达到生育年龄的女人又是不可缺少的。我们认为，这恐怕就是歧视和尊重、贬抑和赞颂两种截然相反的女性观念得以产生并

---

① 安德烈·比尔基埃等主编：《家庭史》第1卷，袁树仁等译，第291—292页。

② 所谓财产式婚姻，即财产关系上的考虑压倒了性活动本身的婚姻形态。在这种婚姻形态中，婚姻以财产继承为主要形式的家庭延续为主要目标。

③ Reay Tannahill, *Sex in History*, p. 125.

④ 安德烈·比尔基埃等主编：《家庭史》第1卷，袁树仁等译，第330页。

⑤ 古朗士：《希腊罗马古代社会研究》，李玄伯译，第33页。

同时存在的一个根本原因。

一个人一出生就具有某种身份，代表了某种独特的存在，这首先表现在名字上。在罗马人的姓名习惯的背后，我们同样看到了一种与出生仪式相类似的观念。在早期罗马，男人们一般具有两个名字，有时还有第三个名字，通常由自己的名字、家族名和祖先名三个部分组成。在这几个部分当中，族姓是人名的主要部分，自己的名字处于次要地位，蒙森指出，这是希腊人和罗马人在姓名上的一大区别，与罗马人相比，希腊人的名字更突出个性，由此可见罗马人对祖先和家族的重视。① 但对于女子来说，从生到死则习惯上只有一个名字，就是她的族姓。因为一个家族可能有众多的未嫁女子，所以重名是在所难免的，解决的办法之一就是用排行来加以区分。出嫁以后会在这个仅有的名字上加上丈夫的名字，表示新的主人，这样虽然有助于识别，但重名的情况并没有太大的改观。② 由此可见，在姓名中所体现的女性的人格也有淹没在父权家长的汪洋中的趋向。

罗马女子的教育是由母亲来承担的，教育的内容也主要是那些为将来成为一个称职的主妇和母亲做准备的相关的知识，包括纺织、缝衣和烹饪等。与希腊女性相比，未出嫁的罗马女子享有更多的自由和受教育的机会。尤其到了李维生活的时代，罗马中产阶级的女子甚至可以与兄弟一同进入私立学校读书，即使在家也可以学到一些读写的技能。③ 当然，以纺织为中心的家政教育以及贤淑、沉默和服从的性格的培养还是占据主导地位的。

对于一个罗马女子来说，小姑独处的少女时代并不很长，早婚和早嫁又是罗马人不同于希腊人且贯穿其社会婚姻生活始终的一个特点。在拉丁语中，没有与"老处女"这个现代词汇相对应的词。④ 根据对罗马的法律、文学尤其是数量巨大的墓志铭的研究，罗马女子的平均婚龄是 15 岁，而法定的婚育年龄只有 12 岁。奥古斯都执政时期，针对当时出现的推迟婚龄、独身、不育等社会现象重新制定和颁布了婚姻法，规定女子的生育年龄至迟不超过 20 岁，男子不超过 25 岁，否则将受到国家的惩罚。按照他的设想，理想的结婚年龄应该是夫比妻大 5 岁，妻在 12—16 岁之间出嫁。⑤

早婚的必要性和社会根源我们仍然只能从父权家长制中得到解释，因为对于终生处于家长权威的监护之下的女子来说，一生中最重要的使命与职责就是为其夫生育出尽量

① 特奥多瓦·蒙森：《罗马史》第 1 卷，李稼年译，第 23 页。
② J. P. V. D. Balsodon, *Roman Women: Their History and Habits*, p. 17.
③ 顾素尔：《家族制度史》，黄石译，上海文艺出版社 1989 年，第 163 页。
④ Reay Tannahill, *Sex in History*, p. 125.
⑤ 安德烈·比尔基埃等主编：《家庭史》第 1 卷，袁树仁等译，第 337 页。

多而且血统纯正的合法后代，早婚和早嫁是延长妇女的生育期以保证生育尽量多的子女的一个重要途径。“我们从文学资料中知道，在上层阶级中，丈夫和妻子的年龄有相当大的差距，所以度过生育危险的年轻妇女比丈夫活得时间长，科涅利娅为比她年纪大的丈夫生育了11个孩子。”①

“为了生孩子”(liberorum quaerendum gratia)在古罗马是一个经常听到的短语，甚至成为一种法律或礼俗的程式。在共和早期，这句话成为一个公民向城市督察告白的一部分，也就是说，他将为了生育而结婚。② 在共和后期与帝国时代，罗马人仍然把生育看作婚姻的主要目的。公元前2世纪，罗马的法律要求男性结婚以生育孩子。公元前1世纪，奥古斯都颁布法律，鼓励人们结婚和生育，并对离婚实行了限制。③ 这种婚姻的“唯生殖目的观”不仅是罗马而且是传统农业社会中一个普遍现象，在罗马这样一个具有强烈祖先和家族崇拜传统的社会中表现得尤其突出。围绕着这个目标，罗马又呈现出一系列社会问题。主要包括以下几个方面：

第一，女子婚后的性生活往往不和谐。过早地结婚对于身心尚未完全发育成熟的女子无疑是一种痛苦的经历，婚后的生活没什么快乐可言。有学者指出，与希腊人相反，罗马人对女性阴道构造的无知助长了在月经初潮以前破坏少女的贞操。④ 在苏维托尼乌斯的《尼禄传》中讲到，他在初次搞同性恋时模仿第一次失去贞操的处女那样呻吟喊叫，⑤这正是实际生活情况的写照。由于那些初次进入婚姻生活的女子在身体的适应能力和生殖能力上并不一致，所以初次分娩的死亡率是很高的，这一点可以从墓志铭的材料得到证实。⑥ 早婚的目的是为了生育，但结果却常常相反。由此产生了罗马社会的第二个独特的现象，那就是再婚十分普遍。

出于生育后代的实用目的，罗马人对贞洁和从一而终不那么热衷。我们看到，罗马社会从上层到下层，一生中经历多次婚姻是极为普遍的事情，一个女子先后委身于多个丈夫不会受到什么歧视或怠慢，即使娶一个已经怀有身孕的大龄妇女也没有什么大惊小怪。⑦ 学者们在对大量拉丁墓志铭的研究中发现这样一种现象，就是在很多自由人和被解放女

---

① Suzanne Dixon, *The Roman Mother*, p. 30.

② Beryl Rawson, ed., *The Family in Ancient Rome: New Perspective*, p. 9.

③ Mary R. Lefkowitz and Maureen B. Fant, eds., *Women's Life in Greece and Rome: A Source Book in Translation*, p. 103; Suetonius, *Life of Augustus*, XXXIV.

④ 安德烈·比尔基埃等主编：《家庭史》第1卷，袁树仁等译，第334页。

⑤ 苏维托尼乌斯：《罗马十二帝王传》，张竹明、王乃新、蒋平等译，商务印书馆1995年，第241页。

⑥ 安德烈·比尔基埃等主编：《家庭史》第1卷，袁树仁等译，第330页。

⑦ 例如，屋大维娶的第三个妻子也就是后来与他相伴终生直至去世的利维娅在过门之前是提比略·尼禄的妻子，且已经身怀六甲。见苏维托尼乌斯：《罗马十二帝王传》，张竹明、王乃新、蒋平等译，第84页。

子的墓碑上，仍然活在世上的男性配偶常常会提起亡妻以前的每一个丈夫，而女性配偶在一个丈夫的墓志上，也会将其他的丈夫也联系在一起，还有，数个男性曾以一个女子为妻，他们共同来为这个女子修墓。[①] 这种乍看起来现象令人不解，但如果我们把它与罗马人把女子当作纯粹的"生育工具"的认识联系在一起，也就没有那么难于理解了。

更有甚者，为了生育的需要，罗马人之间还有互借妻子的风习，如果哪一个人的妻子不能生育或孩子较少，只要征得"主人"的同意，就可以借妻生子，借后归还。伽图就曾经慷慨地把妻子借给一个娶了不能生育的妻子的朋友，生过孩子后又把妻子收了回来。[②]我们注意到，这种观念甚至还超出了婚育的生物性范畴，成为了男性赋予女性的一种得天独厚的"美德"。西塞罗的说法很具有代表性，他说："在男人们看来，此种做法可能显得莫名其妙。但是，如果置身于天性的角度，一位少妇，处于生育季节，风华正茂，没有无所事事，没有让她的生殖能力熄灭；一个家庭已经超过了它需要的孩子，她不使这个家庭窘迫，不使这个家庭贫困如洗；而是献身于轮番占有她的著名男子，大量生出美德来；在不同的家系中传播美德，通过这些结合把美德与各家混合在一起，她一个人就建立起了城邦。这很美，也非常策略。"[③]

在罗马，女孩子一旦到了可以结婚的年龄，就会在父命下"自然地"出嫁。对于丈夫，她是没有权力做出选择的，完全听从父亲的安排。《罗马法大全》中对女儿的婚嫁这样规定："女儿不公开对抗其父意志，被认为已经同意。只有在父亲给她安排的未婚夫行为不轨或卑鄙无耻的情况下，她的抵制才可容忍。"不仅嫁女如此，儿子娶妻又何尝不是在父亲的安排下进行的呢？《罗马法大全》中亦规定："如果一个儿子在父亲强迫下娶一个妻子，虽然一个人不能违心结婚，但这婚姻缔结有效：人们将推定儿子是宁愿接受的。"[④]因此，在罗马，人们称之为夫妻资格的东西并不是通过爱情而得到实现的，而是通过同意或没有不同意，这就是罗马人眼中的"和谐"(concordia)。[⑤]

至于父亲选取女婿的标准，说穿了就是经济（财产）和政治（联姻）上的考虑，关于这一点，只要看一看《罗马十二帝王传》当中所记载的错综复杂的"联姻游戏"就可以知道了。在这当中，女儿经常会成为父亲或丈夫在政治上争权夺利的工具和牺牲品，她的作用仅仅是用自己的身体把两个男人或两个家族联结起来，从而使以父权为中心的关系网得以扩

---

① 安德烈·比尔基埃等主编：《家庭史》第1卷，袁树仁等译，第325页。
② 阿庇安：《罗马史》下卷，谢德风译，商务印书馆1963年，第184页。
③ 安德烈·比尔基埃等主编：《家庭史》第1卷，袁树仁等译，第326页。
④ 安德烈·比尔基埃等主编：《家庭史》第1卷，袁树仁等译，第339页。
⑤ 安德烈·比尔基埃等主编：《家庭史》第1卷，袁树仁等译，第340页。

大或沿展，虽然这种联结并不牢固，随时都有可能中断，通过再嫁在另一个方向又重起炉灶。但是，不论委身的对象怎样地千变万化，有一点是不变的，那就是必须始终听从家长的安排，“女人的流动性服从男性权力的永恒”。[①]

结婚对象的选定通常是由专门的媒婆或婚姻介绍人来牵线搭桥，再由父亲做出决定。拉丁文当中没有“求婚”这个字。[②] 当家长想给儿子娶媳妇时，他就会派出一个可靠的媒婆到那个早已订婚或谈好的姑娘家里去进行“体检”，习惯上要进行两项，一个是妇科方面的，即了解阴道的形状及通过宫颈反映出来的子宫的状况，方法是用一种大蒜熏蒸阴道，通过呼气来核实少女内部通不通；第二是面相学的，由于罗马人确信，女子是否多产与性格紧密相关，比如，在端详她或问她问题时脸红的少女说明气质热烈，不能接受男子的精子使之着床，还会把精子烧死。[③] 可见，在经济或政治上的考虑满足以后，最后一个条件就是身体是否健康，而健康的标准就是生育能力的强弱，而这个条件与前面的考虑也存在内在的联系，因为能否生育后代，尤其是承继家祀的男性后代，直接关系到家族财产的继承、家族的延续以及家族血统的纯粹。在这里，传统农业社会中普遍存在的婚姻的“唯生殖目的观”以及女子被看作生育工具的观念再次暴露无遗。

古朗士在《希腊罗马古代社会研究》中对家族宗教在罗马人的家庭生活尤其是在家父权的确立和延续中所起到的极为重要的作用进行了充分的论证和描述。他认为，不论是家长的无限权威，还是妻子儿女的从属地位都可以从家族的宗教祭司活动中找到理论上的根据，可以说，正是由于家长是家族宗教的教主，是象征家族及祖先的灶火的唯一守护者，由此引出了无数的权力，其中包括了对家族财产的所有权和家庭成员的支配权。也正是由于女子永远在家族宗教中处于从属地位，这就决定了她终生被监护的命运。也就是说，不论地位多高，她只能参加家祭，而不能主持家祭，成为教主。古朗士指出，女子出嫁并没有任何宗教地位上的改变，只有参加的祭司的对象上的改变。女子婚前参与其父家的祭司，婚后则参与其夫家的祭司。不过，对于一个女子来讲，这一转变的确意义重大，因为从此她将与父家断绝一切宗教联系，而成为丈夫的“女儿”。[④] 因此，举行一次“使她更生”的婚礼也就显得十分重要。

在这里，我们不能不说到古罗马传统的婚姻形式之一的“祭祀婚”(farreo)或“麦饼婚”，这种婚姻形式主要通行于社会上层的贵族家庭中，需要举行十分正式和隆重的宗教仪式，充分体现了以家族宗教为中心的婚姻的神圣性。这种婚礼仪式通常由朱比特祭司主

---

① 安德烈·比尔基埃等主编:《家庭史》第1卷，袁树仁等译，第338页。

② 顾素尔:《家族制度史》，黄石译，第189页。

③ 安德烈·比尔基埃等主编:《家庭史》第1卷，袁树仁等译，第365页。

④ 古朗士:《希腊罗马古代社会研究》，李玄伯译，第30页。

持，要使用一些特定的程式化语言，并要有十名证婚人在场。之所以被称为“麦饼婚”是因为婚礼仪式中最重要的部分就是新郎把新娘引领到家神面前，在祭祷中共同食用一种麦制的点心，使夫妇的结合成为神圣的，这一礼仪象征着从此以后，他们将共奉同一个祖先，同一处灶火。这种婚姻形式结婚隆重，离婚也相对困难，因为离婚也要举行一个宗教仪式，也要得到众多族人的同意和认可。[①] “祭祀婚”在罗马共和国的早期比较流行，随着社会的转型，婚礼的仪式越来越简化，这种婚姻形式也就逐渐为更加自由和简便的婚姻形式所取代了。

与贵族中普遍实行的“祭祀婚”相对应，在社会的中下层尤其是平民中则流行着另外两种婚姻形式——“时效婚”(usu)和“买卖婚”(coemptione)。前者规定男女如果持续同居达到一年以上即成为合法夫妻，这种形式无需举行隆重的婚礼仪式，中止婚姻也很方便。后者则只需举行一种虚拟的买卖仪式，就可以立即确定夫妻关系，因而这两种婚姻越来越成为最普遍的婚姻形式。

对于一个从少女时代进入到婚姻和家庭生活的女子来说，生活不论从内容还是性质上都发生了不小的变化。首要的是她由一个处处受到父亲约束和控制的居家女子上升为具有一定地位和自主权的家庭主妇。举行完婚礼之后，她刚一跨进夫家的大门，按照古代的风习，就要与新婚的丈夫相视而立，说：“尔为主人，我为主妇。”(Ubitu caius，ego caia)虽然对这句话存在着不同的理解，但是有一点是可以肯定的，那就是从此她将受到前所未有的重视和尊敬。她的职责之一就是在一切家祭仪式中站在祭坛的旁边，成为丈夫的助手，古朗士认为，这种“教职的共有”正是罗马社会对于母亲和妻子相对比较尊敬的原因，与主父(Lar Familioe Pater)相对应，她也获得了主母(Mater Familias)的称号，虽然这种称呼仅仅是名义上的，并不具有什么实质的内容，正像她永远也不会成为教主一样，她的被监护地位也不会有什么改变。对于这种有限的进展，用古朗士的话来说，就是“在家中若无同等权威，至少有同等尊贵”。[②]

罗马主妇在家内的主要职责是监督家事，从事纺织，并协助丈夫教育子女；在丈夫不在时或者亡故后，她还会承担起抚育和管教孩子的重任，这些工作足以使她至少在家庭中很受重视和尊敬。“实际上，罗马的家庭并非君主制，而是共和制。正如老阿尔塞提斯所言，罗马人的妻子虽然在她的丈夫家是一个外人，但这并不会降低她的重要性”。[③] 或许

---

① 古朗士：《希腊罗马古代社会研究》，李玄伯译，第 30—31 页。

② 古朗士：《希腊罗马古代社会研究》，李玄伯译，第 63、72 页；库朗热：《古代城邦——古希腊罗马祭祀、权利和政制研究》，谭立铸等译，华东师范大学出版社 2006 年，第 76 页。

③ Renate Bridenthal，Susan Mosher Stuard and Merry E. Wiesner，eds，*Becoming Visible*：*Women in European History*，p. 81.

更为重要的是，罗马的妇女能够在婚后享受到很多自由，这是希腊的已婚妇女所享受不到的。首先，她不像希腊妇女那样被禁锢在深闺中，几乎不能与陌生人见面，更不用说陪客人进餐了，而罗马妇女所在的“中庭”(atreim)既是主妇的工作场所，也是家庭生活的中心，她可以自在地与丈夫一同在那里接待来客以及处理一切家内事务。如果说少女时代还受到家父的种种限制和约束的话，那么一旦嫁为人妇，就会得到“解放”。至少在生活的场所和空间上，她和丈夫没有多大的区别，和丈夫享有同样的自由，她可以外出参加宴饮，可以去看戏，看角斗表演，可以到她想去的任何地方，在社会上自由地往来交际。所以，“限制她的行动的是风俗，而不是丈夫的命令”。①

然而，我们也要看到，这种“上升”在实质上是成问题的，这种“自由”也仅仅是表面上的，因为，在暂时摆脱了父权的直接控制之后，她的监护权就转移到了丈夫的手中，她的“人格变小”了，成为丈夫的女儿。② 从此，她的命运要由另外一个男人来支配，她要按照丈夫的要求来重新塑造自己。

3. 不平等的性权利

在罗马人的观念中，一个结了婚的女子应该具备以下这些美德：她应该端庄稳重，温柔顺从，贤淑沉静，专注于纺织和家务，不要操心分外之事，不随便发表意见，严肃克己，不饮酒。③ 尤其重要的是，她必须对丈夫保持绝对的忠诚。保证妻子“就范”的就是罗马法所规定的男子对妻子的权威，即夫权(manus)。这种古老权威的内容是什么呢？伽图说：“夫是妻的判官，要是她犯了罪，他惩罚她；倘若她喝酒，他责罚她；倘若她犯奸淫，他杀戮她。”④在公元前1世纪末以前，罗马的法律允许一个丈夫杀死他的妻子——如果他在通奸的现场抓住她的话。⑤

因此，任何形式的婚外性行为对一个已婚妇女来说都是绝对禁止的，一旦发生后果不堪设想，但是，对于一个男子来说，在这个问题上则留有广阔的余地，在外面寻花问柳几乎不会受到任何责罚。伽图曾这样描述通奸的妻子和通奸的丈夫两者截然相反的处境：“如果你当场逮住妻子与人通奸，可以不经审讯，随意将她处死。可是如果你与人通奸，或别的女人与你通奸，你的妻子则无权动你一根毫毛。”⑥实际上，伽图说这话的目的并不是揭

① 顾素尔：《家族制度史》，黄石译，第148页。

② 吴黎：《试论古代罗马人的有夫权婚姻和无夫权婚姻》，《世界历史》1994年第1期。

③ 普鲁塔克：《希腊罗马名人传》(上册)，陆永庭、吴彭鹏等译，商务印书馆1990年，第161页。

④ 顾素尔：《家族制度史》，黄石译，第147页。

⑤ Reay Tannahill, *Sex in History*, pp. 106-107.

⑥ 奥托·基弗：《古罗马风化史》，姜瑞璋译，辽宁教育出版社2000年，第32页。

露男女的性权的不平等，而是抨击通奸行为本身，因为在共和国时期，国家是没有通奸法的，通奸行为通常都是由家长在家庭中自行处理。最早以国家法律的形式惩治通奸行为出现在奥古斯都时期。

罗马法对"通奸"的界定就是指已婚男子与一个已婚妇女（而不是说与别人的妻子）发生性关系，而对一个已婚妇女来说，通奸则是指与自己丈夫以外的任何男子发生性关系。因此，它规定妻子的性对象是唯一的，而丈夫却有着广阔的性活动空间，他与女奴、妓女、女解放自由人（libertinae）、未婚的良家女子以及生活放荡的上层妇女发生关系都属于"合法"的范围。[①] 因此，如果一个公民的妻子想获得某种性自由的话，唯一的办法就是去做妓女。作为对这种社会不平的无奈的反抗，在共和国末期的确出现了这种情形，一些追求自由的贵族女子为了逃避通奸法惩罚而自愿充当妓女。[②]

罗马男子所享有的性自由实际上从婚前就已经开始了。罗马人认为，年轻人在结婚以前逛逛妓院在所难免，无可厚非。老塞内加在谈到一个男青年的嫖妓行为时，这样写道："他没有过错，他爱上一个妓女，这很平常，他还年轻。等着瞧吧，他会有长进的，到时候会娶老婆的。"就连以道德家著称的伽图对此类事情也十分开明，贺拉斯在他的一首讽刺诗中记述到，有一次，一个贵族青年走出妓院时，哲人伽图说："你算个男子汉！年轻人肉欲难忍时，与其勾引有夫之妇，不如到这种地方来。"[③]对一个男子来说，结婚就意味着在性行为上有了一定的约束，要承担起生养合法后代而使家族得以延续的责任。但法律和风俗并没有对已婚男子的婚外性行为有任何实质性的责罚，结婚从根本上说并不妨碍他在外面拈花惹草，甚至连一点道德上的谴责也没有，相反，对男子来讲，这似乎是合乎自然和合乎人性的。关于这一点，只要了看一看普鲁塔克和苏维托尼乌斯的那些"伟大的男人们"的传记就可以知道了。

实际上，这种男女性权上的不平等在所有传统的农业社会中是一种普遍存在的社会现象。潘绥铭认为，用"一夫一妻制"来概括农业革命以来的家庭制度是不确切的，因为真正意义上的一夫一妻制从来没有实现过。作为一夫一妻制的补充，妓女几乎与终身被束缚在一名男子身边的妻子是同时出现的。他认为，用"财产式婚姻"和"父权家庭"倒是更能反映真实的情况。因为，自从父权制替代母权制以来，人类婚姻与家庭的所有规范、道德和禁忌几乎都是围绕着财产制度这个中心环节而展开的。首先，男性家长是家庭财产的所有者，妻子不但没有支配财产权，就连她自身甚至也是家长的财产之一。第二，通过

① 刘文明：《文化变迁中的罗马女性》，湖南人民出版社2001年，第90—91页。

② 苏维托尼乌斯：《罗马十二帝王传》，张竹明、王乃新、蒋平等译，第132页。

③ 奥托·基弗：《古罗马风化史》，姜瑞璋译，第59—60页。

婚姻生育出合法的男性后代从而使家产得以传代是一个男人一生中最重要的职责。因此,妻子的婚外性行为是绝对禁止的,因为它不仅侵害了家长的"财产",更对他通过生育合法后代而传宗接代的神圣使命造成了威胁。相反,他自己的同类行为却相对危害较小,嫖妓就更加无关紧要了。因此,这种财产式婚姻使妻子与妓女的差距缩小了,"贞洁由卖淫来补充,像是一个硬币的两面,统一在一个钱字上","妻子与妓女的区别只在于,前者是一次性的、永远地卖给同一个男人,后者是多次的暂时地卖给不同的男人。妻子是装潢考究、深藏密室的财产,妓女则是货架上任凭挑选的商品"。[①] 这种说法未免有些尖刻,但确实道出了造成传统社会中男女性权的不平等的症结所在。

这种不平等不仅仅表现在性权上,也表现在夫妻之间的性生活上。前面讲到,罗马女子结婚很早,甚至在身心尚未发育成熟的时候就进入婚姻生活,再加上罗马司空见惯的性粗暴,使得女子的婚后生活几乎没有什么快乐可言,要经历很长的适应期,普鲁塔克说,罗马女子与发育以后结婚的希腊女子相反,早早失去贞操,使她们受到精神创伤,很怕他们的丈夫。[②] 对于夫妻双方来说,婚姻生活的目的与其说是由于相爱,不如说是为了财产上的考虑,更主要的,是为了生育后代。因此有人说,罗马人的婚姻很少被"性爱"所污染。在罗马,有一个古老的不成文的规定:发生肉体关系一定要熄灯。结婚就是"共同生活",和谐相处,此外没有什么。塞内加在《论婚姻》中写道:"一个人对他的妻子像情人那样,热情过度,他就是奸夫。"[③]公元前200年以前,一个元老院的议员竟由于这样的原因而被元老院开除,因为他的女儿在大白天撞见父母接吻。[④] 所以,塔西陀说:"他们(罗马人)的婚姻没有爱情,他们的爱情没有尊重,或者说没有教养。"[⑤]在这种语境中,罗马人严格要求他们的妻子要克制自己的欲求,更重要的是,要保持贞洁。但当他们要满足自己的欲求时,却希望妻子有相反的表现。可以说,他们既希望妻子像修女一样贞洁,又要求她们像妓女一样热烈。如果做不到这一点,就只有到外面去满足了。因此,在夫妻的性生活中,妻子完全处于被动的地位,她们的性角色被男性任意地塑造,以至于她们对自身的性要求越来越变得模糊不清。

以上我们以作为罗马社会的一大突出特点的强大的父权家长制为背景,通过对一个女子由人子走向人妻和人母的生活历程的描述,透析了妇女在罗马社会中的地位。在这

---

① 潘绥铭:《神秘的圣火——性的社会史》,河南人民出版社1988年,第94、164页。

② 安德烈·比尔基埃等主编:《家庭史》第1卷,袁树仁等译,第381页。

③ 安德烈·比尔基埃等主编:《家庭史》第1卷,袁树仁等译,第340页。

④ 普鲁塔克:《希腊罗马名人传》(上册),陆永庭、吴彭鹏等译,第363页。

⑤ 奥托·基弗:《古罗马风化史》,姜瑞璋译,第201页。

里，我们看到的是一个完全以男权为中心的社会，女子虽然经历了人生的起伏，但始终没有也不能脱离男权的束缚，成为一个具有独立人格的社会群体。这是罗马妇女历史的主流。

最后，我们还应该看到问题的另外一面：第一，在一个以父权家长作为整个国家中唯一的法人的社会中，为了维护社会的稳定和秩序，女性注定要扮演配角，虽然从我们今天的角度看来很不公平，但在当时的历史条件下，却是一种常态，因而又有其内在的合理性。正如有的学者所指出的，古罗马的家长对其家庭成员的绝对的权力在那样一个国家还没有常设的法庭警察机构，没有更深地介入到私人道德领域的时代是必要的和合理的，虽然帝国时代发生了一些变化，但家长对附属者的生杀大权至少在理论上一直是成立的；[①]第二，虽然上面我们更多的关注和描述了父权对女性的无限权威，但千万不要以为两者仅有单向的强制和服从，因为这种关系就其本质上讲仍然是双向的，只不过是强度不同而已。女性在家庭中受到种种压制和控制的同时，也得到了某种保护，她可以在家庭中证明其自身的价值，这从罗马"主母"所受到的尊敬当中可见一斑。因此，这一时期罗马的性别关系还是处在一种传统的和温情脉脉的"和谐"氛围中，正如有的学者所言："男人统治女人，但女人甘于奉献。"[②]另外，古朗士也指出，父不仅仅握有种种毋庸置言的权力，他还要承担种种无法逃避的责任和义务，他虽然对于妻子有生杀大权，但这种权力也并不是轻易运用的，因为妻子在履行家庭传递香火的责任的过程中扮演着不可或缺的角色。[③] 在这个意义上，对于一个男人来说，一个没有女人的家同样也是一个巨大的不幸。

二、早期罗马妇女与传统的女性观

1. 早期罗马妇女的崇高地位

以上我们从罗马社会的带有更根本性的特征——父权家长制的视域中对罗马妇女的生活与命运作了一次鸟瞰式的考察。不过，我们要看到，仅仅把罗马女性看作是父家长任意摆布的玩偶也是远远不够的，这样未免过于简单了。其实，妇女的地位不论是在罗马共和国还是在罗马帝国的历史中都曾经经历过辉煌和沉浮，她们享有过古代世界的大多数

① Beryl Rawson, ed., *The Family in Ancient Rome: New Perspective*, p. 16.

② Renate Bridenthal, Susan Mosher Stuard and Merry E. Wiesner, eds, *Becoming Visible: Women in European History*, p. 79.

③ 古朗士：《希腊罗马古代社会研究》，李玄伯译，第 69—72 页。

姐妹们所不能想象的尊敬和自由,她们也曾经为自身的权益挺身而出,与传统的观念作斗争,从而在历史上第一次吹响妇女解放的号角,成为现代女权主义运动的先驱。应该说,如果忽视这些主旋律中的变奏,是不能够充分认识罗马妇女的。因此,我们将对女性在罗马国家的发展历程中最值得称道和书写的几次"精彩的亮相"做一些近距离的描绘,用这些特写来弥补上面的大纲式叙述所带来的苍白,使她们的形象鲜活和靓丽起来。

英国学者顾素尔在《家族制度史》一书中把古罗马的家庭史划分为两个时期,第一个时期是从罗马建城,即传说中的罗慕路斯确立统治的公元前753年到第二次布匿战争结束,即公元前202年。第二个时期则从公元前202年一直持续到公元四世纪,两个时期划分的界限就是布匿战争。顾素尔指出,在前一个时期,罗马家庭的主要特征是,"一般人对婚姻和家庭生活都是很严肃的,简单的,完备的,虽然也是严厉而且苛酷的",后一个时期则以"基督教的势力渐渐产生影响"为主线。[①] 实际上,顾素尔的这一家庭史的分期也大致上与罗马妇女地位和命运的嬗变相吻合,这种吻合与其说是偶然的巧合,不如说是有其内在的必然性,因为与男性不同,妇女的生活场景和人生的价值更多地体现在家庭中,因而她的社会地位的变动也首先是由家庭地位的沉浮来表现的。

我们看到,不论是以对外征服为主要任务的整装待发的共和国早期还是以基督教的兴起为重要表征的日渐衰亡的晚期帝国时代,罗马妇女都曾经做过令人赞叹的表演,扮演过十分重要的角色,这些都有大书特书的必要。另外,在罗马国家从共和政体向帝制转变的过程中,罗马妇女也并不是默默无闻的,她们也谱写出了一曲争取自身解放的篇章。值得注意的是,罗马历史发展的这三个时期也正好与我们撰写妇女史的三个阶段相吻合,从中可以看出,妇女问题不能仅仅从婚姻、家庭或两性关系上进行研究,它归根结底是一个社会问题,要从整个社会历史的发展阶段以及文化传统的大背景上去理解和把握。在本小节中,我们将悉心描摹的是共和国早期和中期的罗马女性的肖像,这样一幅画像不但属于早期的罗马妇女,在后来变化了的社会情境中,这一形象仍然挥之不去,一方面还不断地受到思古人士的推崇,另一方面也一直是罗马普通人心目中所向往的女性的理想和楷模。

学者们普遍认为,与大多数古代文明相比,罗马妇女享有较高的威望,拥有较多的自由,这种情形由来已久,乃至于形成了一种独特的传统。至于这种传统形成的原因,最早可以追溯到罗马的建城时期。不论这些传说的真实成分有多少,至少有一点是可以肯定的,那就是妇女在罗马国家的形成和崛起过程中曾经发挥过至关重要的作用。

---

① 顾素尔:《家族制度史》,黄石译,第143页。

首先要提到的是在罗马人中间长盛不衰的“抢夺萨宾妇女”的故事。传说在罗马城建立之初，由于这支拉丁移民大多数以男性居民为主，以至于男女比例严重失调。于是，在正常的和平手段不能奏效的情况下，罗马人想出了向邻邦掠夺的办法，目标选定为强悍能干的萨宾女子。李维和奥维德都曾经描绘过这次“抢掠妻子”事件发生的经过，以下是李维的描述：

罗马国家已经强大到足以与周边所有的敌人共同作战，但是妇女的缺少则意味着她的强大只能持续一代人，因为家里既没有希望产生后代，外部也没有希望与邻邦联姻。于是，根据元老院的决议，罗慕路斯向周边各部落遣使商谈联盟及通婚事宜，……然而，罗马的使者们没有得到什么像样的回答。有些人嗤之以鼻，有些则害怕他们当中有人力量变得过于强大，不论是他们自己，还是他们的后代。……罗马的年轻人为这样的羞辱而烦恼，开始认真地考虑使用武力。……罗慕路斯把自己的憎恨故意掩饰起来，策划了一起庆祝肯苏利亚节(Consualia)的活动，这是一个纪念马匹的保护神内普土(Neptune)的庄严节日，他向邻近各村庄都发出了通知。节日这一天，人们云集罗马，无疑，许多人纯粹是出于观看罗马这座新城尤其是他们最近的邻居的好奇心。……所有的萨宾人都来了，还带着他们的妻子和女儿，……表演开始了，所有的人都聚精会神地观看。一个事先约定好的信号发出后，所有强健的罗马男子冲进人群，掳掠年轻女子……。

演出结束了，这些女子们不幸的双亲落荒而逃，痛斥罗马人的背信弃义，向他们前来参加庆典的这一神祇表示不满，因为他们曾在这一庄严肃穆的场合中向他忠诚地祈祷。那些年轻的女子们心里也充满了不祥之兆。然而，罗慕路斯亲自向她们保证，如果她们的父母不同意的话，不会强逼着她们与邻人结婚。但是作为妻子，她们可以享有罗马的一切财富和公民权，她们还会有可爱的孩子。她们应该平息怒气，把心交给那些她们已经委身的男子。他说，有一句话叫不打不相识。为了弥补他们对其父母和国家所犯下的过失，她们的丈夫也将尽其所能地善待她们。①

① Livy, *History of Rome*, 1. 9; Mary R. Lefkowitz and Maureen B. Fant, eds., *Women's Life in Greece and Rome: A Source Book in Translation*, pp. 176-178.

萨宾女子们就是以这种方式“下嫁”到罗马人的家中的。虽然最初是出于强迫，而且萨宾人也深感大受侮辱而奋起还击，但是一旦“生米煮成熟饭”，萨宾女子也就接受了这一既成的事实，很快地融入罗马社会之中，并且以她们的贤惠能干而赢得了罗马人的尊重。据说，正是这些被迫成为罗马人的妻子和母亲的萨宾女子用她们的血肉之躯平息了罗马人与萨宾人的战争，化干戈为玉帛。作为回报，罗马人答应，萨宾妇女在罗马人家中，除了纺织，不必做其他家务。[①] 此外，还做出了种种其他的规定，包括：走在路上要给妇女让路；禁止在妇女面前说下流话和裸体；如果丈夫休妻，他的一半财产要罚给妻子等等。[②] 萨宾女子不仅在家庭和社会生活中赢得了相当高的尊重，甚至还在罗马早期的政治组织上也打下了深刻的烙印，据说罗马的三十个库里亚（胞族）就是根据三十个萨宾女子的名字而命名的。[③] 总之，萨宾妇女融入了罗马社会，并奠定了罗马民族尊重女性的传统。

在这里，还要提到在罗马历史的早期，尤其是王政时代对罗马文化曾经产生过重要影响的邻邦埃特鲁利亚。虽然，埃特鲁利亚文化在后来罗马的政治、军事和社会生活中留下很多痕迹，但在家庭生活和性观念上，这一时期的罗马人与埃特鲁利亚人却迥然不同。从考古发掘和文献的记载来看，埃特鲁利亚人的性观念异常开放，与当时罗马人的严肃、质朴而保守的生活观念形成鲜明的对比。不过，罗马人并没有从他们那里引进这种风习，罗马人的婚姻和性生活的“自由化”转向发生在公元前二世纪以后。如果说埃特鲁利亚人的生活方式对罗马人到底产生了哪些影响的话，妇女所享有的较高的地位和较大的生活空间也许可以算作其中之一，考古学家们发现，在一些埃特鲁利亚人的坟墓中，女子的随葬品几乎与男子同样丰富，而墓室的壁画同时也告诉我们，埃特鲁利亚人的妻子不仅可以与丈夫同桌共饮，而且还能够自由地出入各种公开场合，参加各种社交活动。[④] 因此，除了萨宾女子，我们也可以把埃特鲁利亚妇女看成是罗马人尊重女性传统的来源之一。

如果说王政时代的罗马历史更多的是建立在传说的基础上，那么，共和国时期则有了比较可靠的历史记载。整个共和国时代的罗马历史有两条主线贯穿，一条是围绕平民和贵族斗争的内部的立法和改革活动，另一条是对外的征服和扩张。这两条线索有着内在的联系，可以说，前者是后者的前提和保障，而后者则是前者的一个发展的结果。虽然这

---

① 普鲁塔克：《希腊罗马名人传》（上册），陆永庭、吴彭鹏等译，第 56 页。

② 普鲁塔克：《希腊罗马名人传》（上册），陆永庭、吴彭鹏等译，第 65 页。

③ 普鲁塔克：《希腊罗马名人传》（上册），陆永庭、吴彭鹏等译，第 55 页。

④ E. Fantham, H. P. Foley, N. B. Kampen, S. B. Pomeroy and H. A. Shapiro, *Women in the Classical World*, pp. 243-250.

些活动的主角无疑是男性罗马公民，在罗马人的历史记载上也几乎全是这些集农民、战士、公民、家长于一身的人们的行踪，但在他们身边我们还是能够时常隐约地看到在场和不在场的女性的身影，而且，在某种意义上，正是罗马妇女们默默无闻的辛勤劳作和勤俭持家为罗马国家的生存和崛起提供了巨大的后方支持和保障，也正是在这一过程中，在罗马男性公民的心中竖立起理想中的妻子和母亲的典范。

传说中，罗马共和国的缔造就与一位罗马人心目中的理想妻子的名字紧密相连。她的名字叫卢克里提娅(Lucretia)，是一位罗马军官克拉提努斯(Collatinus)的妻子。故事发生在阿迪亚(Ardea)前线作战时的一个夜晚，当时克拉提努斯与几个朋友喝酒，酒酣之际，绥克斯都·塔克文(即传说中王政时代最后一个国王"高傲者"塔克文的儿子)提出一个问题，那就是此刻他们的妻子都在做什么，心中是否在想念着他们？对此，每个人都竞相夸耀自己的妻子，于是克拉提努斯提议道，少说空话，眼见为实，夜色尚早，回罗马去！大家一致赞同，飞奔回到罗马。他们先来到王宫，发现项戴花环的王妃们正在宴饮狂欢。他们来到克拉提努斯的家，看见卢克里提娅正在油灯下指导女仆们纺线，并在谈话之间表现出对前线作战的丈夫的牵挂和思念。①

这样，克拉提努斯也就当仁不让地成为这次比赛的胜利者，但是使他万万没有想到的是，这次胜利却给他贤惠的妻子带来了杀身之祸。就在这帮人暗中观看的时候，卢克里提娅的美丽和贞洁的形象激起了绥克斯都·塔克文罪恶的情欲，几天之后，他背着克拉提努斯偷偷地再次来到卢克里提娅的住所。起初，她并没有预感到有什么异样，而是热情地接待了这个来访者，并给他安置了一个住所。到了夜晚，绥克斯都却拿着一把明晃晃的匕首出现在这个美丽的弱女子面前，在威逼之下占有了她。

到了早晨，绥克斯都走了之后，备受凌辱的卢克里提娅喊来了丈夫、父亲以及身边所有最亲密的人，把发生在头一天晚上的事情原原本本地告诉了他们，然后拔出藏在衣服下面的短刀，刺进了自己的胸膛。这件事情顿时在当地引起了轩然大波，以布鲁图斯为首的亲友们把卢克里提娅血淋淋的尸体放到广场上，人们对塔克文家族的暴政的不满一股脑地爆发出来，成群结队的人民向罗马进军，高呼着把暴君及其家族赶出罗马的口号。面对人民如此强烈的反抗，塔克文只好偕同全家逃往到了家乡埃特鲁利亚。接着，在百人队大会上，人民选出了罗马历史上首任执政官——卢克里提娅的丈夫克拉提努斯和她的舅父布鲁图斯。也就从这一年开始，罗马人告别了王政时代，罗马共和国宣告建立，据李维的

① Livy, *History of Rome*, 1.57, 6-58; Mary R. Lefkowitz and Maureen B. Fant, eds., *Women's Life in Greece and Rome: A Source Book in Translation*, p. 132.

说法，这一切发生在公元前510年，而伽图和波利比乌斯则推断是在公元前507年。[①]

这个关于卢克里提娅的故事流传得非常久远，它不仅成为古罗马文学和艺术中经常出现的一个题材，甚至还出现在文艺复兴时期的许多绘画作品中。[②] 如果我们抛开对这个故事的历史真实性的质疑，那么有一点是可以肯定的，那就是，罗马共和国早期的历史表明，这样一个女子的形象不仅在罗马人心中树立起理想妻子的典范，而且在某种程度上也是现实生活的写照，在当时的那种环境和氛围下，罗马人就是按照这样的形象去塑造他们的妻室的，而罗马女性也是按照这一形象来要求自己的。

应该说，在共和国建立之初，罗马人所面临的形势很不乐观，一方面，在社会内部，贵族阶层想方设法地操纵权力，广大平民处于无权地位，不满情绪日益增长，罗马社会需要并在酝酿着全面的社会变革；另一方面，作为一个人口数量和国土面积十分有限的国家，罗马的周围布满了虎狼之敌，有限的耕地不但不能够满足自身的需要，还随时处于被征服和瓜分的危险之中。也正是这种内忧外患的劣势状态激发了罗马人为求得生存而向外扩张的热情，因为摆在他们面前的只有两种选择，要么坐以待毙，要么主动出击。可以说，罗马共和国的早期和中期基本上都是在这种紧张的气氛中度过的。在这样的境遇中，道德成为这个民族奋而崛起的一种必不可少的保障线，成为民族凝聚力和力量的源泉。正如德国学者奥托·基弗所言："要正确估计道德规范在一个民族生活中的地位及其重要性，首先必须了解这个民族终生为之奋斗的理想。"[③]

2. 罗马人心目中理想的妇女形象

如果说对于一个罗马公民来说，他应该成为一个爱国的公民、合格的军人、勤勉的农夫和称职的家长的话，那么做一个贤惠的妻子、能干的主妇、优秀的母亲则成为国家和社会对女性所要求的目标，由此产生出女性的一系列美德，它们包括：美丽贤淑、爱国爱夫、忠贞不渝、勤俭持家、端庄稳重、严肃克己、沉默娴静、温柔顺从、生育旺盛、相夫教子……在罗马共和国的历史上，不论是对外的征战，还是内部的改革，我们时刻不能忘记，在这一成功的男性群体背后始终都屹立着坚强的后盾，她们就是恪尽职守、勤劳勇敢的英雄妻子和英雄母亲们，她们不仅在丈夫出征在外的时候能够独自挑起家庭的重任，养育出一代又一代真正的罗马人，而且有些人还走出家庭，出现在战场和社会政治的舞台上，以她们的

① 科瓦略夫：《古代罗马史》，王以铸译，三联书店1957年，第81—82页。

② Lisa DiCaprio and Merry E. Wiesner, eds., *Lives and Voices: Sources in European Women's History*, Houghton Milfflin Company, 2001, p. 65.

③ 奥托·基弗：《古罗马风化史》，姜瑞璋译，第1页。

方式发挥着作用。

据研究，早期罗马的婚姻和家庭生活比较稳定，严格实行一夫一妻制。离婚的正当理由主要是由于妻子不能生育，其次是有婚外的通奸行为。除了发生通奸行为之外，妻子在被休时有权收回嫁妆。在有些情况下，丈夫还要分割一定的财产给女方作为补偿。由于共和国早期的罗马人大多能够严格恪守严肃、虔敬和质朴的家庭伦常，公共的娼妓制度以及婚外的通奸风气尚未发展起来，在这样的社会风习之下，妻子能够安于平淡的家庭生活，以管理家庭和养育子女为己任，严守妇道，离婚的现象很少。据普鲁塔克记载，罗马建城230年之后，才出现了第一起离婚事件。[①] 奥托·基弗解释说，确切地讲，这个因妻子无生育能力而起的首例离婚案应该称为妻子没有受辱和被定罪的离婚案，所以，按照规定，妻子保留自己的嫁妆，这种无不端行为的休妻在法学上有一句套语叫做“你的财产归还你”(tuas res tibi habeto)。[②]

在家庭生活当中安身立命，一方面在一定程度上限制了女性的社会活动，另一方面也使她们容易找到能够充分发挥自身价值的位置，获得某种身份感和自信，尤其是在丈夫常年在外征战的情况下，家庭主妇在协助丈夫管理和使用家庭财产、教育子女等方面握有更大的主动权和自主权。于是，“那些精明能干的妇女就有充分的空间施计管理自己的事务。她们中很多人有忠诚能干的私人奴隶帮忙，从而能更有效地利用形势。”[③]学者们普遍认为，早期罗马妇女社会地位的相对较高正是建立在这种较高的家庭地位的基础上。无独有偶，我们看到，这一时期的罗马妇女与希腊城邦斯巴达的妇女存在着某种相似性。由于斯巴达城邦社会生活的军事化，斯巴达公民的一生几乎都在军营中度过，斯巴达妇女也得以在家庭中充分展示她们的价值，成为古希腊城邦中威望和地位最高的妇女。同时，与罗马的情况相类似，也正是依靠斯巴达的妻子和母亲们的坚强、勇敢和辛劳，斯巴达在长时间内保持了军事力量的强大。

在《情爱自然史》一书中，作者生动地描绘了一幅早期罗马妇女的形象：“罗马妇女曾一度是力量和道德完美结合的象征——她们髋骨宽大，身体健壮，有生育后代的能力，能织布纺纱，操持家业，是早期共和国严厉而又粗鲁的农民武士的适宜伴侣。使妇女和男人们结合在一起的不是虚无缥缈的罗曼蒂克式的追求，而是对宗教的虔诚，部落内部的团结纽带以及为了求得经济和军事上的谋生手段的迫切需要。”[④]

---

① 普鲁塔克：《希腊罗马名人传》(上册)，陆永庭、吴彭鹏等译，第163页。

② 奥托·基弗：《古罗马风化史》，姜瑞璋译，第30—31页。

③ Allemn M. Ward, *A History of the Roman People*, Prentice Hall, 1999, p. 131.

④ 莫尔顿·亨特：《情爱自然史》，赵越、李建光译，作家出版社1988年，第81页。

最能够说明这一形象的真实性的历史材料莫过于大量的被发掘出来的古罗马墓志铭。在这些内容长短不一、语言优美动人的墓志铭中，有很多是写给去世的家庭主妇的。如果我们把这些充满溢美之词的铭文加以汇总，就会自然而然地得到一份当时罗马人所推崇的女性美德的清单。下面我们就来看几份具有代表性的墓志铭材料：

(1) 寥寥数语，愿浪迹天涯者驻足一读。这块不起眼的墓碑下埋葬着一位美丽的妇女。父母为她取名克劳狄亚。她爱丈夫始终不渝。共生育二子；身后仅存一子，另一子在她生前已命赴黄泉。她言谈可亲，步履高雅，操持家务，纺线织布。我言已尽，君可离去。

(2) ……她是我家的守护神，是我精神赖以寄托者，也是我唯一钟情之人。她想我所想，弃我所弃，对我总是敞开心扉，坦诚相见。她勤于纺织，节衣缩食，对丈夫却爱护备至。她总是要等我到了才一起共餐同饮。她处事有方，头脑聪明，为人高尚，有口皆碑。

(3) 马库斯之妻埃米蒙，长眠在此。她品貌俊俏，心地善良，勤勤恳恳，是一位细心的家庭主妇，节俭整洁，行为正派，光明磊落，虔诚又朴实。①

(4) ……最好，最美，从事纺织，虔诚，知廉耻，端庄，贞淑，足不出户。

(5) ……知耻，柔顺，和蔼可亲，平易近人，勤纺织，有信仰而不迷信，衣着朴素，服饰不求观瞻，实乃善良的家庭一员。②

(6) 你谦逊、顺从、和蔼可亲、本性善良；你不倦地纺织，虔诚履行宗教义务；你衣着简朴、举止优雅大方。你热爱亲眷，有家庭责任感，照料我的母亲如同你的双亲一般。

(7) 她先我而亡，是我唯一的妻子；她忠贞不贰，信赖她值得信赖的丈夫，即使在艰辛的时候总是非常乐观；她从不逃避她的责任和义务。③

(8) (以上是写给亡妻的，还有写给母亲的)……我亲爱的母亲应该比所有其他母亲得到更大的赞扬，因为她端庄稳重，言行得体，纯洁高雅，温顺服从，勤于纺织，像其他的好女人一样的忠诚，即便在危险时刻在品行、劳作和智慧上也

---

① 奥托·基弗：《古罗马风化史》，姜瑞璋译，第23—24页。
② 特奥多瓦·蒙森：《罗马史》第1卷，李稼年译，第54页。
③ 刘文明：《文化变迁中的罗马女性》，第44—45页。

不逊于任何一个女人。①

在这里,我们看到,上文所谈到的共和国早期对罗马妇女所要求的那些美德在这些铭文中几乎都有所反映。值得注意的是,其中,纺线织布不但被看作是德性之一,而且是一种最常见的美德,这说明了纺织是女子在家中最重要的工作,正如蒙森所言,"按罗马人的观念……纺织之于女子,如同耕耘之于男子"。② 实际上,男耕女织是传统农业社会中一种普遍的社会分工。

在罗马人的墓志铭中,也不乏鸿篇巨制,其中最宏伟的要数诗人普洛佩提乌斯为埃米利乌斯·保罗斯·李必达之妻科涅利娅所写的长篇碑文,它以第一人称的口吻对悼念她的人倾诉衷肠,以此抚慰他们的悲伤,这首被誉为"哀歌王后"的诗作不仅是一篇感伤而优美的诗歌佳作,更重要的是,它通过女主人公内心的独白塑造了一个古罗马人心目中的完美女性的形象,展示了一幅古罗马婚姻和家庭生活的画卷:

莫在我坟茔前哭泣,保罗斯,
祈祷打不开黑夜的大门;
死者一旦进入冥府,
无情的铁栓便断了他们的归途。
黑暗之神可能听见你的祷告;
你绝望的泪水却洒在充耳不闻的彼岸。
誓言改变的苍天的意愿
阴间的神收下钱,
锁住了坟墓上一扇扇阴沉的大门。
可恨的火炬将我引向墓地,
忧伤的小号悲鸣。
我的保罗斯救不了我,
已故伟人的非凡成就救不了我,
我家族的保证也救不了我。
命运三女神仍然那样无情和残忍,

① Mary R. Lefkowitz and Maureen B. Fant, eds., *Women's Life in Greece and Rome: A Source Book in Translation*, p. 18.

② 特奥多瓦·蒙森:《罗马史》第1卷,李稼年译,第54页。

我只不过是轻轻的一小撮灰烬。

罚入地狱之夜，我蹚过悲痛的
沼泽和浅滩，还有你这条
在我脚下四溅的小河，
过早地来到这里，而我却是清白无辜的。
宽大裁决我的鬼魂吧，冥王普路托。
如果判官埃阿科斯在堂上主持公道，
就让他抽签，对我的幽灵宣判。
让他的两个判官兄弟在一旁听着，
任凭复仇三女神在阴森的法庭上
对众人怒目而视。
堕入地狱被罚推石过山的西绪福斯，
歇一歇吧，那是永无终止的惩罚。
缚在旋转的火轮上受罚的伊克西翁，
你也停一停吧。
还有坦塔罗斯，抓住时机，
抢喝一口那戏弄你的清水。
别让守卫冥府的猛犬刻耳柏洛斯
扑向胆战心惊的鬼魂，
它的锁链该静静地挂在围栏上。
请听我辩护。我若欺诈必遭罚，
像犯杀父之罪的达那伊得斯姐妹，
永远在地狱里用筛子取水。

古代的胜利若能算作今日之荣耀，
非洲王国便是我祖父业绩的证明。
我的外祖父是高贵的里博内斯，
两家都是名门望族的后裔。
因为要嫁人，我收好童年的玩具，
头上扎起古怪的结婚缎带，

踏进了你保罗斯的家。
虽然随即又离开了这个家，
但这块墓碑向世人宣告我已为人妻。
罗马人征服阿非利加而客死异乡，
墓碑上刻着他们喜爱的悔恨之词，
证明监察官并非为我犹豫，
我亦无不端行为使家族蒙受耻辱。
科涅利娅无愧于战功赫赫的祖先，
她在贵族家庭竖立了典范，
从迎亲之日至送葬之时始终白璧无瑕。
我的禀性赋予我与生俱来的为人之道，
法庭的威慑无法胜过它。
任凭严肃的裁决会议审理我的申诉
凡是赞同我的女性，包括你，
难得的献身于女神的克劳狄亚，
你的美德能感动不动情的女神西布莉
还有你，你的亚麻服能重新点燃女灶神
维斯塔已熄灭了的家庭生活的圣火，
你们绝不会因赞同我而感到耻辱。
亲爱的斯克里波尼亚，我的母亲，
我败坏门风使你蒙受耻辱了吗？
除了命运你会叫我改变什么呢？
你的眼泪和罗马的挽歌是对我的赞美，
恺撒的悲痛圣化了我的尸骸，
配做他女儿的人死了是令人伤心的，
神也通人情，会落泪。
然而我得到了做母亲的礼服——
我并非被人从不会生育的家庭劫走的。
你，李必达，还有你，象征生殖力的
阴茎图像，都是我的慰藉，
是你们的爱使我瞑目。

我曾目睹我的弟弟两度封为贵族，
待他当上执政官时，
他的姐姐，我却已不在人世。
女儿啊，你就是那监察官的化身，
去吧，仿效我，忠贞地爱一个丈夫，
维护我的世系。只要子女们能为我增辉，
我愿踏上黄泉路。
真诚的话语给她以荣誉
使她的墓圣洁
这就是女人成功的喜悦和最后的报酬。
保罗斯，你要保我的孩子平安——
我身虽死，仍永远爱他们——
为他们找个妈妈吧，我的亲生骨肉，
个个都应得到你贴心的爱护。
他们哭了就吻他们，再加上我的爱抚，
如今全家就靠你了，
悲痛时别让孩子们看见，
他们快到你身边时你要笑脸相迎。
你够苦的了，要熬过一个个悲痛之夜，
对科涅利娅魂牵梦萦；
只能独自对着想象中的我说话，
一字一句，好像我会回答似的。
倘若又举行了一场婚礼，
我们家来了一位小心谨慎的继母，
孩子们，赞美这婚姻，忍受这婚姻吧，
你们的宽容大度将会把她俘虏。
倘若我俩来比较，切莫过多赞美我，
你们言者无意，她却会因此而伤心。
如果他不再婚，情愿与我的亡灵为伴，
如果死后的我还能满足他的爱，
能伴随他在不久的将来度过晚年，

绝不让他饱受丧偶之苦的心又添烦恼。
把我失去的阳寿加给他吧，
让他与我的儿子们在一起，做一个幸福的老人，
是啊，还算令人满意，
我不用为孩子们感到痛心，
他们和睦地站在我的火葬柴堆旁。
我申诉已完毕，朋友们，起立为我哀悼，
泥土使我感到舒适，
这是对我在这里生活的报偿。
美德能获得极大的成功，但愿我
不辱没门第，无愧于祖先。[①]

需要说明的是，这些铭文虽然属于不同的时期，既有共和时代的，又有帝国时期的，但铭文中所传达的信息和表达的观念则是大同小异和一脉相承的。与此同时，尽管墓志铭也不乏失实的嫌疑，正如有学者所言，正像讽刺诗夸大女人的弱点一样，墓志铭则倾向于放大她们的德性，[②]但这里面更重要的是反映了一种思想观念，而不仅仅是社会现实。应该说，这样一种早在共和国早期即已形成的理想的妇女形象贯穿了罗马文明的始终，一直是罗马人所推崇和追求的目标。就拿纺织来说，顾素尔指出，在罗马，女子普遍受到纺织的教育，"即使在帝制时期，奥古斯都的女儿不以织缝她父王及其家庭所穿的衣裳为耻，此风依存于旧式的家庭中"。[③]

在家庭中，除了一些日常生活所必需的劳作，最让罗马人感怀和难忘的就是孕育和教养出那些伟大的罗马人的伟大的母亲们。在男人们的戎马生涯中，抚养和教育子女的重任就落在了妻子和母亲身上。塔西陀在《演说家的对话》中饱含感情地追忆和描述了古罗马的母亲们：

从前所有男人的儿子都由独身母亲养育，而且是在母亲怀里，吃母亲的奶长大，不是在农家奶妈屋里长大的。她为自己主管全家并把孩子抚养成人而感到

① 奥托·基弗：《古罗马风化史》，姜瑞璋译，第24—29页。

② Mary R. Lefkowitz and Maureen B. Fant, eds., *Women's Life in Greece and Rome: A Source Book in Translation*, p.24.

③ 顾素尔：《家族制度史》，黄石译，第188页。

> 极大的光荣。她还要挑选一位年长的亲戚，贞操绝对可靠的女性，把孩子全托付给她。在她面前一句脏话都不能讲，一件见不得人的事都不能做。她要虔诚地正派地监督孩子们的学习和工作，以及游戏和娱乐。听说格拉古兄弟的母亲科涅利娅，恺撒的母亲奥勒利亚，奥古斯都的母亲阿蒂亚，都以这种方式教育儿子，并把他们培养成罗马帝国的伟人。[①]

“罗马已婚妇女在法律上不管是处于丈夫或父亲的控制下，她作为家庭主妇还是有一定体面地位的，如果她成为母亲，并且成为寡妇，其地位会进一步被抬高。”[②]选择不再嫁的守寡的母亲们在古罗马享有崇高的地位。

在这当中，科涅利娅的故事流传最广，也最为感人。她是非洲的斯奇比奥的女儿，嫁给了曾经担任过罗马很多高级官职的提比略·西普罗尼乌斯·格拉古。他们一共生了12个孩子，但只有两个儿子和一个女儿活了下来。不幸的是丈夫较早地离开了人世，从此她过起了寡居的生活。那时候，由于她年纪并不很大，加之美丽的容貌和贤淑的声名，丈夫去世之后有很多人向她求婚，这当中不乏名门子弟，其中就包括埃及的托勒密六世。实际上，在罗马，由于种种原因造成的女子再嫁是一件太过平常的事情，但是科涅利娅终生没有再嫁，理由十分简单，就是她要用全部的精力来教养她的仅存的两个儿子。她为他们聘请了最好的家庭教师，使他们得到了当时最好的教育。后来，他们长大成人之后，终于没有辜负母亲的期望，发起并组织了罗马共和国晚期的土地改革运动，也就是著名的“格拉古兄弟改革”。改革虽然失败了，两人先后遭遇劫难，但他们雄辩的演说声和伟大的人格却永远留在了罗马人的记忆中，在古罗马上写下了悲壮和不朽的一页，他们的母亲科涅利娅也由此而名留青史。

3. 共和时代政治和军事生活中的罗马女性

在这里，我们也可以看到，家庭虽然是古罗马的妇女生活的主要舞台，虽然在法律上她们没有担任公职的权利，不能够参加选举，不能能够参军打仗，但这些并不妨碍她们以自己特有的方式参与家庭之外的社会政治和军事生活，对国家的前途命运产生影响。“罗

---

① *Tacitus*, *Dialogue* 28, *exerpts. L*, in Mary R. Lefkowitz and Maureen B. Fant, eds., *Women's Life in Greece and Rome*: *A Source Book in Translation*, p. 190.

② Suzanne Dixon, *The Roman Mother*, p. 44.

马人清楚地意识到，女人既能够战斗，也能够统治，如果给她们机会的话。"[①]在罗马共和国的早期，流传着很多妇女退敌的故事。

据说，在公元前5世纪的时候，罗马人曾经受到强大的邻邦埃特鲁利亚的控制，为此，有一批罗马妇女被选派到埃特鲁利亚做人质。面临国家的危难，妇女们没有退缩，纷纷挺身而出，前往敌人的国家。在这批女性当中，有一个名叫克劳迪亚的女子，正是在她的组织和率领下，巧妙地避开了埃特鲁利亚人的追赶和围堵，使她们安全地回到了罗马。为纪念这位杰出的女子，罗马人专门为她塑造了一尊雕像。

另外，李维在《罗马史》当中所记述的罗马妇女击退沃尔斯奇人和高卢人的故事更为家喻户晓。前一个故事也发生在公元前5世纪初，当时罗马受到沃尔斯奇人的进攻，敌人势如破竹，很快就占领了很多拉丁城市，并进逼罗马城，原因在于统领敌军的是一个被罗马驱逐的将领马西乌斯·克里奥拉努斯。罗马派出了元老和祭司去求和，但都无济于事。在这一危急关头，妇女们想到了仍然留在罗马的马西乌斯的家人，迅速前往并说服了他的母亲和妻子，带着他的两个年幼的儿子，来到了敌营。面对家人以及老母亲声泪俱下的劝导，马西乌斯深感愧疚，率领军队撤退了，罗马城再次转危为安。为了表彰妇女们的这次成功的退敌行动，元老院下令为她们的幸运女神修建了一座寺庙。公元前390年，罗马人遭到了高卢人的突袭，罗马城被占领，这次失陷是罗马共和国历史上是一次惨痛的记忆。征服者提出要索取大量赎金以后才能离开，可是这时，国库里已经没有足够的黄金了。在这样一个亡国灭种的危难时刻，又是罗马的妇女解救了这场危机。她们组织发起了一次捐助运动，纷纷拿出自己贵重的黄金珠宝之类的陪嫁品，凑齐了赎金，暂时支走了高卢人。之后，罗马政府对这一批把国家的危难放在第一位的无私奉献的女性做出了公开和正式的致谢，还给予了她们一项特权，就是在她们的葬礼上致赞美辞，在这以前，这是一项只有男子才能享有的特权。[②]

再比如，据阿庇安记载，在皮洛斯战争期间，敌人曾试图送礼给"自古以来就有很大影响的罗马妇女"，以达到交换战俘的目的，但妇女们不为所动，无一接受礼物。[③] 罗马共和

---

① Renate Bridenthal, Susan Mosher Stuard and Merry E. Wiesner, eds., *Becoming Visible: Women in European History*, p. 80.

② 刘文明：《文化变迁中的罗马女性》，第22—24页。在罗马的历史记载上，有很多此类的演说，其中比较著名的有：公元前102年，卡图鲁斯为他的母亲波庇利娅举行了隆重的葬礼，在演说中称她为罗马杰出的女性；公元前68年，恺撒为纪念她的姑母朱利亚(即马略之妻)发表了一篇著名的演说，称赞她为"至高无上的女性"；公元前54年，恺撒的母亲奥莱莉娅去世，他发表了一篇精彩的演说，因为在他很小的时候，父亲就去世了，是母亲把他抚养成人，所以他在演说中说道："是母亲的辛勤养育，才奠定了我今天的事业"。见宫秀华：《罗马共和末期至帝国初期妇女的社会地位》，《东北师大学报》1992年第1期。

③ 阿庇安：《罗马史》上卷，谢德风译，第61页。

国早期流传下来的这样的故事还有很多，在这里不能一一列举。总之，正是这些在家勇挑重担，在外热心国事的罗马女子奠定了妇女在罗马社会中所具有的较高的威望和地位，更重要的是在传统中竖立起一种典范的女性形象，这一形象虽然在接下来的历史时期受到了一定冲击和破坏，但一直没有从根本上被动摇，始终是罗马的有识之士们所标榜、所倡导、所缅怀的对象，是罗马社会的大多数人，尤其是中下层妇女安身立命的准则。

最后，我们在描述早期罗马妇女的贤能和优秀的同时，也不能忘记她们所处的时代背景，把这种情形毫无限制地放大也并不符合历史的真实，在这里，有两点必须加以说明。首先，不要把古罗马人严格遵守婚姻和家庭的伦常和道德想得那么高，这种状况的产生与其说是出于女性对道德生活的自觉，不如说是在一种严酷的内外形势下形成的一种社会紧张关系和风俗习惯使然，可以说，生活在这种氛围下的罗马妇女是别无选择的，任何有悖常理的越轨行为都会带来最严重的后果，在那时，家族法是十分严厉的，家长具有完全的裁判和处置权。因此，自我保存的需求也是我们认识早期罗马妇女的道德水准当中需要考虑的一个重要因素，正像坦娜希尔所言，“当雄辩家们把罗马共和国的家庭主妇作为美德和高贵的典型描述出来时，他们忽略了这样一个事实，即这些家庭主妇这样做不仅仅是为自我献身，而且也是为了自我保存”。[①] 由此可以引出第二个问题，那就是虽然早期的罗马妇女得到了很高的威望和诸多的赞许，但这并不足以说明她们社会地位的提高，相反，当她们在家庭中大显身手、充分展示聪明才智的时候，也是最受约束和禁锢的时期，虽然与希腊妇女相比，罗马妇女拥有更大的活动空间和自由，但她们的社会经济、政治和法律地位是同等的，罗马妇女对自身的价值和要求的真正觉醒以及通过努力和抗争使她们的社会地位得以真正的提高要等到下一个历史时期，即罗马从共和国向帝国转变的时期。

三、从共和到帝制转变过程中的妇女解放运动

1. 家庭生活中妇女地位的提高

在取得了第二次布匿战争的胜利之后，罗马人也就扫除了称霸地中海过程中最大的障碍，从此势如破竹，开始大踏步地向一个地跨欧、亚、非三洲的、欧洲历史上空前绝后的大帝国迈进。随着被征服地区的财富和奴隶源源不断地流进罗马，他们开始发现在这个世界上还有与他们的寒碜拘谨的风格完全不同的生活方式，因为，对罗马人来说，对外的

---

① Reay Tannahill, *Sex in History*, p. 106.

扩张也是一个眼界大开的过程。国家的政体为适应新帝国的需要正在经历这一场痛苦的分娩，与此同时，罗马人的生活方式、社会风习和思想观念也正在悄然地进行着一场革命，罗马人紧绷了几个世纪的神经突然间释然了，长期以来被内外的形势所压抑的人性中的某些东西正在苏醒，从前曾经被他们笃信不移的信念也开始变得荒诞而可笑。

从共和国到帝国的转型是罗马史研究当中最重要的内容之一，因为这不仅关系到罗马国家政体的改变，而且也涉及罗马的经济、文化、宗教以及社会生活等方方面面。[①] 在这一过程中，罗马人的婚姻家庭生活和妇女地位的变化是其中的一个引人瞩目的内容，学者们大多把这种变化视为发生在古代世界的一场妇女解放运动，尽管对这次运动的原因、性质和评价自古以来就仁者见仁，智者见智，存在着较大的分歧，关于这一点，我们将从下面的叙述中得到说明。

为了使下面的评述得以展开，我们首先要做的就是对这场解放运动的内容和表现做出恰如其分的描述。前文曾经讲到，妇女在家庭内部和社会上的地位是密切相关的，可以说，前一个方面状况的改善是后一个方面得以提高的前提和保障，因此，我们在描述这一变动时，也分为家内和家外两个大的方面来进行。概而言之，从这一时期罗马妇女的婚姻家庭生活内部来看，主要表现为夫权的衰落和与之相应的女权的上升；从家庭外部的社会生活来看，则表现为妇女参与政治和各种社会文化生活的程度的深化和加强。

先说第一个方面。从罗马共和国早期到晚期，罗马人在婚姻形式上一个最主要的变化就是“有夫权婚姻”(matrimonium cum manu)的逐渐减少和“无夫权婚姻”(matrimonium line manu)的愈发普遍。所谓“有夫权婚姻”，简单地说就是女子在出嫁之前受父亲支配，一旦结婚就与父家断绝了关系，包括嫁妆在内的从父家带来的财产和女子自身完全改由夫家支配。这种婚姻形式比较接近于古朗士所描述的以家族宗教为核心内容的联姻，主要盛行于古罗马历史的早期。“无夫权婚姻”的特征则是女子在结婚以后，父亲在很大程度上仍然保留对她的支配权。这种形式的婚姻出现的时间比较晚，但很快就流行起来。学者们普遍认为，这种婚姻形式转变的直接后果是，由于名义上仍然起支配作用的父权鞭长莫及，再加上她在夫家掌管家政的主妇地位，使婚后女子对财产(主要是嫁妆)的独立支配权大大增加，于是她们手中也就逐渐掌握了一定数量的财产，这样，经济地位的改善就随之带来了妇女在夫家地位的提高以及一系列权益的获得。

权益之一就是妇女取得了父家财产的继承权，不论是未出嫁的女子还是以“无夫权婚

① 关于罗马共和国晚期经济上的变化参看杨共乐：《试论共和末叶罗马的经济变革》，《北京师范大学学报》(社会科学版)1999年第4期。

姻”的形式出嫁的女子，都能够与其他兄弟一起继承父产。从公元前 2 世纪开始，在罗马社会当中出现了一些前所未有的“富婆”，她们支配着大量的财产。这种情况引起了罗马政府的关注，为抑制这一趋向，在公元前 169 年颁布了《沃柯尼安法》(*Voconian Law*)，试图对女性的继承权加以限制，但收效不大。[①] 从此以后，继承法还是朝着有利于妇女的方向发展，在西塞罗时代，大法官引进了母系亲属的继承制度；[②]到了查士丁尼时代，在财产继承问题上，女子取得了与男子基本上相等的权利。[③]

恩格斯曾经指出，妇女地位的提高归根结底还是依赖于经济权利的提高，这一命题不仅是现代女权运动的出发点，也同样适用于古代罗马的妇女。我们看到，正是由于女子的财产控制权的增强，使得她们在婚姻和家庭生活中单向服从的被动地位开始在一定程度上得到扭转，这主要表现在：

第一，女性的婚姻自主权的增强。前面讲到，在传统的“有夫权婚姻”下，女子既没有选择丈夫的权利，更没有提出离婚的权利。随着“无夫权婚姻”的盛行，婚姻中的宗教因素越来越淡化，婚礼的仪式也日趋简化，婚姻的协议性质越来越浓厚，这样，一方面使得结婚和离婚都变得十分便利，另一方面也增强了女方对婚姻的主动权。这种趋向很明显地反映在有关婚姻的法律条文上，例如，在哈德良时期，法学家公开主张婚姻必须获得女方的同意方能生效。[④] 另外，对于结婚的定义，罗马早期的法学家莫特斯丁称“结婚是一夫一妻的终身结合，神事和人事的共同关系”，到了帝国时代，随着旧式的“有夫权婚姻”逐渐退出历史舞台，在《查士丁尼法学阶梯》中也把婚姻的定义改为“结婚是一男一女以永续共同生活为目的之结合”。[⑤] 这一时期流行的一句关于婚姻的格言是：“婚姻只能由同情而缔结”(Nuptiae solo consensu contrahuntur)。[⑥] 因此，婚姻的纽带变得松弛了，从前是男性主宰婚姻的缔结和终止，现在这种权利渐为男女双方所共有，这使得一些从前十分少见的现象大为增加，那就是离婚率上升，独身者增加。西塞罗在一封信里写道，一个妇女趁丈夫去外地还没回来，抢在前面获准了离婚，纯粹是因为她结识了另一个男人。[⑦] 西塞罗自己的女儿的前两次婚姻是由他来安排的，而她的第三个丈夫则是在他流放期间自己挑选的，西塞罗对此很不高兴，想用拒付嫁妆的办法拆散他们。[⑧] 奥古斯都时期曾经制定了一

---

① 刘文明：《文化变迁中的罗马女性》，第 74 页。

② 安德烈·比尔基埃等主编：《家庭史》第 1 卷，袁树仁等译，第 304 页。

③ 奥托·基弗：《古罗马风化史》，姜瑞璋译，第 53 页。

④ 莫尔顿·亨特：《情爱自然史》，赵越、李建光译，第 111 页。

⑤ 周枏等编写：《罗马法》，第 98 页。

⑥ 顾素尔：《家族制度史》，黄石译，第 168 页。

⑦ 奥托·基弗：《古罗马风化史》，姜瑞璋译，第 33—34 页。

⑧ Sarah B. Pomeroy, *Goddesses, Whores, Wives and Slaves*, pp. 157-158.

系列有关婚姻的立法，内容之一就是限制离婚和鼓励结婚，但收效甚微。

第二，女子的性权利的提高。前文讲到，在传统社会的婚姻生活中占据统治地位的是一种“唯生殖目的观”，即结婚和夫妻生活的唯一目的就是生育后代，这使得男性主宰了一切性活动，因此，女性的性要求几乎完全被压抑和忽略，任何与生育后代无关的性活动均被视为反常而受到排斥。这种观念的外在表现之一就是男女性权利的不平等，即任何形式的女子的婚外性行为是绝对禁止的，而男子则拥有很大的婚外性活动的空间，不会受到任何责罚。与女性的婚姻自主权的增强相伴随，男性对性行为的单方面的主宰权也受到了极大的挑战，女性开始冲破“唯生殖目的观”的束缚，追求自身的幸福，“性快乐主义”盛行起来，这种风气的主要表现是离婚和通奸行为司空见惯，家庭责任感（尤其是生育后代和教养子女的责任）弱化，独身和弃婴现象时有发生。因此，公元前 2 世纪以后，罗马的生育率出现了明显的下降趋势。[①]

下面我们就结合罗马人自己对这种趋向的记述来看一看这场解放运动在罗马家庭内部是怎样发生的。值得注意的是，我们对于这场妇女运动的了解几乎都是通过男人们对女人们无奈的抱怨、无端的指责、尖刻的嘲讽甚至是愤怒的漫骂来获得的。[②] 因此，由这种方式就可以说明，这种妇女地位的提高远远不是男人们所期望的，更不是从前享有特权的男性们由于良心发现所给予的，而毋宁是客观形势的变化所带来的一种自然的结果，当然其中还有妇女依靠自身的觉醒和努力的因素。

古罗马的很多作家都十分强烈地意识到，罗马从共和国晚期到帝国阶段的社会生活当中所发生的最大的变化就是人们对节俭和克制的传统美德的抛弃以及随之而产生的整个生活方式的变化。他们缅怀和追忆那简单而辉煌的过去，为今日的人心不古和世风日下而深感痛惜。帝国时代的伟大史家李维的说法最具有代表性，他对古代的罗马人充满了崇敬和赞美，他说“从来没有一个民族从此长久地不受贪婪与奢侈的侵袭，也没有一个民族如此长久地安于贫困，崇尚节俭”，但在今天，“财富把贪婪给了罗马，寻欢作乐的机会多了，使人沉湎于声色，毁了自己也毁了国家”。[③] 塔西陀也曾经慨叹道：“世界的局面改变了，浑厚淳朴的罗马古风业已荡然无存。”[④]面对被征服的东方地区的财富、奴隶以及生活方式涌入罗马，从前一直被压抑或处在无意识的状态当中的各种欲求被极大地激发起

① J. P. V. D. Balsdon, *Roman Women: Their History and Habits*, p. 14.

② 当然，也有一些开明的男士，比如李维的《罗马史》(34,5,8—10)中所记载的为妇女鸣不平的瓦列里乌斯(Valerius)，塔西陀在《编年史》(III,33—34)中提出，在指责女性的奢侈浪费的同时，也应该反省一下男性自身，但这些为女性辩护的人毕竟是少数。

③ 奥托·基弗：《古罗马风化史》，姜瑞璋译，引言第 2、5 页。

④ 塔西陀：《编年史》，王以铸、崔妙因译，商务印书馆 1981 年，第 5 页。

来，人们都在想方设法地寻找满足这些欲求的途径和机遇。[①]

有学者把“无夫权婚姻”的兴起主要归结于两个因素，一是父权在罗马社会中的强大和根深蒂固，二是大量财富流入罗马后，由于嫁妆越来越丰厚，父亲以及出嫁的女儿不愿意财产流入夫家，以控制财产的需要。[②] 这种说法是有道理的。我们看到，嫁妆的确是出嫁女子的经济地位的一个有力保障，而经济地位的稳固又会带动其他权利的提高，当时有很多材料都能够说明这一点。比如，伽图就曾经针对这种情形抱怨说：“首先，女人给丈夫大笔嫁妆；然后，自己留下一大笔钱不交给丈夫管理，而是借贷给丈夫；最后，当她讨厌丈夫时，就以此逼得丈夫团团转，缠着丈夫还钱。”[③]古罗马著名的喜剧作家普劳图斯（公元前254—前184年）的剧作就经常以依靠自己的丰厚的嫁妆而盛气凌人的贵妇人为讽刺的对象。在《凶宅》一剧中有一个娶了富婆的可怜男子西摩，妻子丰厚的嫁妆一方面使自己吃喝不愁，另一方面也使他在家中的地位很低，简直抬不起头来，只有整天躲在外面。在《一坛金子》这部戏中，塑造了一个守财奴的形象，他有一坛金子，总是害怕被别人偷走，真是惶惶不可终日，经过一系列曲折而有趣的情节，最后，这坛金子最终成为了女儿的嫁妆，才使他放下心来。剧中有一句台词讲道：“……没有嫁妆的女子完全处于丈夫的控制之下，嫁妆丰厚的妇女则给丈夫带来不幸和灾难。”[④]不过，这也反映出当时的社会上有些男子是看中了妻子的高额嫁妆而结婚的，不过这种人通常被传统人士所不齿。作为传统道德的化身和维护者的伽图就以娶了一位出身高贵而非富有的妻子自许。[⑤] 普鲁塔克说：“娶财产超过他们的妇人的男子，在不知不觉之间，常变成为她们的奴隶，而不是她们的丈夫了”。[⑥]

对女人们更多的抱怨是针对她们的“道德败坏”，这方面的文字从公元前2世纪就已出现，到帝国时代就越来越多了。应该说，此类内容的材料真是俯拾皆是，蔚为大观，在这里，仅就其中有代表性的举一些例子，这些抱怨大致可以分为以下几类：

第一是针对女子频繁地结婚和离婚的行为。公元1世纪的罗马讽刺诗作家朱文纳尔（Juvenal，约60—128年）以大谈妇女（仅仅是妇女）的不道德行为见长，有人甚至把他的

---

① 发生在公元前一世纪的罗马的经济变革主要表现在小土地所有的增加、有对外征服和勒索而带来的资金的大量集中以及高利贷资本的异军突起等方面，参看杨共乐：《试论共和国末叶的经济变革》，《北京师范大学学报》（社会科学版）1999年第4期，这些突如其来的财富以各种形式冲击着罗马人传统的生活方式和思想观念。

② 刘文明：《文化变迁中的罗马女性》，第53页。

③ E. Fantham, H. P. Foley, N. B. Kampen, S. B. Pomeroy and H. A. Shapiro, *Women in the Classical World*, p. 263.

④ 参看《古罗马戏剧选》，杨宪益等译，人民文学出版社1991年，第90页。

⑤ 普鲁塔克：《希腊罗马名人传》（上册），陆永庭、吴彭鹏等译，第365页。

⑥ 顾素尔：《家族制度史》，黄石译，第172页。

诗称为罗列妇女所犯过失的目录。他在一首诗当中这样"赞美"一个女人的成就:"她创造的纪录使人望尘莫及——她在五个冬天里先后换了八个丈夫。应该把这一点铭刻在她的墓碑上!"[①]他甚至主张,应该抽那些在门前的鲜花还没有凋谢就和丈夫离婚的妇人的税。塞内加也说过,当时的妇女不是以执政官的任期,而是以所经的丈夫来计算年龄。[②]

第二是针对女子的通奸行为。《喀提林阴谋》的作者撒路斯提乌斯讲道,从苏拉时代以后,除了可耻地挥霍财富以外,"对于淫乱的事情、精美的饮食以及其他各种奢侈享受的爱好也同样地变得强烈起来;男人玩弄女人,女人则出卖自己的贞操"。[③] 奥维德曾经断言,要寻找处女就只有不再求爱。他还说,如果一个男人对他妻子的不贞大惊小怪,那他就是一个十足的乡巴佬。[④] 贺拉斯和普洛佩提乌斯的诗作中也都有类似的说法。[⑤] 以严谨见长的历史学家塔西陀撰写《日耳曼尼亚志》的一个初衷就是要以日耳曼人对婚姻生活的严肃态度来折射罗马世风的淫乱,他在这本书中写道,日耳曼人奉行严格的一夫一妻制,他们崇尚坚贞和朴素,严禁通奸,只有处女才可以结婚,且一旦结婚就不再三心二意,另外,她们严格禁止节育和杀死婴儿,[⑥]从他对这些优良民风的赞美可以读出其对罗马人婚姻的草率和已经习以为常的婚外通奸行为的鄙夷。

说到妇女的通奸行为,还要举朱文纳尔的例子。他曾经说,自从罗马的黄金时代以来(公元前 2 世纪初),贞洁已经是一种极为罕见的美德了。[⑦] 在一首诗中,他写道,如今一个丈夫抓到他的妻子的不贞行为时,她便会向他说:"我们已经讲好了,你可以做你喜欢做的事,我也有权自找乐趣。任你怎样指天骂地,漫骂怒吼,我死也要走这条路。"朱文那尔还声称,当时如果哪个妇女只有两个情夫的话,那么她相对来说可以算作奉守贞操的楷模了。[⑧]

面对日益放荡的世风,尤其是男子不愿意结婚,女子不愿意生育,以及婚外的通奸行为的盛行,奥古斯都从公元前 18 到公元 9 年颁行了包括《反通奸法》(lex Julia de adulteries coercendis)、《婚姻法》(lex Julia de matritandis ordinibus)以及鼓励生育的《三子法》(ius trium liberorum)等一系列法律,向这种现状发起猛攻,试图以此来恢复罗马淳

---

① Reay Tannahill, *Sex in History*, p. 121.

② 刘文明:《文化变迁中的罗马女性》,第 58—60 页。

③ 撒路斯提乌斯:《喀提林阴谋　朱古达战争》,王以铸、崔妙因译,商务印书馆 1995 年,第 103 页。

④ E. Fantham, H. P. Foley, N. B. Kampen, S. B. Pomeroy and H. A. Shapiro, *Women in the Classical World*, p. 300.

⑤ 奥托·基弗:《古罗马风化史》,姜瑞璋译,第 47—48 页。

⑥ 塔西陀:《阿古利可拉传·日耳曼尼亚志》,马雍、傅正元译,三联书店 1958 年,第 64—65 页。

⑦ Reay Tannahill, *Sex in History*, p. 106.

⑧ 莫尔顿·亨特:《情爱自然史》,赵越、李建光译,第 111、114 页。

朴的古风，稳固已经动摇的家庭基础。与此同时，他还充分调动那个时代的思想倾向于传统的文人墨客来进行文艺宣传，他们包括维吉尔、贺拉斯和李维等，他们都倾向于把罗马的古风理想化，对现世的奢侈和放纵大刀阔斧地加以批判。此外，奥古斯都也身体力行，以一种简朴有度的家庭生活想为世人树立一个典范。但是，他发起的这场“复古运动”却收效甚微，除了有限的一些成果之外，①从总的情况来看，尤其是在社会风俗上的努力，可以说一败涂地。写出了据说助长了这种风习的《爱经》的奥维德虽然遭到了奥古斯都的放逐，但在影响和成效上却不失为一个胜利者。更具讽刺意味的是，虽然奥古斯都以谨守传统的妇道家教而自居，但他的亲生女儿和孙女却自甘堕落，生活放荡，声名狼藉，她们成为奥古斯都晚年最大的一块心病，一直困扰着他。②

更有甚者，苏维托尼乌斯的《罗马十二帝王传》中记载，在公元1世纪，为了追求婚外性行为的自由而免受法律严厉的惩罚，一些出身高贵的妇女竟然宣布自己为妓女。对于这种极端的做法，塔西陀解释说，古代法律认为，淫妇只要公开承认自己的罪行就够了。但奥古斯都的法律却规定了严厉的惩罚。③ 有学者指出，如果我们从古罗马的法律对男女的通奸行为所奉行的双重标准来看，这种做法可以视为是对这种性权利的不平等状态的一种反抗。④

此外，在这一时期产生的以女性为题材或对象的文学作品中也一改共和早期那种单一的女性观，除了个别的对女性进行赞美的文字之外，出现了很多剖析和慨叹女性“弱点”的内容，例如，奥维德在《爱经》中，尽其所能地揭示女性的贪财、虚荣、风骚与造作的“本性”，维吉尔说“一个女人总是一个花样多变的东西”（uarium et matable semper femina），⑤卡图鲁斯的脍炙人口的诗句“我爱故我恨”（Odi et amo）更是道出了罗马男人们对女人爱恨交织的情绪。

2. 社会生活中争取权利的斗争

在论述了从共和到帝国时代罗马妇女在婚姻和家庭生活中的变化之后，我们将看一看她们又是如何走出家庭，参与更加广泛的社会生活，维护和争取她们的权益的。

在这里，首先要提到的就是共和国后期两次著名的妇女运动。第一次发生在第二次

---

① 成果之一就是人口有所增长，罗马公民的数目由公元前28年的400万到公元13年的500万，但是即使这一有限的增长也是存在问题的。见科瓦略夫：《古代罗马史》，王以铸译，第674页。

② 塔西陀：《编年史》，王以铸、崔妙因译，第152—153、257—258页。

③ 苏维托尼乌斯：《罗马十二帝王传》，张竹明、王乃新、蒋平等译，第132页。

④ 刘文明：《文化变迁中的罗马女性》，第38页。

⑤ 玛丽·比尔德、约翰·汉德森：《古典学》，董乐山译，辽宁教育出版社和牛津大学出版社1998年，第28页。

布匿战争期间。公元前 215 年，由于战争的需要，政府颁布了限制奢侈的《奥庇乌斯法》(The Oppian Law)，这项主要针对妇女的法案规定：禁止妇女占有超过半盎司以上的黄金，以及穿戴各种颜色的衣服；禁止妇女在罗马城，或在其他城镇，或离城一英里的地方乘坐由两匹马牵引的车辆，公共宗教活动日除外。这项在非常时期颁布的法令本身是无可厚非的，妇女们也没有怨言地接受下来。然而，当汉尼拔对罗马的危险解除之后，尤其是男子们又恢复了挥金如土的生活之后，《奥庇乌斯法》的继续实行就激起了妇女们的极大不满。公元前 195 年，妇女们走上了街头，聚集在罗马的大街小巷，尤其是通向法庭的道路，大声疾呼要求废除《奥庇乌斯法》。一开始只是一小批妇女的自发行动，后来又加入了来自各个城镇和乡村的声援者，声势越来越大。此时，在法庭里也围绕着《奥庇乌斯法》的去留问题正在进行一场激烈的辩论。当妇女们得知反对废除该法的一方占据上风的时候，就把那些持有这种态度的官员们团团围住，直到他们同意废除法案为止。这样，《奥庇乌斯法》被废除了，妇女们获得了最后的胜利。①

第二次运动发生在罗马内战期间。当时，由屋大维、安东尼和雷必达组成的后三头同盟为了筹集战争费用，颁布了一项法令，要求对罗马最富有的 1400 个妇人的财产进行估价，并收取额外的战争财产税。妇女们对此义愤填膺，聚集在一起，赶到法庭，推举霍腾西亚作为代表，对这项命令提出抗议，并陈述了理由。她说，妇女们并没有做什么对不起国家的事情，尤其是现在三头之间为了争夺权力和荣誉而进行战争，就更没有理由要妇女纳税。况且妇女们向来都是免税的，虽然在迦太基战争期间，为了拯救国家的安危，妇女们曾经做过无私的捐献，但那是主动和自愿的行为。最后，她表示，如果受到外敌的威胁，她们还会像前辈那样去做，但是为了内战，绝不捐献。听了这一席话，三巨头虽然十分愤怒，但迫于妇女们的压力，还是做出了让步，对法令进行了修改，把需要进行财产估价的妇女从 1400 人减少为 400 人，同时规定对财产超过 10 万德拉克马的男子、公民、外邦人、被释奴和僧侣都要把财产的 1/50 借给他们，并捐献出一年的收入以供战争经费。②

这两次运动说明，罗马妇女已经具有了强烈的参政意识，并能够通过合法的途径维护自身的权益，影响罗马国家与自己切身利益相关的政策的制定。除了这些为数不多的集体行动外，应该说，妇女对政治生活的参与更多地表现在一些贵族和王室妇女对自己的丈夫或儿子的影响上。例如，科涅利娅在儿子提比略·格拉古被暗杀后，于公元前 124 年写信给她的另一个儿子盖乌斯·格拉古说："毫无疑问，我们有必要对敌人进行报复，但只有

---

① 杨共乐选译：《罗马共和国时期》(下)，商务印书馆 1998 年，第 56—57 页。

② 阿庇安：《罗马史》下卷，谢德风译，第 340—341 页。

在对我们自己的国家无害的情况下才能这么做。既然这种情况不太可能发生，那我们只有让敌人暂时存在，以免我们的国家受到损害”。[1] 这说明她试图说服盖乌斯·格拉古不要采取过于激烈的措施来对付改革的反对者，从中我们也可以看出，科涅利娅会对自己的儿子发表政见，以影响他的决策。

在罗马共和国晚期的政治舞台上，最著名的女性参与者要算是两个富尔维亚了。第一个富尔维亚是喀提林阴谋的参与者之一昆塔斯·库里阿斯的情妇，正是通过她，西塞罗得知了这个计划，从而及时地揭穿了这次阴谋，使共和国免受了一次政治上的震荡。阿庇安在《罗马史》中记述了这件事的经过：

> 当这些事情还在秘密地进行的时候，有一个出身名门的妇女富尔维亚把这些事情都告诉了西塞罗。她的爱人昆塔斯·库里阿斯，因为许多可耻的行为被逐出元老院，因为被认为可以参加喀提林的这个阴谋，他以妄自尊大和吹牛的态度告诉了他的情妇，说他不久之后就可以有很大权势的地位。这时候，关于意大利将发生事情的谣言也正传播开了。[2]

因此，在这个意义上，把这个富尔维亚看作是一位改写了罗马共和国历史的女性也许并不为过。另一个著名的富尔维亚是安东尼的妻子，她的勇气与才能曾经得到莎士比亚的高度赞扬。[3] 当安东尼在东方的埃及积聚力量的时候，富尔维亚坐镇罗马，成为他在意大利的代理人。在反对屋大维的斗争中，充分地展现了她的领导和组织才能，她曾经在消灭三头、恢复共和和保护弱者的口号下发动起义。虽然，有人也把这些活动的动机归因于她作为妻子的本能的嫉妒，也就是说，她想通过这些骚动来尽快地把她的丈夫从埃及女王克里奥帕特拉身边招回来，[4]但这也不能够否定这样的事实，那就是富尔维亚用自己的行动说明了女人也能够在国家的政治生活中发挥巨大的作用。应该说，像两个富尔维亚那样的女性参政者在当时的罗马并不罕见，她们仅仅是见于史籍的典型代表而已。

3. 政治生活中的罗马女性

在罗马经过长期的动荡和内战终于进入到帝国时代以后，女性在国家的政治历程当

① Richard A. Bauman, *Woman and Politics in Ancient Rome*, London and New York, 1992, p. 42.

② 阿庇安：《罗马史》下卷，谢德风译，第105—106页。

③ J. P. V. D. Balsodon, *Roman Women: Their History and Habits*, p. 52.

④ 科瓦略夫：《古代罗马史》，王以铸译，第636—637页。

中的影响依然十分强劲，不过，这一时期的著名人物主要集中于王室妇女这个特殊的女性群体。在被称为“宫廷逸话的搜集者”[①]的苏维托尼乌斯的《罗马十二帝王传》当中，就以浓墨重彩刻画了一系列个性鲜明的王室女性，虽然苏维托尼乌斯并不是一个合格的历史学家，但他所描绘的这个展现了阴暗、淫荡与残酷的宫廷生活的长卷却为我们了解女性在帝国的政治斗争和王朝嬗变的过程中所发挥的独特作用提供了宝贵的素材。在这一王室女性的群像中，有在恺撒的成功道路上时刻作为他的幕后支撑和精神动力的母亲奥莱利亚，有恺撒的情人、布鲁图斯的母亲塞维丽亚，有从小受到严格的传统妇道教育、最终却陷于堕落和淫荡生活的奥古斯都的女儿朱利亚，也有以贤惠能干为世人所称颂的、奥古斯都的妻子利维亚，还有善于使用政治手腕干涉国家事务的尼禄的母亲阿格里皮娜。这些人数极少、身份特殊的王室女性要么通过自己身居高位的父亲、丈夫或儿子插手政治，要么亲自上阵，对帝国的大政方针产生影响，也许正是在这个意义上，在公元1世纪流行着这样一句谚语：“一个女人如果没有得到王位，她未必就会受到伤害。”[②]

最后，除了政治生活中的影响，这一时期的妇女在家庭外部的解放还反映在女性能够更加广泛和自由地参与各种社会生活，并在文化教育等方面取得了较大的权利。

前面讲到，古罗马的妇女从较早的时期就享有远比她们的希腊姐妹大得多的活动空间和自由，到了帝国时代，这种情形在原来的基础上又有了不小的发展。妇女在家中不仅可以和男子一样地坐在躺椅上喝酒（从前是绝对禁止的），[③]而且可以经常走出家门，出没于各种公共场所，培育自己的业余爱好，观看戏剧演出、马戏表演以及角斗表演。奥维德在《爱经》的第1卷就开宗明义地为那些想“寻求猎物”的男人们出谋划策，“第一要知道哪里能遇着许多少女”，接下来他列举了广场、市场、剧场、跑马场、竞技场以及宴会等地方，[④]从中可以看出，妇女能够自由活动的空间是很大的。即使是怀孕的妇女也不例外，据记载，由于来不及，有的妇女竟把孩子生在了剧院里。[⑤] 在帝国时期日益疯狂和血腥的角斗士表演场中，我们可以看到，不乏女性狂热爱好者的身影，她们就像今天的追星族，钟情于自己所喜爱的角斗士，有一个色雷斯角斗士名叫“少女的祈祷与快乐”，另一个叫“能为姑娘治好病的医生”。[⑥] 另外，作为帝国时代参与广泛的公共生活的一个副产品，妇女的“姓名权”也得到了较大的改善，如果说从前只有从父亲那里继承来的家族名，最多再加

---

① 科瓦略夫：《古代罗马史》，王以铸译，第423页。

② 塔西陀：《编年史》，王以铸、崔妙因译，第242页。

③ J. P. V. D. Balsodon, *Roman Women: Their History and Habits*, p. 271.

④ 奥维德：《爱经》，戴望舒译，光明日报出版社1996年，第5—13页。

⑤ 苏维托尼乌斯：《罗马十二帝王传》，张竹明、王乃新、蒋平等译，第237页。

⑥ 奥托·基弗：《古罗马风化史》，姜瑞璋译，第113页。

上一个用于区分姐妹的序号之外，那么帝国时代的女子获得了属于自己的第二个名字，比如，朱莉亚·阿格里皮娜，这使现代的研究者们感到十分欣慰。[①]

在中产以上的家庭里，女子的受教育程度也有了较大的提高。她们能够同自己的兄弟一样，在家庭教师的带领下学习读书写字，有些女子甚至尝试着写一些诗歌和散文，走上了文学创作的道路。以下的事实可以从一个侧面说明女性文化水平的提升，西塞罗的书信当中有相当的一部分是与其妻子的通信，大土地所有者、拉丁散文家瓦罗所写的《论农业》一书就是献给他的妻子的，而奥维德的畅销书《爱经》里专门有一卷是写给女性读者的。当然，也有一些人对女性的文化和知识水平的提高深感不安。朱文纳尔就是其中之一，在一首诗中，他醋意十足地写道：

> 不要让和你同食共枕的女人，具有坚定的雄辩，或发出有根的省略了前提的二断论法的语句啊；也不要让她熟悉一切史事啊。我憎恨那些时常披览及研究巴里蒙的著作的女人，她们从起有干犯文法的法则原理，她们精于古学，引用我不懂的句语，修改她们的朋友们的句调，成为男子所不注意的老格式，书中的事理，不要让她们全懂啊；男子应该有做不合文法的句子的特权啊！[②]

另外，与整日深居闺中的希腊妇女不同，罗马妇女还出现在一些手工业和服务业当中。虽然这方面的资料非常有限，而且在妇女参与社会生产活动的程度上尚存在争议，但种种迹象表明，罗马妇女还是能够在诸如纺织业、食品制造以及理发等服务业上发挥她们的专长，从而为经济上的独立创造了一定条件。同时，这种参与也不能过分夸大，因为大部分手工业部门还是男性的天下，妇女能够从事的社会劳作大多是其家内劳动的延伸，同时，从事手工业活动的女性仅限于社会下层，因为整个社会意识对女性参加生产仍持反对态度。[③]

这一时期的妇女解放更为集中地体现在一些“新女性”[④]的身上。她们虽然来自于不同的社会阶层，有着背景和才能上的差异，但大都具备以下共同特征：第一，拥有属于自己的或可以自由支配的财产；第二，受过良好的教育，有着多方面的素养和才能；第三，生活

---

① Richard A. Bauman, *Women and Politics in Ancient Rome*, p. 7.

② 顾素尔：《家族制度史》，黄石译，第 167 页。

③ Natalie Kampen, *Image and Status: Roman Working Women in Ostia*, Gebr. Mann Verlag, Berlin, 1981, pp. 130-133.

④ J. P. V. D. Balsdon, *Roman Women: Their History and Habits*, p. 45.

自由，不安于普通的婚姻和家庭生活，经常出没于公共场合，追求个人的享乐。应该说，在这一时期罗马的很多作品中都可以看到这种"新女性"的身影，下面这段文字引自于撒路斯提乌斯的《喀提林阴谋》，记述了这样一位"新女性"：

> 原来在这些女人中间有一个叫显普洛尼娅的，这个女人干过许多只有男人才敢干的罪行，她十分幸运地有贵族的出身和美貌，有称心如意的丈夫和孩子；她精通希腊和罗马文学，她对音乐和舞蹈的修养超过一位贤妻良母应有的限度，她还有有助于她的放荡生活的其他许多才艺。在她心目中，没有比谨慎和贞洁更不值钱的东西了；你无法轻易地作出判断，对于她的钱财和她的荣誉，她更不爱惜哪一个；她的情欲是如此地不可遏制，乃至更多的是她追求男人而不是男人追求她。甚至在阴谋时期之前她也常常说了话不算数，赖债并参与过杀人的勾当。贫困和挥霍无度加到一起使她彻底堕落了。尽管如此，她却是一个颇有才能的人；她能写诗，会开玩笑，能够根据情况使用谨慎的、温柔的或放荡的语言；总而言之，她是一个很有风趣和有魅力的女人。[①]

由于篇幅所限，对发生在从共和到帝制的转型过程中的罗马妇女的解放运动的描述就到这里。那么，该如何对这些变化做出评价呢？与叙述其表现和过程相比，应该说，这个问题更加复杂，因为即使是针对同一个事件，就可能由于当事人观察问题的角度和时代的不同得出完全不同的看法。因此，在这一部分中，我们的目标与其说是得出某一个正确的答案，不如说是尽可能全面地提供一些有启发性的观点，使对此感兴趣并想进一步思考的读者从中找到一个出发点。

首先一个问题涉及这场妇女解放运动的纵深度和真实性，也就是说，罗马从共和国到帝国的转型过程中真的发生过一场所谓的妇女解放运动吗？

乍看起来，这是一个不成为问题的问题，因为罗马人留给我们的史籍当中可以找到许多确凿的迹象说明那个时代的女性正在经历一场前所未有的关于自身命运和价值的变化，尽管这些文字不但几乎都出自于男性作者之手，而且大多是以一种消极的语气来记载这一变化的。不过，这个问题的提出还是有它的意义的，毕竟学者们对这场运动的性质还是存在着分歧。从总的倾向上来看，可以把他们分为两派，一派充分肯定这场运动不仅确实发生过并取得了丰硕的成果，另一派则认为这场运动并没有从根本上改变罗马女性的

---

① 撒路斯提乌斯：《喀提林阴谋　朱古达战争》，王以铸、崔妙因译，第113—114页。

地位，所以应该持一种谨慎的态度，不能言过其实。十分有趣的是，我们发现持前一种态度的大多是女权主义者或有女权主义倾向的社会学家，而具有后一种倾向的则大多为谨小慎微、“胆小怕事”的历史学家。下面就举几个例子来加以说明。

美国学者里安·艾斯勒以她撰写的《圣杯与剑》而闻名世界，在这本被誉为“女权主义的圣经”的名著中，她把有史以来的社会组织分为两种类型，即合作关系的模式和统治关系的模式，这两种模式又都是以男女两性的关系为中心内容，在合作关系的模式中，男女倾向于相互合作，外在表现为爱好和平，而在统治关系的模式中，则表现为以男性为中心，战争不断。从石器时代向金属时代的发展正是从前一种模式向后一种模式的过渡，从此，一种合作的、崇拜女神的文化被一种充满奴役和战争的男性统治的文化所替代。她指出，在近代以前，曾经出现过一些男女合作的模式复活的时期，罗马帝国初期就是其中之一，在那个时代，“和我们的时代一样，……是一个强有力的男女合作重新复活的时期”，这主要表现在妇女受到教育程度的提高，公共生活的更大的自由，可以从事某种职业，以及无拘无束地参与各种文化娱乐活动等方面，总之“在这个时期，存在着一个向妇女解放发展的运动”。①

英国学者顾素尔在其《家族制度史》一书中也表达了一种与艾斯勒相类似的观点。他把罗马从共和到帝制时代的妇女地位的提高与发生在20世纪的美国妇女解放运动相提并论，认为二者有诸多的相似之处：

> 帝国时代的罗马女子，与二十世纪美国的解放女子，大体上较相似……罗马的妇女，法律上、经济上、教育上及身体上的权利，都被共和国的法律所限制，恰如美国妇女受制于英国的普通法时一样。但罗马自布匿战争之后，财富和文明都大大地发展，父权的观念，亦一天一天的消失；于是妇女的权利，便逐渐扩张。美国妇女权的扩张和制限的消失，有很多原因正复相同。安逸与反省的机会，往往跟着财富而来，这些使她们发生观念和礼化的改善。此外还有很多同点，罗马的女子很想在社会上找机会去发挥她们训练过的能干，以及理智和政治的活动；现在美国女子也是一样。罗马帝国的贵族妇女，对于生理的责任，以及育儿的时间和能力的苛刻的要求，非常讨厌。今日美国有很多女子，也都如此，她们想争取生活的绝对自由，在家庭外发挥她们的天才。美国智识阶级婚姻率的低减，和

① 里安·艾斯勒：《圣杯与剑——男女之间的战争》，程志民译，第148页。

罗马帝国又复同。这一国离婚之显著的增加，又如那一国相似……[①]

同时，他也指出了两者之间存在的一些明显的差别，例如，现代美国妇女"对于劳动阶级运动的兴起和生活状况的改善"的关注远胜于罗马帝国时期的妇女。[②]

中国当代性社会学家潘绥铭在《神秘的圣火——性的社会史》一书中，站在整个人类历史发展的高度宏观地评述了男女两性关系的建构和嬗变过程，在归纳和总结了普遍存在于传统农业社会的几条基本的性道德之后，他指出，"自农业社会以来，只有在后期希腊和罗马，性才第一次，也是唯一一次从婚姻中独立出来……女性以牺牲自己的家内地位为代价，获得了对于宗法制和父权制的相对独立。女性首次也是唯一一次，可以不经过家庭和男权而直接参与社会生活"，这主要表现在妇女离婚、主动找丈夫以及参加狂欢活动等自由的性生活方式上。他认为，作为对传统农业社会的绝大多数时间和地区占据统治地位的"性生殖目的观"的否定，"性快乐主义"也曾出现在印度、中国等文明当中，但只有希腊罗马的性快乐主义表现为女性权利的提高，"正是以此为基础，希腊罗马的性快乐主义，才有别于其他民族历史上单纯的娼妓泛滥和一夫多妻制"。[③]

我们注意到，在有人为罗马妇女的解放而欢呼雀跃的同时，也有一些学者却并不那么乐观，而是对此抱着一种谨慎甚至怀疑的态度。

例如，对于无夫权婚姻的盛行使妇女的地位得到提高的说法，有的学者认为："这种妇女获得自由的老生常谈是荒谬的，因为她虽然不再属于她的丈夫，她仍处在其父的权力之下，她得乖乖地从属于父亲。"他接着指出，在伽图时代，丈夫可以杀死与人通奸的妻子，到了奥古斯都统治的时期，惩处此类事情的权力则转移给了女儿的父亲，由此可见，"权力并没有放松，但婚姻变成了暂时性的关系：女儿从一家走到另一家，仍然与自己的父亲联系紧密……"[④]

关于妇女的参政问题，有学者指出，我们不能估计过高，"妇女的公共位置处于如此不利的地位，以至于她们是不是罗马公民都是值得怀疑的……我们认为，妇女只能通过男子在公共事务上施加一些影响；或者通过劝告，或者通过甜言蜜语，或者通过控制，或者通过承诺，一个女人只能在幕后操作"。[⑤]

---

① 顾素尔：《家族制度史》，黄石译，第190—191页。
② 顾素尔：《家族制度史》，黄石译，第191页。
③ 潘绥铭：《神秘的圣火——性的社会史》，第208页。
④ 安德烈·比尔基埃等主编：《家庭史》第1卷，袁树仁等译，第297页。
⑤ Richard A. Bauman, *Women and Politics in Ancient Rome*, p. 2.

另外，对于帝国时代女权的拓展，人们发现，似乎也并没有触及什么实质性的内容。苏联历史学家科瓦略夫在历数了帝国初期的家庭基础动摇的种种迹象之后，指出："妇女在实际上获得了充分的解放，但她们的自由常常却只是通奸的自由罢了。"[①]《情爱自然史》的作者莫尔顿·亨特也表达了这样一种悲观的态度，他说："如果朱文纳尔时代的女人大多数都沉溺于婚外恋的话，那么部分原因是因为她们除了有权培养自己的业余爱好以及参加话剧排演外几乎没有其他任何自由。罗马的妇女企图模仿男人，但是没有人允许她们这样做。真正从事有用职业的妇女大多是来自下层社会或者希腊和其他异国的移民。"[②]另外，女性虽然在一定程度上获得了离婚的权利，但真正握有这种权利的毕竟是少数，只有贵族妇女和掌握某种技能的下层职业妇女拥有行使这种权利的经济基础。[③]

虽然这些怀疑论者对这场运动的要求未免过高，但他们的审慎也帮助我们看到了问题的另一面，那就是不论她们获得了怎样的独立和自由，但这种独立和自由都仅仅是相对意义上的，都应该在罗马强大而稳固的父权家长制的前提下进行诠释，也只有在这样的历史背景下，才能够对这次运动保持清醒的认识，得出客观的定位。不可否认的是，帝国时代的罗马妇女不仅仍然生活在父权的牢固控制之下（这一点从这个时期的法律条文即可以看出），而且远远没有获得任何现代意义上的政治和经济权利，这当中包括选举权和被选举权、参政议政权以及生存和发展权等等。[④] 她们对男性权利的抗争与其说是采取了一种积极的、长期的和稳定的途径，不如说更多的是通过消极的、短视的和无奈的方式进行的。例如，上文提到，有人把帝国时代一些贵族妇女为逃避通奸罪的惩罚而自愿沦为妓女看作是对男性性权利的一种反抗，但对这些妇女来讲，在获得这种权利的同时却付出了高昂的代价，因为在当时，妓女的社会地位极低，[⑤]所以，在她们得到了想要得到的东西的同时却跌入了黑暗的深渊，套上了更加沉重的枷锁。

在这里，还要提到与这一妇女运动的深度密切相关的参与者的广度的问题，也就是

---

① 科瓦略夫：《古代罗马史》，王以铸译，第 671 页。

② 莫尔顿·亨特：《情爱自然史》，赵越、李建光译，第 113 页。

③ Beryl Rawson, ed., *The Family in Ancient Rome: New Perspective*, p. 37.

④ 不过，值得注意的是，在罗马，女性虽然不具备独立的"法人"资格，终身处于男性家长的监护之下，但在法律上并非毫无权利可言，上文讲到的不断增强的财产继承权，以及对嫁妆的占有和使用等等权益，都在一定程度上受到法律的保护。另外，罗马女性虽然没有参政议政的权利，但可以充当证人，这在如此重视法律的罗马也不失为一项重要的权利。参见 Lisa DiCaprio and Merry E. Wiesner, eds., *Lives and Voices: Sources in European Women's History*, p. 66。

⑤ 从共和国晚期开始，卖淫成为一个合法的职业。据统计，到公元 1 世纪初，罗马登记注册的妓女就达到 32000 人。这些妓女大多来源于女奴和被释女奴，要穿戴表明其身份的服装，备受歧视和凌辱，生活在社会的最底层。见刘文明：《文化变迁中的罗马女性》，第 88—90 页。

说，这是一次深入人心和具有普遍性的运动吗？在这个问题上，学者们的回答基本上是一致的，种种情况表明，所谓的获得解放的妇女仅仅局限于人数有限、衣食无忧的中上层社会，[①]即使在这部分女性中也不乏恪守传统妇道的贤妻良母和贞洁烈女，[②]而对于广大的中下层妇女来讲，面对生存的压力，她们大多仍然生活在传统的风习和观念之中，这一点可以从现代出土的罗马帝国时代的大量墓志铭上得到说明，这些写满了朴实生动的溢美之词的石碑有很多是属于下层妇女的，它们以无言的方式向我们诉说着其主人生前平凡无奇的生活实态。

有关如何评价这场运动的最后一个问题是，该如何看待这一妇女地位的上升呢？毫无疑问，经受过上个世纪以来东西方女权运动的洗礼的现代社会，尤其是在21世纪的今天，没有人再会漠视、敌视乃至仇视这场发生在两千年以前的这次性别革命，因为在今天，男女的平等与合作不仅已经深入人心，成为一种不言自明的观念，而且也正在真正地成为一种社会现实。所以，当我们追忆那段历史的时候，都会怀有一种接纳甚至崇敬的心态去看待这场变动。但是，生活在近代以前，尤其是当时的人们却并不这么看。上文已经提到，对于这场解放运动的了解我们几乎都是通过反面的记述，即对女性的嘲讽、侮蔑甚至诽谤而得到的，从中可以看出，这场变革远远不是那个时代占据主流的意识形态，那个以男权为中心的社会所期望的。原因十分简单，那就是"历史学家、诗人和讽刺作家——都是男人"，"即使有个别女性写了书，或被人写成书，也没有保留下来"。[③] 从帝国时代开始，对妇女的"道德败坏"的批评越来越多，他们甚至把罗马的世风日下以及以此为起点的罗马帝国的衰亡归咎于妇女的奢侈与堕落，殊不知，只要稍加分析，就可以揭穿这个命题的荒谬，因为帝国时代罗马男性的荒淫、贪婪、挥霍与无度是女性所不可企及的。把罗马社会的道德败坏仅仅归咎于女性所获得的相对的解放与自由是不公平的。正是在这样的社会背景下，作为对这种血腥疯狂而充满罪恶的世界、对这种男女极端不平等的社会现实的反动，基督教产生了，在这种即将取代行将就木的罗马帝国而成为新的统治力量的宗教的产生和发展过程中，女性又一次成为一支重要的社会力量，并发挥了重大的作用。

---

① 与此同时，正如罗森所指出的，"我们所使用的拉丁文献不仅几乎全部是关于上层社会的，为上层社会所写，而且通常就是由上层社会的人士所撰写的"。见 Beryl Rawson, ed., *The Family in Ancient Rome: New Perspective*, p. 3。

② 在阿庇安的《罗马史》和塔西陀的《编年史》中就列举过很多位"堕落时代的崇高女性"，见奥托·基弗：《古罗马风化史》，姜瑞璋译，第50—52页。

③ J. P. V. D. Balsdon, *Roman Women: Their History and Habits*, p. 17.

四、古罗马妇女与宗教

宗教在古罗马人的生活中扮演着重要角色，传统的罗马本土宗教和传入罗马的一些外来宗教以多种形式渗透到古罗马人的社会中，产生于罗马帝国统治下的巴勒斯坦地区的犹太人中间的基督教更是对罗马帝国产生了重要影响。近年来，随着文化史与妇女史研究的蓬勃发展，古罗马妇女的宗教地位问题也引起了学术界的注意。对于妇女在古罗马宗教领域中的作用和地位的分析和探讨必须结合古罗马的社会文化特征来研究。本节拟从社会性别和阶级等不同的视角，分两部分，一是传统的罗马本土宗教和传入罗马的某些外来宗教，也就是西方人所说的“异教”，二是早期基督教，来阐述古罗马宗教领域的性别关系和妇女地位。

1. 妇女与罗马本土宗教

妇女积极参与家庭和公共宗教活动 古罗马人像古希腊人一样注重宗教的实用性，他们的宗教主要通过祭祀仪式表现出来。古罗马的宗教祭祀仪式可以分为两类：一是为了家庭和个人安康而在家中举行的宗教仪式；二是为了城邦的公共利益而在广场、神庙等公众集会场所进行的祭祀活动，在这两类宗教祭祀活动中，男性都起支配作用。

在家庭中，古罗马男性家长作为一家之主是家中的祭司，是家宅内圣火的守护者。法国学者古朗士指出：“父亲是离着家火最近的；他维护使之不灭，他就是教士。在各种祭祀时，他的职务最高：他扼牺牲，他致求神保佑全家的祷辞。”[①]每日向家神(Lares)献奠酒是男性家长的职责，每年2月和5月纪念死者的祭祀仪式也是在他的监督下进行的，家中其他任何祭祀活动同样由他来主持。

与掌握家庭宗教权的男性家长和将来有机会执掌祭祀的未成年男子相比，古罗马妇女婚前和婚后在家庭祭祀中都处于从属地位。古罗马人的婚姻分为有夫权(manus)的婚姻和无夫权的婚姻两大类。在共和早期和中期，罗马人一般都缔结有夫权的婚约，从公元前3世纪开始，罗马开始流行无夫权的婚姻，也称自由婚。[②] 在有夫权婚姻的情况下，罗马妇女从父权的统治之下转到夫权的支配之下，脱离了父亲家的圣火，转祭夫家的圣火。在无夫权婚姻的情况下，罗马妇女仍然处于父亲的控制之下，并作为父亲家族的成员祭父

---

① 古朗士：《希腊罗马古代社会研究》，李玄伯译，第63页。

② J. P. V. D. Balsdon, *Roman Women: Their History and Habits*, pp. 179-180.

亲家的圣火，一般被排除在丈夫家族的祭祀活动之外。[①] 然而，无论是在哪一种婚姻形式下，古罗马妇女都没有自己独立的家火，也不会充当主祭人。在家庭祭祀中，妇女被排除在献祭活动之外。

在为城邦的利益而举行的公共祭祀活动中，男女两性的主从关系也没有任何改变。就像父亲掌握着家中的祭祀权一样，城邦的宗教权也掌握在男性手中，祭司职务都是由男性来承担的。除了无权担任城邦重要的宗教职务之外，古罗马妇女也像在家中一样，被排除在最重要的宗教仪式——献祭活动之外。有时，她们虽然能够参加献祭活动，但也被排斥于献祭活动的关键仪式之外。一般说来，她们不能参与祭祀中屠宰动物牺牲和磨碾祭祀所需要的面粉(mola)的活动，也不能喝未稀释过的酒，而这种酒恰恰是必不可少的祭品。对公元2世纪的《费斯图斯词典》进行过摘要的保卢斯·狄亚科努斯告诉人们：在举行某些宗教仪式的时候，罗马官员的扈从喊道："外邦人、戴镣铐的囚犯、妇女和女孩们走开！"[②]史实说明：在古代罗马，男性是宗教世界的主宰，他们代表家庭与公民团体与神进行交流与沟通，而广大妇女则处于这个世界的边缘。

古罗马妇女虽然在宗教领域中处于从属地位，但并不是完全被排除在这个领域之外，她们的宗教活动是古罗马城邦和家庭祭祀不可缺少的组成部分。

像笃信宗教的其他古罗马人一样，古罗马妇女的一生始终有宗教祭祀活动相伴随。在少女时代，她们处于处女之神福尔图娜(Fortuna Virginalis)庇护之下。[③] 当转入青春期时，她们便把童年时期的外袍"托加"(togas)献给处女之神，开始穿上受人尊敬的良家妇女所穿的一种宽长袍"斯托拉"(stola)，这种外部的标志把她们与仍然穿着"托加"的妓女区分开来。结婚以后，古罗马妇女便转到了送子女神福尔图娜(Fortuna Primigenia)的庇护之下，[④]妇人之神福尔图娜(Fortuna muliebris)也是已婚女子的保护神。每当古罗马妇女希望婚姻幸福、性生活和谐、生育安全时，她们都会到特定的神庙中举行宗教仪式，以期获得神的帮助。

维斯塔贞女、西比拉、朱庇特神祭司的妻子和大主祭的妻子等女祭司和女预言家的存在是古罗马妇女在宗教领域中起作用的突出事例。维斯塔是古罗马的女灶神，她被古罗马人看成是家庭和社稷的保卫者，古罗马每个家宅内都设有祭坛，祭台上燃烧着永不熄灭

① R. S. Kraemer, *Her Share of the Blessing*, p. 66.

② Georges Duby and Michelle Perrot, gen. eds., *A History of Women in the West*, vol. 1, p. 380.

③ 福尔图娜是古罗马司幸福与好运的女神，她原来是农业女神与妇女的保护神，后来对她的崇拜逐渐分化成各种不同的崇拜。

④ R. S. Kraemer, *Her Share of the Blessing*, p. 55.

的圣火。罗马国家也建有维斯塔神庙，庙内的炉灶被看作是古罗马的国灶。古罗马人认为，国灶上的圣火关系到国家的安危，一旦因为某种原因，国灶上的火熄灭了，罗马就会发生灾祸，甚至灭亡。因此，维斯塔神庙庙内设有6名处女祭司来专门负责照料国灶上的圣火。维斯塔贞女的人数最初为2人，后来增加到6人。她们是在父母双全的6—10岁的女孩中挑选出来的，起初只有贵族家的女孩才能胜任，后来由于候选人不足，一般自由民的女儿也可以担当。女孩被选中成为维斯塔贞女后，她们就被高级大祭司带走，脱离了父亲的控制，同时也丧失了在家庭中的权利。此后，如果她最亲近的亲属死亡而没有留下遗嘱，她就不能算作最亲近的亲属。同样，如果她没有留下遗嘱，她的亲属也不能继承她的财产。

被挑选入庙后，维斯塔贞女必须做一次保持童贞服务30年的宣誓。从这以后，维斯塔神庙就成了她们的家。贞女们的职责就是确保国灶上的圣火不灭，使之永远燃烧。除此之外，她们还要参加许多宗教节日的庆典活动，这些庆典大多与土地和生活必需物相关。每年6月7—14日之间，人们可以参观她们的仓库，因为她们的仓库是国家仓库的象征。服役30年后，她们可以离开维斯塔神庙，过正常人的生活，甚至还可以结婚。然而，青春已经逝去而又习惯了神庙环境的贞女很难换一种生活方式，在返回社会后，她们往往仍然保持着独身生活。

维斯塔贞女受到人们的尊敬，并享有许多特权。她们在公共场合出现时，有笞棒为她们开道。如果她们偶然碰到某个被绑缚刑场的罪犯，他就会得到宽恕。在公共节日期间，她们可以乘坐马车游览罗马的街道。奥古斯都及其继任者统治时，她们不但可以去看戏，而且获得了与皇室家庭的妇女一起坐在高贵包厢里的殊荣。她们虽然身为女性，却由于侍奉神的特殊身份，能够享有一些男性独有的权利。她们有权立遗嘱，还能在某些宗教节日中，像男性一样屠宰动物牺牲。例如，在每年4月15日用孕牛向古罗马的地母神忒路斯(Tellus)献祭的福蒂西狄亚节(Fordicidia)，维斯塔贞女就参加了屠宰工作。不过，一旦她们失去贞操，就会受到严厉惩罚，被关在地下室里活活饿死。①

西比拉(Sibylla)是古代传说中的女预言家，据说其寿命极长，能在狂乱恍惚的状态中占卜未来。公元前5世纪至公元前4世纪初，该名称一直用单数，从公元前4世纪晚期开始，西比拉的数量有所增加，它就成了女预言家的头衔，人们认为她们遍布于所有著名的神谕所。在古代罗马，库麦的西比拉享有盛名，人们认为《西比拉预言集》(Sibylline)就是她的作品。相传，她曾经建议罗马王政时代的最后一位国王高傲者塔克文收购她的预言

---

① J. P. V. D. Balsdon, *Roman Women: Their History and Habits*, pp. 235-243.

集，共9册。他不肯按价付款，她便在烧掉了6册书后，仍以9册书的原价，把剩下的3册卖给了他。自此，这些书便保存在卡皮托林山的朱庇特神庙中。后来，台伯河的女先知阿尔部涅亚的预言和《玛耳喀乌斯兄弟之书》也被补充进去。公元前84年，这些预言遭受火灾，保存下来的预言被编成新的《西比拉预言集》，奥古斯都和提比略两位皇帝对此进行了增补和修订。

西比拉的预言对古罗马人具有巨大影响，当国家处于严重的党派斗争，或遭受巨大不幸，或对某些神奇现象感到难以解释之时，他们常常让祭司打开预言集，据此来说明某种征兆的含义，选择祭神的合适祭品，推测事件的结局。[①] 公元前294—前293年，由于瘟疫，罗马人根据《西比拉预言集》的指示，派遣了昆图斯·欧古尔尼乌斯率领的10位使者去伊庇道鲁斯迎请医神埃斯库拉庇乌斯。[②] 公元前271年，与迦太基人交战的罗马人在特拉西米诺湖遭到惨败，他们根据《西比拉预言集》的指示，举行了向爱与美神维纳斯和战神马尔斯表示敬意的圣宴。[③]

罗马天神朱庇特的祭司之妻(flaminica)和大主祭的妻子(regina sacrorum)也是古罗马人宗教生活中不可或缺的角色。根据古罗马宗教的习惯，朱庇特的祭司必须在每个月的"望日"(在13日或15日)把绵羊作为祭品奉献给他所侍奉的神。他的妻子也必须在每一个集市日(nundinae)向朱庇特奉献一只公羊。罗马大主祭的妻子也要在每个月的第一天向天后朱诺奉献一只母猪或者一只雌性的小羊羔。尤其值得注意的是，朱庇特的祭司和大主祭必须结婚，他们是作为具有完整家庭生活的一家之主而获得祭司资格的，他们必须与妻子一起共同来完成被赋予的宗教职责。如果朱庇特祭司的妻子死了，他就必须辞职。[④] 朱诺(Juno)在罗马宗教中是罗马天神朱庇特的妻子，是威严而庄重的天后，当罗马宗教与希腊宗教接触后，她逐渐与希腊神话中的赫拉融为一体。朱诺在古罗马宗教中占有重要地位，她掌管婚姻与生育，是妇女的保护神和丰产女神，古罗马妇女的生活，尤其是婚后生活的各个方面都与她有密切关系，孕妇和产妇都处于她的庇护之下。古代资料表明，她与月光和生育孩子相联系。每年3月1日，古罗马的主妇(matronae)都要举行主妇节(Matronalia)，向朱诺奉献绚丽的鲜花，向她表示敬意。每年7月7日，罗马的自由人出身的妇女和仆人举行庆典，把由无花果树液做成的祭品献给朱诺，赞颂妇女的生殖

---

① 参见鲍特文尼克等编著：《神话辞典》，黄鸿森、温乃铮译，第306—307页。

② 杨共乐选译：《罗马共和国时期》(上)，第132页。

③ 奥托·基弗：《古罗马风化史》，姜瑞璋译，第123页。

④ Georges Duby and Michelle Perrot, gen. eds., *A History of Women in the West*, vol. 1, p. 384.

能力。[①]

仁慈女神(Bona Dea)是古罗马宗教所敬奉的丰饶女神,妇女的庇护神,她保佑土地的肥沃和妇女生育。仁慈女神的神庙由妇女掌管,古罗马铭文资料显示,她的祭司几乎都是女性。古罗马妇女每年为仁慈女神举行两次庆典:一次是在5月1日,她们在阿温廷山冈庆祝她的节日,向她奉献祭品。另一次是在12月初,由执政官的夫人主持,维斯塔贞女也参加祭祀活动。在这两次节日中,罗马主妇头戴紫色的发带,用怀孕的母猪向仁慈女神献祭,并把奠酒洒在地上,向这位女神致敬。男人可能被排除在节日的庆典之外,妇女们被破例允许喝未经稀释的酒,不过,它被称作"牛奶"。[②]

卢佩尔库斯(lupercus)是古罗马宗教中的牧神,是牧人和牲畜的保护神。为了向牧神表示敬意,罗马人在每年的2月15日庆祝牧神节(Lupercalia),节日庆典由法比乌斯牧神祭司团和昆提乌斯牧神祭司团的男性祭司和维斯塔贞女主持。在举行庆祝仪式的时候,祭司宰杀山羊和狗向牧神献祭,部分祭品和由维斯塔贞女用头年收获的第一批谷穗做成的神圣糕点一起烧掉。献祭之后,两名年轻人被带到祭坛旁,祭司用染有祭牲血的刀触他们的额头,用牛奶浸泡过的羊毛擦干血迹。当仪式进行的时候,这两名年轻人狂笑不已。然后宴会开始,牧神祭司团的所有祭司坐下来吃喝。宴会后众祭司把祭牲的皮切成皮条,手执皮条,围绕帕拉丁山岗奔跑。抽打他们所遇到的所有人,已婚妇女情愿挨揍,因为她们相信这样可以治不孕症。大约从公元前3世纪起,牧神祭司们把主要注意力集中到育龄期的妇女身上。节庆期间,不少妇女把衣服脱到腰部,以一种顺服的姿势跪在地上,吸引牧神祭司的注意,接受他们的吹气,以提高生育孩子的机会。[③]

由此可见,虽然女性在古罗马的宗教生活中占一席之地,但从她们参加的种种宗教仪式中,我们不难看出这些仪式的象征意义,那就是这种地位仍然是以她们的生育能力为前提和基础的,而且仍然受到种种制约。

除此之外,对妇女贞洁的强调也被用于古罗马的宗教生活中,其中最突出的是对灶神的女祭司维斯塔贞女的"贞洁"的重视。在古罗马人看来,维斯塔贞女能否保持童贞,关系到社稷的安危,为了保证国家的安全和人民的健康幸福,维斯塔贞女必须守住处女之身。因此,古罗马宗教对失去童贞的维斯塔贞女的处罚十分严厉。从普鲁塔克在《努马传》中

---

① Georges Duby and Michelle Perrot, gen. eds., *A History of Women in the West*, vol. 1, p. 385.

② 参见鲍特文尼克等编著:《神话辞典》,黄鸿森、温乃铮译,第65页; R. S. Kraemer, *Her Share of the Blessing*, pp. 53-55.

③ D. S. Potter and D. J. Mattingly, *Life, Death and Entertainment in the Roman Empire*, pp. 137-138;鲍特文尼克等编著:《神话辞典》,黄鸿森、温乃铮译,第213页。

的叙述中人们得知：破坏自己保持童贞誓言的维斯塔贞女，要被活埋在科林门附近的地方。那里的一道小土丘下筑了一座小屋，屋内有一张带铺盖的卧榻，一盏点着的灯和少得可怜的一点生活必需品，比如一点面包、一碗水、牛奶和油。失去童贞的维斯塔贞女被送入小屋后，会在那里被活活饿死。普鲁塔克说："再也没有别的景象更令人震惊了，再也不会有别的日子比这一天给罗马城带来更多的阴郁了。"[①]据史料记载，公元前114年，3名维斯塔贞女与罗马骑士违反严禁性交的法律被判死刑。为了赎罪，给贞节守护神维纳斯建了一座神坛，希望她能转变女人的心，使之弃淫乱而守贞节。维纳斯的别名贞节守护神(Verdicordia)，便由此而来。[②]

史实表明，正是由于女性在生育等方面的作用，她们才会被吸收到古罗马社会的宗教生活之中。女性的宗教活动主要与生育、贞洁相联系，这体现出在父权制社会中，男性对女性的角色期望，希望她们承担起生育子女的职责。由于妇女在生育中扮演的重要角色，古罗马人认为她们与作物的丰产有直接的联系，便通过举行种种有妇女参与的宗教仪式来达到丰产的目的。与此同时，古罗马男性也希望通过对女性贞洁的强调来维持家庭和社会的稳定。男性社会的价值观念被女性内化为自己的行动准则，她们自己也抱着多育和丰产的热望积极投入到这些以生殖为特征的宗教活动之中。因此，古罗马妇女对宗教活动的参与并不能改变古罗马以男性为中心的父权制社会的实质。

不同妇女群体在宗教地位上有差别 由于阶级、种族、年龄等多方面的原因，古罗马不同妇女群体之间的宗教地位也存在差别。从古罗马的宗教仪式中，我们能够清楚地看到这些差别。

阶级和阶层是古罗马妇女分类的重要根据，古罗马宗教仪式反映了妇女的阶级分化。玛图塔(Matuta)是古罗马宗教中的黎明女神，她也掌管生育子女。每年6月11日，古罗马的主妇举行母亲节(Matralia)来向她表示敬意。在这一天，罗马贵族主妇来到玛图塔女神庙，举行庆典。她们把一名女奴隶带到神庙，然后又愤怒地把她驱赶出去。接着，她们抱着自己姊妹的孩子，请求玛图塔赐福给他们。[③] 对女奴隶的驱逐鲜明地表现了母亲节只限于罗马上层妇女参加的阶级特征。公元前218年，迦太基将领汉尼拔率军进入意大利，第二次布匿战争爆发。在战争期间，罗马人频频举行宗教仪式，以消除疑虑，增强抗敌的信心。妇女也不例外，她们举行了多次向神献祭的活动。但是，不同阶级的妇女群体往往是各自分别向神奉献祭品。据李维记载，在战争的第一年，罗马的贵族主妇把一个青

---

① Plutarch, *Numa Pompilius*, 10.7. 译文见《希腊罗马名人传》(上册)，陆永庭、吴彭鹏等译，第141—142页。

② 奥托·基弗：《古罗马风化史》，姜瑞璋译，第123页。

③ Georges Duby and Michelle Perrot, gen. eds., *A History of Women in the West*, vol. 1, p. 386.

铜铸像献给了天后朱诺。第二年,她们举行了一个正式的宴会,用长椅迎接她的像。奴隶出身的妇女们则单独地向意大利司春天和花朵的女神斐洛尼亚(Feronia)作了奉献。①

古罗马自由民妇女之间存在着贵族与平民的区别,这在古罗马妇女的宗教活动也有所体现。李维在《罗马史》中叙述了一位名叫维吉尼娅(Verginia)的贵族妇女建立平民贞操庙的过程。维吉尼娅出身于贵族家庭,嫁给了一个平民身份的执政官卢西乌斯·沃鲁姆尼乌斯(Lucius Volumnius)。公元前 296 年,由于不祥的征兆显示罗马可能会遇到麻烦,元老院要求人们特别关心事关罗马安全的宗教仪式。以往,维吉尼娅作为贵族家庭的成员一直参加贵族妇女的宗教仪式。但这时贵族妇女却以她嫁给了平民丈夫为由,不允许她参加贵族妇女的祭祀仪式。面对这种等级偏见,维吉尼娅在她的巨大住宅中隔离一部分出来,并在其中设立起神龛,建立了一座平民贞操神庙。她邀请只结过一次婚的平民妇女参加宗教仪式,来为贞洁的已婚妇女和罗马的昌盛祈祷。② 显然,家庭身份的差异把古罗马妇女分成了不同的祭祀群体。

性操守状况也是古罗马宗教仪式中妇女分层的标准之一。维纳斯(Venus)在古罗马宗教中起初是丰产和植物女神,后来对她的崇拜同司掌爱情的希腊女神阿佛洛狄忒合在一起,因此,古罗马人也把她看作是爱情女神和婚姻的保护神,并为她创立了节日。但是,罗马已婚妇女在每年的 4 月 1 日祭祀维纳斯,而娼妓则在 4 月 23 日举行祭祀仪式。

除了上述标准之外,年龄和婚姻状况也是对古罗马妇女进行分类的依据。年轻的处女、独身的成年女子、妻子、只结过一次婚的妻子和寡妇等都有各自的宗教祭祀仪式。③例如,妇人之神福尔图娜是那些严格地遵守一夫一妻制制约的妻子崇拜的女神,只有那些结过一次婚的妇女才有资格进入她的神殿。④

古罗马宗教仪式对不同妇女群体的区别,反映了罗马各阶级之间的不平等和社会分层的多样性,说明古罗马妇女并不是一个无差别的整体,不同群体妇女的宗教地位也有所不同。通过宗教祭祀活动上对女性的区别,罗马的阶级划分和社会分层进一步得到凸现和强化。

总之,从古罗马的本土宗教和传入罗马的某些外来宗教来看,在以家长制为重要文化特征的古罗马社会中,男性主宰着宗教世界。不过,女性的祭祀活动也是古罗马宗

---

① Livy, *A History of Rome*, 21. 62; 22. 7; E. Fantham, H. P. Foley, N. B. Kampen, S. B. Pomeroy and H. A. Shapiro, *Women in the Classical World*, pp. 232-233.

② Livy, *A History of Rome*, 10. 23; Marjorie Lightman and Benjamin Lightman, eds., *Biographical Dictionary of Ancient Greek and Roman Women*, p. 236.

③ Sarah B. Pomeroy, *Goddesses, Whores, Wives and Slaves*, p. 206.

④ 奥托·基弗:《古罗马风化史》,姜瑞璋译,第 124 页。

教不可或缺的组成部分。然而，女性在宗教领域中始终处于从属地位，她们的宗教活动主要与生育、贞洁相联系，这体现了在父权制社会中，男性对女性的角色期望。由于阶级、种族、家庭等身份和婚姻状况的不同，古罗马女性不同群体的宗教地位也有较大差别。

2. 罗马妇女与早期基督教

基督教是与佛教、伊斯兰教并列的世界三大宗教之一，它于公元1世纪上半叶产生于罗马帝国统治下的巴勒斯坦、小亚细亚一带。基督教在西方文化中占据重要地位，对性别关系以及妇女的家庭和社会生活有重大的影响。宗教作为一种意识形态是社会存在的反映，并随着社会历史条件的变化而不断发展演变。早期基督教[①]在发展和演变过程中，其创始人耶稣、使徒保罗以及早期教父们对妇女的态度和看法也随着罗马帝国时代文化的变迁而发生着变化。研究基督教历史的学者们一致公认，妇女在早期基督教的发展阶段中发挥了重要作用。

早期基督教女性观的演变和发展 基督教创始人耶稣和使徒保罗等早期教会领导人在传播福音时，没有忽视妇女这一群体。我们可以从他们对婚姻、夫妻关系以及妇女在教会中的行为规范的看法来了解他们对待妇女的态度。耶稣对待妇女的言论和行动在很大程度上反映了早期基督教义中所宣扬的平等主义。随着基督教的发展，教会领导人的性别观念逐渐趋于保守。保罗的妇女和性别观念具有两面性：一方面，他继承了耶稣男女灵魂救赎平等的思想；另一方面，他也提出了限制女性的神学理论。在罗马帝国的危机不断显露和加深之际，早期教父们的妇女观与古希腊罗马父权制社会的文化传统相契合，重新回归到轻视女性的思想轨迹上。

基督教在其产生的初期是下层人民的宗教，参加者多为贫民、手工业者、奴隶或半自由人。因此，这时基督教的政治思想具有比较强烈的反抗意识。它反对罗马统治、仇视富人，号召人民用暴力来推翻罗马的统治。作为被压迫者的宗教，基督教这时对妇女抱着较强烈的同情与尊重的态度。耶稣对妇女的态度表现了创始之初的基督教的平等主义思想，从他关于女性的一些言论中，我们可以看出他对妇女的关心。

在婚姻方面，耶稣赋予婚姻以神圣的意义，强调夫妻“二人成为一体”，反对男子随意休妻。摩西在《申命记》中说：“人若娶妻以后，见她有什么不合理的事，不喜悦她，就可以

---

① 早期基督教指的是1世纪至4世纪从产生到开始定型化时期的基督教。

写休书交在她手中，打发她离开夫家。"[①]"不合理"的含义在此虽然甚为模糊，但也反映了犹太人随意休妻的现象。《马可福音》中，耶稣与一个法利赛人的谈话反映了耶稣对休妻问题的看法。在耶稣传道期间，有个法利赛人来问耶稣关于男人是否可以休妻的问题，耶稣回答说："摩西吩咐你们的是什么？"他们说："摩西许人写了休书便可以休妻。"耶稣说："摩西因为你们的心硬，所以写这条例给你们，但从起初创造的时候，神造人是造男造女。因此，人要离开父母，与妻子连合，二人成为一体。既然如此，夫妻不再是两个人，乃是一体的了。"[②]除了妻子犯淫乱这一例外，耶稣否定了犹太律法中其它随意休妻的理由。耶稣说："凡休妻另娶的，就是犯奸淫，辜负他的妻子；妻子若离弃丈夫另嫁，也是犯奸淫了。"[③]耶稣把离婚与犯奸淫联系在一起，一方面谴责男子随意休妻，同时，也反对女子随意再嫁。从这里我们可以看出，耶稣对婚姻持一种严肃的态度，在离婚权主要掌握男性手中的情况下，这在一定程度上是对妇女的保护。

耶稣强调夫妻"成为一体"，反对夫妻间的不贞行为。他不仅把"犯奸淫"的概念运用到离婚行为之中，而且还进一步把它扩及到了思想的范畴。耶稣讲道："你们听见有话说：'不可奸淫。'只是我告诉你们：凡看见妇女就动淫念的，这人心里已经与她犯奸淫了。"[④]实际上，耶稣要求人们不仅行动上不要犯奸淫，而且禁止思想上有这种想法。耶稣的这一思想虽然具有禁欲主义的特征，但他对男性的性道德提出了约束和规范的要求，与以往仅仅要求女性保持贞洁的传统性道德相比，无疑是更多地考虑了女性的处境，体现了他对女性的关爱和照顾。

在耶稣眼里，博爱分为爱上帝和爱人如己。耶稣曾经说过："你要尽心、尽性、尽意的爱主——你的上帝。这是诫命中的第一，且是最大的。其次也相仿，就是要爱人如己。这两条诫命是律法和先知一切道理的总纲。"[⑤]这种爱人如己的博爱思想融化在耶稣的行动当中，他关心社会底层人民，并把爱心触及通常被人忽视的女性群体。

耶稣不赞同当时犹太教视女性为不洁或劣等的观点，他怀着宽容博爱之心，对穷困寡妇、妓女和女罪人等遭受当时人歧视的妇女深表同情。耶稣曾大力赞扬一位穷困寡妇的捐赠行为，"我实在告诉你们，这穷寡妇所投的比众人还多，因为众人都是自己有余，拿出来投在捐项里；但这寡妇是自己不足，把她一切养生的都投上了"。[⑥] 对于妓女，耶稣并没

---

① 《圣经·申命记》24：1。中国基督教协会新标准修订版·新标点和合本，南京，1995年。
② 《圣经·马可福音》10：3—8。
③ 《圣经·马可福音》10：11—12。
④ 《圣经·马太福音》5：27—28。
⑤ 《圣经·马太福音》22：37—40。
⑥ 《圣经·路加福音》21：1—4。

有像当时的犹太社会一样贬斥她们为卑贱的群体。耶稣曾这样告诫耶路撒冷圣殿里的祭司长和民间长老,“我实在告诉你们:税吏和娼妓倒比你们先进上帝的国。因为约翰遵着义路到你们这里来,你们却不信他;税吏和娼妓倒信他”。[①] 耶稣对待妓女的态度表明,他衡量人优劣的标准不是根据其在现实社会中的地位,而是依据他们对上帝的信奉程度来做判断。耶稣对于犯奸淫罪的妇女给予了极大的宽容。一次,人们将一个行淫时被捉拿的女子带到耶稣的面前询问做如何处置。按照当时的社会传统,发生通奸的妇女则是犯了十恶不赦的罪过。摩西律法对于通奸的妇女主张用乱石打死。面对这些社会传统,耶稣仍是怀着宽容仁慈之心没有定这个妇女的罪过,并要求她“不要再犯罪了”。[②]

在日常行为规范方面,耶稣抛弃了不少世俗偏见,一视同仁地为不同群体的妇女提供帮助。耶稣常常在公共场合和妇女谈话,并帮助她们解决病痛和苦恼。作为外邦人的撒玛利亚妇女常常遭到犹太人的歧视。在耶稣时代,拉比的教义认为撒玛利亚的女人“从摇篮时期开始就有月经”,换言之,她们始终是宗教仪式上的不洁之源。但耶稣全然不顾这些看法,热情地和一个撒玛利亚妇女在井边交谈。他的这一行动使得其信徒感到十分惊讶。[③] 耶稣在救治病人的过程中,冲破了当时很多关于女性的成规禁忌。患血漏病的妇女是犹太社会中备受歧视的对象。对犹太人而言,血漏病被视为不洁净。如果妇女患上此病,不但她所用之物被视为不洁,凡触摸过她所用过的东西的人,也会成为不洁之人。耶稣无视这一禁忌,治愈了一个患有此病 12 年的妇女。[④] 耶稣还冲破了摩西十诫中安息日不得劳作的规定,在安息日为妇女治病,连他的敌人都被他这一举动折服。[⑤]

耶稣这种平等待人、关爱妇女的言行体现了他所创建的新宗教团体的平等主义特征。在这里,妇女被视为与男子平等的人,将在末日审判来临的时候,和男子一样得到救赎和审判。耶稣把男人和女人都简单地看成是需要他帮助的个人,看成是自己的合作者或朋友。[⑥] 他的这种博爱态度赢得了社会各阶层民众,尤其是女性的信服,使得越来越多的人信奉基督教。一个家庭的女主人皈依基督教后,往往会带动整个家庭成员,包括仆人和奴隶参加教会的活动,从而进一步扩大了基督教的影响。

使徒保罗是早期基督教教会的杰出人物,对基督教的发展有独特的贡献。深受犹太神学和希腊文化影响的保罗无论从理论上还是实践上都把基督教和其他异教区分开来,

---

① 《圣经·马太福音》21:31—32。
② 《圣经·约翰福音》8:3—11。
③ 《圣经·约翰福音》4:27。
④ 《圣经·马可福音》5:25—34。
⑤ 《圣经·路加福音》13:11—13。
⑥ 卡莫迪:《妇女与世界宗教》,徐钧尧、宋立道译,四川人民出版社 1989 年,第 116 页。

并为基督教的组织化和机构化奠定了基础。保罗对待妇女的态度，主要是从他给各地教会书信的相关言论中反映出来。

关于婚姻与独身问题，保罗从避免“淫乱”的发生这一角度出发，赞成用婚姻生活约束和规范人们的性行为。保罗谈道：“论到你们信上所提到的事，我说男不近女倒好。但要免淫乱的事，男子当各有自己的妻子，女子也当各有自己的丈夫……倘若自己禁止不住，就可以嫁娶。与其欲火攻心，倒不如嫁娶为妙。”① 保罗不仅赞同婚姻，而且还阐述了夫妻之间相互占有、不可分离的关系。他指出：“妻子没有权柄主张自己的身子，乃在丈夫；丈夫也没有权柄主张自己的身子，乃在妻子。”② 在这里，保罗强调的是，夫妻享有平等的性权利，他们在性生活中应当承担平等的责任和义务，这在一定程度上保护了妇女在婚姻中的权利。此外，保罗还论述了夫妻之间相处的原则。在《以弗所书》中，保罗以“头”与“身”的辩证关系形象地说明了夫妻之间的关系。他说：“你们做妻子的，当顺服自己的丈夫，如同顺服主。因为丈夫是妻子的头，如同基督是教会的头；……丈夫也当照样爱妻子，如同爱自己的身子；爱妻子便是爱自己了。……为这个缘故，人要离开父母，与妻子连合，二人成为一体。”③ 保罗的这段话一方面要求妻子必须像顺服基督那样顺服自己的丈夫；另一方面，他也强调了夫妻之间相互敬爱、二人一体的亲密关系。可见，保罗在要求妻子顺从丈夫的同时，也强调了丈夫爱护妻子的责任。

关于妇女在教会中的行为规范，保罗强调女性的顺从和沉默。他经常告诫女性不要抛头露面，要处处小心谨慎。保罗说：“妇女在会中要闭口不言，像在圣徒的众教会一样，因为不准她们说话。她们总要顺服，正如律法所说的。她们若要学什么，可以在家里问自己的丈夫，因为妇女在会中说话原是可耻的。”④ 保罗在强调妇女应该保持沉默和顺从品格的同时，对妇女在教会中的行为作了进一步的规范，要求妇女在宗教集会做祷告的时候应该蒙头。成年妇女在公共场合戴面纱或头巾，是古代犹太、希腊和罗马社会的风俗。根据拉比的道德说教，一个女人故意揭开自己的面纱就可构成离婚的理由之一，因为这是淫荡的一个标志。⑤ 因此，深受犹太和希腊罗马文化影响的保罗从维护传统的社会风俗出发，要求妇女在祷告或讲道的时候必须蒙头。此外，在这个时期，对于东方神祇的崇拜在罗马非常盛行，如伊西丝崇拜和库柏勒崇拜。参加伊西丝崇拜的妇女往往把自己的头发

---

① 《圣经·哥林多前书》7：1—9。
② 《圣经·哥林多前书》7：4。
③ 《圣经·以弗所书》5：22—31。
④ 《圣经·哥林多前书》14：34—35。
⑤ 卡莫迪：《妇女与世界宗教》，徐钧尧、宋立道译，第118页。

解开。参加大母神库柏勒崇拜的妇女也是解开自己的头发，男祭司被阉割后，身穿女人的衣服，并和妇女一样把头发披下来。在其他的东方神祇崇拜中也存在妇女披散头发的现象。当时的哥林多人非常乐意接受这些东方宗教。一些女先知和女执事在圣灵崇拜仪式上，也会解开自己的头发，让头发自由飘荡。在保罗看来，这种做法缺乏庄重，使得男女两性之间的界限变得模糊。因此，保罗在《哥林多前书》中对这一现象进行了强烈的谴责。这说明，作为初期教会的领袖人物，保罗所关心的是如何使基督教与其他的异教文化区分开来，防止在他自己建立的基督教团体中出现异教成分。

可见，生活在使徒时代的保罗对待妇女的态度处于矛盾状态中。一方面，他作为耶稣的继承者，对男女灵魂救赎平等的思想有所继承和发展，认为男女在基督里"合二为一"，强调夫妻之间的互相尊重与互相敬爱，并肯定妇女在家庭与教会中的作用；另一方面，他开始重新审视基督团体中的妇女以及她们的行为，提出了限制女性、把女性置于顺从地位的神学理论，这一变化是和基督教本身的发展联系在一起的。使徒时代以来，随着信众的增加，基督教的组织成分也发生了变化，许多社会上层和富有阶层成员的加入，改变了以往基督教团体几乎全部由贫苦阶层组成的情况。一些加入基督教会的社会上层妇女追求时尚和奢华的行为影响了教会的正常秩序，引起了虔敬的基督徒对教会秩序和淳朴性的焦虑。不少深受父权思想影响的男性对妇女在早期教会中说预言、讲道等行为不满，因此也开始贬抑女性在教会中的作用。此外，由于早期基督教会秘密传教的特点，使得罗马人对基督徒产生了食人肉和乱伦等无知的偏见，为了消除民众对基督教的误解和发展教会，保罗便更加注意用符合犹太和希腊罗马传统的道德与伦理规范来约束教会的女性。保罗对信教的女子进一步提出了宗教生活的行为规范，并为这种规范作出了神学的解释。在《提摩太前书》中，保罗提出，"女人要沉静学道，一味地顺服。我不许女人讲道，也不许她管辖男人，只要沉静。因为先造的是亚当，后造的是夏娃，且不是亚当被引诱，乃是女人被引诱，陷在罪里"。[①] 在保罗看来，亚当在伊甸园的犯罪起因于他的妻子夏娃受魔鬼诱惑而首先采食禁果，然后才使亚当犯罪，所以人类背负原罪的罪魁祸首便是女人。基督教关于夏娃（女人）应对原罪承担责任的主要基调正是从此开始的。[②]

公元3世纪，罗马帝国陷入空前的政治、经济危机之中。与此同时，社会风气日下，纵欲和贪图享乐之风盛行，不少人沉溺于竞技场、妓院和浴池等娱乐休闲场所，过着醉生梦死的生活，离婚和弃婴的现象也时有发生。在这个时期，许多洗浴场所取消了原先男女分

① 《圣经·提摩太前书》2：11—14。

② 卡莫迪：《妇女与世界宗教》，徐钧尧、宋立道译，第130页。

别入浴和入浴时间限定在白天的规定，出现了男女混浴，甚至夜间也可共浴的现象。妓女出入于大大小小的浴池之中，使之成为人们纵欲的场所。这一切都严重影响了罗马社会的道德风尚和婚姻家庭关系。所以，整个罗马社会亟须确立一套符合传统道德规范的婚姻和性别观来约束人们的行为，而基督教中所宣扬的夫妻忠诚的婚姻观迎合了此时道德上处于真空的罗马社会的需要。随着帝国危机的加深和基督教的广泛传播，罗马政府渐渐改变了原先敌视基督教的态度。4世纪，米兰敕令和罗马皇帝狄奥多西一世命令颁布以后，基督教在罗马社会中取得了合法地位，从最初的被压迫宗教发展成为罗马国教，并与古罗马的父权制社会传统结合在一起，而女性成为基督教这一转变过程中规范和限制的对象。

"原罪"说中贬抑女性的观点被早期基督教教父们大肆宣扬。早在2世纪末，德尔图良在谈到妇女时就充满鄙视地说：

> 上帝对这一性别的判罚在我们的时代仍然有效，因此女人的罪依然存在。你们是邪恶之门，是偷食禁果之人，也是最先抛弃神的律法的人，你劝诱连魔鬼都不敢接近的亚当做坏事，你如此轻率地毁了按照上帝形象创造的人——亚当，因为你受的罚，甚至连上帝之子都不得不死。[①]

在这里，德尔图良从神学的角度诠释了女性的性别地位，他把夏娃看成全体女性的代表，认为女性不但要对原罪负责，甚至对耶稣的死都难逃其咎。罗马帝国晚期的教父奥古斯丁在分析亚当和夏娃犯下原罪的原因时指出，魔鬼以蛇为工具，首先从这对人类夫妻中意志比较薄弱的一方，也就是作为女人的夏娃那里下手进行诱骗，以便达到了自己的目的。[②] 这说明，教父们都相信，女人比男人轻信、意志薄弱，容易上当受骗，是导致男性犯下罪过的根源。这种男强女弱和女性是祸水的观点与古希腊罗马社会歧视女性的思想如出一辙，它为男性对女性的统治提供了神学依据。

针对当时罗马社会普遍存在的纵欲现象，早期教父们提出了禁欲与独身的主张。对于女性禁欲的问题，他们认为独身与苦修是她们救赎的重要途径。德尔图良把那些选择过独身生活的妇女称为"基督的新娘"。哲罗姆指出："只要女人是为了生育孩子而存在，她就像身体区别于灵魂一样与男人不同。但如果她希望虔诚地为上帝服务，她将不再是

---

① Deborah F. Sawyer, *Women and Religion in the First Christian Centuries*, London and New York, 1996, p. 154.

② Saint Augustine, *The city of God against the pagans*, XIV, XI.

女人，而被称为男人。"[①]

然而，教父们并不完全反对婚姻，并对婚姻生活提出了一系列规范。奥古斯丁肯定合法婚姻的作用，他认为，婚姻的好处不仅在于繁衍后代，而且在于夫妻之间的相互陪伴。在良好的婚姻关系中，虽然男女之间的热情会随着时间的流逝而逐渐冷却，但夫妻之间相伴的感情仍然存在。在他看来，婚姻中正当的性爱是避免那些缺乏自制力的人陷入罪恶的方式。[②] 针对罗马帝国晚期性道德日益滑坡的情况，奥古斯丁提倡一夫一妻制和相互忠诚的夫妻关系。他说，丈夫和妻子在婚姻关系中是平等的。如果丈夫活着，妻子归于别人，她便被叫做淫妇。但如果妻子活着，丈夫却与另外一个女人通奸的话，他则是奸夫。奥古斯丁还强调，丈夫在性忠贞上要起表率作用，妻子才会对婚姻忠贞不渝。[③] 奥古斯丁要求丈夫和妻子在婚姻中都要忠诚于对方，对男女两性性行为的要求持统一标准，这无疑对规范当时的婚姻家庭秩序具有积极意义。

必须指出的是，奥古斯丁在倡导相互忠诚的夫妻关系的同时，也表达了女性必须顺从于男性的思想。他在《忏悔录》中谈到，人凭借了和上帝相似之处，"就是说凭借了理性和理智，统治百兽；……同样女子以肉体言，来自男子，虽则在理智和灵性方面具有同样的天赋，但由于性别的不同，女性应隶属于男性"。[④] 这表明，奥古斯丁把女性依附于男性、男性统治女性看作是天经地义的事。早期教父们这种男尊女卑的性别观成为中世纪教会歧视女性的神学思想的基础，对后世产生了深远的影响。

早期女基督徒的宗教活动 耶稣宣扬的平等主义思想以及对他对女性倾注的宗教关怀，对在社会与家庭中处于弱势地位的妇女具有很大的影响力，从而使基督教在诞生初期得到了许多女性尤其是社会下层女性的支持。在耶稣的周围，有一批忠实的妇女跟随着他与他一起传播福音，并成为他传教过程中的亲密伙伴。《路加福音》记载，"过了不多日，耶稣周游各城、各乡传道，宣讲上帝国的福音。和他同去的有十二个门徒，还有被恶鬼所附、被疾病所累、已经治好的几个妇女，内中有称为抹大拉的马利亚，曾有七个鬼从她身上赶出来；又有希律的家宰苦撒的妻子约亚拿，并苏撒拿，和好些别的妇女，都是用自己的财物供给耶稣和门徒"。[⑤] 这表明，妇女是跟随耶稣的人群中不可缺少的一部分。

根据《圣经》的说法，妇女不仅是耶稣传道道路上的亲密伙伴，而且是耶稣受难十字

---

① Merry E. Wiesner, *Women and Gender in Early Modern Europe*, 2nd edition, Cambridge University Press, 2000, p. 17.

② Mary Briody Mahowald, ed, *Philosophy of Woman*, Hackett Publishing Company, Inc., 1994, p. 49.

③ Mary Briody Mahowald, ed, *Philosophy of Woman*, pp. 50-51.

④ 奥古斯丁：《忏悔录》，周士良译，商务印书馆 1963 年，第 322 页。

⑤ 《圣经·路加福音》8：1—3。

架、尸体安放、“复活”等重要事件的见证人。四部福音书中都记载，当耶稣在十字架上受难时，他的门徒都四处逃散了，只有那些随他四处传教的忠实的女信徒却关切地“远远地观看，有抹大拉的马利亚，又有小雅各和约西的母亲马利亚，并有撒罗米，就是耶稣在加利利的时候，跟随他、服侍他的那些人，还有同耶稣上耶路撒冷的好些妇女在那里观看”。[①]在耶稣的埋葬过程中，也有妇女在那里观看，“约瑟买了细麻布，把耶稣取下来，用细麻布裹好，安放在磐石中凿出来的坟墓里，又滚过一块石头来挡住墓门。抹大拉的马利亚和约西的母亲马利亚都看见安放他的地方”。[②] 随后，在耶稣“复活”显现的重要时刻，妇女同样在场。在众多的女信徒当中，抹大拉的马利亚在耶稣受难和“复活”的时候都在耶稣的身前。当耶稣复活之后第一次出现在抹大拉的马利亚面前时，耶稣一叫“马利亚”的名字，马利亚马上认出了耶稣。[③] 圣经有关耶稣“复活”的记载在无神论者看来当然难以置信，却可以说明，在基督教历史的重要关头都不乏女性的身影，即使在其发展的最困难时刻，虔诚信仰上帝的妇女们仍然坚定地追随着耶稣，坚持自己的信仰。

耶稣十字架受死之后，其门徒继续把基督教传向希腊罗马世界。在基督教历史上，把耶稣受难之后至公元2世纪初耶稣使徒在希腊罗马文化区域内传教、建立教会组织的时期称为“使徒时代”。在这一时期，妇女在基督教会中相当活跃。她们有的与保罗一起传播福音，为保罗和他的追随者提供物质帮助，有的在家庭教会中处于主导地位，有的则在教会中担任女执事。

保罗在小亚细亚、希腊、叙利亚和巴勒斯坦等地广泛漫游传教的过程中，同耶稣一样注重妇女群体。保罗宣称：“你们受洗归入基督的，都是披戴基督了。并不分犹太人、希腊人、自主的、为奴的，或男或女，因为你们在基督耶稣里都成为一了。你们既属乎基督，就是亚伯拉罕的后裔，是照着应许承受产业的了。”[④]从这段话我们可以看出，保罗认为，在基督徒群体中，任何社会的、种族的和性别的差异都不重要，所有的人都被看作兄弟和姐妹。保罗曾用不同的词汇来描述不管是个体的还是群体的妇女，并要求其他的人“帮助那些在福音上曾与我一同劳苦的妇女”。[⑤] 在这种情况下，有的女基督徒成为与男性一起传道的使徒。根据现被收录在《伪经》中的《使徒保罗和特克拉行传》记载，以哥念的特克拉是保罗的工作伙伴。据说，她是一个贞洁的处女，离开家庭跟随保罗踏上了传播福音的道

① 《圣经·马可福音》15：40—41。

② 《圣经·马可福音》15：46—47。

③ 卡莫迪：《妇女与世界宗教》，徐钧尧、宋立道译，第115页。

④ 《加拉太书》3：27—29。

⑤ Georges Duby and Michelle Perrot, gen. eds., *A History of Women in the West*, vol. 1, p. 423.

路。基督教会把她看作是传道与守贞的典范，教父德尔图良和哲罗姆都提到过这位女使徒。[①]

有很多妇女皈依了基督教并为使徒们提供物质帮助。保罗和他的跟随者到达腓力比的时候曾遇到一位从事布匹生意的犹太妇女吕底亚。她非常崇拜上帝，虔敬地听保罗布道。后来，吕底亚和她的家庭成员一同接受了洗礼而皈依了基督教，并欢迎保罗和他的使徒到她家里去。[②] 还有很多妇女同吕底亚一样，不仅成为基督精神上的皈依者，而且为基督徒的传教提供了必不可少的物质支持和帮助。

在这一时期，许多教会的活动在基督徒家中举行。因此，家庭教会成为基督运动的最初组织形式。美国学者克雷默指出，早期基督教团体是以能够提供膳宿的个人家庭为中心的。[③] 早期基督教的这一特点对长期生活在家庭领域中的女性具有很大的吸引力，为她们组织或参加在家中举行的宗教仪式提供了便利条件。一些经济条件良好的妇女把巡行传教的使徒接到家中，为他们提供住所和膳食，使自己的家成了使徒们的歇脚处和宗教活动场所。上文提到的犹太妇女吕底亚就在家里建立起了腓力比最早的教会。在保罗书信中，有多处提到妇女家里的教会。在《哥林多前书》中，保罗在问候哥林多的教会时提到："亚居拉和百基拉并在他们家里的教会，因主多多地问你们安。"[④]在《罗马书》中也同样提到亚居拉和百基拉在家中的教会。

使徒时代，女性担任执事并没有受到多大的限制。保罗认为，女性可以担任执事这一职位。保罗不但向罗马人称赞了女执事非比，他还向在罗马教会中表现比较突出的女性送去了问候，其中包括百基拉。"我对你们举荐我们的姐妹非比；她是坚革哩教会中的女执事。请你们为主接待她，合乎圣徒的体统。……问百基拉和亚居拉安。他们在基督耶稣里与我同工，也为我的命将自己的颈项置之度外。不但我感谢他们，就是外邦的众教会也会感谢他们。"[⑤]这说明了保罗与这些女性的关系非常密切，也说明了女执事在早期教会中做了大量的工作。教会中执事的职责是广泛多样的，包括协助主教、维护教堂中的基本礼仪和慈善活动的管理等。一般说来，女执事的职责主要是指导信奉基督教的妇女，并为她们提供服务。在宗教集会中，女执事负责监督和照顾参加集会的女信徒，把她们安排在恰当的位置。在洗礼仪式上，女执事负责为洗礼的妇女涂上圣油膏，引领她们接受洗

---

① June Stephenson, *Women's Roots: The History of Women in Western Civilization*, Diemer, Smith Publishing Company, Inc., 2000, p. 135.

② 《圣经·使徒行传》16：12—15。

③ R. S. Kraemer, *Her Share of the Blessing*, p. 141.

④ 《圣经·哥林多前书》16：19。

⑤ 《圣经·罗马书》16：1—4。

礼,并教这些妇女在洗礼的过程中如何保持主教或主祭在其前额所画十字的完整。她们的工作还包括拜访生病的妇女,为那些大病初愈的妇女洗礼等。①

此外,由于穿着寡妇服的妇女能够比较自由地在公共领域中活动,不少信奉基督教的寡妇与男性一起传播福音,还承担了许多教会的服务性的工作,保罗的工作伙伴中就有寡妇。不过,担任教职的男性得到的报酬可能要比在教会中服务的寡妇要高得多,有人说,教会的男性管理者的薪水是寡妇的两倍。② 无论怎样,事实已经表明,女性是使徒时代教会中一支不可忽视的力量。正如著名学者米克斯所说:"女性……是保罗工作上的伙伴,这些女性的身份是福音传教士和教法师。在整个社会中的地位和基督教会中的参与方面,一大批女性都突破了当时女性惯常的角色。"③

自公元1世纪基督教产生以后,罗马皇帝尼禄、狄修斯、戴克里先等人都曾对基督徒实行过迫害。然而,罗马政府对基督徒的迫害并没有阻挡基督教的发展。很多忠实的基督徒以殉道的方式来表达对基督教的虔诚和对罗马政府的反抗,以英勇无畏的牺牲精神激励了更多的人信奉基督教。在殉道者中有不少女基督徒。在这些女性当中,既有女奴隶、妓女等社会身份卑微的妇女,也有出身高贵的贵族妇女。女奴隶波朗迪娜被挂在竞技场里的十字架上,每天受尽酷刑,并目睹着她周围的其他基督徒遭受残酷的虐待。④ 奥格斯堡的阿芙拉最初是名妓女,后来她皈依了基督教并为自己的信仰奉献了生命。⑤ 还有很多妇女放弃了优越的生活条件和高贵的身份,勇于殉道。贝坡图是迦太基一位22岁的年轻贵妇。公元203年,贝坡图和同样信奉基督教的女奴芬丽被罗马当局逮捕。此时,二人都已怀孕。贝坡图的父亲多次到狱中劝说她放弃信仰,都遭到她的拒绝。⑥ 贝坡图的狱中日记记述了她被关押时的情况,"我心中万分惊恐,因为,我以前从来没有待在这样黑暗的洞里。这是多么困苦的时刻啊! 这里的空气让人窒息;士兵们对我严刑拷打,我只是担心我的孩子"。⑦ 后来,有人这样记述贝坡图行刑时的场景:在进入竞技场之前她拒绝

---

① 参考刘文明:《上帝与女性——传统基督教文化视野中的西方女性》,武汉大学出版社2003年,第29—30页。

② Deborah F. Sawyer, *Women and Religion in the First Christian Centuries*, p. 109.

③ 罗德尼·斯塔克:《基督教的兴起:一个社会学家对历史的再思》,黄剑波、高民贵译,上海古籍出版社2005年,第133—134页。

④ Renate Bridenthal, Susan Mosher Stuard and Merry E. Wiesner, eds., *Becoming Visible: Women in Europe History*, p. 92.

⑤ Bonnie S. Anderson and Judith P. Zinsser, *A History of Their Own: Women in Europe from Prehistory to the Present*, vol. 1, p. 71.

⑥ Renate Bridenthal, Susan Mosher Stuard and Merry E. Wiesner, eds., *Becoming Visible: Women in Europe History*, pp. 92-93.

⑦ E. Fantham, H. P. Foley, N. B. Kampen, S. B. Pomeroy and H. A. Shapiro, *Women in the Classical World*, p. 383.

穿上异教的祭衣。被野牛攻倒在地后她奋力站起,整理好衣服和头发后继续和同伴们一路高歌前行。当行刑的第一声号角吹响时,士兵们手握着刑刀不知该如何下手,她引导着士兵如何做。① 加沙的沃伦提娜被捕以后,被送到审判官马克西米纳斯面前。当刽子手残酷地折磨另一位基督徒妇女时:

> 她再也不能忍受眼前无情、残酷和野蛮的一幕。她以超过所有希腊英雄的勇气,在人群中大声呼叫,指责审判官:"你还要这样折磨我的姐妹多久?"他更为恼怒,下令立即逮捕这个女人。她被拖到中间……一开始他们企图说服她献祭。在遭拒绝后就用武力将她拖到了祭坛前……她毫不畏惧,一脚踢翻了祭坛,并将祭坛上所有的东西都打翻,火也灭了。审判官被大大地激怒,像一只野兽,对她施行前所未有的酷刑。②

这些妇女在殉道时的勇敢表现极大地坚定了其他基督徒的信心,并感染了异教徒,促使更多的人皈依基督教。除了殉道以外,很多女信徒还以禁欲修道的方式来表达对基督的虔诚。与罗马帝国时期纵欲的风尚不同,早期基督教把肉体的欲望看成是人们进入天国的障碍,把禁欲守贞当作是最完美的生活状态。在基督教这一观念的影响下,一些女基督徒克制自己对财产、食物和性生活的欲望,过着清贫寡欲的独修生活。女基督徒佩勒加住在橄榄山上的一个小房子里,过着隐修禁欲的生活。当人们发现这里住着一个女子的时候,佩勒加已经死去了。③ 著名的埃及女圣徒玛利亚曾在约旦沙漠里长年过着与世隔绝的苦修生活。④

由于独自住在偏远的地方隐修比较危险,一些女基督徒在家中、山上或者沙漠建立起女修道院,组织起来共同修道。君士坦丁堡的奥林匹娅是长官尼布瑞德斯的妻子,386年,她在结婚20个月后便成了寡妇。她把大量的钱、土地、房子、家具等财产都捐赠给了君士坦丁堡的教堂,并在毗邻教堂的地方创建了一所修道院。在她周围聚集了一批禁欲苦修的贵族妇女,形成了一个女性修道团体。她经常接待来访的主教,并以照料修女、寡妇、孤儿和老人而远近闻名。⑤ 罗马妇女葆拉是一位议员的妻子,有5个孩子。在33岁

---

① Bonnie S. Anderson and Judith P. Zinsser, *A History of Their Own: Women in Europe from Prehistory to the Present*, vol. 1, p. 71.

② 罗德尼·斯塔克:《基督教的兴起:一个社会学家对历史的再思》,黄剑波、高民贵译,第197页。

③ June Stephenson, *Women's Roots: The History of Women in Western Civilization*, p. 136.

④ Georges Duby and Michelle Perrot, gen. eds., *A History of Women in the West*, vol. 1, p. 411.

⑤ Georges Duby and Michelle Perrot, gen. eds., *A History of Women in the West*, vol. 1, pp. 440-441.

的时候，她成为寡妇。度过一段痛苦迷茫的时光以后，葆拉于 380 年参加了由寡妇玛塞拉组织的女性修道团体。她与该团体的修女们远离社交集会场所，整日待在户内学习《圣经》，并进行祈祷。她们穿着粗糙破旧的衣服，睡在地板上的坚硬床垫上，尽可能少吃少睡，过着与原来贵族家庭完全不同的生活。她潜心修道的行为得到了教父哲罗姆的称赞，称她是"理想的女基督徒"。[①] 像奥林匹娅、葆拉这样选择禁欲修道的妇女还有很多，有人甚至在患病时还在坚持苦修。[②] 女基督徒之所以选择苦修和禁欲的生活方式主要是出于对上帝虔诚的信仰和对罗马帝国晚期社会风气的不满，而基督教教父们大力宣扬的禁欲主义也对女性修道活动起了重要的推动作用。

总的说来，早期基督教宣扬的平等主义在一定程度上打破了身份、种族、地区和性别的界限，使得加入基督教团体的妇女拥有了较大的自由活动空间，享受到了相对平等的信仰权利，这对在社会和家庭中处于从属地位的罗马妇女具有很大的吸引力。不同地区和不同群体的女基督徒用传教布道、担任教职、禁欲苦修、以身殉道等不同的方式表达了对上帝的信仰和忠诚，在早期基督教的发展过程中起了重要作用。然而，必须指出的是，随着基督教与罗马父权制文化传统相妥协，女性开始受到越来越多的限制。

---

① Bonnie S. Anderson and Judith P. Zinsser, *A History of Their Own: Women in Europe from Prehistory to the Present*, vol. 1, p. 74.

② Mary R. Lefkowitz and Maureen B. Fant, eds., *Women's Life in Greece and Rome: A Source Book in Translation*, p. 330.

第三章　中世纪的西方女性

与古代相比，中世纪西方女性的社会地位并未发生根本性的改变。但不可否认的是，在该时期它确实也出现了一些新的变化。当然，这与中世纪西方社会文化的变迁是相一致的。

众所周知，在中世纪早期(公元 5—10 世纪)，一种新的社会和文化结构得以在西方世界形成。它是以基督教文化为核心，并融合日耳曼、罗马因素而形成的。在这一过程中，对女性的观念建构也随之而来。强调女性从属于男性，并应顺从男性，应保持贞洁等男尊女卑的观念得到重新确认。与之相适应，女性在公共和私人领域所应遵守的各种规范也逐步建立起来。对女性的歧视和压制这种传统的性别关系也成为整个中世纪时代西方社会的主流。

至中世纪盛期(公元 11—13 世纪)，虽然传统的性别观念仍然占据主导地位，但是由于该时期社会经济的发展，城市的兴起和繁荣，古典文化的回归和文化的复兴与繁荣，性别关系发生了某些变化。首先，出现了一种强调尊重女性，强调两性平等的思想，这与过去的那种过分贬低和歧视女性的思想是不大一样的。在教界，一些教会人士开始反省传统的神学理论，强调亚当也应当对原罪负责，如 12 世纪著名的神学家圣维克多的雨果等。有的教士甚至认为，女性不仅与男性是平等的，甚至还要优越于男性，如第一次十字军东征的宣传者罗伯特等。同时，在该时期，圣母崇拜也兴盛起来，反映出人们对女性心态的一种变化。在世俗社会中，许多文人学者开始歌颂和赞美女性，强调两性平等和尊重女性。其中最引人瞩目的就是行吟诗人所歌颂和传播的典雅之爱。其次，女性(主要是贵族女性)在公共领域的作用增强，其社会和法律地位有所提高，如有些贵族女性(包括女修道院院长)参与政治、立法和司法等活动，在法律上重新获得了拥有财产、管理地产、立遗嘱等权利。当然，这与贵族骑士大批地参与十字军东征有关。再次，女性的社会作用得到凸现。贵族女性自不待言，而城市和农村的普通女性也积极参与到了社会性劳动之中，对于社会经济发展作出了不可磨灭的贡献，尽管在这种劳动中，她们仍然受到性别的歧视。女性还推动了该时期文化和教育的发展，并为之作出了自己的贡献。总而言之，在中世纪盛期，西方的两性关系开始发生一定程度的转变。而在西方学术界，许多学者坚持认为在这一时期西方女性的社会经济地位不仅没有上升，反而有所下降。我们认为，在中世纪，女性地位的提高或下降表现得并不明显，而且也不尽一致。在某些方面，其地位有所提高，但在某些方面，它又有可能下降。但总体来看，与前期相比，西方女性在该时期的社会地位有所上升，其作用也有所增强。

中世纪后期（公元14—16世纪）是西方社会的转型时期。有关该时期女性地位的总体情况，我们将在下一章作具体论述。

由于人类社会是极其复杂的，所以中世纪社会的女性状况也是相当复杂和多变的。不同阶层的女性，其社会地位、政治和法律权利、家庭和婚姻、受教育的程度等都存在着较大的差别。不同社会领域的女性也存在着较大的差别，如城市和农村的普通女性就有所不同，城市上层女性和贵族女性也有不同。中世纪的西方本来就是由许多国家组成的，所以，不言而喻，不同地区和国家的女性状况也存在着一定的差异。

一、中世纪西方人的女性观

1. 中世纪基督教会的女性观

在每一个时代，女性问题都曾是人们议论的中心话题之一，而不论这些议论是正面的还是反面的。而在古代社会，人们往往给女性附加了许许多多的负面品质，因此，讨论女性是什么这个古老而弥新的话题，也就不能因历史的反复磨蚀而变得迟缓和漫不经心。女性是与时代一同进步的，如果我们拿出足够的忍耐力，去回溯历史曾加在女性身上的重负，那么这种进步会变得更为巨大。因为在很长的时间里，女性是在一种不利于她们生存的环境中生存的，这种不利因素来自于神话传说、《圣经》故事、神学思想，甚至医学知识。

女人是一个不受欢迎的角色，灵魂具有较低的理性，代表人类性欲的那部分，这是中世纪基督教会对女性的基本观点。从《圣经》中我们得知，耶稣是圣母感灵而生，而不是性行为的结果。虽然他没有轻视妇女，并尊重她们，把她们与男人同等看待，还在其许多寓言中用妇女作为积极的例子，但他却从未近女色，因为他是圣洁的，也因此是圣洁的。保罗对女性有一系列的看法，他说，男不近女倒好，人不如守素安常才好，娶了妻子的人肉身必受苦难。[①] 保罗又说，妇女在会中要闭口不言，像在圣徒的众教会一样，因为不准她们说话。她们总要顺服，正如律法所言，妇女在会中说话原是可耻的。[②] 保罗还教导说，女

---

① 《圣经·哥林多前书》7：1，26，28。

② 《圣经·哥林多前书》14：34—35。

人要沉静学道,一味地顺服。不许女人讲道,也不许她辖管男人,只要沉静。因为先造的是亚当,后造的是夏娃,且不是亚当被引诱,乃是女人被引诱,陷在罪里。然而,女人若常存信心、爱心,又圣洁自守,就必在生产上得救。① 愿女人廉耻、自守,以正派衣裳为妆饰,不以编发、黄金、珍珠和贵价的衣裳为妆饰。② 从这些对信徒的训诫中我们可以看出,女人是原罪,需要以沉默、顺从、朴实、善行和自守、圣洁来得救。这奠定了基督教会认为女人是弱者、是感性的、不具什么理性、是性引诱者的基调,并在以后被早期教父们进一步发扬光大。

我们知道,基督教思想的许多成分是从古犹太教中继承来的,关于妇女的看法便是其中的一部分。犹太教传统基本上从否定的层面描绘妇女,妇女完全被排除在担任宗教职务的行列之外。它认为,妇女在经期是不洁的,在生孩子后的一段时间内也是不洁的。希伯来人眼中的理想妇女是生养了许多孩子的母亲,她们日出而作,为全家人提供衣食,顺从丈夫。她们"倾尽自己的毕生,使丈夫受益免灾"。同时,基督教也接受了性是不洁的古代思想,在禁欲主义思潮的影响下,厌女主义便在早期基督教会中蔓延开来。而这一时期基督教会中的一些有知识的教会人士所阐发的关于女性的看法和观点奠定了基督教会的女性观,他们对女性的贬低态度深深影响了以后的时代。

首先,女人是恶的,是性引诱者。公元 2 世纪的德尔图良说,女人只会使男人受辱,使男人离开对精神的追求。女性是魔鬼的门户,每一个女人都是夏娃,是性欲的承载者。③ 因此,他严厉地批评用各种装饰品妆饰自己的妇女。他说,各种装饰品是由堕落的天使引入这个世界的,堕落的夏娃会喜欢这些装饰品,这些东西是性欲的结果,它会引导妇女们陷入无节制的生活和野心中。因此,想过一种荣耀的新生活的妇女应该避免它们。④ 朴素是得救的方式,一个朴素的妇女应该以一种不使自己成为男人欲望的目标的方式来穿着。克里索斯托则说:在所有的野兽中,没有比女人更具危害性的了。哲罗姆则用许多辛辣、讽刺的言辞攻击妇女放纵、爱嚼舌、炫耀衣着等行为。⑤ 他指责女人是真正的撒旦,是和平的敌人,分裂的缘由,只有她缺席才能保证安宁。女人掳去了男人宝贵的灵魂和心灵,把他们引向她想去的地方。女人倾向于欢乐而不是美德,因此在导致男人堕落上,女

---

① 《圣经·提摩太前书》2:11—15。

② 《圣经·提摩太前书》2:9。

③ Nancy Van Vuuren, *The Subversion of Women: As Practiced by Churches, Witch-Hunters and Other Sexists*, The Westminster Press, Philadelphia, 1973, p. 29.

④ Angela M. Lucas, *Women in the Middle Ages: Religion, Marriage and Letters*, New York, ST. Martin's Press, 1983, p. 21.

⑤ Angela M. Lucas, *Women in the Middle Ages: Religion, Marriage and Letters*, p. 117.

人是主要的诱因。如此肆无忌惮地诬蔑诋毁女人,使女人的形象和价值几乎失去了存在的意义,因此亚历山大的克列门如此说,女人自己一想到自己是什么时,都应该感到脸红。

其次,女人是弱的、不完美的。早在公元2、3世纪,古罗马著名医学家、生物学家盖伦就写道:"女性比男性更不完美,第一个理由是她较冷。而男性比女性更完美,因为男性具有更丰富的热量。"[①]奥古斯丁认为,亚当和夏娃所犯的原罪永久性地结束了人的自由意志,产生了人所控制不了的性欲。他把女人对男人的服从看作是上帝造人的本质部分,认为只有男人能够完整地代表上帝的形象,女人在智力、身体和道德上都劣于男人。[②] 6、7世纪的伊希道尔解释说,男性与女性这两个词的意思分别是力量和脆弱。[③] 他相信女人在男人的形象中,而男人在上帝的形象中,因此女人必须自然地服从男人。12世纪里尔的艾伦(Alan of Lille)认为,妇女在性格上是软弱的,在精神上是虚弱的,不能做出坚定的判断。[④] 彼得·阿贝拉德(Peter Abelard)提出,女人只是与上帝有相像之处,女人屈服于引诱是女人最基本的弱点,因此她自然地次于男人,不得不被男人统治。虽然女人也有理性和不死的灵魂,但男人比女人有更多的智慧和理性。[⑤] 13世纪的教会法学家库兰顿的亚当(Adam of Courlandon)则主张,夏娃不得不先被引诱,因为她比亚当弱。感性比理性虚弱,罪恶开始于感性。如果亚当先被侵犯,他将通过自己的理性力量进行反抗。[⑥]

古希腊哲学家亚里士多德的性别理论对中世纪西欧社会影响巨大,他对女性的看法更为悲观。他认为,女性是不完全的男性,女性的身体像孩子的身体一样是不完整的,女性在本质上是虚弱的、冷的,因为她们缺少关键的热量。女性有相当大一部分的血流出体外,即月经,月经也是女性身体冷的一个标志。月经类似于精液,但它是不完美的精液。在人类的生产过程中,女性只是容器,掌握胚胎的完全是男性。女性是被动的,男性是主动的。亚里士多德还认为,女人的性格中有某些自然的缺陷,女人在欲望上比男人更少节制,因为她们是更弱的性别。男人和女人虽然都有美德,但他们的气质不一样,男人表现为命令,女人表现为服从。[⑦]

12、13世纪,神学家们把亚里士多德的理论和早期教父的观点结合起来,创立了一个庞大的哲学体系,其集大成者是托马斯·阿奎那。他认为,女性的低劣不只是由夏娃被引

---

① June Stephenson, *Women's Roots: The History of Women in Western Civilization*, p. 176.

② Merry E. Wiesner, *Women and Gender in Early Modern Europe*, p. 17.

③ Angela M. Lucas, *Women in the Middle Ages: Religion, Marriage and Letters*, p. 5.

④ Angela M. Lucas, *Women in the Middle Ages: Religion, Marriage and Letters*, p. 8.

⑤ Angela M. Lucas, *Women in the Middle Ages: Religion, Marriage and Letters*, p. 5.

⑥ Angela M. Lucas, *Women in the Middle Ages: Religion, Marriage and Letters*, p. 9.

⑦ V. L. Bullough, Brenda Shelton and Sarah Slavin, *The Subordinated Sex: A History of Attitudes toward Women*, Georgia, 1988, p. 55.

诱而导致的一个结果，而是她天生就有的。女人甚至在生育中的作用也是微小的，因为母亲仅仅提供了孕育孩子的物质，而父亲提供了积极的力量。女人在每一件事上都需要男人的帮助，因为她们在体质和智力上都是虚弱的。[①] 阿奎那论证说："任何事物都会因为与自然本性的第一目的相背离而适应第二目的，从而违背自然本性。当自然本性不能在一事物之中保持生命时，就会从第一目的的失败中寻求在别的事物之中保持它。因此，当自然本性不能使一事物达到完美时，就会退而求其次，例如，当它不能促成生育男性时，就会生育出一个女性，她也就是亚里士多德所说的'没有成功成为男人的人'。"[②]可见，在阿奎那看来，女人是发育不健全的人，是人类正常生育中的偶然性例外。

第三，女人是要服从男人的。保罗教导说："你们做妻子的，当顺服自己的丈夫，如同顺服主。因为丈夫是妻子的头，如同基督是教会的头。"[③]奥古斯丁说，女人应该服侍男人，孩子应该服侍父母，这是人们遵循的自然秩序，因为弱者服务于强者是公正的。女人只有安分屈从于男人时，社会才是和谐的。阿奎那进一步论证说："屈从有两种：一种是奴役，统治者为其自身利益而支配屈从者，这种屈从通过犯罪而取得。另一种屈从是温和的或文明的，统治者为了屈从者的利益而管理他们。这种屈从甚至不通过犯罪就可取得。因为，如果一些人不由另一些更有智慧的人来管理，人类群体就会缺乏有益的秩序。女人在本性上从属于男人，这种屈从就是如此，因为男人的理性洞察力从本质上来说更强。"[④]因此，许多欧洲中世纪神学家认为，女人臣服于男人是根据自然法的原则，就像感性服从于理性。比如，伊希道尔说，女人是按照男人的形象被创造出来的，作为他的助手，必须臣服于他。[⑤] 另一些人提出，女人本来是与男人平等的，但作为堕落的结果，她处在男人的统治之下。例如，安布罗斯认为，女人只是被用作生孩子的，夏娃不得不在忏悔了自己的罪行之后转向她的丈夫，服侍他，接受他的统治。而且安布罗斯还把这种关系比作教会对基督的虔诚关系。[⑥]

当然也有一些学者是小心翼翼的男女平等的支持者，如12世纪著名的神学家圣维克多的雨果，他认为女人既不是从男人的头创造出来的，因此不意味着她是他的情妇，也不

---

① Merry E. Wiesner, *Women and Gender in Early Modern Europe*, p. 18.

② Thomas Aquinas, *The Summa Theologica*, supplement 52.1. 转引自刘文明：《上帝与女性——传统基督教文化视野中的西方女性》，第67页。

③ 《圣经·以弗所书》5：22—23。

④ Thomas Aquinas, *The Summa Theologica*, I. 92.1. ad 2. 转引自刘文明：《上帝与女性——传统基督教文化视野中的西方女性》，第69页。

⑤ Angela M. Lucas, *Women in the Middle Ages: Religion, Marriage and Letters*, p. 6.

⑥ Angela M. Lucas, *Women in the Middle Ages: Religion, Marriage and Letters*, pp. 7-8.

是从男人的脚创造出来，因此不意味着她是他的奴隶。[①] 在人类的堕落中，亚当也应负一些责任，当然夏娃的理性相对弱，使魔鬼较容易地侵犯她，但亚当连责备都没责备就同意了夏娃的建议，因此也应该受到责备。鲍奈瓦尔的厄瑙德(Ernaud of Bonneval)也有同样的观点，他认为夏娃是因骄傲和不服从而犯罪的，但亚当并没有对之进行抵制。[②] 不过，这种声音在整个中世纪微乎其微。在正统的神学权威者的论点支配下，妇女天生是不完美的、应该处于被统治的地位，而男性是完美的、至上的。这种强调生物性差异的社会性别观渗透到整个中世纪社会，而且渗入到哲学、文学甚至医学思想中。

在早期基督教时代，妇女在教会中曾经是非常积极的角色，她们有的担任布讲师，有的承担诸如洗礼之类的教士职能，还有的沉湎于思考或慈善事业而拒绝结婚。但是随着基督教得到罗马帝国的认可和接受，基督教会内部演变为等级制，教会人士对妇女的贬斥性看法也越来越占据上风，妇女被逐渐排除在教会中担任任何职务和从事任何教士性质的工作的行列。由于女人与肉体和性有密切关系，因此女人远离洁净，女人的经血是她性别的标志，更是她不洁的标志。月经期的妇女，她触摸过或看过的东西都会被污染，如铁会生锈，酒会变酸，肉会变坏，刀会变钝。因此，月经期的妇女不能进教堂，也不能参加各种宗教活动。坎特伯雷的奥古斯丁曾向教皇格列高利询问：怀孕的妇女能受洗礼吗？生完孩子多长时间后她可以进入教堂？生完孩子多长时间后丈夫可以和她发生性关系？教皇的回答是，在全能的上帝的眼里，怀孕不是冒犯；如果生下的是男孩，则 33 天后可以进入教堂；如果是女孩，则 66 天后可以进教堂。[③] 可见，生女孩子的不洁净比生男孩子的不洁净时间要长，这种荒唐的做法在中世纪人们的眼里却成为神圣不可侵犯的规则。因为女人的经血，因为女人会带来种种不洁净，所以教会人士不要接近女人，不要与女人结婚，要保持贞洁，这样才会更好地服侍上帝。而女人本身也只有很好地保持贞洁，才能拯救自己的灵魂。因此圣母玛利亚的纯洁被教会提高到了前所未有的高度，尤其是在禁欲主义流行的 4、5 世纪，教父们鼓励一种贞洁的生活方式，甚至是一种精神婚姻。中世纪的许多圣徒传记记载了这种精神婚姻，其中女主人公保持贞洁是特别值得人们赞扬的例子。如 7 世纪英国的圣爱塞德里达与诺森伯里亚的国王结婚 12 年而没有失去自己的贞洁。圣徒塞西莉亚在被迫与丈夫结婚后，在新婚之夜说服丈夫皈依基督教，过一种保持贞洁的生活。[④] 一些教会人士甚至以贞洁女、寡妇、结婚女人达到贞洁完美的程度来说明她们得救

---

① Angela M. Lucas, *Women in the Middle Ages: Religion, Marriage and Letters*, p. 8.

② Angela M. Lucas, *Women in the Middle Ages: Religion, Marriage and Letters*, p. 12.

③ Angela M. Lucas, *Women in the Middle Ages: Religion, Marriage and Letters*, p. 19.

④ V. L. Bullough, and James A. Brundage, eds., *Handbook of Medieval Sexuality*, New York, 1996, p. 110.

位置的前后，从而倡导女人远离性，保持贞洁。这种滑稽的说教显然也是以女人的不洁、低等为基础的。

到了中世纪后期，一些学者开始反击厌女主义者对妇女的攻击，但他们对妇女的态度从根本上依然没有摆脱以前思想的影响。例如，薄伽丘编辑了一个值得书写的著名妇女的名单，从古典历史中描绘那些在忠诚、勇敢和有德行方面作出表率的妇女。但是，他对妇女的最高奖赏词语却是“她像一个男人一样”，认为最好的女人其实也就是男人，而懦弱的男人其实是一个女人。① 以后的人文主义者如胡安·路易斯·维韦斯(Juan Luis Vives)、伊拉斯谟(Desiderius Erasmus)和托马斯·埃利奥特(Thomas Elyot)等人，都把妇女看作精神上与男性是平等的，至少愿意为上层女子争取受教育的权利。但是，他们在关于人类最重要的美德的问题上却又都是性别特殊论者，认为男人的最高美德是勇气、智慧和权力，而女人的最高美德是虔诚、谦虚和顺从。

中世纪后期，欧洲掀起了反女巫运动，其理论根据就是女性本质的卑劣和品质的败坏。② 即使是掀起宗教改革的新教徒们，在妇女问题上也没有同中世纪完全决裂。路德和加尔文等新教领袖都认为，妇女是由上帝创造的，能够通过信仰得救，男女在精神上是平等的。但是，在其他方面却主张妇女要服从男人，妇女的服从性是由其本质决定的，夏娃应为堕落负责，妇女在教会中应保持沉默。③ 只有在结婚的问题上，新教才与天主教有所不同，清教徒写了大量的小册子说服男女结婚，并突显妇女在家庭中的美德。④ 但是，他们主张结婚并不等于婚姻中的两性平等，男人依然具有权威，女人只能顺从男人，这似乎是亘古不变的道理。⑤

正因为如此，所以在中世纪，妇女一直都处于男人的监护之下，结婚之前是由父亲监护，结婚之后由丈夫来监护，在婚姻中也往往没有自主权，像财物一样被男人交换。在罗马法中，作为家长的父亲的权威是如此的强大，以致掌握着对包括妻子和女儿在内的家庭所有成员的生杀大权。而在日耳曼法律中，男性对女性的伤害，如抢劫、强奸等，往往是以罚款来赔偿的。宗教法对妇女也没有太多的恩赐，妇女在法庭上没有上诉权，民法不采纳妇女的话，因为她们是虚弱的。宗教法甚至允许妻子挨打，妻子挨打是如此普遍，以致15世纪的一位教士提出抗议说，男人对待自己的妻子至少应该具有像他对待鸡、猪一样多的

---

① 薄伽丘：《名女》，肖聿译，中国社会科学出版社2003年。

② 具体情况参见第四章第三节的有关论述。

③ Merry E. Wiesner, *Women and Gender in Early Modern Europe*, p. 26.

④ Merry E. Wiesner, *Women and Gender in Early Modern Europe*, p. 27.

⑤ 具体情况参见第四章第二节的相关论述。

仁慈。[①]

总之，在中世纪基督教神学家看来，女人是爱嚼舌的、爱慕虚荣的、淫荡的、没有什么理性和智慧的，需要男人加以指导、调教，如此，世界才会和平、安宁。女人的主要任务是生孩子、操持家务、使丈夫满意，女人沉默、朴实、圣洁、谦逊是最大的美德，才有希望得救。而与贞洁女和寡妇比起来，结婚女子在得救的道路上又多费一番周折。因为女人是性欲的化身，不沾染女人，不沾染性，就是圣洁，就是对上帝的最大的恭敬，所以，基督教会要求教士独身。至于一般信徒，允许结婚，但尽量减少性行为，除了生孩子。

既然女人如此卑微，在身体和道德上都劣于男人，那么上帝造女人究竟有什么用呢？奥古斯丁说，女人不像男人那样对农活有用，如果上帝想让夏娃成为亚当在田地里的帮手，那么上帝必定会再造一个男人。由此，他得出结论说："我看不出女人对男人有什么用，如果排除了生孩子的功能。"[②]阿奎那完全同意奥古斯丁的说法，认为造一个女人来做男人的帮手是必要的，但并不是用于帮助他劳动，而是在繁衍后代的事情上帮助他。因此基督教会认为，女人只有在做母亲时才有价值，她的职能就是生育和抚养孩子。但是，基督教会一方面宣扬妇女只有在生孩子时才具有价值，另一方面却把禁欲和独身奉为社会的最高美德。如此便产生了矛盾：既然禁止性欲、保持贞洁是基督徒——当然也包括女基督徒——得到拯救的最保险的方式，那么生育对妇女来说又具有什么更重要的意义呢？如果怀孕这一使妇女高于所有其他德行的美德最终对基督徒妇女来说并不是最恰当的，那么妇女在这个社会中还有什么别的作用呢？基督教会对妇女价值的认识陷入了死胡同，只好寄托于对既是处女又是母亲的圣母玛利亚形象的虚构，而这一人物也正好反映了教会对妇女的矛盾认识心理。

建立在这种宗教、生理以及传统认识上的女性观也毫无疑问直接影响到了中世纪有关妇女的法律和宗教法规规定。基于妇女没有能力承担封建军事义务，所以在法律地位上她们也次于男人。而且受罗马法的影响，女人脆弱、无知、不负责任、低能、头脑简单，所以她们不能为自己的所有行为负法律责任。所以每一个未婚妇女都要有一个男性法律监护人，妇女本人一般不能代表自己出现在法庭上，她们的证词也被认为没有男人的可信。已婚妇女在法律上要服从自己的丈夫，没有丈夫的同意，她不得以任何理由进行诉讼、订立协议和上法庭。在欧洲的许多地方，妻子结婚时带来的财产和物品以及她在婚姻期间挣得的工资，都被看作是其丈夫的财物，这种情况直到 19 世纪才得到改变。在英国，一个

---

① June Stephenson, *Women's Roots: The History of Women in Western Civilization*, p. 179.

② J. A. Brundage, *Law, Sex and Christian Society in Medieval Europe*, Chicago, 1987, p. 85.

已婚妇女甚至不被看作是普通法下的独立的法人，而是从属于丈夫这个法律实体，她不能从丈夫那里接受礼物，或单独订立遗嘱，因为她和丈夫在法律上是“一个人”。[①] 在欧洲的许多地方，寡妇可以得到死去丈夫的一部分财物，通常法律规定是三分之一到二分之一，让她用来维持自己的余生，死后再转给丈夫的继承人。所以从法律的角度讲，这些财产也不是属于她的。如果妇女再婚，就失去了对自己孩子的监护权。继承法也受到女人能力不足的影响，在欧洲许多地方，在有儿子的家庭，女儿只能得到动产，而不能分到土地等不动产。土地一般在几个儿子之间分配，或是长子继承制；当女儿得到嫁妆时，她就被要求放弃对土地的要求权。女人犯罪受法律惩罚时，也不同于男人。在英国，由于女人不被看作是独立的法人，所以也不能独立地为罪行承担责罚。女人所受的死刑一般是被烧死或淹死，而不是砍头，因为行刑者认为女人看到刀斧等刑具时会晕倒而影响他们的工作。在一些地方，如果妻子通奸，丈夫有权自行处置她，比如在西班牙，直到16世纪，政府才从丈夫手中收回这项处置权。但丈夫对此的报复依然是允许的。在德国，丈夫因犯罪受驱逐，往往会牵连到妻子，包括因丈夫通奸而受的惩罚，但如果是妻子犯罪，就不会这样。

此外，女人的低能、无知还表现在她们连自己的尊严也维护不了，需要男人来维护。女人的尊严一般被理解为性纯洁，如果她们不想被称作妓女，那么就需要在维护性行为上得到男亲属的公开保护。而男亲属们也十分看重家庭中女人们的性纯洁，因为这关系到家庭的名誉和女人出嫁的筹码分量，因此与其说他们在保护女人，不如说他们在保护自己。比如在西班牙，如果一个妇女的未婚夫在订婚后与结婚前死了，那么这个妇女可以得到将要在结婚时享用的财物的一半，以支持她在不再结婚的状态下度过余生。因为订婚时的亲吻会使她很难再找到对象。因此，结婚前的妇女一般是被封闭起来的，即使是去教堂，也要坐在遮挡起来的马车上。特别是中上层的未婚妇女，是绝不能与别的男人进行社交活动的。至于在择业方面，人们对妇女的要求也极为严苛，她们接受教育和获得财产的机会更少。任何阶层的女儿在法律上都处于其父亲的控制和统治下，而妻子则都处于丈夫的力量和权威下，只有寡妇有少许的自主权，但也绝非是安全和有保障的。那些有钱有势的贵族妇女偶尔能在政治上出头露面，但也只是中世纪社会的特例。在14、15世纪，贫苦的劳动者和手艺人的女儿在十二三岁时离开家到别人家打工，脱离了父母的直接控制，她们可以自由地选择对象成家，但这也只是迫不得已的谋生方式所带来的一种结果，并不能与自由和幸福相联系。乡村和城镇的绝大部分妇女要通过酿酒、纺织和出售产品而为家庭增加收入。妇女是默默无闻的辛勤劳动者，这种默默无闻不仅是中世纪社会对有美

---

① Merry E. Wiesner, *Women and Gender in Early Modern Europe*, p. 37.

德的妇女的要求,也是那个时代妇女处境的真实写照。

可以说,中世纪基督教会的女性观折射了社会性别概念的多方面内涵,既过度地强调男女性别的生理差异,也以地位和角色为基础,强调男女的不同社会角色与功能;同时也融入了统治制度和社会机制、社会结构的因素。就妇女整体而言,她们远离大学教育,远离公共活动和政治,没有自己的历史,在流动的社会机制中是一个盲点。但就社会的经济结构而言,妇女又是一支必不可少的力量,随着生产力的发展,社会已经如此的依赖妇女的辛勤工作和重要贡献,以至于教会为妇女预设的那些角色在实际生活中被大大突破了,对女性的贬低在社会进步面前越来越无所适从。

2. 典雅之爱与骑士贵族的爱情和女性观

典雅之爱是中世纪西欧贵族骑士阶层中广为流行的一种爱情观念,它因行吟诗人的广泛传播和男女贵族的大力支持而逐渐成为一种社会习俗。至于它产生、传播的过程,我们已作过论述,兹不赘言。[①] 在此,我们所着重阐述的问题是:典雅之爱有何特征,它表达了怎样的一种性别观念,它何以得到社会的认可,又对西欧社会产生了怎样的影响。可以说,典雅之爱所传达的这种骑士贵族的爱情观和女性观与基督教会有着很大的差别。

典雅之爱的特征 众所周知,在中世纪西欧社会,统治阶层明显地分化为两个集团:专事祈祷的教士和专事战争职业的骑士。伴随着骑士阶层的诞生和成长,一种专门属于骑士阶层的文化便迅速形成了,而行吟诗人的抒情诗就是表达这种骑士文化的主要形式之一。可以说,它的出现给早期的那种以追求忠诚、勇武、荣誉、保卫弱者和护卫基督教的骑士精神又增添了一种浪漫的、温文尔雅的、为了理想的爱人而去牺牲的世俗精神。故而,行吟诗人的发明者古尔翰姆七世(Guilbem VII,1072—1126)将这种精神称为骑士之爱(amour de chevalier),即现代学者所谓的典雅爱情(courtly love 或 fine amour,refined love)。那么,典雅之爱有何特征呢?

首先,它是一种相互的平等的爱。即是说,这种爱建立在男女双方平等的基础之上,建立在男女双方自愿和相互同意的基础之上。一位男士不能凭借其权势要求一位女士去爱他,同样,一位贵妇人也不能在感情与精神上蔑视向她求爱的出身较为低微的歌咏者。古尔翰姆七世是一位有权势的贵族,但他向一位他所爱慕的女士求爱时却谦恭地认为,"假若我的女士同意将她的爱给我",那么我才能够心安理得。[②] 阿拉贡国王阿尔丰索二

---

① 参见徐善伟:《中世纪拉丁西方新型抒情诗的阿拉伯渊源》,《上海师范大学学报》2000 年第 6 期。

② Claude Marks, *Pilgrims, Heretics and Lovers*, New York, 1975, p. 76.

世在与一位行吟诗人讨论一位有权势的大贵族和一位身份较低的女士之间的爱时，这位行吟诗人就声称他们之间的爱是不可能的，因为在他看来，“你，一位有势力的人，会凭借你的权势首先要求与她生活在一块”。阿尔丰索二世则回答道，虽然某些有权势的贵族是一些“变化多端的求爱者”，但他从来不会为了征服一位有品德的女士而去夸耀其权势。[①]女行吟诗人法兰西的玛丽(Marie de France，1140—1200)在其诗歌《埃奎坦》(*Equitan*)中讲道，南特国王埃奎坦在向其管家的妻子求爱时，这位女士就不无担心地说：“假如我恰好爱你，而且我将你所想要的给了你，这仍然不是一种平等的分享；作为情人我们不是平等的一对。因为你是一位有着无上权力的国王……我想，你会把征收一种爱的赋税当作是你的权力。没有平等的爱是毫无价值的。”国王埃奎坦则发誓说：“我将自身交付给你，不要想到我是你的国王；真正将我视为你的朋友和仆人！我发誓，我说的是真的，我将完全按照你说的去做……在此，你是贵夫人，我是仆人……永远相信——我们相互是对方的国王。他们信守诺言，作为情人和朋友相处；他们为之而献身，并直到死亡。”[②]另一位女行吟诗人温特塔沃的玛丽(Marie de Ventadour)也讲道：“一位女性把自己交给一位爱人，正如把自己交给一位朋友，而不是交给一位主人。”而著名的普罗旺斯女行吟诗人达爱的女伯爵(Comtessa de Dia)在其诗中吟唱道：“你为何声称爱我，然后你却将所有的痛苦留给我？因为我们没有平等的爱。”而温特塔沃的伯那特(Bernart de Ventadour)亦论道：“完全一致和同意，这便是真正的爱者之爱。俩人会发现完全相同的旨趣。”[③]12世纪典雅之爱的理论家安德列斯·卡佩拉努斯(Andreas Capellanus)在其总结出的爱的31条规则中的第12条、第15条中对此也有着鲜明的体现：“真正的爱不期望来自于任何人的拥抱，而是期望来自于相互爱的人的拥抱。”“在相互的爱的人面前，任何其他的爱人都变得苍白无力。”[④]翻阅中世纪男女行吟诗人的抒情诗，我们发现，他们中的大部分都强调爱的平等性，而这种平等是一种没有社会地位差别的平等，是一种性别的平等。同时，典雅之爱也强调爱是双方情感的相互给予，强调双方应恪守爱的许诺。尤其是绝大部分女行吟诗人，她们在其诗歌中就鲜明地表达了对性别平等的渴望。

其次，它主要是一种婚外恋情。在典雅之爱出现的早期，它是以未婚男子和已婚女子之间的爱为特征，后来，它的范围逐渐扩展，并将未婚女子和已婚男子也包括在内。歌颂

---

① Claude Marks, *Pilgrims, Heretics and Lovers*, p. 230.

② Marie de France, *Equitan*, in http://www. english. ufl. edu/ exemplaria/ equi. Html.

③ Claude Marks, *Pilgrims, Heretics and Lovers*, pp. 104, 169, 223.

④ Andreas Capellanus, "the Rules of Love", in *The Ideal of Courtly Love* (excerpts), book II, the texts maintained by L. D. Benson at http://icg. fas. harvard. edu/~chaucher/index. html.

和鼓励婚外恋既是行吟诗人抒情诗的一个普遍主题，也是典雅之爱的一条重要的规则。对此，安德列斯·卡佩拉努斯在其著作中就谈到，在由贵夫人（包括王后爱里诺、香槟的女伯爵玛丽、佛兰德斯的女伯爵伊莎贝莉等）所主持的爱的法庭上，就曾讨论过已婚夫妇之间是否真的存在爱的问题。香槟的玛丽则论道："我们根据这些出席者的要旨宣布，爱在已婚夫妇之间是不可能施展其威力的；因为情侣总是相互无偿地将一切奉献给对方，一方准许另一方不需要掺杂任何动机去强制性地准许；而丈夫和妻子则是在义务的约束下向对方的愿望作出让步，同时也可以向对方提出任何要求。就让你们认定这一判定（我们所作出的这一判定是极为谨慎的，并且遵从了大多数其他女士的建议）是一条毋庸置疑的、永恒的真理。"[①]安德列斯在记述一位出身高贵的男子和一位出身较低的已婚妇人之间的对话中再次涉及了这个问题。面对这位男子热烈的求爱，这位女士讲道，阻碍她不能爱他的一个重要的原因就是因为她"有一位因高贵、良好的教养和优秀的品格而声名显赫的丈夫，对我来说，不与他同床或投入任何其他男子的怀抱将是不道德的"，而"法律本身也告诫我不要再去爱另一位男子"。这位男子则用典雅之爱的规则去说服她说："让我感到极为惊讶的是，你希望将'爱'这个术语误用到那种丈夫和妻子在结婚后期望相互感觉到的婚姻的爱（marital affection）之中，因为任何人都知道，爱在丈夫和妻子之间毫无立锥之地。"为什么呢？这位男子论道："他们相互之间可能为一种强烈和无节制的爱所束缚，但是他们的感情不可能代替爱，因为它不适合真正的爱的定义。"这位男子进一步论述道，夫妻之间不存在爱的另一个原因就是他们之间没有嫉妒，因为"没有嫉妒真正的爱就不存在"。已婚夫妇不仅极力反对嫉妒，而且"他们就像躲避瘟疫一样去躲避它；但情人们总是把它当作爱的母亲和养育者来欢迎它。由此，你可以清楚地看到，爱情之花不可能在你和你丈夫之间绽放"。这位女士则辩解道："你正在努力保护长期以来所有男人们一致认为应受谴责和应作为可憎的东西而加以抛弃的东西。谁能正确地评价嫉妒或赞同嫉妒呢？因为嫉妒只不过是一位女人的一种不体面的和恶毒的怀疑。因此，上帝禁止任何一个高尚的男子去嫉妒。"在这位女士看来，丈夫和妻子之间的爱会"因持续不断的拥抱的安全性所助长，而且可以毫无罪恶地每天都行使之……因为无论爱的定义是如何表述的，爱似乎只不过是一种与某个人享受肉体快乐的伟大欲望而已，而且任何事情也不能阻止这种存在于丈夫和妻子之间的情感"。这位男子则讲道："我们发现，许多人在这个问题上已上当受骗，而且他们也错误地断言，不体面的怀疑就是嫉妒。至于你多么努力地用我们的答案去证明——即毫无罪恶地去行使的爱是最可取的——这显然是无法立足的。因为已婚的

---

① 转引自 John Langdon-Davies, *A Short History of Women*, New York, 1927, p. 266。

人们除了为繁衍子孙后代或支付婚姻债务的欲望所激发外，无论他们怎样相互地安慰，他们都不能摆脱罪恶，而且当神圣的东西被滥用而不是通常的加以滥用的时候，惩罚总是更重的。一位妻子身上所犯的这种过错要比另外一位女人更严重，因为正如罗马教会法所教导我们的，一位情欲似火的爱人被看作是与其自己妻子通奸的奸夫。"[①]在此，安德列斯已经触及了中世纪婚姻的要害之处。因为，按照传统的观点，婚姻的唯一目的只不过是为了后代的繁衍，[②]而典雅之爱的理论则认为，已婚夫妇之间所存在的只是一种肉欲，毫无爱情可言，即便是已婚夫妇之间的这种肉欲也不能表现得太强烈，否则它就是一种有类于通奸的罪恶。同时，它将嫉妒——传统观点认为它是女性所具有的一种恶习——看作是真正的爱的本质所在，这实际上是对传统女性观的挑战。当然，他们是用通奸这样一种极端的形式去对抗传统婚姻观念的。需要指出的是，在中世纪西欧的社会现实中，行吟诗人所宣扬的这种婚外恋情是不可能实现的，即便真的发生也不会有什么好结果。所以，这种"非法的爱"只不过是行吟诗人为满足男女贵族的精神需要而创造出的一个虚幻的爱情花园而已。无疑，它也表达了他们对真正爱情的渴望。

再次，它是一种女性在其中占主导地位的爱。在典雅之爱中，女性是一位比男性更为优越和占主导地位的人物，而男性则居于从属地位。这可从词源学上找到证明，所谓的"贵夫人"(dame)这个词即发源于拉丁文中的 doming，其含义是贵夫人处于统治地位。[③]同时，这在行吟诗人抒情诗中男主人公对其所钟爱的女性的称呼中也得到鲜明的体现。他们习惯上将她们称为"我的主人"(my lord，奥克语为 Midons)。参与典雅之爱的男女们是依据封君封臣制中的臣属契约的规定去行动的。女性就是主人，而期望获得女性之爱的男子们就是其附庸。为了获得她的爱，他要发誓效忠于她，为了她而甘愿冒一切风险，甚至不惜牺牲自己。而贵夫人也要给予那位拜倒在其石榴裙下的男子以奖赏。可以说，典雅之爱是以现成的封建臣属关系的伦理去建构其理论框架的。也正如象棋中的皇后，她的地位至关重要。而恰恰是在 12 世纪的南部法国，象棋中的至高无上者不是国王而是皇后，这大概也是这种风气在象棋游戏中的反映吧。而男子对其女主人的忠诚还有另外一种含义，那就是他对她的忠诚要始终如一，尤其是在她将其爱给予他之后，他也必须对她专一、忠诚，不要羞辱和背叛她。这实际上牵涉到了爱的专一性问题。

---

① 转引自 Brian Tierney, ed., *The Middle Ages*, vol. 1: *Sources of Medieval History*, New York, 1983, pp. 211-213.

② 教会法明确规定："妇女结婚的唯一目的就是生子。"Corpus Juris Canonici, Case32, Question II, 1, in Emilie Amt, ed., *Women's Lives in Medieval Europe: A Sourcebook*, Routledge, Chapman and Hall, Inc., 1993, p. 82.

③ Georges Duby and Michelle Perrot, gen. eds., *A History of Women in the West*, vol. 2, p. 250.

最后,它不是一种纯柏拉图式的爱,而是一种掺杂着适度肉欲的理想化的爱。即是说,在这种爱中,情欲要控制在一定的限度内,并使之达到一种理想的境界。爱产生于对一位美丽的异性的一瞥,而这一瞥就如同一只火把点燃了他内心的欲望之火。于是,他便想尽办法去获得她的爱。而她一旦同意,那么就逐渐地将自己交付给他:先是献上她的双唇,然后是接吻、拥抱,最后则是适度的裸体接触。安德列斯就对这种爱进行了理论概括,并将它与性欲之爱加以区别。他论道:它"由心灵的沉思默想和内心的爱所组成;它只达到接吻、拥抱和与其裸体爱人适度地接触的地步"。[①] 而众多的行吟诗人也都对之作了千篇一律的描绘。早先的一些西方学者认为,典雅之爱是一种柏拉图式的爱,但现代的绝大部分西方学者却认为,它不是一种柏拉图式的爱。[②] 确实,它并不否认人所具有的强烈的肉体欲望。如12世纪的行吟诗人特鲁瓦的克雷蒂恩在其著作《兰斯洛特》中就对之作了描述。伟大的骑士兰斯洛特为了与其心上人幽会而不顾一切,在一个黑夜来到王后居住的房间的窗前,因为"他渴望得到她,而她也渴望得到他"。他将坚固的铁栅栏拔出,"然后,他来到王后的床上,他痴迷地爱她,双腿跪在她的面前,充满爱意地抱着她,超过了拥抱任何一位圣徒的遗物。而王后也伸出双臂,拥抱他,使他紧紧地贴在她的胸部,将他牵引到床上,使其躺在她的旁边,并向他显露任何满足其欲望的地方;她的爱和她的心都交给了他……当他们相互地接吻和爱抚时,他们之间的做爱是如此惬意和甜美,这样的一种绝妙的他们不曾知晓的欢愉确确实实发生在了他们身上……现在兰斯洛特拥有了他想要的一切……离开她是如此痛苦,正如他经历了一次真正的殉道者的痛苦一样……当离开房间时,他弯腰鞠躬,正如他在一座神祠前所做的一样。"[③]另一位行吟诗人塞卡蒙也写道:"邮递员,祝你一路平安。把我的渴望带给我的贵夫人,因为我再不能在此待长久,或在其他地方生活,治愈我的心病,除非她守在我的身旁,赤身裸体,让我吻她拥抱她,在一个窗帘遮掩的房间。"[④]而且,参与典雅之爱的男女们的最终目的就是获得其情人的爱,而一旦获得情人的爱,那么他们就会体味爱情的最激动人心的那一时刻,即肉体的接触。但与夫妻之间的爱——即以生殖为最终目的的纯粹的肉欲不同,这种爱是建立在双方相互的爱和心灵合一的基础之上的,正如安德列斯所言:"真正为爱所捕获的人总是力图用甜言蜜语去吸引对方,而且总是竭尽全力用一副精神链条将两颗心紧紧地连在一起,而假如他们早已被

---

① 转引自 Renate Bridenthal and Claudia Koonz, eds., *Becoming Visible*: *Women in European History*, p. 124。

② Renate Bridenthal and Claudia Koonz, eds., *Becoming Visible*: *Women in European History*, p. 123.

③ Chretien de Troyes, *Lancelot*, translated by W. W. Comfort, Everyman's Library, London, 1914, PartIII, Vv. 4551-4650; Vv. 4651-4754.

④ Marvin Perry, Joseph R. Peden and Theodore H. Von Laue, eds., *Sources of the Western Tradition*, Houghton Mifflin Company, 1991, p. 265.

结合在一起，那就使他们永远厮守在一起。"[①]于是，那种纯粹的肉欲就在这种合而为一的爱中得到升华，或如乔治·杜比所说的"升华为一种不可言传的也是行吟诗人之诗歌试图接近的'欢愉'"之中。[②] 这种爱一方面对人的情欲作了适当的肯定，另一方面又使其合乎基督教的信条，因此，我们认为，它既有别于柏拉图式的爱，也有别于纯粹的肉欲的爱。

总之，典雅之爱是中世纪西欧男女贵族和男女行吟诗人合伙创造出的一种新的男女情感和肉体关系的范型。它宣扬女性至上、爱情至上、两性平等、婚外恋情等，这一切都与传统所倡导的爱情观和其所赋予女性的社会角色有所不同，因而，我们可以说，它是对传统女性观念的一种修正。

典雅之爱得以流行的社会文化背景　典雅之爱何以能够在贵族社会阶层中得以广为流传，并得到他们的普遍认可，这其中必然存在着深刻的社会和文化原因。对此，我们将作深入的分析。

首先，它与当时贵族阶层流行的婚姻习俗有关。通常，贵族家庭是为了保持其特权和财产的稳固延续而去安排其子女的婚姻的，所以"婚姻始终是两个家庭之间的毫无感情的事务，是一种为了久远的相互利益和为了生养继承人以扩大世系的安排"。[③] 在许多地区，尤其是在南部法国，习惯法允许父亲剥夺那些不遵从父母意志的女子的嫁妆。而中世纪的法庭记录也显示出，那些违背父母意愿而产生的婚姻则被看作是一种无效的婚姻，其当事人会因此而被其父母或家庭剥夺财产继承权，这种境况甚至一直延续到塔兰托会议(1546—1562)之后的很长一段时间(在法国，则一直延续到大革命时期)。[④] 同时，在12世纪，基督教会也逐渐使贵族和骑士接受其婚姻法则。而在有关婚姻的问题上，基督教与贵族阶层的道德准则基本上是一致的：那就是力图维持婚姻的牢固性。虽然教会法强调婚姻基于双方的相互同意，但是我们上述所讲的社会现实(违背父母意愿的子女将遭到被剥夺继承权的威胁)却无法使之得以实现，因此所谓的"同意"也就意味着"同意父母为其选择的配偶"。[⑤] 这种婚姻状况必然会导致一种既满足传统的婚姻目的又可体现骑士男子气概的婚外情的出现。而行吟诗人所创造的那种浪漫情调的爱情理想便成为他们在婚姻之外去发泄其情感和获得精神上满足的幻想空间。这也是为什么它得到贵族骑士普遍认可的原因之所在。中世纪的自传体叙事诗《效忠女人》的主人公尤里克的经历就可鲜明

---

① Andreas Capellanus, *The Ideal of Courtly Love* (excerpts), bookI, the texts maintained by L. D. Benson at http://icg. fas. harvard. edu/~chaucher/index. html.

② Georges Duby and Michelle Perrot, gen. eds., *A History of Women in the West*, vol. 2, p. 257.

③ Renate Bridenthal and Claudia Koonz, eds., *Becoming Visible: Women in European History*, p. 123.

④ Georges Duby and Michelle Perrot, gen. eds., *A History of Women in the West*, vol. 2, pp. 219, 274.

⑤ Georges Duby and Michelle Perrot, gen. eds., *A History of Women in the West*, vol. 2, p. 218.

地说明了这一点。为了赢得其所爱恋的一位已婚公主的爱情，他一方面千方百计地通过自己的种种壮举来获得她的芳心，另一方面他却在其“维纳斯计划”的凯旋声中耽搁三天时间去看望他的妻子和儿女。在今天的人们看来，这似乎是不可思议的，但在尤里克这位游侠骑士看来则是理所当然的。因为当他想与女人做爱的时候，他有自己的妻子，但这绝不是爱情。因为在他看来，婚姻只不过是一桩封建的买卖交易，它意味着婚姻双方合并各自的土地，签订相互忠诚的契约，养育财产继承人。而对于一位理想的女人的纯洁高尚的爱情则与这些功利主义的世俗常事无关。虽然已婚夫妇之间不可能有真正的爱情，但是假若没有婚姻，一个贵族男子也就没有了其价值。这部自传虽然充满着许多夸张的成分，但是它却不是一部文学作品，而是“一个男人对自己过去的回忆——使他沉湎于典雅爱情时他个人生活的真实记录”。[①] 正如古希腊时代的男子在同性恋中寻找自己真正的爱情一样，中世纪西欧的骑士则从婚外恋中寻找自己真正的爱情，而行吟诗人所歌唱的“典雅之爱”则极大地满足了他们的这一需求。由此，我们也就不难理解希腊化时代的戏剧家米南德的如下名言：“质言之，婚姻乃一种罪恶，但乃一种必要之罪恶耳。”[②]虽然时过境迁，但米南德的这一言论对于中世纪的婚姻状况来说仍然是恰当的。

其次，它与骑士的经历密切相关。通常，贵族家的子弟自小(大约七八岁)便被送到高一级的贵族家中，先是作为侍童侍奉贵夫人，到12—14岁则作为扈从跟随领主，学习做一名合格的骑士。对于生活到一个新环境中的男孩来说，在脱离了自己的母亲、姐妹之关爱后便会寻求一种新的爱来代替它。由于贵夫人承担起了教育他们的责任，而且在教育过程中这些贵夫人也倾注了诸多的爱(尽管这种爱也掺杂了哄骗的成分)，所以贵夫人自然也就成了这些幼小男孩心目中的母亲的化身。他们以侍奉贵妇人、尊敬她、服从她、赞美她作为对她的爱的回报。这种爱随着他们年龄增长而成为一名合格骑士后，便很容易演化成一种似母爱又似情爱的东西。这是骑士在其特有的成长经历中所培育出来的一种奇特的爱。可以说，它是后来典雅之爱的源泉。而一旦典雅之爱得以流传，它又会为诸多的人所效仿，从而导致它的进一步蔓延与流传，骑士尤里克就是十分典型的例子。[③]

再次，贵族妇女在其中也起了重要的作用。虽然在中世纪，妇女处于从属的地位，但是在贵族阶层中，作为家庭主妇的贵族妇女的地位相对来说却是比较高的。尤其是随着大量贵族参加十字军东征，家庭的重担全部落到了她们的身上，这就给她们提供了施展自己才能的机会。于是，贵族妇女不仅掌握着家庭的大权，而且还涉足公共领域：控制骑士、

① 有关的具体情况，参见莫尔顿·亨特：《情爱自然史》，赵越、李建光译，第175页。
② 塞诺博：《古代文化史》(中)，陈建民译，商务印书馆1935年，第152页。
③ 参见莫尔顿·亨特：《情爱自然史》，赵越、李建光译，第172—182页。

控制法庭案件的审理等。在法国就存在着大量此类的事例。如威廉·高齐二世（William Gouet II）的夫人布劳的欧斯塔奇（Eustachia of Brou）常常与丈夫一起确认其附庸所缴纳的贡物，她还同丈夫一起听取法庭案件的审理。当其丈夫参加十字军东征后，她就经常主持法庭审理案件。当她的丈夫在1115年左右回来时，他发现家中的封地管理良好，秩序井然。[①] 诸如此类的例子甚多。作为骑士的训导者和保护人，作为行吟诗人的保护者和典雅之爱的参与者，贵族妇女在公共和私人领域的这种特殊地位使得她们能够在典雅之爱的产生与发展中发挥一定的影响。于是，贵妇人与其丈夫一道成为了"测试在宫廷无休止的男子间的竞赛中的每一位竞争者之勇气"的仲裁人。因此，"正如基督教自然而然地崇拜一位女性仲裁者——玛丽一样，这些'青年'的'爱'也十分自然地给予一位女性"。[②] 由此，也就导致了参与典雅之爱的男女关系采取了臣属关系的形式。[③]

最后，典雅之爱之所以流行并得到认可，还在于它最终与教会和封建贵族阶层的根本利益是一致的。如若典雅之爱确实会威胁到教会和贵族阶层的根本利益，那么它何以能够在其中流传？已往的研究者过分强调了其与教会法则和传统习俗相左的方面，而忽视了它们的一致性。实际上，虽然典雅之爱所倡导的婚外恋情在表面上似乎严重背离了教会的法令和传统的社会习俗，但是事实却并非如此。因为骑士过剩的情欲如不加以引导则会严重危害贵族阶层的家庭与婚姻，并最终危害其特权和财产的稳固性，而典雅之爱则恰恰为其提供了一种可行的方式：即将这种爱限定在幻想和游戏的范围内，并引导他们学着从欲望自身中获得一种满足。这样就会将之引导到既不危害婚姻的牢固性，又能规范其过分粗鲁的行为的方向上。因此，从根本上来说，典雅之爱的这一准则恰恰与教会和封建贵族的愿望相一致。也正因为如此，香槟的玛丽，这位典雅之爱的提倡者在赞许婚外恋情的时候却并未受到其同时代人的批评。

总之，典雅之爱一方面鼓动贵族青年去大胆地追求真正的爱情，另一方面则又恰当地将之引导到社会所认可的范围内，从而在贵族社会中获得了流传并得到了认可。

典雅之爱的社会影响　对于典雅之爱对当时及其后的西方社会是否产生了积极的影响，西方学术界仍然存在着严重的分歧，并明显地分为两大派别：大部分文学史家倾向于认为典雅之爱对西方社会产生了广泛而积极的影响，其代表人物是著名的中世纪文学史家刘易斯（C. S. Lewis）；众多历史学家则不仅认为典雅之爱并未促进女性在法律和社会地位方面的解放，甚至还否认典雅之爱的存在，其代表人物是著名的中世纪史家约翰·F. 本

① Linda E. Mitchell, ed., *Women in Medieval Western European Culture*, New York and London, 1999, pp. 19-20.
② Georges Duby and Michelle Perrot, gen. eds., *A History of Women in the West*, vol. 2, pp. 260-261.
③ 有关该问题，参见该节第一部分的有关论述。

顿(John F. Benton)。[①] 我们认为,这两种观点都存在着偏颇,正确的思路是:一方面我们切忌将想象中的典雅之爱所造成的社会影响赞美到无以复加的地步,因为我们现代人所概括出的这种贵族男女的行为方式主要是通过宫廷诗人所写的诗歌中所得知的,所以它带有一种文学的景观;另一方面我们也切忌以之完全否认它对西方社会所带来的积极影响,因为歌颂典雅之爱的那些诗歌确实与贵族骑士阶层的生活方式有关,并且获得了广泛的流行,所以诗人们所吟唱的那些浪漫故事也不可能与其实际经历相去甚远,尤其是这些作品不仅吸引了他们而且还对他们的行为产生了一定的影响,因此歌颂典雅之爱的诗歌与社会现实确实存在着某种显而易见的吻合。那么,应如何具体地去对之作出评价呢?我们主要从以下两个方面加以考虑。

首先,虽然典雅之爱带有一种文学的景观,但是正是通过行吟诗人的传播,它才得以广泛流传。正如有关圣徒的文学作品影响了人们的行为一样,"这些武功歌和骑士传奇也像圣徒传一样将榜样的生活加以戏剧化,以便使人们加以模仿",[②]于是,文学作品所渲染的典雅之爱的那些对待女性的准则就慢慢渗透到了骑士阶层的日常行为之中,并逐渐为其所认可。从此,这些准则就成为了一种新的社会习俗。对于典雅之爱作为一种习俗在当时的贵族社会阶层所获得的广泛传播和认可,西方的绝大多数学者也都是承认的。既然如此,那么它就不可能不对他们产生影响。

确实,典雅之爱在一定程度上改变了男性对待女性的态度,改变了他们诸多不文明的行为。这具体表现在如下几个方面。

其一,典雅之爱的习俗使得男性在婚姻策略方面比以前更为得体。例如,在 12 世纪末期卡佩王朝的法国,典雅之爱的礼仪已经在那些从未婚到结婚的人们中间取得了某种地位。因为他们认为,订婚之后,年轻女子接受其未婚夫的爱的关注就是合理的,而未婚夫在新婚之夜占有她的肉体之前要一步步地去赢得她的心。而对于有妻子的男性来说,习俗则允许他们选择一位女朋友并像一位年轻男子侍奉其爱人一样去侍奉她。如此,"通过诵读歌谣和罗曼司,那些想使自己行为文雅得体的男子们就认识到,女性并不仅仅是男人们为了其片刻欢乐而去俘获的躯体,也不仅仅是为了传宗接代而使其怀孕的躯体。他

---

① C. S. Lewis 论道:"典雅之爱中的最革命性因素构成了欧洲文学背景达 800 年之久……与这种革命相比,文艺复兴只不过是文学表层的一层波纹而已。"参见 Renate Bridenthal and Claudia Koonz, eds., *Becoming Visible: Women in European History*, p. 122。John Benton 则论道:"就像美国南部骑士制度的习俗一样,中世纪骑士制度的习俗并没有促进女性在法律和社会地位方面的解放。而当男人们不再理睬骑士制度时,女性的境况才好转。"参见 John F. Benton, *Culture, Power and Personality in Medieval France*, edited by Thomas N. Bisson, The Hambledon Press, 1991, pp. 118, 120.

② Georges Duby and Michelle Perrot, gen. eds., *A History of Women in the West*, vol. 2, p. 255.

们知道，去赢得一位女性的心也是重要的，即是说，要确保她是愿意的，这意味着要考虑她的才智、机敏和独特的女性品德。”①

其二，尊重和保护女性成为了贵族社会中的一种风尚。在12、13世纪的宫廷文学中，尊重和保护女性成为骑士行为中的一个必备的品德，也成为衡量一位骑士是否高贵的标准，如马克国王在为其骑士举行的葬礼上回忆起了特里斯坦(Tristan)的优秀品德：他“尊敬并爱所有的女性”，而克雷蒂恩所写的传奇中的主人公兰斯洛特则讲道：当一位骑士发现一位女性独自一人时，“假如他计较自己的好名声，那么他不尊敬地对待这位女性就如同自杀一样。而假如他攻击了她，那么在任何一个宫廷中他都将永远受到嘲笑”。② 这种想象中的骑士品德也存在于现实社会之中。在宫廷活动中，作为一位有品德的骑士的一个最重要的表现就是看他是否尊重女性，而在宫廷之外，尤其是在战争等危难时刻，作为一位有品德的骑士的表现则是看他是否保护了女性。在英法百年战争期间，波旁的约翰伯爵于1415年组织了一个16人的骑士团体，在成立之日，他就让他们发誓：“我们中的每个人要尽力去维护所有女士和出身高贵的女性的声誉；假若我们发现在我们自己的团队中有说女性坏话的事情发生，那我们应像维护我们自己的声誉一样去坚决维护女人的声誉，而且如若有必要的话，我们还应不惜用我们的躯体去维护之。”③而根据中世纪编年史的记载，这位伯爵曾护卫着布列塔尼的女伯爵到了最近的一个由她的人所守卫的城堡中，而不是将她关进监狱。他为何这样做呢？这位伯爵表白道：“不，我不跟女人作战。”④

其三，典雅之爱的习俗使从前那些举止粗鲁的骑士们变得文雅而有礼貌。作为一个专门以打仗为职业的骑士阶层，他们缺乏文化(因为大多数骑士都是文盲)，缺乏文明礼貌。他们举止粗鲁无礼，动辄诉诸武力。一位参加了第二次十字军东征的编年史家称之为“一群放纵无节制的怙恶不悛的人”。⑤ 阿拉伯绅士吴萨麦则把十字军人看作是“具有勇敢和好战品德的动物”，性格“粗鲁无礼”。⑥ 而早期的史诗和武功歌所赞颂的英雄也主

---

① Georges Duby and Michelle Perrot, gen. eds., *A History of Women in the West*, vol. 2, pp. 263, 265.

② Bonnie S. Anderson and Judith P. Zinsser, *A History of Their Own: Women in Europe from Prehistory to the Present*, Vol. 1, p. 314.

③ Bonnie S. Anderson and Judith P. Zinsser, *A History of Their Own: Women in Europe from Prehistory to the Present*, Vol. 1, p. 315.

④ Bonnie S. Anderson and Judith P. Zinsser, *A History of Their Own: Women in Europe from Prehistory to the Present*, Vol. 1, p. 315.

⑤ Claude Marks, *Pilgrims, Heretics and Lovers*, p. 179.

⑥ *An Arab-Syrian Gentleman and Warrior in the Period of the Crusades—Memoirs of Usāmah ibn-Munqidh* (Kitab al-I'tibar), translated by Philip K. Hitti, Columbia University Press, 1929, pp. 161, 163. 当然，这位阿拉伯绅士的言辞中带有蔑视的成分，但是他是用许多实例加以说明的。在当时文明程度远远高于西方的阿拉伯人看来，西方人确实显得野蛮。

要集中于其外表，如一位杰出的骑士通常都是“身材高大”、“孔武有力”、有一副“野猪似的面孔”。[①] 而在歌颂典雅之爱的诗歌中，一位优秀骑士则应高贵、率直、谦逊、慷慨大方、文雅而有礼貌、漂亮而迷人。[②] 在许许多多的西欧宫廷中，王公贵族都致力于培养骑士的这类文明礼貌的行为。如爱丽诺及其女儿香槟的玛丽在其宫廷中努力营造一种文化气氛，用自己高贵、文雅的举止去影响其他人，从而“在行吟诗人所称颂的‘典雅之爱’的框架中创造了一种谦恭、文雅的礼仪”。[③] 当然，这些礼仪的最重要之处是他们对待女性的方式。中世纪西欧宫廷的这种活动也确实收到了良好的效果：从前那些只会舞刀弄剑的骑士，现在也热衷于摆弄七弦琴、里拉琴、风琴等，也注重自己的外表和打扮，也懂得了诸多礼貌行为。12 世纪英国著名的人文主义学者索尔兹伯里的约翰(John of Salisbury，约 1120—1180)的言论就证明了这一点。他抱怨旧时的那种粗犷的骑士的消失，指责现代的骑士专注于骑士之爱，流连于宫廷庆典和宫廷宴会，他哀叹道：“坚硬的胡须和粗糙的皮肤现在就像女人的淫荡一样遭人蔑视。”[④]索尔兹伯里的约翰是一位富于创新精神的学者，但他也看不惯现代骑士的行为了，从而抱怨他们的脂粉气太浓厚了，失却了其原有的粗犷气质。殊不知，从粗犷到文雅也是人类走向文明的一个重要步骤。这些文雅地对待女性的准则在后来还逐渐融入到绅士风度中，同时，它还逐渐从贵族阶层传播到下层人们中间，从而对西方社会产生了持久的影响。“Lady first”(女士优先)便是典雅之爱留给我们现代社会的一项宝贵财富。

其次，在典雅之爱的传播过程中，女性并不是消极和被动的旁观者，她们也积极主动地参与到了其中，并起了相当重要的作用，也正是在参与这一活动的过程中，她们改善了自身的处境。贵族妇女不仅担当了训导和保护年轻骑士的责任(如前所述)，而且还参与了典雅之爱的准则的制定和有关的诗歌创作，对于阐发和传播骑士之爱的伦理发挥了极大的作用。行吟诗人的创始人古尔翰姆七世的孙女爱丽诺，爱丽诺的女儿香槟的玛丽、爱丽克丝、玛蒂尔德和与她同名的女儿爱丽诺等一批贵族女性都是典雅之爱的大力传播者和行吟诗人的保护人。爱丽诺(Eleanor of Piotiers，1121—1204)先后于 1137 年和 1152 年与法国国王路易七世和英国国王亨利二世结婚，从而将法国南部的抒情诗和文雅的生活方式传播到法国北部和英国，而在她自己的领地阿奎丹，则有一批行吟诗人聚集在其普

---

① Bonnie S. Anderson and Judith P. Zinsser, *A History of Their Own: Women in Europe from Prehistory to the Present*, Vol. 1, p. 315.

② 对于骑士这些优秀品德的描绘，在行吟诗人，尤其是女行吟诗人的诗歌中随处可见。

③ Claude Marks, *Pilgrims, Heretics and Lovers*, p. 179.

④ 参见莫尔顿·亨特：《情爱自然史》，赵越、李建光译，第 213—215 页。

瓦捷的宫廷中，组成了一个由她负责的文学圈子。她曾赞助和保护过许多著名的行吟诗人，如马克布鲁(Marcabru)、温特塔沃的伯纳特、不列颠的托马斯(Thomas of Britain)、维斯(Wace)等。后三人都曾写过献给爱丽诺的诗。[①] 除了行吟诗人外，许多年轻的骑士和贵妇(甚至香槟的玛丽)也从法国北部、英国等地来到这里，爱丽诺和她的女儿香槟的玛丽则向他们传授各种新的道德风尚，包括音乐与娱乐、骑士风范、恋爱技巧、谦恭与礼貌的艺术等。据安德列斯·卡佩拉努斯的记述，她们还主持过"爱的法庭"以讨论、审理和解决典雅之爱的问题。

香槟的玛丽与香槟伯爵自由者亨利结婚，他们在特鲁瓦的宫廷成为12世纪法国最为多产的文化中心。在其宫廷，诗人云集，其中有中世纪最为著名的宫廷诗人特鲁瓦的克雷蒂恩和安德列斯·卡佩拉努斯。克雷蒂恩的名作《兰斯洛特》就是按照香槟的玛丽的意旨而写的。在这部诗作的开头，他就写道："因为香槟夫人希望我写一部传奇故事，我十分高兴接受之，我全心全意为她服务，甘愿为她做世上的任何事情而不掺杂任何阿谀奉承……故事的材料和处理方法是由伯爵夫人提供的，而我只是在努力贯彻她的关照和意图而已。"[②]

小爱丽诺把法国南部的文化带到了西班牙的卡斯提王国的宫廷。由于她的影响，卡斯提王国的奢华宫廷成为了诗歌、音乐和宫廷礼仪中心。一位来访的行吟诗人曾描述过小爱丽诺出席的由骑士、贵族和歌手参加的宫廷集会。这一文化传统一直为卡斯提王国的统治者所保持。[③]

爱丽诺及其子女所创始的"爱情法庭"和爱情庆典在西欧的诸多地区得以流行。有的学者(如约翰·F.本顿等)认为，这种讨论典雅之爱的"爱情法庭"不一定真实，[④]但有史料表明，它确实存在过。如1389年的一则史料就记载了阿拉贡国王朱安及其夫人曾在巴塞罗那的"爱情法庭"上受理一些有关爱情和婚姻的案件，而他们就是以安德列斯·卡佩拉努斯的《论爱》作为依据进行判决的。又根据佛罗伦萨的历史学家拉维尼的记载，佛罗伦萨的上流社会曾在1283年6月于该地区的圣约翰节期间举行了盛大的爱情庆典，有一千多所谓的"爱情仆人"参加之。而这个爱情法庭持续了将近二个月。[⑤]

贵族女性在扶持和赞助典雅之爱的艺术的过程中，也将其思想贯注到了其中，从而对于形成她们自己的那个阶层的观点和习俗方面起了极大的作用。这当然应归功于这些贵

① Angela M. Lucas, *Women in the Middle Ages: Religion, Marriage and Letters*, pp. 172-173.
② Chretien de Troyes, *Lancelot*, Part1, Vv. 1-30.
③ Claude Marks, *Pilgrims, Heretics and Lovers*, pp. 210-211.
④ John F. Benton, *Culture, Power and Personality in Medieval France*, p. 32.
⑤ 参见莫尔顿·亨特:《情爱自然史》，赵越、李建光译，第213—214页。

族女性有着某种程度的自主权利(如前所述)。

与此同时,女性还直接参与到了典雅之爱的文学作品的创作之中。在已知的活跃于1150—1250年间的100位行吟诗人中,女行吟诗人就有20多位,占到了总数的20%。其中最著名的有女行吟诗人法兰西的玛丽[①]、达爱的女伯爵和她的女儿泰博佳(Tiburga)、温特塔沃的玛丽等。她们绝大多数来自于歌颂典雅之爱的抒情诗的发源地——法国南部的普罗旺斯地区。在一百年中能出现如此多的女行吟诗人,并且还有她们自己的专有名词 trobairitz(普罗旺斯的奥克语,意思为"女行吟诗人"),这在西方历史上可以说是前所未有的。尤其是,这些女行吟诗人走出闺阁和家庭的狭小天地,像其他男性同道一样去自由和大胆地表达自己的情爱,这在西方历史上也是前所未闻的。她们从女性的视角对典雅之爱作出了自己的阐述,因此其诗歌也就显示出了诸多与男性行吟诗人不同的特征。例如,她们极力颂扬一种平等的爱和对爱的忠诚;[②]她们着力叙写其爱人的品德和行为,并赋予她们心目中的男性一种新的形象,而男性行吟诗人所着力描绘的则是肉体特征(尤其是女性的肉体特征);[③]她们甚至让女性去充当拯救男性骑士的英雄。[④]

---

① 法兰西的玛丽为其同代诗人弗里德里希·黑尔(Friedrich Hear)列入"三位天才的诗人"之列。参见 Renate Bridenthal and Claudia Koonz, eds., *Becoming Visible: Women in European History*, p. 147。其他两位是特鲁瓦的克雷蒂恩和阿拉斯的戈蒂埃(Gautier d' Arras)。

② 有关女行吟诗人对于平等的爱的追求,可参见第一部分的有关论述。对于爱的忠诚,法兰西的玛丽在其诗歌中有着鲜明的论述。正如论者所言:"对法兰西的玛丽来说,强烈的情欲和非法的爱并不构成犯罪,而否认爱的力量或男性对爱的背叛和反复无常才是犯罪。"参见 Bonnie S. Anderson and Judith P. Zinsser, *A History of Their Own: Women in Europe from Prehistory to the Present*, Vol. 1, p. 312。

③ 所谓男性的品德和行为也就是男性的礼貌品行。达爱的女伯爵在其诗歌中写道:

我挑选了一位杰出、高贵的男子,
他身上的优点光彩照人——
慷慨大方、正直诚实、博学明智,
聪明、有见识。

而在一首匿名诗中,一位年长的女性在教导一位少女寻找一位理想骑士时也讲道:

少女,假如他真的想得到我的爱,
那他就要显示出他的高尚精神和行为,
他应率直和谦逊,不要与任何男子打架,
对待任何人都要有礼貌;
因为我不想要一位骄傲自大和酷烈的男子,
他会贬低我的价值和毁坏我的名声,
而是要一位率直与高贵、钟情与谦逊的男子。

参见 Bonnie S. Anderson and Judith P. Zinsser, *A History of Their Own: Women in Europe from Prehistory to the Present*, Vol. 1, p. 308。

④ 法兰西的玛丽在她的抒情诗《兰沃尔》(*Lanval*)中就描绘了这样的一位女英雄。

在传统的习俗和观念中，女性应当温顺，事事服从男性（即服从其父亲、丈夫）。但是女行吟诗人在她们的诗歌中则直抒已见，向社会发出其呼声，并以诗歌向陈旧的女性观念发起挑战。同时，她们还按照自己的观念赋予男性一种新的形象。因此，典雅之爱的习俗中也糅合进了女性的观点和要求，在某种程度上表达了女性的声音。而女性的参与不仅有助于一种新的习俗的流传，而且也有助于女性自身处境的改善和社会地位的提高。

一些西方历史学家曾力图用史料去证明如下结论：总的来看，自10—13世纪，女性的社会地位经历了一个下降的过程。然而大量历史资料也表明，在这个时期，女性也确实重新获得了一些重要的法律权利，如拥有财产、管理地产、立遗嘱等。当然，这与该时期大量的军事活动密切相关。如前所述，大量的贵族骑士因战争（尤其是十字军东征）离家而去，其中许多人死于战争中，于是，女性便利用这一有利的时机获得财产拥有权和管理权。例如，在大约1060—1080年间，在法国北部的旺多姆，贵妇人海森蒂丝（Hersendis）被迫负责管理其家庭财产，因为她的丈夫到耶路撒冷去了。有一天，她在自己的随行骑士的陪伴下，来到了她和她的丈夫的领主那里，亲自恳求他的帮助并确保她的封地得到确认。再如，在十字军东征期间，在法国南部的奥彻（Auch），贵族雷蒙多・多那特有三个儿子和两个女儿。其中的两个儿子参加了十字军东征，在走之前，他们将自己的土地抵押（或出卖）给了自己的妹妹索拉（Saura），而另外一个儿子和索拉的姐姐的继承人已经去世，于是索拉便乘机将其父亲的所有遗产全部聚敛到她和她自己儿子的名下。而西方学者的研究也表明，拥有土地的贵族女性在欧洲大陆并非罕见。[①] 而最能反映女性地位和声誉之提高的则是在这一时期欧洲大陆所出现的大量随母姓的事例。在公元8、9两个世纪中，随母姓的人还相当少，但从10世纪开始，随母姓的人大量增加，尤其是在法国南部，这种变化最为明显。如从10—12世纪这三个世纪中，法国南部随母姓的人所占的比例分别为9%、12%、10%。论者认为，这种情况的出现一方面归功于法国南部女性的经济和法律地位的提高，另一方面则归功于发源于法国南部的典雅之爱的出现及其传播。[②] 我们认为，对于这个问题应当从两个方面进行分析。一方面，典雅之爱的出现实际上是贵族女性地位之提高这一社会现实的一种反映，另一方面，典雅之爱的出现及其传播又有助于女性地位的进一步提高。这两个方面是相辅相成的。同时，贵族女性所获得的这些法律和经济权利虽然很有限，但这些权利的获得无疑有助于贵族女性积极参与到中世纪的文化创造活动之中。为什么在典雅之爱流行的时期出现了众多保护和赞助行吟诗人的贵夫人和女

---

① Susan Mosher Stuard, ed., *Women in Medieval Society*, University of Pennsylvania Press, 1976, pp. 27, 33.

② Susan Mosher Stuard, ed., *Women in Medieval Society*, pp. 17-18, 32.

行吟诗人？这恰恰是因为她们有着较高的社会地位，有着某种程度的经济独立性。也正是在参与这一文化活动的过程中，贵族女性进一步扩大了她们的社会声望，从而有助于其社会地位的提高。

众所周知，在中世纪的西欧存在着两种对立的女性观：女性是罪恶的根源，因为正是夏娃的诱惑才使亚当犯罪，从而使人类从天堂坠于尘世；女性又是值得崇拜和保护的对象，因为圣母玛利亚对救世主有养育之恩。而后一种观念自11世纪以降才在西欧社会变得较为多见。这种尊重女性，强调两性平等的潮流在宗教界和世俗社会都有所体现。在宗教界，那就是圣母崇拜的流行和一些教士宣扬男女平等；[①]而在世俗社会则是典雅之爱的传播。可见，典雅之爱的出现并不是孤立的，而是自11世纪以降西欧社会所兴起的尊重女性的社会潮流在世俗的骑士阶层中的一种体现。通过对典雅之爱的分析和阐释，我们看到，想象中的典雅之爱与中世纪西欧社会现实之间有着某种程度的吻合。虽然它没有从根本上促进中世纪西方女性在法律和社会地位方面的解放，但不容忽视的是，典雅之爱所提出的那些对待女性的准则已经成为了一种习俗，并为那个时代的人们所遵循，而新的习俗一旦形成，那它也会像法律一样去规范人们的行为。因此，也正是在典雅之爱流行的时期，“男女两性之间的关系在西方社会发生了一种巨大的转变”。[②]

二、婚姻与家庭中的女性

一般而言，婚姻是人们生活的重要内容。对女性来说，它可能是其生活中最重要的变化，因为嫁给什么样的人决定了她们的社会和经济地位，而家庭是妇女的全部生活天地，无论是在古希腊、罗马，还是中世纪，都是如此。虽然，基督教会宣扬独身，为上帝献身，但在维持人类种族延续的基本前提下，教会是不排斥婚姻和家庭的，相反它还逐渐把婚姻提高到圣事的高度。中世纪欧洲人的婚姻遵从教会的规定，处于教会法庭的管辖之下，而女性受到的约束更强一些，一旦进入婚姻，便很难摆脱它。

1. 中世纪西欧女性的婚姻状况

在基督教早期，受禁欲主义和一些异端教派的影响，基督教会对婚姻持一种无可奈何

---

① 如教士罗伯特是第一次十字军东征的积极宣传者，但他的女性观则是相当独特的。当有些教士仍在争论“女人是否有灵魂”的时候，他就宣称：“女性不仅与男性是平等的，而且还要优越于男性。”他认为，“与男性相比，那些有身份的女性往往是一些更为优秀的管理者。”结果，众多男女追随他。1099年，在一些贵族的资助下，他建立了一所献给圣母玛利亚的修道院。参见 Claude Marks, *Pilgrims, Heretics and Lovers*, pp. 62-63。

② Georges Duby and Michelle Perrot, gen. eds., *A History of Women in the West*, vol. 2, p. 266.

的矛盾的态度，对婚姻采取了低调的处置办法。人们普遍相信，只有禁欲，才有可能使自己的基督徒生活达到理想境界，才能在天国中永生。因此，保持贞洁要高于结婚，结婚是一种社会必须，但是却令人遗憾地与性相连。“我们并不认为婚姻是罪过，但是这种合法的夫妻不可能结合而无肉欲，而肉欲无论如何不会不犯下罪过。”[①]因此，中世纪不少基督徒把犯罪视为婚姻必然带来的东西。在图尔的格雷戈里所著的《法兰克人史》中，一位离开丈夫到修道院生活的女子声称：“有了婚姻关系的人，谁也看不见上帝的天国。”[②]格雷戈里本人也许并不赞同这种说法，但从他的书中我们可以看出，中世纪不少人认为结婚是万不得已的办法，并把婚姻看作是对堕落的人性无可奈何的让步。

随着基督教在日耳曼社会的传播，教会不得不适应日耳曼民族对婚姻和性的看法与做法。日耳曼人有着非常严密的婚姻制度，他们信仰生育之神，节育和杀婴被视为丑行。他们注重亲属关系，尤其是甥舅关系，认为“一个人的亲属和姻亲愈多，则他的老景愈佳；至于老而无子的人是不会有什么福气的”[③]。日耳曼人认为，不结婚是不可思议的事情，基于此，基督教会开始重新思考对婚姻和性的认识，以与新的社会相适应，以具体可行的规则去规范人们的婚姻。奥古斯丁曾论述了婚姻的三大好处：生育、维护夫妇间的忠诚、圣事的纽带。基督教会在继承和发展这些早期教会人士关于婚姻价值与目的的说教基础上，开始致力于对婚姻和性行为的伦理化说教，力图使婚姻生活中的性行为道德化，以减少婚姻所带给人们的犯罪感，避免婚外性犯罪。于是从8世纪开始，教会帮助加洛林统治者制定具体的婚姻规则，到12世纪基督教会把婚姻提高到圣事的高度。在这一过程中，教会把婚姻看作是多数人正常而合理的需求，是上帝显示对人类爱的一种方式，是上帝拯救人类工作中的一部分。因此婚姻为人们提供了理解和爱上帝的机会。而教会则是人类这种需求的传递者、规范者和执行者。在此基础上，基督教会规定了一系列的婚姻制度和规则，包括婚姻的形成、仪式、具备的条件，以及解除等。教会法庭成为婚姻事务的裁决者。

早期日耳曼人的婚姻有订婚的步骤，追求者通过发誓言与女方父母商议，如果女方父母接受，他们就进入法律维系的协约，通常以书写或口述的契约或在证人面前交换戒指来确证，以后女孩便被送往男方家。一旦订婚，婚约就不能被单方面撕毁。尤其是对妇女限制更严，即使她反对这场婚约，一旦其父母答应了，就得把婚姻完成，否则要交纳罚金。例如勃艮第法规定，如果女方家庭撕毁了婚约，要付给男方300索里达。但是如果订了婚的

---

① 安德烈·比尔基埃等主编：《家庭史》第1卷，袁树仁等译，第437页。

② 格雷戈里：《法兰克人史》，寿纪瑜、戚国淦译，商务印书馆1981年，第471页。

③ 塔西陀：《阿古利可拉传 日耳曼尼亚志》，马雍、傅正元译，商务印书馆1997年，第65页。

女孩又嫁给别人,她会被处死。相比之下,年轻男子可以相对容易地逃避他不想要的婚约。如萨立克法典规定,如果一个男人与一个女孩订了婚却又改变主意,要付 62.5 索里达罚金。① 阿勒曼法规定,如果一个人违约而找了另一个女孩,他要付 40 索里达,并且要带 11 个人在证人面前发誓,他这样做不是发现女孩或她的父母有什么不好,而是爱上了另一个女孩。② 日耳曼人的结婚方式主要有三种:抢婚、买婚和相互同意的婚姻。抢婚往往伴随着未经女方或其家庭同意的暴力诱拐和强奸,日耳曼法规不鼓励这种方式,甚至还对此做出惩罚,即男人要付给女方家相应的赔偿金。相互同意的婚姻实际上是私奔形成的婚姻,只有新娘本人同意而其家庭不同意的情况下才得以实施,这种类型的婚姻往往是那些不愿冒抢婚危险而又无力买新娘的人采取的方式。在这种情况下,丈夫对妻子没有法律控制权,妻子仍受到自己家庭的监护,因而也容易受到家庭的惩罚。日耳曼法规鼓励买婚,买婚的本质是双方家庭交换财产,由男方或其父亲与女方的父亲或监护人商议,男方付给女方家庭赔偿金,然后新娘连同对她的控制权移交给男方家庭。在日耳曼的实际生活中,妇女被抢劫的事例还是时有发生。如圣拉德贡德就是在战场上被其丈夫抢去的,福图内斯特也被克洛维的儿子们所争夺。日耳曼法也不鼓励诱拐婚,如西哥特法规定,如果一个女孩在未成年时未经其父或监护人的同意而结婚,则失去继承权。总之,在日耳曼社会,结婚不是女孩子自己能决定的事,甚至根本就不是女孩的事,结婚是男人与男人之间的钱财交易。

基督教会没有从根本上改变妇女没有婚姻决定权的事实。女孩子一般 12 岁就可以结婚,嫁给谁并不能由自己做主。虽然教会规定只要双方当事人同意,婚姻即可生效,但事实上没有几个 12 岁的女孩可以懂得嫁人的真正意义,从而能为自己挑选一个如意郎君。许多时候都是父母或兄长做主,以符合家庭利益为目的。几乎所有的资料都表明女儿在婚前处于家庭的权力之下,父亲保留着为女儿安排婚姻的权力。父亲死后,这一权力交给其母或兄或其他监护人。例如,查里曼命令他的女儿们的婚姻在他死后要由她们的兄长来控制。即使是 12 世纪世俗法复兴时期所出现的新法,也只是把旧法中给予男人控制其女亲属婚姻的权力,改为父亲和母亲应该决定他们女儿的婚姻。如果女儿没有其亲属的建议而结婚,要被剥夺继承权。1172 年,一位蒙彼利埃的父亲剥夺了其女儿的继承权,理由是她不服从他为她安排的婚姻。事实上,在中世纪的西欧,很多女孩在懵懂无知的时候就已订婚或出嫁。12 世纪亚历山大教皇在位时,曾经判过一个婚姻案例,案子中

① Emilie Amt, ed., *Women's Lives in Medieval Europe: A Sourcebook*, pp. 48, 43.

② A. E. Laiou, ed., *Consent and Coercion to Sex and Marriage in Ancient and Medieval Societies*, Washington 1993, pp. 234-235.

的女主人公 3 岁时就与人订婚。另一个女孩由于是未来的女继承人，所以 4 岁时就与一个贵族结婚，两年后其丈夫死了，她又迅速地被嫁给了另一个人。当她的第二个丈夫也死后，她又被以 300 马克交给了第三个新郎，而这时她还不到 11 岁。女孩子们像礼物一样被送给对家长们有用的男人，而不管对方年龄有多大，这使中世纪历史上出现许多老夫少妻的例子。如虔诚者路易 41 岁时娶了还是个孩子的朱第丝；秃头查里的女儿朱第丝嫁给爱塞沃尔夫时大约 12 岁，而后者已经 50 岁；奥托一世 40 岁时娶了第二个妻子：21 岁的阿德莱德；简单者查里娶第二个妻子伊吉芙时，他 40 岁，而她不到 18 岁；长者爱德华 40 多岁时娶了第三个妻子：不到 20 岁的伊吉芙[①]。英国国王理查二世在第一个王后死后，选择了法国国王 7 岁的女儿做新娘。有的父母甚至在遗嘱中安排子女的婚姻大事，声称除非我的女儿这样结婚，否则她将得不到我的任何财产；然而，如果她嫁给他，她就会得到什么什么。[②]

女孩出嫁一般要有嫁妆，同时也能获得一些男方家赠与的彩礼。一句古老的英语谚语说："一个国王应该用财物，用杯子和镯子来买王后。"[③]这句话形象地说明了女儿在父亲和丈夫的眼里是什么的问题。在有些地方，这些嫁妆和彩礼的一部分或全部可以伴随女人的一生，除非她改嫁。而有些地方，妇女却一无所有。

面对这样一种早婚的习俗，基督教会没有提出明确的反对，相反，教会的相关法令与古罗马时代一脉相承，规定结婚的合适年龄是到达成熟的年龄：女子 12 岁，男子 14 岁。订婚的年龄更早，一般为 7 岁。[④] 教会甚至认为，如果婚姻能够带来两家的和平，它可以在法令许可的年龄之前举行。而且，实际上，基督教的教义本身就为赞成女孩早婚的做法提供了理论依据。因为女人被认为是弱者，易受撒旦的引诱而犯错误，唯一防止的办法就是早点把她嫁出去。所以，教会也赞同许多地区的习惯法，允许父亲剥夺不听话女儿的继承权：如果一个女孩希望与自己喜欢的人结婚而不是父母为她选中的，那么她就会失去嫁妆；如果一个妇女因被迫结婚，而在教会法庭上提出抗议，那她不仅要冒惹父母亲属生气的风险，而且在教会眼里也失去谦恭的美德。例如，圣徒里克特鲁德违背哥哥们的意愿结婚，结果尽管她已有了几个孩子，丈夫还是被他们的兄长杀死。而教会对于这样的妇女又是怎样看待的呢？13 世纪的法学家霍斯弗兰西斯为此明确指出：任何反对家庭意愿的妇

① P. Stafford, *Queens, Concubines and Dowagers: The King's Wife in the Early Middle Ages*, Georgia, 1983, p. 145.

② J. A. Brundage, *Law, Sex and Christian Society in Medieval Europe*, p. 276.

③ P. Stafford, *Queens, Concubines and Dowagers: The King's Wife in the Early Middle Ages*, p. 57.

④ Georges Duby and Michelle Perrot, gen. eds., *A History of Women in the West*, vol. 2, p. 216.

女，都被怀疑为忘恩负义的小人。

史家们曾经根据原始的传奇资料，分析妇女在自己婚姻中的决定权，得出在欧洲南北有所区别的结论，这里所说的北部包括英国、爱尔兰在内，而南部则到达地中海。在北部，妇女的婚姻由其男性亲属决定，她们接受这种决定，只偶尔低声唠叨说追求者太老，或她们同意是因为拒绝会惹父亲生气。在南部，妇女虽有机会表达对求婚者的意见，但却是以一种暧昧的询问方式来表达的。例如，写于1201—1206年的兰姆伯特的《吉尼斯伯爵家族史》这样记载道：伯德温伯爵娶阿尔德雷斯家族领主唯一的女儿——女继承人时，新娘被带到聚集在她父亲家中的围观者面前，"用她脸上愉快的表情来表达她的同意"，[①]这对于签订婚约双方来说，已经足够了。一些教会法如此规定合法的婚姻："如果妻子是从那些有权控制她、保护她的人那里得来的，如果她是由自己最近的亲属做主订婚，并且根据法律她被提供了嫁妆，那么婚姻是合法的。当选定的婚期到来时，她由教士用祈祷和圣餐给予一种僧侣的祝福，并被保护、照顾，也被提要求；她由最近的亲属交给对方并被对方庄重地接受，那么他们的孩子将不是私生的，而是合法的，适合做他们的继承人。"[②]

在上层社会，由于婚姻负载着重要的政治和经济意义，女性的价值也不一样，一般与皇室有关系的女性或势力强大的家庭的女儿是比较抢手的结婚对象。例如，圣徒奥坡土纳是与皇室有血缘关系的贵族家的女儿，因此成为王国中有野心的男人们追求的对象。据她的传记作者记载，她收到许多追求者送来的礼物，包括金、银、精美首饰、农奴和女仆，以及宅第等。[③] 继承了遗产的或前王的寡妇也往往是很具有吸引力的新娘。早在6、7世纪，死去国王的寡妇就是新任国王或篡权者瞄准的对象，她们被认为是权力的输送管，能够把对王位继承的合理要求转到新的丈夫那里去。例如，希尔佩里克的儿子墨洛维娶了他叔叔的寡妻布隆希尔德，以便得到对她死去的丈夫西吉贝尔特的王国的统治权。[④] 据说，在613年，阿勒特乌斯计划谋杀洛塔尔二世以夺取他的王位，他的计划包括说服洛塔尔的妻子嫁给他，然而，谋杀和婚姻都流产了。[⑤] 在东哥特和意大利的伦巴第，寡妇王后阿玛拉松塔、提乌德林达和贡迪伯尔戈都嫁给了接着变成国王的人。另一个意大利王室寡妇罗萨蒙德相继被两个瞄准伦巴第王位的人所追求，一个是有野心的贵族，另一个是拜

---

① Georges Duby, *Medieval Marriage: Two Models from Twelfth-century France*, the Johns Hopkins University Press, 1978, p. 88.

② S. F. Wemple, *Women in Frankish Society: Marriage and the Cloister 500 to 900*, Philadelphia, 1981, p. 83.

③ S. F. Wemple, *Women in Frankish Society: Marriage and the Cloister 500 to 900*, pp. 92-93.

④ 格雷戈里：《法兰克人史》，寿纪瑜、戚国淦译，第204页。

⑤ P. Stafford, *Queens, Concubines and Dowagers: The King's Wife in the Early Middle Ages*, p. 49.

占廷总督[①]。可以说，中世纪早期的野心家篡权的计划就包括三个步骤：谋杀国王、娶走寡妇、夺取财富。9世纪以后的国王和贵族的遗孀不再婚的就更少了，爱塞巴德、奥托一世、路易四世、路易五世、虔诚者罗伯特、克努特都是与寡妇结的婚。爱塞巴德娶了前王的遗孀、自己的继母朱第丝，不仅给自己带来了联盟，而且为自己扫除了一个潜在的竞争对手。奥托一世娶了能带来意大利王位要求权的前王遗孀。1016年，丹麦的克努特征服英国时，感到与英王的遗孀结婚是权宜之计，1017年，他通过与爱玛的婚姻而得到了爱玛在英国的势力联盟，从而大大有助于他在英国的统治。有时候与寡妇的婚姻还可以带来对她的未成年孩子的监护权，虔诚者罗伯特通过与伯莎的婚姻而保证了他对布卢瓦郡继承人的监护权。[②] 监护人可以代表继承人实施领主权，从而有机会寻求自己的利益。

很明显，这样的婚姻是一种交易，婚姻中妇女只是一种交易品，一旦交易规则发生变化，女人也就没有了存在的价值。比如，卡里贝尔特死后，他的遗孀嫁给了新国王贡特拉姆，后者继续引诱她，在拿走了她的财宝后，就把她撵进了修院。忏悔者爱德华在1015年反对他的岳父高德温家族时，他把后者的女儿、自己的妻子伊第丝送进了修院，只是在她的父亲和兄弟恢复权力后，才又把她从命运的车轮上翻转过来。[③]

有时，妻子不孕也会被抛弃，只不过教会不允许以这样的理由解除婚姻，因此需要找别的借口。如肥胖者查里想与不孕的王后离婚而使自己的私生子合法化，就找了个借口说他从未见过王后的身体；[④]诺森伯里亚的艾克格弗里亚因妻子不孕而与她离婚，找的理由也是妻子不能完成他们的性结合。

在婚姻和家庭的形式上，教会是绝对讲究平等和一对一的。比如，婚姻的形成，在教会允许的缔结婚姻关系的范围内，只要男女双方同意，就可结为夫妻，家长的意见不是必要条件。在结婚仪式上，对新郎新娘都有问话和祝福，祝福他们相亲相爱，互相尊重。在婚姻的形式上，要求一夫一妻，不允许男人在妻子之外找情人同居，也不允许夫妇擅自解除婚姻。夫妇之间要相互承担婚姻债务。但是，在形式上平等的框架下却隐含着不平等。男人准备结婚时，他要去商讨的人不是自己的准妻子本人，而是她的父亲或兄长。在结婚仪式上，教士问讯新郎的话是：你愿意娶这位女子为妻，爱她，尊敬她，维护她，保护她吗？而问讯新娘的话则是：你愿意以这位男子为夫，服从他，服侍他，爱他，尊敬他，维护他吗？在对待同居的问题上，教会经常教导的是男人不要被如同妓女一样的情妇所迷惑，就像奥

---

① P. Stafford, *Queens, Concubines and Dowagers: The King's Wife in the Early Middle Ages*, p. 49.
② P. Stafford, *Queens, Concubines and Dowagers: The King's Wife in the Early Middle Ages*, pp. 49-50.
③ P. Stafford, *Queens, Concubines and Dowagers: The King's Wife in the Early Middle Ages*, p. 41.
④ P. Stafford, *Queens, Concubines and Dowagers: The King's Wife in the Early Middle Ages*, pp. 81-82.

古斯丁曾给一位失去妻子的人写信，提醒他要警惕他的女奴隶所使的诡计，她会使他从刚刚死去妻子的痛苦中分神。[1] 而对待已婚男人的通奸和已婚女人的通奸，惩罚的力度是不同的，女人会被惩罚得更严厉一些，通常是可以被打死的。在再婚的问题上，一个妻子失踪的丈夫可以再婚，而一个很长时间没有丈夫音信的妻子，则必须在确证丈夫已经死了的情况下才能再婚。克努特法规定，一个妇女如果在她丈夫死去的一年之内再婚的话，她将被剥夺前夫送给她的聘礼和所有财物。[2] 在对待夫妇债务的问题上，妻子必须以服从丈夫的需求为天职。

2. 家庭生活中的两性关系

在中世纪西欧的家庭中，妻子基本上处于从属于丈夫的地位。这就是说，两性的不平等也集中体现在作为社会细胞的家庭中。15 世纪，有一个骑士写了一本教育女儿的书，其中很大的篇幅是关于妻子如何以正确的方式对待自己的丈夫：她必须从来都不在公开场合与丈夫争论或争吵，而是在私下里合适的机会礼貌地告诉他。她必须总是彬彬有礼地与丈夫说话，以使他从来都不会与她生气。在妻子对待丈夫的态度上，妻子必须既对丈夫有恐惧感又必须对丈夫充满爱，否则就会遭到打骂。接着骑士还告诉自己的女儿，一个市民的妻子因吵吵闹闹地回答自己的丈夫，以致使其在众人面前丢脸而遭到丈夫一顿拳打脚踢。[3] 可以说，从 4 世纪到 15 世纪，西欧不少男性作家，写了这样教导女子的书籍和小册子。在他们的眼里，女人似乎就是懦弱和服从的代名词，而男人们的形象则是威严、高大、不可抗拒的；女性在家庭中所要扮演的角色就是服从自己的丈夫，并为他生育孩子。实际上，这也从一个侧面反映出中世纪男人的褊狭的女性观。

在中世纪的欧洲，料理好家务是妻子的重要职责，《圣经》中关于好妻子和坏妻子的箴言对人们有很大影响。例如，贤妻必须每天天不亮就起床，把食物分给家中的人，将当做的工分派给女仆；她会做买卖，能置办土地，织一手好布；她从不吃闲饭，能把家务处理得有条不紊，因而赢得了丈夫的称赞和孩子们的尊敬等等。[4] 中世纪英国著名的帕斯顿家族的信札告诉人们，当时妇女承担着繁重的家务负担。14 世纪末，一个属于市民阶层的法国老年男子在写给他年仅 15 岁的妻子的文章中，详细地教导他的妻子如何管理家务，如何为他准备可口的食物和饮料，如何给他洗脚，准备舒服的鞋袜。他还叫她必须懂得关

---

① J. A. Brundage, *Law, Sex and Christian Society in Medieval Europe*, p. 100.

② Angela M. Lucas, *Women in the Middle Ages: Religion, Marriage and Letters*, p. 79.

③ Angela M. Lucas, *Women in the Middle Ages: Religion, Marriage and Letters*, p. 128.

④ 《圣经·箴言》31：15—28。

于园艺和水果种植方面的知识，以及如何饲养牲畜和家庭宠物，懂得雇佣雇工和管理仆人，照应仆人的吃穿，了解他们身体有无疾患，同时还要关注他们的品行是否端正。[①] 在14世纪，对一个巴黎年轻女子的要求是：她要学会挑选、指挥、监督仆人，注意房间的清洁，知道如何保养木制品、铁制器具、铜制厨房用具；注意家庭的供应（收获季节必须大规模进行，需要消息灵通有远见，有保存好已购得食品的技术，有加工葡萄酒和保存葡萄酒的技术，等等），会从事园艺，熟悉种植，能与佃农合作，会开菜单，熟悉猎物、鱼类、调味汁、烹饪法，会裁剪、缝补和刺绣，懂得洗涤、熨烫衣物，除了懂家庭经营之道外，还要懂一点药学，即看病吃药。[②]

总之，就像《圣经》所谈论的那样：一个忠诚的妻子给自己的丈夫带来愉悦，使他平安地度过一生；一个美丽的贤妻令自己的丈夫快乐，她的明智能使丈夫日益强健；一个沉默寡言的妻子是主的恩赐，有教养的人是无价之宝；一个朴素谦逊的妻子会更具魅力，没有什么品质会超过灵魂的贞洁。[③] 这就是那个时代对女人的要求，她们最好是杰出的经营者、家务和账务管理者、纺织能手、农业专家、园艺工、牲畜饲养员，再兼具教士的职能。同时，中世纪的人们还希望女人（从姑娘到妻子）都具备美好的品质，正如薄伽丘在他的《名女》中对女性希望的那样，“愿姑娘们在父母家、教堂和剧场中使自己的举止得当吧，因为那些地方聚集着众多旁观者，聚集着最严苛的行为举止的裁判者。愿她们也学会不听信不名誉之徒的言辞，而保持沉默，目光端庄，举止得体，姿容谦和，规避闲逸、筵宴、过度奢华、跳舞以及与年轻男子结伴。年轻女子还应懂得：渴望种种能带来快乐之事，凡被允许的事都去做，这既不算虔诚，也不算保持贞洁的生活。当她们到了青春盛期，变得更加聪明，并保持了珍贵的贞洁时，愿她们在长者的指导下，适时地步入神圣的婚姻吧！而妻子们必须与丈夫一道，勇敢地承受艰险、流亡与贫困。拒绝如此做人，便不懂得如何做个妻子。以美德、坚忍及纯洁心灵，去战胜安逸、奢华和琐屑的家居生活，这便是女子赢得永久名声与荣耀的途径”。[④]

日耳曼社会允许离婚。所有的日耳曼法规都允许男人以某种极不充分的理由离弃自己的妻子，只要他给予无辜的妻子和孩子一定的补偿金即可。男人也可以因为妻子通奸或不能生孩子而与妻子离婚。但是妇女却没有这样的权利。法兰克法规不允许妇女先提

① Angela M. Lucas, *Women in the Middle Ages: Religion, Marriage and Letters*, pp. 133-134.

② 热纳维埃夫·多古尔：《中世纪的生活》，冯棠译，商务印书馆1998年，第83页。

③ Angela M. Lucas, *Women in the Middle Ages: Religion, Marriage and Letters*, p. 133. 可参见杜埃版《圣经》或者《次经》中的《便西拉智训》（亦译《德训篇》），26:2—16。

④ 薄伽丘：《名女》，肖聿译，第108、244页。

出离婚。勃艮第法规定，想与丈夫离婚的妻子要被闷死在矿坑里。西哥特法规定，妻子在丈夫有同性恋或与别人发生通奸的情况下可以离开自己的丈夫。西哥特和勃艮第的法律则允许妻子在丈夫犯谋杀、鸡奸或破坏墓的情况下与他离婚。[①] 基督教会的法规则取消了离婚的概念，认为婚姻是上帝建立的神圣制度，任何人都不能随意解除它，只有在通奸、性无能、假定死亡或乱伦的情况下才能由教会法庭做出解除婚姻或宣布婚姻无效的决定。除此之外，不得以任何理由离婚，可以分居，但不能再婚。这种规定虽然对男女都适用，但实际上仍然主要是男人们有可能以各种理由离弃自己的妻子，而女人要做到这点却很难。所以经常有教会人士教导男人们要谨慎地选择自己的妻子，如早在 4 世纪的哲罗姆就曾说过，一个人的妻子即使她好吃贪杯、脾气不好、懒惰、淫荡，或者轻浮、爱嚼舌、爱吵架、爱骂人，这个人也必须与她生活在一起，不能离开她。[②] 欣克玛也告诫那些不想要自己妻子的人说："无论她是酒鬼、爱发脾气、不道德、奢侈，还是贪吃、遭诅咒的流浪者，无论你是否喜欢，你都必须留下她。"[③]总的来说，基督教会尤其致力于维护婚姻的稳定性和牢固性，婚姻一旦取得教会法律的认可，就是不可取代和不可解除的，即使是受到严格限制的近亲结婚，多半也得给婚姻的稳固性让路，正如圣伯纳德所说，血缘关系是凡人的事，而稳固性才是属于上帝的。[④]

在欧洲中世纪盛期封建制度盛行的时候，妇女失去了更多的自由。这时候的婚姻更成为一种具有深远影响的社会行为，长子继承制使财产变得不可分，并由此使家庭更加巩固。在这种制度下，女性对家庭财产的传承有着重要作用。她们必须是处女，必须有一个好的家系，她们嫁到另一个家庭，并很快为丈夫生出继承人。因此，未婚女子的贞洁是很重要的，她们必须被很好地看管起来，以备在合适的时机送到婚姻市场。而那些不具备这样好的条件的女性只能进修道院或去城镇里打工，由此使私生子的出现变得可能。在封臣制下，任何阶层的妇女没有其封君的同意不能结婚，如果是维兰，结婚要向其领主交纳结婚税。领主控制维兰女儿或寡妇的婚姻，就像她们是自己的女儿或女亲属。国王可以随意把自己封臣的女儿或寡妻嫁给国王认为合适的人，而不管对方的身份、地位和是否在合适的时间。如有的妇女在自己的丈夫死去刚一个月就被嫁给了新丈夫，这种快速婚姻是封建时代婚姻的一个特点。如果一个妇女幸运的话，她可能还可以在两三个候选人中挑一个，但即使如此，她与一个真正爱慕的人结婚的机会还是非常小的。

---

① J. A. Brundage, *Law, Sex and Christian Society in Medieval Europe*, p. 131.

② Frances and Joseph Gies, *Marriage and the Family in the Middle Ages*, New York, 1987, p. 96.

③ S. F. Wemple, *Women in Frankish Society: Marriage and the Cloister 500 to 900*, p. 88.

④ 菲利浦·阿里耶斯、安德烈·贝金主编：《西方人的性》，李龙海、黄涛译，上海人民出版社 2003 年，第 163 页。

总的来说，中世纪基督教会规范下的婚姻和家庭的主要目的是生育、维持秩序，爱情的成分甚少，对妇女的偏见和不公本质上也没有减少多少。婚姻带给妇女的不是爱、安全和保障，而只是一种生活方式和角色，一种服侍男人的妻子的角色和生儿育女的母亲的角色。在中世纪的欧洲，良好的经济和社会关系是一场持久婚姻的坚实基础，爱情显然不是关键因素。婚姻不是欢乐和幸福的源泉，而是一种责任和束缚。婚姻也不是爱情的升华，而是两个个体之间所形成的代表两个家庭利益的契约。曾有编年史家这样描写婚姻："法律、爱情和婚床，将他们结合到一起。但这是什么样的法律，什么样的爱情，什么样的婚姻。法律不像法律，爱就是恨，婚姻等同囚禁。"[①]如前所述，安德列斯·卡佩拉努斯就认为，爱在已婚夫妇之间无立锥之地，婚姻只是在履行基督教会所赋予的婚姻义务。香槟的女伯爵玛丽则用传奇小说表达这种观点，她描写了两个妇女的故事，一个因不能为有钱的丈夫生出继承人而被象征性地锁在一座塔中，由一个年老的妇人看管。另一个妻子则被年老而嫉妒的丈夫派一个阉割了的教士严密监视起来。这两个妇女最后都通过从年轻的情人那里得到安慰而逃脱了婚姻的牢笼。[②] 然而传奇终究是传奇，它可以寄托理想。实际生活中，在婚姻中得不到幸福的女人，在婚姻外就能得到吗？只要妇女没有真正地获得解放，没有与男人达到真正意义上的平等，她离真正的幸福也就很远。

三、普通劳动女性的日常劳作

1. 中世纪西欧城市普通女性的工作状况[③]

在中世纪西欧的城市社会中，许多普通女性为了家庭和社会的需要而参与到社会性劳动当中。[④] 女性所从事的工作范围很广，具体包括做纺织工、酿酒工及从事零售活动，也包括行医、做家仆等。这些工作对维持家庭生存、促进城市经济发展具有重要作用。

纺织业中的普通女性　纺织业是中世纪城市普通女性所从事的主要工作之一。女人是纺织业劳动大军中不可或缺的部分。但是，从劳动地位及劳动权利看，纺织女性并没有

---

① 苏拉密斯·萨哈：《第四等级——中世纪欧洲妇女史》，林英译，广东人民出版社 2003 年，第 150 页。

② A. E. Laiou, ed., *Consent and Coercion to Sex and Marriage in Ancient and Medieval Societies*, p. 266.

③ 由于城市普通劳动女性与农村普通劳动女性的家内劳动基本相同（如做饭、洗衣、打扫卫生、服侍丈夫、抚养孩子、种植蔬菜、饲养牲畜等），故此不再单独论列。相关情况，可参看下一部分的"家务活"。

④ 所谓的社会性劳动是指女性做丈夫助手的无工资的家庭经济活动与有工资的独立的经济活动。传统社会往往将女性的无工资的家庭经济活动也划归于家庭劳动（即家务活）之列，并将之看作是女性"本该做的事情"，这无疑贬低了女性家庭生产性劳动的价值，抹杀了她们对社会经济活动的巨大贡献。

组织起织工行会来维护自己的各种权利。她们也没能成为握有实权的雇主行会的成员。这些情况使得纺织女性在面临雇主的压迫和与男性进行就业竞争等方面处于明显的不利地位。

作为一个手工业门类，纺织业是由一系列部门组成的。[①] 从现存的资料来看，任何一个部门都有女性的参与。

毛纺业在中世纪西欧较为发达，是城市手工业的主要部门，也是城市经济收入的重要来源。由原毛到制成品需要很多步骤：原毛的处理（包括分类、打击、洗去尘土和油脂）、梳毛、纺线、织布、染色、漂洗、干燥、起绒以及剪绒等，而各道工序往往成为一个独立部门。对原毛进行分类、打击、洗去尘土和油脂的工作属于粗工，一般由非行会成员的散工担任，女工是其中的重要参与者。她们通常将原毛带回自己家中，在家务劳动之余完成。梳毛的工作亦属于粗工，承担此项工作的也主要是女工，在意大利和西班牙，这项工作也主要由女人来完成。[②] 纺线与织布的工作与女性的关系则更加密切。经济史家庞茨指出："中世纪纺线用的工具是纺线杆和纺锤，这被视为女人的工作。"[③]当时的纺线技术较为原始：一手握着一根挑着粗毛的长棍，也就是缠线杆，另一只手拿着纺锤，细细的毛线在缠线杆和纺锤之间被拉紧，线拉得越紧，纺出来的线越结实。一个熟练的纺线者一天能完成五束线，即做一件衣服所需的数量。[④] 纺线之后的工序是织布，从中世纪流传下来的织布图画中，我们可以看到织布者大多也是女性。织布的过程是这样的："织布前，先由经工根据织物的长度准备好经线，而纬工则把纬线缠在线轴上以便装入梭子。经线要比较结实，当时的高级呢绒宽两码，包含经线 2000—3000 根，一匹呢绒长约 30 码，所以准备好这种经线也是一种技术工作。织布机有两种，如织宽幅呢绒，则需二人并肩操作，织单幅一人操作即可。"[⑤]这种织布机与织布的方法源于古罗马时代，比较原始。在 13 世纪出现了新式的织布机，它能把织工的双手解放出来投梭引纬，从而大大提高了织布的速度。染色的工作也有女性的加入。颜料来自于天然的植物，例如，北欧的苔藓类植物能制成深棕色、橘黄色、红色以及黄色，桦树皮能制成棕色，茜草能制成粉红色，绿树叶加上酸性物质能制成绿

---

① 根据中世纪经济史专家庞茨的划分，当时纺织业包含的门类有毛纺织业、丝织业、亚麻及大麻编织业以及服装制造业等。N. J. G. Pounds, *An Economic History of Medieval Europe*, London and New York, 1994, p. 301.

② 罗伯特·杜普莱西斯：《早期欧洲现代资本主义的形成过程》，朱智强等译，辽宁教育出版社 2001 年，第 45 页。

③ N. J. G. Pounds, *An Economic History of Medieval Europe*, p. 304.

④ Bonnie S. Anderson and Judith P. Zinsser, *A History of Their Own: Women in Europe from Prehistory to the Present*, vol. 1, p. 99.

⑤ 马克垚：《西欧封建经济形态研究》，人民出版社 2001 年，第 338 页。

色，黑莓能制成蓝色或淡紫色。[①] 但是在工场中，染工的工作条件很差，“空中飘着纤维，沸腾的大缸使她们一直处在湿气之中”，[②]这对染工的身体是有危害的。

从以上的情况可以看出，毛纺织业的各个工序中都有女性的参加，她们不避艰辛、日夜劳作，以自己的劳动维持个人及家庭的生存。但是从事纺织的女性人数不仅多而且也极为集中，说明当时城市所能提供的就业机会相对较少，而男性以其性别的“优势”占据了更多的工作岗位，女性就业范围因而非常狭窄。

丝织业可以说是女性的职业，它也是由一系列的工序组成的。首先是缫丝的工作，即从蚕茧中抽丝；其次是捻丝成线；再次是将捻成的丝线制成丝带和花边等；最后是将丝带和花边做成流苏等饰品并镶嵌到假发髻及帽子、钱包等手工制品上。丝织业需要灵巧的双手将蚕丝制成各种绫罗绸缎，女性的双手更加适合这样的工作。因此，丝织业在中世纪城市的大部分时间中成了女性的职业，以至于有的学者称：“在整个中世纪，有一种手工业（至少是其中的一部分）是女人的，那就是丝织业。”[③]有的丝织女工还从家务活、照顾孩子以及丈夫帮手的地位中解放出来，将丝织业作为自己的重要职业。据史料记载，丝织女师傅与女工甚至组织过自己的行会。例如在科隆，有三个行会——制丝者、亚麻编织以及制作金线者是女人的行会。[④] 在 14 世纪的伦敦，女丝织工曾有效地组织起来向市长请求，反对授予意大利伦巴第商人出售生丝的垄断权。[⑤] 这对劳动女性来讲是一个进步，但是这种行会是很松散的，它没有自己明确的纲领，而且担任行会领导者的是市政府派来的官员或由其他行会的男性成员来兼任。

参与纺织业的女性人数是很多的，她们是纺织业中的重要劳动力。但是纺织业中的女性通过自己的艰辛劳动是否得到了足够的收入来维持生存呢？其劳动的权利是否能够得到有效的保障呢？答案是否定的。

在工资待遇与生活状况方面，普通纺织女工的工资较为低下，赚得的钱仅够糊口。“她们构成了城市中地位低下、受培训最少而且工资最低的那部分劳动力。”[⑥]据统计，很

① Bonnie S. Anderson and Judith P. Zinsser, *A History of Their Own: Women in Europe from Prehistory to the Present*, vol. 1, p. 101.

② Merry E. Wiesner, *Women and Gender in Early Modern Europe*, p. 121.

③ Georges Duby and Michelle Perrot, gen. eds., *A History of Women in the West*, vol. 2, p. 326.

④ Judith M. Bennett and Elizabeth A. Clark, eds., *Sisters and Workers in the Middle Ages*, The University of Chicago Press, 1989, p. 20.

⑤ Bonnie S. Anderson and Judith P. Zinsser, *A History of Their Own: Women in Europe from Prehistory to the Present*, vol. 1, p. 372.

⑥ David Herlihy, *Women, Family and Society in Medieval Europe: Historical Essays 1978-1991*, Berghahn Books, 1995, p. 83.

多单身女性参与到纺织业当中，为了节省开支，她们往往几个人同住在租来的廉价房屋中。当从事纺织业不能维持生活时，她们便有可能去做妓女。那些在自家从事加工的女性所得也是甚少，从 14 世纪佛罗伦萨毛纱商斯特罗齐作坊开工资的状况中就可以了解到："一名叫尼可罗莎的老婆婆以 43 磅毛纱领得 2 里拉 13 苏，寡妇马格里塔则交付 10 磅毛纱以乞求购买 3 蒲式耳（1 蒲式耳约合 36 升）谷物的工钱。"[①]按当时的生活水平，她们的工资仅够糊口。而且，纺织女工经常受到雇主、中间商和政府的层层盘剥。例如，"有时候，服装商为了缓和自己的财政困难，尽管服装已经做好，他们还是会推迟发工资或不发工资；有时雇主会在提供原毛时用假秤，发放工资时给实物而不是给现金"[②]。

无论是哪一部门的女工，其劳动都是生活所迫，但是现实的工资状况使她们维持生计的愿望都难以实现。那么，为什么会有那么多的女性从事纺织业呢？首先，政府对穷人发放救济有自己的规定，"有'织工'身份的女性可以向城市政府要求救济，而救济和贷款在饥馑流行的情况下是那么具有诱惑力"[③]。其次，纺织女工们认为，通过做纺织工她们可以得到一定程度的独立，能为自己赢得些许自由时间。有学者称："虽然在同样的工作条件下，女性的工资比男人低，她们最终也不可能混得上一个主管的位置，但是女性们还是会选择做织工，因为女织工们可以获得一点自由的时间和一定意义上的独立。"[④]

在政治与经济权利方面，中世纪的西欧社会是男权制社会，这种社会是断然不会让女人拥有更多权利和自由的。纺织女性的政治和经济权利受到侵害主要表现在以下两个方面：

首先，女工缺乏政治权利，她们很难进入行会，更难以成为行会的领导者。行会规章一般都规定，只有做学徒的人才能成为行会师傅，才能进入行会，这实际上阻塞了女工进入行会的道路。做学徒需要缴纳学费，在 13 世纪的巴黎，丝织业中的女学徒，若交费 4 里佛尔的，学徒期不得少于 6 年；交费 40 个苏的，学徒期不得少于 8 年；不交费的，学徒期不得少于 10 年。[⑤] 女性的学徒期通常要比男性的学徒期长。许多父母难以承担这样的费用，而且女儿总有一天要嫁到别人家中，所以他们也不愿意出钱让女儿接受培训。因此，只有极少数女性受过正规培训。作学徒的纺织女工也并不都能获得自己想要的技术，在学徒期间，她们要做师傅吩咐的任何差事，主要是家务活，这些工作与纺织并无关系，当时

---

① 坚尼·布鲁克尔：《文艺复兴时期的佛罗伦萨》，朱龙华译，三联书店 1985 年，第 76 页。

② Linda E. Mitchell, ed., *Women in Medieval Western European Culture*, pp. 246-247.

③ Merry E. Wiesner, *Women and Gender in Early Modern Europe*, p. 119.

④ Merry E. Wiesner, *Women and Gender in Early Modern Europe*, p. 122.

⑤ Emillie Amt, ed., *Women's Lives in Medieval Europe*: *A Sourcebook*, p. 194.

有的女学徒因此而状告其师傅。[①] 即便做过学徒的女孩想着有朝一日成为师傅也是件难事。作为行会成员的遗孀能够进入行会,也是有条件限制的。例如,13 世纪巴黎漂洗工行会章程规定:如果男师傅去世,其遗孀可以自由地开作坊;如果她嫁给了一个不是漂洗工的男人,那她不得再从事此行业。[②] 由此可以看出,寡妇所以能够得到行会中的一席之位,不是由于她受到了培训,也不是在于她有技术,而只在于她的寡妇身份。[③]

其次,女性的劳动报酬和劳动权利受到人为的压低和限制。在中世纪,男女同工不同酬是一种普遍现象。而她们在劳动权利方面也常常受到限制。在劳动力短缺时,政府和行会会放宽限制,尽量让女性参与到纺织业中,在劳动力充足时,又采用降低工资或其他强制性的手段来排斥女性。例如在 14 世纪末期,纺织业走向扩张,大多数女性找工作并不难;到了 15 世纪中期,经济萎缩导致纺织业崩溃,虽然那时由于黑死病的蔓延,人口也出现下降,但是对工人数量的需求还是相对缩小,在这个时候行会颁布了法令来限制女性从事布匹生产。1461 年布里斯托尔织工法令规定,任何织布师傅不得让其妻子和他一起在织机上劳动。[④] 而其中的理由是:"这是为了使'国王的人民'不失掉工作。"[⑤]可见,政府当权者和行会领导者往往出于维护男权的考虑来排斥女性劳动。因为女性在经济上的些微独立都被认为是在向男权挑战,这是人们不愿看到的。正如马沙·豪威尔所说:"女性享有较高的地位,就会威胁到男人所推崇的欧洲性别体系的父权制特征。"[⑥]

从对纺织女性工作状况及经济和政治地位的分析中,我们可以得出以下结论:城市普通女性参与纺织业并成为纺织劳动力大军的主要组成部分,为城市手工业发展做出了极大的贡献。但是城市政府和行会从来没有给予她们公平的劳动权利和适当的经济、政治地位,所以她们始终处于被压制、被剥削的境地之中。

女性与酿酒业　中世纪人们饮用的酒主要有啤酒(beer)、淡啤酒(ale)及葡萄酒等。[⑦] 其中,淡啤酒的饮用最为广泛,且易酿造、造价低。起初,淡啤酒主要由家庭主妇亲手酿造,到了 14 世纪末期淡啤酒酿造业成为一个专门的手工业部门,成了一项有利可图的手工业后,女酿造者便逐渐被排除在外。

---

① Judith M. Bennett and Elizabeth A. Clark, eds., *Sisters and Workers in the Middle Ages*, p. 29.

② Emillie Amt, ed., *Women's Lives in Medieval Europe: A Sourcebook*, p. 196.

③ Judith M. Bennett and Elizabeth A. Clark, eds., *Sisters and Workers in the Middle Ages*, p. 16.

④ Lisa DiCaprio and Merry E. Wiesner, eds., *Lives and Voices: Sources in European Women's History*, p. 159.

⑤ Linda E. Mitchell, ed., *Women in Medieval Western European Culture*, p. 253."国王的人民"指的是男人。

⑥ Bonnie S. Anderson and Judith P. Zinsser, *A History of Their Own: Women in Europe from Prehistory to the Present*, vol. 1, p. 229.

⑦ 中世纪城市的酿酒业主要包括啤酒、淡啤酒(即麦芽酒)及葡萄酒的酿造业,由于女性在淡啤酒中作用和地位较为重要,本节主要以淡啤酒业为对象考察女性在其中所扮演的角色。

在11—15世纪,淡啤酒业的发展大致经历了三个阶段。11—13世纪末期是第一个阶段,在此时期,淡啤酒酿造主要由家庭主妇承担,其目的是为了满足家庭成员的消费。在当时,酿酒的技术一般由祖辈传下来,不需要经过特殊的培训,几乎每个女孩都可以从其母亲那里学到。酿酒所需要的原料、工具及器皿容易得到,无需做什么大的投入便可以从事酿酒。13世纪末到14世纪末是第二个阶段,这是非商业性酿酒与商业性酿酒并存的时期。此时的淡啤酒酿造是小规模的,仍由家庭主妇在自己的家中进行,淡啤酒除了用于家庭消费外,也会偶尔出售。例如,在14世纪末英国艾克斯特的卷宗记录着有71%的家庭从事酿酒,但属于商业性酿酒的占29%。[①] 在此阶段,女性是这种小规模的商业性酿酒的主导者。据统计,1373—1393年,英国艾克斯特女性酿酒或出售酒的有150人,而在此时期,艾克斯特只有一位专业的男性酿酒者。[②] 英国妇女史专家本尼特指出,酿造淡啤酒被看成是女人们做的工作,因而社会地位低下,男人们是不屑于从事此项活动的。[③] 第三个阶段从15世纪左右开始,大规模的商业性酿酒逐渐代替了地方性的小规模酿酒,男人们逐渐加入并最终控制了商业性酿酒。大规模商业性酿酒的出现一方面是生产力水平提高,社会分工发展的结果,另一方面则与当时的国际环境有关。当时,正值英法百年战争,因葡萄酒的供应中断,贵族和大商人转而饮用淡啤酒,因此,淡啤酒的需求量增大。社会上层饮用淡啤酒也使淡啤酒酿造业的社会地位提高。男人们逐渐控制了淡啤酒的酿造。在一些大的城镇中,出现专门的手工工场。商业性酿酒的发展排斥了小规模酿酒,从而使大多数女性从酿酒中退出。据史料记载,在15世纪英国的阿里斯顿,只有三个女人从事酿酒。[④] 15世纪以后,女性之所以在普通酿酒业中遭排斥,主要有以下几个方面的原因:

第一,缺乏资金。不断扩大的商业性酿酒需要大量的资金,但是已婚女性却没有法律上的自主权,因而不能以自己的名义借钱。即便是在富有的中产阶级当中,丈夫也不愿意为妻子提供这笔钱去"冒险"。因此到了15世纪,女性就已经淡出了这一行业。如在该世纪的英国克彻斯特的一些地区,主要的酿酒者被称为"啤酒男人"。[⑤]

第二,家庭中"妻子从属于丈夫"的传统两性关系。不论家中的啤酒酿造完全由妻子负责还是由夫妻两人共同负责,行东都是"作为一家之主"的丈夫。只有他才有权出席本

---

① Mavis E. Mate, *Women in Medieval English Society*, Cambridge University, 1999, p. 40.

② Maryanne Kowaleski, "Women's Work in a Market Town: Exeter in the Late Fourteenth Century", in Barbara A. Hanawalt, *Women and Work in Preindustrial Europe*, Indiana University Press, 1986, pp. 150-151.

③ Mavis E. Mate, *Women in Medieval English Society*, p. 40.

④ Mavis E. Mate, *Daughters, Wives and Widows after the Black Death*, The Boydell Press, 1998, p. 60.

⑤ Mavis E. Mate, *Women in Medieval English Society*, p. 43.

行会的早餐，从事借贷，雇佣工人，签订买卖合约。而且，一旦啤酒贸易成为一项有利可图的东西，丈夫就会立刻完全接管家中的酿酒业。[①]

第三，与当时社会盛行的猎巫运动有密切的关系。猎巫运动期间，"厌女症"之风的盛行把部分酿酒女性丑化成女巫，这是酿酒女性最悲惨的境遇。16世纪早期的一首诗歌《艾丽娜·诺米的骗术》就把酿造淡啤酒的妇女艾丽娜·诺米描绘成为一位"古怪、巫师一样的年老妇女"、一个"品行不端的女商人"，这就导致了人们对从事这一行业的女性的恐惧与迫害。例如，在英格兰的埃塞克斯郡，就有一位从事啤酒酿造的妻子被指控为女巫。[②] 可见，这类对从事啤酒酿造的妻子们的描绘，使大众普遍对她们的诚信产生了怀疑，从而也就损害了她们的地位和尊严。

综上所述，酿酒是城市普通劳动女性的一项重要的手工业活动，通过酿酒赚来的钱补贴了家用。在商业性酿酒兴起之后，女性酿酒遭受了严重的排斥。

女性与城市零售业 零售业是中世纪城市商业活动中利润较少的部门，但是由于零售业与人们的日常生活密切相关，所以是不可或缺的。同时，零售业又是城市商品流通的重要载体，对中世纪城市商业发展的意义重大。城市普通女性是零售业的主要参与者，有的西方学者称，"从事零售业的女性才是市场经济的真正推动者"。[③] 女性在零售业中的活动按其销售方式的不同可以分为三类：市集上的零售活动、做小贩及做小店主。

中世纪的大多数城市都有集市，集市数量很多，在13世纪的英国，估计有1500多个集市。[④] 这些集市就是当时的商品集散地，南来北往的商贾、城市中的商贩及附近乡村的零售者都会到集市上出售自己的商品。各地的市集根据自己的需要定期开放，大都数天开放一次，也有的一个月或数月开放一次。据学者们的研究，在中世纪盛期的诺丁汉姆，从事食品零售的大都是女性，所以集市中出售食品的地段被称作"女性地段"。少数稍富一些的女零售商会花钱租下一块地盘以便长期从事零售活动。例如，在英国的第二大城市诺里奇，市场摊位的1/3被妇女租去了。[⑤] 零售者所获实际利润一般在其所售商品的10%—20%之间，在英国的兰开夏，一个零售者将价值5第纳尔的鞋子卖到8第纳尔或甚至11第纳尔，结果受到了处罚。[⑥]

---

① Mavis E. Mate, *Women in Medieval English Society*, p. 43.

② Jonathan Barry, Marianne Hester and Gareth Roberts, eds., *Witchcraft in Early Modern Europe: Studies in Cultural and Belief*, Cambridge University Press, 1996, p. 304.

③ Merry E. Wiesner, *Women and Gender in Early Modern Europe*, p. 118.

④ Rodney Hilton, *Class Conflict and the Crisis of Feudalism*, London, 1985, p. 207.

⑤ Linda E. Mitchell, ed., *Women in Medieval Western European Culture*, p. 246.

⑥ Rodney Hilton, *Class Conflict and the Crisis of Feudalism*, p. 209.

除了在市场上从事零售活动外，女性还充当了“小贩”。女小贩从手工业者手中买到手工制品，然后走街串巷进行零售。她们也贩卖食品和饮料，但在某些时候是不被允许的，因为贩卖食品会导致食品价格上涨，劳动力价格也会上涨，这必然会侵害那些需要雇佣工人劳动的行东的利益。但是贩卖食品容易赚钱，所以许多小贩还是会暗地里出售。“小贩”通过倒卖商品赚钱，自然会被冠以恶名，人们普遍认为女商贩是采用不光彩的手段获取利益的人。我们从威廉姆·朗莱的诗《虔诚者》中可以清楚地看到他对女性小贩的偏见：“贪婪者”吹嘘他的妻子“倒卖者”罗斯，经常通过短斤少两的手段赚钱。① 实际上，这些“倒卖者”均来自于贫穷的家庭，她们为了生存不得已从事这种不受人们欢迎的工作。女商贩往往到农村或郊区买商品，为的是免交商品税和躲避城市商业活动管理者。即便如此，许多女商贩还是因为种种原因受到处罚。在 15 世纪的布鲁塞尔，部分女商贩在城乡来回走动进行商品的贩卖，这被认为触犯了行会成员的利益，她们因而受到处罚。② 女商贩的活动对商业的发展也有贡献，但是由于这种倒卖活动使她们受到别人的蔑视。

除了以上两种零售活动之外，开商店或客栈则是另一种重要的零售活动。在商店中，妻子负责出售商品并管理账簿。客栈中的女店主往往向客人出售酒及其他食品。还有的女性出售自己制作的小吃，在 1380 年牛津的税收档案中，记载了 125 个家庭是做食品生意的，其中 13 家就是做小吃的。③

从事零售活动是许多城市普通女性的选择，为了生活的需要，她们不得不从事这种利润低、社会地位低的工作，而且她们的活动往往会受到人们的非议。在当时普遍存在的“厌女症”的社会气氛中，女零售者更被描绘成贪得无厌的女巫。

女性与治疗行业 在中世纪的城市中，行医行业中也有女性的参与。有较高医术的女医生会得到病人的信赖，也会得到较多的收入。特别是女助产士一行，是社会上必不可少的职业。虽然行医女性人数较少，但是其在中世纪城市医疗救助方面，特别是在对女性的健康护理方面起着重要的作用。

从行医者主体来讲，在中世纪初期，行医是属于教士的行当，因为教堂肃穆、宁静的环境适于病人身心放松，而教士本身又有拯救人们灵魂和肉体的“本领”，所以行医治病被认为是教士的职责。但是僧侣们外出行医，离开了宗教的职守，后来教会便限制其医学活动，到了 10 世纪，修道院医学已经极度衰落。11 世纪左右建立的萨勒诺医学校表明医学

---

① Linda E. Mitchell, ed., *Women in Medieval Western European Culture*, pp. 245-246.

② Bonnie S. Anderson and Judith P. Zinsser, *A History of Their Own: Women in Europe from Prehistory to the Present*, vol. 1, p. 361.

③ Rodney Hilton, *Class Conflict and the Crisis of Feudalism*, p. 211.

开始了非宗教化，先后建立的其他有医学专业的著名学校有蒙彼利埃大学、博洛尼亚大学等诸多大学。就医学的发展水平来讲，中世纪的医学水平较低，医学门类比较原始，主要的医学门类有：病理学、药理学、内科学、外科学、解剖学、产科学及巫术学等。就诊断方法来讲，其所依据的病理学原理仍然基于体液与毒质的学说，开业医生的诊断大多凭检查血液（特别注意其颜色、密度、气味和是否有泡沫），检查痰（认为根据其颜色与气味就能确定诊断），还特别注意检查尿。①

在中世纪早期及盛期的大部分时间里，行医女性与她的男同行一样为病人进行常规的医疗诊治和健康护理。行医的女性人数并不多，拉凡勒·卡沃尼乔的研究表明，在1273—1410年的那不勒斯只有24个女医生。② 这说明了行医女性在女性从业总人数中所占的比例较少。这些女行医者可以自己开诊所，在瘟疫到来时，她们亦到专门为传染病人设置的隔离医院中去帮忙。从医术获得的途径来讲，许多行医女性大都从其父辈那里或者从其他的女医生那里获得相关的知识。

在女性所从事的医疗行业的各个部门中，尤其值得一提的是作为"女人之工作"的一个行业——助产士。哈那沃尔特说："依据总体的社会影响和宗教及政府机构的认可度，中世纪女性最重要的职业就是助产士。"③助产士技术的获得一般通过母亲言传身教地传给女儿或是当学徒得来，学徒期一般为4年。助产士的工资是较高的，她们除了从城市财政中领取部分工资外，还可以从其所帮助的人那里得到奖金或礼品。据有关学者的统计，在8—18世纪，平均一个助产士一年接生60—300个婴儿，其所得的收入大致相当于一个熟练工人的收入。④ 助产士除了接生外，也有其他方面的重要作用。首先，在瘟疫或其他疾病暴发时，助产士经常去做医生的助手；其次，助产士要帮助婴儿受洗；再次，在有关法庭的诉讼案件上，助产士负责检察受指控的妇女是否有堕胎和杀婴的行为。⑤ 鉴于助产士的重要作用，城市政府制定了对助产士有利的规章。例如，城市议会鼓励周边有技术经验的助产士住到市中心，并授予她们城市公民权，同时经常发给她们薪水作为生活补贴。⑥ 但是，对助产士的地位和社会影响也不能估计过高，首先，助产士没有像男医生一

---

① 卡斯蒂尼：《医学史》，程之范等译，广西师大出版社2003年，第318—319页。

② Judith M. Bennett and Elizabeth A. Clark, eds., *Sisters and Workers in the Middle Ages*, p. 47.

③ Barbara A. Hanawalt, *Women and Work in Preindustrial Europe*, p. 94.

④ Merry E. Wiesner, "Early Modern Midwifery: A Case Study", in Barbara A. Hanawalt, *Women and Work in Preindustrial Europe*, p. 97.

⑤ Merry E. Wiesner, "Early Modern Midwifery: A Case Study", in Barbara A. Hanawalt, *Women and Work in Preindustrial Europe*, p. 108.

⑥ Merry E. Wiesner, "Early Modern Midwifery: A Case Study", in Barbara A. Hanawalt, *Women and Work in Preindustrial Europe*, p. 98.

样建立起自己的行会或其他的正式组织。[①] 其次,助产士一般是寡妇、上了年纪的女人或独身女人,其所占女劳动者总数的比例较小,对女劳动者整体的地位不会产生较大影响。

另外一个主要由女性组成的医疗部门是妇科。男女之间的性禁忌使大多数男医生不去过问妇科,有的学者曾经指出,"在中世纪的行医者中存在着性别禁忌,男行医者不熟悉女性的身体状况,而女行医者也不熟悉男性的身体状况"[②]。因此,有关女性疾病尤其是生殖器官的疾病,几乎均由女医生来诊治。研究妇产科发展史的学者海伦·莱米在其文章中指出:在大多数情况下,男医生不对女性的生殖器官进行检查,如果男医生遇到这种检查时,便会让其女助手来处理。[③] 在上文所提到的那不勒斯的 24 个女行医者中,有 13 个拥有政府所颁发的专为女性看病的执照。[④] 事实上,在中世纪早期及盛期的大部分时间中,女医生在妇科诊断上起了极其重要的作用。

用巫术或魔法为病人治病的女巫师也很多。许多年老的妇女充当了巫师的角色,她们声称自己具有神灵赋予的神奇力量,可以驱除人们身上的病魔。很明显,这种治疗方法是伪科学的,它不可能达到治愈病人的目的,但是巫术的盛行确是中世纪一个普遍的现象,其原因在于:首先,医学的落后无法根除许多病人的病痛,祈求神灵的佑护是唯一的选择。其次,女巫师所收取的治疗费用低是促使许多穷苦人使用巫术治病的重要原因。最后,巫术会帮助人从精神上战胜病痛。

到了中世纪盛期,女性行医遭到了排斥。当时随着各种职业专业化的加强,医疗培训也变得正式和专业化了,具体的表现就是医学专业在新成立的大学中建立起来,手术师和药剂师协会也在一些城市中建立。这些机构开始为受过正规训练的人颁发营业执照,并且向城市和地方政府施加压力限制那些无证行医者。这种新的政策对女医生的冲击相当大,因为新成立的大学拒绝接收女生,医师行会也很少招收女学徒。这样,对大多数的女医生来讲,便无法获得政府颁发的许可证,这实际阻塞了她们正常的行医之路。路易斯·伽瑟·巴勒斯特和他的同事们在对巴伦西亚医疗状况的研究中发现,在 1329 年之前,所有有关医疗事业的法令一般适用于每个行医者——即学过医疗学的每个人,既包括男性,也包括女性。1329 年的法令却强调"任何女人都不可以行医或开药,否则,就要受到鞭笞之刑;她们可以给小孩和女人看病,但不能开药方"[⑤]。而且在当时"受过大学教育

① Judith M. Bennett and Elizabeth A. Clark, eds., *Sisters and Workers in the Middle Ages*, p. 54.

② Linda E. Mitchell, ed., *Women in Medieval Western European Culture*, p. 248.

③ Helen Lemay, "Women and the Literature of Obstetrics and Gynecology", in Joel T. Rosenthal, *Medieval Women and the Sources of Medieval History*, The University of Georgia Press, 1990, p. 191.

④ Judith M. Bennett and Elizabeth A. Clark, eds., *Sisters and Workers in the Middle Ages*, p. 47.

⑤ Judith M. Bennett and Elizabeth A. Clark, eds., *Sisters and Workers in the Middle Ages*, p. 53.

的男医生经常向从事医疗事业的女医生挑战，说她们缺乏医疗课本上所讲的理论知识，他们强迫一些女医生放弃这项职业或者让她们只给妇女和小孩看病”。[①] 自13世纪始，能被称作医生的只有受过大学教育或者接受正规培训的男人，女医生已不再被称为医生了，而被称作“江湖郎中”或“冒牌庸医”。即便女医生继续给病人看病，收入也寥寥无几，“一个受到大学教育的男医生的年薪是其同行女医生的10倍。”[②]而最为悲惨的事情是在后来的猎巫运动中，有很多女医生和女助产士被指控利用巫术害人，她们由此遭到迫害。其实许多女助产士是被冤枉的。

综上所述，中世纪末期，女性行医已被大大地边缘化了。这种边缘化现象的出现主要由两方面的原因造成：一是医疗事业向专业化方向发展的必然趋势，而女行医者同其他女性一样是社会的弱势群体，在医疗事业专业化的过程中，她们成了被排斥的对象；二是中世纪末期的男权重构要求加强男人的权力，树立男人的权威，由此便开始从各个方面变本加厉地压制女性，女行医者被排挤的情况只是其中的一个反映。这种排斥的最终结果便是女性行医遭到了毁灭性的打击。[③]

总之，行医女性以自己的知识经验丰富了医学的宝库，她们的作用是不可低估的。但是，由于社会文化对女性的偏见，使得其积极性并没有得到充分发挥。医疗事业中对女性的排斥不仅使这些女性的生存和生活遭受了严峻的考验，而且对中世纪医学特别是妇产科学也是一个巨大的打击。

城市社会中的女仆 在中世纪西欧社会，雇佣仆人之风在中上层社会极为盛行，城市自然也不例外。[④] 不仅城市上流社会雇佣仆人，广大的中产阶级之家也普遍拥有仆人。

一般而言，仆人主要是指被雇佣到主人家中，以自己的劳动为主人服务并赚取工资的人。首先，女仆的人身是自由的，她可以自由地与主人签订工作合同，并在期满时随时解除合同；其次，她在雇主家庭中主要从事与家务劳动相关的工作，并以此获得报酬；再次，女仆主要是那些未婚的年轻女子。当时的女仆按其所承担的义务不同可分为家仆及乳母。

在主人家做工的家仆，按规定要承担各种各样的杂活。例如，“詹尼特（女仆）必须使

---

① Linda E. Mitchell, ed., *Women in Medieval Western European Culture*, p. 247.

② Merry E. Wiesner, *Women and Gender in Early modern Europe*, p. 104.

③ 有关女治疗者在猎巫运动期间所遭受的迫害，可参见第四章第三节的相关论述。

④ 拉斯莱特认为，在前工业化时代的西欧，家仆制普遍存在。在一个社区之中，四分之一或三分之一的家中使用了仆人，而他所谓的“立身仆人”(life-cycle servant)在当时西欧社会则非常之多。参见 P. Laslett, *The World We Have Lost*, 3rd edition, New York, 1984. pp. 15-16。而在中世纪和近代早期，“家庭”(拉丁语为 familia)这个词的基本意思是“家宅”，即包括家仆、家奴在内，居于同一屋舍的全体成员。这个概念本身也说明了仆人在当时西欧社会是极为流行的。参见迈克尔·米特罗尔、赖因哈德·西德尔：《欧洲家庭史》，赵世玲等译，华夏出版社1987年，第6—7页。

床单、枕头和门帘平整，她要负责烧火，摆放桌子，准备饭菜，洗刷碗筷以及清洗便壶，买酒”。[①] 这些烦琐的家务活占去了她们大部分时间，使仆人一天难得有休息的空闲。由于中世纪末期以前，社会生产的基本单位是家庭，所以女仆除了做杂活外，还经常参与到主人的生产性劳动当中。西方中世纪史学者戈德堡在对英国五个城镇的人头税调查中发现：女仆经常出现在食品业以及商业活动中。在约克，工匠们让女仆清洗待染的布匹，而绸布商和服装商也雇佣了不少女仆来帮他们干活。[②] 女仆卷入到主人的生产性劳动中对主仆双方均有好处。马歇尔分析说："主人可以得到廉价的劳动力，得到一种增加产量的方法而无需违反行会对业主在雇佣学徒数量上的规定，反过来，女仆也可以学到技术和经验。"[③]不过，从根本上讲，主人才是最终的受益者。女仆从事生产性劳动超出了"仆人"一词所包含的义务，但是在领取工资时，仍按家仆这一职业来计算。

女仆既要做家务活，在必要的时候还要参与到主人的生产劳动中。她们的工作量相当大而且很劳累，为什么还有那么多的女孩选择当仆人，而且有的女孩做仆人的时间长达5年以上，甚至是10年呢？首先，贫穷人家的女孩当仆人希望攒够准备嫁妆的钱，以便吸引有一技之长、有前途的男人。例如，在14世纪的普兰托，一个女仆制定的目标是赚14—15弗罗林作为嫁妆。[④] 其次，与中世纪西方的家庭观念和习俗有关。在主人家干活的女仆被视为主人家庭中的一员，所以她们"在很多时候把主人家的身份视为自己的，在穿着上，也要比其他下层阶级的妇女时髦"。[⑤] 女仆认为这样就能吸引更多的男人的目光。最后，更为重要的是，那些自八九岁便去给雇主干活的女孩会在订立合同的时候得到主人的允诺：在合同期满后为女仆准备一份嫁妆，并尽可能地为女仆找个好人家。如果再幸运一些的话，主人或者是主人的儿子看上了哪个女仆，这就意味着女仆的贫穷命运可能因此得到改变。例如，一位名为托马森·邦娜文尼彻的女孩，出生于英国康威尔县的贫穷之家，后来她来到伦敦为一位名为托马斯·巴姆斯基的商人做仆人，当这个商人的妻子去世后，他便娶了托马森为妻，两年后，巴姆斯基去世，留给托马森一大笔财富，托马森在伦敦富有的商人中不乏求爱者。[⑥] 不过有如此好机会的女仆相当罕见，她们中的绝大多数还是嫁给了同在主人家干活的男仆或男学徒。

---

① Bonnie S. Anderson and Judith P. Zinsser, *A History of Their Own: Women in Europe from Prehistory to the Present*, vol. 1, p. 358.

② Mavis E. Mate, *Women in Medieval English Society*, p. 46.

③ Linda E. Mitchell, ed., *Women in Medieval Western European Culture*, pp. 244-245.

④ Bonnie S. Anderson and Judith P. Zinsser, *A History of Their Own: Women in Europe from Prehistory to the Present*, vol. 1, p. 368.

⑤ Merry E. Wiesner, *Women and Gender in Early Modern Europe*, p. 114.

⑥ Linda E. Mitchell, ed., *Women in Medieval Western European Culture*, p. 245.

乳母是女仆中的另类。“请乳母”之风在中世纪的城市社会中是极为流行的，不仅城市上层的女性往往不亲自哺育孩子，而且在城市中层家庭中，也鲜有女性哺育自己的孩子。选择乳母要根据医学的、卫生保健学的甚至是道德的标准，比如面色要好，没有生理缺陷，身体要健康。[①] 一般来讲，主人会将乳母请到家中，主人家为其搭配营养食品，以保证奶水充足。例如，乳母要吃面包、肉、米、莴苣、杏仁，喝质量好的酒，休息要好，干活不能过于劳累，要避免吃葱、姜、蒜等刺激性的东西。[②] 乳母在仆人中的待遇是超过普通女仆的，乳母被称为仆人中的“贵族阶级”，这从乳母的工资状况也可以看出，见下图：[③]

1300—1520 年佛罗伦萨男仆、女仆和乳母工资收入曲线图

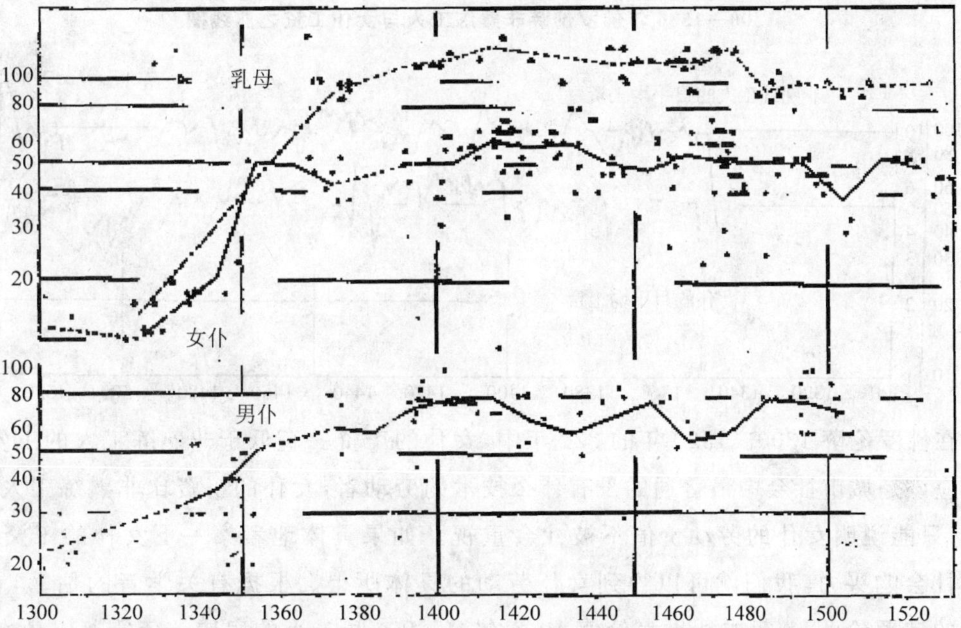

从图表中可以看出，1300—1350 年这 50 年中，乳母与男仆及女仆的工资相差并不显著，但是在 1350—1490 年左右这 140 年的较长时期内，乳母的工资几乎总是女仆的两倍，而男仆的工资也只及乳母的 80%左右。1490—1520 年间，乳母的工资与男仆的工资愈益接近，但始终比男仆的高。因此，无论社会对劳动力的需求如何变化，乳母从日常生活的待遇及真正的物质报酬上，都可以称作是仆人中的“贵族阶级”。

除了以上所谈到的全职女仆外，城市还提供多种形式的短工给那些已婚或未婚的贫

① Emillie Amt, ed., *Women's Lives in Medieval Europe: A Sourcebook*, p. 105.

② Jeseph and Frances Gies, *Life in a Medieval City*, Harper and Row Publishers, 1981, p. 61.

③ 资料来源：Barbara A. Hanawalt, *Women and Work in Preindustrial Europe*, p. 67.

穷女性。这些工作一般是与家务活有关的,例如打扫房间、做饭、洗衣、照看小孩和老人、护理病人、掩埋尸体以及哭丧等。这些工作不需要什么特殊的训练,报酬极低,也没有保障。维斯娜指出:私人档案上记载家庭经常因为一些繁重的劳动雇佣日工,如清扫垃圾、为婚庆和丧葬烧纸……我们无从知道这些女人的繁重劳动所得的报酬是否可以支撑家庭,但是需要教会施舍的这类女人占多数,就说明了她们的贫穷。[①]

如同中世纪城市社会其他劳动妇女所遭受的性别歧视一样,女仆的劳动价值也被贬低。我们以 1300—1530 年佛罗伦萨的女仆工资与做粗活的工人(即非熟练工人)的工资之比为例,可看到女仆的收入状况。见下图:[②]

1300—1530 年佛罗伦萨非熟练工人与女仆工资之曲线图

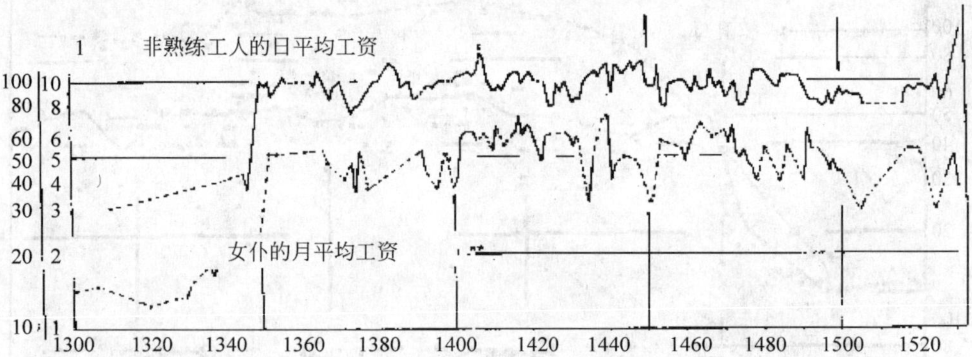

在佛罗伦萨 1300—1520 年的 220 年中,女仆的工资一直低于非熟练工人的工资,而后者应该是城市社会中最普通的没有什么技术的劳动者,女仆的工资比非熟练工人的工资低,只能说明女仆的劳动价值不被社会重视。如果具体地考察一下女仆的工资在当时的社会购买力,我们就可以得到女仆劳动的具体所得。根据有关学者的估算,在 15 世纪的佛罗伦萨,1 蒲式耳小麦价值 10 索尔多,租一间最小的房屋一年需 375 索尔多,而女仆的月平均工资在 50 索尔多左右。[③] 依此推算,女仆一年的工资只够一个人食宿之需。

乳母作为仆人中的"贵族阶级",收入是比较高的,但是做乳母的代价也很高。首先,乳母有自己待哺的孩子,但她必须完成与主人的一定期限的合约。在合约期间,当奶水不够时,"在许多情况下,她会将自己的婴儿送到家境更差的妇女那儿,而首先给主人的孩子

---

① Merry E. Wiesner, *Women and Gender in Early Modern Europe*, p. 87.

② 资料来源:Barbara A. Hanawalt, *Women and Work in Preindustrial Europe*, p. 64。

③ Bonnie S. Anderson and Judith P. Zinsser, *A History of Their Own: Women in Europe from Prehistory to the Present*, vol. 1, p. 360.

喂奶”。[①] 更糟糕的是“如果在合同期间乳母断了奶水，她就会被当成仆人使唤，或者被主人送到别人的家中做仆人”。[②] 其次，“乳母合同”通常规定：工资只有在保证奶水充足且质量好，并且在完成哺育期限才能获得。[③] 这样乳母就有拿不到工资或少拿工资的危险。最后，中世纪婴儿的高死亡率也使得乳母经常处于尴尬的境地，无论婴儿为什么夭折，乳母都要承担责任，许多做乳母的成了中世纪猎巫运动的牺牲品。

除了经济地位的低下之外，女仆作为女人，其人身权利也得不到应有的保护和尊重，这首先表现在女仆面临其主人的性奴役。我们前面所谈到的，在中世纪的社会生活中，女仆就其身份而言，应是主人家庭的一分子，因此，主人家应是女仆的保护之所。但事实上，主人非但不能给予女仆以礼遇，而且还常常成为宰割女仆的刽子手。爱德华·S. 摩根在《清教徒与性》一文中指出，在清教时期，暗中进行的主仆通奸事件，经常是在威逼之下发生的，这些事件大量地出现于法庭的记录中。[④] 对于这样的强奸行为，西欧城市也制定了具体的法律条文加以制止，如 1325 年佛罗伦萨法律就是根据受害人的年龄、婚姻状况和社会地位来确定对强奸者的惩罚，罚款数额最低的是对女仆的强奸行为，只罚款 25 里拉。[⑤] 这样的法律不能解决实际的问题，对有钱人来讲往往是形同虚设。除了主人对女仆的伤害外，女仆还面临外来的欺凌，在这样的情况发生时，主人很少给予她们有效的保护，相反主人却可以从中捞到好处，因为按照惯例，女仆的补偿费是要交给主人的。女仆在失去贞洁的情况之下，往往会选择做妓女，以至于有学者称“妓女的最主要的竞争对手……是做仆人的女孩”。[⑥] 因此，一旦遇到一位心肠坏的雇主，那么女仆就不仅要忍受极其沉重的工作负担，而且可能还拿不到她应得的工资，从而使她们美好婚姻的希望成为泡影。由此可以看出，男权社会的法律对广大的女仆来讲是不公平的。

娼妓业　作为一个特殊的行业，娼妓业早在古希腊罗马时代就已经非常兴盛。到了中世纪，娼妓业虽数遭裁抑，但它不仅在多数时候是合法存在的，而且还获得了迅速的发展。这一时期，娼妓业规模进一步扩大，从业人员增多，有关该行业的规范和管理日趋繁

---

① Merry E. Wiesner, *Women and Gender in Early Modern Europe*, p. 87.

② Barbara A. Hanawalt, *Women and Work in Preindustrial Europe*, p. 69.

③ Christiane Klapisch-Zuber, *Women, Family and Ritual in Renaissance Italy*, The University of Chicago Press, 1985, p. 144.

④ Julius Kirshner and Suzanne F. Wemple, *Women of the Medieval World*, Basil Blackwell, 1985, p. 119.

⑤ R. Caggese, ed., *Statuti della Repubblica fiorentina: statuto del podestà*, dell'anno 1325 (Florence), 921, III, p. 58. Quoted from Julius Kirshner and Suzanne F. Wemple, *Women of the Medieval World*, p. 120.

⑥ Michael Goodich, "Ancilla Dei: The Servant as Saint in the Late Middle Ages", in Julius Kirshner and Suzanne F. Wemple, *Women of the Medieval World*, p. 119.

杂。作为娼妓业的主要参与者,妓女的情况也日趋复杂,其地位和收入差别很大,但总的来说她们属于社会的底层,大都收入微薄,生活贫困,社会和法律地位低下。总的来看,自11—15世纪,西欧的娼妓业大致经历了三个发展阶段。

第一阶段为11—13世纪末期。在该时期,娼妓业已广泛地存在于西欧各大城市中。例如伦敦的泰晤士河沿岸,妓院鳞次栉比;而法国的图卢兹、阿维农和蒙彼利埃则是当时娼妓业最兴旺的三大地区。① 妓院的大量存在给政府带来了丰厚的税收,但娼妓业的合法性在当时仍处于争议之中。许多宗教界人士和世袭贵族基于教义和风化的考虑而反对娼妓业,在某些时期甚至出现了严厉禁止娼妓业的浪潮。例如在12世纪,西班牙大主教阿方斯九世曾颁布法令,严惩娼妓业的从业人员。② 世俗政府也曾使用非常严厉的手段打击娼妓业。在法国,路易九世曾于1254年颁布了禁止娼妓业的法令,以惩治妓女、皮条客、老鸨以及嫖客等与之有关的人员,致使许多妓女被投进监狱或流放到国外。③ 这些措施的实施使得该时期的娼妓业处于非法和不稳定的状态。

第二阶段为14—15世纪初期。在这一时期,娼妓业逐渐取得了合法的地位并获得迅速发展。西欧各城市出于经济等因素的考虑开始承认娼妓业的合法地位,它们纷纷给妓院颁发经营许可证,并由政府及宗教机构对其进行规范和管理,娼妓业便进入了规范化的阶段,并成了城市经济中的一个正式行业。妓院在西欧各大小城市中普遍建立。在小城市和较大的城镇,妓院布满一条街,而在大的城市和港口,往往整整一个街区都住满了妓女,即便是最小的城镇"都有一两家妓院"。④

第三阶段为衰落的时期。经过第二阶段的繁荣之后,至15世纪中叶,娼妓业开始衰落。娼妓业的衰落既与中世纪末期的经济衰退有关,也与当时梅毒等性病流行有关。在这一时期,各地政府颁布了许多禁止娼妓业的法令,妓院被拆除,许多妓女被赶进修道院或遭到猎巫运动的迫害。同时,政府对普通女性的人身自由也进行了限制,以减少她们卖淫的可能。例如在考文垂,政府就曾颁布法令禁止40岁以下的女人单独居住。⑤ 尽管如此,城市的娼妓业仍是禁而不止。

---

① Bonnie S. Anderson and Judith P. Zinsser, *A History of Their Own: Women in Europe from Prehistory to the Present*, vol. 1, p. 364.

② William W. Sanger, *History of Prostitution: Its Extent, Causes and Effects Throughout the World*, New York, 1919, p. 169. 具体的规定有:(1)诱奸妇女而使其沦为妓女的男人,被流放。(2)为妓女提供食宿的房东,要被罚款,房子没收。(3)妓院雇佣的妓女,如果是奴隶身份,则被释放为自由人;如果已是自由人,则可从妓院及嫖客处获得一定的补偿,作为从良和嫁人的资助。(4)纵容妻子做妓女的丈夫被处以罚款。

③ William W. Sanger, *History of Prostitution: Its Extent, Causes and Effects Throughout the World*, p. 95.

④ 爱德华·傅克斯:《欧洲风化史·文艺复兴时代》,侯焕闳译,辽宁教育出版社2000年,第387—388页。

⑤ Mavis E. Mate, *Women in Medieval English Society*, p. 49.

总的来说，娼妓业在中世纪西欧各城市中是普遍存在的，而且越是大的手工业及商业中心，娼妓业则越发达。信奉独身主义的教士、四处流浪的香客、常年奔波在外的行商、年轻的帮工和学徒等都是妓女的常客。娼妓业成为城市生活不可或缺的一部分。

中世纪时期，城市妓女种类和来源较以前更加复杂。妓女按其营业场所的不同大致可分为四类：官办妓院妓女、私营妓院妓女、暗娼及军妓。官办妓院由王室、政府或教廷、修道院等开办。例如理查二世在位时期(1377—1401)，伦敦市长开设了几家妓院，专门为贵族中的浮浪子弟服务。① 私营妓院与官办妓院类似，只不过由私人出资开办罢了。私营及官办妓院妓女均有固定的场所，并公开营业。暗娼一般是贫穷阶层的妻子和女儿，她们都是秘密营业，没有固定的招呼客人的场所，她们往往在大街上拉客，然后将客人带到自己租来的房子中。例如，佛罗伦萨 1427 年财产税申报表中记载，一位名叫罗索·地·乔凡尼·德·美第奇的人租了六间房屋给“烟花女子”，每月租金达 3—4 佛罗林，相当于一间房屋一年的租金。② 军妓是指那些随军的妓女。她们不仅要满足士兵的性需求，而且还负责烧水、做饭和战后掩埋尸体。例如，在 1474—1475 年攻打诺伊斯时，勃艮第公爵的军队中每四个士兵就有一名妓女为其服务。③

妓女的来源很广，从业人数较多，其来源大致有五个方面。第一，有许多妓女是妓院老板廉价购买的。第二，有一些妓女则是被拐卖或被迫到妓院做妓女的。例如，在佛罗伦萨，一位叫马可罗·休塔的坏男人经常拐卖女性，他惯用的手段是用花言巧语及小恩小惠引诱良家妇女，然后伺机对其进行奸污。这些女性在失去贞洁之后，反而由于社会上其他人的蔑视而自甘堕落，成为马可罗·休塔的玩物，最终的结果是这个坏男人将她们卖到博洛尼亚的妓院中。④ 有些女仆因被其主人强奸，其美好婚姻的希望破灭，于是她们索性去做妓女。第三，有一些妓女是从乡下或外地来到城市的女孩，她们在找不到理想工作的情况下往往去做妓女。第四，有些妓女是自愿走向此道的已婚妇女，而其丈夫往往就是她们的皮条客。她们也经常到大街上、公共浴池等地方拉客，赚得的钱交由丈夫管理，这些妇女多数是暗娼。第五，远道而来的女香客在花完了自己的盘缠之后，只得依靠做妓女来维持生活。妓女来源的广泛性直接导致其从业人数非常之多。据有关学者的统计，在 1373—1393 年英国城镇埃克斯特的女性职业类型中，按从业人数计算，娼妓业是女性的

---

① 爱德华·傅克斯：《欧洲风化史·文艺复兴时代》，侯焕闳译，第 389 页。

② 坚尼·布鲁克尔：《文艺复兴时期的佛罗伦萨》，朱龙华译，第 71 页。

③ Bonnie S. Anderson and Judith P. Zinsser, *A History of Their Own: Women in Europe from Prehistory to the Present*, vol. 1, p. 362.

④ Bonnie S. Anderson and Judith P. Zinsser, *A History of Their Own: Women in Europe from Prehistory to the Present*, vol. 1, p. 363.

第四大职业。[①]

总的来看，大多数普通女性去做妓女是不得已的选择，因为她们缺少其他谋生的手段。但也有极少数妓女是自愿的，她们贪图安逸，不愿意从事艰苦的体力劳动，从而选择出卖自己的肉体。例如，在14世纪的佛罗伦萨，有一位名为安吉拉的已婚妇女就是自愿做妓女的。她的邻居劝其放弃这种不光彩的职业，并承诺每星期给她一篮子面包，但她却对邻居说，即便如此，而且即使她会遭受惩罚，她也要继续干这活儿，除非那个邻居每星期能给她2佛罗林，因为她通过出卖自己的肉体可以赚更多的钱。[②]

对于那些由市政府授权建立的妓院，市政府则通过颁行各种法律和条例等手段来规范和管理妓院与妓女的活动。有关条文所涉及的内容包括营业时间、营业地点或区域、做妓女的条件、妓女的装束、妓院交纳的税额以及妓院的安全保卫等方面。在营业时间上，西欧各国一般都规定星期天及节假日妓院必须关门。[③] 在营业区域方面，政府规定妓院必须设在城市中的一定街区，如12、13世纪西欧许多重要的大城市均有固定的"红灯区"。[④] 同时，对妓女的活动区域也有规定，她们不得在规定区域外随意走动、拉客。例如，伦敦市政府于1393年颁布的妓女管制条例就规定，妓女只能在特定的街区活动，否则将受到惩罚。[⑤] 在雇佣妓女的条件上，政府也有明文规定，如妓院不得接受太小的女孩（妓女的最小年龄一般不得小于14岁），不得接纳已婚妇女等。12世纪《乌列姆妓院章程》中的第二条规定：妓院老板应保证妓院管理良好，妓女年龄适宜、整洁健康，人数不得少于14人。一旦因有病或其他原因有空额，必须在一个月内补充上。[⑥] 在妓女的装束上，各城市均有自己的规定。例如在布里斯托尔，妓女们必须戴着有条纹的艳丽的帽子，表明自己是妓女；德国的各城市则规定了妓女穿外套的长度；许多城市禁止她们穿修剪整齐的毛皮服装，因为穿此服装的都是富有的贵夫人。[⑦] 除了以上的规定之外，妓院还要定期向市政当局纳税，这是市政府最感兴趣的事情。至于妓院缴纳的税额，各地的情况不尽相同，这主要依据妓院规模的大小（即妓女的人数）而定，具体的税额则依据政府与妓院签订的合同。例如，根据15世纪德国汉堡市的档案，我们得知，市政当局曾与两家妓院的老

① Barbara A. Hanawalt, *Women and Work in Preindustrial Europe*, p. 148.

② Bonnie S. Anderson and Judith P. Zinsser, *A History of Their Own: Women in Europe from Prehistory to the Present*, vol. 1, p. 362.

③ Lisa DiCaprio and Merry E. Wiesner, eds., *Lives and Voices: Sources in European Women's History*, p. 185.

④ Linda E. Mitchell, ed., *Women in Medieval European Culture*, p. 248.

⑤ Emillie Amt, ed., *Women's Lives in Medieval Europe: A Sourcebook*, pp. 212-213.

⑥ 爱德华·傅克斯：《欧洲风化史·文艺复兴时代》，侯焕闳译，第435—436页。

⑦ Linda E. Mitchell, ed., *Women in Medieval European Culture*, p. 249.

板签订了合同，妓院必须每年为每个妓女付 5—9 塔勒的税金。[①] 在对妓院的治安管理上，私营妓院一般拥有自己的保镖，官办妓院则有政府派遣的警察维护其治安。

为了维护自身的利益，妓女往往成立一定的组织，以限制贪婪、凶狠的老板对她们的压迫和剥削，同时还可以防止嫖客对她们的肆意摧残和暗娼的竞争等。通过与妓院老板的斗争与协商，妓女能够争取到很多的权利。例如，她们可以在一定时间拒绝接客，妓院老板不得任意禁闭殴打她们，不得任意克扣她们的工资等。由于社会上大量暗娼的存在对正规妓院的妓女造成了竞争，并极大地影响了她们的生意，所以，为了保护其自身的利益，妓女与暗娼之间也常常发生激烈的争斗。

妓院中的妓女处于老板的严格控制之下，为了让妓女们多为自己赚些钱，妓院老板总是让她们接待更多的客人，而妓女们为了多攒一点积蓄以及显示自己的魅力，也极力拉拢客人。13 世纪的托马斯·穆纳在其著作《傻瓜园》中也写道："她们有的吹口哨，有的打手势，有的挥手帕，有的穿白鞋，露出白嫩嫩的腿，也有的用戒指、十字架、项链和其他手势来吸引男人的注意。"[②]她们的命运由于个人的才貌和技能而各不相同。高级妓女的收入较高，地位也比普通妓女高得多。皇帝查理六世到图卢兹的"大修院"妓院，妓女们的周到服务使他龙颜大悦，他许诺妓女们可以向他提任何要求，他一定会答应。妓女们因此请求皇帝允许她们不佩戴象征耻辱的白绶带，查理信守诺言，答应了她们。[③] 而名妓尼翁·伦科洛斯则在后来成了著名剧作家莫雷的情人，玛达梅·迈特农成了路易十六的妻子。[④] 这些高级妓女生活很舒适，达官贵族在她们身上一掷千金，为她们购置住房，买车和马，她们甚至还拥有自己的仆人，过着与当时上流社会非常接近的生活，而许多贵族和富人的家庭聚会或庆典都请一些有姿色的妓女来助兴。但是，高级妓女仍旧是达官贵人的玩物，这从城市当局的记录中可以清楚地看出，"人们让妓女参加公共娱乐和节庆，绝不是出于值得称赞的宽容。人们绝不是把她们当作平等的公民；她们始终是每个参加庆典的人都可以随便猎捕的野味，每个人想怎样玩都可以"[⑤]。而普通妓女的生活则是很困窘的，在官办妓院和私营妓院中的妓女，出卖肉体所赚得的钱大都被政府、妓院老板、皮条客剥削去了，她们所得到的往往是很小的一部分，甚至什么也得不到。[⑥] 在 16 世纪的塞维利亚，一个

---

① 爱德华·傅克斯：《欧洲风化史·文艺复兴时代》，侯焕闳译，第 400 页。

② 爱德华·傅克斯：《欧洲风化史·文艺复兴时代》，侯焕闳译，第 422 页。

③ William W. Sanger, *History of prostitution: Its Extent, Causes and Effects Throughout The World*, p. 99.

④ Merry E. Wiesner, *Women and Gender in Early Modern Europe*, p. 124.

⑤ 爱德华·傅克斯：《欧洲风化史·文艺复兴时代》，侯焕闳译，第 411 页。

⑥ 据记载，14 世纪佩鲁贾一家妓院老鸨与一个妓女签订了一份雇佣合同，除了衣食，那位妓女什么也得不到。参见 Bonnie S. Anderson and Judith P. Zinsser, *A History of Their Own: Women in Europe from Prehistory to the Present*, vol. 1, p. 363。

年轻女孩的卖价为10—20杜卡托，她日后每天有望赚4—5杜卡托，而她的职业寿命约为20年。[①] 由此可见，妓院老板的利润会有多大。而且，如果妓女留下太多的小费，老鸨便会指使男丁揍她。因此，妓院老板才是私营妓院最大的利益获得者，他们可以从一个妓女身上赚得几百倍于妓女买价的利润。暗娼不必受老鸨们的剥削，但她们的情况并不比正规妓院的妓女好多少。首先，暗娼赚得的钱有相当的一部分付了房租。在1427年，佛罗伦萨的一个客栈老板将自家房子的地下室租给妓女使用，月租为10—13里拉，而当时在她们的一次交易中向顾客索要的小费只有19夸特里尼(quattrini)。[②] 这样她的许多次生意实际上是赚不到钱的。其次，她们不仅受到政府的严厉禁止与惩罚，也受到私营妓院的无情排斥，因为政府和私营妓院都认为暗娼的存在使它们的收入减少，因此它们对待暗娼的处罚是相当严厉的，割鼻子、毒打以致投入监狱就是当时政府惯用的伎俩。因此，虽然极少数的高级妓女得到了她想要的东西，但是大多数妓女的生活并不乐观。

妓女的社会地位是低下的，除了在衣着、行为上要符合其卑下的身份外，在其他方面上也处于受人唾弃的境地。具体表现在：首先，在法律上她们基本上不受保护。例如在卡斯蒂利亚的城镇中，人们打她们或抢劫她们不必担心受到处罚。[③] 在罗马，市政府颁布的惩罚妓女的律令有违人伦，"如果妓女严重欺骗顾客，她将面临31个贵族男性或69个普通男性的奸污"[④]。其次，她们的日常行为也要受到约束。由于妓女是做那种传统观念认为是"罪恶生意"的女人，"她们不能到城镇一些特定地区走动，她们不能像平常人一样有自己的情人"[⑤]。最后，妓女的归宿往往是凄凉的。几年风光之后，妓女年老色衰，便丧失了在性交易中讨价还价的资本，她们的一条出路是做皮条客，即替年轻的妓女拉拢客人，自己赚点小费。另外一条出路就是进入修道院，靠香客们的施舍过活，在13、14世纪的巴黎、维也纳和那不勒斯等地均有专为妓女们建的修道院，而在1227年，教皇格列高利六世则为从妓女业中"退休"的玛丽·马戈达莱尼进行了洗礼，同意她做修女。[⑥] 综上所述，妓女的生活是悲惨的，她们靠出卖肉体为生，既要受到老板的剥削，也要遭受社会上人的歧

① Bonnie S. Anderson and Judith P. Zinsser, *A History of Their Own: Women in Europe from Prehistory to the Present*, vol. 1, p. 363.

② Bonnie S. Anderson and Judith P. Zinsser, *A History of Their Own: Women in Europe from Prehistory to the Present*, vol. 1, pp. 362-363.

③ Linda E. Mitchell, ed., *Women in Medieval European Culture*, p. 249.

④ Bonnie S. Anderson and Judith P. Zinsser, *A History of Their Own: Women in Europe from Prehistory to the Present*, vol. 1, p. 363.

⑤ Mavis E. Mate, *Women in Medieval English Society*, p. 48.

⑥ Bonnie S. Anderson and Judith P. Zinsser, *A History of Their Own: Women in Europe from Prehistory to the Present*, vol. 1, p. 366.

视。诚如迈维斯·E. 梅特所言，“虽然妓女业作为‘必要的邪恶’为社会容忍，但是妓女自身仍是边缘化的人，她们要遭受社会上那些自认为体面的人的敌意和蔑视”①。

在整个中世纪，娼妓业一直存在，并构成城市生活的一部分。其中的原因当然是多方面的，既有经济的原因又有社会文化的背景。首先，从城市政府方面来讲，娼妓业的税收颇为可观，是政府的重要税源。其次，从妓女自身来讲，贫穷是当时城市普通劳动女性走向妓女生活的首要原因。“对大多数贫穷的妇女来讲，这是她们所能从事的少有的几项工作之一。”②通过做妓女来为自己赚得嫁妆是年轻的女孩从事此工作的另一原因。据记载，在1285年，名叫厄泽尔和普瓦的两个女孩在蒙彼利埃花钱买了一块地盘，以便拥有在此拉客的权利，最后她们利用做妓女的钱攒足了一份丰厚的嫁妆。③ 由此可见，她们做这一职业是迫不得已的选择。再次，从娼妓业面向的群体来讲，它所满足的主要是城市中那些有钱的男人，妓女是男人的消遣物，特别是那些权贵的必需品。在13世纪对娼妓业的禁令颁布后，许多男人哗然。城市商人们抱怨说，法令的颁行使他们管理好了自己的妻子和女儿，但是军队和学徒就不好管理了。④ 而且，“玩弄妓女毕竟是城市有钱人的一种消遣方式，当有钱的嫖客违反了法律之后，可以拿赎金了事”⑤。最后，从社会风气来讲，社会也在一定程度上容忍娼妓业的存在。在中世纪的城市中，存在着同性恋、通奸以及强奸的行为，而人们将此类事件看作是极大的社会罪恶，认为这些龌龊的事比妓女所干的事更让人不能忍受。如在佛罗伦萨，政府称妓院可以使年轻的男子避免同性恋，⑥可见，在他们的眼里，同性恋是一种比卖淫更糟的事情。

城市普通劳动女性的职业特点　从中世纪西欧城市普通女性的职业状况的分析中，可以看出普通女性的劳动及职业有以下三个主要特点。

首先，普通女性劳动的边缘化，缺乏有效的工作保障。这里的边缘化主要是指普通女性的劳动是男性劳动的补充，在劳动力供大于求时，女性劳动首先会受到冲击，女性的工作权利得不到保障。造成这种情况的主要原因有以下几个方面：

第一，作为手工业和商业权利机构的行会总是由男性来把持。女性很少参与到男人成立的行会中，“不论是农村或者城镇的妇女都是受到行会歧视的最大群体，传统习惯和

---

① Mavis E. Mate, *Women in Medieval English Society*, p. 49.

② Bonnie S. Anderson and Judith P. Zinsser, *A History of Their Own: Women in Europe from Prehistory to the Present*, vol. 1, p. 363.

③ Leah Lydia Otis, *Prostitution in Medieval Society*, University of Chicago Press, 1984, p. 81.

④ William. W. Sanger, *History of Prostitution: Its Extent, Causes and Effects Throughout the World*, p. 96.

⑤ William. W. Sanger, *History of Prostitution: Its Extent, Causes and Effects Throughout the World*, p. 96.

⑥ Merry E. Wiesner, *Women and Gender in Early Modern Europe*, p. 122.

成文法规把她们排斥在行会之外"[①]。女性即便是参加到行会中,也很难同男性成员一样享有同样的权利,"妇女不能做行会的平等成员,不能担任行会统治者,除非是寡妇,能够做到行会领导者的位置,但是这个位置也是从其丈夫那里继承来的"[②]。一旦寡妇改嫁,除非嫁的人还是丈夫生前行会的成员,否则,她就会丧失行会成员资格。难以加入行会或在行会中无权是女性劳动边缘化、工作缺乏保障的重要原因。

第二,造成女性劳动边缘化的间接原因是当时人的性别歧视观念。社会的观念总是认为女性的劳动区域应在家庭之内,而"将她们为赢得工资的劳动看作是边缘化的,因而在行业中就无须为女孩提供专门的培训。而且,在需要时,行会和市政府就让女性参与到劳动大军中,在男性劳力充足时,她们就被排除出去"[③]。因而女性从事的赚取工资的工作只被看成是辅助性的工作。萨兹曼在分析前工业时代女性的工作时,曾经指出,女性的工作永远是业余的。[④]

其次,工作的重叠性和间歇性,普通女性没有明确的工作身份。职业的重叠性指的是大多数的普通劳动女性往往同时身兼数职,哈那沃尔特在分析英国城镇女性劳动的特点时指出,"在中世纪的艾克斯特,妇女有同时从事多种职业的倾向"。[⑤] 例如一位叫琼·施裴斯特的,既为顾客做衣服,又从事零售业。职业的间歇性指的是城市的普通劳动女性经常性地变换工作(寡妇和单身女性的工作具有一定的连续性,但她们被认为是失去女性性别的人),一个女人婚前可能做织工,但婚后可能从事零售业。

在中世纪的城市社会中,城市的公证簿所记载的女人往往是以丈夫或父亲作为自己的身份,同样的情况也出现在工作中。例如,"在伦敦,丝织女工以丈夫的工作为自己的身份,在官方的记录中称她们为'某某的妻子或遗孀'"。[⑥] 女性的婚姻状况是决定她们是否参与社会工作以及从事何种类型工作的重要因素。"一个女人是否结婚或者她结婚嫁给了谁,决定了她以后的职业,因此说妇女的职业身份较弱。"[⑦]女性没有自己明确的工作身份,致使其社会性劳动或者被忽视,或者被贬低,这就直接影响了她们的劳动地位和经济地位。

再次,女性职业的性别隔离倾向。从研究中可以发现,女性所从事的工作类型与男性

---

① 罗伯特·杜普莱西斯:《早期欧洲现代资本主义的形成过程》,朱智强等译,第 45 页。
② Linda E. Mitchell, ed., *Women in Medieval Western European Culture*, p. 134.
③ Mavis E. Mate, *Daughters, Wives and Widows after Black Death*, p. 7.
④ Barbarn A. Hanawalt, *Women and Work in Preindustrial Europe*, p. 157.
⑤ Barbara A. Henawalt, *Women and Work in Preindustrial Europe*, p. 157.
⑥ Mavis E. Mate, *Women in Medieval English Society*, p. 56.
⑦ Linda E. Mitchell, ed., *Women in Medieval Western European Culture*, p. 43.

的不同，表现为有的工作被视为女人的，有的工作被看成是男人的，男女职业存在着性别隔离的倾向。这种情况既与当时社会不合理的劳动分工有关，又与社会观念有关。以仆人为例，女仆的日常劳动主要包括打扫卫生、洗衣、做饭、照顾老人和孩子以及掩埋尸体和哭丧等，这些工作都被看成是女性家庭工作和功能的一种延伸。[①] 其他诸如酿酒、零售及纺织等行业，也被打上了女性工作的烙印。特别是到了16世纪以后，男女工作的分界线更加清晰，"具体的职业和劳动类型越来越与性别有关"。[②]

总之，从我们对普通女性的劳动状况和特点的分析中可以得出，中世纪西欧城市普通女性主要集中在低技术、低报酬及低地位的职业中，造成这种情况的原因既与社会发展水平、劳动分工有关，更与社会文化的背景有关。

2. 农村劳动女性的工作状况

在中世纪西欧的农村，社会分工仍然遵循传统的男主外女主内的方式。女性主要在家内从事诸如洗衣、做饭、抚养孩子、纺织、饲养牲畜等劳动。但在很多情况下，她们也从事户外工作。例如，在农忙时，她们会参与播种和收获；她们甚至去做雇工以补贴家用，这在劳动力极度缺乏的年份中尤为突出；许多农村女孩还到富人家中做女仆，这是当时农村雇佣大军中人数最多的一支；另外，一些农村女性还加入到诸如采集、矿业等劳动强度大、危险程度高的部门中。当然，在历时1000多年的中世纪西欧，农村普通女性的劳动方式和特点会因时因地而有所不同。但不可否认的是，在生产力落后的中世纪西欧，农村女性承担了大量繁重的户内及户外工作，她们为家庭的生存乃至社会经济的发展也作出了不容忽视的贡献。

家内劳动 中世纪西欧农村女性生活与劳动的主要场所就是家，"在农村社会中，女性活动的区域就是自家房屋及其附近地区，而男人活动的区域则是在野外、道路上或森林中"。[③] 不管是世俗还是宗教界都不鼓励女性走向外面的世界，因为当时人们普遍认为女性的能力低下，无力应付社会上的复杂局面。[④] 如同英国著名中世纪史专家哈那沃尔特所言，中世纪的空间是"性别化"了的。[⑤] 在这样一个约定俗成的区域中，女性承担了各种各样繁琐的工作，其中包括洗衣、做饭、打扫卫生、照顾孩子、种植蔬菜、饲养家畜等等。

---

① Merry E. Wiesner, *Women and Gender in Early Modern Europe*, p. 115.

② 罗伯特·杜普莱西斯:《早期欧洲现代资本主义的形成过程》,朱智强等译,第368页。

③ Barbara A. Hanawalt, *Women and Work in Preindustrial Europe*, p. 1.

④ 神学家奥古斯丁、阿奎那等对女人缺乏理性进行了宗教的解释，这对当时的西欧社会具有深远的影响。参见奥古斯丁:《忏悔录》,周士良译,商务印书馆1963年;安东尼·肯尼:《阿奎那》,黄勇译,中国社会科学出版社1987年。

⑤ Mavis E. Mate, *Women in Medieval English Society*, p. 31.

对农村女性而言，做饭是一项基本的工作。一般来讲，中世纪西欧普通农民的饭食非常简单，大多数农民家庭的饭食仅由面包、淡啤酒以及稀粥等组成，随着季节的变化可能还会有一些蔬菜和水果。这样看来，准备饭菜应该是一项简单的工作，但实际上并非如此。首先，在普通农户家中，厨房用具是极为简陋的。为了节约开支，他们尽可能地削减了厨房用具，致使许多厨具不能齐备。像烤炉、磨房等较为昂贵但又常用的用具，一般的农户是置办不起的，所以他们不得不求助于封建主家中的这类设备。例如在中世纪初期，普通农户往往借助封建主家的炉子去制作面包、熏肉等需要烤制的食品。① 由于借用炉子的农户很多，因此她们必须排队等候。这就浪费了她们很多时间。在中世纪法国的小山村——蒙塔尤，一位农妇雷蒙德·贝洛就曾谈到她排队熏猪肉的经历。她讲道："15年前，在封斋期，大约是在晚祈祷的时候，我把两扇腌猪肉扛到蒙塔尤的纪尧姆·贝内家，想在那里用烟熏干。我看到纪耶迈特·贝内和另一个女人正在炉边烤火，我把腌肉放进了厨房，然后就出来了。"②这较为真实地反映了当时的情况。磨面用的磨坊也归封建主所有，普通农户要磨面必须由家庭主妇亲自扛着大麦或小麦到封建主家中去磨。所有这些厨具的缺乏都浪费了大量的时间。其次，准备饭食的过程也是极为费时的，尤其是酿酒。在中世纪，啤酒尤其是淡啤酒是人们的重要饮料，是家庭餐桌上的必备品。而它通常由农妇在自己家中酿制。酿酒的过程是这样的：将谷物（通常是大麦）浸泡几天，然后将其晾干，使它生出麦芽，再把麦芽晒干磨碎，加上适量热水使之发酵，然后将麦芽渣去除，再加入酵母或其他药草，这样再经过一段时间的发酵淡啤酒便酿成了。③ 由此可见，这是一项相当繁琐的工作，需要数日才能完成。准备饭食的繁重性还表现在做饭的整个过程中包含着许多杂活。做饭需要柴火和水，但在中世纪的农村，捡柴火和汲水都不是一件容易的事情。例如，为了生火做饭，家庭主妇要事先到附近的草地上和树林中寻找干草和木材。④ 至于汲水，农妇通常要拿着罐子或水桶到远处的公用井上去打水，一天中往往需要好几次。其他诸如买菜、洗菜、洗碗筷等工作虽然较为轻松，但也需要耗费时间和体力。最后，农妇准备饭菜的工作在当时还存在着一定的危险性，如拾柴火和汲水。西方学者曼德娜·J. 海汀谈到，拾柴火的工作需要女人在早上到院子、马房和树林中去，而梯子、倾斜

---

① Bonnie S. Anderson and Judith P. Zinsser, *A History of Their Own: Women in Europe from Prehistory to the Present*, vol. 1, p. 95.

② 埃马纽埃尔·勒华拉杜里：《蒙塔尤：1294—1324年奥克西坦尼的一个山村》，许明龙、马胜利译，商务印书馆1997年，第21页。

③ Judith M. Bennett, "The Village Ale-Wife: Women and Brewing in Fourteenth-Century England", in Barbara A. Hanawalt, *Women and Work in Preindustrial Europe*, p. 21.

④ Barbara A. Hanawalt, *Women and Work in Preindustrial Europe*, p. 9.

的树木和不平整的路面都隐藏着危险。[①] 哈那沃尔特谈到汲水可能遇到的危险时指出："从井、池塘或小溪中汲水同样是一项危险的工作，因为圆石及平滑的路面会使女人的身体失去平衡而掉到水中溺死。"[②]

另外，除了为自己的家庭准备食物，农妇们还要按照约定在一定的时间里为领主做奶酪和黄油等。作为报酬，她们可能得到一些食物，这要根据具体的规定来定。

总之，做饭作为中世纪西欧农村妇女的一项每日必修课，是十分繁重和费时的。

农妇清理卫生的工作主要包括洗涤衣物和打扫室内卫生。就洗衣来讲，还是比较麻烦的。首先洗涤用品非常原始。当时的洗涤用品主要是草木灰和苏打水，用动物油脂做成的软肥皂和用橄榄油做成的硬肥皂也已出现，但由于价格昂贵而很少为农村妇女所使用。[③] 草木灰和苏打水的洗涤效果较差，且耗费的时间也比较长。洗衣的麻烦还表现在其程序非常繁琐。首先将待洗的衣物放到木桶中，覆盖上草木灰，然后倒入沸水，浸泡一天，第二天将衣物捞出，用木槌敲打一番，再放入木桶中浸泡，第三天才可以将衣物捞出冲净，放到太阳底下晒干。这只是一般过程，在洗涤不同质地的衣物时，其浸泡敲打的时间和程度还要区别对待。尤其在每年的春季，是洗涤最繁忙的季节，积攒了一冬天的棉毛衣物都要在这时清洗。届时村子里的妇女们会不约而同地带着衣物来到水井、池塘或小溪边，她们一边洗衣一边谈笑，这也许会使她们暂时忘记了劳累，但在河边洗衣服也存在着一定的危险性。哈那沃尔特在对中世纪末期英国 237 例农妇意外死亡事件的调查中发现，约有 3%的女人是因为洗衣服时不小心滑倒而被溺死的。[④] 打扫卫生相对容易，因为农村居民的房屋陈设普遍简单。哈那沃尔特为我们介绍了中世纪末期普通农户的房屋构造及其屋内陈设的情况：房屋通常只有一层，包括两三个房间；室内只有一些最基本的家具，如一张带有支架的三角桌、几条长凳、一两把椅子，备有客人来时用；卧室内很少有床，人们多数睡在铺有草垫的地上。家具如此之少，清扫工作自然简单。事实上，由于生活所迫，她们也很少有过多的时间来关注自己家中的卫生情况。

为家人纺纱织布和缝制衣物是中世纪西欧农村女性的又一工作。在英国，盎格鲁-撒克逊时期的许多农村女性坟墓中都曾发现过线箱、纺锤和织棍，这表明纺织是当时农村女

---

① Madonna J. Hettinger, "The Demands in the Day of the Peasant Women in Medieval Europe", in Linda E. Mitchell, ed., *Women in Medieval Western European Culture*, p. 55.

② Hanavalt, "The Ties That Bound, 147", in Linda E. Mitchell, ed., *Women in Medieval Western European Culture*, p. 55.

③ Joseph and Frances Gies, *Life in a Medieval City*, p. 51.

④ Barbara A. Hanawalt, "Peasant Women's Contribution to the Home Economy in Late Medieval England", in Barbara A. Hanawalt, *Women and Work in Preindustrial Europe*, p. 10.

性的一项重要工作。纺织及制作衣物的工作是繁重的，它包含纺线、染色、织布到衣服的剪裁等一系列的工序。最初的工作是将剪下的羊毛梳理干净，再敲打至柔软以便于纺织。接下来便是纺线了，纺线的工作不轻松，中世纪纺线的过程是这样的：一手握着一根挑着粗毛的长棍，也就是缠线杆，另一只手拿着纺锤，细细的毛线在缠线杆和纺锤之间被拉紧，线拉得越紧，纺出来的线越结实。一个熟练的纺线者一天能完成五束线，而五束线够做一件衣服所需的布。[①] 纺线下面的工作是染色。为了染色，农妇从树林中采集到树根、树叶和苔藓类植物作为原料。她们知道怎样把它们按比例混合配置成需要的颜色。例如，北欧的苔藓类植物能制成深棕色、橘黄色、红色以及黄色，桦树皮能制成棕色，茜草能制成粉红色，绿树叶加上酸性物质能制成绿色，黑莓能制成蓝色或淡紫色。[②] 将染成各种颜色的丝线织成布是纺织工作的最后一道程序，"她们解开线团，把丝线弄成大致相同的长度，以作为织布时的经线，这些经线一头系在架子上，另一头系着一块小石头或黏土(以使其垂直)，农妇把织机靠在墙上，把经线拉直，通过木架使其垂直"，[③]然后可以开始织布了。农妇用自己织的布做成长袍、衬衫之类的衣服。作为佃农，农妇除了为自己家庭织布外，她们每年还要为领主无偿纺织布匹和缝制衣物，例如，9 世纪查理大帝时的庄园敕令就有详细的规定。[④]

当然，针线活也包括一些缝缝补补的工作，如将布条做成桌布，将大人穿过的衣服重新裁给小孩穿等。所有这些工作都需要一定的技术，家庭主妇们往往从小就开始学习这方面的技能。

养育孩子是中世纪西欧农村女性主要的家庭义务之一。一般说来，孩子五岁之前的所有责任都由其母亲来承担，这主要包括喂养、保护孩子和培养其生活能力等方面。首先，在哺育孩子方面，只有极少数较为富裕的家庭才请得起乳母，大多数的农妇都是自己哺乳婴儿。乳汁容易消化，而且里面含有抗生素，能够提高孩子的免疫力。随着年龄的增长，母亲还会喂他固体的食物以及将面包泡在牛奶中喂给小孩。农妇选择自己喂养小孩可能还有另外的原因，那就是她们以为这样可以防止再次怀孕而不耽误农活和其他的家务活。除了喂养孩子外，母亲作为监护人，还要承担起照看和保护他们的义务。如果家里

---

① Bonnie S. Anderson and Judith P. Zinsser, *A History of Their Own: Women in Europe from Prehistory to the Present*, vol. 1, p. 99.

② Bonnie S. Anderson and Judith P. Zinsser, *A History of Their Own: Women in Europe from Prehistory to the Present*, vol. 1, p. 101.

③ Bonnie S. Anderson and Judith P. Zinsser, *A History of Their Own: Women in Europe from Prehistory to the Present*, vol. 1, p. 101.

④ 周一良、吴于廑主编：《世界通史资料选辑》(中古部分)，商务印书馆 1985 年，第 32 页。

有年龄稍大一点的孩子，那么可以让年长的照顾年幼的，否则，农妇就会让孩子坐在自己的身边，而她自己则一边工作一边照看孩子。保护孩子必须使他尽量免遭疾病的侵袭和意外的伤害，如果不幸染上疾病，母亲要负责给他治疗。而"农妇负责给孩子治病，其实她们只知道一些症状，如发烧、咳嗽、眼圈乌黑以及头疼、腹痛、腹胀、流血和麻疹等……她们用的方法是一代代传下来的"。① 如果她们自己无法给孩子看好病，就会请村子里其他一些高明的妇女来帮忙，包括开一些草药或施用巫术。保护孩子的责任还包括其他一些内容，如对稍大一些的孩子，做母亲的要注意他们的日常行为，以免他们做出有悖于道德和宗教信仰的事情，特别是女孩子，务必使她们远离行为不端的人以防辱没家风。除了哺育孩子、保护孩子之外，对孩子进行一些简单的生产生活技能的培养也是做母亲的责任。在孩子会走路以后，母亲就要教孩子做力所能及的杂活，随着年龄的增大，母亲还会教他们做些简单的家务劳动和田间劳动，如"将鹅赶到水草丰盛的地方、拾鸡蛋、采摘果实和蔬菜、钓鱼、照看婴儿以及到井上打水"等。② 而女孩子"从她会爬开始就在其母亲的膝下学习女红，在母亲的教导之下，她将学到许多家庭主妇要干的活，其中包括酿酒"。③ 当然，所有这些技能的养成都需要母亲付出极大的耐心和辛劳。

在中世纪西欧的农村，几乎家家都饲养家禽和家畜，而这项工作的主要承担者就是家庭主妇。当时饲养的畜禽主要有鹅、鸡、鸽子、猪、牛、羊等。饲养畜禽是一件又脏又累的活。例如养猪，农妇必须每天按时给猪喂食，为了节省饲料，她们要经常到田野里挖野菜，到了秋季还要到树林里捡些果子给猪吃，而这些免费的饲料也并不是总能得到满足，因为野外的草地和树林也是属于领主的，农妇们并不能随意采集。例如在11世纪英国的拉姆齐主教庄园就规定了农妇捡橡树果子的数量。④ 饲料的不足增加了养猪的难度，尤其是饲养母猪的农户。每年的早春，是母猪产仔的季节，一般一头母猪能产5—6头猪仔，所以在这个季节，农妇们就更加忙碌了。饲养其他的家畜和家禽也极为麻烦。在早上要将鹅赶到水草茂盛的地方，晚上要把它们赶回家中。鸽子、鸡和奶牛要按时喂养食物，而且要时时提防被别人偷走或被野兽吃掉。农户饲养家畜和家禽有几个方面的原因。首先，它可以补贴家用。鸡、鹅、鸽子及其蛋可以拿到市场上出卖，在中世纪法国南部山村蒙塔尤

① Bonnie S. Anderson and Judith P. Zinsser, *A History of Their Own: Women in Europe from Prehistory to the Present*, vol. 1, p. 110.

② Barbara A. Hanawalt, *Women and Work in Preindustrial Europe*, p. 10.

③ Barbara A. Hanawalt, "Peasant Women's Contribution to the Home Economy in Late Medieval England", in Barbara A. Hanawalt, *Women and Work in Preindustrial Europe*, p. 1.

④ Bonnie S. Anderson and Judith P. Zinsser, *A History of Their Own: Women in Europe from Prehistory to the Present*, vol. 1, p. 96.

的地方集市上，有步行15—20里路来出售家禽的农妇；在特鲁瓦城，每逢集市日，都会有农妇挎着篮子出售鸡蛋、鹅蛋等。而早在9世纪，盎格鲁-撒克逊女人就饲养着很多的鹅，它们成为当时英国出口的商品之一。[①] 饲养猪、羊和牛更是当时普通农户积蓄钱财的重要方式。到了秋末，膘肥体壮的猪、羊和牛可以卖很多钱，而绵羊的毛也可以单卖。饲养禽畜成为当时普通农户补贴家用的主要来源之一。除了出售，自养的禽畜还可以为家庭提供肉、奶、蛋等副食和一些其他日用品。鸡、鹅、鸽子、猪、羊的肉可以食用，鸡、鹅还能下蛋，奶牛能够提供牛奶，并可以用以制作其他奶制品。当然普通农户一般不舍得享用这些可以换钱的东西，只有在传统节日等比较特殊的日子，他们才可以享用一点。如在德国和丹麦等地，每年11月11日的圣·马丁节这一天，居民都要按照习俗吃烤鹅。除了食用，畜禽的皮毛等还可以用来制作一些日用品，如羊毛可以用来纺织，鹅毛可以制作掸子，英国的农妇还会将鹅毛制成给婴儿和小羊羔喂奶用的奶瓶嘴，而鹅油则可以做成润滑油，涂在马鞍上以防其皲裂。[②] 农妇饲养牲畜的第三个原因在于佃户负有向领主交纳畜禽产品的义务，这在当时是非常普遍的。各地缴纳畜禽的数量不同，如1292年英国阿沃尔顿庄园的记录簿列着："一年三只母鸡，一只公鸡；复活节五个鸡蛋"[③]，格洛塞斯特郡的提丁汉庄园记录（约1060年）中记载："在本庄园内有七头猪的人应交纳三头，多于此数的永远交十分之一；此外，在有橡树子时要纳税以取得放猪吃橡子的权利。"[④]

综上所述，中世纪西欧农村的女性在家庭内承担了做饭、清理卫生、纺织缝纫、抚养孩子、饲养禽畜等大量的劳动，这些劳动占去了农村女性的大部分时间，耗费了她们很多的精力，对家庭的生存和社会的发展做出了重要的贡献。但遗憾的是，当时的人们却把女性的这些劳动看成是她们应尽的义务和男人劳动的附属品，从而在很大程度上否认了女性劳动的价值及其独立性。

户外劳动 由于生产劳动的需要，农村女性除了繁重的家务劳动外，还不得不参与户外的田间劳作。同时，由于当时生产力水平的低下，仅仅依靠男性的劳动仍然难以维持家庭的生存，所以她们有时还不得不走出家门，从事其他的工作，以赚钱补贴家用或赚取嫁资等。当时农村女性从事的户外劳动主要有以下几种。

在中世纪，农妇参加田间劳动是经常的事。由于当时生产力落后，劳动效率低下，从

---

① Bonnie S. Anderson and Judith P. Zinsser, *A History of Their Own: Women in Europe from Prehistory to the Present*, vol. 1, p. 105.

② Bonnie S. Anderson and Judith P. Zinsser, *A History of Their Own: Women in Europe from Prehistory to the Present*, vol. 1, p. 97.

③ Linda E. Mitchell, ed., *Women in Medieval Western European Culture*, p. 57.

④ 周一良，吴于廑主编：《世界通史资料选辑》（中古部分），第63页。

事农业生产需要大量的人手，因此仅仅依靠男劳力是无法胜任所有工作的，所以妇女们也往往在家务活之余参与到田间劳作、菜园种植中去。同时，为了赚钱以补贴家用，很多农妇在忙完自家的农活后还会到富人家里充当雇工。协助丈夫收种、管理菜园、充当雇工是当时女性参加田间劳动的主要形式。

在农村，春种秋收是最忙的时节，这时农妇们会参与到田间劳作中去，她们牵牛耕地、播种、施肥、收割谷物、打捆、运输、脱粒等。几乎所有男人们干的活她们也都会干。[①] 例如，汉斯-维尔纳·格茨对9世纪的播种进行了描述："（播种）完全是用手工进行，而且是由妇女来做的，把种子放在一个篮子里或者放在卷起的上衣里，用手分撒……"[②]当然，即便是在农闲季节，农妇们也经常下地干活。在一些地区，年轻的男人们往往会在这时离开家门出去打工，于是，田间的日常管理更成了女人们的主业。除了庄稼的收种，农村女性还要参与家庭菜园的管理。在中世纪，几乎所有的农户都有自己的菜园子。这主要是为了满足家用。当时菜园里种植的蔬菜主要有豌豆、大豆、芜菁、葱、萝卜、韭菜、胡萝卜和甜菜等。这些蔬菜的播种、施肥、锄草、灌溉及采摘等工作基本上都是由农妇们来完成的。为增加家庭的收入，"在一些贫穷家庭，只有少量的土地，这样的家庭中，女人们也会像男人们一样走出家门去充当农业雇工"[③]。中世纪的编年史上就有许多有关的记载。例如，在1290年的库克斯汉姆(Cuxham)地区，有四位妇女被雇佣割草，为的是在下雨之前将草割完。[④] 有时候，妻子还会和丈夫一起到富人家里充当农业雇工，丈夫割谷物，妻子负责打捆，雇主则根据谷物的捆数发给他们工资。[⑤] 据有关学者的统计，妇女的工资与男人相比则差别很大，除战争或疾疫（如中世纪长期肆虐欧洲的黑死病）造成劳动力奇缺的年份外，妇女的工资总是不及男人的一半。[⑥] 除了以上三种主要形式，妇女从事田间劳动有时还表现为给领主服劳役，如在英国的阿沃尔顿地区，妇女们就负有每年为领主扛草三天，割谷物一天的劳役。[⑦] 总之，妇女们通过参与田间劳动，增加了劳动人手，促进了农业经济的发展，同时也补贴了家用，满足了家庭对蔬菜等副食的需求。

在中世纪的农村，女性到富人家做女仆是十分普遍的，其中尤以未婚女性为多。据统计，在中世纪末期的英国，20—24岁之间的农村妇女中，就有66%的人曾做过女仆。[⑧] 而

---

① Mavis E. Mate, *Women in Medieval English Society*, p. 28.

② 汉斯—维尔纳·格茨：《欧洲中世纪生活》，王亚平译，东方出版社2002年，第149页。

③ Barbara A. Hanawalt, *Women and Work in Preindustrial Europe*, p. 11.

④ Mavis E. Mate, *Women in Medieval English Society*, p. 28.

⑤ Merry E. Wiesner, *Women and Gender in Early Modern Europe*, p. 108.

⑥ Merry E. Wiesner, *Women and Gender in Early Modern Europe*, p. 108.

⑦ Linda E. Mitchell, ed., *Women in Medieval Western European Culture*, p. 57.

⑧ Merrry E. Wiesner, *Women and Gender in Early Modern Europe*, p. 110.

女孩子在年轻时出去做女仆是中世纪社会的一种习俗，[①]这主要由于她们可以借此为自己积累到一笔可观的嫁资。在中世纪的农村，女儿出嫁是一件十分重要的事情，而嫁资则是普通农户的一项重要支出，许多家庭常常因此而债台高筑，而到富人家做女仆将大大减轻这项负担。一般而言，雇主会给女孩的父亲一些钱，并为女孩提供吃穿和住所，还会给女孩小额的钱让她攒嫁妆。如果遇到好的主人，女孩到了结婚的年龄时，主人还会帮她找一个合适的对象，并赠送她一些礼物，如衣服、羊以及一些钱财等。同时，女仆在名义上是其主家的一员，一个受主人宠信的女仆在其主人死后也有可能继承到一笔相当可观的遗产。[②] 为了吸引一个有前途的男人做自己的终生伴侣，女仆会用自己积攒的工资购置一两亩田产作为嫁妆，这在黑死病流行之前是相当诱人的。[③] 由于以上这些好处，选择做女仆就成为中世纪农村年轻女孩子的一条重要出路。但是女仆的生活并不是一帆风顺的，许多不愉快的事情时常发生。首先，女仆的工作较为繁重，她们承担着洗衣、做饭、喂养牲畜、做农活等各种劳动，主人可以随意地差遣她们，使她们不得清闲。如果她们做的不能让主人满意，还会遭受斥责和打骂。其次，工资的获得并不容易。工资一般只在年底完工时发放或者一直到女仆离开主人家时才发放，因此"在实际上，女仆把她们的工资先借给了主人用"，[④]即便是这样，主人还是会借故扣发工资或者不发工资，这种纠纷时常发生。再次，无论其年龄多大，她们在法律上都处于依附主人的地位，所以主人往往凭借一个微不足道的借口就可以对她们施以惩罚或解雇她们。当时的法庭记录就有大量的有关记载。例如在1373年，英国哈利索温地方的一个名叫威廉·凯泰的人替她做女仆的女儿提起诉讼，指控雇主打了他的女儿，并且提供的饭食也不符合约定的标准。[⑤] 最后，由于当时男人是女人的监护者，对女仆而言，男主人才是她的监护者，在女仆受到外界的伤害，所得的赔偿全进了主人的腰包，而不是给受害人女仆。尽管如此，对于大多数女孩子来讲，赚取嫁资才是最重要的，因此，尽管有种种不愉快的事情发生，她们仍然义无反顾地走出家门去做女仆。

除了上述两种工作外，农村女性还选择做纺织工、挤奶工和采矿工等。纺织原本就是女性的工作。中世纪的西欧各国特别是英国是毛纺织业的重要基地。在这些地区，女人

---

① 拉斯莱特认为，在前工业化时代的西欧，家仆制普遍存在。在一个社区之中，四分之一或三分之一的家中使用了仆人，而他所谓的"立身仆人"(life-cycle servant)在当时西欧社会则非常之多。参见 P. Laslett, *The World We Have Lost*, pp. 15-16。

② 例如一个叫伊丽莎白·莱姆肯的女仆在其主人死后得到了总共26索里达8第纳尔的遗产，参见 Barbara A. Hanawalt, *Women and Work in Preindustrial Europe*, p. 6。

③ Barbara A. Hanawalt, *Women and Work in Preindustrial Europe*, p. 6.

④ Merry E. Wiesner, *Women and Gender in Early Modern Europe*, p. 110.

⑤ R. H. Hilton, *The English Peasantry in the Later Middle Ages*, Oxford, 1979, p. 46.

垄断了与之相关的所有的工作——从原毛的梳理、清洗、打压、纺线直到织成布匹。但她们的工作条件恶劣，报酬低微，她们的工资比干相同工作的男人少很多。[1] 丝织业的情况也与此相似。所有这些都极大地损害了女性的利益和身体健康。但整个社会对女性的漠视和贬低却使得她们别无选择。对此，一位西方学者评论道："丝织业的发展产生了许多的工作机会，女性，确切地说是女孩被认为比男人更灵巧和精神集中，而这是抽丝工作所必需的。也许女孩是唯一愿意在这样的低工资的情况下接受此工作的人，尽管长时间在昏暗的灯光下会损坏她们的眼睛。"[2]除了从事纺织业，在牧区，农村女性还有到牧场做挤奶工和奶制品雇工的。由于生活及饮食需要，养牛业在中世纪普遍存在，挤奶工便很多，其中包括许多女性。从13世纪的关于挤奶妇的庄园记录就可以清楚地了解庄园选择挤奶妇的条件、工人的义务、工资报酬以及食宿等各方面的情况。例如，在道德要求上，挤奶妇必须温和、忠诚、工作勤恳、不贪婪等；在工作要求上，除了挤奶外，她们还负有照看牲畜，防盗贼偷窃东西等。[3] 从记录上可以看出挤奶妇工资待遇低，生活条件差。对于为领主制作奶酪和黄油的女人来讲，她们一般可以得到一定量的奶酪和黄油作为报酬。除此之外，在矿区，农妇们还会参加到采矿的工作中去。不过，地面下的工作主要由男人来承担，她们所从事的主要是地面上的工作，如挑选和搬运矿石等，这类工作的报酬也是很低的。

综上所述，中世纪农村女性从事户外劳动的领域还是比较狭窄的，主要集中在农业、畜牧业、纺织业及家政服务业等少数传统部门，而且在中世纪的早期，女性的劳动内容和区域受到了很大限制。这种情况一方面反映了社会经济发展水平对男女劳动分工具有决定性的作用，另一方面也说明了社会精神层面的因素也是不可忽视的原因，比如，人们不赞同女人出头露面等。随着经济的发展及社会对女性各种束缚的相对减少，在中世纪中后期，越来越多的农村女性走出家门，从事户外工作。而且许多工作，如纺织、做雇工等都与工商业建立了较为紧密的联系。

总之，在漫长的中世纪，西欧农村中的劳动女性对家庭的生存与社会经济的发展做出了很大的贡献。通过家内劳动，她们完成了"贤妻良母"应做的工作，而通过户外劳动，她们不仅赚了钱养活家人，也为西欧社会的经济繁荣做出了自己的贡献。概而言之，农村女性劳动具有以下几个特点：首先，她们以家内劳动为主，户外劳动为辅，劳动的性别分工是较明显的。其次，就户外劳动来讲，女性一般不从事重体力劳动，否则，她的丈夫就可能被

---

① Merry E. Wiesner, *Women and Gender in Early Modern Europe*, pp. 121-122.

② Merry E. Wiesner, *Women and Gender in Early Modern Europe*, p. 111.

③ Emilie Amt, ed., *Women's Lives in Medieval Europe: A Sourcebook*, p. 182.

讥笑，无论这种工作她能否承担。这说明劳动的性别分工是原始的、简单化的。再次，农村女性的劳动与农业的联系较强，她们较少参与工商业活动，这也是与城市女性劳动不同的地方。最后，做佣工的女性，与男同伴相比，其工作条件差、报酬低，这反映出女性劳动地位、社会地位的低下。尽管如此，农村普通女性还是不避艰辛，尽可能地扩展自己的劳动空间，参与社会生产，对维系家庭生存及社会经济发展做出了不可忽视的贡献。

四、女性的政治权利与教育状况

1. 中世纪女性的政治权利

一般而言，权利是指公民或法人依法行使的权力和享有的利益。政治权利是一种特殊的权利，是从事公共事务或受公共、集体委托的特殊主体所具有的一种职责、职权。[①]在中世纪社会中，西欧大陆各国、各地区由于没有形成统一完备的法律体系，人们享有的权利也呈现出纷繁复杂的状况。一般而言，谁享有较高的地位谁就拥有较多的权利。对女性来讲，属于社会特权等级的妇女，包括王室和贵族妇女享有较大的政治权及各种特殊的利益，城市上层工商业者之家的女性也行使部分行政权。而处于社会下层的城市妇女和广大的农村妇女却难以参与到政治活动当中，她们占女性的大多数，明显地处在政治边缘化的地位。[②]

王室及贵族女性的政治权利　在中世纪，处于社会特权阶层的王室及贵族妇女可以获得各种政治权利。她们获取权利的方式大致分为以下四种：首先，由于继承关系取得的权力。在王室和贵族之家，当家庭中没有男继承人的时候，女性就可能继承行政职权。例如，阿图瓦的马肖 1302 年从她的父亲手中继承了伯爵领地（她的兄弟 1298 年死于同弗来明人的战斗中，她的丈夫奥托 1303 年被杀），她针对领地上的城市颁布了一系列法令，不仅将她的前任阿图伊斯伯爵给予城市的许多特权条理化，而且制定了新的司法程序，确定了城市机构的选举方法，以及向她汇报的方式。[③] 可见，马肖完全继承了父亲的行政职权。其次，当父亲或丈夫外出打仗或担任行政之职时，妇女便可能代行父亲或丈夫的行政职权。我们所了解的西欧中世纪社会在某种意义上来讲也是一个军事社会，战争是经常

① 参见唐琮瑶：《论权利》，《海南大学学报》（社会科学版）1994 年第 4 期。

② 政治边缘化，指妇女被排除在政府决策程序之外，被动地接受施加于她们的安排。参见王恩铭：《从政治边缘走向政治中心——70 年代和 80 年代的美国妇女运动之追踪》，《世界历史》1995 年第 2 期。

③ 苏拉密斯·萨哈：《第四等级——中世纪欧洲妇女史》，林英译，第 161 页。

的事情，外出打仗是贵族、骑士生活重要的一面。许多时候国王或皇帝也带兵亲征，当贵族和国王外出打仗的时候，女人们便成了行政、公共事务的实际领导人。乔叟笔下的贵族妇女格雷赛尔达就是这样的一位贵妇："丈夫有时出行，朝臣贵族如因故相争不让，她常从中调解，词婉言切，处理公正，人民都称她为天使下降，来人间济弱洗冤。"[①]11 世纪在加泰罗尼亚，领主的妻子如同领有封地的女伯爵或女修道院长一样主持着宫廷。[②] 再次，王室或贵族妇女可以通过作未成年孩子监护人的方式行使行政职权，发挥政治影响力。例如，凯特瑞娜（米兰公爵的非婚生女儿，生于 1462 年），在其丈夫被暗杀后，她扫除了文艺复兴时期排斥女性参与政治的各种障碍，成了其六岁儿子的监护人，并开始统治广大的土地。[③] 最后，王室与贵族妇女因为与身居要职的丈夫和儿子的亲密关系来影响到行政机关的运作、行政命令及法令的颁行等。

据史料记载，王室与贵族妇女的政治影响涉及范围很广，有关行政、经济、宗教以至军事等各个方面的决策与管理都曾受其影响。其中，行政方面是最重要的一方面。例如，加洛林王朝时期，王后与国王同时加冕，在 866 年，加洛林国王称他的妻子为"帝国的参谋"。又如亨利一世（1100—1135）的王后穆德，有参与国王法庭会议的重要权利，她在当时的政治事务中发挥着重要的影响。[④] 妇女们在经济管理方面也发挥着重要作用。12 世纪上半叶佛兰德斯的法律中提到，圣奥梅尔居民在某些特定的情况下要向他的城堡主妻子或管事交纳钱款。[⑤] 在宗教方面，王室与贵族的妇女因为将钱财捐献给教会而享有特权。宾根的希尔德加德（1098—1179）八岁进入本尼狄克修道院当了修女，后来她用自己的财产建了两座修道院，并亲自担任院长。[⑥] 又如，劳瑞塔·德·布朗兹，兰开斯特伯爵夫人，她在肯特当隐修士 60 年，除了统治当地的修道院外，还曾为当时的男爵起义出谋划策。[⑦] 当时的王室和贵族女性还曾参与到军事行动当中。在百年战争中，伊丽莎白·德·博格曾经为爱德华三世提供军队。[⑧] 又如，布列塔尼伯爵夫人是一个有非凡勇气和胆量的人，1341 年，在丈夫布列塔尼公爵让·德·蒙福尔外出期间，她率军击败了企图夺取伯爵领地的布鲁瓦的查尔斯，为了保卫亨尼邦特城堡，她组织妇女儿童，将路面上铺的石板撬下

---

① 苏拉密斯·萨哈：《第四等级——中世纪欧洲妇女史》，林英译，第 164 页。

② 苏拉密斯·萨哈：《第四等级——中世纪欧洲妇女史》，林英译，第 166 页。

③ Lorna Hutson, *Feminism and Renaissance Studies*, Oxford University Press, 1999, pp. 32-33.

④ Renate Bridenthal, Susan Mosher Stuard and Merry E. Wiesner, eds., *Becoming Visible: Women in European History*, p. 120.

⑤ 苏拉密斯·萨哈：《第四等级——中世纪欧洲妇女史》，林英译，第 166 页。

⑥ Lisa DiCaprio and Merry E. Wiesner, eds., *Lives and Voices: Sources in European Women's History*, p. 132.

⑦ Linda E. Mitchell, ed., *Women in Medieval Western European Culture*, p. 217.

⑧ Linda E. Mitchell, ed., *Women in Medieval Western European Culture*, p. 213.

来,运送到守城将士手中,抛向敌军的阵营,她还在城外主动进攻敌人,乘胜追击直至布雷斯特。[①]

从以上的分析可以看出,中世纪的王室和贵族女性因其处于特权等级的地位而拥有诸多权力,是整个中世纪女性中地位最高的群体。但是,如从性别的角度来看,她们所拥有的政治权利和所能行使的职权是有着很大局限性的。这些不利因素主要包括以下三个方面:首先,按照西欧中世纪的继承法,一般只有在没有男继承人的情况下,女性才可能作为继承者,而且取得继承权的过程往往是艰难的。例如,女伯爵埃拉(1189—1261),在1226年给了亨利三世500马克(1马克=2/3英镑),为的是获取威尔士郡长的职位。埃拉的父亲曾经担任过此职,其父亲去世之后,埃拉的丈夫承袭了这一职位。当丈夫死后,埃拉就以女继承人的身份要求继承这一职位,但宗教和政府机构都希望埃拉仍为伯爵夫人,他们不愿意她参与到公共事务的管理中。所以埃拉想继承职位必须花钱买。[②] 其次,在丈夫去世后,女性可能成为其子的监护人,但是,在孩子长大成人后,做监护人的母亲必须将权力返还给儿子,这就意味着她最终会失去曾经拥有的特权。比如,埃玛,诺曼底公爵的女儿,在嫁给丹麦国王之后,她成为英国最富有的女人,她在丈夫死后担任过儿子的监护人。当她与前夫所生的儿子爱德华继承王位后,她几乎丧失了所有的东西,包括财富、土地和权力。[③] 再次,战争是中世纪社会一个经常的事情,由于女性没有受过打仗、搏杀的训练,所以时人认为她们缺少胆识,因而没有资格领导一个国家或领地。玛蒂尔达,为了争得英国王位,曾经与斯蒂芬开战,她最终惨败。这种失败使得她的名誉和威望受损,也使得她最终没能争到王位。[④]

从以上的分析可以看出,王室与贵族女性在中世纪的社会政治中发挥了一定的影响,她们享有广大平民不曾有的特权,但与男性统治者相比较,她们依然处于不利的地位。

城市女性的政治权利 城市的兴起和发展是中世纪社会一个进步现象,城市在当时象征着自由和平,在城市这一开放的社会当中,女性的政治权利又是怎样的呢?从史料的记载中很少找到城市女性行使市民权利的例子,只有屈指可数的几例表明妇女曾经参与到决策中。据史料记载,在香槟地区的佩欧温斯,妇女曾参加了当地的全民表决。这次投票包括了城市及其周围农村的所有居民。投票表决的内容为:是愿意继续接受城市公社任命的当地官员的统治还是直接隶属于国王。参加者包括来自城市的1741名投票人及

① 苏拉密斯·萨哈:《第四等级——中世纪欧洲妇女史》,林英译,第164页。
② Linda E. Mitchell, ed., *Women in Medieval Western European Culture*, p. 209.
③ Mavis E. Mate, *Women in the Medieval English Society*, p. 11.
④ Mavis E. Mate, *Women in the Medieval English Society*, p. 11.

来自乡村的960人，其中妇女360人，投票的妇女包括寡妇、已婚妇女、未婚妇女。1308年在法国的图尔，妇女参加了为腓力四世召集的三级会议选举代表的活动。[①] 总的来说，城市妇女在城市市民大会及市议会中并未起到什么作用，如上例言及的她们只是名义上的投票人，对最终的结果并没有决策权。英国著名的历史学家希尔顿也曾指出，城市女性比贵族女性的地位低，她们甚至还不如农村女性享有的权利大。

城市女性的政治权利受到了广泛的限制，主要表现在：女性没有担任官职和议政的权利，不能参与城市公共事务的管理。以色列妇女史家苏拉密斯·萨哈指出，在城市中，无论是在僭主制、贵族寡头制，甚或半民主制的政府统治模式中，妇女都没有在政府中占有一席之地。她们既没有被选进市议会，也不曾成为权力中心的成员，只有极个别妇女参加了城镇的代表大会。[②] 甚至在城市举行庆典活动时，妇女和儿童、仆役一样只能跟着游行的队伍走，而不能作为正式的参与者。

为什么城市女性在管理城市事务上没有权利呢？

第一，女性很难成为行会的成员，即便成为行会成员，也并不是掌权者。掌权的是市政府派来的男人或行会中少数的男性成员。例如，在法国和德国的一小部分城市里，有些从事如金银线织品等贵重纺织品生产的行会主要或完全由妇女组成，但是，几乎所有的行会都是男性掌权，他们同时还负责与本行会有关的所有政治事务。[③] 而巴黎的女性行会，尤其是纺纱及制钱包者行会，其成员全部是女性，但是对学徒合同进行管理、检查产品质量、执行行会章程的都是男人，尽管他们并没有此行业的实际经验。[④] 在城市中，行会几乎就是市政府的同义语，妇女不参加行会，当然就被排除在政权之外。

第二，因为家庭事务的需要，城市妇女很难有时间参与到工商业活动之中，这就限制了她们从事政治活动的机会。因为那些拥有巨大财富和社会实践经验的工商业者使其从事政治活动有了资本。

第三，当时社会普遍存在的“厌女症”，在城市中也是如此，人们反对女性抛头露面，更不用说让她们从事政治活动了。马沙·豪威尔(Martha Howell)说：“女性享有较高的地位，就会威胁到男人所推崇的欧洲性别体系的父权制特征。”[⑤]

可见，城市女性从事政治活动之所以受到如此广泛的限制是由诸多不利因素造成的。

---

① 苏拉密斯·萨哈：《第四等级——中世纪欧洲妇女史》，林英译，第194页。

② 苏拉密斯·萨哈：《第四等级——中世纪欧洲妇女史》，林英译，第192、193页。

③ 罗伯特·杜普莱西斯：《早期欧洲现代资本主义的形成过程》，朱智强等译，第45页。

④ Judith M. Bennett and Elizabeth A. Clark, eds., *Sisters and Workers in the Middle Ages*, p. 19.

⑤ Bonnie S. Anderson and Judith P. Zinsser, *A History of Their Own: Women in Europe from Prehistory to the Present*, vol. 1, p. 229.

除了以上几个方面之外，其他的诸如男子优先继承权、女性终生都处于男性亲属的监护之下等也是使她们在政治上处于无权状况的重要原因。

当然，虽然女性缺乏政治参与，但她们仍然是城市的市民，享有一些基本权利，她们拥有财产及人身安全权，能够以个人的名义管理自己的财产和土地，也有权签订合同。而且，作为市民，她们需承担市民义务，如缴税及宣布效忠城市等。

农村女性的政治权利 农村女性在西欧中世纪社会管理活动中的作用也非常有限，她们很少有机会担任公职。例如，在英国，当十户团的居民宣誓要完成对于公共权力和机构的职责时，妇女不能充当领誓人(这些义务都是针对公共事务的，同时它们也成了在团体中获得权力和地位的途径)。[①] 在农村中，女性参与政治活动主要分为三种情况。首先，未婚妇女和寡妇可能享有部分权利。比如，她们可以参加拥有土地的村民有权参加的会议，1304 年，在皮德蒙特地区的克莱文纳村，村民们决定，不经全体男女村民同意，领主无权转让或出卖农民的宅地，但是，这一决议仅仅适用于未婚或孀居的妇女，以及拥有住宅的妇女。出席村民会议和庄园法庭的妇女也不能担任公职，她们不能担任乡村公证人、庄园法庭的书记、教区牧师等。其次，在劳动力供不应求时，为了鼓励女性参与公共性劳动，政府往往采取一些措施吸引女性劳动力，包括给予女性部分权利、担任公职及提高女劳动者的工资等。在 15 世纪伯明翰附近的海尔索温，一位妇女被选为啤酒品尝员，这是乡村中深受尊敬的职位，担任此职的人有权对那些违反啤酒法的人罚款。[②] 妇女当选此职可能同当时人口锐减及人口流动增强有关。再次，在社会处于危机时，女性受到的管制会减少，她们便可能有机会施展自己的才能，取得权力。如罗姆斯雷的阿哥尼斯·赛德勒是位已婚妇女，1388 年她领导当地农民反抗领主增加劳役，要求取消农奴制。像其他农民一样，她没有听从法官的传唤，最终逍遥法外，逃之夭夭。[③] 当然，她们的成功是基于个人的资质而非官方任命。

总之，在中世纪，女性政治权利的获得和行使受到各个方面的制约。从阶级方面来看，特权者拥有较多的权利；从性别的角度来看，在任何一个阶层中，男人们享有更大的权利。

2. 西欧中世纪女性的文化教育状况

在中世纪西欧社会，虽然人们普遍不赞成女性接受教育，但事实上许多女性还是通过各种途径受过教育，而且部分女性的文化修养达到相当高的程度。其中，贵族女性由于特

---

① 苏拉密斯·萨哈：《第四等级——中世纪欧洲妇女史》，林英译，第 243 页。

② 苏拉密斯·萨哈：《第四等级——中世纪欧洲妇女史》，林英译，第 243 页。

③ 苏拉密斯·萨哈：《第四等级——中世纪欧洲妇女史》，林英译，第 243 页。

殊的社会地位而得到较多的教育，修女由于诵读经书的需要也接受过教育，即便是城市中的部分妇女，尤其是中上层的手工业者之家也让女孩接受教育，以便帮助家庭进行经营活动。相比之下，乡村女性受教育程度较低，对中世纪文化发展也鲜有作为。

各阶层女性受教育状况　在中世纪欧洲，基督教会与人们的日常生活息息相关，不少女性从小就走出家门成为修女。由于读写、诵读祈祷文的需要，修女能够得到培训。大部分修女研习《圣经》的部分章节以及拉丁教父的作品、圣徒和修会创始人的生平事迹、修会会规等等，她们可能因此接触到世俗妇女难以接触的拉丁文。这种文化修养使修女能够胜任抄写和装帧书籍的工作。13 世纪前半期，拿撒勒的西多会女修道院成为注释和抄写手稿的中心，[①]而有的修女也可以做贵族妇女的抄写员。例如，12 世纪两个最受人敬重的女作家伊丽莎白和希尔德加德，她们很少亲自写作品，一般她们口述，修女抄写员帮助她们记录。[②]

值得一提的是，修院中有的修女院长文化修养较高。例如，1229 年，曼斯费尔德伯爵伯克哈特为自己的女儿和一些贵族女性修建了海夫塔修院，后来，做修女的两个女儿伊丽莎白和苏菲分别成了画家和抄写员，苏菲抄写了很多书籍。[③] 前文中提到的希尔德加德不仅自己又建立了两座修院并亲自担任院长，而且还是一位出色的作家，曾得到教皇的肯定。[④] 不可否认的是，那些在文化上有造诣的大都曾是世俗的王室和贵族之家的女性。

中世纪西欧大多数的王室与贵族妇女能够受到较好的教育，对其教育的目的是使她们学会阅读祈祷文，掌握基本的基督教信条。有时，她们还会继续深造，以便在必要的时候管理领地，甚至继承王位。同时，贵族妇女也是子女的老师，因此她们自身需要拥有知识。在整个中世纪，对王室和贵族妇女的教育从来没有停止过。因此，这一阶层的妇女对文化事业发展做出的贡献也最大。她们对文化的贡献主要表现在以下几个方面：

第一，出现了在文化上有较高造诣的女学者。例如，希尔德加德就是她们的杰出代表。而女诗人法兰西的玛丽也负有盛名，她通晓英语和拉丁语，此外，她还能用法语写作。她的寓言故事深受当时王室的欢迎，亨利二世也对之大加赞扬。[⑤]

第二，女藏书家对中世纪文化的传承起了重要作用。在中世纪特别是 9—15 世纪，很多上流社会的女性阅读并收藏书籍。女性所藏书籍主要有以下几个来源：首先是继承而

---

① 苏拉密斯・萨哈：《第四等级——中世纪欧洲妇女史》，林英译，第 53 页。
② Angela M. Lucas, *Women in the Middle Ages: Religion, Marriage and Letters*, p. 142.
③ Angela M. Lucas, *Women in the Middle Ages: Religion, Marriage and Letters*, p. 147.
④ Lisa DiCaprio and Merry E. Wiesner, eds., *Lives and Voices: Sources in European Women's History*, p. 132.
⑤ Linda E. Mitchell, ed., *Women in Medieval Western European Culture*, p. 333.

来的。例如，9世纪虔诚者路易的女儿杰希拉继承了其父的图书室。[①] 据有的学者考证，比起其他实物继承，女继承人更愿意继承书籍。其次是妇女们亲自买来的。在11世纪，安茹伯爵夫人花了200只羊、1蒲式耳黑麦、1蒲式耳小麦、1蒲式耳谷子以及1卷貂皮买到了自己想要的一卷宗书籍。[②] 再次，可能通过赠送或委托别人印刷获得书籍。

到了14、15世纪，女藏书家更多了，她们所收藏的书籍也更多了，因为在当时出现了各种有利于读书和藏书的手段：(1)带有玻璃窗的小居室的出现；(2)眼镜和放大镜的发明；(3)新的印刷技术的传入，同时出现了更为便宜的稿纸，这就大大降低了书的成本。[③] 在14世纪，除贵族和上层市民阶级妇女外，其他女性大都买不起书。比如在14世纪早期，阿图斯伯爵夫人买的书中，最便宜的也相当于一个女劳动者14天的劳动所得。[④] 到了15世纪，一个下层资产阶级妇女便能够买得起这样一本书了。这就使得藏书的数量大为增加。

第三，她们对本民族语言文化的发展做出不可磨灭的贡献。基督教会使用的拉丁语是西欧中世纪的正式语言，其他的民族语言一般不用作书面语。在一般性的教育中，女性较少接触到拉丁文，她们便尝试使用本民族语言来写作，这对中世纪民族语言文化的发展具有重要的作用。有的史家称，正是"妇女"才使民族文化在中世纪最后的4个世纪中发展了起来。例如，西班牙一位骑士的女儿科尔多瓦的勒诺·洛佩兹(Lenonor López de Córdoba)是迄今所知用西班牙语写自传的第一人。[⑤] 12世纪法兰西的玛丽是法国最早的女诗人，她既懂英语，又懂法语。[⑥] 亨利一世的妻子，英格兰的穆德王后，能够用法语和拉丁语写作，她的《圣·布伦丹漫游记》是诺曼征服以来用英文写成的第一部著作。[⑦]

第四，王室和贵族妇女往往对文化事业进行赞助。从13世纪到15世纪末，英国至少出现了30位女性文化事业赞助人。[⑧] 首先，她们做学者的庇护人。例如，前文提到的爱丽诺及其女儿们是著名的传奇文学作者和抒情诗人的保护人。其次，她们曾经创建大学。在法国，那瓦尔的珍妮创建了那瓦尔大学；在英国，玛格丽特·比奥福特，即亨利七世的母亲，创建了教会学校和圣约翰大学。[⑨]

城镇妇女的教育仅限于富裕市民的女儿，至多还包括行会手工业者和小商人的女儿

---

① Judith M. Bennett and Elizabeth A. Clark, eds., *Sisters and Workers in the Middle Ages*, p. 141.
② Judith M. Bennett and Elizabeth A. Clark, eds., *Sisters and Workers in the Middle Ages*, p. 140.
③ Judith M. Bennett and Elizabeth A. Clark, eds., *Sisters and Workers in the Middle Ages*, p. 139.
④ Judith M. Bennett and Elizabeth A. Clark, eds., *Sisters and Workers in the Middle Ages*, p. 140.
⑤ Lisa DiCaprio and Merry E. Wiesner, eds., *Lives and Voices: Sources in European Women's History*, p. 143.
⑥ Angela M. Lucas, *Women in the Middle Ages: Religion, Marriage and Letters*, p. 158.
⑦ Linda E. Mitchell, ed., *Women in Medieval Western European Culture*, p. 333.
⑧ Linda E. Mitchell, ed., *Women in Medieval Western European Culture*, p. 216.
⑨ Linda E. Mitchell, ed., *Women in Medieval Western European Culture*, p. 217.

们。城市妇女的文化一般包括两个层面。其一，读书识字。女孩的文化教育一般只停留在能够读书上，她们不用学习写作，也无需学习拉丁文，因而不用接受高等教育。其二，职业技术教育。在中世纪的西欧城市，工商业者会教给女孩一些必要的手工技术和经营之道，以便使她们能够为家庭做贡献，通常的做法是工商业者互送自己的孩子给对方做学徒。哈那沃尔特经研究指出，在13、14世纪的蒙彼利埃，女孩一般从12岁或稍长一点起做学徒，如果是在本地区做学徒，期限一般是平均4.3年，非本地区的平均为5.3年。[①]对城市上层已婚妇女来讲，学习经营之道也许是必须的。

由此可见，城市女性接受了一定的教育，但由于对她们施行的教育受到当时社会观念的约束，使得她们没有很高的文化修养，也很少出现名垂后世的作家和作品。

女性受教育的局限性及其消极影响　中世纪对女性的教育明显有别于男性。这主要表现在男女受教育的内容及其目的不同。对女性进行教育的主要目的是培养妇女的贞洁观念和宗教虔诚，因此，女性接受的只是最基础的教育。而男子读书的目的是成为一名有作为的人，或是做国王，或是做商人，或成为一名骑士等。男性的教育不受限制，男孩可以学习各种知识，他们可以上大学，可以获得博士学位。这种教育的不同目的在中世纪早期给贵族男女造成的文化上的差距并不大。因为，在那时男人们更多的是学习打仗，女人倾向于读书写字。例如，查理曼只会读书不会写文章，其姐姐却很有文化修养。[②] 然而到了中世纪盛期大学出现以后，给男女造成的影响却很大。大学不接受女学生，女性无法接受大学教育，这使得她们更加没有资格参与公共事务的管理，许多有职业的女性也失了业(如女医生)。本尼狄克修院的院长利比兹的马丁曾记载道，一个女孩为了继续深造而不得不女扮男装去上大学，不久她暴露了自己的女性身份，结果被带到了法庭，当法官问她为什么乔装改扮时，她说因为“渴望学习”，最后，她被送进修道院去学习。[③]

从以上的分析可以看出，女性的教育首先受到阶级的局限，越是上层妇女受到的教育就越多，其文化上的造诣也越高，广大的城市下层妇女和乡村妇女基本上目不识丁。这种教育的阶级差别也带来了许多消极的影响。由于缺乏教育，缺少见识，许多受剥削阶层的女性，难以保护自己的基本权利，更不可能担任公职。其次，对女性的教育总是受到性别歧视观念的制约。处于同一阶层的男女当中，女性的教育总逊于男性，这样，她们在社会竞争中就始终处于明显的劣势。

---

① Barbara A. Hanawalt, *Women and Work in Preindustrial Europe*, p. 120.

② Linda E. Mitchell, ed., *Women in Medieval Western European Culture*, p. 334.

③ Judith M. Bennett and Elizabeth A. Clark, eds., *Sisters and Workers in the Middle Ages*, p. 192.

五、女性的宗教生活

中世纪西欧女性的宗教生活主要体现在两个方面，即修女院的宗教生活和世俗女性的宗教生活。世俗女性的宗教生活主要表现在日常的祷告、读经、在神父面前的忏悔及去教堂做礼拜等方面，而修女院的宗教生活则可以说是西方中世纪女性的宗教生活最具特色的体现。本节主要探讨修女院的宗教生活。

1. 修女院产生的原因

若要了解中世纪修女院的产生原因，就必须对罗马帝国末期出现的禁欲主义、对基督教有关性与婚姻的看法等有所了解。

基督教禁欲主义的思想渊源有三个重要的方面。其一，以柏拉图为代表的希腊哲学中的灵肉二分思想与罗马斯多葛哲学中的禁欲思想。柏拉图哲学是古希腊神秘主义思想的集大成者，同时也是基督教神学理论的主要来源。柏拉图哲学的基础是理念世界与感觉世界、灵魂与肉体相对立的二元论哲学，而前者高于后者，即理念世界与灵魂高于感觉世界与肉体。基于这种二元对立的哲学思想，柏拉图宣扬一种鄙视肉体的灵魂不朽论，即认为感觉世界是不可靠、不真实的，肉体和现世的物质生活是不值得留恋的囚笼；灵魂或精神虽然可以达到理念世界，但是只有在挣脱了肉体的束缚之后才能真正达到这一目标。柏拉图认为，肉体是一副枷锁，一副束缚灵魂的枷锁，它妨碍了人们获取真理与智慧。而“真正的哲学家是渴望灵魂解脱的，正是灵魂从肉体的解脱，才是哲学家所关心的目标”。[①]

罗马帝国初期的新斯多葛派，深受柏拉图哲学的影响，更是发挥了鄙弃肉体与物质欲求而追求灵性生活的思想。新斯多葛派认为，人分为神圣与肉体两部分，其中神圣的部分是宇宙理性的一部分，也即属神的一部分。人的理性应顺应神或宇宙理性，因为这关乎人的美德，也关乎人的终极幸福。为达到这一目标，人们应该苦行和禁欲。新斯多葛派对基督教所产生的影响，最明显地表现在诺斯替教派的观点上[②]。精神与物质、灵魂与肉体、光明与黑暗相对立的二元论以及关于灵魂超度的理论，是该派最主要的思想。该派还声称肉体本身是罪恶的，并表现出对性的厌恶与恐惧。

---

① 柏拉图：《斐多篇》，参见水建馥译：《古希腊散文选》，人民文学出版社 2001 年，第 91—92 页。

② 诺斯替教派是希腊罗马时期流传于地中海地区的一支秘传宗教，公元初期该教的一些派别接受了新兴的基督教思想，成为基督教最原始的支派之一。

其二，犹太教中的“不洁”观念。如《旧约》中耶和华让摩西晓谕以色列人云：“若有妇人怀孕生男孩，她就不洁净七天，像在月经污秽的日子不洁净一样……妇人在产血不洁之中，要家居三十三天。她洁净的日子未满，不可摸圣物，也不可进入圣所。她若生女孩，就不洁净两个七天，像污秽的时候一样，要在产血不洁之中，家居六十六天。”[①]又如“女人行经，必污秽七天；凡摸她的，必不洁净到晚上。女人在污秽之中，凡她所躺的物件都为不洁净，所坐的物件也都不洁净。凡摸她床的，必不洁净到晚上，并要洗衣服，用水洗澡。凡摸她所坐什么物件的，必不洁净到晚上，并要洗衣服，用水洗澡。在女人的床上，或在她坐的物上，若有别的物件，人一摸了，必不洁净到晚上。男人若与那女人同房，染了她的污秽，就要七天不洁净，所躺的床也为不洁净”[②]。在这些论述中有两个值得重视的观念：首先，女性行经和生育是不洁的、污秽的；其次，生女孩比生男孩的污秽程度加倍。宗教上的“不洁”在古代是一件非常严肃的事。犹太教中一些禁欲的教派如库兰宗派，就认为婚姻中的性关系将导致宗教礼仪上的不洁。他们主张夫妻在性生活之后均须行洗涤礼，以免因不洁净而玷污别人并由此而影响群体。有的犹太教支派还有女子终生守节的观念。

其三，中世纪早期教父们的观点。教父们宣称人类始祖亚当和夏娃的堕落决定了人类性关系的丑恶性质，人类的原罪就是性行为，是夏娃引诱了亚当，使亚当陷入性的罪孽之中。因而，性行为是先于其他任何罪行的罪孽，人类要想消除原罪，就应该避免性行为，实行禁欲。这些教父们还宣布，“独身”是一种异常伟大、美妙而容光的……最上乘、最崇高的生活方式，“婚姻是不道德的，肉体是污浊的，谁在肉体上播种，谁就必然造下罪孽。在人世的上帝王国中，正如在天堂里一样，没有娶亲，也没有婚嫁。”[③]教父们固执地认为，女性的性欲望往往比男人强烈得多，正是女人激起了男人性欲的冲动，因此女人对男人肉体的堕落负有最主要的责任。不过，在教父们看来，女性超越其性的本性也是可能的。哲罗姆认为，未婚童贞是最值得称道的，没有结婚的女人关注上帝的一切，她在身体和精神上都是圣洁的；而结了婚的女人只关心尘世间的事，只关心如何才能取悦于丈夫。因此，他对处女大加赞赏，并将女性的结婚、守寡和未婚童贞三种状态与福音书中关于撒种的不同收获量的比喻相联系。哲罗姆的性观念和婚姻观在中世纪的西欧影响很大，12世纪德国的一份手稿就用图示形象地体现出了这样的价值观：图中不同女性占据了三种不同的价值地位，颇具寓意。位于顶层的是收获了无数谷物的处女，中间则是获得较少谷物的寡

① 《圣经·利未记》12：2—5。
② 《圣经·利未记》15：19—24。
③ 斯图尔特 A.奎因、罗伯特 W.哈本斯坦：《世界婚姻家庭史话》，卢怀丹等译，宝文堂书店1991年，第227页。

妇，最底层的已婚妇女和她们的丈夫们收获的谷物最少。[①] 哲罗姆甚至认为，一个太爱自己妻子的男人是通奸者。[②]

上述禁欲与贞节观念对女修道院的产生以很大的影响。

2. 修女院的产生与发展

早在公元1世纪，青年女性只要征得父亲同意，就可以在教会会众面前发誓自己终生独居，当时已有一些誓愿贞洁的女性过着虔诚的为教会献身的生活。3世纪时，由于罗马帝国的社会风气败坏日甚一日，许多虔诚的男女信徒们试图以独身、清贫、禁欲和脱离尘世的生活方式来与堕落腐朽的罗马生活方式相抗衡，因而出现了风行一时的禁欲修行运动。修道生活最早出现于巴勒斯坦、叙利亚、小亚，特别是在埃及一带，当时主要有两种修道方式：一种是隐士式的独修生活，一些基督徒孤居埃及和中东的旷野或沙漠，他们祈祷、读经、劳作、苦修，人们称这些人为隐修者；一种是帕克米乌斯首先在埃及倡导的团体的宗教生活，这一种成为后来西方修道生活的主要形式。

罗马帝国后期，随着罗马的经济与社会危机及古典文化的衰落，社会动荡不安，人们更渴望得到一种精神的慰藉与灵魂的救赎，因而有更多虔诚的男女信徒加入禁欲修行的运动中，出现了大批自愿出家、以禁欲苦行来达到救赎目的的修女。据5世纪初一位曾到过沙漠的主教记载，他所提到的177个苦修的人中，有35％是女性，他还说约有18900名男子和3095名女子生活在沙漠的修道团体中。[③]

修女院是和修道院同时产生的，当帕克米乌斯于公元4世纪20年代在底比斯组建男修道院时，他帮助他的妹妹玛丽也建立了一座修女院，兄妹俩建立的这两所修院虽然各自是独立的，但它们的院规是一样的。巴西勒在小亚的阿纳西建立修道院时，他的修道院既接受修士，也接受修女，以墙壁将他们分开，修士和修女遵守同一个院规，同一时间劳动，同一时间祈祷，同一时间用餐和睡觉，这种模式的修道院被称为双重修道院。

修道运动最初是由亚历山大里亚城的主教阿塔纳修斯介绍到西方来的，而西方教会的三位教父圣哲罗姆、圣安布罗斯、圣奥古斯丁等以其言传身教为修道主义在西方基督教社会中的广泛传播奠定了基础。尤其是哲罗姆不仅身体力行，而且还以一套禁欲主义的理论影响了罗马的一些有身份的贵妇人，她们甚至抛夫别子追随他远涉千里去到伯利恒的修道院中终生隐修。

---

① 玛丽莲·亚隆：《老婆的历史》，许德金、霍炜等译，华龄出版社2002年，第69—71页。

② J. A. Brundage, *Law, Sex and Christian Society in Medieval Europe*, p. 90.

③ Patricia Ranft, *Women and the Religious Life in Premodern Europe*, Macmillan Press Ltd., 1966, pp. 2-3.

本尼狄克(Benedict of Nursia,480—547)是西方修道运动的代表人物,他于6世纪在蒙特—卡西诺山创建了西方的第一所修道院,此修道院后来成为意大利、高卢、日耳曼、英国、西班牙等几百所修道院的母院。本尼狄克除了建立和不断完善男修道院外,也为妇女成立了数座修女院,这些修女院与男修道院同守一个会规,其中最早的一座由他的双胞胎妹妹思嘉主持。思嘉从小就在家中祈祷、读经,过一种虔诚敬主的生活。成立修女院后,思嘉每年和哥哥相聚一次,兄妹俩的谈话内容全部是关于灵修、爱主与修道院的有关事宜。此后,本尼狄克的修道院遍及西欧各地,"其修女人数与修道僧不相上下"。①

双重修道院制度也随着修道院制度传入西欧,这种男女一起修道的形式曾遭到一些上层教士的非议,公元787年在尼西亚召开的基督教普世公会上曾作出决议,禁止建立这种双重修道院。双重修道院的数目虽因受到限制和禁止而减少,但实际上这种模式的修道院并没有被完全杜绝,直到13世纪双重修道院才最终消失。

西欧中世纪早期的修女院并不很多,它们大多属于私有修道院,主要是由一些王公贵族或贵妇们捐建的。捐建者常常保留对修女院院长的授职权,特别在9世纪时,任命"世俗修道院院长"非常流行,因此修女院的院长大都由捐建修女院的贵族的女儿担任,并由她们对修女院进行管理。这些为数不多的修女院的建立主要有两个目的:其一,某种意义上的养老所和那些不能或不想出嫁的女儿们的"寄养所"。那些年迈的建院者和他们的妻子,在把家族的事务交给后代以后,很愿意住进修道院里。在他们看来,在老年时过一种脱离世俗的虔敬生活,可以为自己的灵魂得救增添更多的机会。寡居的老年贵妇也乐意住进修道院里,以求得清静与灵魂得救。如法兰克王国墨洛温王朝的宫相丕平一世的妻子和女儿热特鲁特共同建立了法兰克王国著名的尼韦勒修女院,由热特鲁特担任院长,热特鲁特请正在法兰克传教的爱尔兰修士们帮助规范修女院的制度和生活。由于热特鲁特显赫的身世和尊贵的身份,她能从罗马请来圣物供奉,以此提高该院的知名度。而且热特鲁特本人的善良品行也给修女院带来了很高的荣誉。② 修女院也为那些出身高贵且又不想结婚的女子提供了一个理想的去处。众所周知,对上帝的祈祷与赞美是中世纪最重要的一种生活方式,而修道院是表现这种方式最好的地方,它为那些全心全意致力于修道理想的人提供了必要的环境。

其二,王公贵族的女儿们受教育的主要场所。如德意志皇帝奥托二世为其女苏菲建立的甘德斯海姆修女院,苏菲在美因茨大主教的主持下受礼,成为一名修女,苏菲严格地

① 威尔·杜兰:《世界文明史之13》,台北幼狮1978年,第123页。
② 参见王亚平:《修道院的变迁》,东方出版社1998年,第155页。

用本尼狄克的院规管理该院。该院的修女大都是大贵族的女儿，她们在此接受教育，学习贵族的各种礼仪。她们不需要发守神贫的誓愿，也不用发誓一生守贞洁。因而这一类型的修女院更像是早期的贵族女子学校。这些注定要进入上流社会但却在修女院接受教育的女子要学习阅读、写作、唱歌和刺绣等，这都是将来出入于上流社会所必需的。

由上不难看出，在中世纪早期，修道是一种贵族现象。许多修道院公开声明只对贵族开放，德意志地区的修道院有只收容有爵位的贵族子女的传统，并以此自傲。因此，一般而言，修女们以出身于贵族家庭的居多，平民女儿进入修道院只有当奴仆。这是因为按照惯例任何人进入修道院均需献纳一定的财产作为“入门证”，没有财产的人因此就被拒之门外。当时一些著名的修女院的院长都有着极为显赫的家庭背景，甚至一个最小最穷的修女院院长或许也来自名门望族。当然，也有与贵族有血缘关系的市民家庭乐意将其女儿送到城市里的修道院去。而贫苦的农民和工匠家庭出身的女孩则鲜有当修女的，这一方面是因为她们的家庭承担不起女儿进入修女院所需要的费用，另一方面也因为下层阶级的女孩事实上需得从事农业生产和手工行业的劳动。不过，出身贫穷的女性或许作为女仆也会被修女院接受。

11 世纪以后，西欧各地城市普遍复兴，那些活跃在街头巷尾和市场上的托钵僧们，用通俗的大众语言宣讲《圣经》，大肆渲染耶稣的贫穷，从而激起许多城市妇女的宗教情绪，在妇女中出现了一股强大的被欧洲的历史学家们称之为“虔诚妇女的宗教运动”，而当时的教会并没有给妇女提供进行宗教活动的专门场所，且修女院又只接受贵族妇女，而把社会下层的妇女们拒之门外，况且下层阶级的家庭也承担不起女儿进入修女院所需要的高昂费用。11 世纪末期，修士诺贝特带领 13 名修士在法国的普雷特雷建立了一所禁欲生活极为严格的修道院，并接受一些虔诚的妇女加入，在这所修道院里，修女和修士分屋而居，共同劳动，共同礼拜。这其实就是双重修道院的模式。但到了 1140 年，他又把修女们从修道院中迁出，建立了一所在原来的修道院统辖下的单独的修女院。普雷特雷修女院是一所面向社会各阶层妇女的修道院，从此时起，修女院既不再是贵妇们的养老之地，也不是单纯的贵族女性受教育的地方，而是自愿献身上帝的来自各阶层的虔诚修女们的栖身之地，她们必须无条件地过禁欲、贫穷、冥想的修道生活，普雷特雷派修女院在法国的东北部和德意志地区一度发展较快。但到了 13 世纪以后，普雷特雷派修道院便不再管理修女院，它所属的修女院几乎都归于西多派修道院的名下。西多派修女院的发展势头比较强劲，15 世纪时仅在德意志地区就有 220 所西多派修女院。①

① 王亚平：《修道院的变迁》，东方出版社 1998 年，第 160 页。

应当指出的是，修女院的发展除了受到世俗的影响外，还受到了来自教会和势力比较强大的修士会的影响。如13世纪初多米尼克曾在法国南部的普鲁耶、西班牙的马德里分别建立了两所修女院，并整顿了罗马的圣西斯特修女院，这三所修女院成为多米尼克修士会的修女院的典范。当多米尼克来到西欧中世纪大学的发祥地博洛尼亚传教时，他的讲道在当地的学生和妇女中引起了轰动，一位名叫迪娅娜的少女执意追随他，多米尼克专门为她在博洛尼亚建立了一所修女院，许多妇女也进入其中，但此举受到了许多主教和教会人士的攻击，多米尼克本人后来也改变了支持修女院的立场，他在临终遗言中还告诫修士会的修士们最好远离年轻的修女们。法朗西斯修士会从一开始就对修女院采取排斥的态度，法朗西斯明确拒绝妇女加入该修士会的请求，不过他后来还是有所改变，他为那些坚决要求加入其修士会的妇女在阿西西的圣达米安教团组建了一个修女团，该修女团得到了教会的认可，她们遵守法朗西斯修士会的会规，但不得外出布道。法朗西斯虽在众多妇女的强烈要求下有所变通，但他始终对修女团的发展持限制态度。

11、12世纪是西欧的修道院势力发展较快的时期，13世纪则是修道院势力发展的顶峰，在这几个世纪中修女的人数也随着修道院的增加而不断增多，尤其在13世纪，涌进修女院的人数激增，如在德意志地区，900年时仅有70所修女院，1100年增加到了150所，1250年时达到了500所，以至于后来不得不对进修女院的人数有所限制。据估计，当时的修女人数共计2.5万—3万。[①] 而且还有大批生活在修女院之外的修女。如13世纪时在法国北部、佛兰德斯和德意志等地区成立的新的妇女宗教社团，吸收那些虽不愿发誓进入修女院但仍自愿坚守贞洁和神贫、愿追随基督的修女。这种类型的修女团不受任何修道院和修士会的制约和束缚。

14世纪以后，随着西欧社会日益增长的世俗化，随着修女院财政的窘迫、内部纪律的松懈以及道德水平的日益下降，更随着罗马教皇对打击和镇压异端教派的力度的加强，修女院渐渐衰退下去，修女院的数目和规模逐渐减少。1311年，教皇在维埃纳召开的宗教会议上颁布教令，取缔修道女教团，凡违反这一教令的修女，一律按女巫或异端论处。15世纪以后，西欧社会出现了一个捉拿和镇压女巫的运动，更是加速了修女院的衰落。

为什么中世纪的西欧有那么多女性愿意走进修道院呢？其原因大致如下：

第一，出于虔诚的宗教信仰。当时的西欧社会基本上是天主教的一统天下，上自王公贵族下至贫民百姓，灵肉二元论的世界观已成为一种普遍性的观念，基督教的基本精

① 王亚平：《修道院的变迁》，东方出版社1998年，第161页。

神——唯灵主义和彼岸意识深入人心，人们在内心深处对于基督救赎、灵魂不死、末日审判、天堂地狱等基本信条深信不疑，而且的的确确对燃烧着硫黄之火的地狱景象怀着深深的恐惧，人们一般相信尘世只是灵魂暂时的居所，它是不值得留恋的。加上教会经常提醒信徒要想想自己的最后归宿，而且不遗余力地宣传禁欲主义，在这种宣传中一个重要的内容就是否定性欲，崇尚独身。性欲被认为是人类邪恶中最肮脏、最不洁净的，最能表明人对上帝意旨的不遵从，是人所驾驭不了的最基本、最普遍的邪恶。9 世纪的法兰克主教奥尔良的乔纳斯说，性不仅带来道德上的危害，而且使身体虚弱，失去健康、活力和平衡。[①] 11 世纪的教会改革者们更是将性视为万恶之源，是疾病和肮脏的代表，他们比以前的教父和规则书的作者们更加严厉地限制人们的性行为。因而这使得一些女性真是出于害怕而拒绝结婚，她们无疑受到了上述对肉欲罪孽的猛烈抨击的影响。

与此同时，教会抬高贞洁的重要性，赞美独身，赋予贞洁以正统教义和神学理论的地位，把禁欲生活描述为基督徒道德完美的顶峰。这种对贞洁的推崇随着本尼狄克规则（中心意思是要求修士们保持清贫、贞洁和顺从，甘心过清苦而勤勉的生活等）的出台和 10 世纪克吕尼运动的兴起（克吕尼修道院院长又修订了本尼狄克规则，要求入修道院者必须发三绝的誓言，即绝产、绝色、绝意，遵守戒律）而达到高潮。由于上述原因，在世人眼里，修道院是特别神圣的地方；在一些虔诚的修女们看来，修女院是最适合她们献身上帝、为上帝做工的好去处。只有在这样的环境中，她们的整个心灵才会得到满足。而且，只要她们专心以主的事为念，她们就能获得永恒的生命。

第二，迫于生活。中世纪绵延不断的战争动乱、天灾人祸等，使人普遍缺乏安全感，因而人们以为过一种集体的宗教生活或许更具安全感。尤其在中世纪前期的战乱年代里，修女院的修女从某种意义上说比较保险和安全，修道院或修女院在世人眼里或许是野蛮世界中的一个避风港。

第三，由于女性在家庭中的从属低微地位，许多对婚姻和俗世生活深深绝望的已婚女性，还有那些被丈夫抛弃的女性以及许多寡妇，都宁愿选择进修道院。此外，一些女性选择进入修道院还出于以下各种原因：有的是因为家庭难以支付日益上涨的嫁妆，有的是想摆脱父母对自己的管制，有的是害怕在生孩子时过早送命，还有的是因为自己是私生女、容貌丑陋、性格羞怯、身体有残疾或缺陷等。而且修女院有时也成为女性因政治或个人原因而被统治者判刑后的一个去处。

---

① J. A. Brundage, *Law, Sex and Christian Society in Medieval Europe*, p. 139.

3. 修女院的日常生活

中世纪修女院的日常生活完全按照严格的规程进行，修女们的生活安排得严谨而又细致，每天除了专门的时间进行祈祷、冥想和学习《圣经》、读书以外，还要从事一定时间的劳动和工作，如挖地、翻晒干草、绣花等，中间或许还穿插一些适当的娱乐。可以说，中世纪的修道院既是宗教的单位，也是社会的单位。从宗教的角度来讲，它是教堂，每天都有集体的祷告、读经、唱诗等修道的事要做；从社会的角度讲，它是由一群必须吃穿的人所组成的生活共同体，她们必须自己做一些工作，有的修道院还有帮助料理杂务的帮工，甚至还有自己的农场。掌管修女院日常事务的行政人员是从最有经验的修女中挑选出来的，她们被称为司事。其中最重要的有教堂司事，负责掌管教堂的房子和教堂的照明；有寝室司事，负责看管修女的衣服和其他物品；有地窖司事，负责看管食物和监督帮工及掌管自办的农场等。修女院的境况也不大一样，一些小修女院的修女由于贫穷而不得不自己煮饭和做杂务，甚至修女的吃、穿、住都大有问题；而大的修女院则雇有各类杂工和仆人，有的贵族修女甚至还有自己的仆人。

应当指出的是，虽然在一些地方，修女院的院长的权力受到诸多限制，但在英格兰、法国、荷兰、意大利南部、德国和西班牙等地，一些拥有较多领地的富裕的修女院的院长则拥有相当的世俗和宗教权力。在世俗权力方面，她们对在其土地上居住和耕种的农民，行使着与其他领主一样的权力，如主持世俗法庭，甚至可主持审判包括刑事案件和涉及法律地位之决定的案件等。而且在世俗官员的帮助下，她们也能行使与男修道院院长一样的权力，如收取罚金，雇佣职业骑士，惩罚罪犯等。她们甚至可以在她们的权力和势力范围内转让、买卖和出租土地，建立市场和集市。在世俗和教士法庭上，她们可以以世俗封建主的特权和教会惯例来为她们的财产、收入和法律事件提出诉讼。在宗教权力方面，这些女院长可以在自己的教区内召集教区宗教会议，批准本教区内对神父的任命，分配神父的薪金和职位，确保属于本修院的教堂上交什一税等。在修女院内部，院长行使着很大的权力，修女们要完全服从院长的领导。而且，在这些修女院，主持宗教仪式的神父、男女仆人和世俗修女也在院长的管辖之下。毫无疑问，修女院院长的职位给那些有领导与组织才能的女性提供了发挥其才干的空间，当然，能享有以上世俗与宗教特权的修女院并不普遍，那些经济上困窘的小修女院既没有土地更没有这样的世俗与宗教特权。

4. 修女院的功能与作用

尽管中世纪西欧的修女院同男修道院一样有许多丑陋的方面，并不像人们想象中的那样美好、圣洁，特别是中世纪后期，修女院同男修道院一样逐渐变得混乱不堪，道德败坏，并无可救药地日益衰退下去，但有一点不容置疑，修女院也有其积极的一面，除了在信仰上给那些虔诚的修女们提供了一个较为理想的修道环境外，它还有如下几个方面的积极作用：

其一，修女院发挥了慈善和服务机构的职能与作用。修女院的修女通过大量的社会服务性工作如照顾病弱者、济贫救难、收养教育孩童、开垦土地、建桥修路、接纳和款待朝圣者和旅行者等来表现上帝的慈爱。如本文前面提到过的法兰克王国内颇具盛名的尼韦勒修女院，在院长热特鲁特的带领下，热情接待外来人和过路客，热心救助那些在海上遇难的人。直到中世纪晚期，热特鲁特在北德意志和斯堪的纳维亚沿海一带，都被视为海上的保护圣女。在中世纪，大凡能提供医生和医药知识的地方，大都是在修道院和修女院中，那里专门辟有种植草药的园圃，可以提供必要的救治药品，照顾病人是修士和修女们责无旁贷的义务与责任。例如，在 14 世纪，意大利锡耶那城的凯瑟琳 16 岁时就成为多米尼克修会第三会会员，她常去医院服侍病人，专挑那些最肮脏可怕、脾气不好、难以服侍的病人来照顾，甚至不顾生命危险照顾麻风病人，她还常常带些东西去监狱探访囚犯，安慰他们，劝他们行忏悔、领圣体，许多冥顽不化的人在她的帮助下忏悔，许多死囚犯在她的陪伴下获得安息。在黑死病流行期间，凯瑟琳和她的追随者们不顾一切地照顾病人，葬殓亡者，抢救有希望生还者。又如圣克那拉 18 岁加入法朗西斯第二修会，她带领一批修女纺线织衣，照顾病人，做了大量慈善工作。类似凯瑟琳这样的修女在中世纪的西欧不胜枚举。

其二，修女院发挥了教育与文化机构的职能与作用。众所周知，在西罗马帝国崩溃以后，修道院既是基督教文化的中心，也是人们学习和受教育的中心，西欧古典文化的精华得以在修道院内保存。修女院的修女也同男修道院的修士一样从事各种文化活动，她们同样给中世纪的文化面貌打下了深深的烙印，对中世纪西欧文化的发展，做出了自己的贡献。在修女院里，修女们可以唱赞美歌、阅读和写字，抄写装订古籍书稿，许多修女通常会成为抄书和书籍装帧方面的大师——当时书中手制彩色插图很发达，直至今天人们在欧洲的图书馆和博物馆所欣赏到的精美绝伦的日历、祈祷书和漂亮的手写花体字也应归功于她们的努力。

学习一直是修女们修道的重要内容之一，修女院比较封闭的客观环境为爱好知识和学问的女性提供了相对安定的生活环境，院规中对修女学习的要求也为她们营造了一定的学习氛围。因此，在修女院中产生了许多博学多才的修女，如 8 世纪时英国著名的修女利奥巴，有着极好的古典文化的素养，她会用拉丁文写六音步诗，[①]这在当时的贵族男子

① 六音步诗行是古代希腊和拉丁诗歌中用于叙事和说教的主要格律。

中都少见，利奥巴后来应包尼法修斯的邀请，来到欧洲大陆担任陶伯比绍夫海姆修女院的院长，并协助包尼法修斯在法兰克的上层贵妇人中传教，由于她的学识和她的能力，深得查理大帝妻子的赏识，查理大帝还将她树为妇女的典范。

前文中提到的12世纪著名的修女希尔德加德，被认为是她那个时代不可多得的才女，她一生写了很多著作，其中最著名的是她花了十年时间写成的《幻境》，在书中她记录了她所看到的26个异象景观，分为上帝与人类、赎罪之道、救世等几个主题，当1147年教皇看了她刚完成的此书的第一部分时，对她的才华表现出极大的惊异。希尔德加德后来还完成了《人的责任》、《世界和人类》两部著作，此外她还写过很有学术价值的有关生物学和医学方面的书籍。[1] 有些女修院往往还以修女的学术成就而闻名，有的修女还成为女教师。一般而言，中世纪的男人们反对女性当教师或者参加公开辩论，不过很多修女还是逐渐渗入了这个行业，她们有的在修道院学校教书，有的在一个街道学校教书，有的或许是在私人学校及城市学校里教书。

其三，修女院为那些献身上帝而不愿结婚的上层社会的女性提供了一个发挥其能力的地方。如前面曾提到的一些卓有才干的女修道院院长，她们在管理修女院的事务和财产、提高修女的文化素养等方面所表现出来的组织和管理能力为世人所共睹。一般而言，女修道院院长是比较有社会地位的，她们可以出去旅行和参加政治活动，并相当受人尊敬，虽然这只是个别现象，但她们因其自己的成就而受到了他人和社会的尊重。

---

① 王亚平：《修道院的变迁》，第162-163页。

第四章　近代西方社会转型中的女性

中世纪晚期和近代早期(即公元14—18世纪初期)是西方社会的转型时期。在这个时期,西方资本主义迅速发展,民族国家逐步形成,社会处于激烈的动荡之中,其中既发生了一系列具有深远影响的革命性事件,如地理大发现、文艺复兴、宗教改革、科技革命等,也发生了一些极具影响力的恶性事件,如猎巫运动等。可见,西方社会的转型并非像以前我们所认为的那样充满着美好与希望,同时也有一些不和谐之音。

在这一时期,西方社会在政治、经济、文化、风俗习惯等方面都面临着一种重新的构建,性别关系的重构当然也在所难免。那么在这一过程中,女性的地位和状况发生了怎样的变化呢?

通过研究,我们发现,在该时期对两性关系进行重新建构的过程中,人们并没有弱化或打破旧有的男权社会,而是对之进行了重新的确证,其目的是使男性能够全面地控制女性,使她们沿着男性设计的道路前行,由此也就导致了劳伦·斯通所谓的"父权制的强化"之情况的出现。在这种形势下,那种强调女性贞洁、缄默、温顺的传统女性观不仅得以重新流行,而且还得到了进一步的强化。虽然个别的人文主义思想家和宗教改革人士对歧视女性的传统性别观念也提出了批评,但却不足以使这一方向发生改变。与此同时,面对女性在社会、经济和宗教领域日益凸现的作用,作为统治者的男性也极为忧虑,他们通过各种途径,将女性从诸如纺织、酿酒、零售、治疗等这些原本主要由女性从事的行业中排斥出去或者对之进行最大程度的限制。同时,他们还对女性的社会行为规范进行控制,以使之符合男性所规定的女性行为准则。所以,在社会转型时期,女性的社会地位不仅没有得到改变,而且在某些方面还有所退步和下降。无怪乎当代美国著名的妇女史家琼·凯莉—加多尔(Joan Kelly-Gadol)提出了如下惊人的论断:女性没有什么文艺复兴。

我们希望通过对该时期女性地位和状况的研究,使人们能够从社会性别关系角度去重新观察西方社会的转型时期,并期望从中发现我们传统观念中所存在的问题,以利于更准确地认识西方社会的这一特殊历史时期。

一、文艺复兴运动中的西方女性

欧洲文艺复兴的指导思想是人文主义，这个时期人文主义者最重要的思想特征之一是宣扬人为万物之本的思想。14世纪的意大利学者科鲁乔·萨卢塔蒂(Coluccio Salutati)主张，曾经战胜大地上无数艰难险阻的强有力的人是值得赞扬的。他的门徒人文主义史学家列奥纳多·布鲁尼(Leonardo Bruni)认为："之所以称文学为人文学，就是因为它的目的是培养完整的人。"[①] 19世纪瑞士学者雅各布·布克哈特(Jacob Burckhardt)在他的著作中以"人的发现"的提法精辟地概括了意大利文艺复兴时期人文主义者的人本思想成就。然而，欧洲文艺复兴时期对人的发现和社会变化究竟是对包括男女两性在内的人的价值的肯定，还是仅仅为男性提供更多的个性发展机会，这个时期妇女的地位与性别关系究竟如何？对此，学术界持有不同的看法。布克哈特认为，这个时期妇女与男性处于完全平等的地位。[②] 琼·凯莉—加多尔则在其论文中指出，作为一个群体的妇女，尤其是上层妇女，她们的社会和个人自由选择权在文艺复兴时期反而受到了限制。[③] 在本节中，我们将从法律、婚姻、劳动、教育等方面，对这一问题进行探讨。

1. 妇女和法律

法律地位是反映人的地位的重要标志。文艺复兴时期，欧洲人的法律地位受到罗马法、教会法、民族法、城市法等不同的法律、法规以及权力的制约。地理、阶级、宗教和种族等因素对当时人们的法律身份都具有影响。欧洲城市兴起之后，它们开始颁布法律、法规，城市居民逐步被置于城市法的管理之下。当时，教会法规对神职人员与信奉基督教的欧洲民众也有很大影响。在地中海大部分地区，罗马法仍然在运用。在中欧的农村，流行的是传统的民族法。例如，德国北方地区使用13世纪编纂的《萨克森明镜》，德国南方通行《士瓦本明镜》，而法国北部则盛行《习惯法》。[④] 除了上述因素之外，性别也是制约文艺复兴时期欧洲人法律身份的重要因素。在这个时期，妇女在法律上没有取得与男性平等的地位。

---

① 加林：《意大利人文主义》，李玉成译，三联书店1998年，第32、37页。

② 雅各布·布克哈特：《意大利文艺复兴时期的文化》，何新译，商务印书馆2002年，第387页。

③ Joan Kelly - Godol, "Did Women Have a Renaissance?", in Renate Bridenthal and Claudia Koonz, eds., *Becoming Visible: Women in European History*, p. 139.

④ Claudia Opitz, "Life in the Late Middle Ages", in Georges Duby and Michelle Perrot, gen. eds., *A History of Women in the West*, vol. 2, p. 269.

从法律的人格(persona)来说,文艺复兴时期的欧洲妇女没有如同成年男子一样的法律上的"人"的地位。从欧洲大陆的罗马法和英国的普通法中,我们可以了解当时法律上的"人"的含义以及妇女在法律上的地位。根据罗马法,妇女只具备有限的人格。《学说汇纂》中一段常被引用的条文称:"妇女不得担任任何官职或公职,因而不能当法官、行政长官、辩护人,也不能代表别人进行干预,不能当代理人。"[①]按照罗马法的规定,凡享有权利能力的人,就具有法律上的人格,但要具备完全的人格,必须有自由权、市民权和家族权。市民权包括选举权和被选举权等公权和婚姻、财产、遗嘱、诉讼等私权。妇女没有担任官职的公权,也不得为家长。[②] 英国的普通法把已婚妇女理解为被她们丈夫的法律人格所"掩盖"起来的人。直到18世纪,英国法学家威廉·布莱克斯通(William Blackstone)仍然在其著作《英国法释义》中说:"丈夫和妻子通过婚姻在法律上成为一体:也就是说,妇女的存在或法律存在在婚姻期间被剥夺,或者说至少与丈夫的法律存在结合在一起:她在丈夫的羽翼、保护和掩藏之下生活。"[③]史实表明,当时欧洲的妇女在法律上不具备完全的人格。

从法律上的行为能力来看,文艺复兴期间的欧洲妇女也没有得到与男性同等的对待,她们在行为能力上受到很大的限制。与以往一样,她们在法律上长期处于家庭男性成员的监护之下。按照罗马法,成年男子不需要监护人,而女子则不然。女子在未达适婚年龄时需要监护人,到了成年,仍然受监护。所以,女子的监护一般是以终身为期的。[④] 15世纪,佛罗伦萨对女性实行监护(mundium)制度,该制度具有伦巴第法律的渊源。伦巴第征服意大利以后把这一制度带到了那里。女子的监护人(mundualdus)通常是她的父亲、丈夫、兄弟,甚至儿子。没有男性监护人的同意,女子不能承担任何法律责任。据史料记载,1481年,瓜斯帕里·德尔·拉马的寡妇蒙娜·安杰莉卡(Monna Angelica)与佛罗伦萨的新圣玛利亚教堂的多米尼克修会神父签订了一个协定,把其丈夫拥有的一个小教堂赠送给他们,教堂里有意大利著名的人文主义画家波提切利的名画《博士朝拜》。在协定正式签订并由公证人将之编为合法的拉丁文本之前,公证人根据当时法律的要求为安杰莉卡确定了监护人。[⑤] 特雷维索把已婚妇女置于丈夫的监护下,该城的1358年法令规定,一

---

① Thomas Kuehn, "Person and Gender in the Laws", in Judith C. Brown and Robert C. Davis, eds., *Gender and Society in Renaissance Italy*, Longman, 1998, p. 91.

② 周枏等编写:《罗马法》,第69—71页。

③ Meg Lota Brown and Kari Boyd McBride, *Women's Roles in the Renaissance*, Greenwood Press, 2005, p. 54.

④ 丘汉平:《罗马法》,中国方正出版社2004年,第139页。

⑤ Thomas Kuehn, *Law, Family and Women: Toward a Legal Anthropology of Renaissance Italy*, The University of Chicago Press, 2000, pp. 212-215.

名妇女除非得到其丈夫的同意，否则不能在法庭上提出诉讼。不过，她能够立遗嘱，条件是这种行为要有她的两名关系近的男性血亲在场作证。[①] 根据当时普遍存在的女性监护制度，女性一般被排除于公共事务和交易之外，她们不能出席法庭，在法庭上只能由其监护人来代表她们。监护人不仅有权在所有的法律协议中为女性被监护人讲话，而且可以使用她们的财产，依据法律惩罚其不端行为。[②] 女性监护制度充分反映了妇女在法律上所处的依附地位。

从财产继承来看，文艺复兴时期欧洲男女两性的继承权也不平等，继承依据男性，或者由男性优先继承。中世纪初期形成的法兰克人的《萨利克法典》明确地把女性排除在土地继承之外。到了 16 世纪，它成为法国女性不能继承王位的权威依据。[③] 威尼斯大议事会在 1352 年的一条法案的序言中对继承权作了规定，重申男人对于死者的不动产享有优先继承的权利。[④] 一般说来，一名女子在其出生家庭的祖产中能够继承的份额仅限于她的嫁妆，当她结婚得到嫁妆之后，她就被排除在娘家继承之外。早在 1242 年，威尼斯的一项法律就规定，已有丈夫的女儿或孙女，应满足于嫁妆，永远不得与男性一起继承财产。13 世纪沃尔泰拉的法律规定，已出嫁的女子不得继承其父亲或者兄弟的财产。对于这种继承原则的原因，16 世纪费拉拉的法规明确表示，把女性排除在继承之外的目的在于保持家庭的地位和财产，不会由于妇女到另一个家去而使这个家贫困。女性不仅在其出生的家庭里继承财产受到限制，而且在继承丈夫家的财产时也受到限制。1498 年，米兰的一条法律规定，一名男子可以自愿地将一部分财产遗留给自己的妻子，但最多不得超过其财产的四分之一。贝拉诺帕维亚于 1370 年颁布的一条法律则强调，丈夫遗留给妻子的财产最多不超过 50 里拉。[⑤] 当然，有时女性也会继承娘家的财产，这种情况只有在娘家无子和无同辈男性亲属的情况下才会发生。文艺复兴时期欧洲的财产继承仍然围绕男性继承人展开的状况和对女性继承的限制表现了法律对父系亲属关系的偏袒，反映了当时父权制社会的实质。

从刑事犯罪的处罚来看，男女两性也有较大的差异。文艺复兴时期的法学家继承了贬低、轻视女性的传统观念，把她们看作是软弱、无助和爱撒谎的，因而主张减轻对女性罪

---

① Thomas Kuehn, "Person and Gender in the Laws", in Judith C. Brown and Robert C. Davis, eds., *Gender and Society in Renaissance Italy*, p. 100.

② Georges Duby and Michelle Perrot, gen. eds., *A History of Women in the West*, vol. 2, pp. 269-270.

③ 《简明不列颠百科全书》第 6 卷，中国大百科全书出版社 1986 年，第 848 页。

④ Stanley Chojnacki, *Women and Men in Renaissance Venice: Twelve Essays on Patrician Society*, The Johns Hopkins University Press, 2000, p. 122.

⑤ Thomas Kuehn, "Person and Gender in the Laws", in Judith C. Brown and Robert C. Davis, eds., *Gender and Society in Renaissance Italy*, pp. 94-95.

过的惩罚。16 世纪意大利法学家法里纳奇(Prospero Farinaccio)在其名著《刑法实践与理论》中提出了脆弱性别的概念,这一概念成为减轻妇女刑事责任的理论基础。当时的法官往往低估女性越轨行为的危险性,例如,女性之间的暴力行为,除非它十分残暴,在很长的一段时间内不被看作是犯罪。[①] 当时,有些城市在刑法方面的性别色彩十分明显。例如,威尼斯的一条法规根据被偷物品的价值规定了对偷窃的一系列惩罚措施。当某个男人因偷窃被判决失去一只眼睛时,犯同样程度罪行的女人则被判处切除鼻子;当某个男人被判决失去一只眼睛和一只手的时候,与他情况相同的女人却被切除鼻子和一片嘴唇。这一法规在司法实践中得以贯彻执行。1356 年,皮埃罗·亚里山德里的妻子雅各帕由于偷了一个邻居的束腰外衣而被判处切除鼻子和上下嘴唇。七年以后,弗里米利奥的妻子玛利娅由于偷窃而被判切除鼻子和一片嘴唇、鞭笞以及烙印记的处罚。对于刑事犯罪惩罚上的性别差异,有人认为,对于男性犯罪者处罚可能是为了剥夺他们的谋生手段,而对女性犯罪者处罚的目的则是在于剥夺她们吸引男人的东西。[②] 在我们看来,在这个问题上的性别差异是歧视女性的传统观念在法律上的具体表现。

不可否认,文艺复兴时期欧洲妇女在法律上也有某些权利,受到一定程度的保护。而且,由于生活地区的不同和法律实践过程中的灵活性,妇女的实际处境会与法律规定有某些差异。当时欧洲妇女享有嫁妆权和守寡权,她们的嫁妆受到法律的保护。佛罗伦萨的法律明确规定,父亲有责任为女儿提供嫁妆。[③] 在女儿结婚时,男性家长一般都为她准备一份嫁妆。当然,由于家庭经济条件的差别,不同阶层的女性带到其丈夫的家庭的嫁妆也不一样。贵族和富有阶层的妇女嫁妆通常包括较多的金钱和物品。14 世纪后期,威尼斯贵族家庭的女孩嫁妆的数额为 800 杜卡特,15 世纪中期上涨到 1100 杜卡特。[④] 贫穷家庭女孩的嫁妆有时只不过是一些衣服和被褥。为了促进婚姻并帮助家长准备女儿的嫁妆,1425 年佛罗伦萨市政府建立了嫁妆基金制度。[⑤] 女性对自己的嫁妆具有丈夫死亡或离异时索回以及临终前立遗嘱遗赠的权利。早在 1242 年,威尼斯政府就颁布了法律,规定了

---

① Marina Graziosi, "Women and Criminal Law: The Notion of Diminished Responsibility in Prospero Farinaccio (1544-1688) and Other Renaissance Jurists," in Letizia Panizza, ed., *Women in Italian Renaissance Culture and Society*, University of Oxford Press, 2000, pp. 166-167.

② Stanley Chojnacki, *Women and Men in Renaissance Venice: Twelve Essays on Patrician Society*, pp. 121-122.

③ Louis Haas, *The Renaissance Man and His Children: Childbirth and Early Childhood in Florence 1300-1600*, St. Martin's Press, 1998, p. 145.

④ Stanley Chojnacki, "Daughter and Oligarchs: Gender and the Early Renaissance State", in Judith C. Brown and Robert C. Davis, eds., *Gender and Society in Renaissance Italy*, p. 77.

⑤ Sharon T. Strocchia, "Gender and the Rites of Honour in Italian Renaissance Cities", in Judith C. Brown and Robert C. Davis, eds., *Gender and Society in Renaissance Italy*, p. 44.

妇女在婚姻结束后索取嫁妆的原则和办法。[①] 嫁妆为当时欧洲女性的婚后生活提供了一定的物质保障，也为她们的离婚和寡居后的再嫁奠定了必要的经济基础。丈夫在生前将其所有的1/3土地的用益权赠与妻子的寡妇产制度也是欧洲妇女取得财产保障的一个重要途径。这种制度在12世纪时就已经明确，到14、15世纪，德意志大多数市镇的法律仍然保障寡妇能继承相当一部分份额的财产。在法国北部，寡妇产的习惯一直延续到近代早期。[②] 除了嫁妆和寡妇产以外，欧洲有些地区的妇女也会得到其他形式的财产馈赠。此外，有的女性在自己的丈夫死后，甚至也可以充当其孩子的监护人。然而，我们必须指出的是，虽然当时女性在婚后名义上拥有嫁妆，但是她们对自己的嫁妆并不享有真正的支配权。在婚姻持续期间，她们的丈夫替她们掌管嫁妆，离婚后她们的嫁妆往往又重新回到了父亲家庭的监管之下。当时妇女在法律上受到的保护是在男女不平等的性别文化机制下获得的，并不能改变她们在法律上的弱者地位。

2. 女性与婚姻

婚姻关系到家庭血脉的维系、财产的继承和社会地位的变化，它是人们考察性别关系与妇女地位的重要侧面。

从婚姻的目的来看，文艺复兴时期的欧洲人，尤其是社会上层，仍然把婚姻视为政治与经济结盟的手段，很少考虑两性之间的爱情。当时欧洲的社会上层和富有阶层通常选择门当户对的婚姻，希望通过婚姻联盟关系来提高家庭地位和声望。16世纪，佛罗伦萨的美第奇家族和法国、西班牙王室家庭进行联姻。美第奇的洛伦佐（Lorenzo de Medici）的女儿凯瑟琳嫁给了后来的法国国王亨利二世。这位14岁的新娘不仅带给法国王室比萨、利沃诺、摩德纳、鲁贝拉城镇，而且还带来了她的叔叔——教皇克莱芒七世（Clement VII）给予的一大笔丰厚的嫁妆。[③] 在英国和法国的城镇，婚姻成为一些特权阶层垄断政治权力的途径。1580年伦敦的高级市政官出任名单显示，父亲、儿子、女婿、兄弟、姐妹夫一起统治着城镇。[④] 在欧洲的一些商人家庭中，人们通过联姻建立起经济同盟。17世纪英国韦尔内商人家族的一些书信显示，苏珊的父母为她挑选了与他们家庭地位和财富相配的人。1644年11月，苏珊在给她哥哥的信中，把一个每年有500英镑收入的鳏夫描述

---

① Stanley Chojnacki, *Women and Men in Renaissance Venice*, p. 97.

② 参见俞金尧：《中世纪欧洲寡妇产的起源和演变》，《世界历史》2001年第5期。

③ Bonnie S. Anderson and Judith P. Zinsser, *A History of Their Own: Women in Europe from Prehistory to the Present*, vol. 2, p. 32.

④ Bonnie S. Anderson and Judith P. Zinsser, *A History of Their Own: Women in Europe from Prehistory to the Present*, vol. 1, p. 396.

为配得起“美好赞誉”的男人。[①] 史实证明，婚姻已成为王室、名门望族和商贾名流获得某种政治和经济利益的工具。希望通过婚姻以增加财富和提高社会地位的现象在社会底层也存在。根据16世纪意大利北部城市维罗纳法庭的记录，有人证实，一个贫穷的父亲把自己年轻的儿子许配给一个年龄有点大的女孩，“因为她有间小房子”。[②]

婚姻不仅与财富和社会地位相联系，更与传宗接代密切相关。与以往一样，文艺复兴时代的欧洲人把为家庭生育合法的子嗣和财产继承人看作是婚姻的主要目的。“孩子的出生不仅意味着一个有结果的婚姻的完成，也许会带来长久期望的继承人。”[③]生育子女被视为已婚妇女的最重要职责和使命。妇女通常在婚后不久就开始生育，她们在育龄期的生活几乎一直都处在怀孕生子的循环之中。由于雇用乳母照看孩子，社会上层的妇女往往比下层的妇女生育更加频繁。亨利埃塔·玛丽娅同英国国王查理一世结婚以后，在1628—1639年间几乎没有停止过怀孕。[④] 出生于英国林恩镇一个殷实的商人家庭的玛格丽·坎普，在20岁的时候结婚，后来养育了14个孩子。[⑤] 贵族阶层的妇女的生育频率有时达到了让人惊叹的地步。在15世纪的威尼斯，贵族弗兰斯科·马塞洛的妻子玛格达路西娅共生育了26个孩子。[⑥] 担负生育任务的妇女不仅要承受频繁生育的痛苦，也要面临怀孕生子的巨大的精神压力。结婚之后一直没有生育的妇女的婚姻生活往往因为没有孩子而受到影响。佛罗伦萨妇女玛格丽塔始终没能为丈夫弗朗西斯克·达梯尼生育一个孩子。后来，弗朗西斯克在外与一名女奴生育了一个女儿。[⑦] 这说明，生育也能够保证妻子在丈夫家庭以及心中的地位。生育成为衡量当时欧洲妇女价值的尺码，频繁的生育也使她们无暇关心公共事务。

从婚姻安排来看，父母亲，尤其是男性家长掌握着儿女婚姻的决策权。文艺复兴时期，欧洲青年男女的婚姻主要由父母来安排。虽然，在这个时期结婚双方在名义上享有自由选择配偶的权利，但个人意愿往往不得不屈从于家庭利益和父母的想法。德国学者里夏德·范迪尔门(Richard van Dulmen)指出：结婚是两个家庭之间，更确切地说是两个户

---

① Bonnie S. Anderson and Judith P. Zinsser, *A History of Their Own: Women in Europe from Prehistory to the Present*, vol. 1, p. 397.

② Emlyn Eisenach, *Husbands, Wives, and Concubines: Marriage, Family, and Social Order in Sixteen-century Verona*, Truman State University Press, 2004, p. 43.

③ 里夏德·范迪尔门：《欧洲近代生活：家与人》，王亚平译，东方出版社2004年，第85页。

④ Margaret L. King, *Women of the Renaissance*, Chicago, 1991, p. 3.

⑤ Lisa DiCaprio and Merry E. Wiesner, eds., *Lives and Voices: Sources in European Women's History*, p. 148.

⑥ Margaret L. King, *Women of the Renaissance*, p. 4.

⑦ 参见 Renate Bridenthal, Susan Mosher Stuard and Merry E. Wiesner, eds., *Becoming Visible: Women in European History*, pp. 160-163。

主之间的事务。在16、17世纪的欧洲有这样的风俗习惯，由父母，主要是父亲为儿子找新娘。男人们，只要他们还生活在父亲的住户的社团里，在结婚时就要考虑到父母的愿望，女子一般自己不能作决定。虽然父母的意愿不能代替女儿的意见，但女儿要比儿子更服从。[①] 当时，欧洲一些地区和城市的法律甚至对未经父母同意结婚的人进行处罚。意大利城市博洛尼亚有法律规定，20岁以下女性的婚姻必须征得父亲或者其他男性亲属的同意，否则对新郎和新娘施以惩罚：新娘是没收其嫁妆，如果女子是被迫的话，新郎则被判以死刑。[②] 在14世纪比利时的根特城，如果女子违背家庭世系的意愿嫁人，该行为被认为是触犯了民事法律；在西班牙，这样的行为可导致女子失去继承权。[③] 这说明，女孩如果在婚姻方面不遵循父母的意愿，经济上会受到很大的损害。一般说来，处于社会底层的年轻男女在婚姻方面受父母的控制较小一点。因为他们从父母那里基本上得不到多少财产，通常会外出谋一份职业，因而在配偶选择上具有较大的自主权。

从婚后的夫妻关系来看，男女两性处于不平等地位。男性处于主导地位，其责任在于养家、指导妻子和儿女；而女性则处于从属地位，其责任在于操持家务、养育孩子并听从丈夫的教导。家庭事务的决策权掌握在丈夫手中，妻子只是负责家庭内的日常家务。在15世纪意大利作家利昂·巴第斯塔·阿尔贝蒂(Leon Battista Alberti)的对话录《论家庭》中，书中人物贾诺佐教导新婚妻子如何管理家政，却不让妻子了解家庭之外的任何事务。他说："我把自己的机密和书信很隐蔽地藏好，其他所有的日常事务我一直认为应该交给我的妻子管理。但并不是让她拥有唯一的管理权，以至于我无法随时了解和察看每件细小的事情是否妥当地得到处理。"[④]书中另一人物雷奥那多也说道："既然女人应看守孩子和管理家产，她就不适合外出置理生活所需之物。"[⑤]妻子在家庭中不仅要操持家务和照顾孩子，而且还要服从丈夫的意愿，否则会招来打骂。在当时人们的观念中，丈夫可以对妻子实行适度的惩罚。据英格兰1632年一妇女法律手册记载，殴打妻子仍然是法律赋予丈夫的权利，而女人对此无权提出任何异议。[⑥] 在生活中，有的男子对妻子实行了残酷的暴力。威尼斯一贵族男子殴打妻子，割下了她的鼻子和嘴唇，而且还砍断了右手上的4根手指。[⑦] 这个时期很多道德学家和布道者不赞成丈夫对妻子实行暴力，但这些说教恰恰

---

① 里夏德·范迪尔门：《欧洲近代生活：家与人》，王亚平译，第145—149页。

② Trevor Dean, "Fathers and Daughters: Marriage Laws and Marriage Disputes in Bologna and Italy, 1200-1500", in Trevor Dean and K. J. P. Lowe, eds., *Marriage in Italy: 1300-1650*, Cambridge University Press, 1998, p. 91.

③ Margaret L. King, *Women of the Renaissance*, p. 34.

④ 阿尔贝蒂：《论家庭》，梁禾译，西安出版社1998年，第230—231页。

⑤ 阿尔贝蒂：《论家庭》，梁禾译，第102页。

⑥ 莫尔顿·亨特：《情爱自然史》，赵越、李建光译，第275页。

⑦ Trevor Dean and K. J. P. Lowe, eds., *Marriage in Italy: 1300-1650*, p. 265.

反映了丈夫殴打妻子现象的普遍性。意大利锡耶纳教士圣伯尔纳迪诺(San Bernardino)在1427年的布道文谈道:“你们男人更能容忍弄脏桌子的母鸡,因为它每天下蛋,却容忍不了生儿女的妻子。想想女人的好处吧。对她耐心点吧。不要为了每件小事就打她。”[①]

男性对女性性贞洁和行为规范的强调进一步反映了文艺复兴时期欧洲夫妻关系与两性关系的不平等。随着社会经济的发展和财富的逐渐增加,男性更加注重女性的贞操。对新郎而言,最令他无法接受的沮丧便是在洞房花烛夜看出他的新娘并不是处女之身。有人说:“在婚床上就算抱住一只刺猬,也不要去抱一个失去贞洁的姑娘。”[②]失去贞操的姑娘通常受到人们的谴责,有时还会受到惩罚。在纽伦堡,失去贞操的姑娘去教堂时头上必须戴上一顶草圈,人们在她家门口扔下许多喂牲口的草料,她被称为“被实验的新娘”。在谷登堡,教会对失去贞操的新娘要进行惩罚,让她把草辫编入头发里,并且要专门站立在教堂门前的台阶上。[③] 当时社会只是片面地要求女性保持性忠诚,对男女的性贞操实行双重标准。在16世纪的法国,丈夫有权杀死通奸的妻子,但妻子却很少有机会对丈夫的不忠提出诉讼。[④] 17世纪意大利女画家阿特米西亚·简提列斯基(Artemisia Gentileschi)指控她的老师奸污了她,法庭为了验证她诉讼的真实性动用拇指夹来拷打她,但已被发现有罪的肇事者没有受到任何拷打。[⑤] 在期望女性保持贞洁的同时,社会舆论加强了对女性行为规范的强调,要求她们在日常生活中保持沉默、谦逊、体面的行为方式。当时,欧洲不少男性作家在其著作中塑造了他们理想中的女性形象。意大利书商维斯帕施阿诺·达·比斯梯西(Vespasiano da Bisticci)在一本传记集成中收录了妇女巴迪的亚历山大(Alessandra de' Bardi)的传记。传记中记载,亚历山大非常漂亮、优雅、正派和谦逊。她在结婚之前从来不会无所事事,也不会把身子探出窗外,这种良好的教养和内在的品德使得她在丈夫流放佛罗伦萨期间一直保持着体面的行为。[⑥] 这个时期对品德良好的妻子最常见的比喻是把她们比作蜗牛或乌龟,因为,这两个动物从来不会离开它们的“房子”并永远保持沉默。[⑦] 1394年左右,一位巴黎的丈夫为教导其15岁的妻子写了《巴黎人的居家之艺》一书,书中写道:“如果你外出,要端正头部,眼睑下垂而不眨,每走十二码再抬头向前看,再低头走,不要盯着男人或女人,不要左顾右盼,不要眼睛朝天,不要和

① 安妮·史蒂布编:《女人语录》,蒋显璟主译,中国社会科学出版社2001年,第15页。

② 爱德华·福珂斯:《情爱的觉醒——文艺复兴时代》,孙小宁译,中国盲文出版社2003年,第152页。

③ 爱德华·福珂斯:《情爱的觉醒——文艺复兴时代》,孙小宁译,第153页。

④ Meg Lota Brown and Kari Boyd McBride, *Women's Roles in the Renaissance*, p. 57.

⑤ Meg Lota Brown and Kari Boyd McBride, *Women's Roles in the Renaissance*, p. 57.

⑥ Paola Tinagli, "Womanly virtues in Quattrocento Florentine marriage furnishings", in Letizia Panizza, ed., *Women in Italian Renaissance Culture and Society*, p. 267.

⑦ Merry E. Wiesner, *Women and Gender in Early Modern Europe*, p. 25.

街上的人说笑。”[①]当时社会舆论对女性行为规范的要求，反映了男性对女性作为母亲和妻子身份的角色期望和女性在家庭中处于从属地位的实际状况。

在男主女从的婚姻模式下，夫妻之间的情感关系在很大程度上不是源于爱情，往往带有浓厚的实用主义色彩。14 世纪意大利的一位绅士麦瑟·多那提·瓦鲁蒂在日记中写下了这些透露内心秘密的话："我的第一个妻子彼丝是一个长得不漂亮的小个子女人，但是她聪明、贤惠、温柔、懂礼貌，而且具有一切女人应具有的美德……她与我非常融洽地生活在一起，使我获得了温暖，得到了荣誉和足够的财产。”[②]这位男士满足于妻子所具有的"一切女人应具有的美德”和带来的财产。如果妻子能够出色地料理家务，则可以获得丈夫的尊重和情感。妻子能够激起丈夫之爱的最有力的方式是把家庭照顾好，这样，当丈夫看到妻子因劳动而拥有一身健康的肤色时，丈夫不仅承认她的价值而且能够重新确立对她的尊敬。[③] 正如在德国作家汉斯·萨克斯(Hans Sachs)作品中一位丈夫对妻子所说的那样："当你按照我的吩咐做事的时候，你要表现出妻子的谦恭、乐意和顺从。那样我才非常乐意与你分享我仅剩的酸面包皮，然后再看你是否缺少衣服和华丽的装饰。照顾你是我的荣幸，并且会给你好的建议。”[④]

虽然，文艺复兴时期欧洲人的夫妻情感关系掺杂了很多实用主义因素，但人们也开始意识到婚姻的爱情基础和夫妻之爱的美好。随着这一时期印刷业的发展，公开地展示夫妇之爱的文学和艺术作品逐渐增多。在昂热一座 15 世纪晚期的名叫"亚当的房子”的商人住宅中，不仅有亚当和夏娃的肖像，他们作为初婚的新婚夫妇和主要户主的形象被雕刻在转角扶壁的边上，而且一对穿着当代服饰的爱侣直接突显在面朝克劳斯宫廷这边的正中央。[⑤] 当时，为数不多的知识女性也开始在她们的著作中用文字来表达对丈夫的情感。文艺复兴时期意大利著名的女作家克里斯蒂娜·德·皮桑(Christine de Pizan)在 15 岁的时候嫁给了 24 岁的学者埃蒂安·德·卡斯泰尔(Etienne de Cstel)，虽然她与丈夫的年龄相差较大，但这并没有影响他们之间的感情。皮桑曾这样表达她与丈夫之间的感情："我们拥有甜蜜的爱和默契的心灵，无论是在欢悦还是在悲伤的时刻，我们之间的情感都

---

① 迈克尔·卡米尔:《中世纪爱的艺术——欲望的客体与主体》，刘日明译，广西师范大学出版社 2005 年，第 23 页。

② 莫尔顿·亨特:《情爱自然史》，赵越、李建光译，第 246 页。

③ Brian Richardson, "Amore maritale': Advice on Love and Marriage in the Second Half of the Cinquecento", in Letizia Panizza, ed., *Women in Italian Renaissance Culture and Society*, p. 202.

④ Bonnie S. Anderson and Judith P. Zinsser, *A History of Their Own: Women in Europe from Prehistory to the Present*, vol. 1, p. 441.

⑤ 迈克尔·卡米尔:《中世纪爱的艺术——欲望的客体与主体》，刘日明译，第 144 页。

胜过兄弟姐妹之间的情谊。"[1]以上事实表明，在这个时期有些欧洲人的婚姻生活中，彼此相依的爱侣式关系也有所发展。

总的说来，文艺复兴时期欧洲人的婚姻关系还是以男女两性的主从关系为重要特征的。婚姻在当时主要是维系血脉和传承地位财富的工具，与婚姻相关的一系列事务几乎完全处于男性家长的控制之下，而女性则处于屈从、被动的地位。当时男性对女性性贞洁和行为规范的倡导与传统的女性角色地位相一致，并与他们对家庭财产传承中血统"纯正"的要求密切关联。虽然这个时期人们开始关注夫妻之爱，而且在现实生活中也不乏表现夫妻感情良好的例子，但妻子必须服从丈夫权威的父权制思想仍然占主导地位。

3. 妇女和劳动[2]

劳动是人最基本的权利，妇女在劳动中的状况对其社会和家庭地位具有关键作用。

文艺复兴时期，欧洲的经济正经历巨大的变化，以家庭为基本单位的自给自足式生产方式逐渐瓦解，资本主义雇佣劳动关系开始出现。这种生产方式的结构性转变，给妇女参与社会经济生产的方式带来了一定的变化：在固守传统的家庭劳动领域的同时，一部分妇女进入到雇佣劳动领域。然而，传统的性别观念——妇女属于家庭和妇女缺乏技能，在很大程度上依然限制着妇女在社会劳动领域的选择空间。下面，我们从家庭劳动、商品劳动和劳动组织三方面来窥视这一时期欧洲妇女的劳动状况。

从乡村与城镇的家庭劳动参与方式来看，文艺复兴时代，欧洲乡村妇女和城镇妇女以不同方式参与了家庭日常劳作。由于乡村和城镇之间生产和生活模式的不同，城乡妇女家庭劳作的内容也有很大差异。在农村，女性主要在家内从事诸如洗衣、做饭、抚养孩子、纺织、饲养牲畜等劳动。此外，农田活计也少不了主妇。[3] 后来，随着新的农作物品种的出现和农业生产专门化的发展，妇女的田间劳作也发生相应的变化。在 17 世纪欧洲的大部分地区，芜菁等块根植物广为种植，妇女成为主要角色。在意大利一些地区，养蚕、葡萄和染料作物等生产开始盛行，妇女们不仅负责采摘橄榄和葡萄，还负责起丝绸制作各个环节的工作。这说明，随着这个时期社会经济的发展变化，乡村妇女们已开始进行一些需要一定技术含量的生产性劳动。而一些没有土地或贫穷家庭的妇女，与男性一样外出出卖

---

① Renate Bridenthal, Susan Mosher Stuard and Merry E. Wiesner, eds., *Becoming Visible: Women in European History*, p. 156.

② 有关妇女与劳动的问题，我们在第三章第三节中作了论述，本节主要侧重于论述该时期妇女参与劳动的方式与前期相比发生了怎样的变化。

③ 在中世纪晚期，女性的家内劳动基本没有什么大的变化，有关这个问题，请参考本书第三章第三节中的相关论述。

自己的劳动力。[①]

在城镇,妇女也要参与家务劳动。城镇家庭不是自给自足,日常用品如面包和衣服通过市场购买,因此城镇妇女从事的劳动与整个家庭劳动之间的联系性较弱。许多城镇妇女——尤其是匠师的妻女,通常到作坊里做些辅助性的工作,如为包括整个作坊成员的大家庭烧饭、洗衣等。贵族妇女和商人之妻情况不同,她们会在丈夫因战争和经商外出的时候掌管家务。一些贵族妇女在丈夫外出时负责管理农庄,她们检查农作物的成长情况,安排人修理磨坊,清点母鸡,监督羊毛梳理和缠丝事宜,检查酒的储存和销售情况等。[②] 这一点与中世纪前期的情况颇为相似。商人阶层亦是如此。在意大利,佛罗伦萨商人弗朗西斯科·达提尼的妻子玛格丽塔由于丈夫长期在外忙于经商而掌管家庭所有事务。她监管房舍、地窖、菜园、马厩和磨房。每天清晨,在大门打开之前,她必须起床,并且是家中最晚休息的人。[③]

从在商品劳动领域所扮演的职业角色来看,文艺复兴时期的欧洲妇女在服务业和商业活动中起到了不可或缺的作用。在之前的时期,许多大家庭或农庄中,从事服务业的男性多于女性,因为这些家庭或农庄有时本身就是军事要塞,需要更多的男性。而到文艺复兴时代,家庭服务业是大部分城市中雇佣女性最多的行业。在13—17世纪欧洲的城镇和乡村中,能够雇佣得起仆人的家庭通常选择雇佣年轻的妇女。17世纪法国贵族家庭中超过60%的仆人都为女仆,而在从事某种行业的家庭中,这一数字达到了94%。[④] 女仆在主人家主要负责家务劳动。这个时期,与女仆一同工作的还有女奴。在地理大发现后兴起的奴隶贸易中,有一部分非洲奴隶进入欧洲,其中很多是女性。她们被带到西欧城市,一般在比较富有的家庭中做佣人。[⑤]

有些妇女在城市中担任乳母和助产士。虽然这个时期的很多道德学家鼓励妇女用母乳喂养孩子,但在欧洲很多地区,雇佣乳母喂养孩子是普遍的现象。社会上层和没有奶水的妇女多雇佣乳母。富裕的家庭有时是把乳母接到自己家里喂养孩子,但在意大利、法国、德国和英国的一些城市里,更常见的做法是在婴儿出生后数日,便把他们送到农村去喂养。[⑥] 根据法国蒙彼利埃城政府的记录,担当乳母的妇女多来自社会底层,很多是工匠

---

① Merry E. Wiesner, *Women and Gender in Early Modern Europe*, pp. 107-108.

② Margaret L. King, *Women of the Renaissance*, p. 63. 亦参见本书第三章第三节的相关论述。

③ Renate Bridenthal, Susan Mosher Stuard and Merry E. Wiesner, eds., *Becoming Visible: Women in European History*, p. 160.

④ Meg Lota Brown and Kari Boyd McBride, *Women's Roles in the Renaissance*, pp. 109-110.

⑤ Lisa DiCaprio and Merry E. Wiesner, eds., *Lives and Voices: Sources in European Women's History*, p. 160.

⑥ 欧金尼奥·加林主编:《文艺复兴时期的人》,李玉成译,三联书店2003年,第274页。

和农场工人的妻子。[①] 除了经济原因，也不能排除感情因素。有些妇女在分娩时或其他时间失去自己的孩子，为了转移痛苦和对孩子的思念，乐意去当乳母。

文艺复兴早期，男医生一般不参与接生工作。很多家庭在妇女分娩时多雇请妇女担当助产士。在欧洲的很多地区，妇女在成为女助产士之前必须以学徒的身份和其他有经验的行医者接受一段时期的培训。在德国和西班牙，学徒期通常是4年，而在法国和荷兰是3年或4年；在英国，是7年。[②] 而且，有些国家建立了比较正规的体系。15世纪初期，德国的纽伦堡设立了欧洲最早的助产士服务机构。城市议会对在这一机构中担任助产士的妇女制订了一系列的规章制度，其中包括她们进入这一服务机构之前的宣誓，对待产妇的态度，接生时注意事项以及她们的日常生活习惯等。[③] 直到18世纪，在这一机构中服务的助产士全部是妇女，而且她们还要受到一些由议会任命的、出身良好的妇女的监督。但在有些地区，很多助产士凭借长年积累下来的经验为产妇接生，并没有接受过正规的训练。

无论是充当仆人还是助产士，这些从事家庭服务业的妇女通过自己的劳动，获得了一定的劳动报酬，在一定程度上改善了自己的生存环境。但她们进入城市要面对种种现实的和观念的壁垒。有时候，她们的贞洁难以得到保证，如威尼斯的女仆和女奴经常遭到身份地位高的男性的性侵犯。[④] 她们还时常遭受人们的鄙视和怀疑的目光，因为在流行的观念中，如果一个妇女独自外出被认为是丧失颜面的。德国和法国都有法律规定，禁止未婚女子进入城市，只有她们和男性亲属一起或跟随雇主的情况下可进入城市，并要求寡妇只有和她的男性孩子一起才可进入城市。[⑤]

除从事服务行业外，妇女在商品交换领域的活动十分活跃。遍布各地的大大小小的城镇集市，是乡村妇女和城镇妇女的辐辏地，成为连接农村和城镇经济的纽带。随着商品经济的复兴，乡村妇女在生产和出售东西方面不再局限于农产品，她们把自己制作的黄油、奶酪、肥皂等拿到城镇集市上与鸡蛋、粪肥、家畜、水果等一起出售。有些妇女甚至以商业为业，叫卖从商人那里换回的针线、丝带、蜡烛等小商品。[⑥] 城镇妇女在商品集市中则扮演了更显著更活跃的角色。手工业者的妻子有时就负责到集市上去出售他们在家里

---

① Barbara A. Hanawalt, *Women and Work in Preindustrial Europe*, p. 85.

② Meg Lota Brown and Kari Boyd McBride, *Women's Roles in the Renaissance*, p. 105.

③ Bonnie S. Anderson and Judith P. Zinsser, *A History of Their Own: Women in Europe from Prehistory to the Present*, vol. 1, p. 98.

④ Margaret L. King, *Women of the Renaissance*, p. 77.

⑤ Renate Bridenthal, Susan Mosher Stuard and Merry E. Wiesner, eds., *Becoming Visible: Women in European History*, p. 210.

⑥ Merry E. Wiesner, *Women and Gender in Early Modern Europe*, p. 108.

生产的产品。有时，这些家庭沿街开出窗口，以方便妇女叫卖。有时，妻子们还会挨家挨户或在大街上出售商品。[①] 妇女所进行的销售活动满足了城乡人们的需要，促进了商品经济的发展，但她们的这些活动同样受到了很大限制。在15世纪的比利时，很多妇女因出售活动损害了行会成员的利益而被罚款。[②] 而且，妇女们所从事的销售活动往往局限在价格低廉的小商品上。

从劳动组织来看，文艺复兴时期的欧洲妇女在行会和行业中的地位不断下降。如前所述，行会是中世纪欧洲社会经济生活中的重要组织形式，而获得行会成员身份就意味着可以享受到经济和日常生活中的很多好处，但是，行会主要由男性控制，只有极少数妇女以不同形式加入到行会中，并在一些行业中发挥了一定的作用。[③] 但至15、16世纪，随着商品经济的发展，资本主义手工工场的兴起，行会逐渐走向衰落。在商品经济的冲击下，各行会之间及行会内部的贫富分化加剧，竞争日趋激烈。在这种情况下，行会逐渐限制成员的数量，不再招收妇女加入行会，并视雇佣妇女的行会为低等的组织。因此，在行会中工作的女性越来越少。根据1553—1560年里昂城市的档案记录，在204份签署的学徒合同中只有18位女性。[④] 1601年，日内瓦的钟表制造行会允许行会成员的妻子和女儿学习这一手艺。但在17世纪末期，把技术传授给女性的成员要受到罚款和谴责。[⑤] 从事丈夫生前行业的寡妇受到越来越多的限制。从15世纪中期开始，行会开始限制寡妇经营丈夫生前店铺的时间，最多一年或两年，最少只有几个月的时间。[⑥] 到16世纪中期，在大多数行业中的寡妇已不能雇佣任何新学徒、短工或计件工。当时，行会对劳动性别分工的规定明显地表现出对女性的歧视。有些行会的条例规定，女性不适合承担玻璃切割之类的技术工作。因为，在统治行会的男手工业者看来，只有男性才适合从事技术性的工作，女性由于笨拙和缺乏工作技巧，只能从事非技术性的工作。[⑦] 随着机器的使用，一些原本由妇女从事的工作，如丝袜编织，逐渐成为男人主导的工作。当编织机引进以后，男人们开始主张，只有男人才能学会操作如此复杂且需要技术的机器，以妇女缺乏操作技能为由禁止

---

① Bonnie S. Anderson and Judith P. Zinsser, *A History of Their Own: Women in Europe from Prehistory to the Present*, vol. 1, p. 370.

② Bonnie S. Anderson and Judith P. Zinsser, *A History of Their Own: Women in Europe from Prehistory to the Present*, vol. 1, pp. 361-362.

③ 具体情况可参见第三章第三节的相关论述。

④ Barbara A. Hanawalt, *Women and Work in Preindustrial Europe*, p. 169.

⑤ Meg Lota Brown and Kari Boyd McBride, *Women's Roles in the Renaissance*, p. 117.

⑥ Margaret L. King, *Women of the Renaissance*, p. 57.

⑦ Renate Bridenthal, Susan Mosher Stuard and Merry E. Wiesner, eds., *Becoming Visible: Women in European History*, p. 208.

妇女使用编织机。当时，妇女只能在一些小型的织布机上制作带子等小东西。[1] 这说明，随着新的经济形式的出现，妇女从事的工作反而受到了更大的限制。

总之，来自不同群体的妇女在包括日常家务的操持和众多行业内的劳动方面都发挥了不可或缺的作用。长期以来，妇女作为妻子和母亲的传统角色在很大程度上决定了她们活动范围通常局限在家庭，所以，处于不同阶层的妇女的劳动大多是围绕家庭来进行的。但是，很多妇女以不同形式参与了这个时期的经济活动，她们从事纺织、贩卖商品，做女仆、乳母等，其中有些人还参加了行会。然而，随着资本主义的发展和行会的衰弱，她们日益受到行会的限制和排斥，在社会经济生活中更加边缘化。

4. 女性与教育

男女两性的教育水平反映性别权力关系，女性受教育的程度是衡量其地位的重要指标。文艺复兴时期，随着古典文化的复兴，人文主义学者倡导个人的思想、身体、道德全面发展的教育理念。与之前的时期相比，人们所接受的教育内容不再局限于宗教和神学，知识结构和体系逐渐扩展。文艺复兴时期，女性教育出现了一定程度的变化，少数上层女性得到人文主义教育，甚至有个别女性著书立说，发出自己的声音。但是，对这种变化的范围程度及其影响，我们不能作出太乐观的判断。在这个时期，传统的性别观念依旧大行其道，并被广大妇女内化为对自身角色的认同。即便是当时的人文主义者，在女性教育问题上也没有提出多少革新的主张。

首先，我们来考察人文主义者的女性教育观。一些人文主义者仍然固守传统，反对妇女接受文化教育，主张女性应当在家中学习持家和管理家政的基本劳动技能。14 世纪佛罗伦萨人文主义者保罗·达切尔塔尔多(Paolo da Certaldo)在其著作《良好风尚之书》里谈道，家长必须经常监督家里的女人，看她们是否在劳动，防止她们懒惰。懒惰对所有的人都是危险的，对妇女尤其如此，应当教女孩子们做针线活。不要教她们读书(除非她们要献身于宗教)，教她们烤面包、清洗鸡、收拾床铺、织布、绣花和补袜子。法国加尔文教教徒阿格里帕·迪奥涅(Agrippa d'Aubignè)认为，受教育会使妇女忽视家务，并造成夫妻间的不和。[2] 上述言论表明，当时不少人文主义者从规约女性的角度出发，反对她们接受知识教育，使她们沉潜于男性之下，同时训练她们的基本劳动技能，以便在家庭里充当贤妻良母的角色。

---

① Bonnie S. Anderson and Judith P. Zinsser, *A History of Their Own: Women in Europe from Prehistory to the Present*, vol. 1, p. 409.

② 欧金尼奥·加林主编:《文艺复兴时期的人》，李玉成译，第 307 页。

这个时期也有一些人文主义者赞成对女性进行一定程度的文化教育。荷兰人文主义学者伊拉斯谟一方面强调女性必须学习纺织等劳动技能，提出织针和纺锤实际上是专属于妇女们的工具。另一方面，他也承认学习文化知识对规范女性行为的作用。他认为，让女儿们学习文化将是更好的事情，因为它不仅可以填充她们空虚的心灵，使她们免于碌碌无为；而且可以使她们牢记最好的格言训诫并拥有美德。[①] 法国人文主义作家拉伯雷(Francois Rabelais)把妇女应该接受教育的理念运用到他所勾画的理想公社——德廉美修道院中，在那里，出身良好的男人和女人自由而又和谐地共同生活在一起，并共同接受教育。[②] 西班牙人文主义教育家维韦斯也指出，为了让女孩子能够阅读《圣经》，有必要教授她们学习阅读。[③]

虽然，当时有些比较开明的人文主义者赞成女性接受文化教育，但他们有关妇女教育的思想仍存在一定的局限性。例如，维韦斯提出，女性学习的领域和内容应当受到严格的限制，男女应该接受不同教育科目的培养。在他看来，除本国语、拉丁语、宗教等男女学生都要学习的科目外，男孩子还应学习历史、政治、数学、科学等，女孩子则侧重于家政和与教育孩子有关的科目。[④] 他认为，为了使女性更好地服务于父母和丈夫，她们还是应当学习针线活和纺织等家务劳动。妇女天生意志薄弱，缺乏谨慎，而且容易上当被骗。她们不应该给别人传授知识，以免把自己错误的观点和信念传播给听者。良好的基督徒妇女应该与外界隔离，以免沾染上不良的习性。人们不应当准许女性阅读由那些空虚无聊的男性书写的浪漫文学。[⑤] 因此，即使是当时赞同女性接受文化教育的人文主义学者，其教育思想也难以摆脱传统性别观念的束缚。他们不是从提高女性的学识素养的角度，而是为了培养女性承当起做妻子和母亲责任的目的，来提倡女性学习文化。在这一点上，他们与女性文化教育的反对者并没有本质的区别。正因为如此，他们都极力倡导训练女性的家务劳动技能。不同的是，伊拉斯谟、维韦斯这样的人文主义者在强调女性履行自己既定的社会角色中需具备“技能”的同时，将女性“德性”的发展和负起家庭责任的文化知识基础放到了一定的地位。

我们再看看文艺复兴时期妇女接受教育的实际状况。一般说来，这个时期欧洲大部分妇女是没有机会受教育的，甚至连最基本的识字训练也没得到，她们接受的大多是父母

---

① June Stephenson, *Women's Roots: The History of Women in Westen Civilization*, p. 232.

② Georges Duby and Michelle Perrot, gen. eds., *A History of Women in the West*, vol. 3, p. 103.

③ June Stephenson, *Women's Roots: The History of Women in Westen Civilization*, p. 233.

④ 史静寰主编：《妇女教育》，吉林教育出版社 2000 年，第 105 页。

⑤ Georges Duby and Michelle Perrot, gen. eds., *A History of Women in the West*, vol. 3, p. 103.

或雇主口头传授的劳动技能。女孩子通常在家里跟从母亲学习如何洗衣、做饭、缝补、纺织、照顾孩子等家务劳动。同时,她们还要学习一些基本的行为规范。维韦斯建议,女孩子应该吃刺激性少的食物,喝稀释过的酒,穿粗糙、简单的衣服,睡在硬板床上。[①] 对于妇女的这些基本的训练,其目的是不言自明的。

不可否认的是,当时有一部分妇女得到了人文主义教育,但她们主要集中在社会上层,且人数比例很小。妇女得到人文主义教育的途径主要有两个:其一,少年时跟随男性兄弟学习;其二,通过她们的父亲、家庭教师或修道院学校接受比较高等的教育。随着人文主义在阿尔卑斯山以北地区的传播,很多家庭让家中的女性接受人文主义教育。托马斯·莫尔把一些有学问的人请到家中教授他的女儿学习拉丁文和希腊语、逻辑学、哲学、神学、数学和天文学,他还鼓励其他的贵族家庭为女儿请家庭教师让她们接受教育。[②] 在德国也是这样的情况,大多数的贵族子女都受过教育,但通常不是在公共的教育机构里,而是将家庭教师请到自己的府邸里,只有资产阶级上层才让子女在学校里接受普通教育。[③]

这些社会上层的女性不仅能够得到人文主义教育,有时还学习一些才艺。这个时期,昔日享有特权的贵族不能像在中世纪时期那样凭借军事战争来获得荣耀,有时要靠宫廷的赏赐来获得政治地位和经济好处。所以,一些贵族家庭为了获得宫廷君主或庇护人的青睐,而把女儿送到宫廷。在进入宫廷之前,这些女孩子要学习音乐、舞蹈、语言等方面的技能。在意大利和法国,一些女孩子在年龄还非常小的时候被送到修道院去学习这些技艺。此后,她们会再到另外一个家庭学习。这个家庭一般比她们自己的家族更为有权势和富有。在这里,她们继续学习成为一个优秀的女廷臣所具备的才能、技巧和优雅。[④] 16世纪,意大利的阿尼巴·加斯克把12岁的女儿拉维妮娅送到萨伏依公爵家族。他要求自己的女儿绝对服从女主人,甚至希望女儿能够学会如何揣摩庇护人的想法,因为,只有这样她才能够更大程度地取悦于庇护人。[⑤] 这些贵族家庭就是希望女儿以美貌、才艺和学识成为庇护人赏识的对象,从而在宫廷中赢得有利的地位,为家庭获得财富和声望打下

---

① Bonnie S. Anderson and Judith P. Zinsser, *A History of Their Own: Women in Europe from Prehistory to the Present*, vol. 2, pp. 29-30.

② Bonnie S. Anderson and Judith P. Zinsser, *A History of Their Own: Women in Europe from Prehistory to the Present*, vol. 2, p. 85.

③ 里夏德·范迪尔门:《欧洲近代生活:家与人》,王亚平译,第123—124页。

④ Bonnie S. Anderson and Judith P. Zinsser, *A History of Their Own: Women in Europe from Prehistory to the Present*, vol. 2, p. 10.

⑤ Bonnie S. Anderson and Judith P. Zinsser, *A History of Their Own: Women in Europe from Prehistory to the Present*, vol. 2, pp. 10-11.

基础。

文艺复兴时期，社会的需求使得女子学校教育得到一定程度的发展。一些国家和地区发展了接受男女学生的初级教育，甚至还出现了女子学校。这里所说的初级学校，指的是进行小学教育的学校。有很多城市或乡村的小学通常都接受男女学生。1561年，伦敦建立了诺斯伍德泰勒学校，并为女孩子提供小学教育。[①] 在宗教改革时期，很多政治和宗教权力机构都鼓励开设女子小学，吸收不能在家学习的女孩子。在16世纪，德国大概有40个新教教区要求建立女子学校。由于很多地区没有进行记录，所以，我们无法知道究竟建立了多少个女子学校。但根据德国中部萨克森地区的记录，到1580年，50%的教区批准建立了男子德语学校，10%的教区准许建立了女子学校；1675年，这一比例分别增加到94%和40%。[②]

一般来说，实施小学教育的学校并没有完全明确的教学计划、固定的教材和学习机制。在这些学校中，女孩子的学期通常比男孩子的短。她们在这里只是简单地学习一些阅读、书写和算术上的知识。相对于书写和算术来说，阅读在她们的学期中占很大比例。学习阅读是女子教育的重要内容，它被视为对她们进行宗教教导不可缺少的一部分。人们认为，女孩子学会阅读以后，会从书中找到古典和基督教时期女性良好行为的典范，并且可以从中吸收伟大男性作家的思想。伊拉斯谟和维韦斯都指出，女性要能够阅读《圣经》中的使徒行传，阅读像哲罗姆和奥古斯丁这些教父们的著作，并且要谨慎地挑选古典作家的作品，如柏拉图、西塞罗和塞内加的作品。[③] 一位父亲在给女儿的信中谈道："满足于练习阅读和缝纫吧：如果你能很好地掌握这两种技术，你就算相当有成就了。"[④]在他们看来，女性学会阅读《圣经》和经典作品后，会自律地规范自己的行为。而且，很多家长从经济角度考虑，不主张女儿学习书写。因为，学习书写相对阅读来说比较昂贵，需要准备一些用于书写的材料，很多家长并不乐意为女儿提供这些东西。[⑤] 在这种情况下，很多女孩子也只是会书写自己的名字而已。

然而，一些得到了较高程度教育的知识女性有意或无意地突破了社会文化观念对她们的要求和规约，表现出优秀的才华。个别女作家创作了具有一定影响力的作品。从小在法国宫廷长大的皮桑在父亲的教导下学习法语、拉丁语等语言，并阅读了许多古典时期

---

① Margaret L. King, *Women of the Renaissance*, p. 169.

② Merry E. Wiesner, *Women and Gender in Early Modern Europe*, p. 146.

③ Bonnie S. Anderson and Judith P. Zinsser, *A History of Their Own: Women in Europe from Prehistory to the Present*, vol. 2, p. 30.

④ 李瑜译：《文艺复兴书信集》，学林出版社2002年，第245页。

⑤ Merry E. Wiesner, *Women and Gender in Early Modern Europe*, p. 149.

的作品。这一教育经历对她的生活影响很大。在丈夫死后,她以写作为生,被称为"欧洲第一位以写作为生的女性",[①]《妇女城》是她的代表作。法国纳瓦尔的玛格丽特(Marguerite de Navarre)在文章中支持宗教改革,并把自己的宫廷作为宗教改革者的避难所。她所著的《七日谈》一书在法国颇受欢迎,并很快被翻译为英文。[②] 17世纪,欧洲还出现过两位以学识闻名的女性——荷兰的安娜·玛利亚·范·舒尔曼(Anna Maria Van Schurman)和意大利的艾莲·卢克利齐娅·卡纳罗·皮斯科皮雅(Elean Lucrezia Cornaro Piscopia)。舒尔曼从小与兄弟们一起接受家庭教师的教育,在父亲死后,她成为乌得勒支大学校长的助理。皮斯科皮雅不仅接受了大学教育,而且还成为该时期第一位获得哲学博士头衔的女性。皮斯科皮雅精通6种语言,掌握了天文学和数学等科学知识。[③]

这些学识出众的女性,开始思考有关自己性别的一些问题,对传统的歧视女性的思想提出了不同的见解。在皮桑看来,女性在智力上与男性没有多大区别,她们可以同男性一样拥有智慧、尊严与美德。在《妇女城》中,她提出,一个人是高尚还是卑贱,不是依据身体的性别,而是在于行为和美德的完善与否。她还借薄伽丘的口说,既然上帝已经赐给了女性那么美丽的心智,如果她们愿意,就可以专心于任何领域的知识。如果女人希望学习它们的话,那么与男人相比,她们要掌握这些领域,既不会更容易,也不会更困难,而且,她们可以借此获得永恒声誉,堪与最优秀的男人相称。[④] 法国里昂女诗人路易丝·拉贝(Louise Labé)论述了女性接受教育的好处。她说:"如果妇女逐渐熟练地用笔记录自己的所思所想,请不要鄙视这种荣耀,而是要赞美她们这种不同于对华丽的服饰、项链和戒指之热衷的喜好和能力,让她们这样做好了。因为对于华丽的服饰、项链和戒指的热衷,我们考虑的只是这些东西的使用价值,而能够接受教育的荣耀则完全属于我们自己……通过接受教育,我们不仅能够获得我们自身性别的好名声。而且,我们还可以促使男性为了民众的利益花费更多的时间和精力从事对美德的研究。因为他们害怕自己落在那些他们总是认为什么都不如自己的女性的后面……"[⑤]这些声音在那个时代犹如空谷足音,反映了极少数知识女性自我意识的萌芽。

---

① Renate Bridenthal, Susan Mosher Stuard and Merry E. Wiesner, eds., *Becoming Visible: Women in European History*, p. 155.

② Merry E. Wiesner, *Women and Gender in Early Modern Europe*, p. 156.

③ Bonnie S. Anderson and Judith P. Zinsser, *A History of Their Own: Women in Europe from Prehistory to the Present*, vol. 2, p. 86.

④ 克里斯蒂娜·德·皮桑:《妇女城》,李霞译,学林出版社2002年,第22、61页。

⑤ Merry E. Wiesner, *Women and Gender in Early Modern Europe*, p. 143.

但是，在男权强盛的汪洋大海中，她们不仅声音弱小，而且受到来自男权的巨大压力。英国的玛格丽特·莫尔虽然出版了自己的译著，但她始终生活在父亲的庇护之下，她将自己的名声和成就归功于她的家族。同时代的人在描述玛格丽特的才能时，认为她的才能只不过是她父亲托马斯·莫尔才识和道德特征的反映。[①] 女性的作品很少能得到男性的认可。在英国，詹姆士一世主张教士们严厉指责那些自作主张和用笔表达思想的妇女。[②] 由于法国女诗人路易丝·拉贝在作品中谈到了浪漫的爱情，宗教改革家加尔文便指责她是采用为当地的贵族和教士提供性服务的方式获得名誉的。[③] 相对于出版自己的著作而言，女性翻译别人的作品的行为却很少受到男性的反对。在男性作家看来，她们所做的只不过使男性的文字更现实可用，这只是一种服务，而不是在表达自己独特的思想。[④]

更重要的是，根深蒂固的传统性别观念已被女性内化为自身的行为准则，使她们自觉地服从社会规范的要求和约束，即便是知识女性也难以例外。才华出众的女学者皮桑在其著作《妇女城》中虽然肯定了女性的价值与能力，但她并没有企图动摇父权制社会中的男性权力，而是在书中劝说已婚的女性服从自己的丈夫。她甚至提出，有时保持独立对一种生灵并不是最好的事情。[⑤] 在文艺复兴时期，不少女性在结婚后就放弃了学习，操持家务和照顾孩子成为她们的主要任务。而且，由于历史条件的限制，知识女性在著作中并没有对妇女作为一个整体普遍被排除在高等教育之外的现象提出质疑。

综上所述，我们认为：在文艺复兴时期，欧洲女性在法律上受到了一定的保护，她们的财产权在某种程度上获得了承认；在欧洲人的家庭中，夫妻之爱有所发展；广大女性活跃在不同的劳动领域中；少数上层女性受到了较高程度的人文主义教育，为她们未来的集体觉醒埋下了种子，打下了基础。然而，在文艺复兴这场以人的发现为主要特征的思想解放运动中，欧洲社会的父权制本质并没有改变，传统的性别关系依然强固，女性的价值和尊严没有得到应有的承认，她们在法律上仍然处于依附地位，在家庭和婚姻中受父权和夫权的支配，在行会中日益遭到排斥，受教育的权利受到很大限制。而且与中世纪盛期相比，女性地位在某些方面甚至有所降低。欧洲女性在这个时期的处境说明，与生产力与科学技术走向近代的历程相比，人的观念，尤其是性别观念的近代化需要更长的时间。

---

① Merry E. Wiesner, *Women and Gender in Early Modern Europe*, p. 155.

② June Stephenson, *Women's Roots: The History of Women in Westen Civilization*, p. 234.

③ Merry E. Wiesner, *Women and Gender in Early Modern Europe*, p. 156.

④ Meg Lota Brown and Kari Boyd McBride, *Women's Roles in the Renaissance*, p. 197.

⑤ 克里斯蒂娜·德·皮桑：《妇女城》，李霞译，第235页。

二、宗教改革中的西方女性

宗教改革是中世纪与近代社会之间具有转折意义的历史事件之一，无论是在宗教生活，还是在社会制度和思想文化，都促使欧洲的发展迈向了一个新的阶段。但是，从某种意义上说，宗教改革并不是女性历史的转折点。事实上，新教与天主教在对待女性的态度上并没有本质的区别。而且，与中世纪相比，女性参与公共活动的机会从某种程度上说，反而受到了更多限制。本节将从新教改革和天主教内部的改革运动这两个方面，探讨在宗教改革时期，不同宗教派别对待女性的态度和女性实际参与社会活动的情况，以期弄清在这个剧烈变化的时代中，女性的所得和所失。

1. 不同宗教派别的女性观

从整体上看来，宗教改革不仅使新教在组织机构上与天主教分离开来，而且也使之从神学思想上否定了天主教会和教阶制度存在的基础。在对待人的态度方面，新教改革家与人文主义者从不同的角度，强调尊重人的价值和尊严，重视现世生活，尤其是路德的"因信称义"和"人人皆僧侣"的神学思想，使人成为独立自主、平等的个体。新教不仅肯定和赞美婚姻，而且还为女性参与宗教和社会活动提供了一个相对宽松的空间。尽管如此，除了少数比较激进的新教教派以外，新教改革家对待女性的态度在本质上并没有与中世纪的神学家彻底决裂。新教改革家虽然认为女性也是上帝的造物，在精神上与男性是平等的，但他们与天主教思想家一样，主张女性在其他方面都是隶属于男性并低劣于男性；虽然新教拒绝独身誓言，赞美婚姻，但是他们赞美婚姻常常是由于他们与古代和中世纪的思想家一样，对性以及女性的性吸引力充满疑虑，他们与宗教改革前的思想家一样，认为婚姻的目的就在于使夫妻双方相互陪伴，生育孩子，并避免犯罪。事实上，一方面，由于新教改革与几个世纪以来的天主教内部改革运动有着精神上的渊源，导致新教与天主教在精神实质上有很大的相似性；另一方面，由于宗教改革时期教俗权威对权力与秩序的强烈要求，导致女性被进一步排除在社会公共生活领域之外，并进一步被禁锢于婚姻与家庭中。

马丁·路德是16世纪欧洲宗教改革的发起者，其思想对接受新教的国家和地区有着深远的影响，我们将主要从他的论述来分析新教的女性观。该时期天主教会的女性观与中世纪相比虽然没有发生本质上的变化，但在新教改革的压力下，也做出了一些调整。下面让我们来逐一考察当时各个教派的女性观及其对女性所产生的影响。

新教在两性关系问题上与天主教最大的不同点是它反对教士独身，肯定婚姻和家庭的价值，路德对此作了详细的论述。他首先援引《圣经》中的相关内容证明了婚姻的自然合理性。他认为，上帝创造男人和女人，就是为了让他们结合在一起，互相帮助，生儿育女，繁衍后代。然后，路德把婚姻从天主教的圣事变成了世俗事务，他认为婚姻就像人们日常生活中的衣食住行一样，是一件世俗事务，所以婚姻的缔结或解除应该在世俗法庭而不是在教会法庭处理。但婚姻仍然完全服从于上帝的律法，只不过由世俗统治者来管理。在确立了婚姻在世俗社会中的正当地位后，路德接着对婚姻和家庭进行了高度的肯定和赞美，他认为婚姻不是低一等的选择，而是所有人的神圣的需求。他把家庭视为培养人的品格的学校，认为家庭与教会一样有助于社会秩序的建立。因此，服侍上帝并不一定非要独身，独身反而会导致更大的不纯洁。在婚姻的形成问题上，他与天主教会一样，反对强迫的婚姻，他认为上帝创造男女是为了让他们愉快地生活在一起，彼此真心地感到愿意和高兴，所以《圣经》对婚姻之爱给予高度赞美，常常把它比作基督与教会的关系；但他同时又指出，如果子女拒绝一个在众人看来——包括教士和权威人士——是值得赞誉的体面的婚姻，那么父亲就有权惩罚子女。路德主张婚姻一旦缔结，夫妻双方都不能再接触别的异性，应当信守诺言，互相陪伴，教会法允许订了婚的人离开对方进修道院是不应该的。针对天主教会对大量存在的私婚的容忍态度，路德主张婚姻应该公开缔结，只有父母在场的情况下结成的婚姻才是有效的。路德承认分居、通奸和死亡是离婚或者再婚的正当理由，这显然是一个比天主教会的思想更具人性化的观点。最后，路德谴责"所有轻视女性的人"，他宣称女性拥有一种优点，即"子宫及生育"，它可以"遮盖与隐藏"女性所有的弱点。①

从上面路德关于婚姻和女性的论述中可以看出，他的主张对女性来说是喜忧参半的。一方面，他把婚姻看作是人类正当的需求，肯定了男女在婚姻中的平等权利，反对强制的婚姻，并认为婚姻和家庭对于个人的发展和建立社会秩序具有积极的作用；另一方面，路德在反对强制婚姻的同时又增强了父母和其他社会权威对婚姻的控制，在反对把女性禁锢于修道院的同时又把家庭变成了另外一种牢笼，在主张夫妻互敬互爱、反对轻视女性的同时，又把女性的价值仅仅局限于生育能力。所以，在婚姻和女性的问题上，虽然路德的改革思想无疑是人类历史上的一大进步，反映了基督教的人文精神，但他的思想并不完全是天主教理论的对立面，而他提出的新主张对女性来说也未必完全是有利的。

与路德的主张相比，有些新教派别的女性观更加激进，他们认为男女是绝对平等的，

---

① 以上路德的论述参见 John White, "The Transformation of marriage law in the Lutheran Reformation", in John White and Frank S. Alexander, eds., *The Weightier Matters of the Law Essays on Law and Religion*, Alexander, 1988, pp. 69-71; Margaret L. King, *Women of the Renaissance*, p. 136。

女性可以公开布道和演讲。贵格派认为，女性与男性都是按照上帝的形象创造的，虽然因为夏娃的堕落而使女性屈从于男性，但是基督再次恢复了男女的平等；贵格派的女性经领导者同意可以传道、讲授教义；女性能够感知圣灵并有表达的权利。贵格派创建者乔治·福克斯的妻子玛格丽特·菲尔在1666年出版的《女性说话的权利是圣经赞成、证明并允许的》一文中表达了这一观点。她认为，女性只应顺从于内心的光明而不是外部世界的权威。再洗礼派也基本上消除了性别差异，他们坚持男女两性在各个方面都是完全平等的，包括传道和做教士的权利。莫拉维亚派（胡司派后继者的组织，其前身为波希米亚兄弟会）的牧师约翰·可门尼乌斯（1572—1670）认为："男女两性不应该试图互相统治。……没有什么理由应该把女性排除在追求知识的领域之外，女性反倒被赋予了比男性更加敏锐的心灵和更强的求知能力。"①这些新教派别提出的激进观点对绝大多数女性来说好像是一种乌托邦式的理想，也许它曾在很小的范围和很短的时期内部分地得到了实现，但它在西方女性的历史中只不过是昙花一现。不仅在宗教改革时期，甚至直到今天，男女绝对平等的主张仍然只是社会现实之上的一个理想。

天主教会在面对新教改革的冲击时，也进行了一场改革运动，这场所谓的"反宗教改革运动"不仅为其生存更为其发展争取了机会。与中世纪相比，天主教会的婚姻观和女性观没有发生本质上的变化，但迫于形势也不得不进行了某些调整。一方面，在宗教改革期间，天主教会除了继续坚持中世纪形成的贬低女性和婚姻的理论外，还进一步加强了对女性的控制。1545—1563年，天主教会三次在塔兰托召开宗教会议，制定了天主教徒必须遵守的基本规则，重申了封闭修道院的政策，不允许修女外出参加社会活动。在南欧和西欧的天主教地区，贞洁仍然被视为高于婚姻的价值。在专为夫妻出版的指导手册中，继续强调婚姻为圣事；夫妻双方互相发誓在婚姻中保持贞洁或者离婚进入修道院的行为仍然受到赞扬。"事实上，由于新教改革的冲击，使天主教会更加严格地把修女封闭在修道院里"。②

另一方面，与前几个世纪一样，天主教会在某种程度上为各个阶层的女性提供了发展知识与信仰和独立生活的机会。天主教会为女孩子接受初级教育提供了有利的条件，虽然安排的课程是非常简单和初级的，其教育目的也是为了培养教会认同的宗教精神和对权威的服从意识，但是，女性只有先获得知识，才有可能在宗教和社会事务中发挥更大的作用。虽然天主教会的传统中很少对女性有积极的评价，但是许多女性还是能够找到表

---

① June Stephenson, *Women's Roots: The History of Women in Westen Civilization*, p. 216.

② Lisa DiCaprio and Merry E. Wiesner, eds., *Lives and Voices: Sources in European Women's History*, p. 210.

达自己观点的途径,“正式和非正式的修道院给予了各个阶层的女性培养自己不同程度的信仰的机会”。[①] 对某些女性来说,修道院是比家庭更好的庇护所,而天主教地区保留下来的许多修道院虽然受到比以前更加严密的监督,但它仍然是不愿结婚的女性可以寻求的一条出路。在意大利的某些城市,天主教改革者开始向忏悔的妓女开放庇护所,也向那些有可能沦为妓女的女性或者失去贞洁的女性如孤儿、未婚的贫穷女性、寡妇和婚姻失败的女性敞开了大门。在庇护所里,她们可以获得一些基本的生存技能(一般是编织),并得到许多宗教和道德上的指导。16 世纪出现于意大利的妇女组织玛尔玛利塔(the Malmaritate 即 House of Unhappily Married Wives)为被抛弃的女性和受到丈夫伤害的女性提供了一种有尊严的生活方式,这是新教地区遭遇同样命运的女性无法得到的机会。另外,德国信仰新教的城市议会常常对独立申请市民身份的女性产生怀疑,而且主要是怀疑她们的婚姻状况,然而天主教城市如慕尼黑对于想迁入该市的女性,尤其是想进入修道院的女性,更加关心她们是否是一个好的天主教徒,而不太关心她们是否结婚。[②] 由此看来,天主教为女性保留了不结婚的自由,也为女性提供了过单身生活的途径;而新教使婚姻成为女性的义务,使家庭成为女性活动的唯一舞台。

综上所述,无论是天主教还是在宗教改革中涌现的各个新教派别,他们的女性观和婚姻观中既有新的主张,也有传统的观点,只是各自强调的侧重点不同罢了。至于哪个教派的观点更加有利于女性向着独立和平等的方向发展,很难做出简单的是非评判,需要进行具体的分析。

新教改革是以批判中世纪天主教会的弊端而立足的,在婚姻和女性的问题上,它把批判的矛头指向了天主教会宣扬的贞洁和禁欲思想。天主教传统思想认为,女性比男性的欲望更加强烈,所以经常被天主教神学家和布道者谴责为诱惑者,而婚姻是低于贞洁的次一等的选择。路德率先打破了天主教的禁欲传统,他认为婚姻是男女双方正当的需要,婚姻不仅对个人而且对社会都具有积极的意义,婚姻既可以在一定程度上避免非法的性关系,又可以使夫妻相互帮助和陪伴,而家庭是抚养和教育后代的最佳场所,同时又有助于社会秩序的建立。基于这样的主张,新教攻击天主教会的修道制度,主张解散修道院,让更多的女性从封闭的世界走进世俗社会。这种做法客观上使女性拥有了更多自由外出、接触社会的机会,可以去从事商业活动或者其他形式的社会公共服务工作。

新教在推动女性接受初等教育方面所起的作用比天主教更大一些。因为新教主张

---

① Renate Bridenthal, Susan Mosher Stuard and Merry E. Wiesner, eds., *Becoming Visible: Women in European History*, p. 186.

② Merry E. Wiesner, *Women and Gender in the Early Modern Europe*, p. 238.

“人人皆僧侣”,因而每个信徒都可以独自同上帝“协调”,而上帝又是通过《圣经》与信徒沟通的,所以,所有的教徒都应当学会识字以便阅读《圣经》。路德主张成立女子学校,女孩子在学校里可以每天用德语或拉丁语读一个小时的《圣经》。菲力波·梅兰托内实践了路德的教育计划,他建立了由女教师任教的女子学校,女学生每天在那里学习1—2个小时,学习期限为1—2年。改革家马丁·布塞罗也赞成在每个教区成立一所公立学校,教男孩和女孩读书。1553年,改革者埃尔沙·冯·考尼茨在维滕贝格开办了一所这样的学校,女孩子的课程有简单的教义问答、《圣经》诗句、祈祷文、赞美诗等,教育的目的是使女孩子成为体现基督教美德的女性,同时告诉她们,当她们成为母亲时,也要这样教育自己的孩子。虽然新教的女性教育目的非常狭隘,但在客观上,这些教育举措提高了女孩子的识字率,从而使有了知识的女性在独立研究《圣经》和教义时,可以从中发现有利于自身发展的依据,这使女性逐渐具备了一种潜在的力量。

但是,新教在肯定婚姻和家庭的价值、给予女性一定受教育机会的同时,不仅没有比天主教给予女性更好的评价,而且在某些领域限制甚至缩小了女性的活动范围。虽然新教肯定了婚姻的价值,但是大多数新教领袖仍然认为女性在身体上普遍比男性脆弱,上帝已经决定了男性是比女性优越的等级,路德把妓女描述为魔鬼的肮脏的工具。他在1524年写给三个修女的信中指出,女性对自己没有完全的控制权,上帝创造了她的身体,她应该与男人在一起,生育和抚养孩子,[①]他甚至说过,“如果妇女因生育而死,那没什么,让她死吧,因为她们就是为了生育而被造的”。[②] 与路德一样,加尔文也认为女性的天职就是做母亲,不仅如此,他还认为,妻子服从丈夫应当像服从上帝一样。[③] 加尔文教对女性服饰、发式的限制与早期教父德尔图良要求女性在教会蒙面的观点一脉相承,他们也“不许女性在教会讲话、施洗礼、献祭,不许女性要求男性的职位,更不用说做教士了”。[④] 从中我们可以看出,新教更加严厉地迫使女性处于屈从地位,更加严格地把女性禁锢在婚姻与生育的牢笼中。

有研究者认为,“对所有阶层的女性来说,宗教可以为她们的独立行动提供有力的支持”[⑤]。但是,新教却剥夺了女性原本可以依赖宗教的支持而拥有的独立生活的机会。首先,新教地区的许多修道院被强行关闭,原来的修女被强行拖入世俗社会。此前,正是由

---

① Martin Luther,“Sex, Marriage and Motherhood”, *History Today*, 1983 Dec; 33: 33-8.

② June Stephenson, *Women's Roots: The History of Women in Westen Civilization*, p. 224.

③ 欧金尼奥·加林编:《文艺复兴时期的人》,李玉成译,第280页。

④ June Stephenson, *Women's Roots: The History of Women in Westen Civilization*, p. 214.

⑤ Merry E. Wiesner, *Women and Gender in the Early Modern Europe*, p. 213.

于这些修道院的存在，一部分女性才有可能过着独立于家庭和世俗社会的生活。在修道院里，她们可以从事生产性活动，可以帮助穷人、病人、精神病患者和孤儿，可以开办学校，从事教育活动。她们有充裕的时间学习或者写作宗教题材的诗歌和剧本，甚至可以给世界上任何一位大人物写信，劝说他们顺从天主的意愿。少数担任修道院院长的女性可以像男性那样掌握相当大的权力。更重要的是，许多女性在宗教生活中寻找到了平静和尊严。然而，新教地区的女性再也不可能得到这样的机会了。其次，新教地区缺乏女性可以参与的宗教团体和宗教活动。宗教改革之前，女性与男性一样可以加入某个兄弟会，可以参加节日的宗教游行，可以捐赠祭坛，可以付钱给教士让其代为祈祷、做弥撒；女性可以独立定制宗教绘画、雕塑和其他宗教饰物，也可以参加或远或近的朝圣活动。到了 15 世纪，修道院数量减少时，城市的女性还可以加入某个女性宗教团体，比如"贝居安会"(the Beguine)、"共同生活姐妹会"(the Sisters of the Common Life)等。加入这类团体的女性不必发守贞、守贫、顺从的正式誓愿，可以从事各种世俗活动，可以独立生活。另外，女性还可以不加入任何团体而去过独立的隐居生活，像挪威的女性神秘主义者朱利安那样，或者像英格兰的玛格丽·坎普那样特立独行，成为名噪一时的宗教人物。然而，在新教地区，再没有女性可以选择的宗教团体了，新教赋予女性的结婚权利隐约地变成了一种义务。15 世纪的佛罗伦萨、威尼斯和米兰有几乎 13%的女性是修女，而到 16 世纪晚期时，新教国家的贵族女性中已达到结婚年龄的 95%以上都已结婚，[①]婚姻几乎成为新教地区所有女性必须和唯一可以选择的生活方式，有些女性甚至在父母的胁迫下而结婚，[②]因为不结婚的女性会变得处境艰难而又别无选择。至于离婚，在新教地区几乎与在天主教地区一样困难。[③]

综上所述，16 世纪的新教改革者提出了一些有别于天主教的女性观和婚姻观，这些新的观点表明了新教对女性和两性关系的重视，也为女性提供了一种更加世俗化的生活方式。但是，新教对婚姻和家庭的赞美掩盖了女性所受到的新的束缚，"从某种意义上说，家庭变成了新教的修道院"。[④] 同一时期的天主教会在女性观和婚姻观方面没有发生本质上的改变，但它仍然为女性保留了一些婚姻之外的可供选择的生活方式，为女性的独立自主保留了一定的空间。实际上，宗教改革时期的新教和天主教的女性观在精神实质上

---

① 欧金尼奥·加林编：《文艺复兴时期的人》，李玉成译，第 290 页。

② June Stephenson, *Women's Roots: The History of Women in Westen Civilization*, p. 224.

③ Renate Bridenthal, Susan Mosher Stuard and Merry E. Wiesner, eds., *Becoming Visible: Women in European History*, p. 182.

④ Renate Bridenthal, Susan Mosher Stuard and Merry E. Wiesner, eds., *Becoming Visible: Women in European History*, p. 184.

有很大的相似性，它们不仅都没有改变基督教传统中歧视和贬低女性的思想，而且都试图进一步把女性纳入男性构建的新的社会秩序中，此后几个世纪遍布欧洲的猎巫运动再次表明了他们在对待女性的态度方面的共同之处。

2. 女性参与宗教和社会活动的情况

从宗教改革之初到新的宗教秩序确立之间这段短短的时期内，女性参与宗教和社会活动的情况经历了一个从积极活跃到遭到排挤和压制的过程，这个鲜明的变化过程说明，近代早期的西欧还远远不是女性可以立足的舞台，昙花一现似的被容忍与被接受并未形成持续的历史发展。“16、17世纪基督教会的分裂为充满宗教热情的各个阶层的女性提供了活动的舞台。在改革的早期阶段，新教领袖和罗马教皇都没有压制她们的热情。”①女性在改革初期获得了许多自由和权利，也出现了许多女性殉道者。但是，女性在改革初期所获得的权利和地位并没有固定下来，当动荡的局势逐渐稳定下来、各个国家和地区的宗教秩序重新确立以后，女性一度拥有的自由和权利再次被男性所把持的教会和国家夺走了，曾经积极热情地支持和参与本教会改革的女性遭到排挤和压制，甚至遭到迫害。

首先来看一下新教改革中的情况。在新教改革的早期阶段，新教领袖曾经积极争取并接受了女性对改革的支持。路德曾定期与许多杰出的贵族女性通信，加尔文更是坚持不懈地努力赢取贵族妇女的支持。他们的努力卓有成效，许多有权势的女性使自己所在的地区皈依了新教。德国的伊丽莎白(Elizabeth of Brunswick-Calenbury)在1538年听了新教的布道后改信了路德教，她的丈夫死后，她成为摄政，仅在五年内她就改变了当地官方的信仰；匈牙利的玛利亚(Maria of Hungary)和丹麦的伊萨贝拉(Isabella of Denmark)虽然是神圣罗马帝国皇帝查理五世的姐妹，但都支持新教，她们把路德教带进宫廷，公开反对其兄弟的信仰；费拉拉的勒内(Renee of Ferrara)是法国国王路易十二之女，嫁到意大利后成了加尔文教的庇护者，后来回到法国，为受迫害的胡格诺派教徒提供了保护。索福克女公爵凯瑟琳·韦卢比(Catherine Wiloughby)为德国和意大利的新教改革者提供金钱建立医院，并帮助过1000多名来自德国的新教避难者。纳瓦尔的玛格丽特(Marguerite of Navarre)及其女珍妮·德·阿尔波特(Jeanne d'Albert)以及挪威的伊戈尔(Inger of Austraat)也都改变了当地的信仰。② 安娜·康威(Anne Conway)为贵格派的创建者乔治·福克斯和其他宗教领袖提供了庇护，而且贵族女性的家常常就是贵格

---

① Bonnie S. Anderson and Judith P. Zinsser, *A History of Their Own: Women in Europe from Prehistory to the Present*, vol. 1, p. 234.

② Margaret L. King, *Women of the Renaissance*, p. 140.

派信徒的聚会场所。[①] 还有些贵族女性直接影响了其家庭成员的信仰，比如麦克伦堡的凯瑟琳(Katherine of Mecklenberg)使她的丈夫弗雷堡公爵亨利希改信了路德教，闵斯特堡的乌尔苏拉(Ursula of Munsterberg)把路德的宗教册子带进了她丈夫的宫廷。总之，许多贵族女性在新教改革初期发挥了举足轻重的作用，促进了新教信仰的传播，而新教改革领袖也欣然接受了她们的帮助。

其他地位较高或者受过良好教育的女性，尤其是寡妇，有更多的自由和能力遵循自己的意愿，表达自己的观点，她们在宗教改革初期也发挥了很大的影响力。这方面在意大利有两个非常突出的例子，即维特多利亚·克伦娜(Vittoria Colonna)和久丽亚·贡扎加(Giulia Gonzaga)。前者是一位新柏拉图主义者，也是16世纪最杰出的诗人，她的一系列十四行诗表明她接受了"因信称义"的思想，她的家成为该派信徒在罗马、后来在维特伯(Viterbo)的活动中心。后者是坚定的福音派信徒，1541年胡安·德·瓦尔德斯(Juan de Valdes)死后，她成为瓦尔德斯会(the Valdesiani)的领导者，从此领导该派达25年之久，教皇皮乌斯五世宣称"她本应该被烧死"。[②] 德国贵妇阿尔古拉·冯·格鲁巴哈(Argula von Grumbach)认为，女性有权利依照上帝的旨意发表自己的观点，1523—1524年间，她共出版了八部作品，还曾因在1523年写信给伊戈尔斯塔特(Ingolstadt)大学的神学家为路德辩护而使她的丈夫失去了在巴伐利亚宫廷的职位。[③] 凯瑟琳·泽尔(Katharine Zell)是新教牧师马提亚斯·泽尔(Matthias Zell)的妻子，结婚前她就曾撰文为丈夫辩护，并反对天主教会不允许他们结婚的观点。玛利亚·丹提尔(Marie Dentiere)1539年写信给纳瓦尔的玛格丽特女王，为新教改革者辩护。德国中产阶级女性乌尔苏拉·韦达(Ursula Weyda)则在1524发表的一本小册子中为女性的权利辩护："如果所有妇女都被禁止说话，那么女预言家又如何预言呢？"[④]

在一些比较激进的新教教派里，女性不仅是其热情的拥护者，而且她们的地位和作用几乎与男性是一样的。公理会和洗礼派都认为，妻子是独立于丈夫的，当信仰遭到威胁时，她们可以不经丈夫同意而独立地为自己辩护。英国平等派信徒凯瑟琳·契德蕾(Catherine Chidley)所做的工作，比如组织集会、写作宣传册子、与其他教派辩论等等，与男性所做的没有任何两样。玛格丽特·菲尔(Margaret Fell)受乔治·福克斯的影响而成

---

① Lisa DiCaprio and Merry E. Wiesner, eds., *Lives and Voices: Sources in European Women's History*, p. 230; June Stephenson, *Women's Roots: The History of Women in Westen Civilization*, p. 216.

② Margaret L. King, *Women of the Renaissance*, p. 143.

③ Renate Bridenthal, Susan Mosher Stuard and Merry E. Wiesner, eds., *Becoming Visible: Women in European History*, p. 179.

④ Merry E. Wiesner, *Women and Gender in the Early Modern Europe*, p. 220.

为贵格派信徒，并在后者死后成为该派新的宗教领袖和凝聚信徒的核心。瑞士、德国、低地国家和东欧许多地区的女性，是再洗礼派的热情支持者。

但是，新教改革者和社会各阶层的女性之间这种相互扶持的状态没有持续太长的时间，女性对改革的支持并未使她们在改革之初获得的权利和地位得以稳固下来。当社会和宗教秩序逐渐稳定下来的时候，无论是路德教、加尔文教还是其他新教派别，都开始限制和排斥女性的活动，许多城市不仅禁止女性讨论神学问题，禁止女性担任任何公共职务，而且剥夺了女性独立参与宗教活动的权利。1538 年玛利亚·丹提尔的《女性的辩护》(*Defense of Women*)出版以后，这个世纪内就再也没有出现女性的著作。[①] 1543 年英国的议会法案禁止除了乡绅和贵族以外的女性阅读《圣经》，也不许贵族妇女向其他人宣读《圣经》。[②] 1560 年，加尔文派信徒皮埃尔·维瑞(Pierre Viret)要求甚至最为纯洁和虔诚的女性也必须在宗教仪式上保持沉默；1562 年，让·莫尔利(Jean Morely)建议女性担任助祭的小册子在法国和瑞士遭到谴责；到 17 世纪时，新教的一些集会已经规定男女分开就座，甚至分开领圣餐，且男性在先。[③] 与此同时，女性宗教团体逐渐被解散，在法国和瑞士的加尔文教区，女性除了家庭以外已经没有任何出路了。英国的玛丽·都铎统治时期，殉教者中有 1/5 是女性，1649 年代表平等派请愿的女性遭到下院的蔑视，甚至平等派的男性也没有给予她们支持，独立派的小册子则攻击女性的集会和传道活动。[④]

再洗礼派的一个信仰“反律法主义”(即认为上帝救赎的人类免受人类法律的约束)的分支，在 16 世纪吸引了许多女性信徒，斯特拉斯堡的三位女性信徒玛格丽特·普卢斯(Margarette Prüss)、乌尔苏拉·约斯特(Ursula Jost)、芭芭拉·拉伯斯多克(Barbara Rabstock)都有很大的影响力。但是，到了 16 世纪后期时，女性信徒逐渐遭到排斥和迫害，1573 年，安特卫普的再洗礼派女信徒伊丽莎白·姆斯多普(Elisabeth Munstdorp)被判处死刑。

有些遭到迫害的女性新教信徒不只是因为她们积极独立地参与宗教活动，而且因为她们竟然敢于从事一直以来由男性控制的教育活动。再洗礼派信徒门诺·西门斯的妻子伊丽莎白·迪尔克(Elisabeth Dirk)于 1549 年在荷兰被捕，对她的一项指控是她从事教

---

① Bonnie S. Anderson and Judith P. Zinsser, *A History of Their Own: Women in Europe from Prehistory to the Present*, vol. 1, p. 246.

② Merry E. Wiesner, *Women and Gender in the Early Modern Europe*, p. 223.

③ Bonnie S. Anderson and Judith P. Zinsser, *A History of Their Own: Women in Europe from Prehistory to the Present*, vol. 1, p. 246.

④ Bonnie S. Anderson and Judith P. Zinsser, *A History of Their Own: Women in Europe from Prehistory to the Present*, vol. 1, p. 246.

育活动，使自己与基督处于平等的地位。马萨诸塞殖民地的清教徒安娜·胡切逊(Anne Hutchinson)在她的小客厅里公开讲授神学教义，吸引了许多男女听众，有时竟同时有多达60—80人听她讲授。[①] 这引起了男性清教徒的疑忌，她被带到普通法庭(the General Court)接受审判，虽然她援引《圣经》为自己所从事的活动辩护，但最终还是被逐出波士顿教会，被迫离开了马萨诸塞。

下面来看一下天主教会方面的情况。其实，支持和参与天主教改革运动的女性与新教方面的情况几乎是一样的，她们也经历了从最初得到一定程度的容忍与接纳到逐渐遭到排斥与迫害的过程。

即使在新教改革如火如荼进行的时候，天主教会也从未动摇过不许女性传道和参与教会管理的信条，塔兰托会议再次确认了教士必须为男性的规定，并再次强调要控制女性的性以及她们与外界的联系。但是，面临新教改革的冲击，许多虔诚的女性信徒强烈要求像使徒一样参与慈善活动，并能够像耶稣会那样创建学校和医院。在形势的逼迫下，天主教会不得不暂时容忍了女性的各种主张和活动。但是当局势稍微稳定下来时，宗教法庭迫害的矛头就重新指向了女性。

16世纪的意大利是一个动荡不安的社会，当许多新的男性宗教团体如神爱祈祷会(the Oratory of Divine Love)、巴尔巴比会(the Barbabites)、提亚丁会(the Theatines)和耶稣会(the Jesuits)兴起的时候，女性似乎也感到了一种宗教的召唤，渴望帮助不幸的邻人。安吉拉·梅利奇(Angela Merici,1474—1540)在意大利的布雷西亚建立了乌尔苏拉会(the Company of St. Ursula)，这是一个由世俗的单身女性和寡妇组成的团体，致力于为穷人、病人、孤儿和战争的受害者服务，并通过教学和编织谋生。该团体的成员遵守非正式的贞洁誓愿，一个月聚会两次，平时与家人一起生活，凡是满12岁的女孩得到父母的许可后都可以参加团体的宗教、慈善、教育和医护活动。该团体中消除了社会阶级的差别，穷人也受到欢迎，管理者与成员之间是一种类似“母女”的关系。在精神生活方面，它与过去三个世纪的贝居安会、克拉丽斯会和各个修会的第三会非常相似。1535年，乌尔苏拉会得到教皇的认可，因为教皇认为这有助于教会内部的改革运动。伊萨贝尔·罗瑟尔(Isabel Roser)曾是耶稣会创始人罗耀拉的伙伴，她把自己组织的女性团体视为耶稣会的女性分会，该团体在罗马和尼德兰也有所发展。意大利贵妇卡特里娜·希伯(Caterina Cibo)和她的丈夫卡摩里诺公爵利用他们对教皇克莱芒七世的影响而获得了他对嘉布遣会(起源于1528年法朗西斯会的托钵僧修会)的认可。圣母往见会(the Order of the

① Margaret L. King, *Women of the Renaissance*, p. 139.

Visitation)和慈善姐妹会(the Sisters of Charity)也都促使教会放松了对她们的限制,从而可以从事教育和慈善工作,并取得了很大的成就。1616年,玛丽·沃德(Mary Ward)的圣母玛利亚会(Institution of the Virgin Mary)得到教皇保罗五世的认可。西班牙贵妇路易萨·德·卡尔瓦亚尔(Luisa de Carvajaly Mendoza)则通过自己独立传教,使许多人皈依了天主教。

另外一个例子也说明了女性对天主教的热情支持。新教极力号召废除修道院,但是许多大家族仍然支持并继续修建修道院,神圣罗马帝国的修道院成为支持天主教反对新教改革的堡垒。在德国中部的马格德堡和哈伯斯塔特新教地区,有一半的女修道院在改革后又存在了几个世纪,而男修道院却只留下1/5,这一方面是因为当地的世俗和教会当局没有把女性当作与男性一样大的威胁,另一方面则要归功于女性的热情支持。①

但是,女性对世俗和宗教活动的热情参与逐渐引起教会当局的不安,尤其是当某些女性的活动产生了较大的影响时,教会的宽容态度马上就消失了,取而代之的是压制和迫害。在反对罗瑟尔的敕令颁布的同一年,沃德的学校被勒令关闭,她本人遭到慕尼黑的宗教裁判所的监禁。在梅利奇于1540年去世之后,教会就强迫性地把乌尔苏拉会的成员封闭起来,梅利奇的秘书和密友加布利尔·卡扎诺教士(Gabriele Cozzano)极力坚持她的主张,并为乌尔苏拉会辩护,但是,1612年,教皇保罗五世还是命令乌尔苏拉会必须依照奥古斯丁会会规隐居起来,此后,她们只能在高墙后面从事极为有限的教育活动了。模仿乌尔苏拉会的原则建立起来的其他女性团体,也在不久后遭到限制或者被直接关闭。其他类似的女性组织如法国的让·德·钱塔尔(Jeanne de Chantal)和法朗西斯·德·萨尔斯(Francis de Sales)建立的为穷人服务的圣母往见会也被勒令与世隔绝或者被关闭掉。

王室和贵族女性常常由于她们的特殊地位而得以避免因信仰问题而遭到迫害,但是,费拉拉的勒内还是受到宗教裁判所的调查,遭到监禁,并被迫于1555年放弃了自己的信仰。凯瑟琳·帕尔(Katherine Parr)的活动也引起其天主教徒丈夫的怀疑,她的朋友安娜·阿斯古被烧死在火刑柱上,同样的悲剧也发生在了珍妮·德·莱斯顿纳克(Jeanne de Lestonnac,1556—1640)的身上。天主教会对女性有限的、短暂的容忍就以这样残酷的方式结束了。

史实表明,"除了在最初的阶段,所有教派后来都开始排斥女性,限制她们的传道和教育活动"②。不仅如此,在随后的几个世纪中,女性进一步成为新教和天主教国家共同迫

① Merry E. Wiesner, *Women and Gender in the Early Modern Europe*, p. 229.

② Bonnie S. Anderson and Judith P. Zinsser, *A History of Their Own: Women in Europe from Prehistory to the Present*, vol. 1, p. 243.

害的对象。其实,无论对于新教还是天主教来说,女性问题从未成为他们改革的动力或者目的,女性充其量只是他们在建立和维护自己所认可的社会秩序的过程中的一枚棋子。现代德国历史学家提出的教派化(confessionaliztion)和社会惩戒(social disciplining)的概念,[①]为我们理解西方女性在近代早期逐渐遭到教会和世俗国家的压制和迫害这一历史现象提供了一个理论框架。教派化是指教会与国家前所未有地密切合作以使人们认同一种特定的信仰,如路德教、加尔文教或者天主教,而在中世纪几乎所有的人都是天主教徒时,是不需要这种做法的;社会惩戒是教会与国家为了实现这种新的认同并努力使他们的臣民合乎道德、自我约束地生活,以成为上帝创造的社会秩序的一部分而使用的严格的监督和准备使用的惩罚。换句话说,近代早期欧洲的世俗和宗教当局对社会秩序的强烈要求,导致他们压制社会上的弱势群体和异己者,以确立自己的权威[②],女性就成了这个时代的牺牲品。

三、猎巫运动对女性的迫害

虽然,西方在社会转型时期出现了文艺复兴、宗教改革、科技革命等一系列重大的事件,但是也恰恰是在这个时期,欧洲大地上掀起了一场规模宏大的猎巫运动,这是西方历史上一场罕见的人为灾难。据统计,在这场猎巫运动中,大约有 10 万—20 万巫师受到了审判,其中大约有 5 万—10 万被处死。[③] 而女巫在其中占了一个相当大的比例,以至许多西方学者把这次猎巫看作是一场对女性的迫害运动。如英国著名的巫术专家拉娜认为,

---

① Renate Bridenthal, Susan Mosher Stuard and Merry E. Wiesner, eds., *Becoming Visible*: *Women in European History*, p. 176.

② 具体情况,请参考下一节的论述。

③ 这是 Wiesner 在综合众多学者的估算数字的基础上提出的一种折中意见,参见 Merry E. Wiesner, *Women and Gender in Early Modern Europe*, p. 265。到目前为止,有关的估算仍未取得一致的意见。一些学者的估算显然过高,如有的学者认为,仅仅在德国就有 100 万巫师被处死(William Bossenbrook, *The German Mind*, Detroit: Wayne State University Press, 1961, p. 198.);还有的学者认为,整个欧洲被处死的巫师为 20 万(G. R. Quaife, *Godly Zeal and Furious Rage*: *The Witch in Early Modern Europe*, Croom Helm, London, 1987; Rossell Hope Robbins, *The Encyclopedia of Witchcraft and Demonology*, Bonanza, New York, 1981.)。另外一些学者的估算则如下:Brian P. Levack 认为,受审判的巫师的总数大约为 11 万,其中被处死的大约为 6 万(Brian P. Levack, *The Witch-Hunting in Early Modern Europe*, 2nd edition, Longman Publishing, New York, 1995, pp. 21-26.);E. William Monter 认为,被处死的巫师总共 10 万(E. William Monter, "The Pedestal and the Stake: Courtly Love and Witchcraft", in Renate Bridenthal and Claudia Koonz, eds., *Becoming Visible*: *Women in European History*, p. 130.);Robin Briggs 估计,在猎巫运动期间的欧洲,被处死的巫师的总数大约在 4 万—5 万之间(Robin Briggs, *Witches and Neighbors—The Social and Cultural Context of European Witchcraft*, Viking Books, 1996, p. 260.)。至于受到审判的巫师的总人数,J. Klaits 估计为 20 万(J. Klaits, *Servants of Satan*: *The Age of the Witch-Hunts*, Bloomington, 1985.)。

所谓的“猎巫就是猎捕女性”。[①] 另一位西方学者也指出:“欧洲大规模的猎巫运动等于是由男性所发动的一场对女性的战争,而这些男性则受有学识和有权力的将领的指挥。”[②]还有的学者则把猎巫运动看作是西方历史上第一次“专门集中在女性身上的有计划的迫害”。[③] 那么,在该时期,究竟有多少女性因巫术而受到迫害,其理论根源又是什么,女巫迫害背后反映了怎样的性别观念?在该节中,我们将对之加以探讨。

1. 女性成为猎巫运动的主要受害者

在猎巫运动中,受到指控和被处死的女巫在整个巫师中占了多大的比例,又是哪些女性最容易被指控为女巫呢?

至于女巫所占的比例问题,西方学术界的估算不太一致。大体说来,主要有如下三种观点:第一种观点认为,在欧洲,除了少数几个例外的地区,其他所有地区受到指控、审问和被判有罪的巫师中,女巫占了80%—90%;[④]第二种观点认为,女巫所占的比例平均为80%;[⑤]第三种观点认为,女巫所占的比例为75%左右。[⑥] 我们认为,就目前的资料状况和西方学者的研究来看,女巫占整个巫师的75%—80%应当是一种较为可信的估算。[⑦]当然,这只是一个平均数,由于欧洲各地的情况不同,因此女巫所占的比例也有所差异。有关这个问题,可参见表一。

---

① C. Larner, *Enemies of God*, Oxford, 1983, p. 100.

② Margaret L. King, *Women of the Renaissance*, p. 144.

③ Elspeth Whitney, "Witches, Saints, and Other 'Others': Women and Deviance in Medieval Culture", in Linda E. Mitchell, ed., *Women in Medieval Western European Culture*, p. 302.

④ Elspeth Whitney, "Witches, Saints, and Other 'Others': Women and Deviance in Medieval Culture", in Linda E. Mitchell, ed., *Women in Medieval Western European Culture*, p. 296.

⑤ Evelyn Heinemann, *Witches: A Psychoanalytic Exploration of the Killing of Women*, translated by Donald Kiraly, London and New York, 2000, p. 18. Larner也持类似的观点,她指出,在猎巫运动的中心地区,如德国、法国、瑞士和苏格兰,女巫占的比例为80%,而在其边缘地区,如英格兰和俄罗斯,女巫的比例则为95%—100%。参见Christina Larner, *Witchcraft and Religion*, Oxford, 1984, p. 85。Monter通过对德国西南部、瑞士西部、威尼斯共和国、卡斯提尔、比利时的纳慕尔郡和英国的埃塞克斯郡的巫师进行抽样分析而得知,女巫所占的平均百分比是82.5%。参见E. William Monter, "The Pedestal and the Stake: Courtly Love and Witchcraft", in Renate Bridenthal and Claudia Koonz, eds., *Becoming Visible: Women in European History*, p. 132;又参见E. William Monter, *Witchcraft in France and Switzerland*, Cornell University Press, 1976, p. 119。

⑥ P. Levack, *The Witch-Hunting in Early Modern Europe*, pp. 133-134; Robin Briggs, *Witches and Neighbors*, pp. 260-261.

⑦ Wiesner和Gibbons在综合各种观点的基础上提出,女巫所占的比例为75%—80%。参见Merry E. Wiesner, *Women and Gender in Early Modern Europe*, p. 279; Jenny Gibbons, "Recent Developments in the Study of the Great European Witch Hunt", Pomegranate 5(Lammas, 1998)。

表一　欧洲各地区被指控为巫师的男女性别之比例

地　　区	年　　份	男性(人)	女性(人)	女性所占的百分比(%)
德国西南部	1562—1648	238	1050	82
巴塞尔主教区	1571—1670	9	181	95
弗朗什孔泰	1559—1667	49	153	76
日内瓦	1537—1662	74	240	76
瓦特州	1581—1620	325	624	66
纳幕尔郡	1509—1646	29	337	92
卢森堡公国	1519—1623	130	417	76
土伦市	1584—1623	14	53	79
法国的诺德省	1542—1679	54	232	81
卡斯提尔	1540—1685	132	324	71
阿拉贡	1600—1650	69	90	57
威尼斯	1550—1650	224	490	69
芬兰	1520—1699	316	325	51
爱沙尼亚	1520—1729	116	77	40
俄国	1622—1700	93	43	32
匈牙利	1520—1777	160	1482	90
英国的埃塞克斯郡	1560—1675	23	290	93

资料来源:P. Levack, *The Witch-Hunting in Early Modern Europe*, p. 134. 这是莱沃克依据西方各国学者对上述各地区的研究得出的数字统计而成的。

此外,在莱沃克所没有统计到的北欧的丹麦和挪威,女巫所占的比例则分别为90%和80%,[①]在苏格兰,女巫所占的比例为80%。[②] 总起来看,巫师中的绝大多数是女性,而且在猎巫运动最为猛烈和频繁发生的地区,如在法国的部分地区、瑞士、英格兰、德国西南部,女巫所占的比例也比较高(女巫所占的比例大都在80%以上)。而在这些地区中的一些地方,如德国西南部的威森斯忒格(Wiesensteig)、鹿特堡(Rottenburg)、维特姆(Wertheim)等,在某一时期,女巫所占的比例甚至高达98%—100%。[③] 因此,猎巫运动与性别有着密切的关系,这是不可否认的事实。

① Evelyn Heinemann, *Witches: A Psychoanalytic Exploration of the Killing of Women*, p. 18.

② Christina Larner, *Witchcraft and Religion*, p. 85.

③ H. C. Erik Midelfort, *Witch Hunting in Southwestern Germany, 1562-1684: The Social and Intellectual Foundations*, Stanford University Press, 1972, pp. 180-181. 在威森斯忒格(在1562—1563年和1583年)、维特姆(在1630—1632年、1633—1634年和1641年),女性所占的比例为100%,而鹿特堡在1578—1609年,女性所占的比例为98%。

哪些女性最容易被指控为女巫呢？在此，我们将按照女巫的年龄、社会和经济地位、婚姻状况作一分析。各地猎巫运动的档案资料已经明确地揭示了这一事实：遭到指控的女巫大多是一些年老、贫穷和寡居的女性。维斯娜指出，"最为经常的是，在任何一个村庄中，首次被指控从事巫术活动的人是一位年老的女性"，而"年老体衰成为流行的女巫陈规的一个基本特征"。[①] 赫斯特认为，在16世纪和17世纪受猎巫影响的大部分国家中，存在着这样一种倾向：它"迫害女性，尤其是那些贫穷、年老和通常是寡居的女性"。[②] 巴施威茨认为，巫术审判发动了一场"反对虚弱、孤独和不受欢迎的年老女性的战争"。[③] 布里格斯有关法国洛林的研究成果表明，那些遭受指控的女巫通常年老且贫穷，其中大约有半数是寡妇。[④] 托马斯和罗森在对英格兰巫术的研究中发现，受指控的巫师主要是女性，而且通常是年长、贫穷的女性，其中大多数是寡妇。[⑤] 通过对德国西南部的巫术进行研究，米德福特指出，"寡妇和老处女通常最容易被指控从事巫术"。[⑥] 莱沃克曾经对欧洲某些地区被指控为女巫的年龄和婚姻状况作过抽样调查，其统计结果参见表二和表三。

表二　欧洲某些地区被指控为女巫的年龄统计表

地　区	年　份	已知年龄的女巫之数量(人)	年龄超过50岁的女巫的数量(人)	年龄超过50岁的女巫所占的百分比(%)
日内瓦	1537—1662	95	71	75
法国的诺德省	1542—1679	47	24	51
埃塞克斯郡	1645	15	13	87
符腾堡	1560—1701	29	16	55

资料来源：P. Levack, *The Witch-Hunting in Early Modern Europe*, p. 142. 考虑到那时西方人的寿命比较短，因此，50岁就已经算是高龄了。

① Merry E. Wiesner, *Women and Gender in Early Modern Europe*, p. 270.

② Jonathan Barry, Marianne Hester and Gareth Roberts, eds., *Witchcraft in Early Modern Europe: Studies in Cultural and Belief*, p. 293.

③ Evelyn Heinemann, *Witches: A Psychoanalytic Exploration of the Killing of Women*, p. 18.

④ Robin Briggs, *Witches and Neighbors—The Social and Cultural Context of European Witchcraft*, pp. 263-264.

⑤ Keith Thomas, *Religion and the Decline of Magic*, New York, 1971, p. 562. 托马斯还讲道："司法记录揭示了被指控为巫师的两个基本事实：她们是贫穷的，而且她们通常是女性"，见该书第520页；Barbara Rosen, *Witchcraft in England 1558-1618*, The University of Massachusetts Press, 1991, p. 29.

⑥ H. C. Erik Midelfort, *Witch Hunting in Southwestern Germany*, p. 185.

表三　欧洲受指控的女巫中，已婚、寡居和独身者之数量和各自所占的百分比

地　区	年　份	已婚者（人）	寡妇（人）	独身者（人）	已婚者所占的百分比（%）	寡妇所占的百分比（%）	独身者所占的百分比（%）
图尔城（City of Toul）	1584—1632	17	29	7	32	55	13
巴塞尔	1571—1670	110	60	11	61	33	6
蒙特比利阿德（Montbéliard）	1555—1661	31	25	11	46	37	17
埃塞克斯郡	1645	22	21	8	43	41	16
肯特郡	1560—1700	11	24	19	20	44	36
苏格兰	1560—1727	245	67	7	77	21	2
瑞典	1668—1676	49	19	32	49	19	32
日内瓦	1537—1662	104	81	50	44	34	22
威尼斯	1550—1650	170	71	32	62	26	12

资料来源：P. Levack, *The Witch-Hunting in Early Modern Europe*, p. 146。莱沃克对图尔城（City of Toul）、蒙特比利阿德（Montbéliard）、肯特郡和苏格兰的已婚者所占的百分比的统计有误，我们已作了修订。另外，寡妇和独身者所占的百分比是我们依据莱沃克所列的数字统计而成的。

通过表二和表三，我们可以看出，女巫大多数是年老女性（未婚的年轻女孩很少），这是勿容置疑的。但需要指出的是，寡妇在整个受到指控的女巫中所占的百分比并不像人们想象的那么高。只是在极少数地区，寡妇才占到了女巫中的半数。芒特对瑞士西部的纳沙泰尔州、巴塞尔主教区、蒙特比利阿德、洛林的图尔城和英格兰的埃塞克斯郡的女巫的抽样分析也说明，寡妇在受指控的女巫中所占的平均百分比为 42.4%。[①] 因此我们认为，正确的说法是，未婚者（包括寡妇和终生未婚的独身女性）占了相当大的比例（大约为 63%）。[②]

至于女巫的社会和经济地位，因相关的资料甚少，我们无法作出全面的统计，但是从该时期有关巫术的论著和大量的女巫审判记录中，我们可以断定，受到指控的女巫大多数来自于社会的下层。她们生活于社会的边缘，其中的一些人还常常靠乞讨为生。意大利的一位医生吉勒拉莫·卡德诺（Girolamo Cardano）在 1557 年出版的论著中把女巫描绘为“可怜的年老女性、乞丐，她们在山谷中以栗子和野草为生”，另一位魔鬼学家尼科罗斯·瑞米（Nicolas Rémy）则在 1595 年的论著中声称，女巫“大部分是乞丐，她们靠别人的

① E. William Monter, “The Pedestal and the Stake: Courtly Love and Witchcraft”, in Renate Bridenthal and Claudia Koonz, eds., *Becoming Visible: Women in European History*, p. 133. E. William Monter, *Witchcraft in France and Switzerland*, p. 121.

② 一些西方学者认为，寡妇在许多地区并未占到女巫中的多数，如盖斯克尔对英格兰肯特郡的研究中就对此提出了异议，参见 Jonathan Barry, Marianne Hester and Gareth Roberts, eds., *Witchcraft in Early Modern Europe*, p. 264。表三也说明了这一点。

施舍为生”。[①] 现代学者的研究也证实了这一点。黑尼曼指出，女巫中的“大部分是生活于社会边缘的年老女性”。[②] 维里斯对英格兰的研究表明，女巫通常是一些依赖其邻居帮助的年老、贫穷女性。[③] 根据当时的审判记录，在挪威大量遭到指控的女巫是极其贫穷的，而在那些被定罪的女巫中大部分是乞丐。[④] 西方的一位学者曾对萨尔地区受指控的女巫的经济状况作过统计：在受到指控的女巫中，大约43%的人属于社会的最下层，她们是没有财产的人和乞丐；53.4%人则属于有很少财产的人；只有3.5%的人是地主。[⑤] 从社会类型来看，绝大多数的女巫来自于乡村，她们“绝大多数是贫穷的农民”。[⑥] 这是因为，巫术信仰在农村地区有着悠久的传统，直到近代早期，巫术信仰仍然在农民阶层中广泛流行。所以许多西方学者把该时期的巫术看作是一种乡村现象。[⑦]

为什么年老、贫穷和寡居的女性更容易受到巫术的指控呢？概括起来说，主要有以下几个方面的原因。

首先，典型的女巫通常是在受怀疑多年后才被提起指控，而她们作为女巫要树立其声誉也需要许多年的时间，所以受到审判的女巫的年龄通常都比较大，而且大多是未婚者。[⑧] 一般来讲，女巫大多是在10—20年之后才首次受到怀疑并被提起指控。例如，在1645年的英国肯特郡，发生了一则著名的巫术案例，遭到指控的是一位女巫。在审问时，她承认，早在10年前她就从事为魔鬼服务的巫术活动，而这位女巫是一位贫穷、年老的寡妇。[⑨] 在1609年苏格兰的拉昂镇(Laon)，一位被指控从事巫术活动的女巫已经在该镇做了20年的助产士。[⑩] 有关猎巫运动期间的巫术案例也表明，一些遭指控的女巫是一些“有智慧的女性”(the wise women)，即用民间药物(如草药和药膏)、祈祷或符咒等魔法形

---

① P. Levack, *The Witch-Hunting in Early Modern Europe*, pp. 149-150.

② Evelyn Heinemann, *Witches: A Psychoanalytic Exploration of the Killing of Women*, p. 38.

③ Deborah Willis, *Malevolent Nurture, Witch-Hunting and Maternal Power in Early Modern England*, Cornell University Press, 1995, pp. 43-44.

④ B. Ankarloo and G. Henningsen, eds., *Early Modern European Witchcraft: Centres and Peripheries*, Oxford, 1990, p. 377.

⑤ Evelyn Heinemann, *Witches: A Psychoanalytic Exploration of the Killing of Women*, p. 17.

⑥ Margaret L. King, *Women of the Renaissance*, p. 153.

⑦ C. Larner, *Enemies of God*, p. 199; E. William Monter, *Witchcraft in France and Switzerland*, p. 128; P. Levack, *The Witch-Hunting in Early Modern Europe*, p. 129.

⑧ P. Levack, *The Witch-Hunting in Early Modern Europe*, p. 142; Merry E. Wiesner, *Women and Gender in Early Modern Europe*, p. 278.

⑨ Jonathan Barry, Marianne Hester and Gareth Roberts, eds., *Witchcraft in Early Modern Europe: Studies in Cultural and Belief*, pp. 266-267. 另一位女巫也是在从事巫术活动10年后才被提出指控并最终被处死的，参见该书，第268页。

⑩ Robin Briggs, *Witches and Neighbors—The Social and Cultural Context of European Witchcraft*, p. 280.

式为人治病的女治疗者(women healers)。[①] 作为此种技艺之持有者的女性通常要经过多年的习练和实践才能掌握它,所以她们通常在许多年后才获得较高的声誉。而普通民众既渴望她们的服务又害怕她们,所以在较长的时期内是对她们持宽容态度的,因此对她们提出指控的时间就会延迟。而另外一些常常受到指控的人中还有助产士、照顾分娩的母亲和新生儿的女佣,她们通常已过了生育期,由于在这一方面有丰富的经验而从事这项工作,所以她们一般是年老者或寡居者。[②]

其次,中世纪晚期和近代早期的欧洲仍然是一个父权制的社会,而且这一时期社会关系和经济状况的急剧变化也导致了穷人、尤其是那些年长的受赡养者的地位的恶化,因而年老、贫穷和寡居的女性一方面不能受到父权的保护,另一方面还遭到了社会的厌弃,所以她们受到指控的机会当然就比其他女性多。在中世纪晚期和近代早期的欧洲社会,寡妇和未婚女性大量存在。据统计,在该时期的女性居民中,寡妇的比例通常在10%—20%之间,而一些地区在某些时期内甚至上升到了30%。[③] 与此同时,未婚女性的数量也在迅速上升,在中世纪晚期,未婚女性占5%,但至近代早期则升至10%,而且在17世纪的某些地区则高达20%。[④] 虽然在该时期的欧洲,寡妇的再嫁率是比较高的,但是对于那些贫穷、年老(尤其是超过了50岁)的寡妇来说,她们很难吸引一个新的伴侣,因此再婚几乎是不可能的。[⑤] 而且,在受指控从事巫术活动的女性中,有相当数量的人没有活着的后代。[⑥] 而在一个父权社会中,这类既无父亲也无丈夫保护的女性,特别容易被怀疑从事了巫术活动并因此而遭到指控。[⑦] 当时的一些教会人士也认为,那些年老、未婚和寡居的女性很容易受到魔鬼的引诱而成为女巫。西西里的一位主教帕提(Patti)在1540年撰写的一篇有关巫术的论文中就论道,女巫大部分是年老的女性,她们找不到爱人,因而就成了

---

① 尽管个别学者(如维斯娜)否认猎巫运动主要是针对有智慧的女性的观点,但许多西方学者对欧洲大陆和英伦三岛之巫术案例的研究已经充分肯定:许多遭到指控的女巫确实是有智慧的女性,而在法国,那些诉诸巴黎国会的巫术案例中,大约有一半是涉及魔法治疗者的指控。参见 P. Levack, *The Witch-Hunting in Early Modern Europe*, p. 139。

② 有关照顾分娩的母亲与新生儿的女佣,参见 Lorna Hutson, ed., *Feminism and Renaissance Studies*, pp. 203-229.

③ P. Levack, *The Witch-Hunting in Early Modern Europe*, p. 147. 有关中世纪晚期和近代早期欧洲的寡妇及其再嫁问题,参见俞金尧:《中世纪晚期和近代早期欧洲的寡妇改嫁》,《历史研究》2000年第5期。

④ S. C. Watkins, "Spinster", in *Journal of Family History*, 9(1984): pp. 315-316; P. Laslett, *The World We Have Lost*, p. 111.

⑤ Robin Briggs, *Witches and Neighbors—The Social and Cultural Context of European Witchcraft*, p. 276.

⑥ Robin Briggs, *Witches and Neighbors—The Social and Cultural Context of European Witchcraft*, p. 264. Baschwitz 也指出,在受指控的年老女巫中,绝大多数是独自生活的。参见 Evelyn Heinemann, *Witches: A Psychoanalytic Exploration of the Killing of Women*, p. 18。

⑦ Ruth Martin, *Witchcraft and the Inquisition in Venice 1550-1650*, Oxford, 1989, pp. 229-230.

食人者(strigae)。[①] 同时,在西方社会转型时期,社会关系,尤其是乡村的邻里关系也发生了很大的变化。从前那种睦邻互助的融洽关系为相互的争吵、猜疑所取代。西方学者的研究表明,巫术指控大量地发生在邻里之间,而且受到指控的往往是那些依靠邻里施舍和帮助的年老、贫穷和寡居的女性。[②] 而年老、贫穷的女性作为社会上最弱势的群体,她们也更容易受到攻击,更容易成为社会灾难的替罪羊,更容易成为巫术指控的对象。

那么,女性为什么会成为猎巫运动的主要受害者呢?接下来,我们将从其理论根源和社会根源两个方面对之加以探讨。

2. 系统女巫理论的建构与女性迫害

人类学家的研究已经证明,巫术信仰一直在民间长期流传,而且从事巫术活动的巫师大部分是女性[③],在西方悠久的妖术和民间传说的传统中,也存在着巫师更有可能是女性的观点。[④] 但是,在中世纪晚期和近代早期的欧洲,导致这场长期和大规模的以猎巫为借口而对女性进行的迫害运动,则在很大程度上是宗教和知识界人士对有关女巫理论建构的一个结果,即是说,系统的女巫理论的出现为有计划的女性迫害奠定了理论基础。那么,宗教和知识界人士是如何建构这一女巫理论的呢?

巫术理论中的一个核心问题就是巫师与上帝的敌人——魔鬼的关系。自 1100 年以来,理论家们便逐渐去整合业已存在的凌乱的巫术信仰,至 15 世纪末,已经基本形成了一种系统的巫术理论,并且一直流行于猎巫运动期间。[⑤] 这种巫术理论的基本观点是:在魔

---

① P. Levack, *The Witch-Hunting in Early Modern Europe*, p. 144.

② 参见 Robin Briggs, *Witches and Neighbors—The Social and Cultural Context of European Witchcraft*; Deborah Willis, *Malevolent Nurture, Witch-Hunting and Maternal Power in Early Modern England*, Chapter two; Keith Thomas, *Religion and the Decline of Magic*。

③ 有关这个问题,许多人类学家都曾作过研究。例如,英国著名的社会人类学家和研究非洲巫术的权威露西·麦畔就指出,"巫术信仰是普遍存在的",而且"女性通常要比男性更多地被贴上女巫的标签"。参见 Lucy Mair, *Witchcraft*, New York: McGraw-Hill, 1969, pp. 36-37, 43。德莫斯也强调说:"巫师的一个最为一贯的跨国界和跨文化的特征则是女性。"参见 J. Demos, *Entertaining Satan*, New York, 1982, p. 63。中国学者的研究也证明,在我国各民族的巫师中,普遍流行女巫。参见宋兆麟:《巫与巫术》,四川人民出版社 1989 年;王贵元:《女巫与巫术》,河北人民出版社 1991 年。甚至在 20 世纪 60 年代的美国,巫师在城市中也大量存在。参见 Edward J. Moody, "Urban Witches", in Arthur C. Lehmann and James E. Myers, *Magic, Witchcraft, and Religion*, Mayfield Publishing Company, 1985, pp. 184-190。

④ Jeffrey Burton Russell, *Witchcraft in the Middle Ages*, Cornell University Press, 1972, p. 280. 有关猎巫运动之前欧洲巫术的具体情况,亦参见该书。

⑤ 有关中世纪巫术理论的来源及其形成过程,参见 Jeffrey Burton Russell, *Witchcraft in the Middle Ages*; Jeffrey Burton Russell, *Lucifer: The Devil in the Middle Ages*, Cornell University Press, 1984; Alan C. Kors and Edward Peters, "Introduction: The Problem of European Witchcraft", in Alan C. Kors and Edward Peters, eds., *Witchcraft in Europe 1100-1700: A Documentary History*, University of Pennsylvania Press, 1972。

鬼的引诱下，巫师与他订立了合约；魔鬼赋予巫师行使邪恶魔法的力量，而巫师则必须放弃基督教信仰，全心全意地效忠魔鬼，于是，巫师也就成为了魔鬼的仆人；巫师利用魔鬼所赋予的力量穿越夜空定期出席午夜聚会（sabbat）；魔鬼及其附属则以各种动物的面目出现在午夜聚会中；巫师要将小孩祭献给魔鬼；在大会上，魔鬼和巫师纵酒狂欢，群体赤裸舞蹈，相互性交，亵渎神明；巫师利用魔鬼赋予的力量去干坏事，如使人们突然生病或死亡，使女性不孕和不育，使男性阳痿或性冷淡，使农作物歉收或绝产，使牲畜丢失或死亡等。

而女性更有可能从事巫术活动的观念又是怎样形成的呢？即是说，巫术理论家是如何将巫术与女性联系在一起的呢？实际上，将女性与巫术和魔鬼崇拜相联系的传统相当悠久。《圣经》中就讲道："行邪术的女人，不可容她存活。"①而早期的教父德尔图良论道："你不知道你就是夏娃吗？上帝对女性的审判维持至今；因而这种罪孽也必定留存至今。你们是魔鬼的入口；你们是禁果树的开禁者，你们是第一批背弃神圣法律的人；你们引诱了那连魔鬼也不能腐蚀的人。你们如此轻易地摧毁了上帝的形象——亚当。"②圣奥古斯丁也论道："女人从一开始就是邪恶的，她是死亡之门，是毒蛇的信徒，是魔鬼的帮凶，是陷阱，是信徒们的灾星。"③《圣经》和教父们的这些言论为后来的女巫理论奠定了基础。

在中世纪早期，将女性与魔鬼崇拜相联系则出现在一部于公元9世纪编订的《主教会规》（*Canon Episcopi*）中。该法规讲道："主教及其官员必须尽力工作，将魔鬼所发明的邪恶的巫术和恶行从其教区完全剪除，……也不能忽略的是，一些邪恶的女性，她们在魔鬼的引诱下而堕落，在恶魔幻影的迷惑下而误入歧途，她们相信并承认，她们在夜间骑在某些动物的身上与异教女神戴安娜以及无数的女性一起出行，……她们听从她的号令就像听从她们女主人的号令一样，并且在某些夜晚，她们还被召唤去为她服务，……当她们认为除了唯一的上帝外还存在着任何其他的神或神灵的时候，那么她们就背离了正确的信仰并陷入异教的错误之中。"④《主教会规》不仅为中世纪和近代早期的教会确立了判定巫术的方针，⑤而且它也明确指出，女性更容易倾向于巫术，因为正是大批的女性追随异教女神戴安娜。而此时，戴安娜已经成为了"魔鬼家族中的首领"，"她可以与撒旦相等同，而

---

① 《圣经·出埃及记》22：18。

② Tertullian, De cultu feminarum, 1. 1, in Frances and Joseph Gies, *Women in the Middle Ages*, Barens and Noble Books, 1980, p. 38.

③ 转引自 G. G. Coulton, *From St. Francis to Dante*, New York, 1968, p. 97.

④ *The Canon Episcopi*, in Gratian, *Decretum*, Part II, Causa26, quaestio5, capitulum12 Episcopi. 自10世纪之后，《主教会规》就一直被教会法学家们和神学家们奉为权威，他们不断为它作注和进行讨论。我们所引用的正是收集于《格雷蒂安教令集》中的有关部分。参见 Alan C. Kors and Edward Peters, eds., *Witchcraft in Europe, 1100-1700, A Documentary History*, pp. 29-30。

⑤ H. C. Erik Midelfort, *Witch Hunting in Southwestern Germany*, pp. 16-17.

她的追随者也就等同于撒旦的崇拜者”。[1] 可见，戴安娜已经成为了“女巫的神”了。

在中世纪盛期，一些经院哲学家，如大阿尔伯特、奥弗涅的威廉、托马斯·阿奎那、海里斯的亚里山大等为后来的猎巫运动提供了一种权威的巫术理论框架，它主要包括与魔鬼订立合约、与魔鬼性交和女巫的夜间出行等。尤其是海里斯的亚里山大和托马斯·阿奎那，他们认为“女性更容易倾向于巫术”。自 14 世纪后期至 15 世纪，巫术审判日益增多，大批的巫术理论著作问世，而有关的审判以及尼德、威斯康蒂等众多巫术理论家“都指派给女性在巫术中扮演一个越来越重要的角色”。[2] 这种趋向在两位多米尼克修会的宗教裁判官海恩里希·克拉默(Heinrich Krämer)和雅各布·斯布伦吉(Jacob Sprenger)于 1486 年出版的《巫术之锤》(*The Malleus Maleficarum*)中达到了顶点。该书不仅立即成为了一部魔鬼学的标准著作和猎巫运动的指南性手册，[3]而且也为“巫术审判主要集中在女性身上奠定了一个重要的基础”。[4]

在《巫术之锤》中，克拉默和斯布伦吉运用经院哲学的方法系统地论证了巫师主要为女性的观点。他们认为，巫师主要为女性“确实是一个不争的事实，因为这已为实际的经验确认是可信的”。而其中的原因又是什么呢？他们论道：

> 第一个原因是，她们更为轻信；由于魔鬼的主要目的就是去腐蚀人的信仰的，所以他更愿意攻击她们。……第二个原因是，女性天生更容易动感情，并且更容易受无形的幽灵的影响。……第三个原因是，她们的言谈不可信，而且不能向其女伴隐瞒那些她们通过魔法而知道的事情，……由于她们在思维能力和身体方面更为薄弱，所以她们更容易为巫术所迷住就不足为怪了，……一句话，所有的巫术都源于女性那永不满足的强烈的肉欲。[5]

克拉默和斯布伦吉有关女巫的论述不仅是最为系统和充分的，而且还对其后的宗教

① Jeffrey Burton Russell, *Witchcraft in the Middle Ages*, p. 80.

② Jeffrey Burton Russell, *Witchcraft in the Middle Ages*, p. 279.

③ 《巫术之锤》的英文本译者蒙田·萨默斯在其 1928 年英文版的导言中就讲道：“《巫术之锤》成为了每一位法官案头的原始案例汇编。”参见 Heinrich Krämer and Jacob Sprenger, *The Malleus Maleficarum*, translated by Montague Summers, London, 1928。我们使用的就是萨默斯的英译本。《巫术之锤》“不仅对随后的整个魔鬼学领域的发展产生了极大的影响，而且也给随后的天主教和新教的猎巫者以极大的激励”。该书的出版情况就有力地证明了这一点。例如自 1486 年至 1520 年，该书的印刷就达 15 版，而自 1574 年至 1669 年，它的印刷则达 19 版。参见 H. Sidky, *Witchcraft, Lycanthropy, Drugs and Disease*, New York, 1997, p. 27。

④ Evelyn Heinemann, *Witches: A Psychoanalytic Exploration of the Killing of Women*, p. 8.

⑤ Heinrich Krämer and Jacob Sprenger, *The Malleus Maleficarum*, PartI, QuestionVI.

和知识界人士产生了极大的影响。不论是教皇还是世俗的统治者，不论是保守的教士还是富有创新精神的宗教改革家和人文主义者，他们中的许多人都积极地参与到女巫理论的建构之中。不过，他们大都满足于简单地重复克拉默和斯布伦吉的观点。如兰开尔的皮埃尔讲道："魔鬼赢得了更多女性的青睐，因为她们生性较为愚笨。而我们看到，那些因被指控犯了巫术罪而被带到国会前的那些人中，女性要比男性多十倍之多。"法国杰出的法理学家让·博丹则声称，几乎所有的巫师都是女性，"正是兽欲的力量使女性沦落到极度沉湎于这种欲望中，或者沉湎于复仇，……因为女性的内部器官看上去要比欲望并不那么强烈的男性大：与此形成鲜明对照的是，男性的头要比女性的大，因而他们要比女性更有头脑，也更为谨慎"。[①] 俗人法官博盖特声称，魔鬼与所有的女巫都发生了性关系，因为他知道"女性喜欢淫乐"。[②] 魔鬼学家米彻里斯论道："撒旦更为经常地选择女性做他的傀儡，这是因为，她们更为执迷不悟和更为喜欢魔鬼，并且干更为可恶的坏事，例如掐死婴儿，将之献给魔鬼并用婴儿的肥肉制成污浊的油膏，而男巫师很少或从不干这样的事。"博顿则指出，女性何以比男性更关心巫术，"这部分是由于她们薄弱的意志引起的，部分是因为她们更倾向于复仇"。[③] 马丁·路德在基督教婚姻的布道中讲道："羞怯、胆小和畏怯任何事情通常是女人的本性。这是她们如此忙于巫术和迷信，并四处奔波宣传魔法的原因。"[④]苏格兰国王詹姆斯六世（即英格兰国王詹姆斯一世）在其《魔鬼学》中写道："其原因是显而易见的：因为女性的意志要比男性薄弱，所以她们就容易受骗而陷入魔鬼的罪恶陷阱之中，这为撒旦在人类之初诱骗夏娃证明是正确的。"[⑤]即便是对巫术信仰持怀疑态度的著名医生约翰·韦耶也认为，"巫师通常是年老的女性，她们容易患抑郁症并且缺乏头脑，因此容易为魔鬼的伪装所欺骗"[⑥]。雅克·勒高夫曾对自《圣经》时代一直到猎巫运动期间的女巫理论作了精辟的概括。他讲道："从夏娃到中世纪晚期的女巫，女性的身体一直是魔鬼践踏的场所。"[⑦]

---

① Pierre de Lancre, *Tableau de l'inconstance*, 291; Jean Bondin, *Démonomanie*, fo 225r, in Robin Briggs, *Witches and Neighbors—The Social and Cultural Context of European Witchcraft*, p. 259.

② P. Levack, *The Witch-Hunting in Early Modern Europe*, p. 138.

③ Sebastien Michaelis, *Histoire admirable de la possession et conversion d'vne pénitente*, 1587: 60-63; Richard Boulton, *A Compleate History of Magick, Sorcery, and Witchcraft*, 1715: 15, in H. Sidky, *Witchcraft, Lycanthropy, Drugs and Disease*, pp. 32-33.

④ "Sermon by Martin Luther on Peter," in Merry E. Wiesner, *Women and Gender in Early Modern Europe*, p. 264.

⑤ James VI, Daemonologie, in C. Larner, *Enemies of God*, p. 93.

⑥ Johann Weyer, *De praestigiis daemonum*, 1563, in Margaret L. King, *Women and the Renaissance*, p. 148; Evelyn Heinemann, *Witches: A Psychoanalytic Exploration of the Killing of Women*, p. 19.

⑦ Jacques Le Goff, *The Medieval Imagination*, translated by Arthur Goldhammer, University of Chicago Press, 1988, p. 83.

从中世纪晚期和近代早期欧洲的这些巫术理论家的论断中，我们发现，这种女巫理论建立在基督教的魔鬼学和消极的女性观的基础之上，或者说它是两者相互融合的产物。如果说基督教的魔鬼学论证了魔鬼是上帝的敌人，其力量是普遍存在的，魔鬼及其附属为了摧毁人类的信仰而忙碌，他们能够引诱人类为其服务，而巫师则在魔鬼的引诱下成为了其奴仆，那么消极的女性观则为巫术理论家论证女性最容易受到魔鬼的引诱并成为魔鬼的奴仆——即巫师等于女性——开辟了道路。西方人有关魔鬼观念的由来及其发展在巫术的成长过程中是极为关键的，因为"女巫信仰和对她们的迫害都基于一种完全敌对、残忍和阴险的魔鬼力量普遍存在的学说，他危害人类的能力已获得了巨大的增长"。[①] 对于这个问题，我们在此不准备作深入的讨论。[②] 我们着重探讨的是巫术理论家是如何运用消极的女性观念而把女性建构为邪恶的女巫的。

在巫术理论家们看来，女性之所以容易屈从于魔鬼的引诱，是由女性的弱点——思维能力的低下和身体的薄弱、情感的无度、强烈的性欲——所决定的。其中克拉默和斯布伦吉的有关论述最为详尽。女性何以因思维能力的低下和身体的薄弱而容易为巫术所迷住呢？他们讲道：

> 至于思维能力，或者对宗教事务的理解力，她们似乎与男性有着不同的天性；这是一个为权威们的逻辑学所证实，为来自于《圣经》的各种事例所支持的事实。泰伦斯讲道：女性在智力方面犹如儿童。莱克坦提乌斯（Institutiones，III）也讲道：除了蒂弥斯特外，没有一位女性能够理解哲学。《箴言》XI 在描绘一位女性时也讲道：正如一条项链挂在了猪鼻子上一样，一位美丽的女性也没有辨别力。[③]

其中的原因是什么呢？他们又论道：

> 自然的原因是，她要比男性更世俗，……应当注意到，第一位女性的形成就

---

① Alan C. Kors and Edward Peters, "Introduction: The Problem of European Witchcraft", Alan C. Kors and Edward Peters, eds., *Witchcraft in Europe 1100-1700, A Documentary History*.

② 有关魔鬼观念的由来及其发展，杰弗里·伯顿·拉塞尔曾在其系列著作中做过深入的研究，参见 Jeffrey Burton Russell, *The Devil: Perceptions of Evil from Antiquity to Primitive Christianity*, Cornell University Press, 1977; Jeffrey Burton Russell, *Satan: The Early Christian Tradition*, Cornell University Press, 1981; Jeffrey Burton Russell, *Lucifer: The Devil in the Middle Ages*。

③ Heinrich Krämer and Jacob Sprenger, *The Malleus Maleficarum*, Part I, Question VI.

存在着缺陷，因为她形成于一块弯曲的肋骨，……由于这种缺陷，她就成为了一种不完美的动物，她总是在欺骗，……显然，在有关第一位女性的例子中，她就是毫无信仰的，……她完全不相信上帝的话，……所有这些也由女性这个词的语源所证明；因为Femina(女性——译者)来源于Fe(信仰——译者)和Minus(缺少——译者)，因为她一直就是较为软弱的，因此不能保持其信仰，……因此，一位邪恶的女性天生很快就对其信仰发生动摇，结果也很快公开放弃信仰，这是巫术之根源。[①]

至于感情的无度，克拉默和斯布伦吉也作了详细论述。他们论道：

至于她的精神品质，即她的自然意志；当她憎恨她从前喜欢的某个人时，她会愤怒得大发雷霆，并且她整个的灵魂都烦躁不安，正如大海的潮汐始终翻腾不一。许多权威都对其中的原因有所暗示，……与她商量事情是没有用的，因为一位邪恶的女性总是嫉妒，……所以，由于这种无度的感情和愤怒，她们或者利用巫术或者利用其他的一些手段，愤恨不满地寻求并施行各种各样的报复。[②]

女性何以有强烈的性欲呢？克拉默和斯布伦吉论道：

《箴言》XXX讲道：有三种永远也得不到满足的东西，但肯定还有第四种得不到满足的东西；那就是子宫的入口。因此，为了满足其强烈的性欲，她们甚至与魔鬼结交。[③]

正如论者所言："当《巫术之锤》使女巫与魔鬼性交连同邪恶的巫术习俗成为其理论构架的核心观点的时候，那么一种事情就清楚明了了：魔鬼，作为传统中的一位男性创造者，主要去纠缠女性；因此他的追随者也大多数是女性。"[④]

其实，以克拉默和斯布伦吉为代表的巫术理论家的这种女性观也并非他们的独创，而是源于古典和基督教传统中的消极女性观。作为西方哲学与科学之创立者的古希腊人，

---

① Heinrich Krämer and Jacob Sprenger, *The Malleus Maleficarum*, Part I, Question VI.

② Heinrich Krämer and Jacob Sprenger, *The Malleus Maleficarum*, Part I, Question VI.

③ Heinrich Krämer and Jacob Sprenger, *The Malleus Maleficarum*, Part I, Question VI.

④ Evelyn Heinemann, *Witches: A Psychoanalytic Exploration of the Killing of Women*, p. 19.

就已比较明确地将女性界定为在智力和身体方面低劣于男性的人。[①] 作为古希腊文化的继承者，罗马人也大量地继承了希腊人女性观中的消极方面。但对女巫理论家影响最大的当属基督教的女性观。

《旧约圣经》中就已经存在着女性是“罪恶之源和男性之附庸”的观点。而在《新约圣经》中，保罗等使徒则将这种消极的女性观作了进一步的发展。早期教父则依据《圣经》中的有关论述，提出了他们的女性观。虽然，大多数的早期教父都承认男性与女性在灵魂上是平等的，但是他们却都认为女性在身体上要低劣于男性。早期教父还认为，女性是罪恶之源。正如论者所言：“对许多教父而言，《圣经》中的夏娃日益象征着女性所固有的肉欲主义和有罪，而亚当则象征着魔鬼和第一个女性所策划的阴谋的无辜牺牲者。”[②]教父们的这种消极的女性观对中世纪的教士产生了极大的影响。11 世纪法国雷恩的一位主教马博德(Marbode)声称：“在诡计多端的敌人(即魔鬼)向我们布下的巫师陷阱中……最凶恶的……就是女人，她是无耻之柄，邪恶之源，恶毒之泉，……是蜂蜜和毒药。”[③]13 世纪的编年史家塞里姆贝尼(Salimbene)写道：“女人是华而不实的污物，刺人的玫瑰，甜蜜的毒汁……被逐出天国的魔鬼的一种武器，罪恶的根源。”[④]

伴随着 12 世纪古典文化的复兴，基督教哲学家将古典作家和基督教消极的女性观加以糅合，从而形成了一种系统的女性观，其主要内容仍然是：女性是罪恶的源泉，女性是弱的、不完美的，女性必须屈从于男性。托马斯·阿奎那则是其中的典型代表。[⑤]

在文艺复兴时代，虽然一些人文主义者直接对这种消极的女性观提出质疑，但也有许多人仍然在坚持歧视女性的观点。概而言之，他们认为，女性“傲慢自大、淫荡好色、固执己见、控制欲强、嫉妒、饶舌、虚荣、贪婪、放纵、不贞、肉体和精神的低劣、反复无常”。[⑥] 一位法国的法理学家甚至认为：“确切地说，女人并不是人。”[⑦]而宗教改革时代的著名改革家们，如马丁·路德、茨温利、加尔文及英国清教徒的领袖们，不仅继承了中世纪晚期天主教的魔鬼学理论，积极投身于反对巫术的运动之中，而且他们也部分地继承了那种消极的

---

① 关于古希腊人的女性观，可参见第一章的相关论述，此略。

② Linda E. Mitchell, ed., *Women in Medieval Western European Culture*, p. 307. 关于教父的女性观，还可参见刘文明：《文化变迁中的罗马女性》，第五章，第三节。

③ Frances and Joseph Gies, *Women in the Middle Ages*, p. 38.

④ Frances and Joseph Gies, *Women in the Middle Ages*, p. 38.

⑤ 有关内容，参见第三章第一节的论述。

⑥ Merry E. Wiesner, *Women and Gender in Early Modern Europe*, p. 24.

⑦ Merry E. Wiesner, *Women and Gender in Early Modern Europe*, p. 13.

女性观。[①] 虽然他们也承认，女性是由上帝创造的，她们也能因信得救，男女在精神上是平等的，但在所有其他的方面，女性都从属于男性。他们认为，女性的这种从属地位是她们的生命中所固有的，并且是自创世时就存在的。同时，大多数宗教改革家认为，夏娃应对人类的堕落负责，这使得女性天生低劣并屈从于男性权威。[②] 可见，宗教改革家们的这种消极的女性观一方面继承了以亚里士多德为代表的古典传统，另一方面也广泛地吸收了基督教的传统理论。因此，许多宗教改革家积极加入到反对巫术和女巫的行列之中也就不难理解了。[③]

而中世纪和近代早期的女性医学和生理学理论则为消极的女性观提供了"科学"依据。在中世纪，有关女性的医学主要有两类，一类是民间的传统医学，它包含大量的魔法；一类是学院医学，它主要基于古典时代的四种体液理论。[④] 而至 13 世纪后期，一些发源于民间的通俗医学观念逐渐融入到那种发源于亚里士多德的生理学理论中。这种理论认为，"来月经的女性会发散毒素……过了更年期的年老女性和贫穷的女性，因为饮食差，所以她们特别能分泌毒液，并且还能放毒，甚至仅仅看一下小孩就会杀死他们，……与来月经的女性发生性关系会引发麻风病和不育，而在月经期间怀上的孩子生来就会有麻风病、癫痫和满头红发(这与强烈的性欲和魔力有关)"[⑤]。显然，此种理论有力地助长了那种与后来的女巫迫害密切相关的女性观的发展。

中世纪晚期和近代早期的科学革命也推动了女性解剖学和生理学的发展。而亚里士多德和盖伦的理论仍然是学者们赖以研究的依据，由此也就在女性生理学中出现了亚里士多德主义和盖伦主义之争。虽然在女性生殖问题上，两者有着不同的见解，[⑥]但是两者都相信体液的理论。他们认为，人体中的四种体液——即血液、黏液、黑胆汁和黄胆汁——与四种元素相对应：土、空气、火和水，而这四种元素又与热、冷、湿和干这四种特性相对应。这四种特性不仅因人而异，而且也与性别密切相关，男性通常较热和干，而女性

---

① 如马丁·路德就以《出埃及记》中的"你不应忍受一位女巫活着"为依据，而论道：女巫"必须被处死"。参见 P. Levack, *The Witch-Hunting in Early Modern Europe*, p. 105。

② Merry E. Wiesner, *Women and Gender in Early Modern Europe*, pp. 26-28.

③ 具体内容，参见本章第二节的论述。

④ Joel T. Rosenthal, ed., *Medieval Women and the Sources of Medieval History*, p. 193.

⑤ Linda E. Mitchell, ed., *Women in Medieval Western European Culture*, pp. 308-309. 详细阐述该理论的是一本名为《大小阿尔伯特的绝妙魔法秘诀》的书，参见 Georges Duby and Michelle Perrot, gen. eds., *A History of Women in the West*, vol. 2, pp. 65-66。

⑥ 如亚里士多德主义者仍然坚持亚氏的观点，认为女性不排泄精液或任何的类似物，因此她们对于胎儿的形式、智力或精神毫无贡献，男性的精液可以单独决定小孩的性别；盖伦主义者则认为，女性也排泄精液，因此也对胎儿的形式做出了贡献，尽管在其中男性要比女性发挥了更为重要的作用。同时，在决定小孩的性别中，女性的精液也发挥了作用。参见 Merry E. Wiesner, *Women and Gender in Early Modern Europe*, pp. 30-31。

则通常较冷和湿。由于热是其中最为有效的一种,因此男性也就更有理性和创造力,而女性则更像土壤。因此,男性比女性更为优越。正由于此,亚里士多德主义者认为,女性更渴望得到男性,因为不完美的事物总是争取完美。由此,女性也就比男性具有更为强烈的性冲动。[①] 17世纪初期的英国人罗伯特·伯顿在《忧郁症的剖析》中就抱怨道,不仅年轻的女孩子一到青春期就寻求性交,而且年老的女性也同样好色。他写道:"虽然她是一个十分干瘪的丑老太婆,但是她也叫春,而且她必定有一位情男,一位支持者;她必定而且必将再婚,并把自己许配给一位年轻的男子。"[②]这种观念实际上就基于上述的体液理论。正如该时期的另一位学者所言,从某种意义上说,绝经后的女性的特性是干的,她不能很好地喂养其他人,所以就将其营养转向她自私自利的目的。年长的寡妇能够在性方面摧毁年轻的男子,所以年轻男子千万不要与这种女人结婚。因为她们是一些性饥渴者,而且会吸出他们的精液,以其难以满足的对精液的渴望而使他们变得虚弱,并以其罪恶去毒害他们。[③] 这也是为什么从事巫术活动的大多是年老的寡居女性的生理学依据。也正是基于此,宗教改革家们极力敦促女性结婚,因为在他们看来,"没有一位女性具有特殊的神赐天赋而摆脱强烈的性欲"。[④] 也正是基于此,那些独身的女性更多地被怀疑从事了巫术活动。

可见,消极的女性观为巫术理论家探寻女性何以更容易受到魔鬼的引诱并从事危害人类的巫术提供了一种因果论的证明。魔鬼学家则将这种消极的女性观和魔鬼学精心编织成了一种系统的女巫理论,从而为女巫迫害提供了一种坚实的理论基础。所以没有消极的女性观,系统的女巫理论也就失去了根基。

3. 男权社会的重构与女巫迫害

在向近代转型的过程中,欧洲文明中的各种社会关系也面临着重新调整,两性关系自然也不例外。而在性别关系的调整中,男权社会的重构则是其中最为重要的一个方面。女性何以成为猎巫运动的主要受害者,就与之有着密切的关系。即是说,巫术指控成为了这一特定历史时期对女性进行社会控制的手段之一。

女性作用的增强与男性的忧虑 自11世纪以降,女性在欧洲社会发展中的作用不断

① Merry E. Wiesner, *Women and Gender in Early Modern Europe*, pp. 32-33.

② R. Burton, *Anatomy of Melancholy*, III, in P. Levack, *The Witch-Hunting in Early Modern Europe*, p. 143.

③ Lorna Huston, ed., *Feminism and Renaissance Studies*, pp. 211-212.

④ Merry E. Wiesner, *Women and Gender in Early Modern Europe*, pp. 26-28.

增强，其地位也有所提高。这具体体现在如下几个方面。

其一，虽然如上节所述，把女性看作是罪恶之根源的消极的女性观一直在整个中世纪(以至近代早期)的欧洲占有主导的地位，但是把女性看作是值得崇拜和保护之对象的积极的女性观，即一种尊重女性，强调两性平等的潮流则自中世纪盛期开始也在欧洲社会变得较为多见。其具体体现是：在宗教界，那就是圣母崇拜的流行和一些教士宣扬男女平等；而在世俗社会则是典雅之爱的传播。[①] 在文艺复兴时代，这种积极的女性观得到了更多人文主义者的赞同。如意大利著名的人文主义作家薄伽丘曾效仿古典作家普鲁塔克的《名人传》写成《名女》一书，为古代希腊和罗马历史上的著名女性立传。他认为，那些以忠诚、勇敢和优秀品德而著称的女性同样是值得人们学习的楷模。薄伽丘为著名女性树碑立传的做法则为后世的许多作家所效仿。被称之为"第一位女权主义者"的女作家皮桑则写了一系列为女性辩护的著作，其中最著名的则是《妇女城》。在其中，她详细探讨了广为流行的厌女症思想的根源，认为女性地位低下的原因在于她们缺乏教育，在经济和社会上处于依附的地位。维韦斯、伊拉斯谟和托马斯·埃利奥特这三位重要的人文主义者都把所有女性看作是在精神上与男性平等的，并强调要使女性(至少是上层社会的女性)接受教育。德国著名的人文主义者科尼勒斯·阿古里帕则认为，女性与男性不仅是平等的，而且还要优越于男性。[②] 人文主义者的这些论见对传统的消极女性观无疑带来了某种程度的冲击。

其二，与此同时，女性在社会和经济领域的作用也日益凸现出来。贵族女性利用大批贵族因十字军东征等各种战争离家(其中许多人死于战争当中)的机会，获得家庭财产的拥有权和管理权，不仅如此，她们还涉足公共领域：控制骑士、控制法庭案件的审理等。西方学者的研究也表明，拥有土地的贵族女性在欧洲大陆并非罕见。而女性地位和声誉之提高的一个重要体现则是在这一时期欧洲大陆所出现的大量随母姓的事例。[③] 在城市中，女性几乎参与到了所有的行业当中，并在其中发挥着较大的作用。艾丁勒·保力的《行业书》中记载了当时巴黎众多行会的行规，在他所列举的巴黎 100 个行业中，有 6 个行业是完全由妇女从事的，而在另 80 个行业中也有妇女劳动。也就是说，在这 100 个行业中，妇女参与其中的就有 86 个。在 1319 年伦敦的纳税登记册中，妇女占所有纳税人的 4%；约克 1381 年人头税的纳税册上列了 203 个劳动者，其中 53 个是妇女。[④] 由此看出，

① 具体情况参见第三章第二节中的相关论述。

② Merry E. Wiesner, *Women and Gender in Early Modern Europe*, pp. 20-22.

③ 有关的情况参见第三章第二节的相关论述。

④ 参见刘文明：《妇女在中世纪西欧城市工商业中的作用与地位》，《首都师大学报》2002 年第 1 期。

虽然以独立身份从事工商业活动的女性的比率较低，但是她们却成为了其中一支不可忽视的力量。尤其是在纺织、酿酒和零售业中，女性则占据了优势。不论是在城市还是在农村，普通女性除了在家庭经济中发挥不可替代的作用外，她们（如助产士、乳母、照顾生育的母亲和刚刚出生的婴儿的女佣、女治疗者等）还几乎垄断了与孩子的生养和女性疾病的治疗有关的所有工作。[①]

其三，在中世纪后期，女性在宗教中的作用也是相当突出的。不论是在正统的宗教运动中还是在异端中，女性的作用都是令人瞩目的。根据西方学者的研究，在官方确认的圣徒中，在13世纪之前，女圣徒仅占12%，而至15世纪，女圣徒的比率则达到了28%。[②] 在神秘主义的传播中，也有众多杰出女性的参与，如著名的女神秘主义者锡耶纳的凯瑟琳、弗利吉诺的安吉拉、专门由女性创立的贝居安女修会的女修士玛格丽特·普艾蒂等。可见，正是在其中，女性作为一个人的价值和尊严得到了体现。正如论者所言："在中世纪社会中，女性出现在正统教会改革、异端和巫术——所有这三者——中的频率要大大高于她们在任何其他地方出现的频率，这一事实表明，她们感到被剥夺的不是财富，而是作为一个人应得到的尊严与价值。女性的这些活动反过来又打乱甚至威胁到了男性所固有的地位。"[③]另一位学者也论道："中世纪后期的宗教思想以敏锐和富于创造性的方式使性别界限趋于混杂并横越了性别界限。尤其是女性的宗教似乎已经抛弃了男性与女性、精神与肉体的二元对立，并试图通过强调其与上帝的相交而救赎其肉身来取代之。"[④]

总而言之，自中世纪盛期以来，女性在社会、经济和宗教等各个领域的活动已经在许多方面逾越了男权社会所规定的界限。这种状况已引起了男性精英们的忧虑。尤其是在中世纪晚期和近代初期，伴随着新生资本主义经济的兴起和社会的转型，人们迫切需要对两性关系重新加以审视和建构。那么，两性关系是如何重新加以建构的呢？

男权社会的强化与经济领域中女性的被排斥　我们发现，这种两性关系的建构却不是打破旧有的男权社会，而是对之加以重新确证，以达到对女性的社会控制，使之遵循男权社会的准则去行事，亦即劳伦·斯通所谓的"父权制的强化"。[⑤] 于是，强调女性贞洁、缄默、温顺的传统女性观又得以强化。

在猎巫运动期间，这种传统的消极女性观是相当盛行的。这在当时许多布道和宣传

---

① 具体情况，参见第三章第三节。

② Linda E. Mitchell, ed., *Women in Medieval Western European Culture*, p. 309.

③ Jeffrey Burton Russell, *Witchcraft in the Middle Ages*, p. 282.

④ Linda E. Mitchell, ed., *Women in Medieval Western European Culture*, p. 309.

⑤ Lawrence Stone, *The Family, Sex, and Marriage in England 1500-1800*, New York, 1979, pp. 109-146.

性的小册子中就有着鲜明的体现。如17世纪末的一位教士在其布道词中就论道:女性应对原罪负责,而且她们通过使男性与其肉体结合而将男性引入毁灭,因此"她在给男性带来如此多的危害和不幸中发挥了极大的作用,所以她应当积极地承诺去取悦和安慰男性,这几乎是公正和公平的"。[①] 而在16世纪后期的教诲文学和新教的家庭手册中,也重新强调女性作为小孩子之抚育者和照看者的角色。[②] 实际上,这种传统女性观的强化并不仅仅体现在文字和口头上,还体现在具体的行动当中。猎巫运动则为之提供了一个机会和一种借口。

在中世纪晚期和近代早期,欧洲社会在经济领域发生了巨大变化,新生资本主义生产方式由此诞生。这种巨大的变化也导致了该时期男女权利关系在经济领域发生了冲突,其结果则是男性最终获得了胜利,并确保自己的主导地位。自15世纪后期开始,在诸如纺织、酿酒、零售、治疗等这些原本主要由女性从事的行业中,女性遭到排斥或者受到了极大的限制。[③] 女性被大量地排斥于新兴资本主义经济领域之外,是由各种原因造成的,如该时期人口的增长和经济危机带来的就业机会的减少等,同时也与传统女性观的强化有关。例如,把持市政的男人"把自立的女人视为有某种嫌疑的人",至15世纪末16世纪初,这种观念得到进一步加强,政府认为"未婚的自立的女人对他们的道德秩序是个威胁"。[④] 而猎巫者也乘机对女性加以迫害。如1571年,一位名叫多丽特·尼珀斯的女商人在丹麦的埃尔锡诺被指控从事巫术而被处死。但是,其中的真实原因则是,她是一群女商人的首领,当市议会命令她停止经商时,她却断然拒绝。显然,她是一位令男性权威们不安和讨厌的女性。[⑤] 当然,从事手工业和商业的女性被指控为女巫的相对来说还是比较少的。

在医疗行业,女性与男性之间的冲突也相当激烈。而在该行业,女性被指控为女巫的数量则比较多。[⑥] 如前所述,那些"有智慧的女性",即用民间药物和祈祷或符咒等魔法形式为人治病的女治疗者则更多地被指控为女巫。实际上,早在13世纪,随着大学的兴起和医疗行业的专业化,它逐渐为医学院所控制。新成立的大学拒绝接收女生,医师行会也

---

① Jonathan Barry, Marianne Hester and Gareth Roberts, eds., *Witchcraft in Early Modern Europe: Studies in Cultural and Belief*, p. 295, note ②.

② Deborah Willis, *Malevolent Nurture, Witch-Hunting and Maternal Power in Early Modern England*, p. 17.

③ 具体情况参见第三章第三节的相关论述。

④ Linda E. Michell, *Women in Medieval Western European Cuture*, p. 253.

⑤ Merry E. Wiesner, *Women and Gender in Early Modern Europe*, p. 277.

⑥ 在一些地区,遭到巫术指控的女治疗者占到了所有受指控者的20%。参见 Jenny Gibbons, "Recent Developments in the Study of the Great European Witch Hunt", *Pomegranate* 5(Lammas, 1998)。

很少招收女学徒。有关行医的许可证法律也几乎只允许授予那些受过大学教育的医生。[①] 如在1322年，巴黎大学医学院就对一些无行医许可证的治疗者提出指控，其中包括著名的女医生雅各布·费利西亚，其指控的依据是禁止女性行医的法律。[②] 1421年，英格兰的医生们联合向国会提交申请书，请求限制女性行医。至16世纪，德国也展开了限制女性行医的讨论。[③] 总的来看，至14世纪，针对城市中有教养的女治疗者的排斥已经在整个欧洲得以顺利完成，男医生已经完全控制了上层社会的医疗业。[④] 随着猎巫运动展开，较大规模的消除女治疗者的行动也启动了。许多西方学者对欧洲大陆和英伦三岛之巫术案例的研究已经充分肯定：许多遭到指控的女巫确实是有智慧的女性，而在法国，那些诉诸巴黎国会的巫术案例中，大约有一半是涉及魔法治疗者的指控。[⑤] 正如论者所言："猎巫运动的目的就是整肃女治疗者的领地，以便为男性同行开路。"[⑥]最终，女治疗者遭到了毁灭性的打击，"由女性所从事的医学已经死亡；而男性所从事的'科学'的医学获得了胜利"[⑦]。

除了女治疗者外，助产士也受到了众多的限制。自15世纪中期开始，地方当局和教会权威就出台规章以规范助产士的行为（主要是道德方面，而不是技术方面），这与女巫迫害在时间上恰好吻合。[⑧] 确实，有许多助产士遭到了巫术指控。如在1587年德国的蒂林艮镇，一位助产士被指控用巫术导致了40位婴儿的死亡。而在1728年匈牙利的苏兹盖德，一位助产士因以上帝的名义为2000名小孩施行洗礼而遭到巫术指控并被烧死在火刑柱上。[⑨] 但是，对于助产士究竟在多大程度上受到了巫术的指控，学术界还没有真正搞清楚。一些现代西方学者之所以认为大量的助产士也遭到了巫术的指控，主要是依据两位多米尼克修会的宗教裁判官克拉默和斯布伦吉的《巫术之锤》中的有关论述。[⑩] 而另一些

---

① Barbara Ehrenreich and Deirdre English, *Witches, Midwives, and Nurses: A History of Women Healers*, The Feminist Press, 1973, pp. 15-17.

② "University of Paris Records: Case of a Woman Physician (1322)", in Emilie Amt, ed., *Women's Lives in Medieval Europe: A Sourcebook*, pp. 108-112.

③ Judith M. Bennett and Elizabeth A. Clark, eds., *Sisters and Workers in the Middle Ages*, p. 54.

④ Barbara Ehrenreich and Deirdre English, *Witches, Midwives, and Nurses: A History of Women Healers*, p. 19.

⑤ P. Levack, *The Witch-Hunting in Early Modern Europe*, p. 139.

⑥ Christina Larner, *Witchcraft and Religion*, p. 151.

⑦ Evelyn Heinemann, *Witches: A Psychoanalytic Exploration of the King of Women*, p. 20.

⑧ Judith M. Bennett and Elizabeth A. Clark, eds., *Sisters and Workers in the Middle Ages*, pp. 55-56.

⑨ P. Levack, *The Witch-Hunting in Early Modern Europe*, pp. 139-140. 有关女巫与接生婆之间的密切联系，参见 Barbara Ehrenreich and Deirdre English, *Witches, Midwives, and Nurses: A History of Women Healers*。

⑩ 克拉默和斯布伦吉论道："以各种方式做接生婆的女巫杀害子宫中的婴儿，并促成怀孕的女性流产；或者，假如她们做不到这一点，她们就把新生儿奉献给魔鬼。"参见 Heinrich Krämer and Jacob Sprenger, *The Malleus Maleficarum*, I, XI。

学者则通过对大量的巫术档案进行分析而认为，虽然也有一些助产士遭到了巫术指控，但却并不像人们想象的那么多。[①] 虽然一些助产士遭到了巫术指控，但是她们仍然存在下去了，直到18世纪。不过，在该时期出台的有关法律则对她们进行了更加严厉的限制。

总之，面对社会经济领域的巨大变动，男性为了确保其统治地位而利用猎捕女巫去限制或排斥女性。而有些历史学家却否认女巫的迫害与男权社会的重构存在着密切联系的事实，这恰恰是由于他们缺乏性别意识所致。

猎巫运动与女性行为规范的整肃　男性不仅利用猎巫运动在经济领域去重建其权威，而且还在社会行为规范方面也利用猎巫运动对女性加以控制，以使她们的行为符合男性所规定的女性行为准则。通常遭到巫术指控的女性主要有两大类：其一是那些离经叛道的女性，即那些在宗教和道德方面有"越轨行为"的女性；其二是那些名声不好的女性，即那些行为古怪异常、脾气暴躁、说话尖酸刻薄、喜欢吵架与咒骂的女性。

离经叛道的形式是各种各样的。巫术理论家认为，女巫天生就是邪恶的，她们利用魔法去伤害人。但是，这只是她们离经叛道行为的一部分。众多包含在教会法庭记录中的司法证词表明，许多女性也因其他不道德的行为而容易遭到巫术指控，如没有到教堂做礼拜，搅乱安息日，通奸，堕胎，杀婴，乱伦，卖淫，搞同性恋。例如在1613年，英国的一位女性受到了巫术审判，其中的原因是她生了三个非法的孩子。在瑞士的卢塞恩，那些被指控从事巫术活动的女性中，有一些人曾公开谈论性问题，或者在公开场合展示她们的性行为。那些被怀疑不遵守宗教规范或者毫无宗教信仰的女性也更容易受到巫术的指控。[②] 一些西方学者的研究表明，在猎巫运动期间，杀婴罪和巫术罪之间存在着一种令人吃惊的密切联系。[③] 在很多案例中，这两种罪实际上是相互交织在一起的。如在1566年英格兰的埃塞克斯郡出版的一本巫术审判小册子中，就记录了一位名叫伊丽莎白·弗朗西斯的女性因从事巫术而遭指控，同时还涉及她自行流产和杀婴罪。[④] 这一切说明，对女巫的猎捕已经扩大到所有那些男性权威认为不符合宗教和道德规范的女性，而不仅仅是那些从事巫术活动的女性。

那些有坏名声的女性也常常成为巫术指控的对象。这是因为，她们的个性特征（行为古怪异常、脾气暴躁、说话尖酸刻薄、喜欢吵架和咒骂）不仅容易导致她们与他人（通常是

---

① Robin Briggs, *Witches and Neighbors—The Social and Cultural Context of European Witchcraft*, pp. 279-281.

② P. Levack, *The Witch-Hunting in Early Modern Europe*, p. 154. 埃里克·米德尔福特也指出，在16世纪和17世纪，"许多诸如通奸、堕胎、杀婴和施毒的犯罪都与巫术联结在了一起"。H. C. Erik Midelfort, *Witch Hunting in Southwestern Germany 1562-1684: The Social and Intellectual Foundations*, p. 187.

③ Deborah Willis, *Malevolent Nurture, Witch-Hunting and Maternal Power in Early Modern England*, p. 66.

④ Barbara Rosen, *Witchcraft in England 1558-1618*, pp. 74-75.

其邻居)发生冲突,而且也容易招致他人的无端怨恨。一旦灾祸发生,那么她们往往成为人们怀疑的对象,即怀疑是她们施行巫术造成的。巫术主要是一种乡村现象。而在乡村,巫术指控常常发生在邻里之间,尤其是女邻里之间。① 对于这类典型的巫术案例,维利斯曾作过概括。这类巫术指控通常起始于一位年老的女性与她的一位邻居发生了争吵。年老的女性通常较为贫穷,而其邻居通常也是一位女性,并且通常较为年轻。当这位年老女性到其邻居家要食物或某些家用物品或请求进入其田地时,其邻居拒绝了她的请求。年老女性在走开时则公开咒骂或低声抱怨其邻居。后来,一些灾祸恰好发生在了这位邻居身上或其家庭中,如一位小孩子生病,妻子或丈夫去世,牛或羊死亡,一场突如其来的暴风雨毁坏了其庄稼,牛奶变酸,黄油无法搅动。于是,邻居就会回想起这位年老女性的诅咒,并怀疑这些灾难就是她施行巫术造成的。② 英国学者曾指出,在都铎王朝和斯图亚特王朝时期,"'咒骂'是一个带有极强贬义的术语,其损害性的影响力仅次于'妓女'……作为一个贬义的标签,它被用于女性身上"。③ 事实也证明,对确信有咒骂行为的女性的处罚与巫术成为一种主要是女性的犯罪之间存在着密切的联系。④ 女巫就是一位"坏心肠的母亲",一位不可救药的"长舌妇",一位性情粗暴的"悍妇"和高声咒骂的"泼妇"。⑤ 同时,由于女巫大多是年老、寡居和独身的女性,所以她们常常显示出喜欢争吵、容易发脾气、爱搬弄是非等古怪的行为。而正是这些不符合男性所规定的女性行为标准的行为使她们成为巫术指控和诉讼的对象。

总之,不论是离经叛道的女性还是有坏名声的女性,她们都逾越了男性所规定的女性行为规范。而针对这类女性所进行的巫术指控,其目的显然是为了达到对女性进行完全的社会控制。然而,在西方学术界,有许多学者却否认猎巫与两性间的冲突有直接的联系,否认女性被指控为女巫与男权社会的重构存在着直接的联系。他们的主要依据是:在乡村层面的巫术指控中,许多发生在女性之间,即一位女性对另一位女性提出指控,这表

---

① 许多西方学者对猎巫运动期间欧洲乡村的邻里关系进行了研究,他们发现,巫术指控通常发生在邻里之间,这是由于社会变化导致了邻里关系的恶化。最早提出这一观点的则是英国的两位学者——托马斯和麦克法兰,后来许多学者的研究也证实了这一点。参见 Keith Thomas, *Religion and the Decline of Magic*; A. Macfarlane, *Witchcraft in Tudor and Stuart England*, New York and London, 1970; P. Levack, *The Witch-Hunting in Early Modern Europe*; Deborah Willis, *Malevolent Nurture, Witch-Hunting and Maternal Power in Early Modern England*; Robin Briggs, *Witches and Neighbors—The Social and Cultural Context of European Witchcraft*。

② Deborah Willis, *Malevolent Nurture, Witch-Hunting and Maternal Power in Early Modern England*, pp. 31-32.

③ Kermode and Walker, *Women, Crime and the Courts*, London, 1994, p. 48.

④ Kermode and Walker, *Women, Crime and the Courts*, p. 57.

⑤ Deborah Willis, *Malevolent Nurture, Witch-Hunting and Maternal Power in Early Modern England*, pp. 34-37.

明冲突与斗争并不存在于两性之间而是存在于女性之间。① 确实，许多巫术指控发生在了女性之间，但若以此为理由而否认猎巫与两性间的冲突、男权社会的重构存在着直接的联系，则是站不住脚的。中世纪晚期和近代早期欧洲社会的急剧变化，确实也加剧了女性之间的竞争和冲突。但是，在男权社会中，女性要在这种竞争和冲突中取得主动，就必须遵循男性所规定的好妻子和好母亲标准，去对抗那些背离这一标准的女性。只有这样，她们才能获得益处，得到一种社会和经济的保障。事实上，众多的女性业已采纳和吸收了男权社会的道德和文化价值观念，并使之成为了她们自我意识中的一部分。② 所以，当猎巫运动来临之时，她们能够自觉和主动地加入到指控其他女性的行列之中。同时，在男权社会中，女性还被赋予道德监督人的地位和权利。即是说，她们在社会上还有权监督其他女性的行为。作为道德监督人，她们受到了尊重，并且还获得了某些权利。③ 女性的这种角色不仅存在于欧洲历史上，而且也存在于亚洲和非洲的历史上。其中最为典型的例子就是中国历史上的"婆婆"这一角色。在做媳妇时，她受到男权社会各种准则的约束、限制甚至是残害，但是一旦她从媳妇熬成"婆婆"，那么她就有了各种特权，而且要用男权社会的标准去监督甚至残害其他女性。人类学家对过去和现代西亚和北非的研究也表明，年长的女性(即母亲或祖母)充当了道德监督人的角色，这有力地强化了女性的自卑和对男性的性屈从。④ 可以说，女性的这种自我意识和社会角色则是导致大量女性也加入到对其他女性提出巫术指控的根本原因。

综上所论，女巫迫害与男权社会的重构密切相关。正如论者所言："虽然巫术迫害在很大程度上被一些学者确定在女性社会之内，但是这些巫术迫害却与男性的地位密切相关，而且也有助于强化——或者有助于重构——男性的地位。"⑤可以说，猎巫运动为强化对女性的控制和巩固男权地位提供了一种机会和手段。正是通过三个多世纪的对女巫的猎捕，男权社会得以重新巩固。

---

① 英国猎巫运动研究的奠基者托马斯就持此种观点，最近则以布里格斯为代表。需要指出的是，持此种观点的学者也并不否认受到指控的巫师大多数是女性。

② Merry E. Wiesner, *Women and Gender in Early Modern Europe*, pp. 276-277.

③ Jonathan Barry, Marianne Hester and Gareth Roberts, eds., *Witchcraft in Early Modern Europe: Studies in Cultural and Belief*, p. 300.

④ N. El Sadawi, *The Hidden Face of Eve*, London, 1981.

⑤ Jonathan Barry, Marianne Hester and Gareth Roberts, eds., *Witchcraft in Early Modern Europe: Studies in Cultural and Belief*, p. 302.

第五章　近代政治革命中的女性

17 世纪以降,英国资产阶级革命、欧洲思想启蒙运动、美国革命乃至暴风骤雨式的法国大革命风起云涌,一系列波澜壮阔的政治革命和思想启蒙,成为西方走向现代化之路的标志性事件。这些激荡整个社会的巨大政治和思想变革,及其带来的社会政治结构性调整,为女性冲破传统的家庭私生活樊篱,参与政治公共领域事务提供了机遇。

早在英国革命时期,妇女就以递交陈情书、参与选举和法律审判活动、募捐和传送情报等方式,表达出自己的政治思想或直接参与到革命行动中,从而进入过去由男人独占的政治领地。及至 18 世纪启蒙时代的来临,法国女性不仅加入到启蒙舆论赖以诞生的公共领域,甚至成为巴黎启蒙文学界的“精神总督”,她们凭借出色的交际技巧和优雅的举止,统驭着侃侃而谈的文人们,让沙龙里彬彬有礼的交谈成为催生新思想的领地。

18 世纪末美国的独立战争和法国大革命带来的巨大的政治动员,为妇女参与政治和社会事务提供了契机。虽然她们的行动仍然主要以家庭为出发点,为解决战争带来的物质匮乏和生计困难,或抗议物价飞涨,或举行暴动哄抢食物,但也有妇女以直接的方式参与到革命当中。美国革命中,不少妇女不仅在军队里有偿或无偿地承担起厨师、护士、医生、洗衣工、向导、裁缝或侍者的角色,甚至直接加入战斗行列,她们的一些英勇行动成为后世传诵的爱国传奇。而紧接其后的法国大革命,在诸如攻占巴士底狱、“十月进军”等每一次决定革命进程的重大行动的台前或幕后,都能见到妇女们勇者无畏的身影。

然而,西方在思想观念层次对于女性的歧视和贬抑源远流长,社会层面上不利于女性的性别结构根深蒂固,对于这些属于历史进程中超稳定的长时段因素,短暂政治革命激起的浪花难以从根本上加以撼动。因此,虽然这个时代的革命和思想动员,摇撼了传统的性别观念和社会结构,使女性在这样的情况下获得了一定程度的行动罅隙,但从总体上看,女性观念和地位的改变是微乎其微的。譬如,英国革命时代女性提出的社会政治参与诉求,更多的依然是出于保护家人和家庭生活的动机。即便时光流动到 18 世纪末期,在高举“自由”和“平等”标识的法国大革命中,妇女对于政治的参与,亦遭到来自男权世界强有力的狙击和禁锢,到宣称最民主的雅各宾派当政时代,甚至通过立法和暴力的手段,将妇女完全驱逐出政治公域。而在大革命之前的启蒙运动时代,沙龙女主人在家庭和国家的双重父权制下，通过克己修身的方式，在一向由男性掌控的公共领域里创造了流光溢彩的一面，但大多数妇女——无论是生活优裕的上层妇女还是为生计碌碌操劳的下层妇女，都依旧囿限在家庭的狭小空间内，处于男性权力的压抑之下。

一、英国革命时期女性的参与

直至近代初期，欧洲人依然普遍信奉亚里士多德的格言：妇女涉足政治是不正常的。[①] 但是随着17世纪英国革命的爆发，由政治变革激荡起来的政治和社会动员，以巨大无比的力量推动了英国妇女对于传统社会及其价值观的反思，促使她们不再满足于仅仅做一个唯丈夫之命是从的家庭主妇，而是直接或间接地参与了这场史无前例的革命，并力争男女的"精神平等"。在英国革命期间，"许多妇女在政治事务中扮演了公开的、积极的角色。"[②]

1. 革命时代女性的参与激情

1640年，长期议会的召开标志着17世纪英国革命的爆发，在这场改变英国历史发展，在某种程度上也改变了人类历史发展的革命中，妇女们自觉或者不自觉地加入其中。她们主要通过以下方式参与到革命之中。

一是向议会递交陈情书。通过陈情书向议会上传民情，表达个人或者某个团体的政治、经济、宗教观点，是17世纪英国革命时期妇女参与革命的重要举措。在17世纪英国革命中，妇女多次递交了陈情书，表现了她们积极的革命态度。"战争期间，妇女们多次向议会请愿，要求变革有关贸易和结束债务的法律；要求从监狱释放革命的平等派领袖约翰·李尔本；要求在和平时期中止战时法令的实效性。"[③]1642年1月31日，一群妇女向上议院递交陈情书，抱怨商业的衰退，要求结束宗教争吵，并在爱尔兰赦免新教徒；1642年2月，伦敦妇女向议会递交请愿书，请求议会采取严厉措施打击天主教。[④] 1643年8月，二三千名妇女聚集在议会递交请愿书，反对战争，呼吁和平；[⑤]1647年，伦敦妇女递交请愿

---

① Sara Mendelson and Patricia Crawford, *Women in Early Modern England 1550-1720*, Clarendon Press, 1999, p. 349.

② Jacqueline Eales, *Women in Early Modern England 1550-1700*, Ucl Press, 1998, p. 54.

③ Merry E. Wiesner, *Women and Gender in Early Modern Europe*, pp. 297-298.

④ Lisa DiCaprio and Merry E. Wiesner, eds., *Live and Voices: Sources in European Women's History*, p. 240.

⑤ Jacqueline Eales, *Women in Early Modern England 1550-1700*, p. 55.

书，请求议会的保护并反对不合理的工作条件；[①]1649年4月，几百名妇女来到下议院，请求释放被捕的4位平等派领袖；1649年5月，妇女们再次递交了请求释放被捕的4位平等派领袖的陈情书……[②]在这些陈情书中，妇女们清楚地表达了自己对时局的看法和政治态度，并向议会提出了改革措施，甚至还表达了男女平等的要求。这与革命前英国妇女囿于家庭、不问政事的传统大相径庭。

二是参与选举和法律审判。1640年以前的英国，妇女被束缚在家庭之中，只是丈夫的附属品。除了女王可以单独参与国家的政治，还有少部分的富孀被允许参与领地的事务之外，在社会领域里基本上看不到妇女的身影。可是在革命期间，部分妇女却走出家庭，试图打破历史上政治领域中妇女的缺席状态，参与国家的政治。由于英国"旧制度"的选举法只规定了财产资格和身份资格限定，没有规定性别限定[③]，所以在1640年长期议会的选举过程中，就有一些拥有地产的单身妇女直接或间接参与了议员的选举。当时妇女分散在各地参与选举，由于统计资料所限，我们现在无法知晓在整个选举中，究竟有多少妇女参加或者参与了这次选举，不过，我们知道在伍斯特郡，托马斯·利特尔顿爵士的反对派曾经指责他，说他的投票点充斥着妇女、儿童和穷人，这至少可以说明，当时妇女参与政治选举不是个别现象。最引人瞩目的是萨福克郡的妇女选举事件。当时萨福克郡的部分妇女直接去选举登记处登记，准备参加当地的选举。她们的行为也曾经一度被办事员所接受，后来此事被当地治安官发现，他认为妇女参政虽然没有被法律禁止，但是此种行为与传统相悖，是极不名誉之事，因此立即将妇女的名字从选举名单上划掉。[④] 这件事也影响了其他地区妇女的选举。虽然妇女自己参与选举没有得到社会的承认，但是还是有一些妇女通过自己的活动帮助丈夫、儿子参加了政治选举并获得了成功。例如，1640年，昂顿·迪琳夫人帮助她的丈夫组织了一次成功的选举活动。1642年夏，布里莲安娜·哈里夫人为儿子的选举四处奔走，费尽心机。[⑤]

妇女们不仅直接或间接地参与选举，而且还参与了法律审判。查理一世曾经宣布禁止妇女参加关于卡斯尔哈文鸡奸、强奸案的审判，他认为妇女参与类似的法律审判将"有伤风化"。但是妇女们却参加了1649年对查理一世的审判，并有妇女代替自己的丈夫参与了公开唱票。[⑥]

---

① June Stephenson, *Women's Roots: The History of Women in Western Civilization*, p. 235.

② Julia O'faolain and Lauro Marlines, eds., *Not in God's Image*, Redwood Press, 1973, p. 268.

③ 英国1832年议会改革通过的法案明确规定拥有财产的男性方才有选举权和被选举权。

④ Sara Mendelson and Patricia Crawford, *Women in Early Modern England 1550-1720*, p. 396.

⑤ Jacqueline Eales, *Women in Early Modern England 1550-1700*, p. 57.

⑥ Sara Mendelson and Patricia Crawford, *Women in Early Modern England 1550-1720*, p. 379.

三是为革命募捐、提供情报。在整个内战期间，妇女们为了支持议会军的获胜，踊跃捐款、捐物。从中产阶级妇女到普通妇女，她们毫不吝啬地将自己的首饰、家中的金、银饰品等连同现金一起捐献出来，甚至孩子们使用的银汤匙也被捐献出来以武装军队，保卫革命果实。1660 年以后，巴特勒·胡迪布拉斯回忆到：

在这一值得关注的事业中，
妇女没有留下值钱的宝石；
她们捐出了孩子们的汤匙和哨笛，
以购买刀、剑和枪支。
所有她们能够找出、翻出、偷到的
都敲碎、销毁化作了金、银……①

同时，妇女们还承担了战争所带来的物价上涨、政府增加的税收、士兵的给养和其他负担。劳动妇女还参与了暴动，几乎在所有因物价上涨和食物匮乏而出现的社会骚乱中，都可以看到妇女的身影。甚至还有些妇女利用自己的特殊身份，为革命提供情报。卡莱尔的女伯爵露西·海就是这样一位女性，她曾经在 1641 年年底至 1642 年年初的危机时期利用自己在查理一世宫廷中的地位为议会提供过情报，她也因此被描绘成是一个奸诈的变节者。②

四是参与宗教事务，争取在宗教中与男子平等的权利。正如前文已经提到的，中世纪的妇女是不允许在教堂布道的，也就是说，即使在“上帝面前”，妇女也处于从属地位。但是在 17 世纪英国革命中，受清教平等思想的影响，妇女们开始主张宗教改革，并且进一步提出在基督教世界男女平等。她们首先向议会递交了请愿书，然后开始自己解释经文，继而在教堂布道。③ 这些行为既反抗了专制的教会，也背离了男尊女卑的传统。

2. 女性参与政治之原因分析

英国妇女何以在 17 世纪革命中会萌发进入传统的男子世界，涉足公共事务，甚至干预政治的愿望，并身体力行呢？其主要原因如下。

第一，清教的平等思想和清教运动触发了女性渴望平等的理想。

---

① Sara Mendelson and Patricia Crawford, *Women in Early Modern England 1550-1720*, p. 401.

② Jacqueline Eales, *Women in Early Modern England 1550-1700*, p. 55.

③ Sheila Rowbotham, *Women in Movement*, Routledge, New York, 1992, p. 20.

16世纪，英国兴起了清教运动并很快传遍全国，它的主要目标在于：清除天主教仪式，使圣餐按照原始基督教教义的要求进行；由受过教育的牧师根据《圣经》布道，在教民中宣扬因信得救；由宗教大会规定教规，反对主教团的控制等等。这些目标中显然具有民主、平等的成分，于是到17世纪遂成为英国革命的旗帜。虽然在清教运动中没有提出男女平等问题，但对女性没有明显的性别歧视。一些激进的清教徒和后来的教友派信徒甚至认为，妇女因信奉上帝而具有了力量，能够在教堂布道。[①] 这实际上是宣扬宗教方面的男女平等，自然鼓励了妇女争取宗教、政治及其他方面平等权利的行为。她们通过舆论宣传、递交陈情书和直接布道等不同方式争取获得与男性一样的解释经文、教堂布道的权利。1653年12月，有人向剑桥市长抱怨：两名妇女正在布道。当市长询问她们的名字和她们丈夫的名字时，她们回答：她们没有丈夫，是耶稣基督带她们到这里。[②] 通过争取宗教领域的权利，妇女继而寻求政治上的权利。如1649年4月、5月的两份陈情书，都谈到妇女在基督教世界具有与男子平等的利益，在世俗世界也应该拥有与男子平等的权利和义务。5月份的陈情书这样说道：

> 我们断定：我们是依照上帝的形象被创造出来的，[③]因此在基督教世界应具有与男子平等的利益，在共和国也应该分享相应的自由。
>
> ……
>
> 在这个国家，难道我们不能拥有与男人平等的权益：那些包含在权利请愿书中的自由、安全以及其他法律上规定的权利？[④]

正是在清教思想的影响下，英国妇女奋起为自己争取宗教和政治的权利。所以"在17世纪，清教妇女通过重新构思宗教教义的合法化以反抗父权、夫权、宗教权威和政治权威，并寻求对妇女活动领域的重新解释"。[⑤]

第二，革命尤其是内战为女性提供了施展自己才能的机会。

革命期间，特别是内战期间，社会的中下层群众为了自己的生存和权利而抗争，资产阶级和新贵族利用清教思想向专制君主和封建贵族开战，也就是向传统的权威和秩序开

---

① Julia O'faolain and Lauro Marlines, eds., *Not in God's Image*, p. 263.

② Julia O'faolain and Lauro Marlines, eds., *Not in God's Image*, p. 264.

③ 基督教教义认为男人是依照上帝的形象制造的，女人则是依照男人的形象制造的。

④ Julia O'faolain and Lauro Marlines, eds., *Not in God's Image*, p. 268.

⑤ Sheila Rowbotham, *Women in Movement*, p. 19.

战。妇女们利用旧的权威被打倒，社会秩序被打乱而新的权威和社会秩序还没有确立之机，像男子一样努力为自己争取平等权利。革命和战争的动荡为妇女提供了行动的机会，“整个战争时期，战争双方的妇女都求助于‘必要的法律’以论证没有先例的行动和政治议程。”[①]

另外，由于战争和党派争斗，许多议会领导人和王党分子逃亡国外或外地，他们把家、地产及其他社会事务都留给了妻子照料。这给妇女带来了两方面的影响：一是在动荡的社会中，这些柔弱的女子必须独自面对复杂的环境和人际关系，独自承担繁重的家庭琐事和社会事务，但她们并没有手足无措，也没有被困难压垮，相反，她们在帮助丈夫照顾家族产业和其他事务的过程中得以展现自己的才能；二是由于从丈夫的控制下解脱出来，获得了较大的行动自由，她们在参与社会生产和政治事务中获得了前所未有的快乐。一位逃亡法国者曾经在1646年8月写给拉尔夫·弗尼爵士这样一封信：

> 妇女从来没有像现在这样有用。尽管你是我的代理人，也是我所知道的男人们的法律顾问，所以很多事首先交与你处理。但是我确信，如果换作是你的话，你也会像我们一样选择这种明智的做法：关照你的妻子，让她和委员会一起处理事务，她们的身份让她们拥有很多特权，而且我感觉她们现在比以往更加快乐。[②]

所以，革命和战争使妇女得以施展自己的才能，并且获得了一定程度的自主权。她们相信自己既然可以帮助丈夫处理诸如土地、商业等事务，那么也可以(同时也有能力)参与政治和其他社会工作。

第三，中世纪的法律和习俗为贵族妇女尤其是贵族单身妇女争取自己的权利留下了可以利用的漏洞。

虽然中世纪教会法和世俗法明确规定了妻子对丈夫的依附：在法律上，妻子由丈夫监护；在政治上，妇女不能担任任何公职；在经济上，妻子没有任何财产权利；在宗教上，妇女不可以担任教职，不可以在教堂布道；在家庭中，妻子必须服从丈夫。[③] 但是中世纪法律也为贵族妇女尤其是富孀保留了部分权利。前文已经提到，下议院议员的选举只有明确的财产限制，没有性别限制；富孀有权继承采邑，可以参加贵族们对政治、经济问题的讨

---

① Sara Mendelson and Patricia Crawford, *Women in Early Modern England 1550-1720*, p. 396.

② Julia O'faolain and Lauro Marlines, eds., *Not in God's Image*, p. 267.

③ 参见苏拉密斯·萨哈：《第四等级——中世纪欧洲妇女》，林英译，第88—100页。

论，也可以在法庭上充当司法者和立法者。[①] 所以在革命中，许多妇女利用这一点为自己争取权利。1653 年 7 月，当 12 名妇女在新教徒凯瑟琳·奇德利的领导下向议会请愿时，她们被告之：她们是妇女，而且大部分是妻子，法律不会关注她们。她们中的一些人回应道：她们没有丈夫，因此不是妻子，所以她们的请愿书应该被议会接受。[②] 后来，妇女们的请愿书上干脆明白地标注："我们都不是妻子"。[③]

3. 几点基本评价

在 17 世纪英国革命中，虽然妇女们参与了政治、经济和宗教事务，但是实际上，这一时期的妇女并没有在政治、经济方面争取女权。贵族妇女希望参与政治，是因为在中世纪，她们通过直接或间接的途径享有这样的权利；中产阶级妇女递交陈情书，其主要目的是为了保护孩子、丈夫以及自己的家庭免遭灾难；劳动妇女参与暴动，是因为家庭生活的困窘。例如，1642 年 2 月的妇女请愿，是因为她们担心发生在爱尔兰的天主教暴行会在英格兰再次发生，殃及自己和家人，于是向议会递交请愿书，请求议会进行宗教改革。[④] 1649 年，几百名妇女在为释放被捕的平等派领袖进行请愿时，依然强调"她们应该拥有保卫自己家庭和家庭成员的权利"。[⑤] 帕特丽夏·希金斯(Patricia Higgins)曾经分析过革命时期妇女递交的请愿书，尖锐地指出，这些请愿书中使用的是从属的语言，请愿者被描绘成"弱势性别"，追随在男人的后面。即使在陈情书中呼吁"精神平等"时，妇女们也谨小慎微，在承认自己的柔弱和依赖，并愿意服从其丈夫和其他男性权威的条件下，方才要求获得与男子精神上的平等。1642 年 2 月伦敦妇女的陈情书上这样写道：

> 我们之所以如此，不是出于自满，也非心高气盛。我们寻求与男子的平等，既不是为了权力，更不是为显现我们的聪明，只是站在我们的位置上，以男人先前承担这种职责的事例做榜样，承担我们对上帝及基督教事业应负有的责任。[⑥]

在 17 世纪英国革命中，当妇女试图进入男性的公共领域时，表现了足够的卑微之态。但是她们的行为依然没有得到世人的支持和同情。因为妇女进入传统上男人垄断的公共

---

① 苏拉密斯·萨哈：《第四等级——中世纪欧洲妇女》，林英译，第 10 页。

② Jacqueline Eales, *Women in Early Modern England 1550-1700*, p. 56.

③ Merry E. Wiesner, *Women and Gender in Early Modern Europe*, p. 298.

④ Lisa DiCaprio and Merry E. Wiesner, eds., *Live and Voices: Sources in European Women's History*, p. 241.

⑤ Jacqueline Eales, *Women in Early Modern England 1550-1700*, p. 56.

⑥ Lisa DiCaprio and Merry E. Wiesner, eds., *Live and Voices: Sources in European Women's History*, p. 242.

领域，其行为本身就让男人感觉到男性权威受到威胁。“清教徒们反对等级，提倡民主，但是男子坚持民主应该拒绝妇女和仆人。”[①]所以，他们对妇女参与公共事务采取了讽刺、歪曲、谩骂甚至镇压的手段。“妇女的请愿偶尔能得到赞许，但更经常遭到的是轻视和讥笑。议会则认为政治超越了妇女们的理解力，她们应该回家请教她们的丈夫……同时，议会宣称妇女们没有权利请愿。”[②]1643 年 8 月，当二三千妇女聚集在议会呼吁和平时，战争的支持者污辱这些妇女是低劣的人种、娼妓、郊区的渣滓和无事生非的爱尔兰妇女。[③] 由于生活无着，1000 多名妇女向议会请愿寻求保护，但是她们得到的回答是“回家”，当请愿的妇女增加到 5000 人时，“她们遭到的是霏弹、刀剑的驱散和杀戮”。[④] 1653 年 12 月，在剑桥教堂布道的两名妇女被赶下了讲坛，市长下令对其施以鞭刑。“她们被带到十字路口的市场上……刽子手扒掉她们的上衣，将她们的手臂绑在行刑柱上，执行市长的命令。……她们被打得皮开肉绽。”[⑤]由此可见，资产阶级在争取自由、平等的同时，将占人口一半的女性排除在外，并且在捍卫男性的优越地位方面不遗余力。

在今天看来，17 世纪英国革命时期的妇女运动并没有形成规模，也没有让英国妇女获得政治、经济、宗教等方面的权益，但是她们的行为仍然具有非常重要的意义。因为这次革命发生在 17 世纪，“人人生而平等”还没有成为人们普遍接受的信条，男性法律上的平等、政治上的普选甚至经济上的自由都还没有实现。在这样的条件下，英国妇女提出“男女精神平等”乃是人类一大进步。贵族妇女积极参加选举，为以后英国和欧美地区的妇女争取选举权树立了榜样。

可以说，17 世纪英国资产阶级革命时期的妇女，是女性地位在近代世界获得缓慢变化的标志性入口。循着这一路径，接下来我们将目光转向大西洋彼岸的美国。通过对北美妇女生存状况特别是她们在革命期间所思所为的透析，可以进一步发现近代早期西方妇女社会地位变迁的缓慢及其艰辛。

二、美国革命与妇女

1775—1783 年的美国独立战争，既是一场北美人民要求摆脱宗主国——英国的殖民

① Sheila Rowbotham, *Women in Movement*, p. 20.
② Merry E. Wiesner, *Women and Gender in Early Modern Europe*, p. 298.
③ Jacqueline Eales, *Women in Early Modern England 1550-1700*, p. 55.
④ June Stephenson, *Women's Roots: The History of Women in Western Civilization*, p. 235.
⑤ Julia O'faolain and Lauro Marlines, eds., *Not in God's Image*, p. 264.

统治和束缚,争取民族独立和解放的反殖民战争,同时也是一场争取自由、民主、平等、权利的资产阶级革命。独立战争爆发之前,英属北美殖民地的白人妇女便不同程度地、自觉或不自觉地卷入了对抗母国殖民政策的抵制英货活动。战争开始之后,随着北美社会围绕"是否要与母国决裂"的分歧和冲突的加剧,女性群体中也相应地分裂出了主张脱离英国而独立的爱国派或独立派以及反对脱离英国的王党派或托利党人。赞成独立的女性爱国同胞组成爱国社团,开展集资、捐献衣物等活动以支持独立事业。有些女性则选择"随军",并在整个战争期间为士兵们提供烧饭、清洗、护理等力所能及的帮助。战争引起的动荡和社会变革,冲击了北美妇女的社会生活。革命的洪流本身荡涤了北美社会,长子继承制和代役租等封建残余的废除,也必然波及影响了妇女;不断推进的民主化进程本身,也为广大女性的社会生活开拓了新的空间。随着独立战争的胜利以及新国家的建立,北美社会兴起了对"共和国母亲"的推崇,这种观念的变革,有助于美国社会妇女处境的改善和地位的提高。尽管如此,美国独立战争和革命并未从根本上给北美妇女的生活状况和社会地位带来革命性的变化,独立后的美国仍然在很大程度上沿袭着来自欧洲特别是英国社会的传统价值观和行为习惯。

1. 殖民地时期的妇女

现代美国是从英属北美殖民地的基础上脱胎而出的。远在大西洋彼岸的美国,是一个源自欧洲移民而兴起的社会。在一个相当长的历史时期内,它的很多方面带有欧洲国家特别是其母国的特点,但也在不少地方显现出自身的独特性。

在美国独立之前的漫长时期内,英属北美殖民地人烟稀少,且人口的性别比例失调。由于男性人口远多于女性,因此白人妇女长时间保持独身者极为鲜见,且女性的平均初婚年龄明显早于英国。在南部的切萨皮克湾地区,例如弗吉尼亚和马里兰,妇女不仅为数少,而且寿命短。在1630—1680年的半个世纪内移居切萨皮克湾地区的75000名白人移民中,大约有1/2—3/4是单身契约奴,这当中男子又占了80%。由于环境恶劣,疾病肆虐,人的寿命大为缩短。在新到北美的移民中,约有十分之四的人在6年内便死去了。男子的预期寿命最多48岁,女子为54岁,均比英国少将近10年。由于性别比例极不平衡,很少有白人契约奴能够找到妻子;那些有幸结婚的白人契约奴,也往往是在很晚才找到妻子的,在契约期满之后,两人能够在一起的日子也所剩无几。有关材料显示,17世纪后期马里兰殖民地某个县有一半的人在婚后7年内成了寡妇或鳏夫。这样的一对夫妇通常生育4个孩子,其中2个夭折。由于女少男多,切萨皮克湾地区的女性在择偶时有较大的选择空间。此外，该地区的丈夫通常将自己死后的地产置于寡妻的控制之下。[①] 17世纪末18世纪初，切萨皮克湾地区的本土出生人口上升，人口特点开始发生变化，人的预期寿命不断增加，白人契约奴制度也呈衰落之势，白人人口有了较快的增长，随之家庭的属性和结构出现一些变化。

在北方的新英格兰地区，妇女的境况比南方要好。这里的欧洲移民大多数以家庭为单位迁徙而来，家庭结构比南方稳定得多，加上这里食物比较充足，疾病也比南方少，因而人口的死亡率下降较快。男子的预期寿命为65岁，女子稍微低一点。由于性别比例相对比较平衡，绝大多数成年男子能够找到婚姻伴侣。如同南方的情形一样，北方的女性年纪轻轻便结婚，很早就开始生育，并且在30多岁仍然处于生育的过程中。不同的是，由于北方妇女婚姻持续的时间往往能够长达25年，[②]而且养育孩子较多，通常情况下8个左右，且80%的婴儿能够顺利地长大成人，因此家庭的规模普遍较大。新英格兰地区的妇女寡居者也远比南方少，即便如此也多为晚年才丧偶。这种状况，决定了北方的妇女独自依靠自己的双手来维持生活的可能性比南方妇女小得多。

新英格兰人的长寿，意味着父母可以对孩子予以较多的监管，子女很少能够完全不顾父母的意愿而自行选择配偶。男子通常仰赖父辈留传下来的土地作为组建小家庭的物质前提，而女子若想增加对如意郎君的吸引力，则往往从父母手里要求嫁妆。严格的父母管教，也意味着年轻女子的婚前越轨性行为特别是未婚先孕大为减少。值得注意的是，在新英格兰地区盛行的清教对妇女和家庭生活产生了双重影响。一方面，清教文化重视家庭，重视妻子和母亲的地位。但与此同时，它又强化了近乎绝对的男性权威，宣扬女性的柔弱和低人一等。虽然在农业经济时代妻子的劳作对于家庭经济是不可缺少的补充，她们除了终日默默无闻地干着烧煮、清洗、打扫、缝补之类的家务杂活之外，还承担了打理庭院、饲养禽畜乃至田间劳动等工作，但是，主流文化的价值观给女性设定的角色是：妻子应该谦逊、顺从，要全身心地满足丈夫的需要。

英属北美殖民地时期的妇女处境究竟如何，做出客观的描述并非易事。传统观点认为，殖民地时期北美劳动力不足，女性匮乏，妇女在社会生产和生活中扮演了重要角色，因此殖民地时期堪称美国妇女史上的"黄金时代"。比如，与该时期的欧洲妇女相比，北美妇女享有更多的自由、更广泛的选择机会，拥有更广阔的生产活动领域，其家庭地位和社会地位更是远高于同时期的英国妇女甚至19世纪的美国妇女。但是20世纪70年代以后，

---

① Nancy Woloch, *Early American Women: A Documentary History 1600-1900*, Wadsworth Publishing Company, 1992, pp. 32-33.

② Nancy Woloch, *Early American Women: A Documentary History 1600-1900*, p. 33.

所谓的"黄金时代说"受到挑战,认为它纯粹是被虚构出来的"神话"。殖民地时期的美国妇女,无论是择业机会还是拥有的权利都极为有限。由于生活在严格的以父权和夫权为基础的家长制之下,她们的家庭地位和社会地位没有人们想象的那么高,在某些方面甚至比同时期的英国妇女的地位还要低下。相比较而言,传统的"神话"论可能更接近于殖民地时期美国妇女生活的大致实际。[①] 但即便如此,也不能否认北美的妇女状况在某些方面确实有着与旧世界的欧洲妇女所不同的一些特点。比如在识字率问题上,北美女性的识字率虽然大大落后于男性,但较之欧洲可能要高得多。在英属北美最有文化品味的马萨诸塞殖民地,1760 年,男子中的 80% 会写字(主要体现为能够在遗嘱、契约等法律文件上签名),女子当中的比例虽低得多,但也有近一半的人会写。倘若将会识字(主要表现为有能力阅读)但不会写字的情况考虑在内,则北美女性的知识水平要比欧洲女性高得多。

2. 对独立事业的支持

美国革命的爆发,根源在于作为宗主国的英国对于北美殖民地的高压统治。为了抵制"七年战争"之后英国所推行的一系列专制性立法,北美的革命者组成了革命团体"自由之子"。如同男性同胞一样,北美妇女也建立了自己的组织——"自由之女",投身于抵制英货的活动。由于英国议会颁行的岁入法案、汤森税法和其他法令规定对北美殖民地进口的纸张、蔗糖、玻璃、丝绸、麻织品、马德拉葡萄酒、茶叶等征收重税,北美女性爱国者们拒绝购买这些物品,很多人后来进一步发展为弃用不需缴税的英国产品,甚至弃用所有的英国产品。抵制英货推动了北美家庭手工制造业的发展。北美女性爱国同胞在简陋条件下制作的家庭服饰,受到北美社会各阶层的普遍欢迎和接受。一位马萨诸塞的"自由之女"领导人在论及此事时写道,她希望她们当中没有人会不顾英国"以如此不体面的方式侮辱我们"而仍然购买其产品,由此充分表达了北美女性爱国者的高尚情怀。[②] 费城的一位上层社会女士在一封家书中谈及自己对爱国事业的帮助及其感受:"我要告诉你我所做的事……我已经削减了餐桌上和家庭里的每项多余开支;茶,自从去年圣诞节以后就没有再喝过,也没有再买一件新睡衣……我已学会编织,如今正在给我的佣人们制作美洲绒线袜,这样做也是我对社会略尽微薄之力。我深知:自由地去死对人而言只能拥有一次,但像一个奴隶那样活着我觉得不值。"[③]

在美国革命孕育时期,茶叶成为北美人对抗英国王权的一个象征物。为了抵制英国

---

① 详见周祥森:《殖民地时期美国妇女观透析》,《史学月刊》1996 年第 5 期。

② Carol Hymowitz and Michaele Weissman, *A History of Women in America*, Bantam Books, 1978, p. 26.

③ Carol Hymowitz and Michaele Weissman, *A History of Women in America*, pp. 26-27.

的茶叶税，北美妇女组建了“反茶叶联盟”(Anti-Tea Leagues)，拒绝购买、饮用输入北美的茶叶。众所周知，英国人对喝茶情有独钟，作为英国海外殖民地的北美同样如此。但为了正义事业，北美人甘愿做出牺牲，放弃这一嗜好。在这方面，妇女同样功不可没。由于弃绝茶叶，妇女们便因陋就简，利用土办法，以树叶和其他草本植物为混合原料，制作了一种茶叶替代品，但由于口感不好，最终被迫放弃，这也在某种程度上导致了后来美国人对咖啡的钟爱。

漫长的独立战争对美国妇女的生活产生了深远影响。由于大量的男子离家参军，农场和商业事务不得不交由女性(包括妻子、母亲、姐妹或女儿们)来打点。通常情况下她们能够很好地承担这些事务。但是，由于缺少经验、通货膨胀、男性劳动力缺乏以及战时的危险形势等因素，也导致了某些情况下处理得并不成功。还有一些女性，本来家里就不拥有农场或者店铺，在丈夫或父亲离家参军之后生活便失去了依靠。因此在战争时期，城市或城镇里存在为数众多的贫困女性人口，为生活所迫，她们曾起而抗争，抗议物价飞涨，甚至酿成暴乱并乘机哄抢食物。

独立战争时期，并非所有的美国女性都待在后方。就在北美殖民地人在莱克星顿和康科德击败英军的当天，马萨诸塞克劳顿的妇女就身着男子服装，拿起火枪和投掷叉，前去守卫当地的一座桥梁，阻击溃退下来的英军。结果俘获了一小队英国士兵，其中包括一个携带重要情报的信使。诸如此类的情形在整个战争期间不断地重复出现。有学者认为，鉴于美国独立战争爆发时，北美只有不到一半的人口支持美国的独立事业，因此这些爱国妇女的努力绝对不可或缺，况且在北美殖民地，士兵和平民之间的界限本来就不那么清晰可分。

北美的妇女还以另外一种方式介入争取独立的战争。出于个人自愿或者为环境所迫，不少女性在独立战争爆发后涌入军营，加入男性行列，有偿地或者无偿地承当起厨师、护士、医生、洗衣工、向导、裁缝或侍者的角色。她们中的很多人与丈夫所在的部队一同行军作战，因为除此之外她们无处可以栖身。另外一些则是年轻的单身女子，她们主要是通过照顾士兵而获得一些生活上的来源。有学者认为，这样的“随军”女性数量多达20000人，其中既有跟随北美军队的，也有跟随英国军队的，甚至后者为数更多。[①] 也有学者指出，这些女性“随军者”(camp followers)除了为军队提供现成的志愿者，承担做饭、洗衣、护理和其他必不可少的任务之外，她们的存在同时也有益于军队道德水准的维系。[②] 就

---

① Carol Hymowitz and Michaele Weissman, *A History of Women in America*, p. 29.

② Alan Brinkley, *The Unfinished Nation*, vol. 1, The McGraw-Hill Companies, Inc., 2000, p. 139.

参与行军的这些妇女而言,随军的经历无疑不是值得怀念的。一个类似于部门主管的随军妇女曾这样记载英国军队进入马萨诸塞的剑桥时的情景:“我从来都没有想到,造物主曾创造出如此落魄的一群人类模样的生物——贫穷、邋遢、面容憔悴不堪的男人,大批大批的妇女好像负重的牲畜,她们的脊梁上背着一蒲式耳大小的篮子,由于重压身体弯曲成弧形,篮子里面好像是些坛坛罐罐、各种各样的家什、儿童骑坐的格状烤架以及其他器皿,一些在路上才出生的非常年幼的婴儿,妇女们都赤着脚,穿着既脏又破。”①

在军营的恶劣环境下,传统的性别差异很难维持,为数可观的北美女性至少一度有过投入战斗的经历。带有传奇色彩的“水壶”莫莉(Molly Pitcher)是其中一个典型。莫莉本名莫莉·海斯(Molly Hays),学者们倾向于认为,她的丈夫是来自宾夕法尼亚的炮兵战士约翰·卡斯帕·海斯。莫莉是为数众多的女性“随军者”之一。在蒙默斯法院的战斗期间,热浪滚滚,她携带着盛满水的水壶(Pitcher)给丈夫和其他士兵送水。战斗非常残酷,不知道是由于中弹负伤还是热浪逼人的缘故,她的丈夫海斯倒下了。莫莉义无反顾地顶替上去,坚守在炽热的火炮旁。据说她一只手照料丈夫,一只手“擦拭、装载、瞄准、发射”火炮。传说为了表彰她的英勇行为,她曾被授予军士。此说如今已无法稽考,但有关方面的材料确切地表明,为了表彰她在革命战争期间的贡献,宾夕法尼亚州后来曾发给她一份津贴。两百多年来,“水壶”莫莉的事迹广为流传,还被选入教科书作为爱国主义教育的素材,为一代又一代的美国儿童所传诵。

邓博拉·辛普森·加内特(Deborah Sampson Gannett)是美国独立战争时期出现的一位花木兰式的女英雄。她曾两次乔装打扮成男子模样从军。第一次化名提摩西·萨耶,但在一次受到嘉奖之后的庆祝狂欢中因饮酒过度而泄露女儿身,结果被迫离开部队。第二次是在1781年,她化名罗伯特·休莱夫(Robert Shurtleff)成功地加入一个马萨诸塞装备团,在长达一年半的服役期间,她多次参加了针对英国人及其盟友印第安人的袭击行动。在费城郊外的一次前哨战中,她的腿部受重伤,但一俟康复,便义无反顾地随部队南下弗吉尼亚征战。1783年10月23日,她光荣退役,脱下军装之后她有些伤感,因为她觉得穿上军装便“没有了羞辱和烦恼”。1784年她与本杰明·加内特成婚,育有三子,由于丈夫的小农场经营不善,生活颇感拮据。为贴补家庭日常开销,她前往各地进行巡回演说,向人们讲述自己在战争中的故事。后来在保尔·里维尔的帮助下,她从联邦政府和马萨诸塞州政府各获得一份退役津贴。1827年67岁的邓博拉辞世,10年后,她的丈夫以妻子曾参军服役为由,成功地申请到了一份鳏夫津贴。由于妻子对国家作出贡献而给丈夫

---

① Carol Hymowitz and Michaele Weissman, *A History of Women in America*, p. 29.

发放津贴，这在美国史无前例，直至 20 世纪 70 年代中期以后，这一做法才成为惯例。[①]

邓博拉·辛普森·加内特绝非美国独立战争期间的一个特例，还有更多的女性以各种方式谱写了英勇爱国的篇章，南希·哈特·摩根就是这样一位人物。独立战争爆发时，她和丈夫以及 6 个孩子居住在乔治亚的家庭农场里。有一次，5 个托利党人前来骚扰，当时只有南希和一个女儿在家。她急中生智，假装“束手就擒”，并答应给敌人做饭，同时暗地里让自己的女儿假借取水之机外出求援。在援军到来之前，她以一种家酿的威士忌酒来引诱托利党人，当他们喝得晕晕乎乎的时候，南希乘机夺取了他们的武器，并击毙一人，重创另一人，俘获其余 3 人。整个独立战争期间，英国军队肆意地巧取豪夺，激起北美人民的憎恨，南希的举动集中地反映了北美人民的普遍心理。

3. 为“权利”而战

独立战争时期的美国女性，不仅为争取民族独立而战，同时也为争取女性解放而战。在战争过程中，北卡罗来纳伊登顿的 51 名妇女起草了“伊登顿声明”，除了声称要抵制英国茶叶和布料之外，还提出她们有权利、有责任参加当地的政治活动。[②] 此举可说是北美女性参政运动的最初萌芽，这在世界妇女史上也是史无前例。18 世纪的北美妇女之所以能够率先发出政治权利的呼声，根本原因植根于北美社会的特性。殖民地时期的北美，特殊的环境造就了相对宽松的政治氛围，曾有 9 个殖民地一度给予妇女选举权。而独立战争期间对于“自由”和“人权”的张扬，促使北美妇女进一步关注自身在社会上的地位和处境。伊登顿妇女只不过是在美国革命这一特殊背景下，极其简单地表明了自己行使政治权利的最初愿望。然而，女性的愿望并未为北美社会的主流价值观所接纳。为了回应与英国日趋恶化的关系，北美殖民地展开了一系列政治活动，但没有一位女性参与大陆会议或者各州会议。男性爱国者们虽然认识到“自由之女”开展的活动的重要性，但没有采取任何努力试图与女性分享政治权力，女性要求与男性一起分享权力的呼声在当时也非常微弱。

玛西·奥蒂斯·华伦是这方面的一个例外。她是著名的爱国者詹姆斯·奥蒂斯之妹、爱国者约瑟夫·华伦之妻，也是那个时期最重要的女性知识分子，与革命时期的很多领袖人物相知相识。华伦夫人虽堪称贤妻良母，称自己的丈夫是她“内心最好的朋友”，并养育了 5 个儿子，但她生活的中心是政治而不是家庭。早在大陆会议做出与英国决裂的

① Carol Hymowitz and Michaele Weissman, *A History of Women in America*, p. 31.

② Carol Hymowitz and Michaele Weissman, *A History of Women in America*, p. 27.

决策之前，华伦夫人就发表了很多政治性的论述，力主美国脱离英国而独立，她的这些文字广为人们传阅并引起激烈讨论。在漫长的战争期间，她几乎与当时的每位主要领导人都保持着书信联系，其中包括托马斯·杰斐逊、乔治·华盛顿、约翰·亚当斯、迪金森和诺克斯等。在写给他们的信中，华伦夫人讨论了未来将组建的政府的形式。她是一个"非联邦党人"，强调"州权"，对联邦政府的权力抱有疑虑，坚信防止权力滥用的唯一办法在于对权力的行使者施加严格的限制。虽然华伦夫人深受革命时代男性领导人的赞叹，但她却认为政治并非一个女人的恰当职业。[①]

在乔治·华盛顿之后担任美国总统的约翰·亚当斯的妻子艾比盖尔·亚当斯是另一个例外。她曾与玛西·奥蒂斯·华伦等联名上书大陆会议，以妇女参战为理由，要求给妇女以选举权。1776 年，艾比盖尔·亚当斯在给丈夫的信中写道：在你们将要制定的新法典中，我期望你们"记住女士们，要比你们的先辈更慷慨、更友善地对待她们。别将如此不受限制的权力置于丈夫们的手中。要记住，所有的男人都会成为暴君，如果他们有机会的话。"[②]在这里，亚当斯夫人还只是比较委婉地呼吁关注女性的权利，因为她担心的是男性在权力上的滥用和专制。相比较之下，18 世纪颇有影响的随笔作家、马萨诸塞州的裘迪斯·穆蕾(Judith Sargent Murray)走得更远，她在 1779 年写道：妇女的心智如同男人的一样健全，女孩儿的心智如同男孩一样，因此值得接受教育。[③]

然而，社会现实并不令人乐观。在英国习惯法的影响下，北美社会遵循的基本上是英国的传统规范。例如，未婚女子拥有某些法律上的权利，但一旦结婚便丧失这些权利，此时她所拥有的一切都属于自己的丈夫。由于不享有财产权，她不能以自己的名义从事任何法律上的交易，例如买卖、起诉或被诉、立遗嘱等等。妇女没有投票权，对于自己的孩子也没有监护权。此外，妇女不能主动要求离婚，离婚权几乎是排他性地保留给丈夫的。[④]革命使北美社会取得了不少进步，但也出现一些倒退。在某些州，妇女离婚变得容易了一些。在新泽西，妇女获得了投票权，但这一权利在 1807 年又被取消。寡妇从丈夫财产中重新获得嫁妆的权利，也得而复失。在 1787 年的费城制宪会议上，妇女们要求把妇女选举权写进宪法，但遭到拒绝，原先承认妇女选举权的 9 个州也在选举法中的选举权前面加上了"男子"两字。对此，有学者指出，美国革命非但没有真正地挑战家长制的法律体系，

---

① Glenna Matthews, *The Rise of Public Woman: Woman's Power and Woman's Place in the United States, 1630-1970*, Oxford University Press, 1992, p. 66.

② Ellen Carol DuBois and Lynn Dumenil, *Through Women's Eyes: An American History with Documents*, Bedford/St. Martin's, 2005, pp. 104-105.

③ Alan Brinkley, *The Unfinished Nation*, vol. 1, p. 140.

④ Nancy Woloch, *Early American Women: A Documentary History 1600-1900*, pp. 90-92.

反而实际上是对这种体制的认可和加强。或许正是出于对妇女地位的担心，亚当斯夫人曾提醒丈夫："请不要忘记妇女们在独立战争中发挥的作用"，"如果女士们得不到特殊的照顾和关注，我们就决心掀起一场反叛，而且将不受我们对之既无发言权、也无代表权的法律的任何约束"。[①]

美国革命对于美国妇女的影响无疑是深入持久的。18世纪后期，妇女地位问题成为公众争论的话题，尤其是在那些富裕的，接受过良好教育的，构成这个新生共和国的领导阶层的群体当中。这最突出地表现在三个方面：一是有关妇女权利的出版物开始出现；二是对年轻女性教育问题的兴趣大增；第三便是"理想的女性"内涵的发展，在强调妇女传统的家庭角色的同时，赋予她们以新的爱国主义的内涵。[②] 在美国革命的影响尤其是民主思潮的冲击下，北美社会中的两性开始重新估价妇女对于家庭和社会的贡献。同时，新生的美利坚合众国也需要为自己找到一种新的文化认同，于是，作为母亲的女性被社会赋予了很高的价值期望。社会舆论开始强调妇女在民主共和国中的作用，认为合众国生存的基础是有美德的公民，家庭是培养有道德公民的主要场所，因此，作为母亲和妻子，妇女对共和国的存亡有着至关重要的意义。

美国革命之后对于"共和国母亲"的推崇，是一个可喜的变化，体现出了时代的进步。众所周知，传统的价值观对于女性存在着很多偏见，女人向来被视为诱惑男子堕落的"祸水"，是夏娃的同类。革命时期，自由、平等、民主、独立等共和思想广为传播，人们开始抛弃成见，肯定妇女具有美德和理性，能够成为肩负重任的贤妻良母。夫妻、家庭关系中的某些方面也呈现新的变化，开始强调伴侣关系，重视相互尊重和平等。为培养合格的"共和国母亲"，舆论界开始推崇妇女教育。然而，主流社会的价值观在提倡改进妇女地位的同时，制约了妇女向更广阔的领域发展。社会舆论在肯定妇女在家庭中的重要作用以及母亲对社会的贡献和妇女的智力的同时，也把结婚生子看作是女性的使命与归宿，认为女子教育的最终目的在于使其成为一位贤妻良母，反之则是缺乏"女性"和"母性"。1792年，英国早期女权主义者玛丽·沃斯通克拉夫特的《女权辩护》问世，敲响了时代的警钟。她在书中强调，妇女除了应该成为贤妻良母外，还应该被看作独立的人，应该拥有个人权利。该书也在美国得到传播，并在大西洋两岸引起强烈反响。然而，舆论界几乎众口一词地对她加以严厉指斥，有人还以其未婚先孕为把柄，强调说一个女人若要争取个人权利便会道德败坏。当时只有极少数人认为，她说出了自己的心里话，视其为妇女的"伟大

---

① Ellen Carol DuBois and Lynn Dumenil, *Through Women's Eyes: An American History with Documents*, p. 105.

② Nancy Woloch, *Early American Women: A Documentary History 1600-1900*, p. 163.

先锋”。

几乎与此同时，美国本土也出现了早期的妇女问题作品和女权主义者。1792年，一个名叫查尔斯·布鲁克登·布朗的贵格会教徒发表了一本讨论妇女问题的作品，题为《阿尔魁因：关于妇女权利的对话》。书中借阿尔魁因与沙龙女主人卡特女士之间的一系列对话，表达了女性对于现实生活中处境的不满以及对于若干政治问题的看法。在作者的笔下，卡特女士是一个早期的女权主义者，而阿尔魁因则是女性不良处境的同情者。[①]

18世纪80、90年代，美国本土作家裘迪斯·穆蕾发表一系列文章，号召发展妇女的理性才能以便赢得自尊，同时赞美“女性的卓越”(excellency in our sex)。1801年，美国出现了一本题为《女性辩护者》(*Female Advocate*)的书，其作者化名为“一个年迈的康涅狄格主妇”。在这本简短但充满激情的小册子中，这位化名作者严厉谴责了性别的不平等，嘲笑男性的统治地位，要求给女性以权利。作者认为：两性虽被平等地赋予了“天分、才能、品行和智力财富”，但“男人垄断了所有的酬金、办公处所、荣誉，以及国家和教会的奖赏”。为此，她禁不住发出这样的呐喊：为何人类的一半要自以为是并凌驾于另一半之上？又为何那赏心悦目的知识书本被藏匿起来而不让我们去探究？“难道女人命该注定只能依附于纺纱杆和针线包，而绝不能有任何超越其房间墙壁的想法？”“难道女性就应该被保持着无知状态，而只能通过管理家务事而使她的温顺得到回报？……难道那些看似真实的两性间的差异，就不能单单归咎于他们所受教育的差异以及随之而来的个体优势上的差异？……一个有着宏大愿望和健全心智的女人，就不是一个好妻子，一个好寡妇，一个好母亲，一个好邻居，……一个好朋友？”书中还广征博引，认为两性的能力是平等的，其天资和品行只是因环境而改变了，但基础是一样的。因此，要改变现实中的不平等，办法只有一个，那就是给女子以受教育的权利，因为只有“健全的心智”，才能使得处于无权、脆弱、卑微处境之中的女性获得“对自我的把握”。[②]

这种观点，也是18世纪后期美国社会一些人士的基本认识，即发展女子教育尤其高等教育，乃是改变妇女从属地位的一剂灵丹妙药。在美国革命的推动下，从18世纪90年代起美国兴起了一股兴办女子学校的热潮。创建于1787年的费城青年女子学院(the Young Ladies Academy of Philadelphia)在一些富裕家庭的支持下，开出了高级课程，内容包括修辞学、外国语言、历史、地理和科学讲座等等。类似的学校不仅在新英格兰地区而且也在南方各州出现。虽然这些新学校基本上模仿了18世纪后期英国女子教育取得

① Glenna Matthews, *The Rise of Public Woman: Woman's Power and Woman's Place in the United States, 1630-1970*, pp. 60-61.

② Nancy Woloch, *Early American Women: A Documentary History 1600-1900*, pp. 186-190.

的进展，服务的对象基本上是富裕的上流社会阶层，所提供的训练也基本上在于增强她们在婚姻市场上的潜能，但是女子教育的兴起与对“共和国母亲”的推崇不谋而合。费城青年女子学校的创始人之一本杰明·拉什大力倡导发展女子教育，他在为女子教育作辩护时解释道：女子教育肯定会改进作为妻子和母亲的女性的行为举止，但主要的受惠者无疑将是男人和孩子们。[①] 也正因为主流社会普遍认同女性肩负着为国家的未来培养合格公民的重任，因此女子教育的发展得以比较早地赢得了社会的理解和认可。

综上所述，由于历史时空背景有别，美国革命时期的妇女在生存处境和权利诉求方面与其母国同胞存在着某些差别。但是，同根同源同文同种特别是共同的精神文化遗产，使得二者之间的差异并非想象中那么炫目。美国革命过程中，虽然提出了“人人生而平等，造物者赋予他们若干不可剥夺的权利，其中包括生命权、自由权和追求幸福的权利”[②]这样的动人语句，但是，这里所说的“平等”徒具抽象意义，这里所指称的“人人”也并非涵盖所有的“男人”和“女人”。然而，在革命的潮流中，女性开始为自己的地位呐喊，她们的社会处境亦见些微的改变和提升，尽管这种改变在那个时代如同汪洋大海里的点滴水珠。然而，正是这样点滴的累积，逐步促成了西方主流社会的女性观和价值观悄然的转变。在即将来临的启蒙的世纪里，女性的形象和角色无论在实际中还是在话语的建构中，都比英国革命和美国革命时代有了更为显著的变化。

三、法国启蒙时代的女性形象与角色

法国作家龚古尔兄弟在他们的名著《18世纪的妇女》中写道：

> 从1700年到1789年，妇女犹如独一无二的弹簧促使一切都行动起来：她好像是一种最高的力量，是法国思想界的国王。她是被置身于社会顶峰的理念，所有的目光都仰视着她，所有的心灵都向往着她。她是人们跪拜的偶像，是人们崇敬的圣物。一种宗教所能引起的所有的幻觉、祈求、憧憬、激动、服从和信仰都难以觉察地转向了女性。妇女做了宗教信仰该做的事情，她充实了人们的精神和

---

① 本杰明·拉什对于女子教育的思考和论述，详见：Nancy Woloch, *Early American Women: A Documentary History 1600-1900*, pp. 180-185; Glenna Matthews, *The Rise of Public Woman: Woman's Power and Woman's Place in the United States, 1630-1970*, p. 62.

② 此语系1776年7月4日大陆会议通过的《美利坚合众国十三个州一致通过的独立宣言》(简称《独立宣言》)中的语句。

心灵,她在路易十五统治和伏尔泰生活的这个没有宗教信仰的世纪代替了上天。人人都尽力表达自己的崇敬,都尽力把她抬向天空:偶像崇拜使她借助于众人之力脱离了凡界。没有一位作家不歌颂她,没有一支笔不曾给她添加羽翼;在外省也有向她奉献的诗人,整个儿地属于她的诗人。多拉和让蒂-贝尔纳[①]制造了这朵祥云,鸽子飞翔穿越云彩,鲜花纷纷洒落人间,这朵祥云是她的御座,是她的祭坛。散文、诗歌、画笔、雕刻刀和四弦琴都奉献给她那犹如一个神灵的诱惑力。女性在18世纪不仅成了幸福、愉快和爱情的女神,而且是诗歌的生命,是神圣的本质,是一切精神升华的目标,是在人类的一个性别身上具体化了的人类理想。[②]

18世纪是"女性至高无上的时代"的说法,或许就是来源于龚古尔兄弟的这段文采飞扬的描述。然而,这只是那个时代的一个特有的表象。18世纪是启蒙的世纪,是孕育着社会大变革的世纪,也是承前启后的时代。在这个时期里,上流社会的女性走出隐秘的家庭小天地,进入公共领域,以沙龙为平台塑造着法国社会和精神的面貌,[③]但大多数妇女仍然束缚在传统的樊篱中,为家庭生计碌碌操劳。较之以往的时代,虽然启蒙文人们对女性表现出更多的关注、赞美,但这并不意味着男权社会的强固有丝毫的动摇。法国仍旧是以绝对君主制为表征的父权社会,男性掌控着绝对的话语权,包括建构女性形象的话语权。

因此,在18世纪法国妇女"至高无上"的表象背后,无论就那个时代的妇女所处的现实还是描绘女性形象的话语而言,都潜藏着一种显而易见的悖论。这种悖论反映了现代性别关系诞生前夕的彷徨状态。

1. 启蒙时代的女性观

近代社会,随着具有公共性质的商品经济发展和世俗国家的逐步确立,西方社会出现一种资产阶级的公共领域。按照哈贝马斯的说法,公共领域是位于市民社会与政治国家之间紧张地带的批判领域。这个批判领域首先是文学批评中心,但围绕着文学和艺术作

---

① Le Chevalier Dorat,即 Claude Joseph Dorat (1734—1780 年),法国作家;Gentil-Bernard,即 Pierre Joseph Bernard (1710—1775 年),法国诗人。他们都创作了大量赞颂女性的作品。

② Edmond et Jules de Goncourt, *La femme au Dix-huitième siècle*, Paris: Charpentier, 1882, pp. 404-405.

③ Joan B. Lands, *Women and the Public Sphere in Age of the French Revolution*, Cornell University Press, 1988; Dena Goodman, "Governing the Republic of Letters: The Politics of Culture in the French Enlightenment", *History of European Ideas*, vol. 13(1991), pp. 183-199.

品所展开的批评很快就扩大为关于经济和政治的争论，从而完成了从文学公共领域向政治公共领域的嬗变。[①] 这种独立于国家之外的批判性公共领域的产生，为启蒙运动提供了坚实的基地。18 世纪法国的"文学共和国"(Republic of Letters)就诞生于这种"公共领域与私人领域、市民社会与国家、代理人与批判者的分野中"。[②] 17 世纪末，皮埃尔·拜伊首次明确地阐述了文学共和国的公民们的批判地位。在接下来的 18 世纪，这种文学共和国的批判理想被启蒙哲人和沙龙女主人转变为社会的和话语的实践。

女性在这个批判性的公共领域里扮演着中心角色。在沙龙女主人的主持下，文人们在巴黎的沙龙中彬彬有礼地谈论着哲学、文学、艺术和社会。因此，从某种意义上说，启蒙运动建基于一个以女性为中心、两性共处的社交型公共领域之中。1736 年，伏尔泰在他的悲剧《扎伊尔》的导言里写道："在所有国家当中，法国是社会最为成熟的一个国家。两性之间连续不断的交流，气氛如此的活泼，如此的彬彬有礼，为我们国家带来了其他任何地方都没有的礼貌优雅。社会依赖女性。"[③]在伏尔泰撰写的路易十四时代的历史中，女性则是法国从野蛮向文明转型中的主要角色。

伏尔泰的观点来自于 17 世纪贵族文化中的一种自我表述，即女性柔和的美德优于男性残酷的暴力。根据这样的观点，一名作者写道，法国不应该把自己建立在男性主导的局面之上，不要仿效被战争弄得支离破碎的德国，而要仿效和平中正的意大利，"在妇女的美德和管治之下，法国将重返普天之下皆兄弟的黄金时代"。[④]

孟德斯鸠在 18 世纪也提出了同样的观点。他认为："在家庭里，女人的软弱性使她们无法获得优越的地位；而当她们治理一个国家时，一般地说，这种软弱性反而成为较为仁慈与宽容的因素；这与严酷残暴的性格相比更能够施行某种善良的政体。"[⑤]孟德斯鸠通过妇女的地位说明政体的优劣："在专制国家里，妇女并不涉足奢侈，然而她们本身却是奢侈行为的对象，她们应该绝对成为奴隶。"而"在共和国里，依据法律妇女是自由的，但却受着风俗的禁锢。奢侈在那里受到摒弃，腐化和邪恶也一起被列在摒弃之列"。[⑥] 他赞颂共和制下妇女的美德以及这种美德对共和政府的积极作用。博物学家布丰(Buffon)更是提出了女性"半边天"和男女平等的问题，他强调："女人没有像男人那么壮，男人利用他的力

---

① 哈贝马斯：《公共领域的结构转型》，曹卫东等译，学林出版社 1999 年，第 37—38 页。

② Dena Goodman, *The Republic of Letters: A Cultural History of the French Enlightenment*, Cornell, 1994, p. 2.

③ Voltaire, "Zaïre", dans M. Beuchot, *Oeuvres de Voltaire*, T. 3, Paris: Lefèvre, 1830, p. 155.

④ Carolyn C. Lougee, "*Le Paradis des Femmes*": *Women, Salons, and Social Stratification in Seventeenth-Century France*, Princeton, 1976, pp. 32-33.

⑤ Montesquieu, *De l'esprit des lois*, T. 1, Paris: P. Pourrat, 1831, p. 217.

⑥ Montesquieu, *De l'esprit des lois*, T. 1, pp. 205-206.

量，奴役和经常以一种暴君的方式对待这个人类的半边天。”性别平等是文明的标志，“只有在那些已经文明到彬彬有礼的国家，妇女才获得有条件的平等。这样的平等在文明开化的社会是自然之事，是必不可少的”。[①]

较之中世纪基督教会反女性主义的社会观念，启蒙时代对女性的认识无疑具有很大的进步。女性体质天生的柔弱被视为调和男人暴烈的解药，是建构和平社会秩序的要素。

然而，思想心态作为长时段的历史因素，并未随着时代的变革完全消失。中世纪关于女性是弱者的观点，依然影响着启蒙时代的思想家，即便他们赞扬女性的话语，亦是建立在男权主义的立场之上。追索启蒙文人对女性在理性能力和社会功用方面的看法，不难看出自中世纪以来西方女性观念脉络的遗存。

无论是孟德斯鸠，还是伏尔泰，他们对女性的态度，都较为鲜明地展现了这个传承转合时代的那种悖论。他们一方面赞赏女性的才能，另一方面又强调女性低于男性是因为自然的生理因素造成的。在《哲学词典》的“妇女”条目中，伏尔泰在盛赞了女性的美丽、温柔和对男性的吸引力之后，又着重强调了女性的柔弱、怯懦和轻浮。他认为，女性只要处于生育年龄，她就要受到女性最大缺陷的奴役，“在体格上，由于生理原因，女人比男人弱。让妇女衰弱的周期性流血、因抑郁导致的各种疾病、漫长的怀孕期、费力的婴儿哺育和照看以及肢体的纤弱，使她们不适于任何需要力量或耐力的劳作或职业。”[②]也就是说，女性社会地位低于男性，是出于自然的生理原因，因此女人只能“担负更轻松的家内工作，尤其是照管孩子，过一种经常留在家中的生活”。[③] 女性只能囿限在私人领域的狭小天地里，公共事务尤其是政治事务属于男性的权力范围。

孟德斯鸠对于女性的描述和判断，同样是站在根深蒂固的男权传统的立场上。他提出给予女性自由，根本意旨仍是为了男性对世界的统治更加便利，更加和谐。他在《波斯人信札》中坦言：“对男子而言，最大的问题是想了解究竟是剥夺妇女的自由对自己有利呢，还是让妇女享受自由对自己有利？”在孟德斯鸠看来，为妇女的利益呐喊，让妇女在一定条件下享受自由，才有利于第三等级的男性争取自由。

“百科全书派”领袖狄德罗的女性观存在着自相矛盾的两个方面。一方面，狄德罗接受了解剖学最流行的观点：妇女是有缺陷的人，她们既是天使，又是魔鬼。作为《百科全书》的主编，狄德罗的女性观对这部启蒙运动的标志性成果的编纂产生了巨大的影响。《百科全书》在对法国的政治制度、习俗、理念和权力结构进行了最彻底、最全面的批判，达

---

① J. Schwartz, *The Sexual Politics of Jean-Jacques Rousseau*, Chicago, 1984, p. 21.

② Voltaire, “Dictionnaire philosophique”, dans *Oeuvres complètes de Voltaire*, T. 18, Paris, 1876, p. 40.

③ Voltaire, “Dictionnaire philosophique”, dans *Oeuvres complètes de Voltaire*, T. 18, p. 42.

到了介绍、总结和推广人类已经积累的知识财富的目的。但是在妇女问题上,《百科全书》却充斥着典型的男权主义话语,许多古老的偏见在《百科全书》中再次被强调,并且附上了新的"科学"依据(如解剖学)。例如,狄德罗赞同一位未具名的医生撰写的"妇女"条目,从性别差异的角度为妇女地位低下寻找理论根据。该条目写道:"妇女,即拉丁文 uxor,即男人的女人,她和他通过婚姻关系结合在一起。虽然丈夫和妻子在结合中有着共同的利益,但欧洲的法律和习俗只把文明国家的积极的(政治的)权利明确地授予男性,因为男性天生具有更强的体质和精神力量,在人类和神圣的事务中为公共利益贡献更多。因此,妇女应该绝对隶属于她的丈夫,在整个家庭事务中服从他的命令。这是古今法学家的看法,也是立法者的明确决定。"①

另一方面,狄德罗又喊出了"男女共同属于人类"的响亮口号。狄德罗确信两性之间的自然差异是妇女不幸的根源,但他也着重指出,妇女在社会中的悲惨处境在很大程度上是由于缺乏教育、父权专制等社会因素造成的。1772 年,他发表了一篇《论妇女》的随笔,充满了对妇女的同情和赞美之词。他写道:"妇女的令人惊异之处特别在于爱情的炽热,妒忌的强烈,母性的温柔,迷信鬼神及其对大众流行的激动情绪的独特感受方式。我见过女人的爱和妒忌、迷信和愤怒,其疯狂的程度远非男人所能企及。"但是,"人们为她选择了一个丈夫,她成了母亲。怀孕对每个妇女都是痛苦的。痛苦伴随她的生活,……年岁流失,容颜消逝,离异、恶劣情绪和烦恼来临,大自然就是通过苦难使她们变成母亲的。女人是什么呢? 被丈夫所忽略,被子女所抛弃,在社会中没有任何地位,笃信宗教成为她唯一和最后的出路。"面对妇女的悲惨遭遇,狄德罗呼喊道:"妇女们,我怜悯你们! 对你们的痛苦只有一种补偿;如果我是立法者,你们就能获得这种补偿。解除一切束缚,你们将在你们出现的地方获得祝福。当我们写到妇女时,我们必须将笔浸泡在彩虹里,将蝴蝶翅膀的斑斓色彩融入字里行间。"②狄德罗向社会大声疾呼,妇女应当受到适当的教育,人们应该承认她们的天赋。

启蒙时代就女性问题发表观点最多、最激进也是最极端的当属卢梭。他一方面赞美和颂扬女性,另一方面却对传统的性别观念加以理论证明,从人性论推导出性别自然差异的目的论,为妇女创建了一套新的枷锁。在《爱弥儿》中,他确定不疑地声称:"男人和女人共同的地方在于他们具有人类共同的特点,他们不同的地方在于他们的性"。无论是共同点还是不同点,都会对精神道德有明显的影响。因为在性行为中,男人是进攻的,勇敢的;

---

① Didrot et d'Alambert, *Ecyclopédie*, T. 13, Paris: chez les Sociétés Typographique, 1780, pp. 929-930.

② Diderot, "Sur les femmes", dans J. Assézat, *Oeuvres complètes de Diderot*, T. 2, Paris: Garnier frères, 1875, pp. 252-260.

女人是防御的，羞怯的，“直到最后拿出大自然赋予弱者的武器——娇媚害羞的样子”。也就是说，在卢梭看来，自然生理的特征，决定了女性的屈从地位和缺乏道德自主性。因为自主性是以物质特别是经济上的独立为条件的。他说：“妇女和男子是彼此为了双方的利益而生的，但是他们和她们相互依赖的程度是不相等的：男人是由于他们的欲望而依赖女人，而女人则不仅是由于她们的欲望，而且还由于她们的需要而依赖男人；男人没有女人也能够生存，而女人没有男人便不能够生存。”[①]妇女的生活必需品、社会地位都是男人给予的，因此她们注定要过一种非自主的生活，她们只能按照男人的鼓点前进。此外，女人的各个方面都需男人来评价，而男人则无需让人们来评价自己的善恶，只要行为端正，他们便可以把自己的意愿作为意愿。女人却只有通过男人才能获得自我感觉，如果没有男人的赞美，她们会对自己的价值表示怀疑。卢梭相信，性别不平等既是大自然的造化，也是一个完善的市民社会之必需。

卢梭从女性在自然生理上的低劣进而推演出他的“两性互补”论，因为大自然在塑造男女两性时就考虑到了他们之间的关系。妇女既然被赋予了生育子女的职责，就不宜像男子那样在社会、政治和学术上角逐竞争，而“必须对子女和丈夫挑起这副担子”。因此，卢梭强调妇女的教育应该顺其自然，也就是说要顺其“低级性别”的自然，服从男人，就是女性的天职和应有的“美德”。女性的品德、容颜、贞操、风度、服饰、审美观乃至教育，都在于服务男人。他写道：“妇女所受的各种教育，都是永远应该与男人有关系的。使男人感到高兴，对他们有帮助，得到他们的爱和尊重，在幼年时期抚养他们，在壮年时期关怀他们，对他们进行劝诫和给以安慰，使他们生活得舒服愉快，所有这些在任何时候都是妇女们的天职，也是她们从幼小的时候起就应该受到的教育。如果我们不根据这个原则去行事，我们就会远离我们的目标，而我们教导她们的种种训条，既无助于她们的幸福也无助于我们的幸福。”[②]

卢梭女性观的第三个重点是“智力差异”论，认为妇女不能担负艰深的理论探索和学术研究工作。虽然如此，但是由于妇女的行为可能对男人的特点和能力施加好的或坏的影响，所以人们也应当关心女孩的教育，不过，她们只能接受适合于其性别的教育。他写道：人们最多只能教她们读、写和计算，以允许她们适应家务的或职业的要求。而有关抽象和思辨真理、科学原则和公理的研究，以及所有趋向于普遍观念的东西，都不是女性所能做到的；她们应该学习的是实际的事物，把男人们发现的一切付诸应用；她们应该去实

① Jean-Jacques Rousseau, *Émile ou de l'éducation*, Paris: GF-Flammrion, 1966, p. 475.

② Jean-Jacques Rousseau, *Émile ou de l'éducation*, pp. 475-476.

施男人找到的原则，她们应该仔细观察，以便使男人能论证原理。在一切同妇女的天职没有直接关系的事物上，在看问题的时候，她们应该斟酌男人的心理，应当着眼于以男人的爱好为唯一目标的有趣味的事物；因为需要运用思想的事物超出了她们的理解力所能及的范围，她们也没有相当准确的头脑和集中的注意力在精确科学的研究上获得成功。①

卢梭认为，女性的作用应该体现在家庭范围内而不是社会领域。《爱弥儿》将"仇视女性"的观念发挥到了极致。在这部五卷本的论著中，前四卷通过讲述一个孤弃男孩及其家庭教师的故事，提出卢梭自己的教育理论模式，这四卷都没有明确的小标题。直到题为"苏菲，或女人"的第 5 卷，女主角苏菲才出现。而对苏菲的教育则完全围绕着怎样使她成为爱弥儿的合适伴侣并让爱弥儿生活得幸福快乐而展开。

总之，启蒙思想家的女性观深化了自文艺复兴以来有关女性的话题。他们阐发了建立在共同人性与共同历史基础上的自由、公正与平等的一般观念，但却未能破除传统意识强加在女性身上的各种枷锁和偏见。自相矛盾的启蒙思想家的妇女学说既对妇女解放提供了帮助，同时又为之设置了障碍，并将女性问题和男女性别冲突作为一个未能解决的问题留给了法国大革命。到那时候，在张扬着"自由、平等、博爱"的革命气氛中，启蒙思想家们对女性理性能力的贬抑，对女性参与公共领域事务的怀疑，将在实践中鲜明地体现出来——在革命最激烈的雅各宾专政时期，女性几乎被霸占了公共舞台的男性们彻底赶出公共领域。

2. 上流社会妇女的生活与情感

在社会经济发展和启蒙学说传播的强大冲击下，18 世纪法国人的情感结构和情感控制结构皆发生了巨大变化。宗教信仰出现动摇，世俗伦理处于转变的过程中。许多上流社会的女性，开始突破传统的道德和行为模式，追求华服美食，追求个人情感愉悦的实现。因此，在宗教和社会保守主义者看来，这是个道德沦丧的时代，是"一个没有宗教生活，没有诗歌，也没有想象力的时代"。② 而在一些哗众取宠的作者看来，18 世纪则是一个追求享乐的"风流时代"。③

然而，根据德国社会学家埃利亚斯的研究，文明的进程是一个从宫廷到贵族和资产阶级上层再到市民阶层的渐次传递过程。由于法国市民阶层中的知识分子和出类拔萃的人物较早为宫廷社会圈子所容纳，所以宫廷的交际形式、情感方式以及行为和习俗"通过连

---

① Jean-Jacques Rousseau, *Émile ou de l'éducation*, pp. 507-508

② 艾米丽亚·基尔·梅森：《法国沙龙女人》，郭小言译，第 138 页。

③ 爱德华·傅克斯：《欧洲风化史·风流世纪》，侯焕闳译，辽宁教育出版社 2000 年，第 1 页。

续不断的扩展运动，逐渐从社会特征演变成了民族特征”。[①] 从这个意义上来说，18 世纪法国上流社会女性的面貌，是对传统社会的道德和秩序禁锢的突破，是西方文明发展到这个面临大变动阶段的表征。

17 世纪法国宫廷对华服盛装的追求逐渐渗透到上流社会当中。18 世纪法国上流社会女性在服饰上以裸露为时髦，领口低下给人以联想的袒胸装、突出胸部和骨盆的高跟鞋、有助于掩饰未穿内裤和未婚怀孕的钟式裙等奇装异服在这个时代大行其道，教会的说教和法院的刑法对此都显得无能为力。据说路易十六的王后玛丽·安托瓦内特一直引领着法国上流社会美发的时尚潮流，她“发明”了一种由羽饰、薄纱和花朵做成的高髻。这种时髦发式像一艘大船，一片小小的丛林，而王后也变成了一只被展览的动物。这种奇异的发式激发了贵妇们的仿效和想象，社会生活中所呈现的事物：狩猎、舞会、风景和戏剧片断等等都被巧妙地再现在贵妇们的头上。从贵族少女到平民村姑、裁缝、鞋匠、舞蹈和音乐教师也深受这种风气的诱惑。[②]

上流社会的妇女们在装束方面的花费有时候颇为惊人，尤其是引领时尚潮流的宫廷贵妇。据记载，在 1770—1774 年，迪巴里伯爵夫人仅内衣和花边的开销就达 96000 锂。国王宠妃蓬帕杜尔夫人的首饰价值 300 万锂。维埃留夫人去世后，财产清单中记载有 6000 件紧身褡、480 件衬衣、500 打手帕、129 条床单，还有不计其数的长裙。即使素以“节俭”出名的舒瓦瑟尔夫人衣服上的花边价值也高达 45000 锂。[③] 马蒂农夫人仅仅为了一套在贵妇们中间引起轰动的服饰，便慷慨地赏给了女裁缝 600 锂的年金；此外，她每年需付给理发师博拉尔先生 24000 锂，为的是使他保证每天为她做一个新的发式。[④] 贵妇们的奢侈使理发和裁缝变成了能使人过上富裕生活的职业，理发师和裁缝甚至被称为“时代的英雄”，因为这两个职业的技艺和产品都可以使他人付出昂贵的费用。孟德斯鸠在《论法的精神》里承认，追求时髦风尚的欲望是女人天性中固有的，而这种天性有着一定的社会功用，即可以刺激商业的发展。[⑤]

17 世纪的宫廷社会中的一种婚姻模式也传播到上流社会当中，即如埃利亚斯所说的，妇女在婚姻生活中赢得了相当的自由，“如果说以前社会只把男子的婚外性关系视为合法的，而把在社会上‘较弱的性别’的婚外性关系视为道德败坏的话，那么这时候随着男

---

① 诺贝特·埃利亚斯：《文明的进程》第 1 卷，王佩莉译，三联书店 1998 年，第 99—100 页。

② 爱德华·傅克斯：《欧洲风化史·风流世纪》，侯焕闳译，第 165 页。

③ 爱德华·傅克斯：《欧洲风化史·风流世纪》，侯焕闳译，第 161 页。

④ Hippolyte Taine, *Les origines de la France contemporaine*, T. 1, Paris: Hachette, 1901, p. 203.

⑤ Montesquieu, *De l'esprit des lois*, T. 2, pp. 60-61.

女在社会地位上的变化,妇女的婚外性关系也在某种程度上被认可了。”[①]

当时,世俗的贵族夫妇之间的分居成为一种时尚,这不仅是宫廷的生活,也是早期沙龙生活的特征。上流社会的夫妇们普遍遵从惯例和礼仪,各人有自己的房子,或至少有自己的房间、自己的仆人、自己的随从、自己的会客室、自己清晰的社会关系等等。有的丈夫和妻子虽然居住在同一房屋内,但他们却很少见面;人们从来没有见到他们同乘一辆马车,也从来没在同一个房间看到过他们;更确切地说,他们总是分头行动,几乎从没有一起出现在任何一个公共场合。在偶尔相遇的情况下,他们也像对待上流社会的其他人一样互称“夫人”和“先生”,不仅在公共场所是这样,在私人的场合也是这样。[②] 虽然上流社会的这种生活方式颇有矫揉造作的意味,但女性由于拥有了独立的私人空间,个人私密和情感在家庭内部紧闭的空间里得到了发展。

夫妇分居使他们都获得了“自由”,为各自寻找情人提供了方便。在18世纪的法国,寻找情人似乎变成上流社会的一种时尚。事实上,从路易十四时代,法国宫廷社会就开始流行寻找情人。18世纪,路易十五追逐情人,成为了当时社会舆论抨击的焦点。尤其是他已年近花甲,在宠妃蓬帕杜尔夫人死后不久,又宠信出身低微的迪巴里夫人,更是导致旧制度末年国王声名狼藉的重要原因。关于路易十五及其情妇的黄色小册子数以百计,皮当萨·德·梅洛贝尔的《迪巴里伯爵夫人轶事》便是旧制度末年的一本畅销书。

18世纪中期之后,宫廷的社交风格蔓延到巴黎的上流社会。资产阶级文人雅士们认为献身于文学的人是不适宜结婚的,因此寻觅情人的现象十分流行。不仅伏尔泰、狄德罗等启蒙泰斗是情人游戏中的高手,许多上流社会女性也加入其中。情人们的社交舞台是剧院、音乐会、化装舞会、游戏、闲谈等。由于社交活动自身就具有享乐的功能,上流社会的女性对这种愉悦的热情丝毫不亚于男性。龚古尔兄弟虽描述过几个例外的贵族夫妇的婚姻生活,[③]但这些都是作为那个时代的典范而被人们郑重其事地加以记录的。

在埃利亚斯看来,妇女的“这种社会权力的取得,或许可以把它称作宫廷专制社会中第一次妇女解放”。[④] 18世纪的文学作品也反映了妇女在情感生活方面地位的提高。德·拉法耶特夫人曾在她的著名小说《克莱芙公主》里描述了一名丈夫在得知妻子感情越轨后的反应,这不仅说明了当时社会舆论在对待女性情感方面的宽容度有所提高,而且表明中古以来以家庭为基地的父权制的弱化。故事的情节是这样的:当公主的丈夫知道妻

---

① 诺贝特·埃利亚斯:《文明的进程》第1卷,王佩莉译,第286页。

② Hippolyte Taine, *Les origines de la France contemporaine*, T. 1, p. 206.

③ Edmond et Jules de Goncourt, *La femme au Dix-huitième siècle*, pp. 225-247.

④ 诺贝特·埃利亚斯:《文明的进程》第1卷,王佩莉译,第286页。

子爱上他人时，他没有愤怒和咒骂，也没有提到他作为丈夫的权利，因为公众舆论不会支持这样的做法。他克制着自己，对妻子说，我给你自由，但我知道，这比任何戒律和规定都更能限制你。正如埃利亚斯所说："这一典型例子说明了随着男女双方在社会地位上的平等而出现的新情况。从根本上来说，这种自由并非是由某个丈夫给他妻子的，而是由社会结构所赋予的。"[①]当然，需要指出的是，在18世纪，这样的观念仍然仅仅存在于受宫廷社会影响的上流社会。

3. 沙龙女主人与公共生活

近代法国的沙龙兴起于17世纪上半期，当时处于路易十三时代，红衣主教黎世留任首相执政。[②] 黎世留强令过去号令一方的贵族留住在巴黎伺候国王，给他们安排了貌似显赫却毫无实权的空闲职位。聚居在巴黎的贵族、贵妇们无所事事，常常聚集在客厅里高谈阔论，以显示自己的特权身份和在服饰、礼仪、言谈举止等方面的优雅。他们所谈论的大多是文学艺术问题，因而逐渐形成了一种精雕细琢、优美典雅的宫廷社交语言风格。随后，在巴黎逐渐形成了一种风气：有才学的人也纷纷聚集到一些"女才子"或学界名流的客厅里，以评论新书、琢磨语言、鉴赏艺术作为一种高级的精神享受，于是，在这种只具有空间意义的客厅(Salon)里举行的非常注重"礼貌"的上流社会日常交际活动也就被称为"沙龙"。这也就是哈贝马斯所说的资产阶级公共领域的最初形式——文学公共领域。由于沙龙的社交生活主要是由妇女主持的，是她们把自己的会客厅变成了讲究礼节的学校，所以伏尔泰将沙龙生活变成一种公共时尚归功于巴黎的贵妇们。到了18世纪，沙龙这种社交活动形式在法国已蔚然成风。沙龙以女性为中心，与宫廷和社会的父权文化体制形成了鲜明的对照，是法国有身份的妇女执掌的天地，因此，沙龙也被称为"女人的天下"和"妇女解放运动的排演舞台"。

18世纪的法国沙龙史呈现出三个连续的阶段，即路易十五统治的初期、路易十五统治后期和路易十六统治时期。三个时期的沙龙从形式到时尚都各不相同，女性在沙龙的发展和转变中发挥着非常重要的作用。从严格意义上来说，路易十五统治初期的沙龙还带有一种浓厚的家庭特色，具有私人聚会的性质，充斥着情爱的色彩，[③]此时的妇女充当的也仅仅是主妇的角色。18世纪40年代以后，沙龙主持人的身份、形式和性质都发生了重大变化，沙龙生活也开始逐渐显现出作为批判性公共领域的特征。

---

① 诺贝特·埃利亚斯：《文明的进程》第1卷，王佩莉译，第287页。

② Laure Junot Abrantès, *Histoire des salons de Paris*, T. 1, Paris: chez Ladvocat, 1837, p. 3.

③ Abrantès, *Histoire des salons de Paris*, T. 1, p. 8.

18世纪中期之后，沙龙进入了鼎盛时期。在此期间，除了乔芙琳夫人、莱斯皮纳斯小姐等著名的女性外，瓦里尔夫人、德·塔尔蒙夫人、毕西夫人、克吕索尔夫人、舒瓦瑟尔夫人、冈比斯夫人、博旺夫人、内克夫人、迪潘夫人、埃匹内夫人等也都在自己的家里开办了沙龙。这些沙龙社交活动频繁，它们既是有知识的妇女展现风采、施展才华的重要舞台，也是18世纪法国社会生活的一道风景。在当时最著名的沙龙女主人中，只有迪·德芳侯爵夫人仍来自于贵族，其余几乎都出身于非贵族家庭。例如，曾是迪·德芳侯爵夫人的随从，后来成为沙龙主持人的莱斯皮纳斯小姐是一个从外省来到巴黎的私生女；著名的乔芙琳夫人是王太子的一个贴身男仆的女儿；内克夫人是一个瑞士牧师的女儿、一位银行家的妻子。

随着启蒙文人的加入，沙龙日益摆脱宫廷的气息，呈现出某种平等的特征，其谈论的内容也逐渐超越最初的文学批判。沙龙女主人是这个社交场合的中心人物，是统治这个小天地的谈话方式的主管。她们对新文化有一种天生敏锐的嗅觉，都具有天赋的社交才能，这使她们能从容应对每一位客人。社交生活本身成了沙龙女主人创造的一件艺术品，在她们的主持下，荣宠的亲王、伯爵子弟与富裕的商贾平民子弟在沙龙中相互交往，从而使沙龙的交往具有了平等主义的特征。这种平等主义的交往模式，对法国社会等级制度和团体主义具有一种实践批判的功能。

与此同时，沙龙变成了几乎所有的重要观念和政论性作品的诞生地。任何一部作品要出版，要在社会上引起轰动，就必须首先在沙龙里得到认可。有人说沙龙女主人虽然自己不动手写作，但却主宰着书籍产生的过程，这种说法很有道理。许多作家经常在沙龙中朗诵自己的作品，注意听众的反应并加以修改。沙龙是法国思想界的领袖们安全，自由地酝酿新理论的场所，这些理论的最早结晶便是孟德斯鸠的《论法的精神》。因此，沙龙也是启蒙文人们进行理性批判实践的场所。

所有这些都是在沙龙女主人的管治下完成的。她们用智慧和气质统治着这里，控制着整个交谈的进程，防止粗鄙话语和无聊争吵的出现。许多沙龙女主人并不是凭着年轻和美貌，而是凭着她们的智慧、机智、优雅和影响力来招聚客人，因为她们大部分都是中年或中年以上的妇女。沙龙女主人最突出的才能是思维敏捷和深谙言谈艺术，她们不仅自己妙语连珠，而且还能使在座的其他人深受启发，谈吐不凡。她们擅长将深邃的思想精简成清晰明了，重点突出的语言表达出来。这种谈吐艺术是沙龙的生命力和灵魂之所在，也是沙龙能够吸引法国最优秀文人的魅力之所在。

正是在这种轻松而又典雅的交谈气氛中，沙龙打破了教会、学院和政府对审美情趣的垄断，成为文学批评和政治批判的中心，成为新的审美标准的诞生地。这种权能的获得具有重大历史意义，因为它是法国思想言论自由的开端。在这样的背景下，启蒙思想家以刚刚出现的自然科学世界观逐渐取代纯文学的讨论和艺术的鉴赏，并使其成为沙龙最主要的话题。这种方法很快扩及政治和经济的讨论，沙龙也由此而演变为政治批评的中心。托克维尔曾经间接地道出了沙龙生活的巨大批判作用："贵族居然把他们的特权乃至与他们的生存水火不相容的种种学说视为巧妙的精神娱乐；他们情愿埋身其间，消磨时光，一边稳稳当当地坐享豁免权和特权，一边心平气和地论述所有根深蒂固的习俗是如何荒谬。"①

通过沙龙，法国女性的力量渗透到了整个政治过程中。启蒙时代法国每一位杰出男性的名望几乎都与女性有关。拉罗什福科与德·拉法耶特夫人，达朗贝尔与德·莱丝比纳斯小姐，夏多布里昂与瑞米卡耶夫人都保持着柏拉图式的友谊，达朗贝尔因此而得以入选法兰西学院，这被认为是启蒙学派征服法兰西学院的开始。而当时与达朗贝尔一起编撰《百科全书》的思想家狄德罗尽管建树非凡，却因为没有取悦于女性而不能获得应有的声名。

然而，启蒙时代女性对公共领域的统治只是昙花一现。男权的强势并未动摇，待妇女完成自己的使命后，男性便在大革命时代重新夺回了自己的统治权，并力图把女性彻底赶出公共领域。

4. 启蒙时代的第三等级妇女

在启蒙时代，法国妇女的行为在表面上似乎比过去要自由，但她们的从属地位却没有伴随着启蒙思想的广泛传播和她们加入社会公共生活而发生任何改变。

与过去一样，启蒙时代资产阶级的女孩随母亲生活，她犹如一个影子每时每刻总是伴随在母亲的身边。母亲精心看护和养育着她，为她梳洗，为她打扮，直到她成年。但是，18世纪的家庭犹如儿童的监狱，尤其是女孩被剥夺了一切活动，围绕她们的是大人们不厌其烦的恭维或斥责。所以卢梭说："在女修道院比在自己家里好，因为在自己的家里，一个女孩子虽然享用的是精美的饮食，然而由于时而受到大人的夸奖，时而又受到大人的斥责，并且成天都在一间关得紧紧的房间里坐在母亲的面前，不敢起来走动，不敢说话或嚷闹，也没有片刻的自由去玩、去跑、去跳、去叫，随她们那个年龄的活泼的天性去做，结果对她们不是过于娇生惯养就是管得过严，没有一样是做得合乎道理的。青年人的身心就是这

---

① Alexis de Tocqueville, *L'ancien régime et la révolution*, Paris: Calmann-Lévy, 1928, pp. 209-210.

样被败坏的。”[①]

教育仍然很少向女孩开放，资产阶级的少女也只能受到初等教育。从7岁起，母亲将她送进修道院，接受宗教教育。12岁以后，她们就成为家庭劳作的廉价帮手。如果家务活不需要她们帮忙的话，她们也会经常去市镇学校或修女开设的课程班，学习读和写的基础知识，尤其是要学习那些为了宗教虔诚和履行未来母亲角色以及处理家务所需要的知识。但总的来看，她们所接受的是一种兼有大众和贵族式教育的混合教育。她所接受的各种女性技艺、家务劳动和管理等则属于大众教育的范围，而她所接受的装束、举止和体形教育则属于贵族式教育的范围。后者的主要目的就是要把她们培养成像贵族小姐那样的热衷于上流社会生活的玩具娃娃。“一个10岁的小姑娘被紧固在鲸须内，巨大的群环支撑一个布满花环的裙子；她头上戴着一堆精巧的假发、垫子和装饰花结，用大头针固定，环绕着羽毛，它如此高大以至于经常使她‘从下巴到脚只及高度的一半’。人们将她作为一个微型的妇人来打扮，为她涂脂抹粉，为她结髻描眉。她也明白了，她完全就是这个角色。由于有了经验，她应对这些显得既不费力也无拘无束。”[②]在形体训练方面，舞蹈是最重要的课程。按照18世纪的作家梅西耶的说法：“在一位年轻小姐的教育中，舞蹈老师胜于教阅读的老师，甚至胜过那些应该唤起她对上帝敬畏和对未来职责热爱的老师。”[③]

进入少女时期，长辈们（通常是母亲）就要带她们参加社交活动。参加这种活动带有多重目的：开阔眼界、培养礼仪、学会交际，但最重要的是试图在社交活动中物色到使她尤其是使家人满意的女婿。习惯上，人们不让她们在20岁前上剧院，但在资产阶级阶层中，以社交为目的的剧场十分普遍，那里会让她们激动和兴奋，会让她们欢笑和激情地呼喊，会引起她们对杰作的好奇心。而她们一旦接触到贵族的习惯、时尚和优雅就会喜欢上享乐。何况在这个世界，还有一些向她们开放的场所，例如巴黎勒匹内夫人的音乐会、瓦兹先生的聚会等等，当然这些场所需要母亲的陪护。在那里，她能分享到快乐，倾听到富有思想性的见解，私下领会人们对这个世界的看法和嘲弄，看到名人的面孔，频繁接触到风流倜傥的神甫、骑士和佩有羽饰的花花公子。在短短的几个小时中，她会把所接受的礼仪教育抛到九霄云外，她也就不再是天性纯朴的小姐了。[④]

婚后，女性受到资产阶级严格的道德规范的约束。虽然这个阶层中也有少数妇女极力仿效贵妇，过着放荡的生活，但绝大多数妇女仍然遵从传统的生活方式。启蒙时代的私

---

① Jean-Jacques Rousseau, *Émile ou De l'éducation*, p. 477.

② Hippolyte Taine, *Les origines de la France contemporaine*, T. 1, p. 213.

③ Louis-Sébastien Mercier, *Tableau de Paris*, T. 2, Paris: INALF, 1961, p. 48.

④ Edmond et Jules de Goncourt, *La femme au Dix-huitième siècle*, p. 257.

人回忆录向后世展现了18世纪第三等级妇女的婚后生活。即使在上流社会的绅士和妇女嘲笑"婚姻爱情"的社会背景下，第三等级中那些亲密无间，相互忠诚满意，能在心灵、情感、思想各方面进行交流的"模范夫妻"的例子也比比皆是。虽然她们的经济状况不尽如人意，但年轻夫妇的相互爱慕、老年夫妇的形影不离，甚至在一方去世后，另一方仍保持着一种"死神也解不开的联系"的夫妻之爱，也依然受到人们的广泛称赞。[①] 虽然有大量的女性因信仰宗教而在修道院中为自己温柔高尚的灵魂寻找一个避难所，或者把自己局限在家庭生活之中，但是那些有知识、有抱负的资产阶级女性正是在这样的婚后生活基础上去发现和创造机遇。启蒙思想的传播使女性获得了更为广阔的施展自己才能的天地，她们可以依靠天资或爱好而从事一定的技艺，甚至将之作为自己的职业，例如雕塑、绘画或写作等等。即使她们在这些技艺方面表现欠佳，也不会损害她们的体面与尊严，因为在那个时代，人们对女性才能的最主要的要求是取悦男性，也就是说，她们可以通过影响男性而获得间接的影响力。当岁月流逝、青春不再时，她们唯一可以继续表现自我和展现影响力的合理途径就是社交。为此，她们中的不少人付出了自己全部的聪明才智，在沙龙生活中占据了一种全新的主宰地位。

在旧制度下，妇女尤其是第三等级下层妇女的权利通常是不存在的。缺乏最起码的教育导致了她们的愚昧和无知，她们没有社会地位，必须遵从于父权，只有结婚或进入修道院才能离开父母。结婚以后，她们完全依附于自己的丈夫，不存在离婚的问题，也没有任何财产权利，更没有任何政治权利。虽然她们有时也能参加居民会议（尤其是在法国东部地区），但实际上她们不起任何作用。

对于上流社会的妇女而言，第三等级妇女就等同于异类。城镇的下层妇女充斥在巴黎以及外省城镇的各种低下的职业中：露天经营的女贩、与男人一道艰苦劳作的女工、在市场和菜场的卖货女、整天在圣一贝尔纳码头叫卖木材的贫苦女人。在人们看来，这些生灵衣衫褴褛，面如土色，只是由于性别的体形差异才使人感觉到她是一个女人，而在上流社会的妇女面前，她们只是平民。构成第三等级妇女主体的农妇的状况更加悲惨，为了生计，她们不得不从事各种不同的职业：织布女、纺纱女、小商贩、挤奶工、面包工、洗衣妇、烫衣妇、绣花女、侍女、厨娘、女佣、奶妈、卖花女、编织工等等。她们起早贪黑，冒严寒顶风霜，得不到半点休息，挣来的工资远远低于干同类活儿的男人，通常只够勉强抵消她为了从事一个职业而不得不"遣走"的几个孩子的生活和寄宿费用。18世纪的下层妇女虽然能够从事不同的职业，但"职业"也有贵贱之分。当时流行的道德观念是：良家妇女应该留

---

① Edmond et Jules de Goncourt, *La femme au Dix-huitième siècle*, pp. 229-250.

在家中。家务劳动受到鼓励，家庭以外的工作被视为不正经、丧失名誉，甚至等同于卖淫。

当然，生活在社会最底层的莫过于妓女，她们几乎全部来自于第三等级的下层。旧制度时期法国的妓女人数众多，仅巴黎一地就达3万—4万，而当时巴黎全市总人口不过50余万。梅西耶和龚古尔兄弟曾对18世纪妓女产生的根源有过精彩的分析。梅西耶认为，她们“从幼年起……就浸染了虚荣和轻浮女人的灵魂”。“在得知那些养育她的劳动者和供她穿着的织工的存在之前，时髦的商人和裁缝是她看来重要的人。在明白她应该尊重的对象之前，她只知道漂亮的重要性，所有的人都奉承她。人们赞扬她的美丽先于对她进行文静品格的培养。在她产生廉耻和庄重的观念之前，就接受了取悦他人和卖弄风情的教育。终于有一天，她只能凭借虚假的外表掩饰这种错觉。”①龚古尔兄弟则描述了她们的生活环境：“从幼小时候起，这些女子就在诱惑、玩世不恭的环境中长大，奢华的场景包围着她们。没有任何人能使她们免受侵害，没有任何人保护她们，没有任何东西能够使她们获得和保存贞操的意识，她们的头脑中只保留着宗教迷信，责任和女性美德的观念只有通过左邻右舍的指责、嘲骂和取笑来获取，即使婚姻的共同生活也只是通过挨打受骂这种令人厌恶的形式向她们呈现出来。”②可以说，妓女“职业”的繁荣是18世纪法国社会的产物。绝对君主制度所倡导的“风流”扩大了对性的需求，由此产生了一个普遍淫乱的社会环境，这个花花世界的风尚将人类的性活动扩展到婚姻之外，为维系家庭婚姻生活所付出的高昂代价这一现实使许多人（尤其是女性）对婚姻产生出一种莫名的恐惧，家庭变成了她们一种可望而不可即的东西。旧制度排斥了第三等级下层妇女受教育的权利，处于家庭之外的女性没有其他技能，卖淫也就成为了她们必然的谋生手段。成千上万的女子就这样被推向卖淫的火坑。

然而，从18世纪中期起，社会经济的发展和思想领域的变化，还是给法国第三等级妇女的生活带来了一些新的内容。

虽然当时人们对女性的教育还存在各种不同的传统偏见，但是也有极少数的人认识到妇女在一些专业活动中是积极而有用的，下层女性的教育也开始起步。1769年的一份教区报告指出：“在每个堂区通常有两所慈善学校，一所给男孩，一所给女孩。”到1789年，在向儿童提供的初等教育机构中，女孩的慈善学校有500所。③ 从1776年8月国王的敕令颁布之日起，人们开始接纳女性进入昔日由男性从事的职业，她们成为冶金、造纸、钟表等工场的劳动者。妇女进入劳动力市场引起了人们对女性职业教育的兴趣。J.巴舍利埃

① Louis-Sébastien Mercier, *Tableau de Paris*, T. 2, pp. 47-48.

② Edmond et Jules de Goncourt, *La femme au Dix-huitième siècle*, pp. 284-285.

③ Clarisse Bader, *La femme française dans les temps modernes*, Paris: Librairie Académique, 1883, p. 51.

尔在1789年写道:“让我们向女性开放技艺的活动,她们的娇弱从来只是人们为了排斥她们的一个借口;她众所周知的智力、灵巧、耐心就是能使人们接纳她的资格。”巴舍利埃尔关注妇女的职业生涯,认为应该对女孩进行“一种能够保证她们永远宽裕的、适当的生存方式的教育”。因为,他看到了女性职业技术教育将产生巨大的效益:“随着妇女能够从事不同的职业和手工工场的工作,她们可以代替农业所需要的健壮的男性劳动力。”①生产的发展和观念的变化使更多的法国第三等级妇女走出家庭,加入到工业劳动力大军的行列之中。

四、法国大革命与妇女境遇

尽管在后世史学家笔下,启蒙时代的沙龙女主人流光溢彩,俨然主导着18世纪法国公共领域的精神气候。然而,从前面的分析中我们业已看到,就整个社会而言,大革命前的法国依然是一个男性主宰的世界。风云激荡的大革命时代的到来,大规模的社会动员似乎为女性进入政治公共领域提供了新的机遇。随着全国三级会议召开的临近,法国民众参与政治活动的热情逐渐高涨,妇女们也不例外,“瓦块战斗日”②、“雷韦荣事件”③的参加者中都留下了她们的身影。在1792年夏季的共和革命浪潮中,随着“女公民”称呼渐渐走向普及,法国妇女似乎开始被赋予某种政治上的积极性。④ 然而,1793年雅各宾派的上台,使刚刚进入到政治公共领域的妇女遭到了根植于传统深处的男权主义的强烈反弹,妇女再次被打压到私人生活的狭小领地里。

1. 妇女积极参与革命行动

1789年5月4日,全国三级会议在凡尔赛召开。从第二天起,三级会议就在代表资格审查问题上发生了争执。第三等级代表和特权等级代表争执了一个多月,会议毫无进展。代表资格审查争执的实质是按照哪个等级的意愿来控制会议的原则性问题,因此备受社会各阶层的关注。

---

① Antoine Léon, *La révolution française et l' éducation technique*, Paris: Arman colin, 1968, p. 48.

② 1788年,国王强迫格勒诺布尔高等法院登记法律,民众站在高等法院一边。6月7日,民众与军队发生冲突,史称“瓦块战斗日”。参见米歇尔·维诺克:《法国资产阶级大革命——1789年风云录》,侯贵新、孙昆山译,世界知识出版社1989年。

③ 雷韦荣(Réveillon)是巴黎圣安东区的一个工场主,他声称工人的高工资对企业主而言是沉重的负担,导致民怨沸腾。1789年4月底,巴黎民众洗劫了雷韦荣的住宅,遭军队镇压。

④ 高毅:《法兰西风格:大革命的政治文化》,浙江人民出版社1991年,第121页。

在参与旁听的男女群众的支持下，第三等级代表于6月17日宣布自己代表96%的国民，并组成“国民会议”。路易十六和特权等级不甘心失败，暗中调动军队，并在7月11日罢免了具有改革倾向的大臣内克。凡尔赛的消息迅速传遍整个巴黎，人们起来夺取粮食和武器，妇女们也积极参与其中，[①]准备反击来自凡尔赛的进攻。

7月14日，当巴黎市民攻打巴士底狱，震撼世界的法国大革命爆发之时，街道上的女裁缝、女鱼贩和洗衣妇纷纷拿起武器，撩着裙子，高声尖叫着加入了攻克巴士底狱的行列。[②] 在事后经过制宪议会确认的“巴士底狱攻克者”名单中，圣马瑟勒郊区的一名叫玛丽·夏潘提叶的洗衣妇获得了“巴士底英雄”的称号。[③]

巴黎革命和市镇革命的胜利，为法国妇女参与政治生活提供了舞台。她们和男人们一样，以各种形式加入到公共生活之中。她们创办报刊，出版小册子，分发和张贴传单，发表演讲；她们进入议会大厅，以“编织妇”的身份旁听议会的辩论，并以自己的言论影响议会的决策；她们参加相关的节日庆典和游行活动。她们在革命中形成了一个特殊的群体，在一系列重大的事件中产生了有决定意义的作用。

1789年的“十月事件”是“意义之重大有过于巴士底狱之攻陷”[④]的重大事件。事件起因于经济方面。农村“大恐慌”爆发后，粮食供应严重不足，“半个月的时间内仅有53袋面粉和500色提埃小麦运进巴黎”。[⑤] 面包价格不断上涨，引起普通民众的愤怒，巴黎圣丹尼区和凡尔赛等地都爆发了“面包暴动”。[⑥] 由于面包危机关系到妇女的切身利益，她们在“面包暴动”中起到了主要作用；由于求助于巴黎市政厅无着，她们被迫开始了“向凡尔赛进军”。

10月5日下午，以卖鱼妇、卖菜女、洗衣女和女佣人为主的大约六千人的队伍到达凡尔赛后，妇女们拥进了制宪议会正在开会的会场，占满了旁听席，并高呼“面包!”的口号。她们的代表马雅尔在议会中要求稳定物价，制止投机，并要求国王和制宪议会搬到巴黎。在当天晚上，大批妇女冲进凡尔赛宫。次日清晨，妇女和国民自卫军一道，与国王的禁卫军发生流血冲突，终于迫使国王和制宪议会答应迁到首都，使国王和议会置于巴黎人民的监督之下。这一事件的结果“摧毁了宫廷的旧体系，夺走了宫廷的禁卫军，把它从凡尔赛

① 正是她们受到了泰纳的责骂：首都几乎完全成了贱民和盗贼的天下，抢劫者、盗贼、衣不蔽体的流浪汉、卑贱无知的下人、行为不轨的女人、无恶不作的男人。Hippolyte Taine, *les origines de la France contemporaine*, Paris: Librairie Hachatte, T. 3, 1904, p. 63-65.

② 李平：《世界妇女史》，海南出版社1993年，第361页。

③ 乔治·鲁德：《法国大革命中的群众》，何新译，三联书店1963年，第62页。

④ 马迪厄：《法国革命史》第1卷，杨人楩译注，商务印书馆1973年，第110页。

⑤ 米歇尔·维诺克：《法国资产阶级大革命——1789年风云录》，侯贵信、孙昆山等译，第213页。

⑥ 乔治·鲁德：《法国大革命中的群众》，何新译，第73—74页。

迁移到革命的首都，并把它置于人民中间”。[①] 可以说，是妇女们的“10 月进军”最终完成巴黎的 7 月革命。

宫廷迁回巴黎后，路易十六企图逃亡国外。1791 年 6 月 21 日晚，国王逃至瓦伦被识破，并在国民自卫军的控制下于 6 月 24 日返回巴黎。“瓦伦事件”激起全国愤慨，王室威信扫地，全国立即掀起废除国王，建立共和国的运动。各地及各阶层都向议会寄送请愿书，妇女及妇女组织积极参与了这一运动，有一份由 41 名妇女签名的请愿书写道：“法国人民选任代表的目的在于要他们制定宪法，而不是要他们把领导权交给一个出卖和背弃自己神圣誓言的首脑。”[②]7 月 17 日，巴黎人民 1 万多人在马尔斯校场举行集会和签名，要求废除君主制，建立共和国，不少妇女也“像每一位善良的爱国者那样在请愿书上签名”。[③]

“瓦伦事件”加速了贵族的逃亡，以普罗旺斯伯爵为首的逃亡贵族在科布伦茨组建了“逃亡宫廷”，他们的政治活动得到了神圣罗马帝国诸侯的支持。1791 年 8 月 27 日，奥、普两国君主在皮尔尼茨发表由法国逃亡贵族起草的宣言，号召各国君主共同采取最有效的措施，恢复法国君主的统治。1792 年 4 月 20 日，当政的吉伦特派内阁对“波希米亚和匈牙利国王”宣战。由于法军素质差，出身贵族的将领指挥无能和敌视革命而消极作战，更由于国王和王后里通外国，使法军节节败退，奥、普联军很快入侵法国。

立法议会于 7 月 11 日通过“祖国在危急中”的决议，号召公民保卫祖国，事实上开始了“义务兵役制”。虽然女性被排斥在国民自卫军之外，但她们仍然以各种方式投身到保卫祖国的行列之中。她们或女扮男装，或直截了当地提出申请，或改名换姓参军参战，出现了许多父女、兄妹、夫妻、情人并肩作战乃至血洒疆场的感人事迹。[④]

7 月 26 日，普奥联军总司令布伦瑞克公爵在科布伦茨发表了由法国逃亡贵族起草的宣言，声称要保护路易十六，并扬言毁灭巴黎。被激怒的巴黎人民于 8 月 9 日晚举行起义；妇女们参加了攻占王宫的激烈战斗，有 3 名妇女因此而献出了生命。[⑤]

1792 年 9 月 22 日，法兰西建立了共和国。但是经济状况不仅没有好转，反而每况愈下，全国都受到物价上涨的困扰，要求限价和打击投机商的人民运动波及各地。妇女仍是这场运动的主要参加者，她们或强制商人按她们所定的价格出售商品，或要求政府采取具

① François-Auguste Mignet, *Histoire de la Révolution française depuis 1789 jusqu'en 1814*, Paris: Didier, 1875, p. 136.

② Darline Gay Levy, *Women in Revolutionary Paris 1789-1795*, University of Illinois Press, 1979, p. 78.

③ 乔治・鲁德：《法国大革命中的群众》，何新译，第 93 页。

④ 参阅勒诺特尔：《法国历史轶闻》第 2 卷，杨继忠、金琬瑛译，北京出版社 1985 年，第 57—61 页。

⑤ 乔治・鲁德：《法国大革命中的群众》，何新译，第 118 页。

体措施限制物价。但当权的吉伦特派维护经济自由的政策。12月8日，国民公会通过坚持经济自由、镇压限价运动的法令，激起下层人民的更加不满，限价运动规模越来越大。1793年2月下旬，妇女代表先后向雅各宾俱乐部和国民公会请愿，要求对“物价的上涨采取行动”，对“基本消费品实行管制”，对囤积生活必需品的投机商“处以死刑”。2月25日起，群众的平价运动从伦巴底区开始，继而波及到各区，延续了数日。“参加骚乱的人首先是妇女，其次才是男人。”①在中心区和圣马瑟勒郊区，妇女们带头冲进杂货铺和商店，强迫店主按她们规定的价格出售食品和日用品，以建立“公正”的物价体系。出于妇女为主导的限价运动的推动和反吉伦特派的政治目的需要，雅各宾派意识到了利用群众运动的重要性。1793年3月26日，雅各宾派成员圣安德烈的信坦然表明了这一点：“如果你们想让穷人来帮助你们完成这场革命，你们就必须刻不容缓地保证穷人能够活下去。在这种特殊的情况下，只应按救国这一伟大法则办事。”②雅各宾派转而改变了对限价运动的态度，采纳限价的主张，这一态度转变的结果是5月4日《粮食限价法令》的出台。《粮食限价法令》给妇女的经济斗争带来了希望。5月10日，保利娜·莱昂(Pauline Léon)和克莱尔·拉孔布(Claire Lacombe)创立了“革命共和派女公民俱乐部”(le club des citoyennes républicaines révolutionnaires)，成为雅各宾派的支持者。她们身着红衣裳，头戴红色自由帽，在会议中和街头大声诘难吉伦特党人，并敦促其他俱乐部中的妇女使用必要的手段将她们之中的温和派驱除。“革命共和派女公民俱乐部”在推翻吉伦特派的5月31日至6月2日革命中也发挥了作用。

雅各宾派上台后，食品和物价问题越来越严重。备受生活煎熬的妇女们对雅各宾派未实现“共和元年宪法”，未兑现他们许诺的“统治经济”政策日益表现出不满。“革命共和派女公民俱乐部”领袖们带领“贱妇”们不断抨击雅各宾党人的虚伪，并以请愿书的方式向国民公会施加压力，要求“让我们看到那个我们肯定会接受的宪法确实存在，并为我们造福”。③ 她们的斗争最终促成了对谷物、面粉和饲料实行统一价格，惩治嫌疑犯和实行最高限价为主要内容的“九月立法”。

1794年热月政变后，热月党人废除了雅各宾派国民公会的“全面限价政策”，导致物价飞涨，通货膨胀严重。下层民众要面包、要求提高工资的请愿和罢工频繁发生。

下层妇女在共和三年芽月和牧月暴动中所起的作用，几乎和在“十月进军”中同样显

---

① 索布尔：《法国大革命史》，马胜利等译，中国社会科学出版社1989年，第225页。
② 索布尔：《法国大革命史》，马胜利等译，第225—226页。
③ Darline Gay Levy, *Women in Revolutionary Paris 1789-1795*, p. 173.

著。虽然妇女们对雅各宾派的恐怖统治也深感不满，但热月党的政策使她们失去了面包，所以她们深切怀念1793年宪法“社会的目的是公共的幸福”的许诺。正是这些因素使她们在芽月和牧月起义中再次充当了主要的参与者。3月16日，格拉维叶区的妇女举行集会。芽月12日(4月1日)，群众的集会发展为起义，起义者闯入国民公会，但没有采取行动。热月党人根据《特别治安法》派军队驱散了群众。芽月起义遭到镇压后，民众的斗争并没有平息。牧月1日(5月22日)清晨，妇女集结成队，在帽子和裙子上缀着“面包”和“1793年宪法”的口号，一面敲着鼓，一面号召人们武装起来“向国民公会进军”。第二天的《信使报》描述了当时的场景：“一个可怕的惊雷在昨天炸响了，自从1789年以来，巴黎从来没有昨天这么多被激怒的人。一种同样的情绪激励着人群，这就是失望。成群结队的人前往国民公会要求面包，郊区的妇女们走在前面，男人们紧随其后，穿过马尔尚区。”①起义者强行打开武器库，和成群的国民自卫军武装部队一起闯入国民公会会场，迫使大会接受要求，并自行选举了巴黎市长和公社检察长。5月23日，政府军对起义者实行镇压，起义失败。

总之，在法国大革命中，妇女带着自身的要求和愿望，积极投身于革命运动，特别是那些“女无套裤党人”、“罗伯斯庇尔的编织妇”，不仅和男子并肩战斗，有时甚至走在男子的前面。她们在推进革命运动的过程中，形成了具有共同特点、利益和愿望的社会群体，这在妇女运动史上是一个创举。

然而，值得注意的是，法国妇女参与大革命的规模和程度以及她们的政治热情在更多的场合似乎被人们夸大了。确实，广大妇女作为大革命的参加者，有的将自己的首饰捐献给国库，有的为军队制作鞋袜绷带，但是有的妇女也是这场革命的受害者。例如，那些失去地位和特权的贵妇，那些抱有虔诚宗教情感的妇女，她们的人身受到攻击，她们的精神世界也随之崩溃；还有的妇女在编辑、印刷和分发政治传单的同时，也推动了革命思想的传播和反革命言论的泛滥。总之，妇女在大革命中对革命的态度是非常复杂的，她们扮演的角色与自己的社会身份——是贵妇还是仆人，是文盲还是女作家，是虔诚的信徒还是对教会抱有敌意的人，是住在巴黎还是住在外省等等——有着很大的关系。她们的态度和行为与男人一样，可以划分出许多层次。下层妇女与资产阶级妇女对大革命经济活动和政治活动的参与存在着明显的差距。根据乔治·鲁德的研究，下层妇女更多是在反饥饿的斗争中本能地行动起来，在事关生存危机即粮食价格和面包、牛油等问题上积极地参与

① A. Aulard, *Paris pendant la réaction thermidorienne et sous la Directoire*, Paris: Librairie Léopold, T. 1, 1899, p. 735.

了大革命，但她们的行动也并不表明她们就一定是支持革命的，她们的直接目标是为了摆脱饥饿，为了和投机商抗争，同时也是在和政府抗争。[①] 例如，1789 年 10 月进军凡尔赛、1792—1793 年的限价运动和 1795 年“芽月起义”、“牧月起义”，她们的参与对事件的发展在客观上产生了明显的作用。虽然她们在事件开始时仅仅是出于经济目的，但相对于革命的进程而言却收到了重大的政治成效。然而另一方面，在主要的事关政治内容的运动中，例如，在攻克巴士底狱、“马尔斯校场事件”以及从国民公会中驱逐吉伦特派的斗争中，妇女参与的程度就远远低于前者，所起的作用也就不太显著。[②]

为什么会出现上述现象呢？这是由于法国妇女首次投身于伟大的社会转型事业，政治觉悟和政治经验都尚未成熟所致，这种政治上的不成熟状态是由法国社会的传统观念、大革命前法国妇女整体的社会身份和地位造成的。首先，整个社会由国王和僧侣、贵族两大特权等级统治，不仅资产阶级和广大民众完全被排斥在政治生活的领域之外，作为旧制度统治支柱之一的贵族个体，大部分也被王权剥夺了对社会的治理权。其次，向社会成员传授知识的渠道——教育，几乎完全掌握在天主教教会的手中。教育的目的是培养国王的臣民和教会的臣民，教育的内容与社会现实生活的需要相去甚远，它要求人们在现实生活中服从、忍耐，而将希望寄托于来世。这种教育一方面使女子教育比男子教育更受到轻视，直接导致了妇女的文化水平低下。根据 L. 马吉奥罗校长在 18 世纪末的一项调查，居民不识字是很普遍的现象。尤其是妇女，在佛朗什—孔泰这个所谓的教育最发达的地区，能在结婚时写出自己的名字的妇女只有 29%，而在教育不发达的贝朗和安古莫瓦，能写出自己名字的妇女只有 9%，在尼韦内只有 6%！更令人可悲的是，许多能书写自己的名字的人却不知道该怎么读，以致堂区的花名册上都用画 X 号来代替名字。[③] 最后，是由于在法国妇女的灵魂深处留下了难以医治的宗教信仰后遗症。当上流社会成员的宗教观念日益淡薄的时候，下层民众尤其是妇女的宗教虔诚却愈加强烈，乃至法国大革命时期对教会实行改革并导致教会分裂后，下层妇女基本上都还因抱有浓厚的宗教情感而拒绝宣誓。这种状况导致妇女参与政治生活的必备条件——政治素质和文化素质都十分低下。她们不仅被政治生活所抛弃，议论政治也被视为一种精神的奢侈，以致对于一些有政治抱负的人来说，参与政治只能是一种可望而不可即的事情。广大下层妇女还不能摆脱传统思维的惯性：政治只是极少数社会上层男人所涉足的领域。

---

① 例如，1795 年“牧月起义”的参加者曾表明：“如果人们给予我们面包，一切就都会好起来，煽动者也就不会再有任何借口。”见 A. Aulard, *Paris pendant la réaction thermidorienne et sous la Directoire*, T. 1, p. 742.

② 乔治·鲁德：《法国大革命中的群众》，何新译，第 194 页。

③ T. Rambaud, *Histoire de la civilisation française*, Paris, 1906, pp. 261-263.

2. 大革命时期法国妇女的政治要求

1789年初，与全国三级会议代表选举的同时，各等级分别按照惯例，起草向国王陈述自己的疾苦并请求对之加以改善的陈情书。由于妇女被排斥于三级会议代表的选举之外，而且在大多数人既不会读也不会写的条件下，妇女只能通过委托陈情书的起草者们来表达她们的愿望，而这些陈情书多出自于贵族、本堂神甫和律师之手，他们只关心妇女的悲惨处境，对政治平等、工作权利等妇女关心的问题或者很少提及，或者轻描淡写。因此，陈情书不可能完全表达出妇女对整个社会问题的看法。只有少数有知识的妇女亲自动手起草陈情书，直接表达对社会的各种流弊的抱怨和自己的要求。

在保留下来的陈情书中，有33份直接出自于第三等级妇女之手。妇女的陈情书主要在两个方面提出了抱怨和要求。首先是性别歧视问题。她们要求实现男女"平等"，即要求在各方面获得与男子同样的权利。例如，一份署名"B*** B***夫人"的陈情书[①]写道："妇女的准则是勤劳、服从和沉默，这确实是一种与无知的世纪相符的制度。今天，知识和理性已经证明了它的荒谬。妇女有理由要求获得选举权，因为她们和男人一样，承担缴纳王国赋税和履行雇佣合同的义务……根据公正的原则，一个男人不能代表一个妇女，因为代表应该绝对拥有他所代表的人的同样利益：妇女只能由妇女来代表。"有一份自称为"法兰西妇女的陈情书"写道："三级会议的组成，就概念来说，它既然能代表整个民族，也就应该代表我们。可是，民族一半以上的人口却被排斥在外。先生们，这是一个问题，而这一问题伤害的是我们这个性别。"[②]其次是妇女的受教育权问题。受到启蒙教育思想熏陶的中上层妇女对女性教育不足的状况表现出极大的忧虑，她们将妇女在社会生活中的不幸归结于教育的不平等。有一份妇女致国王的陈情书写道："第三等级的妇女生来没有任何财产。她们的教育不是被人完全忽略就是非常欠缺，……我们要求受到教育，要求获得工作，不是为了侵犯男性的威望，而只是为了受到尊重，为了使我们获得摆脱厄运的谋生手段。"[③]妇女们呼吁在全国建立学校，使女性摆脱愚昧的状态，使妇女能接受职业技术培训，使她们能掌握从事一般性工作的技能。也有极少数妇女对卢梭的教育理论提出挑战，认为接受教育与当好贤妻良母并不矛盾，她们甚至还要求通过接受教育、学习知识来与男

---

① Mme B*** B***, "Cahier des Doléances et réclamation des Femmes", dans *Cahiers de doléances des femmes en 1789 et autres textes*, Paris, 1981, pp. 47-51.

② 引自朱学勤:《道德理想国的覆灭》,上海三联书店1994年,第238—239页。

③ *Pétition des femmes du Tiers Etat au roi*, dans Les archives de la Révolution française, 9. 4. 186, Paris: Reprod, 1789.

性在各方面比试高低。圣弗拉茹地区的陈情书要求“用国家的费用来维持王国的小学和教育机构，接收第三等级的男女学生，或者至少达到与贵族同样多的人数”。[①] 还有的陈情书认为应该关注母亲和孩子的健康，提出了建立助产学校或开设接生课程、培养助产士的要求。

1789 年 8 月，制宪议会通过了《人权和公民权宣言》，阐明了人的自然的、不可让与的和神圣的权利，宣布“在法律上，人们生来是而且始终享有自由和平等的权利”。《人权宣言》使资产阶级的妇女似乎看到了争取和实现权利“平等”的希望，她们在财产继承权、受教育权、公民权等各方面都提出了自己的要求和建议。

受过教育的资产阶级妇女和贵族妇女主要借助于请愿书、报刊来表达自己的意愿，并举办“沙龙”来宣传革命思想和女权思想。在各种沙龙中，许多贵族妇女和资产阶级妇女热烈地讨论当时的社会政治、教育等一系列问题，让娜—玛丽・罗兰则是其代表之一。她们要求权利的“平等”必然要冲击法国旧有的法律制度。旧制度下的法国是一个法律与惯例并存的杂乱无章的国家。以继承权为例，无论是根据法律还是根据惯例，各地都是不同的。在南部的成文法地区，遗产在子女中平等地分割，没有性别的差异。但在习惯法盛行的地区则是另一回事，广泛流行根据遗产是属于贵族的或属于平民的，属于祖传的或属于以后获得的，是来自于父系的或来自于母系的等等不同的性质，尤其是根据继承人的个人身份或他们的性别进行不同的分割。因此，长子们几乎得到全部，次子或女儿往往只获得极少的东西；更有甚者，许多家长甚至有权完全排斥女性的继承权。[②] 同时，各地都形成了非婚生子女在父母的遗产中没有任何权利的惯例。在司法方面，妇女没有法律地位，她们虽然可以出庭作证，但是她们的证词并不具备法律效力。在家庭生活方面的惯例，使妇女处处受到男性的制约，她们与中国古代的妇女一样，“婚前从父，婚后从夫”，只有在丈夫死亡后，她们才有了独立的可能。之所以只是一种可能，还要看她们是不是有儿子，否则还要“夫死从子”。天主教的教义禁止她们离婚，即使遭到遗弃或分居，她们也没有离婚的权利。[③] 总之，妇女是“第三等级中的第三等级”。

《人权宣言》宣布了公民的权利，但在实践中却往往忽视妇女的权利。这就是饶勒斯评价的“要将它所理解的、先于各种社会存在并高于社会的天赋权利同历史权利结合起

---

① P・Goubert et M. Denis, *1789, Les français ont la parole*, Paris: Julliard, 1964, p. 217.

② Amédée Vialay, *Les cahiers de doléances du tiers-état aux États généraux de 1789*, Paris: Académique, 1911, p. 315.

③ Darline Gay Levy, *Women in Revolutionary Paris 1789-1795*, p. 6.

来，比较困难”。[①] 妇女能享有公民身份吗？在议会看来，妇女是天生的弱者，她们缺乏主见、感情用事、性情多变，是“一种交换的对象，她本身就是一种财产”。[②] 妇女是社会和男性的保护对象，她们只有能力享有自然权利，而没有能力参与自古以来就属于男人们的事务，尤其没有能力参与公共政治事务。由此可见，长时段的思维观念并没有随着短暂的政治革命的激荡而被洗涤掉，它依然深深地植根于法国社会集体心态当中，女性权利的伸张依然是个漫长的过程。

根据西埃耶斯的建议，制宪议会于 1789 年 12 月 22 日通过了关于选举权的法律，将全体法国公民划分为“积极公民”和“消极公民”两类，只有积极公民才享有选举权。西埃耶斯的理论是：

> 一个国家的全体居民都应享有消极公民权：每个人的人身、财产、自由等等享有受保护的权利，但公共机构的建立却不是每个人都可以积极参与的，不是每个人都能成为积极公民。妇女——至少是在目前的状况下——儿童、外国人，还有那些对公共机构的建立毫无贡献的人，都不可能对公共事务施加任何积极的影响。每个人都能从社会得到好处，唯有赞助公共机构的人才能成为社会大企业的真正股东，唯有他们才是真正的积极公民，真正的社会成员。[③]

制宪议会排斥妇女公民权的理论和行径，受到妇女们的控诉：“你们扫除了一切陈腐的偏见，但是你们却保存了最古老、最普遍的偏见，它把王国的半数居民排除在显要岗位、尊严和荣誉之外，而且还剥夺了她们在你们之中平起平坐的权利！”[④]妇女的控诉在社会上也获得了回响。1790 年 3 月，公民布里让·博杜安在致制宪议会的一封信中要求将女性都称为“女公民”(citoyenne)；[⑤]1790 年 7 月，孔多塞发表《关于承认妇女公民权》的小册子指出：根据理性的原则，男女生来具有同等权利；[⑥]1791 年 8 月，德康比夫人出版了小册

---

① Jean Jaurès, *Histoire de Socialiste 1789-1900*, T. 1-2, Paris: Jules Rouff, 1901, p. 300.

② Elisabeth Guibert-Sledziewski, “La femme, Objet de la Révolution”, dans *Annales historiques de la révolution française*, No: 267, p. 6.

③ Jérôme Mavidal, *Archives parlementaires de 1787 à 1860*, T. 8, Première série, 1787 à 1799, Paris: Librairie administrative P. Dupont, 1868-1913, p. 259.

④ 引自中国妇女出版社编:《外国女权运动文选》，中国妇女出版社 1987 年，第 232 页。

⑤ Jérôme Mavidal, *Archives parlementaires de 1787 à 1860*, T. 12, Première série, p. 402.

⑥ Condorcet, “Sur l'admission des femmes au droit de cite”, dans *Journal de la société de 1789*, No. 5, 3 juillet 1790.

子《妇女之现状》，要求“占人类一半”的妇女享有政治权利。① 但是制宪议会的立法者们却认定公民资格只为成年男性所拥有，在1791年宪法颁布时，“积极公民”和“消极公民”的划分依然照旧。法国妇女被迫为自己的政治权利而奔走呐喊，正是在这样的背景下，诞生了《妇女和女公民权利宣言》。

《妇女和女公民权利宣言》发表于1791年9月，是世界上第一个明确提出妇女政治权利要求的文献，它的作者是奥琳帕·德·古日(Olympe de Gouges)，又名玛丽·古兹(Marie Gouze)。她意识到1789年《人权宣言》只不过是“男人”的权利宣言，而妇女也应享有平等权利，她的写作目的就是为了唤起妇女的觉悟。《妇女和女公民权利宣言》采用了与1789年《人权宣言》几乎完全相同的形式，包括一个前言和17项内容，其中有14项基本上是采用了《人权宣言》的内容，但将“男人”(Homme)和“公民”(Citoyen)的措辞都用“妇女”(Femme)和“女公民”来取代。例如，《妇女和女公民权利宣言》的前言中写道：“对妇女权利的无知、遗忘和忽视是造成公众灾难和政治腐败的唯一原因。”其第1条是：“妇女生而自由，在权利上与男子是平等的。”但《妇女和女公民权利宣言》并不是对1789年《人权宣言》的简单模仿，古兹对妇女的权利进行了补充和完善。例如，她将第4条改写为“自由和正义包括归还属于他人的一切东西；因此，对于妇女行使自然权利的唯一限制，就是男人的永远专制。自然法则和理性将改变这种限制”；第13条改写为“公共赋税对于男女是平等的，妇女分担所有的义务和艰苦的工作，因此，她应当同样分享公职、就业、官职、荣誉和职位”；第17条改写为“财产属于无论是结合在一起还是分离的男女两性所共有，无论对于任何一方而言都是神圣不可侵犯的权利”。此外，她用“自然与理性的法则”取代了“法律”；并在第3条中提出“国民即男人与女人的总和”；她在第16条中指出：“如果组成国民的大多数人没有参加起草，宪法只能是一纸空文。”她在结束语中向全体法国妇女发出呼吁：“妇女们，觉醒吧！……男人们在受奴役时曾求助于你们砸碎镣铐，获得自由后他们便不公正地对待你们。妇女们，你们何时才能擦亮眼睛？”②

《妇女和女公民权利宣言》发表后产生了一定的反响。一些资产阶级妇女从中看到了自己的权利，并积极地开展了要求获得政治权利的斗争，尤其是在共和国建立以后。早在《妇女和女公民权利宣言》发表之前的1790年，法国妇女就开始参加政治团体，较有影响的俱乐部如“社会俱乐部”、“男女革命者友爱会”、“宪法保卫者俱乐部”、“雅各宾友爱会”等都吸收妇女参加，同时，在里昂、奥尔良、斯特拉斯堡、波尔多等城市还出现了妇女单独

① Paule-Marie Duhet, *Les femmes et la Révolution 1789-1794*, Paris: Julliard, 1971, p. 66.

② Olympe de Gouges, *Déclaration des Droits de la Femme et de la Citoyenne*, Paris: Mille et une nuits, 2003, pp. 35-48.

组织的俱乐部。1792 年,妇女们根据《妇女和女公民权利宣言》,多次要求获得组织女国民自卫军的权利。3 月 6 日,妇女的一份关于携带武器的请愿书指出:“你们不能拒绝我们,社会也不能剥夺自然赋予我们的权利,除非它可以宣布‘人权宣言’对妇女是不适用的。”在 4 月 9 日的军事游行中,妇女首次获得了携带武器的权利,“积极公民”和“消极公民”、男公民和女公民的差异消失了。对外战争爆发后,妇女最终加入到参军参战的行列,宪法对妇女公民身份的限制在事实上一步步消亡。在婚姻中,妇女可以自己做主;在公共生活中,妇女可以手持长矛,可以佩戴和男子一样的三色徽和小红帽。在君主制倒台后,立法议会甚至要求妇女也与男性一样进行公民宣誓。因此,记者普吕道姆给革命的市民所下的“独立的、自由的、平等的、具有警觉性的、全副武装的”①定义,同样适合于她们。

1793 年,法国妇女争取政治权利的斗争更加高涨。妇女们用自己的理论将自己融入社会政治生活,她们经常强调她们与男人一起生活在同一个共和国中的事实,她们称之为“一个相互关系的空间”;她们认为,在这个空间内,社会团体的所有成员在其中应该很好地与其他人在公共事务方面达成协作。第戎妇女俱乐部的女主席在为妇女俱乐部辩护时写道:“妇女到处处于奴隶地位(不是自由的,而是被压迫的,不拥有全部的权利)。”“在共和国中,每个个人构成整体中不可缺少的部分,因此,在涉及共和国的利益的事务方面应该协作;作为必然结果而产生的是,参加协会的妇女应该尽自己的能力对所有的人的利益作出贡献”,并“使自己对公共事务有用”。一位革命的共和派女公民认为:对妇女俱乐部报以敌对态度的男人,就是还没有理解“夫权专制”与“共和制度”不能并存的人,在“共和制度”中,民众的一部分不应该比其他人“更被人轻视”。② 一些巴黎的妇女肯定协会中的妇女有“协助共同利益”的义务。这是因为,共和国是一个互利的空间,妇女应该参与公共事务;尤其是在妇女俱乐部中,女公民应发挥政治积极性。

共和国是一个“互利的空间”的解释,意味着“权利宣言对于两性而言是共同的”;而权利宣言的共同性势必推导出权利平等的结论。1793 年 6 月,在对《共和元年宪法》表决的时候虽然实行了普遍投票制,但是妇女仍无权出席初级会议;③即使表决投票也往往与男性分开,然后把她们的参与告知国民公会。然而,从《共和元年宪法》表决投票开始,就出现了两种貌似对立,其实殊途同归的形势。一方面,极少数妇女公开要求公民权,她们以

① Renatae Bridenthal, Claudia Koonz and Susan Stuard, eds., *Becoming Visible: Women in European History*, 2nd ed., Houghton Mifflin Company, 1987, p. 294.

② Dominique Godineau, “Femme en citoyenne: pratique et politique”, dans *Annales historiques de la révolution française*, No: 300, (1995), p. 200.

③ 对《共和元年宪法》的表决投票与选举权是两码事,表决不涉及选举权;初级会议是选举的基层单位,妇女没有选举权,故而被排斥在初级会议之外。

《人权宣言》的名义提出了选举权的要求。例如，一个巴黎的妇女当着议员的面断言："立法者公民们，你们给了男人们一部宪法，他们现在享有了自由人的一切权利，但是妇女却远远没有达到这样的高度。她们没有被计算在政治制度之内。我们向你们要求参加会议，既然宪法建立在人权之上，我们今天要求完全行使这个权利。"[①]多尔多涅省博蒙镇的女公民在递交给初级会议和国民公会的一份请愿书中要求："女公民也没有批准她们如此有效地合作的行动的权利吗？我们承认男人的权利，也是我们的权利，我们全体一致地接收共和国宪法。"另一方面，一些妇女没有要求权利，却以女公民的身份行动，她们的请愿书虽然没有提出任何要求，但她们的行文是"赞同""推荐给人民主权承认的"[②]宪法条文，这样的措辞表达了她们明确地将自己置于主权的空间中。还有更多的请愿书表达了她们对没有选举权的悲伤："即便说她们性别的本性不允许她们拥有选举权，但她们并不缺乏领悟力。"她们是"被法律剥夺了选举权的女公民"；"由于我们的性别剥夺了给予我们选举的权利，选举权对我们来说，至少是允许使人们听到我们的声音"；"如果法律同意她们的政治愿望，她们就会接受宪法条文"。[③] 这些请愿书不仅反映出她们的政治承诺，同时表明了她们在为表达赞同宪法而举行集会的同时，也将私人的行为——被排除在公民身份之外的个人对宪法的赞同——转化为政治团体活动的组成部分。妇女们以此为媒介，一方面表达了她们要求被主权成员承认，行使人民最高主权的愿望；另一方面，她们确实行使了公民身份的权利，她们在公共空间中确实是"有公民身份的"。

因此，在1793年夏季和秋季，在法国大革命的政治舞台上出现了一种新的趋势，即妇女政治地位在人们观念中的非正式的重新定位。这种趋势不是出其不意的涌现，而是一系列的逐渐演变，它源于春季和夏季的妇女运动，并趋向于一种认识：妇女是政治主题范围内的女公民。对这种非正式的重新定位做出注释和明确表达的是大革命节日庆典的主要设计者路易·达维德于1793年7月11日所起草的《8月10日节日庆典计划》。在这个计划中，女性的形象发生了重大的改变。女性不再被塑造成母亲、配偶或寓意的形象，而是作为人民运动的积极主体：革命群众——"10月5日—6日的女英雄"的形象，这在大革命的节日庆典乃至在对妇女的描述中是唯一的一次。路易·达维德写道：她们是"勇敢的女公民"，她们"归并为主权"。[④] 正是在这种趋势的惯性作用下，国民公会于1793年9

① Jérôme Mavidal, *Archives parlementaires de 1787 à 1860*, Première série, T. 68, p. 254.

② Jérôme Mavidal, *Archives parlementaires de 1787 à 1860*, Première série, T. 68, p. 286.

③ Dominique Godineau, "Femme en citoyenne: pratique et politique", dans *Annales historiques de la révolution française*, No: 300, 1995, p. 201.

④ Louis David, "Rapport et décret sur la fête de la Réunion républicaine du 10 août", dans *Fêtes et cérémonies révolutionnaires*, Paris, 1793, p. 6.

月21日投票通过了一个关于妇女的法律:强制妇女与男人一样佩戴国家的三色徽记。这个法律同样是在妇女的压力下通过的,由此可以延伸出一系列关于公民身份要求的推理:妇女属于人民,而人民被宣布为主人,妇女和男人一样是主人。从妇女参与大革命的政治斗争的实践方面来看,人们有理由这样认为:妇女们在大革命中分享了人民主权,妇女是女公民,是没有公民身份的主人的成员。人们在巴黎的街道上窃窃议论:在获准佩戴三色徽以后,妇女应该获得武装权,然后是在初级会议中的选举权。

然而,1793年10月底安德烈·阿玛尔(André Amar)的报告和国民公会"禁止组成专门的妇女团体"的法律中断了这种趋势的发展。

3. 大革命时期女权运动的中断

大革命时期法国妇女争取政治权利的斗争在1793年10月以后突然中止,这起因于"革命共和派女公民俱乐部"与巴黎中心市场卖菜妇在1793年夏末的矛盾和冲突。以限价和打击投机为主要内容的"九月法令"颁布以后,"革命共和派女公民俱乐部"的激进主义激发了市场妇女的反抗。卖菜妇反对价格垄断,并指控"革命共和派女公民俱乐部"损害了她们的商业活动。1793年10月底,圣厄斯塔什教堂(saint-Eustache)附近的市场发生了大规模的混乱和械斗。10月29日,国民公会门前出现了请愿者。请愿者指责"正是因为这些娘儿们才让法兰西受苦遭罪",并要求"关闭所有的妇女社团"。[①] 在10月30日的国民公会会议上,安德烈·阿玛尔以救国委员会的名义,并以"革命共和派女公民俱乐部"煽动混乱为理由,向国民公会作了关于妇女问题的报告。议会的议题则是:什么是妇女在革命协会中应该享有的权利和社会、政治地位?这在大革命中是唯一的一次。

那么,为什么妇女的政治地位问题正好是在共和二年初被提上了议事日程?除了从1791年《妇女和女公民权利宣言》发表后妇女的政治要求逐渐增加,人们认为有必要在法律上坚决制止妇女享有政治权利之外,更深层次的原因恐怕在于西方世界源远流长的贬抑女性的观念,启蒙学说未能涤荡旧习,短暂的政治革命亦未能真正地使人们洗心革面。

首先,他们重弹的不外乎是女性因自然生理导致的低劣状态这一传统老调。除了孔多塞等极少数人在为妇女的政治权利和社会权利奔走呼号之外,在革命的各个阶段中都回荡着革命家歧视女性的言论,这种歧视的程度是随着革命逐渐走向激进而逐渐上升的。在与旧制度进行较量,尤其是在革命遇到危难的时候,他们需要妇女的参与来壮大第三等级的队伍,这时他们对女性歧视的态度才稍微有所收敛;而一旦政权到手,他们则害怕妇

---

① *Réimpression de l'ancien moniteur*, T. 18, Paris: Henri Plon, 1860, p. 290.

女争取政治权利的斗争威胁到男性的统治，于是伟大的革命家们一个个都成了著名的反女权主义者。在大革命高潮期间，敌视女性和女权运动的革命家们有三个共同的特点：其一，不论他们属于哪个政治派别，在对待妇女的态度上则消除了理念的分歧和对立；其二，这些“热忱的爱国者”们都潜心研读过卢梭的著作，启蒙哲人的理论熏陶以及革命实践的潜移默化都促使他们将妇女视为一种邪恶势力；其三，他们否定妇女的政治权利和社会权利，而且他们敌视妇女运动都是以妇女“天生低下”为出发点和理由。

最早在议会中鼓吹男女性别生理差异的是大名鼎鼎的革命家米拉波。早在制宪议会规划教育改革的时候，米拉波就在1791年9月发表了主题为“妇女注定主内，不应该走出家庭”的讲话，为大革命歧视妇女的政策定下了基调。他说：

我对妇女教育的建议不多。男人注定主持外部事务，应该受到公共教育。相反，妇女则注定主内，只应该在很少的情况下走出家庭。学校通常比最细心的家庭教育培养更多数量的男人，而女修道院培养的良家妇女比没被它们教坏的还要少。……

男人体质的健壮，由这种体质产生的积极、有活力、大胆、坚韧不拔的行为决定了他们工作的特性：所有要求巨大的力量、遥远的行程、勇敢、顽强、持久的工作都绝对地与他有关。他应该劳作、经商、旅行、战斗，在公众会议上为他的权利和他兄弟的权利与其他人辩论，最后，处理所有在家庭内部不处理的事务，而在教育与天性相符的情况下，这些都是他的教育为他准备好了的。

妇女纤细的体质，完全适合她们首要的使命——使人类得以延续，细心地照料儿童。在这个对我们生命的创造者而言是如此珍贵的使命中，通过微弱的不可抵抗的力量，在她们的身上连接了男人的所有力量。我认为这种体质，这种适应于家务的优柔寡断，这些干家务所要求的深居简出的习惯的限度，只是在一种隐居生活的平静职业中才能使她们感到真正的幸福。强迫这些纤弱的肌体承担艰巨的任务，给这些软弱的手载上沉重的负担，就是用最野蛮的卑鄙行为违背天性：在家庭习惯的范围内，她的谨慎的克制能产生出最大的魅力，这种魅力产生了或者至少是完善了她们所有的令人喜爱的品质。但是，试图将她们转移到男人中间或商业事务中，使她们遭受一生的磨难，在扭曲她们身体的同时，她们只能学习承受；这一切都搞错了。这就是在希望通过空幻的特权使她们满意的同时，使她看不到能够使她的存在变美的真正好处。无论对于她们还是对于我们而言，这样做都降低了价值。一句话，这就是借口吸收她们参加主权，使她们失

> 去她们的帝国。毫无疑问,妇女应该治内,她也只能治内。在其他所有的地方,她都是不合时宜的。她引起人们注意的唯一的方式,就是通过一种让人想起家庭的母亲或显示出所有与之相称的特征的仪表。一位可尊敬的妇女对此的管辖权限不是不够广泛;相反,她的丈夫会一样珍爱她、敬重她,在最困难的情况下会听从她的支配。她的孩子对她怀有最温情、最虔诚的顺从;她在近亲和邻居中保持和睦。小伙子来向她要求一个与她相似的伴侣,她用恩惠和安慰向周围的人提供最有益的意见。因此,在禁止妇女进入公共会议——她们的出席将在那儿引起更多的骚乱——的同时,还应该将她们与从任何方面看都不适合她们的公共职务分开。[①]

除了在教育领域对妇女加以排斥以外,妇女对社会权利和政治权利的要求也不断遭到刁难。塔列朗在议会中的发言主题非常鲜明:"不要把我们的生活伴侣培养成对手。"他声称:"共同的幸福尤其是妇女的幸福要求她们毫不向往权利和行使公共职务。让人们在自然的愿望里寻求她们的利益吧。"[②]塔利安在给制宪议会的一份报告中指出:"妇女的美德要求她们不去追求行使政治权利。难道还不明白她们柔弱的身材、文雅的性情、母性的天职,必须让她们远离权力,专门照看家务吗?"肖梅特对妇女参政的要求也大加抨击:"妇女想把自己变成男性是可怕的,也是违背自然的……从何时开始妇女们抛弃了对家庭和子女的精心照料,来到公共场所夸夸其谈?那些想成为男人的厚颜无耻的妇女们,你们有资格这样做吗?"被誉为大革命"预言家"的马拉也认为,"妇女不应该承担任何公共事务,而应该通过家务来体现自己的价值"。[③]

共和国建立后,这种观念不仅没有随着新的共和观念而得到削弱,相反在各个方面还得到了增强,更由于卢梭幽闭妇女的理论影响而得到大大的深化。1793 年 1 月 25 日,雅各宾党人普律多姆首先发难,反对里昂妇女组建政治俱乐部:"当里昂妇女俱乐部这么做时,她们是怎么考虑让—雅克·卢梭在《社会契约论》里教育年轻女公民的那些完整章节呢?……妇女俱乐部将是家政的苦难渊源……我们恳求里昂的那些好公民,留在家里吧,好好照看你们的子女吧,而不是妄称什么懂得《社会契约论》!"[④]

---

① Jérôme Mavidal, *Archives parlementaires de 1787 à 1860*, T. 30, Première série, pp. 518-519.

② Jérôme Mavidal, *Archives parlementaires de 1787 à 1860*, T. 30, Première série, p. 478.

③ Annie Rouquier, "Histoire des femmes/Femmes dans l'histoire", http://www.histgeo.ac-aix-marseille.fr/a/gat/d003.htm, 2005-04-25.

④ 转引自朱学勤:《道德理想国的覆灭》,第 239 页。

其次，男性怀有害怕女性与之优势相对抗的心理恐惧。这就是普雷沃斯特在1793年10月29日把革命的共和主义女公民描述为用长矛和匕首武装起来的“怪物”时所指出的：“妇女是怪物（monstres），在她们的同伴没有预料的时候杀害他们，使他们放弃一切，而听凭妇女实行像奴役男人的卡特琳·德·梅第奇那样的统治。”[①]用“怪物”这个蔑称来歧视18世纪末革命的女公民的现象不少，这个措辞的含义就是妇女不能够获得和男人同样的权利，因为这将导致一种混乱，而这种混乱将开创一个疯狂和破坏的纪元。大革命虽然推翻了旧制度，但旧制度的意识、传统的妇女观和父权制的余毒是无法在短期内肃清的。一旦妇女们的行动和要求冒犯了男性的优势和尊严，超出男性的接受范围，必然会遭到男性的限制和敌视，这就是导致排斥女性公民权利的根本原因。

第三，希腊文明和犹太基督教文明中“女性的象征潘多拉和夏娃是人类不幸之根源”的传统说法，在大革命中又再现出来，由此而产生的限制妇女参与政治生活的观念也直接复活。“残暴的妇女”武装起来，在一个性别的“圣巴托罗缪之夜”[②]屠杀男人的可怕传说好几次出现在大革命中。1793年7月13日，发生了贵族女青年夏洛特·科黛刺杀狂热鼓吹激进革命的“人民的喉舌”马拉的暴力事件，于是，女性对男性报复的恐惧感更加萦绕在男人们的头脑，他们力图把人们对夏洛特·科黛的仇恨扩展到全体妇女身上。有一位无套裤汉解释说：“正如最后的暴君的女人玛丽·安托瓦内特是法兰西的不幸一样，刺杀‘人民之友’的凶手科黛表明人们不应该让妇女们参加区的事务的审议。”[③]

第四，在革命家的心目中，具有破坏性的妇女结成民众团体，将会增加现有阶级斗争中的性别斗争，它破坏共和国的团结，瓦解社会并导向无政府主义和革命的失败。而且，由于妇女的精神状态（温柔和狂热）和政治素质（政治经验不足）的天然缺陷，往往导致一些极端的行动，很可能成为“敌人”可资利用的一个工具。按照一个警察在报告中的说法：妇女的要求和妇女俱乐部的活动只能是反革命投在民众中间的“一个争执的苹果”。[④] 因此，对妇女革命的“破坏性”的忧虑，也直接导致了在政治领域内对妇女的排斥。

这些因素的集聚和综合，推动了雅各宾派排斥妇女社会权利和政治权利的法令出台。安德烈·阿玛尔于1793年10月30日的报告并没有新意，它只是大革命期间对妇女歧视言论的一个综述。报告从生理学、心理学以及女性无能力参政的伦理学中找寻镇压妇女活动的根据：

---

① Prévost，“Rapport du 8 brumaire an II”，dans *Réimpression de l'ancien moniteur*，T. 18，p. 187.

② 8月23日为“圣巴托罗缪节”，1572年8月23日晚天主教派对胡格诺派的大屠杀被称为“圣巴托罗缪之夜”。

③ “Discours à la Commune du 27 brumaire an II”，dans *Réimpression de l'ancien moniteur*，T. 18，p. 450.

④ Latour-Lamontagne，“Rapport du 21 septembre 1793”，dans *Réimpression de l'ancien moniteur*，T. 17，p. 717.

委员会相信应该考虑得更加深远，它提出如下的问题：它允许公民或一个特殊团体去加强另一些公民的力量，使他们去从事法律所不管辖的事情吗？结合成民众团体的妇女在巴黎集会，应该得到允许吗？这些团体已经造成的动乱应该长期存在吗？这些问题自然是错综复杂的，它的答案将引导出两个更一般性的问题，这就是：妇女能够行使政治权利，能够参与政府的一部分事务吗？她们能够以政治协会或民众协会的名义进行审议吗？关于这两个问题，委员会的答案是否定的。

第一，妇女应该行使政治权利，干预政府事务吗？管理，就是以渊博的知识、专心和无限忠诚、沉着镇定和忘我牺牲为基础所形成的法律管理公共事务；管理，也就是不断地指导和调整合法组成的职权活动。妇女可以有法律所要求的这些关注和素质吗？一般来说，人们都能够作出否定的回答。公民的政治权利是通过审议、讨论，使人作出关于国家利益的决定和反抗压迫。妇女有行使这些权利所要求的道德的和体力的力量吗？普遍的观点都不接受这种主张。

第二，妇女应该聚集为政治团体吗？民众团体的目标是：揭发公共事务的敌人的诡计，监视作为个体的公民，公务人员甚至立法机构；用共和主义美德激发公民的热忱；用政治辩论启发自己，深入研究不足之处和政治法律的改革。妇女能将自己奉献给这些实用和繁重的职责吗？不能，因为她们不得不将更重要的关注奉献给本性所要求她们从事的事务。妇女的本性注定她们应从事支撑着社会的普遍秩序的私人职责；这种社会秩序是男女有别而产生的。她的活动被限制在她不能跨越的范围之内，因为这些限制是本性所划定的，而不受任何法律的约束。

男人强劲健壮，生来具有果敢、勇气和巨大的力量；他的体质使他无视危难和气候无常；他适应一切生活环境，适应技艺的和繁重的工作；由于他几乎注定从事农业、商业、航海、旅行、战争，以及力量、智力、能力所要求从事的事务，而且只有他具有妇女所不具备的精神思辨和长期研究的能力。

什么是妇女固有的特性？习俗和本性确定了她们的职责：人的最初教育，培养孩子的精神和心灵适应公共美德，尽早引导他们向善，培养他们的灵魂。在勤俭治家的同时，在自由的政治信仰中训练他们，这就是她们的职责；妇女注定要使人爱美德。当她们履行了所有这些责任时，她们值得受到祖国的赞扬。毫无疑问，她们必须在自由的原则中自我培养，以便珍爱她们的孩子；她们可以参加分区的审议，可以参加民众社团的讨论；但是，让她们从事使人的品行变得温和的事情，她们就应该积极地加入辩论吗？辩论的热情与构成她们性别娇媚的温柔和稳重是不能并存的。

我们应该说这个问题基本上与习俗有关，但它不是共和国的习俗。共和国允许一个妇女在公共场合表现她的正直，允许她和男人一起斗争吗？允许她当着众人的面讨论事关拯救共和国的问题吗？在一般情况下，妇女少有理解力和严谨的思考。在古老的民族中，她们本性的胆怯和羞耻心不允许她们出现在家庭之外。你们愿意在法兰西共和国中，看到她们像男人一样来到律师席，来到讲台，来到政治会议中，放弃这个性别所有美德的源泉：忍耐和对家庭的关照吗？

妇女的道德教育几乎是一片空白，她们在原则方面不太明确。……由于她们的生理结构所具有的对公共事务有害的狂热，这种热情的冲动可能产生放荡的行为和骚乱。

妇女不可能行使她们的政治权利。请你们摧毁这些贵族政治为了使之与男人作斗争而希望建立的妇女民众协会。①

在这里，人们看到了大革命期间两种相互对立的妇女形象。其一是奉献给家庭的积极的形象，这种形象的活动范围是家庭的和私人领域的。另一种是相反的形象，即那种违背理想的妇女准则、参加公共生活的活动分子的形象。虽然那种温柔的、奉献给家庭的妇女的形象不是伴随大革命诞生的，但大革命是一场希望将这种形象变成现实的运动的组成部分。安德烈·阿玛尔的"男权演说"可以作为标志：它力求达到在公共生活中同时也是政治生活中排除妇女。

议会经过一番辩论，通过了如下的法令："以任何名义建立的妇女俱乐部、妇女公众团体，一律禁止。"②1793年12月31日，国民公会又发布补充法令："妇女们只有在丈夫和孩子一起出席的情况下，才能参加社会活动。"

根据国民公会的法令，"革命共和派女公民俱乐部"在10月30日被封闭，大革命期间妇女争取公民权的斗争从此画上了句号。几乎与此同时，三名有代表性的妇女：玛丽—安托瓦内特(10月16日)、德·古日(11月3日)和罗兰夫人(11月8日)都被处以断头台的极刑。

取缔妇女团体和对女权运动的镇压获得了激进分子的狂热喝彩。1793年11月17

---

① Jérôme Mavidal, *Archives parlementaires de 1787 à 1860*, T. 78, Première série, pp. 50-51.

② J.-B. Duvergier, *Collection complète des lois, décrets, ordonnances, règlemens avis du Conseil d'État*, T. 6, Paris: Chez A. Guyot et Scribe, 1834, p. 266.

日，巴黎公社检察长皮埃尔·肖美特在市府会议上发表演说，诋毁和谩骂妇女激进主义者，认为妇女参与政治活动就是泼妇在街上闲逛，罪有应得："从什么时候起允许妇女放弃她们的性别变成男人？从什么时候起习惯了看到妇女抛弃了对家庭和子女的精心照料，来到公共场所，来到演讲台，来到议会，来到我们的军队中间，履行天性只分派给男人的权利？……那些想成为男人的厚颜无耻的妇女们，你们有资格这样做吗？你们还要发动运动吗?"1793 年 11 月 19 日，《导报》在第二版的专栏中刊登了被判处断头台死刑的三位妇女的判决，并附加对三人的评论。玛丽一安托瓦内特是"一个坏母亲，一个淫荡的妻子"。德·古日则"幻想成为一个社会知名人士，而法律认为她是一个忘记了女性美德的阴谋家，因而要惩罚她"。关于罗兰夫人的评论是："叫罗兰的女人，是个小哲学家、知识分子。她是个彻头彻尾的魔鬼……她还是个母亲，但是她牺牲了自己的母性，希望能超越这一切。出人头地的欲望使她忘记了女性的美德，这种致命的忘却最终引导她走上了断头台。妇女们，你们愿意是共和主义者吗？那就热爱、遵循法律吧，并教导你们的孩子行使自己的权利吧；在你们的家务中勤劳吧；永远不要参与民众会议。"①在报道者的笔下，玛丽一安托瓦内特已经不再是破坏大革命的王后；处决德·古日和罗兰夫人的理由更加简单：就因为她们都是女性，是忘记了自己性别美德的罪有应得的叛逆。

在热月政变结束恐怖统治后，妇女连社会身份也受到了极大的限制。1795 年 5 月，立法议会的法律规定：妇女应待在家里；在公共场合超过五名的妇女群体应该被解散，如果必须的话则强制执行。雾月政变后，妇女的地位更进一步恶化。《拿破仑法典》规定妇女不仅没有任何政治权利，她们的法律地位也被剥夺，大革命期间获得的离婚权也难以行使。

因此，以响亮的"自由"、"平等"口号而名垂史册的法国大革命，对女公民而言似乎只是一种悲哀。她们曾经热情地参与到了这个历史进程之中，然而，最终的结果不是迎来女性权利的加强，更不是女性的解放，而是男性专横地将她们从社会政治公共领域里彻底地驱除出去。在这一点上，诚如达琳·盖伊·利维在《变得可见：欧洲妇女史》一书中所阐述的："在关于法国大革命的讨论中，我们会发现，当妇女未被纳入其中考虑时，这场革命似乎更具有民主性。……而当我们把妇女纳入到 1793 年之后发生的事情进行考虑和解释时，这场革命似乎更缺少民主性并具有更加强烈的压制性。"②

---

① *Réimpression de l'ancien moniteur*, T. 18, p. 450.

② Renatae Bridenthal, Claudia Koonz and Susan Stuard, eds., *Becoming Visible: Women in European History*, pp. 282-283.

第六章　工业化时期的西方女性

短暂的政治革命虽然风云激荡，对那个时代的社会政治产生了深刻的影响，但西方妇女在漫长的历史进程中积淀而成的现实地位和观念形象，可以说是一种超稳定的长时段结构，难以为瞬时的政治革命所彻底撼动。

18 世纪 60 年代发轫于英国的工业革命，是一场彻底改变社会经济结构和人类生活面貌的变革。不可避免地被卷入这一变革潮流里的人类“另一半”，其命运也随之发生巨大的沉浮变化：中产阶级妇女从社会生产和劳动领域离开，成为囿限在家庭天地里的“家庭天使”；而广大的下层妇女为了弥补家庭生计的不足，或受雇于工厂、农庄充当产业工人，或进入富裕家庭做女佣。工业革命虽然为广大劳动阶层妇女走出家庭提供了更多的机会，但并没有对她们社会和家庭地位的变化产生立竿见影的影响。直到 19 世纪中期之后，随着近一个世纪的工业化浪潮的横向扩展和纵向深入而聚集起来的革命性社会变革力量，才使西方妇女的状况和自我意识发生较为显著的改变。

一、英法妇女在工业化中的命运变迁

1. 工业化时代的来临

18 世纪 60 年代，英国首先开始了工业革命，这是一场彻底改变人类生活面貌的伟大革命。恩格斯在《英国状况 十八世纪》中曾高度评价这场伟大的经济变革：“英国发生的革命是社会革命，因此比任何其他一种革命都更广泛，更深刻。人类知识和人类生活关系中的任何领域，哪怕是最生僻的领域，无不对社会革命有所影响，同时也无不在这一革命的影响下发生某些变化。”①

工业化所带来的首先是经济上的巨大发展和变化。在短短一百年甚至几十年的时间内，西欧国家改变了人类数千年的农耕生活。以第一个工业化国家英国为例：在工业革命

① 恩格斯：《英国状况 十八世纪》，《马克思恩格斯全集》第 1 卷，人民出版社 1956 年，第 656 页。

前夕的十八世纪中期,英国基本上还是一个农业国。1750 年左右,以农业为生的家庭大约占全部人口的 60%—70%。[①] 英国农业劳动力的比例在 1801 年也还有 35.9%,1841 年有 22.2%,1861 年则降为 18.7%。与此同时,制造业和矿井工业的劳动力却在上升,从 1801 年的 29.7%上升到 1841 年的 40.5%,再到 1861 年的 43.6%。[②]

除产业结构发生了重大变化之外,劳动技术也发生了巨大变化。具体表现在工厂制度的确立,以及由此带来的劳动生产率的提高。1771 年,阿克莱特建立第一个克朗福德工厂,工厂制度开始建立。"据估计,1787 年全英国有水力纺纱厂 143 家,1795 年约 300 家,1797 年水力纺纱厂和使用混成式纺织机的棉纱厂共 900 家,1833 年有 1125 家,1850 年有 1407 家。"[③]不仅工厂的数量在不断增多,而且其规模也在不断扩大。工厂制度的创立者阿克莱特建立第一个克朗福德工厂时,仅仅雇佣了不到 200 名工人,到 1795 年布拉德利(Bradley)建立他的新工厂时就已经雇佣 1000 名工人了。[④] 而新拉纳克的戴尔·欧文公司则雇佣了 1600 多人。[⑤]

伴随着工厂制度的确立和以蒸汽为动力的机械设备的使用,劳动生产率也在不断提高。在英国,1823 年前后,动力织机与手织机的速度比是 7.5∶1,一个技术相当好的成年手织匠在一周时间内可以织 2 匹衬衣料子,而一个 15 岁的蒸汽织布机织工在同样时间内可以织 7 匹相似的布。[⑥] 到 1833 年,一个成年织工加上一个童工可以做手织工 20 倍的工作。曾有人估计,1827 年某纱厂的 750 名工人可生产相当于 20 万手工纺纱工的产品;一个男工和一个男童操作的花布印花机可代替 100 个手工印花工;而织网机可取代 2000 个,后来是 10000 个手工枕头花边工。[⑦]

其次是政治的民主化。工业革命后,工业资产阶级在控制了国家的经济命脉以后,开始向土地贵族夺取国家政权,并且由此引发了各国政治民主化的改革。英国经 1832 年、1867 年、1884 年三次议会改革,实现了成年男子的普选权;法国经过数次的反复以后,也于 19 世纪的 70 年代实现了成年男子的普选权。

再次,伴随着工业化的是城市化进程。虽然英、法两国城市化各有特色,但殊途同归。

① Phyllis Deane, *The First Industrial Revolution*, Cambridge University Press, 1986, p. 14.

② Maxine Berg, *The Age of Manufactures Industry Innovation and Work in Britain 1700-1820*, Fontana Press, 1985, p. 46.

③ 钱乘旦:《工业革命与英国工人阶级》,南京出版社 1992 年,第 12 页。

④ Stanley Chapman, *The Early Factory Masters: The Transition to the Factory System in the Midland Textile Industry*, David and Charles, 1992, pp. 64-133.

⑤ 克拉潘:《现代英国经济史》第一分册,姚曾廙译,商务印书馆 1986 年,第 237 页。

⑥ 《一六八九——八一五年的英国》,《世界史资料丛刊·近代史》(下册),商务印书馆 1997 年,第 24 页。

⑦ 钱乘旦:《工业革命与英国工人阶级》,第 16 页。

在工业化以后，两国的城乡结构都发生了变化。例如，工业革命前英国还是一个乡村的社会，而到19世纪中期已经是一个都市的社会。"在18世纪中期，集中生活在5000人以上城市的人口比例不到16%，到1841年比例已经达到60%。1841—1851年间，有180万人(超过17世纪60年代或者70年代全部的城镇居民)涌入大城市。"[①]"1851年，城市和乡村的人口趋于平衡，即城市与农村人口各占一半。"[②]所以，到19世纪中期，英国基本上已经是一个工业国家。法国的城市化较之于英国以及其他率先现代化的国家，速度要缓慢得多，近代城市化的水平也较低，除了巴黎和外省的几个大城市，法国大城市的数量很少，中小城市占据主要地位。不过法国城市化发展虽然缓慢，但是比较平稳，随着工业化的进一步发展，1931年法国也完成了城市化。

最后，工业化和城市化进程，不可避免地引发从社会生活到家庭模式，从思想观念到伦理道德的变迁，每个人都被卷入到这种时势变化的洪流之中，妇女自然不能例外。一方面，工商业的日益发达培养了一批有闲阶层的妇女，"意味着(她们)可以雇佣一名女仆，可以将更多的时间用在孩子们身上，可以住更加宽敞的房子，拥有更好的家具，可以吃得更好，穿得更好，读和写——这些都是经济增长带给这些妇女的能够切身感受到的实惠。"[③]另一方面，社会化的大生产不仅部分地将妇女从琐碎的家庭杂务中解放出来，如缝衣制鞋、操劳家务，从而减轻家庭妇女的负担，而且还迫使部分劳动妇女走出家庭，投身到社会化大生产中。

2. 社会规范中的女性角色

工业社会的剧烈变动，必然会影响到各阶层妇女的命运沉浮。然而历史的发展并非直线，因此，在工业革命来临后的相当长时间里，妇女依旧处于社会的边缘，她们甚至丧失了在中世纪和革命年代已经获得的部分权利。在男性的话语霸权之下，女性或者被排除在社会公共领域之外，囿限在家庭狭小的私人空间里；或者被迫走出家庭，参与社会生产劳动，游离在贫困线上下。她们都没有独立的身份和法律地位，只是家庭男主人的附属品。

工厂制度建立之前，家往往就是手工作坊。妇女作为丈夫的帮手参与物质生产劳动。随着大机器的发明，工厂制度建立，劳动场所和生活场所分离，人们不可能再兼顾生产和

---

① Phyllis Deane, *The First Industrial Revolution*, Cambridge University Press, 1986, p. 278.

② Janet Roebuck, *The Making of Modern English Society From 1850*, Routledge and Kegan Paul, 1973, p. 1.

③ Bonnie S. Anderson and Judith P. Zinsser, *A History of Their Own: Women in Europe from Prehistory to the Present*, vol. 2, p. 130.

家务，这就迫使妇女或者离开家庭到工厂做工，或者留在家中做家庭主妇。“经济的发展导致了社会生产从家庭中转移出去，同时增加了不再需要走出家庭挣工资的妇女的数量。‘工作’和‘家庭’逐渐成为与‘对立的性别’相联系的两个对立的世界。”[①]于是在西方各国出现了公共领域和私人领域的截然分离。公共领域是男人的世界，是男人参与政治生活、从事经济活动的天地；私人领域是女人的世界，是妇女相夫教子、维护道德的场所。“丈夫和妻子在家中的作用逐渐分离了，妻子的工作是照料家庭、洗衣做饭、抚育孩子，而丈夫的职责则是挣钱。”[②]这种“公共生活和私人生活的分离”的风气，在19世纪成为社会的时尚，并首先在资产阶级中流行，后来逐渐扩展到上层的土地贵族和下层的小资产阶级和工人阶级。

与“男主外女主内”的性别分离相联系的是“工作”(work)涵义的变化。原来一个人做事情即是“工作”，现在只有挣钱养家糊口才可以称之为“工作”，这样“妇女的工作逐渐地被认为不是真正的工作，而只是家务劳动，至多是辅助性的工作，因而经常也是没有报酬的”。[③] 没有报酬即意味着没有价值，于是女性在经济上较之以前更进一步处于男性的从属地位。英国著名诗人丁尼生在1847年出版的一本诗集中，用一位老国王告诫公主的话，概括了领域分离的真谛：

> 男人在田野，女人在家庭；
> 男人佩刀剑，女人拿针线；
> 男人发命令，女人听指令；
> 这一切不可混淆。[④]

基于自然生理差别衍生出来的“男女生活在不同领域”的思想，既是女性法律地位处于弱势的观念源流及依据，也是男性在新的社会时代维护自身霸权的一种新的理论武器。在工业社会来临之际，自由的市场经济和日渐开放的政治领域为他们提供了施展才能的公共舞台，因此，他们需要一个隐秘安宁的私人空间——家庭——休憩和疗养，“男人在外

---

① Bonnie S. Anderson and Judith P. Zinsser, *A History of Their Own: Women in Europe from Prehistory to the Present*, vol. 2, p. 144.

② Eleanor S. Riemer and John C. Fout, eds., *European Woman: A Documentary History 1789-1945*, Schocken Books Press, New York, 1980, p. 147.

③ Lisa DiCaprioand Merry E. Wiesner, eds., *Live and Voices: Sources in European Women's History*, p. 197.

④ Erna Olafson Hellerstein, Leslie Parker Hume and Karen M. Offen, eds., *Victorian Women: A Documcntary Account of Women's Lives in Nineteenth-Century England, France and the United States*, Stanford University Press, 1981, p. 118.

部世界里拼杀，一定会遭遇到危险和考验，因此对他来说肯定会有失败、侮辱、不可避免的错误；他也一定会受伤，会感到压抑；经常会误入歧途；即使如此他也决不让步。为了逃避外界的丑恶和残酷，他们为自己留下了一个可以疗伤的场所，这就是自己的家。"[①]为了给自己营造一个温馨、舒适的家，文人和伦理学家们大肆赞美家庭生活。约翰·拉斯金说："家是和平之地，避风之港。"[②]家庭是所有美德和温情的百花园，而妇女就是守护这个花园的"天使"。男性还利用既有的文化霸权制造和规约着既定的性别关系秩序，当时"几乎所有的指南书都极力强化'母亲'的职责，奉劝妇女花费大量的时间来照料婴幼儿，并尽心尽力地培养自己的女儿。"[③]在这种教化下，维多利亚时代的末期，"每所房子都有它的天使。她富于同情心、迷人、绝对无私……她天天牺牲自己"。但正如英国女权主义作家维吉利亚·伍尔夫所指出的，"家庭天使"的美丽桂冠实际上只是以社会规范的方式，更加牢固地确立妇女的传统角色。[④]

因此，在工业革命时期，性别关系变化所导致的直接结果之一是妇女地位的下降。在家庭里他们依赖于男主人，在社会上进入公共领域受到严格的限制。

工业革命所导致的性别关系的变化也因女性所属家庭的不同而有所差异，不同阶层的妇女的社会地位和家庭地位也不尽相同，下面我们将按照阶层对工业革命时期的英、法妇女进行研究，主要论述中产阶级妇女、劳动妇女等。

3．中产阶级妇女：教育、婚姻和性

工业革命时期，英、法两国的中产阶级是一个庞大的阶层，不过真正能够完全脱离社会生产，退居在私人领域做"家庭天使"的妇女却不是很多，但是她们的生活方式、思想观念却成为当时的社会时尚，是其他阶层妇女追随和模仿的对象。

首先我们应该对中产阶级进行界定。恩格斯在《英国工人阶级状况》中曾提到过法国的中产阶级："英文中的 middle-class（或通常所说的 middle-classes），它同法文的 bourgeoisie（资产阶级）一样是表示有产阶级，即和所谓的贵族有所区别的有产阶级，这个阶级在法国和英国是直接地……掌握着国家政权。"[⑤]所以 19 世纪的中产阶级实际就

---

① Janet Wolff and John Seed, eds., *The Culture of Capital: Art, Power and the Nineteenth-Century Middle Class*, Manchester University Press, 1988, p. 120.

② Josephine M. Guy, ed., *The Victorian Age: An Anthology of Sources and Documents*, London and New York, 1998, p. 506.

③ Bonnie S. Anderson and Judith P. Zinsser, *A History of Their Own: Women in Europe from Prehistory to the Present*, vol. 2, p. 138.

④ Suzanne Fagence Cooper, *The Victorian Woman*, New York, 2001, p. 10.

⑤ 恩格斯：《英国工人阶级状况》，《马克思恩格斯全集》第 2 卷，人民出版社 1957 年，第 280 页。

是资产阶级。在拿破仑战争以后，人们通常用中产阶级指代处于上层的贵族和下层的平民之间的那一部分人。法国历史学家皮埃尔·索兰认为："资产阶级是这样一些人，他们拥有比维持生存更多的钱，他们认为保持一定的社会地位是必须的。"[①]也就是说，资产阶级有别于贵族，因为他们没有可炫耀的家世；他们也不同于平民，因为他们拥有财产，有一定的社会地位。

自工业革命以来，英国一直就有一个人数比较多的中间阶层的存在，据帕特里克·科洪对英国1803年家庭收入的估计，英国贵族、中间阶层和下层群众家庭和收入的百分比分布如下：

英格兰和威尔士1803年家庭和收入的百分比分布[②]

	家庭	收入
贵族	1.4	15.7
中间阶层	31.6	59.4
下层群众	67.0	24.9
	100.0	100.0

从上表我们可以看出，在1803年的英国，中间阶层家庭占全部家庭的1/3，而其收入竟然高达近60%。在法国更是如此，1886年的人口统计显示雇主占全部工作人口的35%。[③] 如此众多的雇主自然不仅仅只有大、中资产阶级，而且包括那些只有2—3名雇工的小业主。至19世纪中后期，白领雇员、低级公务员又跻身于此列。所以19世纪西方中产阶级人数众多，且社会构成非常复杂，从大商人、银行家、企业家、各类文职人员到个体零售商等都属于这个阶层。

在工业革命时期的西方，资产阶级的中上层位居于社会的中心，他们一方面通过工业革命控制了国家的经济命脉，另一方面通过资产阶级革命和后来的一系列议会改革掌握了国家政权，成为当时最令人瞩目的一个社会阶层。就是在这个阶层中，男女之间的性别对立、公共领域与私人领域分离的现象体现得最为明显。

1854年，英国诗人考文垂·帕特莫尔(Coventry Patmore，1823—1894)出版了著名的长诗《家庭天使》(*The Angel in the House*)。他在诗中描绘了中产阶级期望和追求的一种理想女性——"家庭天使"。1867年的《星期六月刊》刊载文章，对"家庭天使"作了更加明确的描绘："显然一个男人希望而且能够寻找到这种理想的女性……她是丈夫永远的朋

① Gordon Wright, *France in Modern Time*, Langman, 1981, pp. 285-286.

② Harold Perkin, *The Origin of Modern English Society*, London, 1985, p. 21.

③ Francois Caron, *An Economic History of Modern France*, Columbia University Press, 1983, p. 136.

友和伴侣，而非他的对手；她以丈夫的利益为自己的利益……她会将他的房子、他的家以及其他方方面面都安排妥当。她是慈爱的母亲、勤勉的家庭主妇。”[①]这样的“家庭天使”是19世纪西方中产阶级男子对妇女的要求，也成为社会对妇女美德的界定。

这些中产阶级妇女是不外出工作的。这一方面是因为，工业化的发展和财富的增加使“家庭天使”的存在成为可能。她们的父兄、丈夫拥有足够的财力，完全能够维持一家的日常开销，不需要她们像工人阶级妇女一样外出工作以补贴家用。另一方面，妻女不外出工作是资产阶级男性地位的象征。一个闲居在家的妻子是丈夫事业成功的标志，表明他有能力维持一家的生活开支。中产阶级“以妻子生活得像贵族那样闲暇而自豪，因为这标志着丈夫的社会地位。如果妻子外出工作，男人的男子汉气质将大大折损，这正是工业革命时期的观念。”[②]

有些中产阶级妇女不仅远离社会生产劳动，而且也不参与家务劳动。因为工业革命以后，西方大部分中产阶级家庭都雇佣仆人帮助家庭主妇做最费体力的工作，上层资产阶级家中甚至有多名仆人，下层资产阶级家中至少也有一位女仆。有人甚至以是否雇佣一名仆人作为划分资产阶级的标准。“为了尽母亲的责任，为了管好家务，女主人常常由一些仆人协助，人数的多寡，由收入情况来定。这其中有保姆，有女仆和男仆，还有厨子。资产阶级的身份就由是否使用仆人而定。”[③]在19世纪初期，西欧女仆的人数大增，繁重、枯燥的家务活，诸如搬运木柴、煤炭、洗衣、做饭、清洗厕所、打扫卫生、清洁厨房、洗尿布、带孩子等，可以由仆人代劳。在一些富裕的家庭，仆人几乎承揽了所有的家务，上层中产阶级妇女成了真正的有闲阶级。1836年的夏天，伊莉莎白·加斯克尔——一位未来的作家，在她结婚4年做了一个两岁女孩的母亲并且又一次怀孕以后，在她的乡间别墅给表姐写信，描绘了一幅有闲阶层优裕的生活图景：“我希望我能够向你描绘出我现在的情况：我坐在古色古香的客厅里，门窗大开着，明媚的阳光透过敞开的玻璃窗照在开满鲜花的庭院里。……孩子、贝塞(保姆)、妈妈和蓓茜(一位远亲)……我们坐在客厅朗读、幻想，用以消磨时光，除了在吃饭的时候，我们会想念你之外，我们和孩子都无比欢乐。”[④]弗罗伦斯·南丁格尔(Florence Nightingale)也曾在她的日记里记载了这种她所讨厌的悠闲生活：“这两个星期我究竟做了什么？我给父亲读了《女儿在家中》以及《麦金托什》中的两章，给妈

---

① Suzanne Fagence Cooper, *The Victorian Woman*, p. 10.

② June Stephenson, *Women's Roots: The History of Women in Western Civilization*, p. 252.

③ 安德烈·比尔基埃等主编：《家庭史》第2卷，袁树仁等译，第560页。

④ Bonnie S. Anderson and Judith P. Zinsser, *A History of Their Own: Women in Europe from Prehistory to the Present*, vol. 2, p. 129.

妈读了1卷《西比尔》,学会了7支歌,写了一些信,和爸爸一块骑马,到外面出访8次,会见一些朋友,仅此而已。"[①]

这种悠闲的"家庭天使"成为当时社会的时尚,所以对于女孩子的教育,也是以培养未来顺从丈夫的"家庭天使"为指向。在女子教育方面,卢梭在《爱弥儿》中阐述的有关男女相异的教育理念,对19世纪英、法中产阶层的家庭教育具有相当大的影响。虽然玛丽·沃斯通克拉夫特曾经于1792年发表《女权辩护》,反对卢梭关于女子教育的理论,但是直到第一次女权运动,对西方上流社会产生主要影响的仍然是卢梭的教育理念。

在具体实践中,中产阶级家庭的男孩子一般是送到学校,女孩子大部分在家中接受母亲和家庭女教师的教育。另外一些女孩子被送往寄宿学校,少数大资产阶级的女儿则受教于圣心修会的修女,当时"甚至是最富裕家庭的女儿也不允许进入与职业相关的学校"。[②]

男女教育的内容也迥然相异:在对男孩子的教育上,资产阶级认为教育的目的应该是培养对社会有用的人才,所以他们强调的是科学而不是典雅。[③] 于是,男孩子"学习计算、法律、医学或者是任何其他的职业技术,以便将来扩大家族企业,也可以转向其他职业"。[④] 女孩子的课程只是图画、音乐、刺绣、绒绣和舞蹈,另外也学点外语、历史、阅读、写作、语法等,当然也包括家政教育,如学习女红、检查家庭收支、支配佣人、指导孩子学习等。总之,"女孩子被培养成一位天真无邪、对外部世界懵懂无知、熟悉家政艺术、渴望结婚的淑女。"[⑤]

这种教育培养出来的女子也只能适应于私人领域生活,她们所思所想所为的也就只有爱情、婚姻、家庭、孩子和丈夫。"在家庭成员之间关系亲密的中产阶级家庭,女儿只是期望多关心、多谈论她未来丈夫的选择问题,妻子只是期望从配偶那里获得更多的爱,母亲则期望能够抽出更多的时间培养孩子。"[⑥]

但对于中产阶层中大多数的家庭来说,真实的情形并没有伦理学家们笔下描述的那

---

① 转引自钱乘旦:《第一个工业化社会》,四川人民出版社1988年,第344页。

② June Stephenson, *Women's Roots: The History of Women in Western Civilization*, p. 254.

③ Dorothy Marshall, *Industrial England 1776-1851*, Routledge and Kegan Paul, 1982, p. 129.

④ Barbara Corrado Pope, "Angels in the Devil's Workshop: Leisure and Charitable Women in Nineteenth-Century England and France", in Renate Bridentbal and Claudia Koonz, eds., *Becoming Visible: Women in European History*, p. 303.

⑤ Zeldin, *France 1848-1945: Ambition and Love*, Oxford, 1979, p. 287.

⑥ Barbara Corrado Pope, "Angels in the Devil's Workshop: Leisure and Charitable Women in Nineteenth-Century England and France", in Renate Bridentbal and Claudia Koonz, eds., *Becoming Visible: Women in European History*, p. 302.

么美好。许多并不富裕的中产阶级家庭的妇女也不能完全摆脱家务的重担,她们"实际上更像工人阶级妇女,多数中产阶级妇女在日常的家务劳动中还要承担很多繁重的体力工作"。[①] 由于经济原因,一般的中产阶级家庭只能雇佣一位女佣,帮助女主人做繁重的家务劳动。虽然工业化使家务劳动社会化,但是直到19世纪末期之前,几乎所有的家务劳动还都是手工劳动,大都需要家庭主妇亲自操持。另外,"随着工资的提高,人们渴望更加丰富的日用品,希望丰盛和高质量的食物,期望改善住宅的条件,让其更加清洁和舒适,其结果便是家庭主妇工作的不断增加。"[②]

由于中产阶级女性的活动局限于狭隘的私人领域里,家庭可以说是她们终生须臾不可分离的活动领域,因而婚姻对她们的重要性不言而喻。但"嫁妆"制度的流行使许多中产阶级妇女难以觅到如意郎君,也就难以拥有美满的婚姻生活。早在古代希腊就流行的"嫁妆"制度,经历中世纪一直到19世纪依然生机勃勃。"资产阶级接受这种价值观,婚姻对他们最大的意义是社会地位的上升,他们的儿子能为他们得到大笔嫁妆,他的条件越好,他的财产就越乐观;对下层资产阶级来说,两家财产的联合经常被用来开拓业务。"[③] 因为"嫁妆"的缘故,婚姻就不再是年轻人自己的事情,而是两个家庭,甚至是两个家族的联姻,父母都把子女选择伴侣作为改善或巩固自己家庭地位的一种行之有效的方法,是容不得子女自作主张的。"与社会地位低下的人联姻"是资产阶级社会的一大恐惧,它甚至超过旧制度时期贵族阶级对此怀有的恐惧感。实际上,青年男子在择偶时,不用父母的敦促,多数也都非常看重嫁妆,他们把婚姻、嫁妆看作是自己改变命运的契机,是走向社会上层的阶梯。而"嫁妆"总是与家庭、门第相联系,故19世纪西方中产阶级的婚姻总是门当户对的:大银行家的女儿嫁给工业巨子的儿子,小杂货商的儿子娶邮递员的女儿。在这样的婚姻中是很难存有爱情的,因而也就难以有尊重和平等。

西方家庭中性别关系的不平等,较为鲜明地表现在日常生活和道德伦理中的是对"性"的看法。在中产阶级男子看来,妇女无论是身体还是智力都是低劣的、虚弱的,她们是感情冲动的、非理性的,所以要加强对她们的道德监护,时刻防范她们背叛自己的丈夫。于是,他们就在"性"问题上严格禁锢女性。首先,女子被要求成为"无性欲"的人,她们应当没有性要求,也没有性愉悦。"性",对于有教养的资产阶级妇女而言,不过是生活中应该接受的一个事实,是延续后代和满足丈夫的需要,而不是她们自身的生理需要。自身有"性"需求或者要求"性"愉悦的女人是淫荡的,"妻子应把顺从丈夫的要求当作职责,要求

---

① Eleanor S. Riemer and John C. Fout, eds., *European Woman: A Documentary History 1789-1945*, pp. 146-147.

② Eleanor S. Riemer and John C. Fout, eds., *European Woman: A Documentary History 1789-1945*, p. 148.

③ Zeldin, *France 1848-1945: Ambition and Love*, p. 287.

分享丈夫愉悦的女人不是一个好女人。"[1]19 世纪中期,一位英国评论家宣称:"妇女应该回避性意识的觉醒,这样将有助于保护她的贞洁,也一定会引导她走向更美好的爱情。"[2]所以,中产阶级尽量避免他们的女儿接触有关性的知识,甚至连能引起"性"联想的东西都要远离,"一个高尚的妇女如果被男人看见进入洗手间就应该感到尴尬。"[3]其次,在"性"问题上,对男女有不同的道德标准。"妇女必须'贞洁',这包括婚前的贞操和婚后的'庄重'。"男人要遵守的却是另一种道德法典。"当时,'秘密生活'的现象大量存在,其中一些最活跃的往往逾越阶级的界限。一些晚婚的单身汉经常去寻花问柳,而有钱的已婚男人则可能会去找一位情妇。"[4]实际上,19 世纪资产阶级男子通奸、嫖娼相当普遍,在英国的伦敦和法国的巴黎以及两国的各大城市都有许多妓女,那时男子到妓院就如同去普通休闲场所一样自然。

在对待男女通奸问题上,英、法两国的法律也明显地偏袒男性。例如,法国的法律规定:女子与他人通奸判处三个月至两年的监禁;而男子与他人通奸却可以不受处罚,只有当他将姘妇带入夫妻共同生活的家中时,他才算是犯了通奸罪,并且只交纳 100—2000 法郎的罚款。如果妻子被丈夫捉奸在床,丈夫有权将她杀死,而不必承担法律责任;但在同样的情况下,妻子却不被允许攻击通奸的丈夫。[5] 英国法律也与《拿破仑法典》一样,对男女采取双重的标准。丈夫与他人通奸的处罚比妻子通奸的处罚要轻得多,理由则是来自传统的观念。1801 年,英国上院议长埃尔登在谈到妻子的通奸罪与丈夫的通奸罪的不同时讲道:

> 妻子与人通奸可能会给丈夫带来一个私生子,他要为这个私生子提供教育经费并分一部分财产给他(她),这对于丈夫是不公平的,然而已婚男子与人通奸却不会造成这种恶果。[6]

妇女对这一切只能容忍。离婚几乎是不可能的,其程序非常繁杂。例如在 17 世纪末,英国国会通过《特别法》,准许因"通奸"而提出的离婚,但是每一个离婚案件,都必须经

---

① Dorothy Marshall, *Industrial England 1776-1851*, p. 122.

② Suzanne Fagence Cooper, *The Victorian Woman*, p. 12.

③ Dorothy Marshall, *Industrial England 1776-1851*, p. 122.

④ 阿萨·勃里格斯:《英国社会史》,陈叔平等译,中国人民大学出版社 1991 年,第 298—299 页。

⑤ Zeldin, *France 1848-1945: Ambition and Love*, p. 343.

⑥ Bonnie S. Anderson and Judith P. Zinsser, *A History of Their Own: Women in Europe from Prehistory to the Present*, vol. 2, p. 150.

议会专门讨论，拟定特殊的议会法案加以批准。离婚过程耗时、费力、花钱，不是普通人能够做到的。在1857年以前的150年间，英国只有4例离婚案例。[①] 而且在具体操作过程中，对男女亦不同，“妻子犯通奸罪，丈夫有权要求离婚，而丈夫犯通奸罪，只限于丈夫将女方带入夫妻共同生活的家庭时，才可以申请离婚。”[②]所以，妇女离婚是难上加难，更何况离婚时妇女不能分得财产，即使是自己当初从娘家带来的陪嫁也不可以带走。

因此，尽管工业革命时期的英、法等国的中产阶级妇女戴着“家庭天使”的桂冠，实际上却几乎没有权利和自由。如果工业革命以前的贵族妇女还有些许个人自由，可以利用习惯法的空隙为自己谋取一些利益，那么工业革命后，随着经济发展为妇女充当“家庭天使”提供条件，以及西方近代民法中产权制度的确立，作为家庭产权代表的男主人的地位进一步提升，女性则成为了被圈在笼子里的金丝雀和资产阶级装点门面的装饰品。

历史的诡谲之处是：在后世的妇女史研究者们为当时“家庭天使”的地位感到不平时，当事人却很难意识到自身性别所处的困境。可见，那个时代的男权主义话语已被女性内化为自身的性别意识。也就是说，“广大妇女领悟了社会对女性的角色期待，把男性主流社会的女性角色规范，内化为自己的意识和行为指针。”[③]弗拉维涅伯爵夫人对自己依附丈夫的状况心满意足，她曾经这样充满热情地写道：

上帝，感谢您赐给我丈夫，
让他成为我行动的指南，心灵的庇护，
祈求您，在热爱您的同时，
让我更加依恋我的丈夫，
关心他，给他幸福，
让他占据我的整个心灵，
我愿意克制我的意愿，
依从他最小的愿望，
我愿成为他生活中的愉悦和甜心。[④]

---

① Carol Bauor, *Free and Ennobled: Source Reading in the Development of Victorian*, Fergamon Press, 1979, p. 170.

② 李平：《世界妇女史》，第400页。

③ 陆伟芳：《英国妇女选举权运动》，中国社会科学出版社2004年，第10页。

④ Erna Olafson Hellerstein, Leslie Parker Hume and Karen M. Offen, eds., *Victorian Women: A Documentary Account of Women's Lives in Nineteenth-Century England, France and the United States*, p. 163.

但不论如何，工业革命时代“家庭天使”的出现对中产阶级妇女也有一定的好处。首先，中产阶级妇女放弃了社会生产劳动，退回到家庭，这样也就摆脱了家务劳动和社会生产劳动的双重负担。较之于那些仍然需要参加社会生产的工人阶级妇女，她们是幸运的。

其次，中产阶级妇女摆脱了沉重的家务劳动和社会生产劳动，她们也就有了更多的闲暇时间，社会对她们优雅大方、知书达理的要求，促使她们去读书、识字，结果妇女的识字率大大提高。这又带来两个方面的后果：一是妇女的识字对孩子的教育具有相当大的作用，她们不仅可以督促、检查孩子的学习，而且可以帮助孩子树立雄心，因此中产阶级家庭的孩子成才的很多，这不能不说与母亲的识字有着很大的关系；二是虽然社会和男子并不主张，甚至反对她们读一些理论书籍，但是一旦她们掌握了文字，就不可能不涉猎一些启智的书籍，也不会不思考自己的地位和命运。因此，正是中产阶级妇女最早认识了妇女的从属地位，最早开始改善自己的命运，也最早掀起了女权运动。

4. 劳动阶层妇女：生计与家庭的两难

美妙的“家庭天使”观念和实践模式只是那个时代中产阶层的风尚，对于数量依然相当庞大的下层妇女来说，为了生计，为了家庭，她们不得不外出工作，或者到工厂、农场做女工，或者到中产阶级以上的人家做女佣，或者承接一些可以在家中做的活计。她们构成工业革命时期的妇女劳动大军，虽然她们的职业不同，所遭受的剥削也不完全相同，但是她们都有一个共同之处，那就是她们直接参与社会生产劳动并且承担繁重的家务劳动，承受着资本主义和父权制的双重压迫。她们也并没有因为走向社会，参加了社会生产劳动而最早获得解放，实际上，较之于中产阶级妇女，她们的地位更加低下。

工厂女工　在工业革命以前的西方，下层社会的女性大都直接参与到社会的生产劳动之中。不过在这种劳动中，她们只是作为父亲或者丈夫的助手，并不是主要的劳动力，她们的劳动也是附属性的，没有独立的报酬。在做工的同时，她们还兼做家务劳动，已婚妇女还要生儿育女，劳动强度相当大而且劳动时间也相当长，但是由于这一切都是在家庭中进行，又没有后来工厂强制性的纪律约束，所以相对来说，不是那么紧张和难以忍受。

自工业革命在英国展开以后，工厂制度迅速在欧美蔓延开来。由于工厂普遍地使用机器，原来工艺复杂、消耗体力的技术工作被机器分解成简单、单调，对体力要求较少的工作，过去由熟练男工从事的工作，现在则可以由女工和童工代替。工厂主为了获取更大的利润，便雇用工资低又容易驾驭的女工。“工厂主更愿意雇用便宜的劳动力——女工和童工”,[1]而男人们更难以管理,更喜欢联合起来制造麻烦。[2] 1844 年,一位英国工厂视察员在议会作证:“最大数量被雇佣来上夜班和长时间白班的人是妇女,她们的劳动更便宜,她们比男人更容易被引诱接受超过身体极限的工作。”[3]这样,大量的妇女进入工厂,甚至于不适合妇女工作的场所如煤矿、锯木场等也有她们的身影出现。妇女们当时工作的领域确实是非常广泛的,19 世纪一位观察家说:“(我们)可以在铸铁业、制钉业、制绳业、铝制品制造业发现她们,也可以在衣料漂白厂、造纸厂、丝织厂和成衣厂以及在玻璃制造车间、陶器制造场、砖瓦场、煤矿井口和石料场看到她们,在这些地方,成堆的女人不是像人一样在工作,而是像马一样在劳作。”[4]在 1839 年,英国的 419560 名工厂工人中,有 242296 名是妇女,占工厂工人总数的一半以上。[5] 据统计,19 世纪中期至 20 世纪初,英、法两国制造业女工占国内所有制造业工人的比例如下:

19 世纪—20 世纪初英、法制造业女工占制造业工人比例统计表[6]

国别 \ 百分比	19 世纪中期	19 世纪 80 年代	19 世纪 90 年代	20 世纪初
英国	35.0(1851 年)	36.1(1881 年)	36.7(1891 年)	34.6(1911 年)
法国	35.4(1856 年)	38.2(1886 年)	37.2(1896 年)	39.7(1906 年)

(此表中制造业未包括矿井和采石厂的女工)

这些在工厂做工的妇女付出的代价是巨大的。首先,她们的工作时间长,一周 6 天,每天 14—16 小时。通常天没亮,她们就不得不起床,草草地吃上一点东西就赶往工厂,一直到晚上才能回家。在这中间,虽然她们有吃早饭和午饭的时间,但是时间仓促而且没有休息和吃饭的场所,她们不得不在嘈杂的车间,甚至在盥洗室吃饭。

其次,女工们常年在闷热、潮湿、毫无安全设施的车间里操作着隆隆作响的机器,飞扬的植物纤维、灰尘、金属颗粒毫无顾忌地落在她们的头上、身上,也渗入她们的皮肤,飞入她们的肺里,从而导致皮肤病和肺病,引起过早地死亡。“在 19 世纪 50 年代早期,英国工业城镇奥海姆死于结核病的人数是国家平均数的两倍,而 25—35 岁的妇女则是平均数的

---

① Lisa DiCaprio and Merry E. Wiesner, eds., *Live and Voices: Sources in European Women's History*, p. 257.

② Gerry Holloway, *Women and Work in Britain since 1840*, Routledge, 2005, p. 28.

③ Bonnie S. Anderson and Judith P. Zinsser, *A History of Their Own: Women in Europe from Prehistory to the Present*, vol. 2, p. 249.

④ Eleanor S. Riemer and John C. Fout, eds., *European Woman: A Documentary History 1789-1945*, p. 3.

⑤ 樊亢、宋则行:《外国经济史》(近代、现代),第 1 册,人民出版社 1965 年,第 85 页。

⑥ 资料来源:Renate Bridenthal, Susan Mosher Stuard and Merry E. Wiesner, eds., *Becoming Visible: Women in European History*, p. 302.

3倍。”[①]超负荷的繁重劳动损害了她们的健康，工厂里不停转动的机器也时常威胁着她们的生命和安全，一不留神就会发生事故，造成终生残疾甚至死亡。在19世纪中期之前，由于工厂法不健全，工人在工作时间出了工伤事故是得不到赔偿的，即使能得到，也少得可怜，受伤者只能自认倒霉。

再次，工厂女工必须承担双重的负担。她必须按时上下班，工厂苛刻的纪律和惩戒使她们不敢有丝毫的懈怠，稍不留意，就有可能被克扣工资或受到监工的责骂和鞭打。当她工作了一整天，精疲力竭地回到家里，非但不能休息，要立即做家务，还要看丈夫的冷脸，甚至忍受孩子们的埋怨。一位伯明翰特钠公司工厂的工人曾经在1840年10月27日作证，他认为他家庭的凄凉、父亲的酗酒、弟妹的受苦都源于他母亲缺少理家能力，虽然他对母亲充满同情，但也不乏抱怨：

> 可怜的人儿，她从来没有能力使家庭欢乐和舒适。她一点也不领会我父亲珍惜家庭温暖的心情。我回想起她焦虑和劳累的状况时，就感到心疼。
>
> 在我父亲家里，我从来没有体验过片刻的幸福。我认为，这些阴沉凄凉的景象，显然源自我母亲的完全缺乏教育和指导。父亲变得酗酒过度，他的酗酒使母亲更加穷困。她尽量不去工厂工作，但是，钱不够用，她只好又到工厂干活。家庭人口多，随时都需要她在家。[②]

这位工人的证词主要是反对妇女到工厂做工，认为这是导致家庭悲剧的根源。但它从侧面证明了社会下层女性需要忍受外出工作和照顾家庭的双重重压。可以说，在工业革命的初期，工厂女工最早承受了妇女社会角色和性别角色分离的痛苦。她们需要到社会上从事生产，以挣钱养家糊口；她们还要扮演社会期望的性别角色，承担做妻子、母亲的职责，照顾丈夫和孩子的饮食起居，整理家居。这两种职责往往是矛盾的，令她们不知所措。她们想留在家中，营造温馨舒适的家，但无奈“钱不够用”，只好外出去工作；而外出工作可能又会让丈夫或子女认为是她造成了家庭阴沉凄凉。

让她们更加难以忍受的是，她们还要受到来自工厂老板、监工和男同事的性骚扰。“工厂主也是女工身体和美貌的主宰。解雇的威胁即使不是一百回中有九十九回，至少十

---

① Mary Lynn and McDougall, “Working-Class Women during the Industrial Revolution 1780-1914”, in Renate Bridenthal and Claudia Koonz, eds., *Becoming Visible*: *Women in European History*, p. 261.

② 罗伊斯顿·派克编：《被遗忘的苦难——英国工业革命的人文实录》，蔡师雄等译，福建人民出版社1983年，第211页。

回中也有九回足以摧毁女孩子的任何反抗。”[①]“妇女在工厂还要忍受男人的性侮辱和性剥削，在政府的检察员都是男性的体制下，这些男人的行为往往被赦免，而妇女稍有反抗，就会面临着处罚或被解雇的危险。”[②]再加上早期的工厂尤其是矿井的工作条件极其简陋，通风条件很差，车间、矿井里又热又潮，工人在工作时穿得非常少，有的男矿工甚至赤身裸体，女工的穿着也很少，在这样的工作条件下，施暴是经常发生的。不仅是工头和监工，甚至男工人也参与此事。一位名叫约翰·辛普金的德莱林顿的矿工亲口这样说过：“我曾在雇佣女孩子的那些矿井里干了很久。我自己就同她们生过孩子，在矿里常常同她们性交。我肯定情况就是这样，特别是在兰开夏的矿井里。”[③]可见，当时女工的处境是非常恶劣的。

由于很小就开始从事繁重的体力劳动，女工的体形变得畸形而难看，恩格斯这样写道：“我曾经在曼彻斯特一家棉纺织工厂里工作过，在这个工厂的水力纺纱机车间里，就我的记忆所及，没有一个长得匀称的高个子的女孩子，她们都矮小，发育不良，胸部狭窄，体形很难看。”[④]畸形的身体，直接影响这些女孩子的身心健康。另外，长时间在闷热的环境中工作，使她们的身上散发出一股难闻的气味，生活的贫困使她们衣衫不整，缺乏教育让她们变得粗俗。“女工”这个词在19世纪的西方是一个贬义词，同时代的法国作家米什莱曾经惊呼：“女工！一个亵渎的词。”[⑤]

恩格斯曾经在《家庭、私有制和国家的起源》中说过：“妇女解放的第一个先决条件就是一切女性重新回到公共的劳动中去。”[⑥]正是根据恩格斯的这句话，一些学者认为，由于工业革命时期的工人阶级妇女进入工厂做工，所以她们重新回到了公共劳动中，虽然她们付出了沉重的代价，但是她们获得了经济上和精神上的独立，从而提高了其社会地位和家庭地位，是最早获得解放的妇女。但这种观点是值得商榷的。第一，妇女解放的第一个先决条件是一切女性重新回到公共劳动中去，但是并不等于说，妇女解放是一切女性重新回到公共劳动中去的必然结果；第二，一切女性重新回到公共劳动中去，应该是一切女性自觉地，而不是被迫地回到公共劳动中去。第一层含义，是如果妇女要获得解放，首先是要一切女性重新回到公共劳动中去，但是除了这一个条件以外，还须具备另外一个条件，即

---

① 恩格斯：《英国工人阶级状况》，《马克思恩格斯全集》第2卷，第435页。

② Eleanor S. Riemer and John C. Fout, eds., *European Woman: A Documentary History 1789-1945*, p. 4.

③ 罗伊斯顿·派克编：《被遗忘的苦难——英国工业革命的人文实录》，蔡师雄等译，第242页。

④ 恩格斯：《英国工人阶级状况》，《马克思恩格斯全集》第2卷，第450页。

⑤ 转引自端木美、周以光、张丽：《法国现代化进程中的社会问题：农民·妇女·教育》，中国社会科学出版社2001年，第128页。

⑥ 恩格斯：《家庭、私有制和国家的起源》，《马克思恩格斯选集》第4卷，第70页。

与第二层含义有关的，妇女应该自觉地走向社会，应该具有女性的自我意识并通过女权运动获得与男性平等的各种权利，妇女才能最终获得解放。那么工业革命时期的女工是否具有自我意识，自觉地走上社会呢？答案显然是否定的。因为工业革命虽然为她们创造了走出家庭，走向社会的机会，但她们的社会地位和家庭地位并没有得到提高，相反她们与以往一样，仍然处于社会的最底层，在广阔的公共领域里忍受着残酷的阶级压迫，同时在家庭的私人天地里忍受着男女的不平等。

甚至恩格斯在其《英国工人阶级状况》一文中，也不以为妇女进入工厂做工就是妇女解放的标志。相反，恩格斯认为：由于妇女进工厂做工是生活所迫，所以它对现存的家庭关系、家庭伦理道德是一种破坏，对孩子、对妇女本身是一种摧残。“女人在工厂做工不可避免地要把家庭整个地拆散，在目前这种以家庭为基础的社会状况下，这种情形无论对夫妇或者对小孩子都会产生最严重的败坏道德的后果。一个没有时间照顾自己的孩子，没有时间让孩子在初生的几年中享受最普通的母爱的母亲，一个很少能见到自己的孩子的母亲，是不能成其为孩子的母亲的，她必然会对孩子很冷漠，没有爱，没有丝毫的关怀，完全像对待别人的孩子一样。”①恩格斯在此文中还提到了工厂工作带给妇女身体和道德的摧残。

在这种情况下，不仅中产阶级，甚至工人阶级也不赞成妇女外出工作，“其妻子和母亲不去家庭以外的地方工作，是因为她们或者她们的丈夫认为她们是属于家庭的”。② 所以，工厂女工并不是为了自身的解放主动地走出家庭，外出工作，而往往是因为生活所迫，具体地说是因为父亲或丈夫的薪水不足以养家糊口，才不得已走出家门，进工厂做工。在留在家里或去工厂之间，她们没有也不可能有自己的选择。

再说，妇女在工厂从事的多是准备性的，辅助性的工作，因为从事熟练工作是需要培训的，而妇女所受的教育以及她们所要承担的家务，使她们不可能有精力和时间去接受培训。当时“由熟练男工组成的手工业联合会，因为希望保持自己的高工资而长期将妇女排除在他们的行业之外。并且随着经济的发展，掌握工业技术需要进行专业的培训，这同样也将妇女排除在外”。③

此外，妇女的工作在当时也不受重视，无论她们所从事的是缺少技术的辅助性工作，

---

① 恩格斯：《英国工人阶级状况》，《马克思恩格斯全集》第2卷，第430页。

② Mary Lynn and McDougall, “Working-Class Women during the Industrial Revolution 1780-1914”, in Renate Bridenthal and Claudia Koonz, eds., *Becoming Visible: Women in European History*, p. 266.

③ Mary Lynn and McDougall, “Working-Class Women during the Industrial Revolution 1780-1914”, in Renate Bridenthal and Claudia Koonz, eds., *Becoming Visible: Women in European History*, p. 260.

还是与男工一样的熟练的技术工作，都不被雇主承认，也不被社会承认。“工业化初期，工作以性别为界被分隔开来，男人所从事的都是技术性的工作，而妇女所做的都是非技术性的、低报酬的工作。”[①]一位激进的英国记者的妻子弗朗西丝·莫里森在1834年曾经写道：“在制造业的城镇，可以看到妇女劳动价值的被忽视。一项工作，无论它是熟练工作，还是费力的工作，妇女都能够做。但可恶的是，只要它是经妇女做成的，就因此而贬值。”[②]

因此，女工外出工作不是心甘情愿的，而是被迫的，一旦家庭经济条件好转，她们便离开工厂，回到家中。所以在19世纪后半期，当工人的工资有所提高以后，大量的工厂女工便重新回到家中。“19世纪中期，妇女就业的范围相对于男性缩小了，妇女就业率也下降了，而已婚妇女就业率的减少是非常明显的。”[③]据统计，在1851年的英国，有280万名妇女受雇于人，占当时英国妇女总数的1/4强，到1911年，外出工作的妇女人数增加至540万人，但是其占妇女总数的比例仍然是1/4。[④]

在这种情形之下，“工业革命造就了女工经济上、精神上的独立，从而改变了她们的社会和家庭地位”的观点只能是一厢情愿的想象，妇女解放也只是一种神话。在这个时期，她们不仅没有公民权和选举权，也没有独立的经济地位。虽然加入产业工人大军的行列，但其收入从法律上说是属于自己的丈夫的。而且，在工业化的初期，妇女是作为父亲或者丈夫的辅助工被雇用的，“工厂主通常雇用整个家庭”，[⑤]而妇女的工资也就直接由她们的父亲或丈夫代领了。即便妇女不是随同其父亲、丈夫一起被雇佣，工资也经常被他们领走，她们自己经常不知道自己的工资是多少。一位在矿井下干了9年，名字叫伊丽莎白的17岁女矿工曾作证说：“工钱不是交给我自己，雇我的人把它交给我父亲了，我不知道究竟有多少。”[⑥]当然，还是有一些妇女可以自己从工厂领回一份独立的工资，但是这些工资也不能完全由她们自己自由支配，因为工人的工资太低了，以至于工人家庭所有成员都必须外出工作，即使这样也只能维持温饱。所以，工厂女工的工资只是家庭收入的补充，而

---

① Gerry Holloway, *Women and Work in Britain since 1840*, p. 27.

② Bonnie S. Anderson and Judith P. Zinsser, *A History of Their Own: Women in Europe from Prehistory to the Present*, vol. 2, p. 249.

③ Katrina Honeyman, *Women, Gender and Industrialisation in England 1700-1870*, Macmillan Press, 2000, pp. 72-73.

④ Mary Lynn and McDougall, “Working-Class Women during the Industrial Revolution 1780-1914”, in Renate Bridenthal and Claudia Koonz, eds., *Becoming Visible: Women in European History*, p. 267.

⑤ Sonya O. Rose, “Protective Labor Legislation in Nineteenth-Century Britain: Gender, Class, and the Liberal State”, in Laura L. Frader and Sonya O. Rose, *Gender and Class in Modern Europe*, Cornell University Press, 1996, p. 198.

⑥ 罗伊斯顿·派克编：《被遗忘的苦难——英国工业革命的人文实录》，蔡师雄等译，第238页。

且是必要的补充。况且"下层阶级劳动妇女的丈夫不仅需要妻子的工资，而且他完全可以合法地宣称：这份工资就是他自己的"。[①] 因此，我们可以这样说：工业革命时期，西方的中产阶级妇女以放弃权利换取了男人对自己的供养，而工人阶级妇女虽然放弃了权利，却仍要外出挣工资以补贴家用。

当时，工厂女工政治、经济和法律地位的低下，与家庭领域里父权制的强固依然是相辅相成的。虽然她们操劳于生计和家务之间，但她们的工资只是维持家庭生活的补充部分，她们的家庭角色是父权的从属，而不是如我们所想象的，因为她们有了一份独立的收入就有了较高的地位。当然，倘若丈夫因病或失业而无收入，只靠妻子的收入养家的家庭，女性的家庭地位要高一些，但这样的家庭只是个别现象。

此外，工厂女工在选择丈夫建立家庭时，也很难说能够从感情出发，在维持生计尚感艰难时，感情是极少数人的奢侈品，能挣钱才是将来生活的根本。而男工在挑选妻子时，也是从挣钱的角度出发。一位女矿工珍妮特·塞尼柯克说"男人早娶我们，只是因为我们对他们有利"。她的话为一个老矿工所证实，这个老矿工说，他"不得不早讨老婆，以免把赚的钱付给别人"。[②] 在这样的婚姻里，很难说有多少幸福。婚后，因为女工在工厂工作，往往无法过多地关心家庭，许多男工在繁重的工作之余都泡在小酒馆里，在花掉了薪水的一半，喝得酩酊大醉以后，才回到家里。还有的男人甚至在外面拈花惹草，而做妻子的对此却无可奈何。离婚是绝对不可能的，因为基督教的教义规定了夫妻双方无论贫贱、富贵，还是疾病、残疾都必须互相厮守，直到一方死亡。实际上，那时的工人阶级妇女几乎想不到离婚，她们最多也只是抱怨自己的命不好，丈夫不争气，再就是盼望自己的丈夫能够多挣些钱。

总之，在工业革命时期，工人阶级妇女既没有要求平等的物质基础，也没有要求平等的主观意识，她们甚至很少有提高自己工资的要求，在这样的情景下，女工的社会和家庭地位很难有实质性的提高。所以，工业革命时期的工厂女工并没有赢得真正的解放。但是，工业革命对于工厂女工生活状况的改善也有一定的意义。首先，工人阶级妇女通过工作获得了一份独立的工资，虽然在家庭收入中所占的比例很小，但是也毕竟是必需的一部分。这就使妇女多多少少在家中有了一定的影响，从而获得了一定的话语权。其次，从长远的观点来看，工厂制度开创了妇女走出家庭，走上社会的先例，这不但扩大了女工的活动空间，也为19世纪后半期，中产阶级妇女形成女性的自我意识，走出家庭，走上社会提

---

① June Stephenson, *Women's Roots: The History of Women in Western Civilization*, p. 250.

② 罗伊斯顿·派克编：《被遗忘的苦难——英国工业革命的人文实录》，蔡师雄等译，第235页。

供了榜样。

农业劳动妇女　因为农耕生产的特殊性，在历史上这一行业一直以男性为主导。约在18世纪以前，西方的乡村妇女大多只是在宅旁的田地、菜园干一些蔬菜种植、家畜饲养之类的农活，或者在农忙季节帮忙收拾散落在地上的谷物，更多的时候还是在家中煮饭、洗衣、照顾孩子、收拾家务等等。18世纪以后，一些乡村和小城镇的手工业者的妻子开始在丈夫忙于手工产品制作时，亲自到田间从事农业生产劳动，及至19世纪，参与农业生产劳动的妇女大量增多。究其原因，一是工业化造成的劳动分工促使部分人离开家乡到异地谋生，他们将家庭和农活留给妇女照料。"妇女经常包揽自己家庭田地的所有农活，而男人们则到别人的土地、鱼塘、森林工作以挣工资。"二是农业生产的初步机械化，使体力较弱的妇女、孩子能够参与田间劳作，"19世纪早期的农业机械化，在某种程度上减少了对乡村妇女体力的要求。"[①]另外，农业资本主义的发展和生产的商业化，增加了农业产品的需求量，客观上也增加了对农业劳动力的需求量。所以，在整个19世纪，西欧有许多妇女参与农业生产劳动。她们一直以各种方式参加付酬或不付酬的农业劳作，尽管数字随着考察的季节、地区和时期的不同会有所波动。[②] 西欧的农业劳动妇女有些主要是在自己家的小块土地上做农活，而有些则受雇于农场，成为季节性雇佣工人。据统计，1851年，英国农场女工占农业工人的比例为11.2%，[③]1866年，"法国妇女劳动力的40%受雇佣于农业"。[④] 受雇佣的农场女工通过参加"农业团队(Field Gang)"参与农业劳作，团队的负责人一般是男性，在农忙时节，团队头目出面组织人员，雇佣男人、女人还有孩子，由他出面与农场主订立合同，工资也由他发放。这些农业团队从一地赶往另一地，农场女工做着与男子相同的田间劳作，如整理场地，捡拾田地里的石块；晒制干草；采摘水果；种植和收获谷物；拔、犁芜菁等。以下，我们主要通过对英国情况的考察，来了解当时英、法农场女工的劳动与生活状况。

农场女工与工厂女工一样承担着超强度的体力劳作，承受着资本主义的剥削。农业生产具有与工业生产的不同之处，它对耕作和收获都要求一定的速度，这就要求季节性农场女工每天长时间、高强度地工作，许多妇女每周有3—4天要为农场主工作10小时(从

---

① Merry E. Wiesner, *Women and Gender in Early Modern Europe*, pp. 107-110.

② Katrina Honeyman, *Women, Gender and Industrialisation in England 1700-1870*, p. 79.

③ Renate Bridenthal, Susan Mosher Stuard and Merry E. Wiesner, eds., *Becoming Visible: Women in European History*, p. 302.

④ Marilyn J. Boxer and Jean H. Quataert, eds., *Connecting Spheres: Women in the Western World, 1500 to the Present*, Oxford University Press, 1987, p. 101.

早上8点至晚上6点，或直到天黑)，甚至有人每天都外出工作。[①]“工作从日出做到日落，有时是在滂沱大雨之中，有时是在严寒霜冻之下，掘土、种植、收获，她们与男子做着相同的工作却拿较少的工资。”[②]19世纪60年代，英国济贫法委员会和政府官员曾经对农业中受雇佣的妇女和儿童作过一项调查，在议会调查员J·E.怀特的调查报告中，记载了诺福克郡的一位名叫伊丽莎白·迪克森(Elizabeth Dickson)的女子的工作经历，她谈到，自己曾经做过犁耕芜菁的工作，这份工资非常艰苦，因为拉犁，手肿胀起来，以至于已经看不到它的关节。她说：“我回到家时感到疲惫不堪，于是我就坐下放声大哭，大概有一个多小时我不能做任何事情，甚至无法走到桌子旁边，于是只好让人将桌子拉过来。”[③]田间劳动不仅繁重，而且长期过度劳作会伤害身体，对于妇女尤其如此。比如，在收获季节连续几天，甚至十几天的弯腰劳作对经期妇女身体的伤害是显而易见的，如果再遇到下雨，情况就更加糟糕。“一些工作不可能保持干燥，有时她们回到家全身都湿透。”[④]这导致许多农场女工都患有严重的妇科疾病。

这种繁重的工作，不仅有成年妇女参加，甚至许多女童也不得不参加这种田间劳作。一位名叫斯马特·卡恩·威尔希尔(Smart Calne Wilshire)的英格兰农业妇女曾经为调查团作证说：“我今年秋天外出做雇工三个星期，……我的三个女儿——她们分别是10岁、15岁、18岁——和我一起去做工，我们先帮邻居收割，有时候会跑到7英里以外的地方。”[⑤]

虽然田间工作非常艰辛，农场女工也很卖力、很勤奋，但是她们的工资却很低。“在农场，特别是谷物生长区的农场工作的姑娘和寡妇的工资是非常少的。”[⑥]她们每天的收入一般是8—9便士，情况好时可以得到1先令，当然也可能会更低一些。“据阿维·品切贝克统计，19世纪，农业女工的平均日工资为：西南各郡，冬季5—8便士，春夏两季7—10便士，晒草和收割季节8便士至1先令，外加1—2品脱的苹果汁。其他地区略高一些，如肯特、萨里、苏塞克斯等地，干田间普通农活是8—10便士，晒草10便士至1先令，收割工

---

① 参见亨利·理查森：《女人的声音》，郭洪涛译，广西师范大学出版社2003年，第37页。

② Renate Bridenthal, Susan Mosher Stuard and Merry E. Wiesner, eds., *Becoming Visible: Women in European History*, p. 300.

③ Erna Olafson Hellerstein, Leslie Parker Hume and Karen M. Offen, eds., *Victorian Women: A Documentary Account of Women's Lives in Nineteenth-Century England, France and the United States*, p. 362.

④ Erna Olafson Hellerstein, Leslie Parker Hume and Karen M. Offen, eds., *Victorian Women: A Documentary Account of Women's Lives in Nineteenth-Century England, France and the United States*, p. 363.

⑤ Eleanor S. Riemer and John C. Fout, eds., *European Woman: A Documentary History 1789-1945*, pp. 5-6.

⑥ Katrina Honeyman, *Women, Gender and Industrialisation in England 1700-1870*, p. 79.

1先令3便士至1先令6便士；约克郡，在收割季节，日工资达1先令6便士。”[①]被农业团队临时雇佣的妇女，还要受到团队头目的盘剥。她们的工资和福利都要依头目的脾气和喜好而定。同工不同酬的现象在农业雇佣劳动中明显存在，通常农场男工的工资在收割季节一般是1周15先令，明显高于女工的工资。这种因性别歧视而造成的工资差异在19世纪普遍存在。

农场女工如同工厂女工一样肩负着社会生产和家务劳动的双重负担，承受着父权制的压迫。农业生产的特点是季节性，而不定期的雇佣使得这些依赖农业收入的农场女工的生活相当贫穷。她们往往也是全家一起外出工作才能维持一家的温饱，所以根本没有余钱雇佣女仆。除了干农活，这些农场女工还要承担繁重的家务劳动。工业革命时期，农业妇女的家务非常繁重，所有的衣服都要自己缝、洗，所有的食物都得亲自做，更不用说生产和养育子女了。在那时，避孕还不流行，劳动阶层家庭的孩子普遍比较多，平均每个家庭有4—5个孩子，因为婴幼儿的死亡率比较高，所以每个妇女生下的孩子还要多，一般有7—8个，多的可以生10多个。频繁的生育消耗了妇女大量的体力和精力，贫困的生活则损坏了妇女的健康。在从事田野工作时，她们或者请自己的母亲和其他亲戚帮忙照料孩子，或者就让大点的孩子照看小孩子，婴儿则直接带到田间。[②] 高强度的田间劳作加上哺育幼儿，使得她们无暇照料自己和家庭。她们忽视自己的形象，漠视家务劳动，忽略对孩子的照顾。一旦出现这种情况，家中的一切便乱了套，而且形成恶性循环。丈夫甚至打骂妻子和儿女以泄怨愤。布里顿夫人曾经谈到她丈夫的酗酒习惯：“他经常打我，我和孩子们常常不得不空着肚子上床，因为没有晚饭吃，第二天早上也没有早饭。房间里也经常不生火。”[③]

英国农场女工艰辛的劳作和农业团队中的道德问题在19世纪60年代受到政府和社会的普遍关注。人们开始探讨妇女在田间劳作对子女、家庭、社会所造成的影响，其中更多的是从男性和中产阶级的角度进行考虑。概括起来说，人们对农场女工的评论主要表现在如下三个方面。首先，人们对农业团队中的男女工人共同劳动发难，这些工人白天并肩劳作，晚上他们也许赶回家去，但是经常就露宿在田头，这些频繁的接触受到社会的许多批评。其次，人们批评农场女工忽略了家庭、子女。在他们看来，“在田野劳作的妇女由于习惯性的伤风败俗而玷污了其名声，她们对忙碌和独立生活的热爱导致了一个令人们忽略的可怕后果，那就是将给其子女带来巨大的不幸，因为他们被单独锁在家中”。最后，

---

① 引自潘迎华：《19世纪英国现代化与女性》，浙江人民出版社2005年，第76页。

② Eleanor S. Riemer and John C. Fout, eds., *European Woman: A Documentary History 1789-1945*, pp. 6-7.

③ Eleanor S. Riemer and John C. Fout, eds., *European Woman: A Documentary History 1789-1945*, p. 7.

人们指责农场女工的行为举止。这些妇女因为艰苦的劳作，无暇顾及自己的外貌仪表、言谈举止。因此，在人们的眼中，她们是很不堪的，“在田野工作的工人的语言和行为是恶俗的、粗鲁的，甚至是怪异的……一些从事这种职业的大姑娘、小媳妇的外貌和举止都相当地古怪和无礼。”①

在这些批评声中，政府于 1867 年通过了《农业团队法》(*Gangs Act*)，它对农业中童工的雇佣有所限制，坚持男女分别组队，并要求女性团队只能由拥有证书的女性担任负责人。② 这种限制实际上意味着妇女参加农业团队历史的终结。另外，男性农业工人为了保证自己的雇佣和高工资，也谴责妇女因从事雇佣农业劳动而将家庭和孩子抛在了一边，压低了男人的工资，减少了男人的工作机会。③ 他们于 1872 年成立全国农业劳工联合会，联合起来排挤农场女工。从此之后，英国妇女从事雇佣农业劳动的人数逐渐减少。

通过以上的描述我们不难看出，在工业革命时期，英、法农村妇女在农业劳动中扮演着不可或缺的角色，其中一些人由于丈夫的外出而承担起家中的农活，另一些人则成为农场季节性的雇工，她们都承担着生产与家务劳动的双重负担。农场女工从事着艰苦的田间劳作，却由于人们对女性的歧视，获得比农场男工少得多的报酬。这种情况在家庭服务业中也不例外。

家庭女佣　工业革命期间，虽然英、法两国有不少女性进工厂做工，但其妇女就业最集中的行业还是家庭服务业，这是因为此行业与女性的传统分工密切相关。当然，在近代的西方，家庭服务业的范围非常广泛：从贵族大家庭的管家到小店铺或者私人家中的全职女佣都属于此列。家务女佣可以分为两类。一类是寄宿在主人家中的家务女佣，也称之为全职女佣(maid-of-all-work)，她们通常是年轻女性，年龄在 15—25 岁之间。一些担任管家、厨娘、保姆等职的全职女佣，年纪略大一些。全职女佣都是单身，一般是未婚姑娘，年长者可能是寡妇。另一类则是不住在主人家中的勤杂工和洗衣工，可称之为钟点工。这些人多是已婚妇女，也有寡妇。④ 我们在此探讨的主要是全职女佣。

全职女佣的来源主要有三个方面：一是来自乡村的下层家庭，这些家庭无力将女儿抚养到结婚，更无力为女儿准备嫁妆，于是这些女孩不得不在七八岁便离开家，到附近的城镇找工作；二是来自济贫院和孤儿院，这些慈善机构定期将满 12 岁的女孩子送去做女仆，以减轻其经济压力；三是来自非洲和美洲殖民地的黑人奴隶。

---

① Katrina Honeyman, *Women, Gender and Industrialisation in England 1700-1870*, p. 135.

② Gerry Holloway, *Women and Work in Britain since 1840*, p. 31.

③ Katrina Honeyman, *Women, Gender and Industrialisation in England 1700-1870*, p. 136.

④ Gerry Holloway, *Women and Work in Britain since 1840*, p. 18.

早在近代初期的西欧，一些商业和制造业集中的地区，就聚集了大量的家庭佣工，而其中以女性居多。“据统计：旧制度下的法国，每12个人中就有1个是仆人，他们中的2/3是妇女”，[①]随着经济的发展和城市化，妇女在家庭服务业就职的人数越来越多，直到第一次世界大战，她们的数量一直有增无减，“在19世纪，家庭服务业雇用的妇女超过所有制造业雇用妇女的总和。”[②]英国尤其如此，“1851年，英国职业女性中的最大多数集中在家庭服务业，她们的人数占职业女性的40%”。[③] 而“在大博览会举行后的20年间，家庭仆人的数目增加了60%，相当于人口增长率的一倍。”[④]其中当然以女性居多。

近代以来，西方女仆人数之所以急剧增长，有以下几个原因：第一是因为随着工业化时代的来临，社会财富增加，更多的城市家庭能够负担得起佣人的费用。尤其是一批社会新贵——资产阶级成长起来，他们雇用仆人，为的是模仿贵族的生活，让自己的妻女从家务劳动中解脱出来，“中产阶级如企业家、银行家、商人的妻子们模仿上层社会的妇女，以低薪雇用大量仆人而使自己获得空闲”；[⑤]当然这也为了显示自己脱离了原有的阶层，同时也是因为不断丰富的物质使得家庭消费增加，从而加大了家务劳动的量。第二，工业化和城市化为男人提供了更多的发展空间，他们从家庭服务行业中抽身出来，把这种职业留给了妇女。“在18世纪的上半期，法国城市中的仆人有1/3—1/2是男性，但是到18世纪90年代，十之八九是女性。”[⑥]而在19世纪的英国，“家庭女佣成了工作妇女中的最大群体，数量远远超过男仆，其比例是9∶1”。[⑦] 第三，女仆是当时的女性，尤其是由农村到城市的女孩比较容易找到的工作。刚刚从家庭中走出来的妇女，尤其是从乡村中走出来的女孩子，她们还没有具备选择其他职业的条件，而社会也没有为她们提供更多的选择机会，因为当时可供劳动妇女选择的职业只有家庭女佣、工厂女工、小贩、妓女和家庭散工。由于家庭女佣是传统的职业，所以家庭女佣也是当时人们容易接受的职业。最后，未婚女子从事女仆的工作可以为她们今后的婚姻生活做一定的准备。当时社会的时尚是鼓励女性的柔弱和温顺，做一个好妻子、好母亲是所有女性的生活目的，而家政服务正可以训练

---

① Merry E. Wiesner, *Women and Gender in Early Modern Europe*, p. 113.

② Theresa M. McBride, “The Long Road Home: Women's Work and Industrialization”, in Renate Bridentbal and Claudia Koonz, eds., *Becoming Visible: Women in European History*, p. 287.

③ Marilyn J. Boxer and Jean H. Quataert, eds., *Connecting Spheres: Women in the Western World, 1500 to the Present*, p. 101.

④ 阿萨·勃里格斯：《英国社会史》，陈叔平等译，第296页。

⑤ June Stephenson, *Women's Roots: The History of Women in Western Civilization*, p. 252.

⑥ Bonnie S. Anderson and Judith P. Zinsser, *A History of Their Own: Women in Europe from Prehistory to the Present*, vol. 2, p. 253.

⑦ Suzanne Fagence Cooper, *The Victorian Woman*, p. 44.

女孩子的顺从和听话，也可以教会女孩子做家务。这些女佣“希望用她们挣得的工资准备更多的嫁妆，以嫁给一个更好的丈夫，而且她们在工作中所获得的操持家务的技巧和经验能够为她们的新家庭所用”。[①] 因此在工业革命以后的西方，家庭女佣的人数大增。

家庭女佣主要从事的是家务劳动。与工厂女工相比，她们的劳动环境和劳动条件略好一些，而且主人还为之提供食宿和服装，生存压力也略小一点。一年工作下来，女仆往往可以领到一部分纯收入，而工厂女工通常是入不敷出，更谈不上节余。较之于工厂女工，女仆的劳动强度看来要小些，劳动条件似乎也好一点。但是实际上，她们与工厂女工一样，处于社会的边缘，承受着繁重的劳动以及阶级和性别的双重压迫。而且较之于工厂女工，她们在一些方面所承受的压迫甚至更深重。

首先，她们的工作时间更长，劳动强度也很大。“据统计，在1873年，一个家庭女佣每日的劳动时间是16小时，其中包括两次半小时的吃饭时间和一次一个半小时的下午针线活时间。”[②]从这个数字我们可以看出：家庭女佣的工作比大多数工厂工人的工作时间还要长，承担的工作也更重。而且这个统计数字只是一个平均值，一些女佣的工作时间可能更长。因为她们是被雇主出钱雇佣的，所以“雇主必须使用他的劳动力的时间，时刻警惕它不被浪费掉”。[③] 而且家庭女佣住在主人家中，工作场所和生活场所没有分离，主人随时可以差遣她们，即使是夜间，如果主人需要，她们也必须随叫随到。她们几乎没有自己的闲暇时间。每年除了固定的假期可以回家之外，其余的时间都必须在主人家中工作，如果自己家中有事，必须向主人告假，在主人批准以后，方可离开。在没有得到主人的许可之前，不可随意离开主人的庭院，即使看病，也必须得到允许。

她们的工作日程安排得非常紧凑，每天都有干不完的活，从早到晚手脚必须不停地忙活。1896年法国出版的一本生活指南书就对女佣的职责作了这样明确的规定：

> 家庭女佣应该在6点起床，挽起自己的头发，为一天的工作做好准备。如果不需要去市场的话，就要进厨房开始工作。从6点到9点，她应该做完这些事情：生炉子或者点燃壁炉；做好早饭；准备好餐厅；洗衣服，刷鞋子。主人起床后，应立即收拾卧室，打洗脸水，给壁炉添木材或者煤炭，倒掉粪便……然后她还要收拾餐厅，清洗、整理餐具、器皿，在准备午餐之前，她每天还要做一些杂务，例如，星期六，她要全面清洗厨房以及厨房里所有的物品；星期一，打扫起居室和餐

① Merry E. Wiesner, *Women and Gender in Early Modern Europe*, p. 115.

② Gerry Holloway, *Women and Work in Britain since 1840*, p. 101.

③ E. P. Thompson, *Customs in Common*, Penguin Books, 1993, p. 359.

厅；星期二，擦拭黄铜饰品；星期三，洗衣服；星期四，熨衣服……①

可见当时人们对家庭女佣的期望是时刻不停地工作。事实亦如此。一位名叫汉娜·卡尔威克(Hannah Cullwick)的英国女仆，曾经做过福斯特先生的女仆，她对自己的工作做过这样的描绘：

> 我是一名厨房的仆人，除了餐厅之外，客厅、楼梯、后楼梯等所有楼下的脏活都是我的。到前门有12个楼梯，它们需要花费我半个小时的时间清洁，而通常我总是跪着后退擦洗……我要擦净所有的靴子，清洗刀具，擦玻璃和餐厅的壁炉，打扫厨房和楼上的卧室，而主人的孩子正在看护的照料下游戏。我一天有3到4双靴子、大约两打刀具、6套餐具需要清洗，我还要清洁厕所，打扫走廊，整理所有不整齐的地方……②

家庭女佣所有的时间都是属于雇主的，所以她们没有属于自己的闲暇，不可以随意处理自己个人的内务。在1890年出版的《威廉·亨利和凯特·玛丽·爱德华的回忆》一书中，作者记述了他们所认识的一位叫做谢娣的家庭女佣。谢娣13岁就开始在一家农场主家做家庭女佣，她每天早晨6点钟必须起床，晚上很晚才可以入睡，一天忙到晚，几乎没有休息的时间，她的工作是擦地和做家务，但是她自己的衣服却无人来洗：虽然有女佣为这个家庭洗衣服，但是女佣不洗谢娣的衣服，谢娣也不能自己洗衣服，而是必须每周一次送回去让她母亲洗。③ 所以她的衣服总是很脏。除了正常的家务劳动之外，女仆还要承担部分繁重的体力工作，如定期搬运取暖的煤炭、木材、洗衣服、背水等。④

其次，较之于其他行业的劳动者，家庭女佣享有更少的人身自由，她们甚至在19世纪还忍受着中世纪的人身束缚。由于家庭女佣承担的工作都是传统上女性从事的家务劳动，在人们的观念中是无足轻重的，而且女佣的工作场所通常都分散于城市的各个家庭，难以形成群体。所以虽然家庭女佣构成当时劳动妇女的最大群体，但社会对她们却很少

---

① Bonnie S. Anderson and Judith P. Zinsser, *A History of Their Own: Women in Europe from Prehistory to the Present*, vol. 2, p. 255.

② Erna Olafson Hellerstein, Leslie Parker Hume and Karen M. Offen, eds., *Victorian Women: A Documcntary Account of Women's Lives in Nineteenth-Century England, France and the United States*, p. 350.

③ 参见亨利·理查森等著:《女人的声音》，郭洪涛译，第49页。

④ 直到19世纪末，西方城市的市政建设还在进行之中，许多家庭没有暖气、自来水、下水道、抽水马桶，更没有家用电器。

关注，政府没有对她们的工作进行过检查，甚至社会改革者也未对她们展开过调查。因此，19世纪中期以后，西方各国先后制定了工厂法，对工人的工作时间和工作条件都作了具体规定，工人处在一定的法律保护之下，而家庭女佣却仍然被当作下人看待，她们还处于中世纪家长制的控制之下，缺少起码的人身自由，没有工余时间，也不能自由地支配自己的时间，甚至资产阶级在制定法律时，也将她们置于与其他民众不同的地位。19世纪后期，英国有人提议通过制定工厂法，让家庭女佣每天可以离岗两个小时，每周日享受半天的休息，政府也曾予以考虑，但是有人认为通过立法形式强制雇主在自己家里给予家庭女佣私人空间是不合适的，所以建议没有被采纳。[①] 在法国，1914年以前，仆人被排除在所有的工厂立法的保护之外：没有儿童劳动的限制，没有劳动时间的规定，没有周末休息的保证，没有退休金和保险金，而且仆人可以在没有任何理由的情况下被解雇。[②]

女仆与雇主之间的关系当然是不平等的。作为雇主，他们认为自己所付的工资已经包括了一切，所以有权力要求女仆的绝对服从，在任何情况下，都不允许女仆违背主人的意愿，更不允许她们反驳主人。"这些女仆完全为主人所主宰，她们经常被怀疑是窃贼和荡妇，并且被严格要求遵从雇主的命令。"[③]也就是说无论怎样，主人总是正确的。1859年，马瑟丽(M. Motherly)在伦敦出版了《仆人行为准则》，在这本小册子里，马瑟丽强调了仆人对主人的尊重和服从。马瑟丽举例说，一次她正在育儿室时，女仆安娜抱着一罐水进来了。当她与安娜讲话时，安娜坐在椅子上没有站起来，只是说：对不起，夫人，我太累了！马瑟丽夫人认为安娜的这种行为不合乎仆人的地位和身份，因此不可原谅。"我不能原谅她，她的行为太粗鲁了。她竟然以疲乏为借口不站起来对主人表示尊重，其实这只需花费一点儿力气就可以做到。做不到这一点的姑娘是不适合家政服务工作的。"[④]

曾经做过家庭女佣的约瑟芬娜·约克施(Josefine Joksch)也证实了这一点。家庭女佣必须坚决服从主人的意愿，无论你是否理解，都必须照主人的吩咐去做。她举例说：

> 我在照料主人的孩子时，他们命令我不要让孩子们赤裸的双脚触碰地板。普罗伊斯夫人(Frau Preuss)为什么要这样吩咐呢？赤脚在地板上行走难道会

---

① Gerry Holloway, *Women and Work in Britain since 1840*, pp. 101-102.

② Bonnie S. Anderson and Judith P. Zinsser, *A History of Their Own*: *Women in Europe from Prehistory to the Present*, p. 253.

③ Lisa DiCaprio and Merry E. Wiesner, eds., *Live and Voices*: *Sources in European Women's History*, p. 178.

④ Bonnie S. Anderson and Judith P. Zinsser, *A History of Their Own*: *Women in Europe from Prehistory to the Present*, vol. 2, p. 255.

损害他们的健康？在我们家乡，孩子们通常都用脚溅水和泥玩，甚至涂抹一身泥巴。①

虽然约瑟芬娜·约克施不能够理解普罗伊斯夫人吩咐的真正含义，但是她也只能按照吩咐去做，因为这是主人的命令，必须遵守。

第三，家庭女佣承受着更多的心理压力。从成为家庭女佣开始，这些年轻的女孩就跨入了与她们以往的生活完全不同的特权阶层的世界里，她们必须要很快地适应这种新的生活方式，这对于她们来说是非常困难的，因为许多事情是她们以前不曾遭遇过的，甚至不曾想到过的。适应的过程本来就是艰难的，这意味着要抛弃过去的生活习惯和观念。更何况她们的身份只是要求她们介入这种生活，而不是融入这种生活。因为她们本身并不是这个特权阶层的一分子，而只是为特权阶层服务的附属物。在主人家中，女仆通常住的是阁楼、地下室、走廊玄关，吃的是主人剩下的残羹冷炙，听的是主人的吩咐、呵斥，看的是主人的脸色。当她们在打扫房间时，主人的孩子正在其他仆人或者家庭教师的看护下玩耍；当她们擦洗楼梯时，来访的衣着华丽的贵妇常常会踩着她们擦楼梯和地板的手。这种生活的落差经常让她们有强烈的心理失衡和羞辱感。而女佣的工作则要求她们记住自己的身份，丧失自尊，忍受屈辱。正如克莱蒙蒂娜·布莱克(Clementina Black)所说："女仆没有自己的生活……她从早到晚都要随时待命；她无法选择自己的同伴和上司，这些人对她也毫无同情之心。她犹如一位流放者，远离自己的家庭和朋友。无论她的心情和身体状况如何，无论那些将她带入交际的人的品行怎样，他们对她的态度如何，她都要微笑和谦恭……简言之，家庭女佣完全处于从属的状态之下。"②

第四，在这个以女性为主的行业中，也如其他行业一样存在着性别歧视。随着男性逐渐离开家庭服务行业，这个行业中的男性越来越少，即使某些家庭雇有男仆，也是为了炫耀主人的地位，所以男仆的地位相对比女仆要高，工作条件也比女佣要好。他们并不从事体力劳动，通常承担的工作是管家、马车夫和门卫，而女仆则要负责家庭中所有的家务劳动，包括一些重体力劳动。1863 年，英国的讽刺杂志《潘趣》刊登了一幅漫画，表现了男仆和女仆之间地位的差异：一个高傲的男仆托着一个银托盘上楼，托盘上面是一封信，他的后面跟着一个可怜的女仆，她正吃力地拖着满满一桶煤。但是工作轻松的男仆的薪水较之女仆却要高很多。例如一个马车夫一年的纯收入有 50 英镑，而一个厨娘的纯收入却不

① Bonnie S. Anderson and Judith P. Zinsser, *A History of Their Own: Women in Europe from Prehistory to the Present*, vol. 2, p. 256.

② C. Black, "The Dislike of Domestic Service", in Gerry Holloway, *Women and Work in Britain since 1840*, p. 21.

足20英镑。而两者相比，厨娘的工作更加辛苦，对技艺的要求也更高。[①] 根据传统的观点，妇女的家务工作不需要培训，她们的工作技巧来自母亲的传授，因此是缺少含金量的。"家政服务中的妇女工作已深陷维多利亚时期资产阶级家长制家庭结构之中，她们承担的工作被认为较之男仆的工作价值低，通常得到的报酬也较少。"[②]

最后，女仆还是男主人施暴的对象。由于这些女孩子年纪很小就离开家庭，离开了父母的监护，又生活在中产阶级主人的家庭中，所以极易受到男主人的诱惑。她们所处的地位以及生活的阅历使她们无力抗拒男人的引诱，以致失身，甚至生下私生子。例如，安娜·桑切斯·莫斯加德（Anna Sachse Mosegaard）是一位孤儿，14岁时做了女仆。男主人先是抚摩她，并且告诉她，这样做只是为了证明他"不是疏远的主人，而是好父亲"。然而就是这位"好父亲"，在她刚刚16岁的那年春天，在阁楼的门前强暴了她。[③] 虽然这类事情的证词不多，但是这种事情却比比皆是，以至于男主人和女仆之间的暧昧关系成为18—19世纪西方绘画和文学作品的主题。

一旦遇到这种事情，女仆所能选择的只有默默忍受，她们无处申诉，无处告发。如果被女主人知晓或者怀孕，她们往往会遭到解雇。而因此被解雇的女仆，很难再找到工作，因为根据当时英、法的法律规定，重新寻找工作时，必须出具老雇主所写的介绍信，介绍其受雇期间的工作情况。假如带着私生子，那就更难找到工作。而在那时，带着私生子被主人赶出家门的女仆不在少数。据统计，1801—1900年间，送往伦敦弃婴院的私生子中，有65%是女仆所生。[④] 由于未婚母亲不被社会所容，她们最终沦落为妓女。在19世纪英、法等西欧国家的各大城市中，都有为数不少的妓女。1839年，伦敦警察总监宣告，伦敦有7000名妓女，而实际上比较准确的数字应该在5万左右。[⑤] 1871—1903年间，巴黎有15.5万名注册妓女，另外，警察局逮捕的暗娼又有72.5万名。[⑥] 这些妓女中的许多人都是来自女佣。19世纪一项有关妓女的研究表明：大多数卖春为生的妇女都曾经是女仆，她们在做女仆失去童贞后沦落为妓女。[⑦] 在19世纪，英国流放到澳大利亚的女犯人中

---

① Bonnie S. Anderson and Judith P. Zinsser, *A History of Their Own: Women in Europe from Prehistory to the Present*, vol. 2, p. 254.

② Gerry Holloway, *Women and Work in Britain since 1840*, p. 20.

③ Bonnie S. Anderson and Judith P. Zinsser, *A History of Their Own: Women in Europe from Prehistory to the Present*, vol. 2, p. 258.

④ 钱乘旦：《第一个工业化社会》，第360页。

⑤ 李平：《世界妇女史》，第463页。

⑥ Zeldin, *France 1848-1945: Ambition and Love*, p. 308.

⑦ Renate Bridentbal, Susan Mosher Stuar and Merry E. Weisner, eds., *Becoming Visible: Women in European History*, p. 314.

"至少有20%是妓女,她们的判决书证明她们多数都是在城市从业的。几乎所有的人都是家庭女佣并且是因为'偷窃'而被流放"。[①]

总之,家庭女佣是英、法等西欧国家近代劳动妇女最大的群体,从15世纪到第一次世界大战都是如此,但她们是一个被人们忽略的群体,同时也是一个受歧视、受压迫的群体。

虽然前文已经论及,直到第一次世界大战,西方家庭女佣的人数一直在增长,但是其在所有劳动妇女中的比例却是在逐渐下降,例如,"1871年,英格兰和威尔士有150万妇女在家庭服务业工作,1911年增加到160万;但是其在全部劳动妇女中所占的比例却从13%下降到11%"。[②] 这种变化意味着家庭女佣不再是劳动妇女首选的职业,她们开始选择社会地位相对较高的其他职业。19世纪后期以后,西方妇女在就业方面"发生的巨大变化是(劳动妇女)逐渐从家庭服务业转向白领服务业。……1906年,法国的白领工人中,女性白领占40%多"。[③] 这种变化自然与西方工业化的深入开展、政治民主化的扩大和教育的普及密切相关。它带来的重要后果是一支新的劳动大军——中产阶级女性走出家庭,当上了教师、护士、工厂文员、社会工作者、政府公务员等,她们从原来家庭事务的帮手变成了独立的职业女性,这也就为后来西方女性自我意识的觉醒作了铺垫。

二、工业化时期德国女性地位的变化

与英、法不同,德意志直到19世纪下半期才实现国家的统一,这一国情决定了它从农业社会向工业社会的转型也较英、法为晚。

与工业化开始较早的英、法相比,德意志帝国时代的工业化转型时期,德国妇女的社会角色出现几个较为显著的重要变化:第一,大量妇女进入社会生产各个领域,形成了较大的妇女职业群体,她们开始成为社会生产中的重要力量,妇女的社会影响力增大;第二,工业化也对德国妇女的婚姻以及她们在家庭中的地位产生了重大影响。在人类社会不同发展阶段,家庭的构成形态及其表现特征也会有所不同。在从农业社会向工业社会的转型中,德国的婚姻、家庭形态以及妇女在婚姻和家庭中的地位、角色也有所变化;第三,随着妇女在社会生产领域力量的增长,妇女的自我意识日益提高并开始为她们的社会和政治权利进行斗争。她们在政治和社会权利的平等方面提出了自己的明确要求。因此,19世纪下半期以后,特别在德意志帝国时期,出现了基于不同阶级和宗教信仰等因素之上的

---

① L. L. Robson, *The Convict Settlers of Australia*, Melbourne University Press, 1994, p. 125.

② Gerry Holloway, *Women and Work in Britain since 1840*, p. 100.

③ Georges Duby and Michelle Perrot, gen. eds., *A History of Women in the West*, vol. 4, p. 407.

几大妇女运动潮流。所有这些运动都促进了妇女地位的改善，使德国社会生活的内容和面貌发生了变化。

1. 社会生产领域中妇女职业群体的发展

近代工业化进程对德国妇女的传统社会角色产生了巨大冲击，到德意志帝国时期，工业化拉动的经济高速发展使大量妇女走出家庭，进入各个生产领域，职业妇女的数量因此迅速增长。在这一时期，虽然社会生产领域中对妇女的歧视仍然存在(1882—1907 年间，女性中有工作能力者一直要比男性多 60 万人以上，但就业人数却远远低于男性)，然而，这一时期也出现了一些新的情况：男性就业率下降，女性就业率呈现上升趋势。1882—1907 年间，男性就业率从 94.2%下降到 92.3%，女性的就业率却从 36.3%上升到了 45.4%。同一时期，妇女在就业总人数中的比重也由 29%增加到了 33.7%。[①] 这清楚地说明了妇女就业数量不断增加的事实。

需要指出的是，在职业妇女总数不断增长的同时，各生产领域中妇女就业人数和比重的增长状况又是不平衡的。这种不均衡发展表现为：农业领域中妇女就业人数在妇女就业总人数中的比重增大；工业、商业和交通等领域中就业妇女人数在就业妇女总数中的比重上升；家庭服务业等领域的妇女就业人数在妇女就业总数中的比重则有所下降。当然，各经济领域妇女的就业人数在其就业总数中比重的波动并不影响她们在各领域中总的增长趋势。这种不平衡增长恰恰反映了德国工业化所造成的社会整体经济结构的转变和发展趋势。

在农业生产领域，由于工业化过程中大量男性劳动力流向收入相对较高的城市和工业地区工作，农村劳动人手相对减少，妇女所负担的劳动量有所增加，妇女在农业生产领域中的比重也迅速上升。统计数据表明，1882—1907 年间，农业生产领域的男性劳动力不仅没有增加，反而有所下降，减少了 40 多万人。与此同时，农业生产领域中的劳动力总数却从 823.7 万人增加到了 988.3 万人。在这种情况下，为了弥补因男性劳动力流失而造成的农业劳动力不足，除了大量输入季节性外国农业工人外，[②]德国妇女在农业劳动力

---

① Ulla Knapp, *Frauenarbeit in Deutschland*, Band 2, *Hausarbeit und geschlechtsspezifischer Arbeitsmarkt im deutschen Industrialisierungsprozess*, München, 1984, S. 643. 其中，有工作能力者的概念为：1882 年：15—70 岁以下；1895 年：16—70 岁以下；1907 年：14—70 岁以下。

② 有关统计资料表明，1906 年 6 月德国的外籍劳动力共约 80 万人，其中农业领域中的外籍工人有近 30 万。参见：W. R. Lee and Eve Rosenhaft, *State Social Policy and Social Changes in Germany 1880-1994*, Oxford and New York, 1997, p. 107.

中的比重大幅度上升，由1882年的30.8%猛增到1907年的46.5%，[①]几乎与男性平分秋色。正是由于男性劳动力外流这种特殊形势的存在，农业领域就业妇女始终保持着各生产领域中最大的妇女职业群体地位。

与农业领域中妇女就业群体的扩大一样，由于工业经济的强劲增长和社会经济结构从农业主导模式向工业主导模式的转变，[②]工业生产领域中的妇女就业群体也不断扩大。1882—1907年间，德国工业生产领域的就业总人数大幅增长，从639.6万人增加到了1125.6万人，在德国就业总人数中的比重也在不断上升，这是德国向工业社会转型的标志之一。与此同时，德国工业生产领域中的职业妇女人数不仅在职业妇女总数中的比重上升了近两个百分点，由20.3%上升到了22.2%(1895年一度达到23.1%)，而且在工业领域就业总人数中的比重也上升了1.1个百分点，[③]这意味着男性在工业生产领域就业总人数中所占比重相对下降。

同一时期，在迅猛扩张的商业和交通服务业领域，[④]职业妇女人数和所占比重也处于上升之中。1882年，这两个领域职业妇女人数为29.8万人，1895年上升到58万人，1907年则增加到了93.1万人，增加幅度达212%。职业妇女在本经济领域就业总数中所占比重也相应由19%上升到了24.8%和26.8%，在职业妇女总数中所占的比重则由5.4%上升到了8.8%和9.8%。[⑤] 这两大领域妇女职业群体之所以迅速扩大，主要原因在于这些领域中如售票员、服务员、售货员等许多工作都很适合女性。她们在这方面的胜任能力往往要高于男性。

在诸如家庭服务等其他服务业领域，情况相对特殊。一方面，职业妇女的绝对数处于不断上升之中，另一方面，职业妇女人数在家庭服务等领域就业总人数中所占的比重以及在全体职业妇女中所占的比重都处于萎缩之中。换言之，这些领域中职业妇女人数的增长低于职业男性人数的增长和其他领域中职业妇女人数的增长。1882—1907年间，家庭服务等服务业领域的职业女性由158.2万人增加到了185.9万人，但在这些领域就业总

---

① Ulla Knapp, *Frauenarbeit in Deutschland*, Band 2, *Hausarbeit und geschlechtsspezifischer Arbeitsmarkt im deutschen Industrialisierungsprozess*, S. 650.

② 1890年，德国工业生产总值开始超过农业生产总值，1907年，德国工业领域中的就业人数已经超过农业领域。参见：Walther G. Hoffmann, *Das Wachstum der deutschen Wirtschaft seit der Mitte des 19. Jahrhundert*, Berlin, 1965, S. 454-455, 205.

③ Ulla Knapp, *Frauenarbeit in Deutschland*, Band 2, *Hausarbeit und geschlechtsspezifischer Arbeitsmarkt im deutschen Industrialisierungsprozess*, S. 651.

④ 据统计，在1880—1913年，德国交通、商业、银行、保险等行业的价值创造增长了近270%。见：Walther G. Hoffmann, *Das Wachstum der deutschen Wirtschaft seit der Mitte des 19. Jahrhundert*, S. 454-455.

⑤ Ulla Knapp, *Frauenarbeit in Deutschland*, Band 2, *Hausarbeit und geschlechtsspezifischer Arbeitsmarkt im deutschen Industrialisierungsprozess*, S. 650.

数中的比重却由 57.4%下降到了 53.5%。也就是说,女性在这些领域中就业人数的增长速度低于实际需求的增长。同时,这些领域中女性就业人数在职业妇女总数中的比重也由 28.5%下降到了 19.6%,减少近 9 个百分点。[①] 尽管如此,职业女性在这些领域就业人数中所占的优势仍然比较明显,这是其他领域中所没有的情况。出现这种状况的主要原因在于服务业领域的工作特点有利于女性就业。以家庭服务业为例,就业女性就占有绝对优势。1882 年,从事家庭服务业的女性为 128 万人,1895 年为 131 万人,1907 年为 125 万人。至于这一领域中职业女性在全部就业女性中比重下降的最主要原因,则在于这一产业领域的非大众性特征的限制。在家庭服务业中,能够雇用女佣的毕竟只有少数上层阶级和中产阶级家庭,而这类家庭在全社会中所占的比重不仅很小,而且在当时的经济水平下,随着人口和家庭总数的迅速增长,这类家庭比重还会有相对下降的趋势。

总体上看,当时妇女就业人数的增长受到职业特点和传统观念等因素的制约。所谓职业特点的制约,是指不同的职业领域中职业妇女的人数分布极不均衡。在适合妇女特点的职业领域,妇女就业人数相对集中,反之则妇女人数较少。例如,在采矿、建筑等需要重体力劳动的行业部门中,受生理条件的影响,职业妇女所占比重极小。1882 年,这些领域中的妇女仅占其就业人数的 1.8%,1907 年占 1.9%。金属、电气、化学、机器制造等技术含量较高的工业部门中职业妇女也相对较少。1882—1907 年间,这些领域中职业女性分别占 5.5%和 12.6%。造成这种状况的主要原因在于当时妇女的受教育程度相对男子较低,缺乏胜任在这些部门工作的相关知识和技能。相比较之下,纺织、服装等轻工业部门中妇女相对比较集中。1907 年,这些部门就业总人数中妇女占 68.5%。此外,这一时期的妇女就业还有一个特点,即无固定职位者多于男性。1882 年,工业、手工业领域就业总人数中的无固定职位者平均为 5%,妇女为 7.3%;1895 年,相应比重分别为 2.7%和 3.8%;1907 年时,无固定职位者大大减少,相应比重分别为 0.1%和 0.2%。[②] 以上两大特点在一定程度上反映出妇女在就业方面的弱势地位。

除了农业劳动妇女、女佣、女工等体力劳动者以外,工业化带来的社会结构的转变和社会的进步也使女职员数量呈现大幅度增长趋势。商业和交通领域中售货员、售票员、服务员等职业妇女数量的增长就是很好的说明。例如,在商业领域中,职业妇女数量在 1895 年时为 9.4 万人,其中售货员占 87.2%,1907 年为 25.4 万人,售货员则占 68.5%。

---

① Ulla Knapp, *Frauenarbeit in Deutschland*, Band 2, *Hausarbeit und geschlechtsspezifischer Arbeitsmarkt im deutschen Industrialisierungsprozess*, S. 651.

② Ulla Knapp, *Frauenarbeit in Deutschland*, Band 2, *Hausarbeit und geschlechtsspezifischer Arbeitsmarkt im deutschen Industrialisierungsprozess*, S. 664.

1895 年时，包括工业企业和国家机关在内的女性办公室职员仅为 1.4 万人，1907 年时则增加到了 11 万人。[①] 其中如打字员、话务员等适合女性特点的职业显然都是工业发展和技术进步的产物。在职业妇女中，处于最高层的是那些资产阶级职业妇女，其类型包括女教师、女保育员、女医生等，还有少数女商人。

必须看到，虽然工业化带来的社会进步使职业妇女群体的人数不断增加，但是，受传统观念的影响，职业女性与男性相比仍处于一种明显的不平等地位。她们在就业问题上受到年龄、婚姻状况等诸多因素的制约和限制。虽然没有法律明文规定职业妇女的最高年龄限制，但是在事实上，除了农业领域中的劳动妇女因劳动力缺乏以及家庭生活与生产的紧密结合特点而几乎不受年龄限制外，其他生产领域中职业妇女的年龄通常相当年轻，一般在 30 岁以下。在家庭服务业领域，女佣类工作也只是从学校毕业到结婚成家的一个过渡期。1907 年，84.4%的女佣在 30 岁以下。至于女职员和工业领域的女工，其职业生活也只是一生中的一段插曲。受“男主外女主内”的传统思想影响，通常情况下，女性结婚就意味着放弃职业。例如，对于女教师而言，“职业是与独身联系在一起的，结婚就意味着退职”。[②]

相关统计数据可以说明年龄与职业妇女的关系：1907 年，在 145.6 万名女工中，30 岁以下者占 70.9%。在女职员中，这一年龄段人数比重更高，占 78.4%。其中，16—25 岁年龄段的职业女性最多，此后随着年龄的增长，数量便大大下降。[③] 造成这种剧烈波动的原因显然只能用结婚成家对女性就业的影响才可以合理解释。据统计，1882 年，工业领域的女工 81%为单身或离婚者，6.2%为寡妇，只有 12.7%为已婚妇女。1907 年，女工之中单身比重为 71.1%，7.6%为寡妇或离婚者，21.3%为已婚者。[④] 这表明，1907 年时已婚女工的比重较 1882 年时有所增加，这是一种进步，但这并没有改变单身女工仍占绝对主导地位的状况。据统计，在工业、商业和交通等主要职业领域，就业男性的已婚比例都大大高于就业女性。即使加上女性就业相对较多且不受年龄影响的农业生产领域，男性不仅在就业总人数上仍远远超过女性(1700 万比 763 万)，而且已婚比重也大大高于女性。1907 年，在就业男性中，已婚状况分别为：30 岁以下 19.7%，30—50 岁 85%，50 岁以上 81%；就业女性则分别为 13.3%、66%和 47.5%。[⑤] 此外，职业妇女的工资通常要比男

---

① Thomas Nipperdey, *Deutsche Geschichte 1866-1918*, Band 1, *Arbeitswelt und Bürgergeist*, München, 1990, S. 81.

② Thomas Nipperdey, *Deutsche Geschichte 1866-1918*, Band 1, *Arbeitswelt und Bürgergeist*, S. 82.

③ Barbara Greven-Aschoff, *Die bürgerliche Frauenbewegung in Deutschland 1894-1933*, Göttingen, 1981, S. 283.

④ Thomas Nipperdey, *Deutsche Geschichte 1866-1918*, Band 1, *Arbeitswelt und Bürgergeist*, S. 78.

⑤ Barbara Greven-Aschoff, *Die bürgerliche Frauenbewegung in Deutschland 1894-1933*, S. 283.

性低，一般只有男性的60%—66%。

可见，在向工业社会转型的过程中，德国职业妇女的数量明显上升，但各生产领域发展不平衡。同时要看到，妇女在走向社会生产领域的过程中还面临着许多有待克服的两性不平等问题。

2. 婚姻、家庭中的妇女地位和角色的变化

家庭是一种历史社会形态，不同历史时期有其对应的家庭形态。作为家庭基础的婚姻则既与一定的历史发展阶段相联系，又与人们生活其间的社会经济状况有着紧密关系。随着国家的工业化，到德意志帝国时期，德国婚姻和家庭中的妇女角色和地位也呈现新的特征。

首先是婚姻状况的变化。由于工业化造成社会分工日益复杂，新产业部门不断增加，且不同产业在社会经济中扮演着不同角色，结果形成了比前工业社会更复杂、生活方式各异的社会群体，分属于不同社会群体的妇女对待婚姻的态度也因此差异很大。其中，就结婚年龄(第一次结婚)而言，各社会职业群体有明显区别。以工业化程度相对较高的普鲁士为例，在1881—1886年间，女性平均结婚年龄为：无职业者25.35岁，女佣25.36岁，教师29.02岁，工人29.85岁。① 从中可以看出，无职业者和女佣结婚较早，教师和工人等有固定工作者结婚相对较晚。出现这种情况的原因在于：前者通常希望早组织家庭，以寻找经济上的依靠；后者则不想放弃工作，因为当时的习俗是，结婚就意味着放弃职业。②当然还有其他社会背景，后文有关家庭类型的内容中再予论及。

在德意志帝国时期，工业化和社会生活的现代化，对婚姻的社会构成造成了巨大冲击，其中一个突出表现就是离婚率迅速上升。据统计，随着德国高速工业化，1900年以后离婚率上升非常快。在1901—1913年间，德国的离婚数目由7964件上升到17835件，每10万居民离婚数目从14.1件增加到了26.6件。③ 由于观念、经济和社会生活等诸多因素的影响，不同宗教群体、社会阶层以及城乡的离婚率有很大差别。离婚人群主要集中在工商业经济发达的大城市、新教居民和中等阶级之中。1895—1901年间，天主教地区每10万对婚姻离婚数目由49件上升到86件，同期新教地区每10万对婚姻离婚数目则由120件上升到410件。1913年，每10万对婚姻离婚数目在普鲁士农村为56对，城市则为241对。柏林的离婚率更高，1895—1899年间，每10万对婚姻中已有459对离婚。到

---

① Johannes Müller, *Deutsche Bevölkerungsstatistik: Ein Grundriss für Studium und Praxis*, Jena, 1926, S. 129.

② Thomas Nipperdey, *Deutsche Geschichte 1866-1918*, Band 1, *Arbeitswelt und Bürgergeist*, S. 81.

③ Johannes Müller, *Deutsche Bevölkerungsstatistik: Ein Grundriss für Studium und Praxis*, S. 135.

1910年，每1000名德国已婚妇女中就有2.7人离异。[①]

造成离婚率迅速上升的原因主要有两个：一是人们观念的改变。随着向工业社会转型，社会开放性必然不断上升，作为资本主义社会主体观念的个人主义也随之注入家庭生活。于是，构成社会基本细胞的家庭也成了体现资产阶级个人主义的场所，家庭日益建立于个人决定的基础上，家庭每个成员都有自己的权利。这种"个人主义"意识使人们更多地从自己的而非"家庭"的角度去做出决定。这是离婚率上升的重要意识根源。造成离婚率上升的另一个更重要的原因在于，现代工业社会改变了家庭经济结构，妇女在家庭中的经济地位发生了变化。在前工业社会，家庭通常既是生活单位又是生产单位，婚侣选择、婚后生活等都必须"适应'全家'的经济要求"。[②] 在这种家庭，丈夫通常居于一种家长制支配性地位，妻子则是从属者。她们不愿也不敢想象没有家庭后的那种衣食无着的生活。但是，在工业社会，旧家庭模式逐渐被打破。在男人走向工厂的同时，越来越多的妇女也走出家庭，走向社会，成为职业妇女，经济上趋于独立，这就使她们有了在婚姻上说"不"的经济能力，有了"离婚的经济可行性"。[③]

工业化及其引发的城市化和社会生活现代化对德国的家庭形态造成了巨大冲击，家庭之中妇女的角色出现重大变化。在前工业社会，不管是农业、手工业还是商业领域，家庭通常既是生活单位，又是"独立的生产组织单位"，[④]夫妻既是生活上的伴侣又是生产中的合作者。但是，19世纪中期以后，由于社会转型，除农民型传统家庭外，出现了家庭生活与职业分离的"现代型家庭"。

农民家庭居于偏僻农村，受工业化冲击相对迟缓和弱小，因而仍维持着原有的家庭形态。这种家庭既是生产共同体，也是财产共同体，无论劳动还是家务，都是家庭经营方式。劳动角色分配决定了德国农民家庭实行男性家长制。在这种家庭中，虽然妻子参与生产，但丈夫在生产中起着决定性作用，这使他在公共场合和家庭中都处于支配性地位。久而久之，丈夫的这种权威性就成了一种传统和习俗，并得到教会和国家的认可。当然，这种家长制是建立在夫妻双方相互尊重的基础上的。一方面，妻子处于从属地位，另一方面，丈夫不能滥用权力。而对这种相互关系的制约主要来自家庭所在村落的大众监督。

农民型家庭虽然相对稳定和保守，但工业化引发的社会经济结构转变也促使其发生一些明显的变化，其中对夫妻角色的影响较为明显。由于大量农村劳力流入城市，农村雇

① Thomas Nipperdey, *Deutsche Geschichte 1866-1918*, Band 1, *Arbeitswelt und Bürgergeist*, S. 47.

② 迈克尔·米特罗尔、赖因哈德·西德尔：《欧洲家庭史》，赵世玲等译，华夏出版社1987年，第122页。

③ 迈克尔·米特罗尔、赖因哈德·西德尔：《欧洲家庭史》，赵世玲等译，第122页。

④ Anneliese Mannzmann (Hg.), *Geschichte der Familie oder Familiengeschichte?*, Königstein, 1981, S. 124.

工价格上涨，农村家庭妇女的田间劳动量明显增加。[①] 与这种劳动量的增加相一致，其独立性也相应增强。家长制传统因此受到削弱。

资产阶级家庭是18世纪晚期以后逐步在中上层资产阶级中被普遍接受的一种所谓的"城市性"、"现代性"家庭模式。19世纪晚期到20世纪初，经过高速工业化洗涤的德国资产阶级家庭中，妇女的角色呈现出一种传统和现代"交叉重叠"[②]的特征。

从现代性看，资产阶级家庭打破了传统家庭生产和生活一体的模式，生产与家庭氛围出现分离。在家庭之外的工作和挣钱成为丈夫的专职，妻子则"退出职业生活"，"致力于孩子的教育和开展社交活动"，[③]成为纯粹的"家庭主妇"。同时，德国资产阶级家庭还保留着传统家庭类型的某些特征，最明显的就是"家长制"结构的继续存在。由于生产与生活分离，丈夫主宰着外面的世界，在竞争、拼搏中生活，妻子则经营着小家庭，实际上是为丈夫和孩子生存着。妻子因此成了丈夫在社会主体生活外的补充和从属品，使丈夫在家庭内的"权威性"愈加不可动摇。妻子对丈夫的这种巨大依赖性使她们根本就不敢想象婚姻失败的结果。她们在家庭中只能"沉默"、"忍受"和"顺从"。这种不平等状况成为日后德国资产阶级妇女运动的主因。

资产阶级对财产、收入以及教育等方面的要求较高。男性为了"创业"，结婚年龄一般较女子要大，通常大10岁左右。即使到1900年左右，在资产阶级女性因参加工作而结婚年龄有所增大的情况下，男女之间年龄差距仍然可能在6—7岁。[④] 这种男大女小的状况在一定程度上进一步加剧了资产阶级家庭中的男性"家长制"体制。

工人家庭是典型的现代工业社会的产物。它既不像资产阶级家庭建立于夫妻双方的理想和相互满足以及"男主外女主内"的角色分离基础上，也不像农民家庭那样建立于共同生产和生活基础上，而是一个靠工资生活、有难同当、质朴的消费共同体，也可以说是一个"完全按照工作时间休息的地方"。在结婚年龄上，工人们不像资产阶级，为了自立、教育、收入等原因而长期等待，也没有农民在财产继承方面的烦恼。他们最能挣钱的时候通常是在年轻力壮之际。正是由于这些原因，如前所述，工人们成了结婚年龄相对较早的社会群体。

在工人家庭中，通常是工人娶工人。以开姆尼茨为例，1900年，该市男性工人结婚对象80%为女性工人，只有7%是女佣。对他们而言，财产、出身等条件在结婚对象的选择

---

① 参见前文的有关论述。

② Anneliese Mannzmann (Hg.), *Geschichte der Familie oder Familiengeschichte?*, S. 132.

③ 安德烈·比尔基埃等主编：《家庭史》第2卷，袁树仁等译，第560页。

④ Thomas Nipperdey, *Deutsche Geschichte 1866-1918*, Band 1, *Arbeitswelt und Bürgergeist*, S. 52.

上并非重要考虑因素，因为自身的条件使之在婚姻上不可能有更多挑选余地。当然，也存在本阶层以外的婚姻。居住在农业集镇上的工厂男性工人就很乐意娶小农的女儿，一些工人家庭的女儿则乐意嫁入手工业者或低级官员之家，因为这意味着社会地位的上升。但是，这种阶层外婚姻并不常见。

工人家庭也实行“男性家长制”体制。由于丈夫对家庭的经济贡献，这种家长制的最直接表现就是丈夫在家庭中的统治地位。妻子则和资产阶级、农民家庭中的妻子一样，处于从属地位。工人家庭的经济状况也有其独特性。工人家庭往往在婚姻初期经济状况最佳。这时夫妻都有职业，挣取工资。此后，随着小孩出生，开支增大，妻子为照看家庭和小孩不得不辞去工作，家庭经济状况因此恶化。为此，许多家庭妇女不得不找一些零活，做家庭清洁，当女佣，分送报纸、牛奶等，以挣钱补贴家用。据估计，1907—1908 年，德国熟练工人家庭中的妻子收入占全部收入的 3.5%，非熟练工人家庭中的妻子收入则占到 7.7%。恶劣的经济状况使工人家庭成了一种仅仅为生存奋斗，“财政和时间预算”都受到“最严格的限制”[①]的共同体，几乎没有享受可言。

3. 德意志帝国时期的妇女运动潮流

在向工业社会转型过程中，社会各生产领域中妇女力量的增长以及经济转型引发的家庭形态的改变等，催生了德国的妇女运动。妇女在社会生产领域中力量和影响的不断扩大为妇女运动的发展奠定了社会基础。而妇女运动的广泛发展则主要归因于向现代社会转型过程中男女之间从社会到家庭的地位日益突出的不平等：首先，作为现代家庭类型，资产阶级和工人阶级家庭都属于生产和生活分离型家庭。在这类家庭中，资产阶级妇女实际上成了脱离社会生产的单纯家庭主妇和丈夫的附属品，多数工人家庭中的妻子也基本上处于这种境况之中。[②] 其次，在整个社会中，从受教育权、职业领域直至社会政治生活，都凸显出对于妇女的不平等和歧视。如前所述，妇女的就业通常受到年龄和婚姻状况的制约，工作中的妇女无法得到相应的保护，所得报酬也较男子要低。她们几乎没有受教育的权利，更没有参与国家政治生活的权利。所有这些不公平的状况都促使她们起来为自己的命运抗争，并在 19 世纪中期后形成了一股股妇女运动潮流，这些运动潮流在德意志帝国时期达到高潮。

由于社会阶层、宗教信仰以及利益的差异，德国妇女运动呈现出不同的派别类型。其

---

① Anneliese Mannzmann (Hg.), *Geschichte der Familie oder Familiengeschichte?*, S. 133.

② 参见邢来顺：《向工业社会转型中的德国婚姻与家庭形态》，《世界历史》2002 年第 1 期。

大体上可分为资产阶级妇女运动、天主教妇女运动和社会主义妇女运动三大潮流。

由于受教育程度和社会阅历等原因,资产阶级妇女运动出现较早,影响较大,从运动内容上看可分为温和派和激进派两大派别。资产阶级温和派妇女运动的内容主要集中于促进妇女社会权利平等,保障妇女在诸如生育控制、堕胎等方面的自由和人类尊严,对女工和母亲进行立法保护等实际问题上,对参与政治生活、争取政治权利等则相对不感兴趣。资产阶级激进派妇女运动则不仅要求取得与男性平等的根本权利,诸如进入一切教育机构和职业生活等,而且要求妇女的投票权和自主权。因此,资产阶级激进派妇女运动从一开始就参加政治活动。

资产阶级妇女运动的发展状况可以从各类妇女组织的建立及其努力目标中窥见一斑。德国资产阶级温和派妇女运动始于19世纪40年代,是德国资产阶级妇女运动的主流。40年代上半期,德国妇女运动发起者路易斯·奥托—彼得斯首先提出了妇女在国家和社会中的角色问题,认为妇女参加国家和社区活动不仅是一种权利,也是一种义务。[①] 1848年革命时期,各种集会结社活跃频繁,一些妇女也试图通过这种方式来表达自己的声音。1849年,路易斯·奥托—彼得斯在"我为自由王国女性公民做广告"的口号下创办《妇女报》,鼓吹妇女解放。然而,这种努力遭到了传统保守观念的抵制。当时人们仍普遍认为,妇女的解放将破坏家庭生活、风俗习惯以及上帝的秩序。[②] 因此,《妇女报》仅存在4年即被查封。

此后,随着广大妇女进入社会生产和生活各个领域,对妇女运动的有关责难已经无法压制她们为自己的解放和争取平等权利进行的正当斗争。1865年10月,在路易斯·奥托—彼得斯的促成下,全德妇女联合会(Allgemeine Deutsche Frauenverein,简称ADF)在莱比锡建立。当时,全德妇女联合会的首要目标并不是什么政治权利、选举和结社权利,而是要改善女性在家庭中的地位、妇女的受教育权利和择业权利等,旨在解决妇女在社会生活中的实际问题。全德妇女联合会在刚开始时,只有数千会员,到德意志帝国时期才有了较大的发展,1913年时已经有13000会员。

其他资产阶级温和派妇女运动组织还有1866年成立的"促进女性就业能力联合会"。其宗旨在于帮助资产阶级妇女进入职业领域。1869年,该组织中的17个地方联合会组成了"德国妇女教育和职业联合会联盟"。这些组织既不要求妇女的社会解放,也不要求

---

① 参见 Ruth-Ellen Boetcher-Jöres, *Die Anfänge der deutschen Frauenbewegung: Louise Otto-Peters*, Frankfurt am Main, 1983, S. 74。

② Hans-Ulrich Wehler, *Deutsche Gesellschaftsgeschichte*, Band 3, *Von der Deutschen Doppelrevolution bis zum Beginn des Ersten Weltkrieges 1849-1914*, München, 1995, S. 1091.

政治解放，其目标主要集中于职业教育和介绍等实际问题上，因此与全德妇女联合会有共同语言，这为日后双方合作铺平了道路。

到 19 世纪 80 年代，德国资产阶级温和派妇女运动将努力目标转向教育领域，争取妇女的同等受教育权。1888 年，“妇女联合会改革”在魏玛成立。该联合会明确提出了高等教育中的各个学科都向女学生开放的要求。从国际角度来看，当时德国妇女的这一要求已经不在激进之列。在各主要资本主义国家中，美国(1853 年)、法国(1863 年)、英国(1878 年)、荷兰(1878 年)也都已经相继向妇女开放了高等教育领域。在瑞士，到 1867 年时已有女性攻读博士学位。但是，在德国，许多人直到 20 世纪初仍对此持反对态度，他们坚持不让自己的女儿进入大学学习。在争取平等受教育权利的妇女运动中，德国女教师们由于层次较高，政治上自我意识较强，扮演着重要的角色。奥古斯塔·施密特、海伦娜·朗格等都是这一运动中的知名人物，其中，海伦娜·朗格占有突出的位置。

海伦娜·朗格是资产阶级温和派妇女运动中最重要的理论家和领袖。她 1876 年开始从教于一所女子私立学校。1887 年，她向普鲁士当局提出了改革女子教育的请愿，要求给女子以同等的教育。其观点是，妇女应该在孩提时代就建立起情感的世界，应该教育她们以正确的价值观认识事物，应该学习思考和行事。1890 年，她组织成立“全德女教师联盟”。到 1900 年，该组织已有成员 16000 人，成为当时德国最大的妇女职业联合会。1893 年，她开始出版《妇女》杂志。该杂志与后来资产阶级激进派妇女运动出版的《妇女运动》杂志一起成为德意志帝国时期资产阶级妇女运动最重要的喉舌。海伦娜·朗格还亲自进行女子教育改革的实践活动，于 1889 年引进了实科中学课程，1898 年又引入高级文科中学课程。在高级女子学校明显不足的情况下，她还试图使 16 岁以上的女孩子能够以走读生的身份去读男性文科中学。① 由于以上的不断斗争，1900 年以后，巴登、普鲁士等邦终于先后向女性开放高等教育的门槛。

德国资产阶级温和派妇女运动的新阶段开始于 1894 年 3 月成立的“德国妇女联合会联盟”(Bund Deutscher Frauenvereine，简称 BDF)。这一新妇女组织起初由 34 个联合会组成，到 1913 年时则发展到了 2200 个联合会，47 万名成员。该组织由各委员会负责相关工作，内容涉及家庭暴力、女工保护、在下层妇女中宣传卫生保健、与卖淫和酗酒作斗

---

① 在 19 世纪，德国有三类中学，即重视拉丁文和希腊文等古典语言为特征的文科中学(Gymnasium)、面向现实的、只学习现代学科的实科中学(Realgymnasium)和高级实科学校(Oberrealschule)。但只有获得文科中学毕业证书者才有资格进入大学学习。到 1900 年，经过斗争，也是现实压力的结果，德皇威廉二世颁布法令，确认上述三类学校所提供的教育在原则上具有同等重要性。1901 年，三类中学的学生获得了进入大学学习的同等权利。见：Peter Flora, *State, Economy, and Society in Western Europe 1815-1975: A Data Handbook*, vol. 1, *The Growth of Mass Democracies and Welfare States*, London, 1983, p. 584.

争、建立幼儿园、服装改革等日常实际问题。由于对参与政治生活不感兴趣，德国妇女联合会联盟不仅与资产阶级激进派妇女运动存在意见分歧，而且与另一股主张积极参与政治生活的无产阶级妇女运动处于完全分裂状态。该联盟成立时甚至就明确宣布拒绝接纳任何女工联合会。

与资产阶级温和派妇女运动相比，以海德维希·多姆、丽达·古斯塔娃·海曼、米娜·考尔为代表的资产阶级激进派妇女运动则更注重从政治角度争取妇女的权利。

海德维希·多姆早在1873年时就已经提出了妇女选举权的问题，并将它视为对教育、家庭和劳动等领域进行改革的必要政治前提。她指出，“人权是无性别的”，因而男性与女性之间应该是平等的，而不应该是“男人愿意，女人应该”。[①] 出身于大资产阶级家庭的丽达·古斯塔娃·海曼等不仅在1897年建立了第一个女权主义者妇女中心，而且于1902年成立了德国第一个妇女选举权联合会。其中，米娜·考尔是德国妇女选举权运动中的决定性人物，也是激进派妇女运动的著名代表，在1880—1919年间一直是“妇女幸福”联合会的主席，并负责“妇女运动”杂志。她不仅为妇女的社会政治利益而斗争，甚至把被温和派资产阶级妇女运动拒之门外的与无产阶级妇女运动的合作看成是一种进步。但是，这一派在德国资产阶级妇女运动中力量相对弱小。

社会主义（或无产阶级）妇女运动是资产阶级妇女运动之外的又一股强大妇女运动潮流。1879年，德国社会民主党领袖奥古斯特·倍倍尔发表《妇女和社会主义》一书，专门抨击妇女所受的不平等待遇。根据倍倍尔的看法，男性世界的独裁统治和妇女在经济上的依赖性是妇女取得平等地位的主要障碍，而资本主义则是这一时代暴露出的家庭和两性问题的总根源。[②] 倍倍尔的上述观点不仅成了德国社会主义妇女运动的主导思想，而且由于《妇女和社会主义》一书涉及妇女不平等的许多本质的东西，它也成了许多资产阶级妇女的重要读物。该书在出版后的几十年中长久畅销不衰，以致到1909年时再版达50次之多。德国社会主义妇女运动的主要领袖是著名社会主义活动家克拉拉·蔡特金。她虽然出身于资产阶级教师家庭，自己也是一位教师，却走上了领导社会主义妇女运动的道路。在1892—1917年的25年中，她一直担任德国社会民主党的妇女报纸《平等报》的编辑工作，并利用这一报纸宣传她在妇女问题上的主张。

蔡特金对德国社会主义妇女运动的贡献主要集中在两个方面：其一，她从理论上阐明

---

① Hedwig Dohm, *Der Frauen Natur und Recht*, Neunkirch, 1986, S. 162, 185.

② 参见：Thomas Nipperdey, *Deutsche Geschichte 1866-1918*, Band 1, *Arbeitswelt und Bürgergeist*, S. 90-91; Hans-Ulrich Wehler, *Deutsche Gesellschaftsgeschichte*, Band 3, *Von der Deutschen Doppelrevolution bis zum Beginn des Ersten Weltkrieges 1849-1914*, S. 1092-1093.

了妇女社会地位不平等的根源，认为经济上的依赖性是妇女“沦为奴隶”的主要原因。[①]因此，普遍的妇女就业是妇女解放不可缺少的前提条件。其二，她将妇女运动看作整个工人运动的重要组成部分，主张妇女积极参加政治斗争，从而将社会主义妇女运动与资产阶级妇女运动区分开来。她指出，资产阶级妇女运动在争取与男子平等的权利时，主要反对束缚妇女生活的那些外表和形式上的限制。她们没有明确的政治目的。无产阶级妇女要求享受与男子同样的政治权利，以便能保护自身经济和文化上的切身利益，同时与资本主义制度作斗争。[②]

在蔡特金的领导下，德国社会主义妇女运动逐渐发展壮大。1908 年以后，社会民主党领导下的妇女力量明显增强。在德国社会民主党内，妇女党员人数由 1908 年的 3 万人增加到 1914 年的 17.5 万人，即由党员人数的 5.6%上升到 16.1%。在德国社会民主党影响下的德国自由工会中，女会员也由 1900 年的 2.3 万人增加到 1914 年的约 21 万人，在全体会员中的比重由 3.4%上升到 10.1%。[③] 当然，就人数而言，社会主义妇女运动的规模尚不及资产阶级的德国妇女联合会联盟和另一个民族主义的妇女组织“祖国妇女联合会”。

与资产阶级妇女运动相比，社会主义妇女运动有两个明显的特点。首先，它没有专门的妇女组织，而是作为社会主义者在妇女中进行宣传的组织来活动的；其次，它在斗争目标方面与资产阶级妇女运动有着本质的区别。资产阶级妇女运动是要在现存的社会制度和结构内逐渐改善妇女的地位，因此仅涉及实际问题。社会主义妇女运动则不然。它既为未来妇女的工作而斗争，同时又和当时对产业妇女的各种限制进行斗争。最重要的是，它将反对资本主义制度的斗争作为运动的主要内容，认为只有彻底推翻资本主义社会才能改变妇女的地位。正是这种区别决定了社会主义妇女运动与资产阶级妇女运动的不相容性。

在资产阶级和社会主义妇女运动两大潮流以外，还存在一些特别的宗教性和民族主义的妇女组织。前者从根本上说是对工业化过程中社会的日益世俗化不满的表现，后者则是德意志帝国时期民族主义膨胀的产物。

在带宗教色彩的妇女组织中，新教和天主教妇女运动较为突出。1899 年，“德国新教妇女联盟”(Der Deutsche Evangelische Frauenbund)在卡塞尔成立。这一组织主要通过国内传道的方式进行一些实际性救济活动，同时把反对卖淫和酗酒等作为重要活动内容。到 1913 年，该组织有会员 13600 人左右。由于观点接近，从 1908 年起，德国新教妇女联

---

① 威廉·皮克：《蔡特金传》，张才尧、张载杨译，三联书店 1954 年，第 19 页。

② 威廉·皮克：《蔡特金传》，张才尧、张载杨译，第 16—17 页。

③ Thomas Nipperdey, *Deutsche Geschichte 1866-1918*, Band 1, *Arbeitswelt und Bürgergeist*, S. 92.

盟成为德国妇女联合会联盟中一支重要的右翼力量。

"德国天主教妇女联盟"(Katholischer Frauenbund Deutschlands)则是1904年在科隆召开的德国天主教徒第50届全体大会的产物,也是天主教面对妇女运动发展作出的一种反应。由于天主教妇女联盟在宗教上持拒绝宗教冷淡的原则立场,最终使它没能加入德国妇女联合会联盟之中。但是,出于宗教信仰的传统立场,德国新教妇女联盟和天主教妇女联盟在某些方面的观点是相近的。它们都反对从根本上改变传统的妇女社会地位,更反对妇女参加公共政治活动。

除了以上两大宗教性妇女组织外,犹太妇女也于1904年成立了自己的组织"犹太妇女联盟"。它成功地将32000名30岁以上的犹太妇女吸纳为自己的成员。

在德国各类妇女组织中,"祖国妇女联合会"规模最大。它起源于1866年普奥战争中为双方伤员的护理服务,因此有些类似"红十字会"。1870年对法战争结束后,该组织成员达到3万人。80年代则发展到15万人。1913年时,缴纳会费的会员已经达到50万人。这一组织的活动内容主要是练习护理、护士工作以及为士兵做饭、缝补等。德国妇女积极参加这一组织,一方面是广大妇女参加社会生活的愿望的一种反映,同时在很大程度上是与当时德国国内民族主义情绪的普遍发展相一致的,旨在附和当时甚嚣尘上的德国民族扩张主义和军国主义,实际上是一种"妇女的民族主义"的升华。①

由此可知,工业化对德国妇女的经济、社会和政治地位带来了巨大的影响。到德意志帝国时期,妇女职业群体的扩大、妇女运动的发展等,无疑为妇女思想的解放、妇女自我意识的提升提供了巨大的可能性和推动力,从而为妇女运动的进一步发展和妇女社会地位的提高打下了基础。

三、美国工业化与女性生活状况

19世纪下半叶,大西洋彼岸的美国工业化浪潮高歌猛进,并冲击到社会领域的方方面面,从政治生活、文化生活、工商业活动到人们的日常生活。所有的美国人,不论阶层、性别、年龄,都在工业化浪潮中起伏跌宕,美国妇女亦概莫能外,她们的生活环境、价值观念和社会地位都在工业化和城市化的冲击下发生了深刻的变化。美国工业化虽然较晚,但起点更高。这种时间的"错位",加之在这片充满开拓求变精神的新大陆上,传统观念也

① Hans-Ulrich Wehler, *Deutsche Gesellschaftsgeschichte*, Band 3, *Von der Deutschen Doppelrevolution bis zum Beginn des Ersten Weltkrieges 1849-1914*, S. 1096.

没有那么根深蒂固，因此，美国工业化时代的女性所获得的成果比西欧妇女更多，观念变化更大。

纵观美国妇女运动的历程，无论在被称为黄金时代的殖民地时期、拓边开荒的西进运动时期还是被养在闺阁中的淑女时代，美国妇女一直没有离开过一个地方，那就是家，生育、性、教育后代始终是她们在家庭中的职责。只是在几次战争期间，许多原来不接受妇女的社会领域曾向妇女开放过，一旦战争结束，大门就关闭了，偶有一些妇女被关在门外，数量也是微小的。真正促使妇女大规模从家庭走向社会的推动力来自工业化，在工业化时期，美国中下层妇女在共同的斗争中，感觉到团结的力量，共同走向自我觉醒，并终于在1920年拥有了选举权。获得选举权的道路是由无数次社会政治运动的积累所铺垫的，其中最值得关注的是禁酒运动。这是一场美国妇女投入热情最大，参与人数最多的社会改革运动，并且这场运动直接通向争取选举权运动。

在同时期的美国社会中，还有一个不可忽视的特殊群体——黑人妇女也在工业化城市化进程中经历自我洗礼。生存的压力迫使黑人妇女走向社会，从事社会底层的工作，法律上给予黑人的自由并没有在社会生活中得到落实，尤其在美国的南方，隔离、罪犯出租和受私刑，黑人似乎随时随地都面临灾难。既是妇女又是黑人的双重身份，决定了黑人妇女既受到性别歧视又遭到种族歧视，因此，黑人妇女肩负双重解放的任务。

1. 工业化时代美国妇女的社会化

首先，妇女们纷纷从家庭走向社会，不管是上层妇女还是下层劳动妇女，她们一改传统的家庭妇女角色，积极参与社会工作。“1870 年到 1900 年间，妇女人口总数上升了48.7%，而妇女参加工作的人数则跃增 64%。”[①]

在 1880—1910 年间，全部劳动力中间女工的人数从 260 万上升到 740 万。[②] 对于广大下层劳动妇女来说，工厂制度和工业革命的其他后果为她们打开了无数谋生的新机会。许多旧日的如缝衣、制皂、蜜饯、腌肉等家庭职业，在 19 世纪后期转到工厂里，变成能挣钱的职业，特别是纺纱和织布部门。随着纺纱机、织布机、缝纫机等新发明的出现，用机器生产的专业工厂陆续建立。在工厂干活与家务劳动所费时间大致相同——每天 12—15 小时，可是站在纺纱机或织布机旁，相对来说，费的力气小，也用不着什么技术，星期天还可以休息。所以，此类工厂吸引了大批渴望挣钱的下层劳动妇女。对已婚妇女来说，在工厂

① 丁则民主编：《美国内战与镀金时代》，人民出版社 1990 年，第 313 页。

② 沙伊贝、瓦特、福克纳：《近百年美国经济史》，彭松建等译，中国社会科学出版社 1983 年，第 147 页。

就业可以增加家庭收入，品尝经济独立的滋味，对未婚女性来说，工作是婚姻生活来临之前的社会考察，一种对社会的探险，尽情挥洒自由自在的少女时代，成为社会时尚。在1900年，有一半妇女在22岁以前都是单身。但是，经济生活中女工人数的剧增，是付出一定的代价获得的，那便是低工资现象。根据美国劳工局1907—1909年对棉纺织厂、绢织厂、服装厂、玻璃制造厂和丝织品制造厂等的调查显示："这次调查发现的一个最惊人的事实是女工数量之多而她们的工资之低——低得只供她们维持本人最起码的生活水平。"[①]在所有16岁以上参加工作的妇女中，1914年几乎有一半的人每周只赚6美元多一点，大约3/4的人每周在8美元以下。[②] 工厂主付给她们的工资仅为同样工作的男工的1/3，至多1/2。由于在整个19世纪欧洲移民源源不断地到来，需要工作的妇女只多不少，于是雇主们仗着这一支日益增多的劳动后备军对广大女工进行剥削。由于广大下层妇女没有受过教育，她们除了进工厂，另一条出路便只有给别人当女佣、家务女工、厨子、打杂女工。通常是住在她们雇主的家里，从早上6点到晚上10点随时听从别人使唤。她们每天的工作时间甚至比在工厂干活的女工还要长，而她们的工资，在东北部的一些城市，每周100小时的工作，除供给住宿之外，也就只有2—5美元。在女工队伍中，年轻的女孩子比已婚妇女明显占优势，她们凭着青春活力，头脑灵活，往往可以找到速记员、售货员和图书管理员的工作。在女工队伍中，移民妇女的处境是最差的，由于语言不通，人生地不熟，她们往往充当女佣，即便是年轻女孩也是如此。就是在工厂里，她们的工资也低得可怜。一位来自波兰的年轻女子在纽约的一家著名血汗工厂上班，1902年她告诉调查委员会的工作人员，她每周挣4.5美元，她和她的室友们每周用于个人生活开支2.42美元，加上房租1.5美元（两人合租，每人0.75美元）。她还补充说："当然，我们可以再节省点。但我们都喜欢好东西，并且感到我们能够买得起。"[③]

对于广大社会中上层妇女来说，工业化和城市化为她们提供了施展身手的广阔天地，特别是廉价方便的各种家用设施的发明，使她们从烦琐的家务劳役中解脱出来。由于她们受过教育，所以她们往往从事教师、白领职员等工作，也有相当一部分人干脆献身于社会改革运动。到19世纪90年代，教小学的女性比男性多一倍。即使教书，男女教师仍同工不同酬，城市女教师每周平均工资13美元，男教师则是2倍或3倍于其的工资。在乡村，一个教师往往管8个年级，每周10美元左右的工资。女教师在社会上有相应的地位，

① Harold V. Faulkner, *The Quest for Social Justice 1898-1914*, The Macmillan Company, 1931, p. 153.

② Harold V. Faulkner, *The Quest for Social Justice 1898-1914*, p. 154.

③ Norman K. Ris Jord, *America—A History of the United States since 1865*, vol. 2, Prentice Hall, New Jersey, 1985, p. 518.

这个职业较吸引人。在白领职业中，律师、政府管理、医生这三扇大门始终没有向妇女敞开，只留有一丝缝隙。

其次，妇女们从家庭走向社会的过程，也是从乡村走向城市的过程。

工业化已经改变了家庭经济的重要性，现在它又改变着家庭生活的外观。城市化引起地价高涨，于是，独门独户的私人住宅迅速被火柴盒式的单元住宅或公寓住宅所代替。在曼哈顿，私人住宅的建造从1886年的1300户减少到1904年的40户左右。与此同时，公寓式高层建筑纷纷拔地而起。随着电力的普及，电梯费用的降低，这种趋势在20世纪初得到进一步加强。正如美国女作家夏洛特·帕金斯·吉尔曼(Charlotte Perkins Gilman)所说：公寓住宅“从地面上拔起，庭院没有了，地窖没有了，楼梯没有了，甚至灶间也没有了”。[①] 同时，许多家用电器的发明，大大减轻了家庭主妇的工作。1876年发明的电话迅速成为家庭的必要设施，白炽灯不仅照亮了大城市，也闪耀在郊区各处，电熨斗、洗衣机、电烤箱、电暖炉、吸尘器等这些天才的发明迅速投放到市场，更为先进的水管装置和改进了的浴室、厨房设备和家具陈设一样，使家务工作越来越简化。给家庭主妇们带来更多便利的还有方便食品，体现乡村人好客的压垮桌子似的大排场在城市里没有必要，人们的饮食习惯更为文雅精致，对食品的要求更注重在营养价值上。人们不仅吃的食物与以前不同，吃的食物量也大大减少。在城市商业区，一块三明治和一杯饮料就是午餐的全部内容，晚餐成了一天中的正餐，席间肉食减少了。

总之，在工业化、城市化的冲击下，家庭的功能日趋简化。父亲白天工作在外，孩子们大部分时间待在学校里，从家务中解脱出来的母亲把更多的时间投身到公共事务，家庭越来越变成仅供全家人睡觉的场所。当然，那些生活在贫民窟里的广大下层妇女是享受不到这些便利的。大城市的崛起、疾病的泛滥、财富的分配不公、不适当的住宅设计，使得成千上万的人拥挤在被剥夺了享受阳光、新鲜空气、清洁用处和独处权利的狭窄空间。贫民窟问题引发了疾病流行和社会犯罪，其中便有严重的妓女卖淫，芝加哥犯罪管理委员会深信至少有5000多名妓女终日从事卖淫活动，一检查团在1907年夏天芝加哥的一个区就发现了200个从事卖淫的房间。1888年，劳工委员会委员，资深统计学家卡洛尔·赖特(Carroll D. Wright)在对大城市卖淫情况进行调查后分析指出，导致妇女卖淫的一个原因是工业化冲击下被扭曲的家庭生活，另一个原因是收入，卖淫收入5倍于在工厂做工。[②]

---

① Harold V. Faulkner, *The Quest for Social Justice 1898-1914*, p. 155.

② Nancy Woloch, *Early American Women, A Documentary History 1600-1900*, Wadsworth Publishing Company, 1992, pp. 409-410.

2. 社会变迁与女性观念变化

随着经济独立,居住环境的变化,生活条件的改善,美国妇女的生育观、婚姻家庭观、着装观、社会参与观等方面都发生了根本的变化。

在殖民地时期,一个妇女一生怀孕10多次是不足为奇的,多生孩子是妇女骄傲的资本。此后200年里,人们也一直喜欢大家庭生活。然而,到20世纪初,美国家庭拥有孩子的数量已从殖民地时代的7—8人降至1900年的平均3.56人。① 20世纪初的许多项调查都表明了人口增长率在不断下降这一事实。1910年人口统计局的数据是这样的:美国的人口增长率1870—1880年为26%,1880—1890年为24.9%,1890—1900年为20.7%,1900—1910年为21%,1910—1920年为15%。② 这期间的人口增长还包括1200万移民的涌入,这更加说明了人口出生率的下降。一位研究人口的学者调查了纽约22幢居民住宅楼之后,发现485个家庭共有54个孩子,或者说,平均9户人家1个孩子。③ 这485户接受调查的居民都是社会的白领阶层。通常说来,越是在知识分子家庭、富裕家庭和非移民家庭,生育率就越低。在大学里工作的女性,通常比同年龄的其他女孩晚结婚2年,而且平均少生2个孩子。在知识分子女性中,有一半的人终生不嫁。对上流社会的妇女来说,生孩子更是流于庸俗的事。一位长期为西海岸上流社会妇女服务的女医生说:"在我的病人中,大多数人不想要孩子。生第1个孩子还属正常,生下第2个孩子则被看成事故,生第3个是不幸,第4个更是悲剧。"④19世纪以前,多生多育是妇女在社会和家庭立足的资本,姑娘们也渴望早早嫁个好丈夫。婚姻和生育是生存的需要。工业革命带来的经济独立,使生存不再成为问题。于是,广大女性纷纷推迟结婚年龄,至于中上层妇女更是在家庭以外的领域中找到了施展才华的事业。此外,历来妇女因生育过多而遭受的身心痛苦,也使新一代女性望而却步。正是在这种背景下,玛格丽特·桑格(Margaret Sanger)掀起了节育运动。

在工业革命的推动下,美国的婚姻家庭呈现一些新的发展趋势。首先,女孩子愈来愈拥有自主婚姻的自由,父母对她的控制愈来愈弱。老一辈频频抱怨年轻一代的生活过于放荡和不受约束。1898年的礼仪册子认为,未婚女性在年轻男子的单独陪同下出现在公共娱乐场所属于犯规行为,除非还有年长妇女陪同。到了1906年,一位礼仪顾问哀叹:

---

① 洛伊斯·班纳:《现代美国妇女》,侯文蕙译,东方出版社1987年,第15页。
② Harold V. Faulkner, *The Quest for Social Justice 1898-1914*, p. 163.
③ Harold V. Faulkner, *The Quest for Social Justice 1898-1914*, p. 167.
④ Harold V. Faulkner, *The Quest for Social Justice 1898-1914*, p. 167.

“在西部和南部，社会居然允许一个女孩在一位年轻男子的护卫下，出现在公共餐馆或娱乐场所，并深夜回家。”[①]而事实上，这种情况在美国的城郊各处已经普遍。其次，在家庭内部，父权与夫权受到削弱，妇女与子女的地位逐渐提高。平等化的家庭在一些社会阶层和群体中日益增多。由于妇女参加工作，摆脱了经济上对丈夫的依赖，甚至有些除了养活自己外还补贴家用。于是，妇女在家庭中的地位和权利增强。最后，离婚率不断上升。1890 年美国的离婚率为十万分之五十三，1900 年为十万分之七十三，1906 年为十万分之八十四，到了 1916 年为十万分之一百一十二。[②] 对于离婚，各州法律不尽相同，一般来说，大西北地区新加入联邦的各州比较开放，而东部沿海各州则限制较严，其中以纽约州和南卡罗来纳州为甚。于是，许多东部的怨偶向西跑到离婚限制宽松的各州去寻求婚姻自由，其中，内华达州便以最短的“6 个月居住期”规定，吸引了大批渴望离婚者。20 世纪初，内华达州离婚案达每年 300 宗，20 年代则上升为每年 1000 宗。[③] 导致离婚率上升的原因，表面看来是通奸、抛弃、酗酒、虐待或不承担责任，而根本的原因是经济生活的迅猛发展带来思想观念的更新。维系婚姻的纽带不再是神圣的责任，而是双方是否合适。早在殖民地时期的新英格兰，就有法律允许妻子和丈夫都能首先提出离婚诉讼，但由于妇女在家庭中所处的从属地位，她们只能忍气吞声，谁也不敢跨出这一步。到了 20 世纪初，妇女首先提出离婚的案例增多，电影皇后玛丽·璧克馥就为了与第一任丈夫离婚，而与道格拉斯·范明克缔结良缘来到内华达州。

服装的演变往往与经济生活、社会时尚有关。社会越开放，妇女的裙子就越短。20 世纪初，从来没有如此多的美国妇女在着装上追求时髦。往昔，美国妇女的服装式样总是唯巴黎马首是瞻。现在，她们率先修改旧式的笨重时装。旧时的时髦装束是头戴饰以绒球的夸张式帽子，身穿高领紧扣的紧身上衣，下连铃状褶皱拖地长裙，扫着一路的灰尘。由于越来越多的妇女热衷体育运动，特别是自行车的发明，促使日趋活跃的上班族女性为了行动的方便，把裙子改短了。1904 年以后，上衣和裙子不再连穿，由正面扣纽扣的宽松式上衣出现，这种穿法尤其深受户外活动的女士青睐。到了 1908 年，女士们的裙摆离地面至少有 1 英寸了。妇女们表示她们伟大的愿望是从长裙的禁锢下解放出来的，1915 年以后，美国妇女在服装式样上更追求实用性。

---

① Harold V. Faulkner, *The Quest for Social Justice 1898-1914*, p. 168.

② Harold V. Faulkner, *The Quest for Social Justice 1898-1914*, p. 168.

③ 丹尼尔·布尔斯廷：《美国人：民主历程》，中国对外翻译出版公司译，三联书店 1993 年，第 82 页。

3. 从禁酒运动看女性的社会参与

从踏上北美土地的那一刻起，美国妇女就没有停止过对社会的参与，特别是几次战争期间，许多原来不接受妇女的领域，在战争中向她们开放了，为数可观的妇女成为“政府女职员”，新工厂由于缺乏人手也吸收妇女担任以前专门留给男人的工作，这类工作要求更复杂的技术从而使妇女得到了锻炼。有些妇女干脆走上战场和男人并肩作战。但是，随着战争的结束，一切回归从前，来自欧洲的维多利亚风再一次把妇女吹回家庭。

妇女真正坚定长久而又广泛深入地参与社会，是在工业化和城市化的冲击下。现代化的技术解放了家务缠身的妇女，更多的妇女得以接受高等教育，史密斯学院、蒙特霍利尤克学院、布林莫尔学院、韦尔斯利学院和瓦瑟学院等大批女子学院由此新建，为一些妇女，特别是有知识有思想的妇女投入社会活动奠定了基础。在体育运动、学术研究、俱乐部、社会福利、禁酒运动、女权运动和促进和平运动中活跃着杰出女性的身影。其中禁酒运动是长期以来吸引美国妇女注意力最多，妇女参与人数最众的一场社会改革运动，也是引导美国妇女走向争取选举权运动的桥梁。

在内战以前，禁酒运动是以男性为主角，妇女要么受到禁酒协会的排斥，不能参加，要么处于完全受领导的地位，难以有效地发挥自身的积极性和主动性。禁酒运动的领导人只是简单地告诫说，她们的职责只是不让自己的丈夫和儿子喝酒就可以了。妇女在禁酒方面的活动领域主要在于：给孩子灌输严格的禁酒观念，不给客人喝易致醉的饮料，在做饭或吃药时不用酒，保持家庭美观漂亮，吸引家庭男性不去喝酒，等等。即便一度成立了一些零星的妇女禁酒组织，其宗旨也仅限于这些方面，并且存在时间不长就自动解散了，因此未能产生多大的影响。

美国妇女禁酒运动直到19世纪下半期之后才真正发展起来。1873年年底，在美国中西部地区的俄亥俄州的希尔伯兹拉、密歇根州的艾德里安等小城，一批以中产阶级清教徒为主的妇女发起了一场禁酒“圣战”(The Woman's Crusade)，主要目标是捣毁、关闭当地的酒店。她们在街道间奔走呼吁，唱赞美诗甚至下跪，以博取人们的同情。当然也会引来一些酒店店主的暴力行为，一些店主将妇女送上法庭，有的甚至放狗咬她们或持棒驱逐和殴打，这直接导致了其他人对这场斗争的态度由同情转向了愤怒，因而在社会上引起了广泛的反响和支持。运动的成效十分显著，短短几个月内，就在许多城镇、乡村设立了妇女禁酒协会。到1874年年底，有1000多家酒店被迫关闭。正如威拉德(Frances Willard)后来所描述的，这场斗争“犹如我们过去常在西部草原上点燃的大火一样，这一切只需要一根火柴几根草，就可以看到大火席卷草原的壮观景象，它快得就像几千匹骏马狂奔,像飓风一样无法追赶”。[①] 但是,由于这场斗争是以地方组织为基础,没有成立全国性的组织,缺乏统一的领导和协调,仅仅持续一年就衰落下去了,很多原先关闭了的酒店又重新开始营业。

妇女禁酒“圣战”的出现突然而激烈,事实上,很多历史学家把这次事件看作禁酒运动的主导权转移到妇女手中的开始。一些史学家认为,虽然运动本身持续的时间并不长,但它带来的意义却是非常深远的,对许多妇女而言,“未来的大门已经敞开……灿烂的机会已经陈列于前……今天的一支庞大的、积极活跃、教育良好、自力更生的妇女大军,已经取代了过去那些胆怯、害羞、无聊、虚荣、无助的女人”。[②]

然而,运动的失败,也让许多妇女禁酒主义者认识到成立一个全国性妇女禁酒组织的必要性。1874 年 11 月,基督教妇女禁酒联合会(Woman's Christian Temperance Union,简称 WCTU)于俄亥俄州成立,选举威顿米尔(Annie Wittenmyer)为首任主席,标志着妇女禁酒运动进入一个有组织的阶段。基督教妇女禁酒联合会以消灭酒店、反对酗酒、保护家庭为口号,吸引了各个领域为数众多的妇女参与其中,有小镇、农村和城市的,有西部的也有东部的,有手工艺者、劳动者的妻子,也有商人、职业人员的妻子。但其领导核心主要是受过良好教育的、有新教背景的中产阶级白人妇女。在 1890 年,基督教妇女禁酒联合会拥有会员 16 万人,1900 年增加到 20 万人,1911 年达到 24.5 万人。[③] 并在美国各个州和地方上都建立了自己的分会。各地的基督教妇女禁酒联合会组织的妇女们不断发起游行、请愿等活动,四处散发传单,宣传酒类对个人、家庭和社会造成的危害,呼吁人们抵制酒类贸易。威拉德认为,加强学校教育是开展禁酒运动的必要手段,必须让下一代也认识到酒类的危害,从根本上防止酒类贸易的蔓延。为此,她曾极力呼吁地方上制定法律规定学校必须进行节制饮酒的教育,但是没有取得成功。到 1902 年为止,基督教妇女禁酒联合会共资助了 33 本有关节制饮酒的教材的写作,如《儿童健康读本》、《青年人的健康》等等,并被一些公立学校所采用。[④] 在禁酒运动的过程中,也出现了一些比较极端和暴力的行为,禁酒妇女和地方上酿酒商或酒店之间的冲突屡见不鲜。1900 年,在堪萨斯州,一名基督教妇女禁酒联合会的成员卡萝·内森(Carry Nation)带着一些妇女冲进当地的酒

---

① Ruth Bordin, *Women and Temperance: The Quest for Power and Liberty 1873-1900*, Rutgers University Press, 1981, p. 33.

② Carol Mattingly, *Well-Tempered Women: Nineteenth-Century Temperance Rhetoric*, Southern Illinois University Press, 1998, p. 168.

③ 转引自唐书明:《妇女与美国进步主义运动》,《黔东南民族师专学报》2000 年第 4 期。

④ Norman Clark, *Deliver Us from Evil: An Interpretation of American Prohibition*, W. W. Norton and Company, Inc., 1976, p. 86.

店，用斧头、铁棒、石块等进行破坏，强迫酒店停止营业。虽然她事后以破坏罪遭到了逮捕，但是却得到了很多人的拥护，许多律师和商人帮助她偿还了罚款。正如诺曼·克拉克(Norman Clark)在书中所描述的那样："受到这样的鼓舞，她很快发现自己不仅仅是一个禁酒主义者，更像一个被赋予了神圣使命的自由主义者。""如此多的人们处在狂热的边缘，她们盲目地相信自己是社会的救世主和先知，仅需一点轻微的触动，就会让她们失去平衡"。[①]

除了广泛发动社会参与以外，充分运用政治技巧和社交手腕，是基督教妇女禁酒联合会取得巨大成功的另一个重要原因。随着禁酒运动的展开，威拉德还意识到，社会问题的解决有必要依赖于政治的力量。基督教妇女禁酒联合会逐渐利用自身在地方上的影响力，发展了许多政治技巧，对地方政治施加压力。她们在立法会、投票站等有关禁酒场合散发传单，还利用孩子们给反对禁酒的人士唱禁酒歌等，通过教堂、讲坛、媒体和祷告会，选举那些支持禁酒的人士为政府官员，并迫使后者投票赞成在公立学校开展禁酒教育。不仅如此，基督教妇女禁酒联合会还加强了同其他组织的合作，如反酒馆同盟、禁酒党、美国妇女改革协会、基督教社会主义协会、人民党等。威拉德后来成为人民党的第一位女性主席。在基督教妇女禁酒联合会以及其他禁酒组织的努力下，到1902年，除亚利桑那州外，全美各个州都制定了要求学校进行节制饮酒教育的法律，[②]虽然在一些地区，法律受到了不同程度的歪曲、破坏或忽略，实施的效果不得而知，但是这却使更多的人卷入到禁酒运动当中，关注禁酒的人群的领域扩大了，包括了老师、学生、学生的父母、教育专家等等。整个美国社会，已经几乎没有人可以回避禁酒这个问题了。

但是，围绕禁酒运动波及面的扩大以及由此引申出来的一系列社会改革问题，在基督教妇女禁酒联合会内部，争议也越来越激烈。客观上，很多主张严厉禁酒的妇女同时也是内战以前的废奴主义者，这部分妇女更强调给予酒类以致命的打击，彻底地消灭酒类贸易，主张将运动的重心完全放在禁酒问题上，而较少关注其他的社会问题，除非是建立在对禁酒运动有所助益的前提下。威顿米尔就是一个很典型的例子，她坚决反对成员要求开展争取妇女选举权的运动，认为那是"对家庭的致命一击"，反复强调应该进行和禁酒直接相关的事业。在1878年的演说中，她再次地强调了所谓的"目标单一性"。与此相反的是出生于内战之后的妇女，虽然她们仍然是在受老一代的妇女的领导，但也表现出了分歧。她们虽然也支持禁酒，但更关注的是她们所看到的，在她们的民主价值观中重要的，

---

① Norman Clark, *Deliver Us from Evil: An Interpretation of American Prohibition*, p. 81.

② Norman Clark, *Deliver Us from Evil: An Interpretation of American Prohibition*, p. 83.

应当受到调整的东西，诸如妇女的法律地位、妇女的权益保障等等，在有些时候反而把禁酒运动放到了比较次要的位置上。而一旦一些一心一意只致力于禁酒的人对她们造成了妨碍，则会使她们倍感挫折。如威拉德，她之所以参加禁酒运动，更多是受到女权运动的吸引，其次才是禁酒问题。在参与禁酒运动的过程中，她更深入地关注了对中产阶级的价值观构成威胁的很多社会现象，如白奴、妓女、贫民窟、政治腐败等等。与威顿米尔截然相反的是，威拉德不赞成以禁酒作为唯一的目标，而是鼓励妇女们去做自己认为重要的事情，就她们直接关心的问题开展活动，而不一定局限于禁酒本身，她于1879年当选为基督教妇女禁酒联合会的第二任主席，明确表示，“没有什么改革活动对我来说是不可接受的。”“我们要谈新教的前景，在这种教会中没有男女之分……我们也要谈论一种新政党的萌芽……我们要讨论一种更好的印第安政策，由此建议正义，消灭战火，争取更理智的公共服务改革。”[①]

值得注意的是，如果说早期妇女禁酒的目标主要在于酗酒本身的话，那么在19世纪中后期，尤其是在基督教妇女禁酒联合会成立之后，妇女禁酒运动则把酗酒与赌博、卖淫、贫困、失业、离婚、移民等众多问题联系在一起，她们提出了“保护家庭”、“拯救美国”的口号，活动的范围也因此大大扩展。在1882年，基督教妇女禁酒联合会参与活动的20个部门中只有3个部门是不仅从事禁酒事业，还从事其他社会福利事业的，到1883年，其参与活动的部门扩大到31个，其中有9个不仅仅从事禁酒事业，到1896年，则扩大到39个部门中的25个。很多部门关注的是和禁酒完全不相干的问题，如儿童救助、女子教育、幼儿园运动、卫生和健康工作等等。[②] 在1889年，芝加哥基督教妇女禁酒联合会活动包括“两个托儿所、两所礼拜日学校、一所工业学校、一所在12个月内收容4000无家可归和赤贫妇女的贫民福利院、一家每年治疗1600名病人的免费诊疗所、一所为5万多名男子提供临时住房的宿舍，还有一个廉价餐馆”[③]。

随着《美国宪法》第18条修正案的通过，基督教妇女禁酒联合会失去了它原先的奋斗目标，逐渐丧失了原动力，20年代的经济繁荣和改革气氛也使禁酒运动受到了影响，妇女禁酒运动逐步走向低落。虽然妇女禁酒运动存在着许多的局限性，但是，妇女们更多的是把禁酒运动看作是扭转中产阶级的道德观在工业化时代遭受冲击的不利处境的一个契机，从禁酒运动出发，她们关注到了更多不利于中产阶级价值观的社会问题，如卖淫、童

---

① Joseph R. Gusfield, *Symbolic Crusade: Status Politics and the American Temperance Movement*, University of Illinois Press, 1963, p. 121.

② Ruth Bordin, *Women and Temperance: the Quest for Power and Liberty 1873-1900*, pp. 97-98.

③ 萨拉·M. 埃文斯：《为自由而生：美国妇女历史》，杨俊峰译，辽宁人民出版社1995年，第142页。

工、贫民窟等，呼吁通过道德规劝以及立法措施来制止社会丑恶，纯净社会道德。在开展禁酒运动的过程中，妇女在社会的各个领域都作出了巨大的贡献，尤其是在社会福利事业方面，一些被男性所忽略的领域由于妇女的努力而得到了改善。一些州成立了儿童局，颁布了童工法案，在某些城市建立了律师事务所，以帮助妇女得到工资支付的保证等等。到1912年为止，美国的24个州规定了对妇女的最高工作时限。到1916年，美国有39个州对妇女儿童的工作时间做了规定，11个州试行了女工最低工资标准。[①] 由于妇女的大力宣传，卖淫这一社会问题在1920年之后也有所下降。这一系列的努力使妇女参与社会的能力大大提高，同时也增强了她们的社会影响力。

在参与禁酒运动的过程中，妇女越来越多地感觉到了社会对她们的歧视和法律的不公正。最初是男性的禁酒组织拒绝接纳她们，在有了妇女自己的禁酒组织之后，她们仍然面对无数的障碍，没有一项法律为她们在遭受酗酒行为带来的侵害时提供保护，她们没有投票权、离婚权、财产权和子女监护权，在男性垄断的社会中，她们无法喊出自己的声音，争取自己的权益。随着妇女禁酒运动的发展，许多妇女开始不仅仅把铲除酒店作为唯一的目标，更多的是努力争取妇女的解放。威拉德呼吁，妇女们“应在决定她们家旁边的酒店大门是开是关的问题上表达意见”。[②] 在1876的全国妇女大会上，基督教妇女禁酒联合会提出了支持妇女选举权的主张，并加强了同其他妇女组织的合作，大大推动了女权运动的开展。虽然争取妇女选举权问题受到了传统观念的阻碍，并且一些酿酒商出于害怕妇女获得选举权后会在投票中支持禁酒。但是，随着时间的推移，拥护妇女选举权的人数不断增多，人们开始越来越清晰地认识到，“在民主社会，因性别原因而使一半公民没有选举权是不合适的”。“如果一个国家不能让它的一半人口拥有选举权，它就永远不能成为一个真正的民主国家。”[③]

于是，一场以争取妇女选举权为目标的女权运动在美国轰轰烈烈地开展起来。

综上所述，美国的工业化和城市化为广大妇女创造了投身社会性生产的大环境，以致1899年一篇题为《美国妇女的忙碌》的文章在一开始便声称，“忙碌的感觉控制了美国妇女”。[④] 当资本将女工吸引到社会劳动中去以后，许多妇女集中在同一个劳动空间，这时她们感觉到了群体的力量并走向自我觉醒。她们置身广阔的社会工作领域，完全突破了

---

① 萨拉·M.埃文斯：《为自由而生：美国妇女历史》，杨俊峰译，第142页。

② Ruth Bordin, *Women and Temperance: The Quest for Power and Liberty 1873-1900*, p. 56.

③ 转引自张友伦、肖军、张聪：《美国社会的悖论——民主、平等与性别、种族歧视》，中国社会科学出版社1999年，第342页。

④ 玛丽莲·亚隆：《老婆的历史》，许德金、霍炜等译，第349页。

锅碗瓢盆的局限，从而开阔了视野，世界观、人生观、生活观都发生了根本改变。以往对公共领域女性的关注总是集中在中上层妇女身上，但"从长远来看，最重要的一个结论是：没有下层劳动妇女的参与，20 世纪 60 年代公共领域女性的蓬勃出现是难以想象的，因为劳动妇女始终是示威运动的先锋，由于她们比中产阶级妇女更少受到那些所谓优雅得体的淑女规范的制约"。[①]

恩格斯曾指出：妇女解放的第一个先决条件就是一切女性重新回到公共的劳动中去；而要达到这一点，又要求个体家庭不再成为社会的经济单位。[②] 这告诉我们，妇女降为第二性是从经济地位的丧失开始的，因此，解放妇女的入口也必须是参与社会的经济活动。于是，工业化，也只有工业化才能为广大美国妇女提供解放的入口。因为它能提供妇女解放的物质前提——经济独立。19 世纪英国女作家伍尔夫认为，智力的自由全靠物质环境，长期以来"为什么在那时代文学如此地繁茂而妇女没有贡献过一字一句，而每两个男人之中必有一个会写诗呢？"[③]因为，妇女没有"一间自己的屋子"。没有经济独立，其他所谓思想和行动的自由便无从谈起。如果把妇女获得平等和解放比作最漫长的革命，那么，工业化时期的美国妇女显然迈出了革命中最前提的一步——经济独立。以前，妇女"只能通过铁窗阻隔的窗户窥视她们生活于其中的世界的一角。她们竖起耳朵，如饥似渴想听到的只是男人口中传来的一点点知识"。[④] 现在，在工业化浪潮中，妇女不仅开始摆脱对男人经济上的依赖，而且走出家庭投身社会，直接感受生活于其中的世界。19 世纪下半叶美国妇女积极投身于以道德改革、纯净社会为目标的禁酒运动，便是广大妇女社会意识觉醒和张扬的一个集中体现。

4. 工业化时期黑人妇女的生活状况

工业化时期的美国黑人妇女不仅要经历工业化城市化的转型，而且要经历从附属于主人的黑奴到法律上给予自由的黑人的角色转型。由于事实上社会普遍存在的种族歧视，工业化时期的黑人妇女，首先要挣脱的是种族枷锁，其次才是性别枷锁。

性别枷锁是加在所有妇女身上的桎梏，但是，相对于白人妇女，限制黑人妇女生活的更直接更主要的枷锁还是种族。在内战之前，女黑奴在黑人世界的地位和权力明显高于

---

① Glenna Matthews, *The Rise of Public Woman: Woman's Power and Woman's Place in the United States, 1630-1970*, Oxford University Press, 1992, pp. 196-197.

② 恩格斯：《家庭、私有制和国家的起源》，《马克思恩格斯选集》第 4 卷，第 70 页。

③ 伍尔夫：《一间自己的屋子》，王还译，三联书店 1992 年，第 50 页。

④ 戴安娜·拉维奇：《美国读本》（下册），陈凯等译，三联书店 1995 年，第 467 页。

白人妇女在白人社会的地位和权力。一来因为奴隶制的残酷加强了黑人夫妇相互体恤相互尊重的平等关系，二来女黑奴在家里家外的重要性提高和巩固了她们在家庭中的地位，无论在家务管理还是子女婚姻问题上，母亲有绝对的发言权。[①] 这种性别枷锁的相对宽松在战后继续存在，社会学家古德在《家庭》一书中认为，由于美国黑人家庭中夫妻拥有资产的差别不如白人家庭大，因此，黑人妇女在家庭中的影响要超过白人妇女。而且，黑人妻子受教育的程度和所挣工资比丈夫高的比例比白人妻子大。[②] 埃尔西·约翰逊·麦克道格(Elsie Johnson McDougald)在她那篇被《新黑人》收集的论文中也写到："在文化上黑人妇女与男子平等，因为她通常比男孩接受更长时间的教育，黑人男孩往往早早工作以补贴家用。在家庭里，由于黑人劳动妇女经济上的自立使她们能够反抗丈夫专横跋扈的家庭态度。"因此，总体上，"黑人女权主义者的努力主要针对种族平等，性别平等放在次要位置。"[③]种族隔离和种族歧视决定了工业化时期黑人妇女的生活状况，难以跨越的种族隔离也决定了白人妇女和黑人妇女之间难以联合的姐妹情谊。

内战后的黑人妇女要比内战前自由多了，至少再也不用担心丈夫或孩子被卖掉而骨肉分离，这曾经是女黑奴最撕心裂肺的痛苦，也不用担心被奴隶主或监工强奸而遭身心摧残，这曾经是女黑奴最难以启齿的羞辱。现在，她们尽享做女人、妻子和母亲的尊严和快乐，虽然在收成制下，要艰辛地劳动，忍受贫穷，不断地从一个农场迁移到另一个农场，但是，现在她们是自己生活的主人。根据 1890 年的美国劳动人口统计资料显示，当时挣工资的有色妇女(包括印第安妇女和少量华裔和日裔妇女)有 975530 人，其中 38.74％的妇女是农业工人，30.83％的妇女从事服务行业(厨师、女佣等)，15.59％的妇女是洗熨女工，在工厂上班的妇女只占 2.76％。[④] 在 1920 年的北卡罗来纳，每 100 个工作黑人妇女中，47 个是农业工人，37 个是家庭服务工人，只有 12 个能在工厂找到工作。[⑤]

19 世纪 80 年代，70％的黑人家庭是双亲家庭，但与白人双亲家庭不同，黑人妇女与丈夫一起外出挣钱，黑人男子挣的钱相对比妻子多，但即便如此，两人的工资有时仍不足以让一家人过上较舒适的生活，至于失业和丧偶的家庭，经济则更加困难。农村的黑人家庭中，男女分工也不如白人家庭明确，白人农村妇女很少干地头活，但黑人佃农的妻女却

① 黄虚峰：《美国女黑奴生活状况的历史考察(1661—1863)》，《史学月刊》1999 年第 5 期。

② 古德：《家庭》，魏章玲译，社会科学文献出版社 1986 年，第 120 页。

③ Elsie Johnson McDougald, "*The Double Task: The Struggle of Negro Women for Sex and Race Emancipation*", http://www.historymatters.gum.edu/text. 20/3/2000.

④ Gerda Lerner, *Black Women in White America: A Documentary History*, Vintage Books, 1973, p. 252.

⑤ Bruce Clayton and John A. Salmond, *The South is Another Land: Essays on the Twentieth-Century South*, Greenwood Press, 1987, p. 88.

要“像一个男人”一样干活，忍受风吹日晒的野外折磨。雇主把佃农家的女劳动力计算在内，1900 年，植棉带一半以上的黑人家庭里至少有一个 16 岁或更年轻的女儿在地头充当劳动力。[①] 在城市里，几乎所有的黑人工作妇女都从事家庭服务业，到 19 世纪 80 年代，亚特兰大至少 98%挣工资的黑人妇女是家庭服务者，农村的黑人妇女在农闲季节也到附近小镇做家庭服务工。如此多的黑人妇女从事家庭服务业跟白人社会的需求分不开。制衣业的发展促使人们购买更多的衣服，同时可洗织物的生产增加了洗衣的要求，在北方，人们总是把衣物送到商业化的洗衣房，但是在南方，由于采用洗衣机器的缓慢和充足廉价的洗衣妇的存在，哪怕最穷的白人城市妇女都有雇人洗衣的习惯。一般的白人家庭至少要个洗衣妇，中产阶级家庭再加个女佣或厨娘，中上层阶级家庭可能再加个保育员，而最上层的家庭所雇用的仆人包括专门厨师、贴身女佣、侍者、厨房帮工、男管家和贴身男仆等。白人社会大量雇用黑人女佣也跟女佣的低报酬分不开。除了洗衣工，其他工种都是一周 7 天从早干到晚，每个月的报酬一般在 4—8 美元，个别能挣到 10—12 美元。一个 16 岁的黑人女孩在一户白人家里做保育员，从早上 6 点干到晚上 7 点，除去吃住，每星期的报酬是 1.5 美元。这笔开支只占中产阶级家庭支出的一小部分，以致连最穷的白人家庭都雇得起黑人女佣。[②]

在 1900—1910 年间，黑人女工的职业结构第一次出现较大的变化，从事家庭服务业的比例从 92%降到 84%，缝纫女工、制衣工、成衣师和纺纱工的数量增加。服装工业化带来服装的大众化，邮购业务的开展和百货商店的兴起又刺激了人们购买更多衣服的欲望，从而也刺激了对缝纫女工的需求。新兴的黑人中产阶级在时尚方面同样不甘落后，从圣诞礼服、夜礼服、婚礼服到舞会服饰都有细致区分，但由于在百货公司购物的种种不自在(不得试衣和走边门等)，使得他们宁肯求助自己社区的裁缝，因此，制衣工和成衣师在黑人社区需求量很大，成衣师的地位也较高，仅次于教师和音乐家。成衣师是独立的手工艺人，她们在自己家里工作或拥有自己的制衣坊，一个名叫艾达·威伯斯(Ida L. Wimbish)的妇女就是这样的一个成衣师，她在亚特兰大拥有自己的制衣坊，并雇了一些缝纫女工帮忙，据说她尤其擅长制作时新的服装、婚纱和轻便裙。一个有 15 年制衣经验的成衣师范妮·佩珀(Fannie Pepper)不仅制衣，还开设服装学校。不过，黑人妇女中从事专门职业的人数还是很少，除了少数护士和助产士外，人数最多的要数女教师了，当然还有一些黑

① Edward L. Ayers, *The Promise of the New South: Life after Reconstruction*, Oxford University Press, 1992, p. 205.

② Tera W. Hunter, *To 'Joy My Freedom: Southern Black Women's Lives and Labors after the Civil War*, Harvard University Press, 1997, p. 109.

人妇女开始在黑人自己开的保险公司和商店做起了白领。隔离的加剧促成了黑人社区的发展成熟，加上黑人妇女在黑人社会本来较高的地位，有不少黑人妇女做起了老板，开起了旅馆、餐馆、杂货店、二手服装店、美容美发店、冰激凌和冷饮店，其中劳拉·赖勒斯(Laura Ryals)的生意最不寻常，她经营的是一家运输出租公司。大名鼎鼎的玛姬·沃克(Maggie Walker)则在里士满创办了分币储蓄银行。在她的领导下，银行发展成托拉斯实业。而且，玛姬还组织了里士满黑人妇女俱乐部，从事各种改革活动。在地下经济场所，也有黑人妇女靠赌博、秘密售酒和卖淫维生。大多数工厂依然拒收黑人妇女，除了清洁工种。不过，由于洗衣行业的机械化，在1900—1910年间，有许多黑人妇女从洗衣妇变成了洗衣女工。黑人妇女能够和白人妇女那样进入工厂上班，要在一战期间和一战以后。1914年，亚特兰大的富尔顿包袋和棉纺厂(the Fulton Bag and Cotton Mill)招收了121个黑人女工，她们被厂主小心翼翼地安排在与白人女工隔离的地方。此后，棉籽油厂、家具厂、锯木厂、箱包厂、制笔厂、金属制品厂、棺材厂、糖果厂和服装厂都开始招收黑人女工。

黑人妇女在南方劳动力市场的低工种低报酬状况是跟整个黑人种族的就业劣势相一致的，但是由于她们的性别，她们在南方白人社会遭受的歧视和迫害更甚于黑人男子。

在南方白人社会，一直存在着一种理论，认为黑人妇女天生有强烈的性欲，道德松弛，是自甘堕落的荡妇，因而不值得尊重。正如一个黑人妇女控诉的那样："一个黑人妇女，无论多么值得尊敬，都低于一个白人妓女。"[①]这个理论为那些任意强奸黑人妇女的白人男子开脱，也为白人妇女不得不宽容自己男人提供无奈的借口。白人男子在公开场合反对异族性行为，但私底下却付诸行动，关于黑人妇女的性欲传说，使黑人妇女成为白人男子性追逐和性剥削的对象，尼尔·麦克米伦(Neil McMillen)写到："肉欲不是那么容易受制于Jim Crow[②]的逻辑，床上的种族界线是如此轻易地被穿越。"[③]但是，同样的堕落，发生在白人女子那里是被引诱，而在黑人女子那里是勾引他人。这样的不公平还表现在其他方面，比如，同样的服装，穿在白人妇女那里是漂亮，穿到黑人妇女身上是乌鸦学凤凰；同样的肺结核，落在白人妇女那里是令人同情的受害者，落在黑人妇女那里是病毒携带者的咎由自取。黑人妇女不能像白人妇女那样，被称呼"太太"或"小姐"；黑人妇女不允许像白人妇女那样在服装店试穿衣服；黑人妇女在公共场所得和黑人男子使用同一个卫生间。

---

① Gerda Lerner, *Black Women in White America: A Documentary History*, pp. 161-167.

② "Jim Crow"：美国南方白人对黑人的蔑称，是对黑人种族歧视的一种口语。

③ Youth of the Rural Organizing and Cultural Center, *Minds Stayed on Freedom: The Civil Rights Struggle in the Rural South, An Oral History*, Westview Press, 1991, p. 9.

惨无人道的私刑也施用于黑人妇女，而且事件的缘起往往是为了反抗白人男子的强暴。在 1911 年 7 月和 1914 年 6 月的《危机》(The Crisis，杜波依斯创办)杂志上报道了两则黑人妇女受私刑的消息，发生地都在俄克拉荷马，第一则受私刑的妇女名叫劳拉·纳尔逊(Laura Nelson)，她被指控谋杀了一个在她家里发现所谓赃物的副县长，她的 15 岁儿子与她一起受刑。两人从监狱里带出来后，被拖了 6 英里路，吊在了加拿大河(Canadian River)的一座桥上，被吊之前，纳尔逊被众多暴徒轮奸。第二则受私刑的是一个名叫玛丽·斯科特(Marie Scott)的 17 岁女孩，因为她的兄弟谋杀了两个企图污辱她的两个白人男子中的一个。在"促进有色人种发展全国联合会"(the National Association for the Advancement of Colored People)的调查材料《美国私刑 30 年》里，记载了 1918 年 11 月 20 日密西西比州 4 个黑人(两男两女)在切克萨瓦河(Chickasawha River)上被处以私刑的事件，他们被指控谋杀了一个名叫约翰斯顿(E. L. Johnston)的牙医，其中受私刑的女子阿尔玛·霍茨(Alma Howze)即将临盆，据一个目睹她第二天安葬的人说，当时她肚中的孩子还在动。①

同为女人，很多白人妇女无视黑人妇女同样也是个母亲、妻子或女儿。一个有 3 个孩子的保育员回忆，她只被允许两个星期回家看望自己的孩子一次，而且只能是星期天下午，晚上必须回来。为此，她的孩子们只能趁她带孩子出来兜风时见她，雇主还不高兴看到仆人的孩子出现在他家附近。甚至黑人女佣在工作之余的消遣也受到约束。因为繁重单调的家务工作，黑人女工希望在工作之余能得到彻底的放松，因为白人社会里的管制，她们尤其希望在黑人世界里尽情地自由。作为下层黑人中的一员，黑人女工的身影出现在酒吧、夜总会和舞厅，跳舞不仅是下层黑人最喜欢的娱乐形式，而且是他们的一种藐视和反抗的方式。在黑人女工看来，划清工作和娱乐的界限是尊严的一部分，为此，越是受压制，越是要抗争。但是，黑人中产阶级却认为，这是让整个种族蒙羞的行为，白人雇主更是反对黑人女工在公共舞池"彻夜舞蹈"，认为娱乐会影响白天的工作质量，报纸上还建议："把舞池和黑人出没的低级娱乐场所改造成训练女佣的学校"，使她们的菜烧得更好吃，家务做得更整洁。白人雇主反对黑人娱乐的更重要原因是，他们害怕社会传染病会随着黑人女佣偷偷潜入他们家。在他们看来，跳舞会鼓励本来就淫荡的黑人妇女性滥交，这样，在白人眼里，黑人女佣不仅是梅毒、淋病和白喉的传播源，而且是当时南方最大的传染病——肺结核的传播源。里士满的一个内科医生想象白人的一天都处在女佣带来的病毒的包围之中："早晨从肺结核的洗衣妇洗过的床单上起来，吃完肺结核的黑人男孩送来的，

① Gerda Lerner, *Black Women in White America: A Documentary History*, pp. 161-163.

肺结核的厨娘准备的，肺结核的女佣服侍的早餐”离开家，并不意味着逃离了危险，因为他的办公室被“肺结核的黑人女勤杂工打扫过”，接着“用同样由肺结核的洗衣妇洗过的手帕擦他那发烧的脸，还可能在一个有肺结核的厨师和侍者的饭店里用午餐！”[①]这段话一方面反映了白人在家庭生活和社会工作中对黑人的严重依赖，另一方面说明了白人社会对黑人妇女的歧视和偏见，虽然黑人男子也难逃传染源的嫌疑，但由于在种族隔离时代，黑人女佣是与白人接触最频繁的群体，她们成了偏见所向，似乎她们的体内储藏着无数危险的病毒。这样的看法益发将她们推向被鄙视的境地。

当白人中产阶级妇女轻视黑人女佣作为女人的权利时，白人纺织女工抗议黑人女工从事她们的世袭工种，认为黑人妇女只配做侍候人的活，1897 年，亚特兰大爆发了白人纺织女工的罢工斗争，罢工的直接导火线是富尔顿包袋和棉纺厂新雇了 20 名黑人女工，罢工工人一方面抗议低工资和长劳动时间，另一方面抗议工厂招收黑人，领导罢工的一位工会组织者说：“强迫我们的妻子与堕落的、漆黑的、肮脏的女黑鬼一起工作是一种耻辱。”[②]一个白人女工高喊：“我们要所有的黑鬼离开，这就是我们想要的。”[③]罢工得到了白人的广泛支持，认为罢工者比以往的罢工目标更加明确，那就是为了保卫种族的纯洁而战。对于这样的诉求，工厂主也不得不让步，最后双方相互妥协，以工厂辞退所有黑人工人，罢工者回来并无偿加班罢工期间的损失为结果。白人纺织女工抗议黑人妇女进入她们世袭领地的罢工不仅发生在亚特兰大，在同一时期的罗马、巴纳斯维尔和萨凡纳都爆发了类似的罢工。与之相反，白人妇女则可以越过种族界限侵占黑人妇女的世袭领地——比如，洗衣业。随着洗衣业的机械化、商业化和社会化，洗衣工作开始摆脱受制于人的低贱的服务性质，于是，有一些白人妇女涉足这一职业。就是在一战及其后来的日子里，虽然黑人妇女被工厂接纳，但在工厂里，她们的工种和工作条件依然不如白人妇女。爱玛·谢尔德斯(Emma L. Shields)在 1917 年受命于劳动部妇女局，调查工业系统中的黑人女工的情况，在 1921 年她公布的调查结果《黑人妇女和烟草工业》里，揭示了工厂中的种族歧视现象。她写到，在制烟厂，黑人女工做烟叶的再处理工作，那是制烟的准备阶段，真正制烟的操作全由白人女工承担。工厂的那些现代化的又卫生的地方总是属于白人女工，黑人女工只能待在破旧的地方，她们要么整天站着干活，要么坐在没有靠背的工具箱上。车间里充满

---

① Tera W. Hunter, *To Joy My Freedom: Southern Black Women's Lives and Labors after the Civil War*, p. 197.

② Tera W. Hunter, *To Joy My Freedom: Southern Black Women's Lives and Labors after the Civil War*, p. 115.

③ Tera W. Hunter, *To Joy My Freedom: Southern Black Women's Lives and Labors after the Civil War*, p. 116.

了浓重的气味和灰尘，所以经常看到女工们将手帕打结套在鼻子上以防止吸入这令人窒息的空气。厕所是从车间里辟出的一个肮脏的空间，没有洗澡设备，一个备有杯子的水桶是烟草再处理车间最人道的设施。[①]

在黑人妇女群体中，除了最大部分的劳动妇女，还有富豪阶层的妻女和职业妇女。富豪妻女只占极少部分，她们是黑人中的有闲阶层，经常碰到的问题是每一个妻子或母亲的问题，很少体会本种族其他妇女的艰难性。为了避开国内的压力，她们数月甚至数年在国外旅行，寻找精神放松和文化享受。与劳动妇女比较贴近的是职业妇女，她们一般受过良好教育，从事教育、护理和职员工作，黑人女教师在南方种族主义分子猖獗的时候，经常碰到校舍被烧或人身安全受到威胁的事。

内战后，种族主义和男性家长主义构成最强大的社会等级统治，既是黑人又是妇女的黑人妇女处于社会金字塔的最底层，其无法言语的痛苦促使她们联合起来，在杰出黑人女性的带领下，为寻求社会公正公平而努力。

为了争取黑人女工的起码生存权，她们在1866年密西西比的杰克逊、1877年得克萨斯的加尔维斯顿和1881年乔治亚的亚特兰大等地先后举行罢工或抗议活动。

与劳动妇女的激进方式不同，中产阶级黑人妇女则采取温和的改革途径。她们既对劳动妇女所处的境地无比同情，又尽享富裕阶级对下层人民的凌驾优势。杜波依斯曾经对黑人家庭雇佣黑人女佣的现象进行过评论，认为黑人雇主并不像白人雇主那样贬低黑人女佣，但是阶级歧视的确影响了某些黑人，他们也学着白人的样谈论所谓的"仆人问题"。不过，阶级的凸现在遭遇种族歧视的时候，还是被超越了。黑人中产阶级妇女和黑人劳动妇女能够团结一致，捍卫种族的尊严。一次，一个白人妇女向一个富裕黑人妇女询问哪里可以雇到厨娘时，得到的回答是："回家照照镜子就知道了。"[②]在诚心诚意地与黑人劳动妇女近距离接触，为她们争取权利和进步方面，亚特兰大的女黑人社会活动家卢吉尼亚·本斯·霍普(Lugenia Burns Hope)是典范。1908年，本从事教育工作的霍普在原先中产阶级妇女创办免费幼儿园的力量的基础上发起成立了街坊联合会(the Neighbourhood Union)，在黑人社区中开展社会福利服务。活动内容包括：开展预防结核病运动，创办社区诊所；给儿童提供活动场所；转移青年男女对舞池的注意力，在青年中发放文学名著并开展健康有益的体育和游戏节目；给青年人开缝纫、戏剧、编织、刺绣、财务、家政、卫生和文学课；为困难家庭提供救济；游说政府增加对黑人社区的教育投入和改

---

① Gerda Lerner, *Black Women in White America: A Documentary History*, pp. 253-254.

② Tera W. Hunter, *To 'Joy My Freedom: Southern Black Women's Lives and Labors after the Civil War*, p. 111.

进黑人社区的道路和公共设施；作为社区的道德卫士，清理赌博、酗酒和卖淫等行为，一些通不过审查的"问题者"被强行赶出社区。投身黑人社区进步运动的黑人妇女还有卡里·斯蒂尔(Carrie Steele)，她自己的孤儿经历促使她在1890年建立了一家孤儿院，为了筹资，她甚至卖掉了自己的房子，撰写并出售自传，到1898年斯蒂尔孤儿院已经颇具规模，有了砖楼、校舍和医院，8年里有200多个孤儿得到照顾。以范妮·斯莱克(Fannie Slack)为首的3位妇女则建立了乔治亚少年感化院，帮助青少年迷途知返。

在各项社会改革活动中，黑人劳动妇女与中产阶级妇女联合，有钱出钱，有力出力。在各阶层妇女的努力下，到1910年代，黑人世界逐渐形成了一个社会服务和机构网络，在种族隔离和歧视时期保卫他们个人的尊严和家庭社区的完整。不过，鉴于种族和性别解放的双重任务，黑人妇女依然还有很长的路要走。

第七章　近代家庭性别关系和第一次女权运动

西方世界工业革命的深入发展，极大地改变了社会结构和人们的观念意识，各国的政治民主化运动和社会改革随之风起云涌，女权主义思潮也由此萌发。一些女权主义者纷纷著书立说，宣传男女平等的思想。及至19世纪中期，终于引发了波澜壮阔的第一次女权运动。[①] 这次女权运动不仅向不平等的性别关系宣战，争取女性在公共领域中的地位，而且也是对西方社会根深蒂固的性别歧视的一次扫荡。

正是在时代变革赋予的机遇下，西方妇女凭借自己的斗争，力争教育的男女平权，获取工作自由、拥有财产的权利以及诸多其他社会政治权利，并将目标直指体现男女平等的重要权利——选举权。西方女性的地位和性别意识，终于在工业革命后发生了一系列的变化。与妇女社会地位紧密相联的家庭中的性别关系，也如同西方妇女的处境一样，在漫长的近代历史进程中变化甚小，直到19世纪后期，这种情况仍未有多大的改观。但随着女性权利在19世纪末20世纪初的步步扩张，家庭内部性别关系的改变将不可避免。

一、近代家庭中的性别关系

日常生活是性别政治的舞台，而不是远离它的避难所。[②] 家庭即是这一舞台的具体体现。家庭是形成性别关系最小、最古老和最强有力的单元。[③] 毋庸置疑，在不同的社会制度下，家庭中的性别关系有着不同的内容和表现，有关夫妻角色的规范也会随着社会的变迁而不断被赋予新的内涵。当然，不同时代的夫妻关系也有相似之处。在人类文明史的绝大部分时间里，男子在家庭中的地位高于妻子，这主要体现在男子有财产继承权、离婚优先权和较大的性自由，妻子则要屈从于丈夫，幽禁于家中，从夫居。[④] 在近代西方历史上，家庭中的性别关系亦基本上遵循这种模式。本节主要以英国为主（同时兼及其他欧

---

① 近年来，国内有些学者也称其为“女性主义运动”。

② 康奈尔：《男性气质》，柳莉等译，社会科学文献出版社2003年，第3页。

③ 梅里・E.威斯纳—汉克斯：《历史中的性别》，何开松译，东方出版社2003年，第14页。

④ Robert O. Blood, Jr, *The Family*, Free Press, New York, 1972, pp. 424-425.

美国家)，对整个近代西方家庭中的性别关系作一概述。

1. 劳动的性别分工

婚姻关系是一种按性别进行劳动分工的关系，是从私人家庭延伸到资本主义市场的公共领域的从属结构的组成部分。[①] 在西方近代工厂制度建立之前，家与工作场所往往连在一起。对西方社会各阶层来说，婚姻是一个家庭成员相互帮助，甚至是生存的经济制度。[②] 夫妻有多种任务要承担，并共同协作，但“男主外、女主内”的劳动性别分工已成习惯。

在劳动者的婚姻生活中，夫妻共同为家庭作贡献一直就是一种普遍现象。农村劳动妇女在家庭经济中发挥了不可替代的作用。除了做一日三餐和照料孩子等最基本的家务外，农村妇女在很大程度上还要承担与家庭相关的许多工作：她们要饲养家禽和小动物，准备奶制品、啤酒和面包，种植亚麻，制作亚麻布和羊毛布。在收获季节，她们还要在田间劳动。[③] 因此在农村，夫妻之间男耕女织，同心协力，共同经营家庭经济生活，农民的妻子是丈夫真正的合作者。[④]

在小农场主、独立工匠和小店主阶层，夫妻的这种协作更为重要。自给自足的经济形态要求妻子们勤俭持家。当时的婚礼布道形象地将妻子的分内之事表达出来：“如果你想要面包，你不应该去买，而应该自己来种植、收割、碾磨；如果你想要衣服，你应该播种，将种子种入土地中，积麻、纺线、织布，这样就制成了你所需的衣服。”[⑤]在18世纪初期，许多妇女在农业中的角色仍接近于她们丈夫的工作伙伴，虽然农场主、小自耕农、茅舍农的妻子们所做的工作大多得不到工资，但却以各种不同的方式为家庭经济作出了贡献。[⑥] 事实上，农场主缺少不了其妻子的帮忙。城市里，工匠和小店主的妻子也总是在店铺中忙碌。许多工匠的妻子从产品的起始到完工都要为丈夫打下手，而且还要平息家庭纠纷和管理财务。丈夫和妻子间的经济协作，在小规模的商业、零售业和粮食供应的某些环节，尤其是酿酒和烘烤面包中，特别密切，往往是一种工作伙伴关系。

---

① 卡罗尔·帕特曼：《性契约》，李朝晖译，社会科学文献出版社2004年，第121页。

② Jane Rendall, *The Origins of Modern Feminism: Women in Britain, France and the United States 1780-1860*, Macmillan Publishers Ltd, 1985, p. 5.

③ Renate Bridenthal, Susan Mosher Stuard and Merry E. Wiesner, eds., *Becoming Visible: Women in European History*, p. 211.

④ Joan W. Scott and Louise A. Tilly, “Women's work and the Family in Nineteenth-Century Europe”, *Comparative Studies in Society and History*, vol. 17, No. 1(Jan. 1975), p. 47.

⑤ Mary Coate, *Social Life in Stuart England*, Greenwood Press, 1971, p. 27.

⑥ 女性的家内劳动一如中世纪时代，所以我们在此不再做具体的描述。

值得注意的是，夫妻共同为家庭经济作贡献的协作模式，并不都体现在这种家庭成员共同合作的家庭经济体中。当时，西欧一些女性也会在料理家务的同时，外出做一些临时的、季节性的工作。她们大都从事传统的女性化职业，如在市场上出售商品，做巡游叫卖的小商贩，打零工和当保姆，在纺织、印染等作坊里工作等。① 一般的情况下，丈夫是不反对妻子出去工作的，因为这可以扩大家庭的收入。在1570年对诺里奇(Norwich)进行的一项调查发现，被调查的21岁以上的妇女中86%都做过工。② 在1743年，有人忠告他们的女儿说："你不应该期望结婚时你们两人都不用工作，只有傻瓜才会娶一个只吃饭不干活而专靠丈夫养活的妻子。"③

这种夫妻共同为家庭挣得收入的模式也存在着地区差异。在欧洲的一些地区，有的家庭全家人(丈夫、妻子、孩子)被雇佣从事同一种手工业劳动，这使得男女两性之间劳动上的性别差异被打破。有的从事家庭手工业的家庭甚至会出现性别角色"倒置"的现象，正如一位18世纪的德国人所见证的那样，当妇女们在纺纱的时候，男人们则在做饭、打扫屋子、挤牛奶，以便不打扰善良勤劳妻子的工作。然而，在欧洲的其他一些地区，工业化的初步启动导致了许多人，尤其是女性的季节性失业。在这些地区，男人的工作报酬丰厚，他们常常在离家很远的地方劳动，因此妇女仍然承担绝大部分的家务。总的说来，妇女补贴性的外出劳动难以使她们在家庭中的地位得到明显改善。因为，丈夫的工资通常要比妻子高，虽然妻子的劳动所得带给家庭一些宽余的收入，但何时何地以及如何花销这些钱仍由丈夫决定，他常常会把这些钱花在酒馆或咖啡馆里。④

在社会中上阶层中，妻子同样要协助自己的丈夫。上流社会中的贵族妇女虽然享受着荣华富贵，但是她们并不是无所事事，"仅供观赏"的"摆设品"，而是要和丈夫一起共同维持家庭生活的正常运转。其中，她们通常要承担家庭的管理工作。虽然17世纪的艺术画中的贵夫人看上去十分脆弱，诗人笔下的妇女也如同六月的鲜花很快就枯萎，但事实上，这些看上去十分脆弱的女性往往非常能干。⑤ 她们被丈夫当作值得敬重的伙伴、建议

---

① Joan W. Scott, "The Women Worker", in Georges Duby and Michelle Perrot, gen. eds., *A History of Women in the West*, vol. 4, p. 403.

② Ralph A. Houlbrooke, *The English Family 1450-1700*, Longman, London and New York, 1984, p. 109.

③ Joan W. Scott and Louise A. Tilly, "Women's Work and the Family in Nineteenth-Century Europe", *Comparative Studies in Society and History*, vol. 17, No. 1(Jan. 1975), p. 50.

④ Merry E. Wiesner, "Spinning Out Capital: Women's Work in Preindustrial Europe 1350-1750", in Renate Bridenthal, Susan Mosher Stuard and Merry E. Wiesner, eds., *Becoming Visible: Women in European History*, pp. 213-214.

⑤ Mary *Coate*, *Social Life in Stuart England*, p. 24.

者和最亲密的朋友。在商业活动和其他事务中，这些帮手都是非常积极的。[①] 由于那时的贵族经常要出门，或进宫廷，或因公私事务离家甚至远去国外，每逢此时，贵族妇女就充当了丈夫的全权代理人，管理起一切事务。在战争时期，贵族妇女更是承担了全部的家庭管理事宜。在英国内战、法国宗教战争和三十年战争期间，这两个国家的贵族妇女就被迫承担这样的角色。[②] 即使丈夫在家，贵妇人依然要管理家庭内务。当时的贵族之"家"是一个包括众多仆役的大户人家。管理这样一个家绝非易事。因为在这一时期，绝大多数生活必需品都得自己准备，庄园里生产不出来的则要到附近的市场、店铺或外地去购买。再加上贵族之间交往频繁，活动很多，家里常常高朋满座，宾客盈门，宴席不断。所有这一切自然不用女主人亲自动手，但她得操心过问。只有在她的细心筹划下，这种大家庭的生活才能过得井井有条，而且舒适。因此，在男权制的前提下，近代西欧上层贵族家庭中夫妻间存在着某种合作关系。

中等阶层的妻子们在管理家庭方面也起着关键性的作用。她们要监督仆人来完成家务。因为缺少现代化的电气和洗涤设备，所以此种工作要比现在繁重得多。而且当丈夫不得不离家外出从事政治事务时，妻子就要担当起他的角色，自然而然地成为他的代理人，打理丈夫的各种工商业事务。

工业革命后，西方社会出现了"家与工作场所分离"的现象。工厂制度建立后，社会生产日益从家庭中转移出去，使得劳动场所和生活场所开始分离。在这样的情况下，人们难以同时兼顾生产和家务，家庭夫妻间的性别分工更加明确。除了社会下层妇女为生活所迫，离开家庭到工厂做工以外，一般情况下，在外赚钱养家是丈夫的职责，在家料理家务和养育孩子则是妻子的义务。与此同时，男性主宰的公共领域和女性活动其间的私人领域的区分也逐渐形成。1815 年，英国在人口普查时首次出现了"家庭妇女"这一栏。按当时的社会背景，家庭妇女是一种美德的象征，是女性的标准形象。以前女性除了照料家务以外，还有其他的社会活动，但自此以后她必须全身心地投入到家庭这个神圣的工作之中。在长达一个世纪的时间里，无论是男人还是女人，市民还是工人，信徒还是自由思想者，都一致认为，没有工作的家庭妇女是最理想的女性形象。[③] 在他们看来，如果男人是生产者，那么女人就只是消费者；如果家庭是个避风港，那么家里的安琪儿便充满了神圣的气

---

① Daniel C. Quinlan, "Jean A. Shackelford, Economy and English Families 1500-1850", *Journal of Interdisciplinary History*, vol. 24, Issue 3(Winter, 1994), p. 449.

② Olwen Hufton, *The Prospect Before Her: A History of Women in Western Europe 1500-1800*, Vintage Books, New York, 1998, pp. 150-151.

③ 吉尔·里波韦兹基：《第三类女性——女性地位的不变性与可变性》，田常晖、张峰译，湖南文艺出版社2000 年，第 185 页。

息。到19世纪中叶，妇女被视作净化工业社会的一台机器。[①] 家成了沙漠中的绿洲，枪林弹雨世界里的一片和平净土。[②]

不可否认的是，从18世纪末开始，由于财富的增长，中产阶级家庭不再像以前那样需要妻子经济上的合作，但这并不意味着她们整天无所事事地虚度时光，只是其工作的复杂性为那种将劳动仅仅定义为以市场为导向的生产所掩盖。维克利指出，在富裕的家庭中，妇女的工作主要是组织性的和管理性的。她们并不是生长在温室中的花朵，而是很有能力的管理人。[③] 而对家佣的监督、对家务的筹划等并不是一件轻松的事情。因为国际贸易的广泛开展以及工业生产为中上阶层的家庭提供了越来越多的消费品，所以人们比以前购买更多的布匹、桌布及桌上用具，较富有的人家里有了许多新产品：手表、鼻烟盒、雨伞、扇子、油画、来自亚洲的丝棉和细棉、窗帘、茶几、墙镜、写字台等。[④] 这样，妻子就有更多的事情要做，要为整个家庭的开支做出预算。当然，母亲的职责也是这些妇女生活的重要组成部分。她们把更多的精力投入到家庭中来。上层和中产阶级的妇女仍从事大量的工作，如社会工作、家务劳动、地产管理、家庭商业等。妇女，即使是最上层的妇女，对于她们家庭和社区的经济与家庭福利都作出了巨大贡献。[⑤]

应当指出的是，工业革命后，西方社会的"家与工作场所分离"的情况并没有人们想象的那么迅速普遍。对大批城乡中等阶级来说，这并不现实。在19世纪中叶，工厂都还远非标准的生产单位。直到19世纪50年代，在英格兰和威尔士，居住在乡村的人口和居住在城镇的人口一样多。在整个19世纪，农场都是活动的中心，许多乡村中等阶级是农场主，在他们的家中并没有什么男人在公共领域，妇女在私人领域的明确区分。[⑥] 夫妻双方都要在农场中劳作。在城镇，许多中产阶级家庭的成员和仆人在店铺帮助做饭或清扫屋子。由于居住地与小工厂、店铺等生产和贸易的地方紧紧相邻，妇女既可以照看家又能在生意上帮助丈夫。在一般情况下，她们要负责给学徒、店员做饭，并招待来访者。

所以，所谓的"家庭天使"在现实生活中并不具有普遍性。事实上，在19世纪的后期，

---

① 杰里米·帕克斯曼：《英国人》，严维明译，上海译文出版社2000年，第243页。

② 艾瑞克·霍布斯鲍姆：《资本的年代》，张晓华等译，江苏人民出版社1999年，第325页。

③ Amanda Vickery, "Golden Age to Separate Sphere? A Review of the Categories and Chronology of English Women's History", *The Historical Journal*, 36(1993), p. 409.

④ 梅里·E. 威斯纳—汉克斯：《历史中的性别》，何开松译，第83页。

⑤ Kathryn Gleadle, *British Women in the Nineteenth Century*, Palgrave, 2001, p. 51.

⑥ Rosemary O'Day, *The Family and Family Relationships 1500-1900: Englnad, France and the United States of America*, Macmillan, 1994, p. 199.

中产阶级的夫人们无所事事的神话与她们的日常现实生活并不一致。[①] 帕特丽夏·布兰卡(Patricia Branca)认为,维多利亚时期"家庭天使"这一模型(model)没有说服力。据她的研究,40%的中等阶级收入在100—300镑之间。这意味着他们必须限制家庭帮手,也许只能雇一个仆人,因而妻子必须在繁重的家务面前做力所能及之事。只有那些十分富有的上层阶级的太太们才能够闲适地接待来访者,心平气和地监督家仆和佣人。利尼安·菲斯弗(Lillian Faithful)曾回忆说,她的母亲自己为她的8个孩子缝制衣服,自己当孩子们的老师,并核算复杂的家务账目。[②] 甚至出身于贵族家庭的夏洛特·格斯特也以其对铁业生产和管理的精通而被人称为"维多利亚时代的女实业家"。她在1833年嫁给英国铁业巨子乔赛亚·约翰·格斯特以后,长期担任丈夫的秘书,协助处理公司业务。公司的往来信件、账目、文件及业务报告,都由她负责撰写及管理。她还经常陪同丈夫去炼铁现场视察,并经常与丈夫一起出席全国铁业会议,讨论有关生产与销售情况。因此夏洛特很快精通业务,成了丈夫的得力助手。在乔赛亚去世后的一段时间内,她独自一人管理公司。[③] 在她的身上,人们很难看到维多利亚道德家们鼓吹的"分离领域"意识。

因此,19世纪中上阶层的妇女一旦结婚,她们便发现自己的私人生活处于矛盾之中。一方面,"家庭天使"的理想要求一个无私、依赖性很强的女人,她要使丈夫高兴和满意,并把自己奉献给丈夫而不求回报;另一方面,处理家务、照看孩子等工作则要求她们必须具有持久的力量、技巧和创造性。中等阶级妇女,虽然在文化上甚至在身体上受制于天使的理想,但她们却并不闲散。除了特别富有的之外,几乎所有的妇女都要工作,哪怕是在家中照看幼儿,补衣或护理病人。[④] 由此可见,中上阶层的妻子们并没有因为工业革命而成为寄生虫,也并没有因为工业革命而成为纯洁的不食人间烟火的女神。

对绝大部分的农村和城镇妇女来说,这种矛盾冲突的现象则不会出现。因为"家庭天使"的理想与这些妇女们的实际生活相距甚远。天使不会存在于农场、工厂或奴隶家庭,而在这些地方,婚姻明确要求一个不停劳作的伴侣。对她们而言,文人墨客们所描绘的"家庭天使"居住的宽敞明亮的家,也只不过是一间不大通风的房屋,全家都在此吃睡,甚至还在此工作。法国农民常常与她们的家畜一起在肮脏的茅屋中生活;美国的女奴,白天

---

① Marilyn J. Boxer and Jean H. Quataert, eds., *Connecting Spheres: Women in the Western World, 1500 to the Present*, p. 157.

② Kathryn Gleadle, *British Women in the Nineteenth Century*, p. 52.

③ 马嫛:《工业革命与英国妇女》,上海社会科学院出版社1993年,第103页。

④ Erna Olafson Hellerstein, Leslie Parker Hume and Karen M. Offen, eds., *Victorian Women: A Documentary Account of Women's Lives in Nineteenth-Century England, France and the United States*, pp. 122-123.

在主人舒适的家中劳作，晚上则要回到自己那狭窄、阴暗的小木屋。[①] 在这一时期，劳动的性别分工和日益提升的"家庭生活"观念与她们的生活根本不相一致。因此，对婚姻角色的传统界定和家庭日常生活中的实际操作完全是两码事。

总之，西方近代史上的婚姻家庭往往意味着夫妻间的一种经济上的合作，但这种合作的模式基本上遵循着"男主外、女主内"的模式，而且即使妻子对家庭经济作出了杰出贡献，但在理论和实际上，她们的地位仍然卑微，仍然要屈从于丈夫。

2. 法律地位上的性别差异

近代西方社会男女两性的不平等和女性在家庭中的屈从地位，明显地体现在法律上。当时，欧美各国的法律同样强调妻子的卑微，它将她们排除在几乎所有的职业之外，剥夺了她们所有的政治权利。这种"男尊女卑"的思想在婚姻家庭生活中最为具体的体现就是妻子在法律地位上的虚无。女性一旦结婚，就丧失了她的个人身份。从结婚的那一刻起，不管是在英国的普通法，还是在法国的拿破仑法典下，已婚妇女都被置入其丈夫的法律存在之中。她在法律上成为"有夫之妇"(coverture)，这就意味着，她们在法律上不具备独立的人格，没有行为能力。比如，在1857年前的英国，除了议会私人法案，已婚妇女无权提出离婚，即使获得离婚后也不能获得她们孩子的监护权。[②] 妻子甚至不能够针对自身遭受的民事犯罪进行起诉和控告。

在英国，根据普通法，已婚妇女不被当作一个法律上的人，而是完全包括在丈夫的法律身份之中，她不能接受丈夫的礼物，也不能单独订立遗嘱，因为他们是"一个人"。[③] 正如19世纪英国著名社会活动家芭芭拉·李·史密斯·博迪雄(Barbara Leigh Smith Bodichon，1827—1891)[④]所说："一个男人和妻子在法律上是一个人，妻子失去她作为个体女人的所有权力，她的存在完全置于其丈夫的存在之中。在民法上，他对她的行为负责；她生活在其保护之下，她的状况称作有夫之妇。已婚妇女的身体属于其丈夫，处于他的监护之下，通过人身保护令他可以强制行使其权力。她婚前的所有财产，如现金、存款、

---

① Erna Olafson Hellerstein，Leslie Parker Hume and Karen M. Offen，eds.，*Victorian Women：A Documcntary Account of Women's Lives in Nineteenth-Century England，France and the United States*，p. 118.

② Marilyn J. Boxer and Jean H. Quataert，eds.，*Connecting Spheres：Women in the Western World，1500 to the Present*，p. 126；June Stephenson，*Women's Roots：The History of Women in Western Civilization*，p. 255.

③ Merry E. Wiesner，*Women and Gender in Early Modern Europe*，Cambridge University Press，2000，p. 37.

④ 芭芭拉·博迪雄是英国教育家、艺术家、女权主义者和社会活动家。其父本杰明·李·史密斯(Benjamin Leigh Smith)是一位激进派议员。她是英国女权运动著名的领袖之一，1854年发表"简述有关涉及妇女的重要法律"；1857年发表"妇女与工作"。她参与领导英国妇女争取教育、就业、参政权的斗争，并为争取已婚妇女的财产权作出了巨大努力。

珠宝、家庭物品、衣服等全部都成为她丈夫的，不管他和妻子一起居住与否都可以任意支配。孩子的法定监护权属于父亲。一个神志正常的父亲在世之时，母亲除了对婴儿有一点权力外，她对自己其他的孩子没有任何权力，父亲在他认为适当之时可以将孩子从母亲身边带走。”[①]也就是说，已婚妇女没有任何民事权利：她们不能拥有任何财产，不能起诉和被起诉，不能与丈夫离婚，也不能对孩子们有任何权力。富裕的妇女也许可以通过法律委托的形式拥有其财产，但这也只不过是出于她父亲家庭的利益而不是她自己的利益。

根据英国平衡法的原则，通过婚前的协商同意，一个妇女的家庭、朋友或自己本人可以指定某些财产，动产或不动产，作为她的“单独财产”或“分离财产”，使之不受其丈夫普通法权力的拥有或支配。这样，它就以财产委托的形式为普通法下无财产权的妇女提供了一定程度的保护，使她们享有一定程度的财产权。但是，只有十分富有的人才能享受到平衡法提供的这种保护，其他妇女却不能负担平衡法法庭昂贵的诉讼，据估计，10 个已婚妇女中只有一个人拥有平衡法中的分离财产。[②] 米利特这样评价说：“虽然富裕的和有田产的家族可能按照平衡法的原则精心制定出以授产形式出现的搪塞的法子，但授产只适应于闲适家庭(英国法律规定它只适应于财产超过 200 镑的家庭)。这一类措施维护的是阶级的而并非妇女的利益。对妇女来说，不管她的授产有多少，她并不享有拥有授产的男人那样的自由支配它的合法权利。”[③]

在殖民地时期的美国，法律形式基本依照英国的模式。19 世纪上半期，随着西进运动的深入，西部边远地区荒芜土地的大量开垦，妇女在家庭生活中的作用不再像殖民地时期那样举足轻重。英国习惯法给予丈夫控制其妻子及其财产的全权，美国几乎未作修改地接受了这一做法。女性幼小时其财产由监护人监护，婚后其财产则由丈夫占有；丈夫可以不征求妻子的同意而随意处置她的动产和不动产。已婚妇女无权拥有任何东西，就连她们身上穿的衣服都属于其丈夫。工业革命中，少数妇女进入到就业大军中，但她们“不能保留挣来的工资，也不能掌握与控制自己的财产，即使丈夫是挥霍无度的酒鬼也是一样”。[④] 因此，美国已婚妇女在法律上完全处于无权的地位。女性一旦结婚，她的自由就终止了，其人格被湮没在丈夫的人格之中。直到 1860 年，对于妇女而言，婚姻即是“民事

---

① Erna Olafson Hellerstein, Leslie Parker Hume and Karen M. Offen, eds., *Victorian Women: A Documcntary Account of Women's Lives in Nineteenth-Century England, France and the United States*, p. 164.

② Lee Holcombe, "Victorian wives and property: reform of the Married Women's Property Law 1857-1882", in Martha Vicinus, ed., *A Widening Sphere: Changing Roles of Victorian Women*, Indiana University Press, 1977, p. 8.

③ 凯特·米利特：《性的政治》，钟良明译，社会科学文献出版社 1999 年，第 99 页。

④ 卡罗尔·卡尔金斯：《美国社会史话》，王岱、程毓征译，人民出版社 1984 年，第 205 页。

死亡”。[①]

在法国，已婚妇女同样没有权利力立契约、起诉和被起诉，也不能与人合作，其婚姻地位意味着在法律上由丈夫为她们全权负责。[②] 18 世纪法国著名的法律专家罗贝尔·约瑟夫·波蒂埃说：“我们的习惯法将妇女置于这样一个依附于丈夫的地位：除非得到丈夫的特准，否则，她们做的任何事情都得不到民法的承认。”[③]当然，法国近代社会在财产所有权方面存在着地区差异，在习惯法控制的地方，如法国北部和中部，家庭财产所有权归丈夫；在南部的米迪，罗马法的继承法十分重要，妻子对其财产，包括带入婚姻中的嫁妆和她的私人物品有一定的所有权。丈夫和妻子对带入婚姻中的财产——特别是妻子的嫁妆，通常在婚前通过婚姻契约的形式得到安排。然而，1804 年拿破仑颁布的法国民法典的许多具体条款明确地将已婚妇女置于从属于丈夫的地位，它规定：丈夫负责保护他的妻子，妻子则应当服从丈夫；未经丈夫同意，妻子不能起诉，没有丈夫的参与或书面同意，妻子不能给予、传递、抵押或获得财产。[④] 这些规定把女性视为权利的客体，将已婚妇女置于丈夫的管辖之下，从法律上进一步强化了男权统治。[⑤] 由此可知，美国革命和法国大革命并没有给已婚妇女带来法律上的平等地位。就像玛丽莲·亚隆所评述的那样：

> 在混乱平息之后，“自由、平等、博爱”的口号对已婚妇女有什么触动呢？妇女的新政治觉悟和爱国之心是否已收到立竿见影的效果？答案是“不”。无论是美国的妻子还是法国的妻子，并未在这场给她们生活带来动荡骚乱的革命中获益。当丈夫成为一名合法公民的时候，妻子们仍保持着传统的一种称呼模式：“某某的妻子”。[⑥]

直到 19 世纪中期，西方主要资本主义国家中，妻子的法律地位仍然十分低下。根据有夫之妇这一法律身份，妻子没有独立的法律地位，享受不到基本的公民权利。其中，中产阶级和上层阶级的妇女可以通过平衡法，利用信托契约或婚前契约来避免联姻在法律

---

① June Stephenson, *Women's Roots: The History of Women in Western Civilization*, p. 263.

② Catherine Hall, "The Sweet Delights of Homes", in Philippe Ariès and Georges Duby, gen. eds., *A History of Private Life*, vol. 4, The Belknap Press of Harbard University Press, 1987-1991, p. 67.

③ Jane Abray, "Feminism in the French Revolution", *American Historical Review*, 80(1975), p. 44.

④ "The Napoleonic Code", in Lisa DiCaprio and Merry E. Wiesner, eds., *Live and Voices: Sources in European Women's History*, p. 270.

⑤ Yvonne Knibiebler, "Bodies and Hearts", in Georges Duby and Michelle Perrot, gen. eds., *A History of Women in the West*, vol. 4, pp. 365-366.

⑥ 玛丽莲·亚隆：《老婆的历史》，许德金、霍炜等译，第 206 页。

上的严酷。但是这种例外并不会有损“有夫之妇”的法律。[①] 这种法律把妇女看作是丈夫的一部分，甚至是他的一个私人物品，摧毁了她的独立、她的身份、她的尊严。而且一个男人有权对其妻子进行身体上的控制。殴妻总是被人忽略不见，一个男人可以将妻子限制在他们的家中以使她顺从。如果她离开了他，他有权通过武力将其带回。[②] 对于已婚妇女法律上无权的状况，凯特·米利特在其代表作《性政治》中作了淋漓尽致的概括。[③] 由此可以得出一个结论：从个体的角度来看，每一个男人通过婚姻契约都得到了大部分男权遗产。婚姻契约的周围回响着奴隶契约和原始故事的回音。当一个女人成为“妻子”时，她的丈夫既获得对她的身体的所有权，也获得对她的劳动的所有权。[④]

让人感到欣慰的是，在妇女运动的推动下，已婚妇女的法律地位在19世纪后期得到一定程度的改善。1882年英国《已婚妇女财产法》的实施，进一步促进了有利于女性的法律改革，从此，英国妇女不仅能够掌握她们婚前财产及婚后所得，还得到了签署合同、上诉与被起诉的权利，且能通过买卖、赠送等自愿的方式处置自己的财产。法案还为那些遭受家庭暴力的妇女们增加了一些特殊保护条款。在必要时，她们可以申请实施“妇女财产及所得保护令”。丈夫被限令在没有得到妻子许可的情况下不得靠近她们。妻子得到了对孩子们的法定监护权，这种权利一直持续到他们长到10岁；法律还规定丈夫们每周向妻子及孩子支付一次抚养费。虽然这些法律条款无法阻止丈夫殴打妻子以及其他虐待行为的发生，但至少表明法律已开始建立起一套程序以对付那些粗野的丈夫。[⑤] 1882年《已婚妇女财产法》的通过被称作是“法律的革命”，并被《妇女选举权杂志》描绘为妇女解放的“大宪章”。不过，这个法律仍然有其局限性：已婚妇女仍然不能和未婚女子或寡妇一样拥有同样的权利，而且很少有妇女能够和男人在经济上平等。[⑥]

1839年，美国的密西西比州第一个准予妻子拥有财产权。慢慢地，各个州已婚妇女的合法地位逐渐得到改善。在1869—1887年间，33个州和哥伦比亚特区的法律都已经赋予妻子自由支配她们收入的权利。少数几个州——像路易斯安那州、得克萨斯州、新墨西哥州、亚利桑那州，还采用社会财产法的形式来保障丈夫和妻子平等地拥有家庭财产。在一些州中，如纽约州从1860年起，妻子和她们的丈夫拥有对孩子的共同监护权。但无论这些变化怎样使一个女人获得了持有家产、收入和孩子的监护权的权利，妻子传统意义

---

① 卡罗尔·帕特曼：《性契约》，李朝晖译，第125页。

② June Stephenson, *Women's Roots: The History of Women in Western Civilization*, p. 257.

③ 凯特·米利特：《性的政治》，钟良明译，第98—100页。

④ 卡罗尔·帕特曼：《性契约》，李朝晖译，第121页。

⑤ 玛丽莲·亚隆：《老婆的历史》，许德金、霍炜等译，第231页。

⑥ Lesley A. Hall, *Sex, Gender and Social Change in Britain since 1880*, Macmillan Press Ltd, 2000, pp. 34-35.

上的身份依然没有改变，这种身份仍是当时已婚女性的主要角色。普通法所说的“保护”是指一个妻子在其丈夫“保护”下，并且有义务顺从她的丈夫，这就在这个词的司法解释上投下了一个长长的阴影，[①]因此，尽管当时美国多数州颁布了有关法令来改善已婚妇女的地位，她们在法律上依附其丈夫的状况并没有得到根本改观。

3. 家庭中的夫妻关系

家庭不但是社会的基本经济单位，它也提供政治和社会秩序的基础。同时家庭经济本身便是公共生活的一部分。即使是最私密的关系也受到公共领域中男人支配，女人受压迫的性别政治的影响。[②] 在近代历史上，西方社会盛行的仍然是“男尊女卑”的传统性别观念。这种轻视女性的观念及其行为影响到了家庭中的性别关系。在家庭生活中，妻子相对而言普遍处于卑下的地位。如前所述，基督教教义中关于女性低劣于男性的思想对西方社会造成了深远的影响，对于两性关系的塑造起了至关重要的作用。而且这种观念浸透到了欧美各国大众的灵魂深处，成了不证自明的“真理”。女性也接受和承认了传统的性别观念，并将之内化为自己的行为准则。

虽然文艺复兴和宗教改革解放了欧洲人的思想，但并没有真正打破传统的性别观念。家长至尊或父权至尊主义仍是16、17世纪的欧洲一致遵奉的。人们普遍认为，妻子应绝对服从丈夫，对丈夫要恭敬，和丈夫之间必须保持某种距离。[③] 在教堂和家中，她都应该保持沉默，在任何时候都应该顺从男人。

英国著名的威廉·古奇博士（Dr. William Gouge）1622年在其《家庭职责》（*Of Domestical Duties*）中认为，丈夫在所有的问题上都享有优越权，在家中是最高统治者，如同君主一般，妻子的职责就是服从。[④] 在内战时期，虽然一些极端的宗派如贵格派教徒（Quakers）和政治平等主义者如约翰·李尔本都强调男女两性的平等，但更多的传统捍卫者却为父权制辩护，强调妇女的顺从，认为“丈夫是太阳，妻子是月亮”，只有仰仗丈夫她才发光，因而应该受丈夫权威的统治。[⑤] 威廉·威特雷强调：“妻子的责任就是服从丈夫，即使她有诸如聪慧、理解力、能说会道、处理事情更灵活的伟大天资也要听从丈夫。”[⑥]总之，就像研究过17世纪英国社会的莱特森所认为的那样：“在17世纪，对那些劝导书的作

---

① 玛丽莲·亚隆：《老婆的历史》，许德金、霍炜等译，第232—233页。

② Anne Laurence, *Women in England 1500-1760: A Social History*, Phoenix Press, London, 1994, p. 10.

③ 戴维·罗伯兹：《英国史：1688年至今》，鲁光桓译，中山大学出版社1990年，第29页。

④ Keith Wrightson, *English Society 1580-1680*, Rutgers University Press, 1982, p. 90.

⑤ Christopher Durston, *The Family in the English Revolution*, Basil Blackwell, Oxford, 1989, p. 24.

⑥ Anthony Fletcher, *Gender, Sex and Subordination in England 1500-1800*, Yale University Press, 1995, p. 77.

者而言，婚姻关系应该依照一种既自然又神定的秩序，而其中最重要的一点就是强调丈夫对妻子的权威。”[①]当时英国日常生活的仪式也象征着妻子对丈夫的顺从。比如，进餐时妻子不与丈夫同桌，只是站在丈夫身边侍候他，只有得到丈夫的允许，她才能坐在桌边。对丈夫要称“老爷”，处处显示出丈夫的威严。

新教的宣教者和道德神学家们也和俗人一样热心提倡妻子的完全服从。新教虽然提倡婚姻中夫妻的相互依靠，但传统的夫权仍然保留了下来。新教牧师们强调丈夫对妻子的绝对控制权，认为妻子应当放弃她自己的意志，在任何事情上都听从于丈夫。妇女被期望在婚后珍爱她们的丈夫，并被教导说这是她们神圣的义务。这种爱往往内在化并成为现实，使妻子们很容易接受顺从丈夫意愿的地位。[②] 正如吉登斯所说：“实际上，浪漫之爱在权力上是十二分不平衡的。对女人而言，梦想浪漫之爱最后却使她们大多成为家庭生活的严肃附属者。”[③]因此，爱也是一柄双刃剑。神圣婚姻教义产生了互相矛盾的双生子，它一方面加强了丈夫对妻子的权威，另一方面也促使妻子更乐于服从丈夫的命令。

在18世纪和19世纪，学者与神学家关于妇女美德的论述同样强调妻子的顺从。当时出版的有关女性教育和指导女性行为的书中都提出，妇女应该纯洁、谦逊、抑制、被动、温和、顺从、优雅，其中，最重要的是纯洁。[④] 1705年，菲里特武德(Fleetwood)主教提出，丈夫应该爱护他们的妻子，而妻子的责任则是“顺从其丈夫”。[⑤] 英国的玛丽·阿什托尔强调说：“已婚妇女应该接受一个无可争辩的至理名言，即她的丈夫必须绝对、完全地支配她，她应该将所有的精力用来愉悦丈夫，服从他。她不应该试图去分解他的权威，也不应对此提出异议，而应该相信他的明智和善良都是最好的，至少对她而言是这样。不能做到这一点就不适合成为一个妻子。”[⑥]总之，当时的宗教文献敦促妇女恭顺服从，把神的排列顺序描述成性别不平等的安排。医学和哲学著作认为妇女在体力、思想与道德上都比男人弱，明显需要男性的指导和保护。代代口头相传的大众礼仪设立了泾渭分明的性别界线，它往往限制妇女出行和行动的自由，对那些违规者加以批评或惩罚，大部分书面规范和法律更是体现了两性的不平等。[⑦] 就连法国著名启蒙思想家卢梭也同样赞成传统的男性权力。他说：“妇女的第一个品质，也是最重要的品质，就是温顺。妇女永远应该从属于

---

① Keith Wrightson, *English Society 1580-1680*, p. 90.

② Lawrance Stone, *The Family, Sex and Marriage in England 1500-1800*, Penguin Books, 1979, pp. 141-142.

③ 安东尼·吉登斯：《亲密关系的变革——现代社会中的性、爱和爱欲》，陈永国等译，社会科学文献出版社2001年，第82页。

④ Bridget Hill, *Eighteenth-Century Women: An Anthology*, George Alhen and Unwin, London, 1984, p. 17.

⑤ Lawrance Stone, *The Family, Sex and Marriage in England 1500-1800*, p. 165.

⑥ Bridget Hill, *Eighteenth-Century Women: An Anthology*, p. 20.

⑦ 梅里·E.威斯纳—汉克斯：《历史中的性别》，何开松译，第128页。

男子或者男子的见解。"总之，资本主义文明并没消除玷辱了妇女人格尊严的历史诅咒，千年的悲剧还在继续。[①]

社会风气轻视妇女，法律上歧视妇女，而在现实的家庭生活中，妻子的地位也很卑微。虽然各阶层的已婚妇女绝大部分都要对家务进行管理，和丈夫一起为家庭经济作贡献，但家务管理不具有理性职业的声誉。家庭主妇的地位虽高于仆人和孩子，但并不与其丈夫平等，因为她们只不过是上帝给男人的财产，丈夫对妻子拥有绝对的权威。直到1891年，丈夫还可以强行把妻子囚禁在家里。婚姻契约在这里成为一种具有特别效力的契约。[②]一个筑路工人坦承："我一结婚，就坐着看我的妻子编织，直到血从她的指尖渗出；当她做了很多时，我就说，老婆，出去将这些编织品卖掉然后给我买一品脱啤酒回来。"[③]

即便是在妇女找到户外工作的情况下，她们对自己的所得也没有任何法律权利，她们往往工作到精疲力竭，然后将她们可怜的工资交给丈夫享用。大卫·文森特(David Vincent)分析了19世纪给人团结友爱印象的工人家庭中的夫妻关系，指出这种友爱的关系完全是为了在特别困难的条件中谋生。工人的家庭从来都不是一个远离外部世界的避难所，而是一个小小的战场，在其中，经历和交织着剥削和不平等。有很多男工人并不把他们的妻子当作平等的伴侣。[④]

丈夫与妻子的这种支配与服从的关系也体现在男性在家庭内外使用暴力上，打妻是近代西方父权制社会普遍存在的问题。不管是在欧洲大陆还是在英格兰，法律给予丈夫"适当处罚"妻子的合法权利。只是要求，在打妻时，棍子不要粗过男人的大拇指，且不要打出血。[⑤] 布莱克斯通在其《英国法律注解》中说："依照旧法，丈夫可以适当地惩戒妻子，因为他要对她的错误负责任，所以法律认为，赋予他权力以家庭惩戒的方式来约束她是合理的。"[⑥]这种处罚妻子的有限暴力是合法的，而一个妻子对丈夫的攻击则被视为一种严重的犯罪，认为它削弱了社会秩序。[⑦] 直到19世纪末，打妻行为一直在西方各国持续下来。

虽然有人认为，在社会下层，夫权因女性参加劳动而有所减弱。但在这样的家庭中，妻子仍要顺从丈夫的意志，如若不从，或者因为性生活的不和谐都有可能导致丈夫的拳脚

① 瓦西列夫：《情爱论》，赵永穆等译，北京三联书店1984年，第50页。

② 卡罗尔·帕特曼：《性契约》，李朝晖译，第129页。

③ Kathryn Gleadle, *British Women in the Nineteenth Century*, p. 42.

④ Jane Rendall, *The Origins of Modern Feminism: Women in Britain, France and the United States 1780-1860*, p. 198.

⑤ Anthony Fletcher, *Gender, Sex and Subordination in England 1500-1800*, pp. 192-193.

⑥ Bridget Hill, *Eighteenth-Century Women: An Anthology*, p. 144.

⑦ Robert B. Shoemaker, *Gender in English Society 1650-1850*, Longman, London and New York, 1998, p. 104.

相加。事实上，在穷人的婚姻中，殴打妻子总是成为家庭冲突的一个特征。在这一时期的法庭记录中有很多这样的案例。1652年，伊里(Ely)法庭有这样一个案例，约翰·巴勒斯(John Barnes)有一天晚上从酒馆回来时，其妻子说他是一个流氓。于是，他便对妻子大打出手，由于伤势严重其妻子去世了。在案件的审理过程中，他的邻居们都强烈反对他对妻子的长期虐待，并举出许多证据来反对他。[①] 内科医生和占星术士罗特特·皮内尔于1700年代在大林洛德地区行医占卜，记录下了一些对妻子实行体罚的事实。例如，斯蒂芬·罗林斯的妻子就抱怨说，每次丈夫狂饮回来，她就不得不承受体罚和辱骂。伊丽莎白·伊斯顿的丈夫则在家人的唆使下像打一只狗似地鞭打她。[②] 在18世纪初，塞缪尔·塞德(Samuel Sad)想勒死他的妻子伊丽莎白，托马斯·菲明汉(Thomas Felmingham)非常严厉地打他的妻子，拖着她满屋跑并以枪威胁她。[③] 1792年，塞克斯郡的一个花匠的妻子，就抱怨其丈夫凶暴地打她并采取下流的行动。阿玛丽亚·布纳兹尔(Amelia Brazier)的丈夫是一个葡萄酒供应商，她知道他在外面嫖妓，可能会把性病带回家，于是拒绝与他过性生活。他揍她并扬言要杀了她。[④] 这些事实表明，打妻子的现象在社会下层比较普遍。打妻行为之所以能够在西方近代社会一直持续下来，是因为在男性圈子中它被普遍认可。丈夫将妻子看作是他们的财产，认为可以任意处置，而且时人也将打妻行为视为伴随着婚姻关系的正常现象。男人的这种优越地位在民俗中也反映出来，比如，对于未能控制自己妻子的丈夫，人们往往采取“起哄”(rough music)的方式来嘲笑和惩罚他。

虽然在近代西方历史上，家庭中男权的宗教和法律基础并未发生什么根本性的变化，但在现实生活中也出现了一些可喜的变化：有的夫妻能够相互尊重，在某些重大事情上联合作出决定。一些妇女在家庭和社区中权力较大，她们对于生孩子、给年轻亲戚们做媒、挑选自己的丈夫等方面有着特别的权威。[⑤]

到19世纪后期，妇女们采取多种形式来反抗婚姻家庭中的权力不平衡状态。通过管理家务、培训女儿、控制开支、与老板打交道、维持家庭卫生状况以及其他数不清的活动，妻子们履行着其他地方不可能获得的控制权。[⑥] 作为家庭财政的管理者，家庭主妇享有

---

① Keith Wrightson, *English Society 1580-1680*, pp. 98-99.

② 玛丽莲·亚隆：《老婆的历史》，许德金、霍炜等译，第133页。

③ Susan Dwyer Amussen, *An Ordered Society: Gender and Class in Early Modern England*, Basil Blackwell, Oxford, 1988, p. 128.

④ Robert B. Shoemaker, *Gender in English Society 1650-1850*, p. 195.

⑤ Jacqueline Eales, *Women in Early modern England 1500-1700*, pp. 71-72.

⑥ Carol E. Morgan, *Women Workers and Gender Identities 1835-1913: The Cotton and Metal Industries in England*, Routledge, London and New York, 2001, p. 63.

某种模糊的权利。不少法国妇女在家中通过负责家庭预算成为支配者。有些工人阶级的妇女也开始掌管钱夹，作出财政决定，甚至还决定她们丈夫每周用来买酒和烟的零用钱。在工厂取代家庭成为工作场所之时，工厂主有时将丈夫们的工资所得直接付给他们的妻子。[①] 英国的许多中产阶级妇女同样能够在家庭管理中发挥作用。[②] 虽然如此，妇女的权力几乎只表现在对家庭事务的管理中，在其他事情上和家庭重大问题的决策方面仍然要听从于丈夫。因此，家庭内部夫妻之间的支配与服从关系一直是近代西方的主流。

总之，西方近代历史上，家庭内部两性间的地位关系仍然是男尊女卑：虽然妇女为家庭经济作出了不可缺少的贡献，但是相对于她们的丈夫而言，妻子的地位总是卑下的。正由于妇女的这种卑下地位，在家庭关系中，大都是丈夫处于权威和支配地位，妻子则要服从丈夫。

4. 小结

通过上述研究，我们可以发现："整个历史过程性别差异是家庭生活的关键部分，正是家庭生活使性别差异比其他领域如工作场所或选举投票站的性别差异更能抵御变革。所以它们历经经济或政治动荡通常仍生存下来而且还将继续生存下去。"[③]在西方近代历史上，大量来自教会、法律、行为手册等关于夫妻关系的建议都强调丈夫对妻子的权威和劳动力的性别分工。夫妇间劳动的基本分工没有发生很大的变化：男子仍是主要的养家糊口者，妇女则兼管家务和照顾孩子。与此同时，社会下层的妇女还要从事低报酬的劳动，以维持家庭生计。中等和上层妇女虽然很少从事有偿劳动，但她们仍然为维系家庭作出了诸多努力。

尽管如此，男尊女卑的传统性别观念并没有多少改变。在一个男性居支配地位的社会所支持的婚姻模式中，妇女是一个从属的伴侣。《圣经》及其随后的基督教教义都强调她的职责是服从。而且，在普通法和拿破仑法典下，妻子不具备独立的人格，处于无权的地位。在实际生活中，有限的资料也表明，虽然婚姻内的权力分配常常在很大程度上依据夫妇俩个性的差异而有所不同，但主要仍是由丈夫来作出决定。直到19世纪末，西方家庭中这种男性居统治地位的情况并没有发生多大改变。就如恺斯宁·格里德（Kathryn

---

① Joan W. Scott and Louise A. Tilly, "Women's Work and the Family in Nineteenth-Century Europe", *Comparative Studies in Society and History*, vol. 17, No. 1(Jan. 1975), p. 49.

② Erna Olafson Hellerstein, Leslie Parker Hume and Karen M. Offen, eds., *Victorian Women: A Documcntary Account of Women's Lives in Nineteenth-Century England, France and the United States*, p. 124.

③ 梅里·E. 威斯纳—汉克斯：《历史中的性别》，何开松译，第60页。

Gleadle)所说的:"尽管各阶级的妇女在家庭生活中都居于中心地位,父权制的傲慢仍交织在19世纪的男性气质中,使得真正的平等关系即使到了19世纪末仍是例外而非常态。"[①]然而,随着女性权利在这个时期的不断扩展,在坚硬的家庭外壳包裹下的性别关系,也势必被逐渐冲破。

二、西方女性自我意识的觉醒

工业革命所带来的社会结构和思想观念的巨大变革,女性走出家门参与到社会劳动领域的历练,加之18世纪末至19世纪末的西方女权思想的日益成长,均有力地刺激了西方女性自我意识的觉醒,从此她们开始思考自己的地位和价值。

1. 18、19世纪的西方女权思想

女权主义思潮最早可以追溯到17世纪法国的浦兰·德·拉巴尔(Poulain de la Barre),他于1673年发表了《论两性平等》,提出了性别平等的论点。[②] 在女权主义思潮发展的过程中,法国的奥琳帕·德·古日的《妇女权利宣言》、英国的玛丽·沃斯通克拉夫特的《女权辩护》、约翰·斯图亚特·穆勒(John Stuart Mill)的《妇女的屈从地位》、哈里雅特·泰勒(Harriet Taylor)的《妇女的选举权》对西方女权主义者和女权运动的影响尤大。古日的"女权宣言"在法国大革命一章已经有详细的介绍,在此不再赘述。

1792年,《女权辩护》出版。在这本书中,沃斯通克拉夫特批判了卢梭、福代斯、格里雷戈等人歧视妇女的观点。她认为,男性虽然在体格方面具有优势,但是在其他方面并不比女性更高贵,两性在智力和能力方面天生是没有区别的,他们之间的差异是后天造就的,是传统和教育的结果。正是由于女孩子从小被灌输了妇女是柔弱的,从属于男人的观念,并接受了相应的教诲,才造成了妇女的无知、软弱、卑微、依赖、狡猾和堕落。而"假如远在自然造成任何区别之前,人们不向女孩子和男孩子灌注性别观念的话,这些孩子是可以毫无妨害地在一起玩耍的。我还要再进一步肯定一个毋庸争辩的事实,就我所看到的来说,凡是那些行动合理,或者表现出任何高深智力的妇女,大多数都是偶然得到了放任的"。[③]

因此,沃斯通克拉夫特重视教育的功用,她认为,妇女唯有接受与男子同样的教育,才

---

① Kathryn Gleadle, *British Women in the Nineteenth Century*, p. 189.

② 闵冬潮:《国际妇女运动:1789—1989》,河南人民出版社1991年,第2—5页。

③ 玛丽·沃斯通克拉夫特:《女权辩护》,王蓁译,商务印书馆1995年,第53页。

能更好地承担做妻子和母亲的职责，才能不依赖男人而独立，从而实现男女的平等。

沃斯通克拉夫特还委婉地提出了妇女政治选举权的问题，“妇女是应该推选国会代表的，不应该使她们只受专横的统治而没有享受任何被允许直接参加政府审议的权利。”①但在18世纪末的英国，工业革命刚刚启动，社会政治变革尚未提上日程，她的这些想法无疑不会被社会所接受。

及至19世纪中期，在巨大的社会经济变动面前，一些先进的西方女性逐渐从私人领域的藩篱中走出来，开始认识到只有争取到政治选举权，才能获得诸如教育和财产等方面的权益，她们与开明的男性思想家一起为两性的平等奔走呼号。穆勒的《妇女的屈从地位》就在这时应运而生了。

约翰·穆勒是英国19世纪著名经济学家、哲学家，也是著名女权主义作家，他曾创办过世界上第一个妇女参政促进会。关于女权问题，他先后撰写过《承认妇女的选举权》、《妇女的屈从地位》和《妇女的参政权》。在这三本著作中，穆勒全面地论述了妇女参政的必要性和可能性。

在《妇女的屈从地位》中，穆勒雄辩地指出，随着社会的进步和发展，人类历史上人对人的奴役都已经被废除了（在基督教世界），唯一遗留的问题是男性对女性的压迫。软弱的妇女屈从于强有力的男性，并不像大多数人认为的那样，是合乎自然的，恰恰相反，它是违背自然的。因此，穆勒认为“把妇女置于屈从男人的社会和政治的安排”是会受到强烈的反对的，“迄今为止，人类进步的全部过程，现代趋势的总潮流如若对此问题有什么正当的推断，那就是这个过去的遗迹同未来是不调和的，必然是要消灭的。”②

穆勒的《妇女的屈从地位》很快就产生了巨大的影响，“这本著作很快成为欧洲女权主义思潮发展史上的里程碑，短短的几年内就被翻译成多国语言”，③“它立刻传到了美国、澳大利亚和新西兰，并且在法国、德国、奥地利、瑞典和丹麦被翻译出版。1870年，它还出现在波兰、意大利而且被俄国寄宿学校的年轻姑娘们兴奋地传阅、讨论”。④ 它对于西方妇女自我意识的觉醒起到非常重要的作用。

尤其值得一提的是，与穆勒一起为女性解放而呐喊的还有他的妻子哈里雅特·泰勒。穆勒和泰勒于1830年相识、相知，1851年，泰勒的丈夫去世后，她与穆勒结为伴侣。1832

---

① 玛丽·沃斯通克拉夫特：《女权辩护》，王蓁译，第189页。

② 约翰·斯图尔特·穆勒：《妇女的屈从地位》，汪溪译，商务印书馆1995年，第269页。

③ Renate Bridenthal, Susan Mosher Stuard and Merry E. Wiesner, eds., *Becoming Visible: Women in European History*, p. 343.

④ Sheila Rowbotham, *Women in Movement*, p. 71.

年，泰勒与穆勒合作完成了《论婚姻和离婚的早期论文》，并于1851年单独发表了《妇女的选举权》一书。泰勒认为，传统上的男女关系犹如奴隶制度，男人就是奴隶主，而女性就是奴隶，其结果是男女双方均深受其害。她指出："几个世纪以来，习俗的偏见否定了奴隶的权利，同样也否定了妇女的权利；奴隶制损害了奴隶主和奴隶，妇女的受压迫也损害了两性：一方面它形成了权力的邪恶，另一方面则产生了阿谀的技巧。"较之于沃斯通克拉夫特和穆勒，泰勒的女性观更加激进，她为英国妇女要求全部的合法公民权，强调妇女希望的是平等的权利、平等的机会和平等的社会地位，而不是部分职位、不完全的身份。[①] 不仅如此，泰勒还主张，妇女不应该仅仅是寻求机会读书和争取参政权；她们还应该通过自我谋生，获得经济的独立，应该寻求机会成为男人"在劳动和收获、工业生产的冒险和报酬"等方面的同伴。[②]

18、19世纪的女权思想，从要求男女教育的平等到要求财产的平等，继而发展到要求政治权利的平等，其基本内容就是要求男女平权。在这种思想的推动下，西方国家涌现了许多女权主义者，他们或者著书立论，或者成立妇女组织，宣传男女平等。在他们的宣传、鼓动和组织下，在许多西方妇女走出家庭、参与社会生产的基础上，西方妇女的自我意识开始觉醒。

2. 西方女性自我意识的觉醒

19世纪西欧国家广泛开展的工业革命为女性参与社会生产劳动提供了工作机会与岗位，19世纪中期以后，越来越多的女性开始迈向更加广阔的社会公共领域。

走出家庭，进入社会领域　在西方女性走出家庭，走上社会的过程中，慈善工作成为中产阶级妇女走出私人领域合乎传统的途径。从事慈善工作符合当时社会和资产阶级男子对女性的要求和规范，在他们看来，这种帮助弱者的行为既体面又高尚，有利于社会道德的维护。随着工业革命在欧洲国家的普遍展开，许多社会弊端暴露出来，贫穷、疾病和犯罪成为这一时期西方国家普遍存在的社会问题，于是，救济和慈善受到了人们的普遍关注，并成为社会福利和保障制度建立以前解决社会问题的主要方式。不过，近代以前西方基督教世界传统的慈善工作，到工业革命时期已经成为中产阶级妇女热衷的"事业"，当时大量的妇女，尤其是中产阶级妇女，在从事这种工作，她们深入到福利院探望孤儿，到医院照顾病人，救助无家可归者，举行义卖募捐……众多的中产阶级妇女"变成了慈善工作者，

---

① Bonnie S. Anderson and Judith P. Zinsser, *A History of Their Own: Women in Europe from Prehistory to the Present*, vol. 2, pp. 358-359.

② 罗斯玛丽·帕特南·童：《女性主义思潮导论》，艾晓明等译，华中师范大学出版社2002年，第22页。

成为贫民窟、医院和贫民习艺所的天使”。[①] “1900 年，一个中产阶级妇女很容易参与慈善工作，而不必把它作为一种全日制的职业。人们已把“行善”看作女性职责的一部分，女性慈善工作者甚至被允许访问监狱和贫民窟”。[②] 著名的英国慈善家、女权主义者伊丽莎白·弗赖(Elizabeth Fry)也说：“我欣喜地看到很多各个阶层的妇女，抛弃了原来那种碌碌无为的生活，开始从事有用的慈善事业。”[③]

这些从事慈善工作的妇女起初并不是为了谋生，更不是为了获得事业成功，只是为了表现爱心，或者为打发寂寞的时光而走上社会。但是在这些妇女走出家庭，走上社会以后，情况就大大改变了，因为慈善工作为她们敞开了一个崭新的世界。这些妇女通过慈善工作接触了家庭以外的世界，感受到了参与社会公益事业的乐趣并获得成就感，认识了自己的价值。于是这项工作就将她们从原来隐蔽的私人领域中带出来，与公共领域联系在一起。她们逐渐跨越了慈善工作的界限，进入到社会工作的各个领域，由单纯的资助者、照顾者逐渐转变为工厂的视察员、济贫法的监督员，继而参与地方的行政工作。还有更多的妇女成为小学教师、邮递员、打字员、售货员、秘书、护士等等，妇女走出家庭、参与社会工作的性质发生了变化，由原来“爱的使者”变成了自立的劳动者。从此，中产阶级妇女逐渐离开了厨房和客厅，离开了束缚她们思想和行动的私人领域，开始进入一直由男人独占的公共领域。她们不再是依附男人，为男人传播“福音”的装饰品，而成为与男人并肩工作，共同创造世界的同伴。

通过参与这项工作，她们还获得了走上社会，独自谋生的各种能力，例如行政、理财、经商以及各种各样的调查等等。“在家访的过程中，她们要在众多的申请者中挑选‘需要赞助的穷人’，然后开始做新的申请，为此，她们要问及申请者个人和家庭的历史，还要写概述贫穷的综合报告。这些妇女因此获得了社会问题和贫穷区域分布的职业知识。”[④]在募捐和义卖的过程中，她们需要设计方案和统计收入，从而掌握了经商的能力：在医院照顾伤病者时学到了护理学的知识；在做工厂的视察员、济贫法的监督员的过程中，她们学会了管理和领导的能力；在帮助贫穷妇女、儿童、为她们的利益促使国家立法的过程中，她们获得了参与政治的能力……总之，“通过这项工作，妇女们获得了足够的知识和经验，使

---

① Renate Bridenthal and Claudia Koonz, eds., *Becoming Visible*: *Women in European History*, p. 313.

② Bonnie S. Anderson and Judith P. Zinsser, *A History of Their Own*: *Women in Europe from Prehistory to the Present*, vol. 2, p. 180.

③ Erna Olafson Hellerstein, Leslie Parker Hume and Karen M. Offen, eds., *Victorian Women*: *A Documcntary Account of Women's Lives in Nineteenth-Century England*, *France and the United States*, p. 431.

④ Georges Duby and Michelle Perrot, gen. eds., *A History of Women in the West*, vol. 4, p. 452.

她们成为各方面的专家。"[①]

与此同时,经济的发展也使社会提供了更多知识女性可以从事和选择的职业,妇女至少可以通过自己的努力养活自己,而不一定要依靠男人生活。埃莱娜·布里翁(Hélène Brion),一位法国教师在1916年曾经这样宣称:妇女"将有权力为自己铺设第三条道路,她可以为自己选择环境,过一种自由的生活"。[②] 许许多多中产阶级妇女开始走上独自谋生的道路,她们与男子一样,通过自己的辛勤工作实现了自己的人生价值。1911年,英国有183298名女教师,77060名女护士;有146000名女性从事工商业的文职工作,27000名女性是国家公务员。[③] 1906年,法国妇女就业人数占全法劳动力的37%,[④]这些职业女性当然也包括工厂女工、家庭女佣,但19世纪中后期出现的新职业中的女性人数增加得更快。如1866—1906年,交通运输部门的女职工达到23.9万,商业部门中的女职工77.7万,银行业的女职工有0.4万,自由职业有女性19.3万。[⑤] 1881年,法国的女教师就有7万,至一战前夕达到8万;[⑥]有的女性甚至进入地方行政机关,据统计,"20世纪早期,欧洲有几千名妇女在地方政府担任公职。19世纪至20世纪之交,英国有将近900名妇女是济贫法督察员;1910年的德国有18000名妇女担任地方福利工作者。"[⑦]

工作给女性带来独立的自豪和快乐,一位名叫萨拉·伯斯塔尔(Sara Burstall)的英国妇女在1882年回忆道:"第一次用自己的工资兑现账单时,独立的自豪感穿越柜台传遍我的全身,让我激动不已。仅仅为此,我也将快乐地工作。"路易丝·米歇尔(Louise Michel),一位法国妇女于19世纪50年代在巴黎做教师。一年中,除了一周休息,其余时间都必须工作以养活自己,但是她从工作和忙碌中获得的满足是其他方式不能够带来的。她说:"除了需要为生存拼搏外,作为一名教师我再没有什么不满足。"[⑧]

当时,甚至有少数女性精英,通过自己的努力,获得了许多普通男性无法获得的财富、知名度和社会地位。如法国知名女作家乔治·桑(George Sand)为了追求自己独立的人格和爱情,离开富裕的家庭,只身一人来到巴黎。经过多年的努力,她在喧嚣、冷漠的巴黎

① Georges Duby and Michelle Perrot, gen. eds., *A History of Women in the West*, vol. 4, pp. 454-455.

② Bonnie S. Anderson and Judith P. Zinsser, *A History of Their Own: Women in Europe from Prehistory to the Present*, vol. 2, pp. 335-336.

③ Gerry Holloway, *Women and Work in Britain since 1840*, pp. 113-122.

④ Gordon Wright, *France in Modern Time*, p. 295.

⑤ 端木美、周以光、张丽:《法国现代化进程中的社会问题:农民·妇女·教育》,第124页。

⑥ 周以光:《技术革命冲击下的法国职业妇女》,《世界历史》1994年第2期。

⑦ Eleanor S. Riemer and John C. Fout, eds., *European Woman: A Documentary History 1789-1945*, p. 67.

⑧ Bonnie S. Anderson and Judith P. Zinsser, *A History of Their Own: Women in Europe from Prehistory to the Present*, vol. 2, p. 194.

站稳了脚跟，用自己所挣的稿费养活自己和情人。她出众的才华、独特的行为、男性的装束和浪漫的爱情使她成为世人瞩目的人物；英国的南丁格尔，在经过近十年与自己家庭的抗争后，终于在1852年离开衣食无忧的家庭，学习护理知识并奠定了现代英国甚至世界的护理专业，成为她所处的那个世纪除维多利亚女王之外最著名的女性，而且无疑是最受崇拜、最受赞扬的女性；[①]英国的伊丽莎白·弗赖通过监狱改革，带动了英国的一系列社会改革；约瑟芬·巴特勒(Josephine Butler，1828—1906)通过促使政府修改针对妓女的《传染病法》，为下层妇女争取了权益。[②] 还有一些女性涉足一直由男性统治的科学领域，取得了令人瞩目的成就，获得了与男子同样的社会地位和社会的尊重。例如，玛德莱娜·布雷斯(Madeleine Bres)，一位10个孩子的母亲，她是第一位通过考试获得医学学士学位的女性，也是巴黎医学院毕业的第一位女学生。[③] 玛丽·居里(Marie Curie，1867—1934)则以自己卓越的才华和超人的毅力闯入了科学的殿堂，两次获得诺贝尔奖。同时她还有一个幸福的家庭和2个女儿。

从这些通过奋斗获得成功的女性身上，我们可以欣喜地看到，19世纪的后半期，西方女性在争取自身解放的道路上终于迈出了可喜的一步。

女性自我意识的觉醒　中产阶级妇女在走上社会，参与社会生产和社会改革的过程中，亲眼目睹了许多她们过去不曾看到，也不曾想到的事情。这些事情使她们感觉到女性是处于父权制压迫之下的，并且逐渐产生了争取男女平等的意识。所以"对于这些妇女的大多数来说，慈善工作还带来了一个副产品，即她们意识到她们处于从属地位并且受男性和男性制定的法律的压迫"。[④] "它提供了一条表现个人能力的正常途径，而且很快将她们带入公共领域。在某种程度上说，它还超越了社会经济学的范畴，起到了提高部分妇女自我意识的作用。"[⑤]于是她们萌发了最初的自我意识，改变了传统的性别观念。"慈善工作提供了一个有价值的经历，它改变了这些妇女对整个世界的印象，也改变了她们对自己的看法，在某种程度上也改变了她们的公众形象。"[⑥]

1912年，英国著名女权主义者埃米琳·潘克赫斯特(Emmeline Pankhurst，1858—1928)发表过一篇演说，在这篇演说中，她提到做济贫法督察员时所观察到的性别差异和

---

① Renate Bridentbal and Claudia Koonz, eds., *Becoming Visible: Women in European History*, p. 313.

② Lisa DiCaprio and Merry E. Wiesner, eds., *Live and Voices: Sources in European Women's History*, p. 360.

③ Erna Olafson Hellerstein, Leslie Parker Hume and Karen M. Offen, eds, *Victorian Women: A Documcntary Account of Women's Lives in Nineteenth-Century England, France and the United States*, p. 428.

④ Eleanor S. Riemer and John C. Fout, eds., *European Woman: A Documentary History 1789-1945*, p. 60.

⑤ Erna Olafson Hellerstein, Leslie Parker Hume and Karen M. Offen, eds, *Victorian Women: A Documcntary Account of Women's Lives in Nineteenth-Century England, France and the United States*, p. 430.

⑥ Georges Duby and Michelle Perrot, gen. eds., *A History of Women in the West*, vol. 4, p. 451.

社会对待妇女的不公正。在专门接纳贫苦老人的贫民习艺所，老妇人通常都比老男人更加勤奋，这些六七十岁的老太太做着贫民习艺所的主要工作，煮饭、缝补、清扫，而同时那些老男人却在抽烟和聊天。这些勤奋的老太太并不是因为年轻时不懂得节省，导致老无所养，恰恰相反，她们一直都像现在这样努力工作，可惜"她们一生都为丈夫和孩子操劳，放弃了为自己工作的机会，以至到老年身无分文，只好到贫民习艺所了此残生"。埃米琳·潘克赫斯特为这些妇女，也为所有的妇女鸣不平："这些妇女的丈夫是为国家服务的，而她们是为自己的丈夫服务的，可是丈夫死了，养老金也就终止了。"[①]

美国女权主义者埃莉诺·科克(Eleanor Kirk)曾经到监狱探视过一名因杀婴罪被判处死刑的年轻妇女。这名妇女是来自英国的赫斯特·沃恩(Hester Vaughan)，到达美国几周以后，丈夫便抛弃了她。沃恩只好做女仆养活自己，不幸的是她又被另一位男人强奸并怀孕，在孤苦无助下所生的孩子因照料不周而夭折。沃恩因此被控告犯有杀婴罪，并被判处死刑。在与这位可怜的女人进行了一番交谈以后，科克愤怒地抗议："作为男人淫欲牺牲品的女性被无情地对待，而那个色魔却逍遥法外，难道这不令人震惊吗？"[②]

就在这座监狱里，埃莉诺·科克还发现另一位被关押的妇女，她的牢房门口赫然挂着"荡妇"的牌子。其原因则是她发现自己的丈夫有了外遇，便将这件事情公开，目的是希望丈夫回心转意，共同抚养两个孩子。但是她却因此而被关进监狱并受到如此的羞辱。

在现实生活中，职业女性深切地感受到社会各方面对女性的歧视和压力。这些走出厨房和客厅，进入公共领域的女性尽管受过良好教育，从事体面的工作，品行端庄，却往往会被猜测是精神失常，甚至要背上"坏"女人的名声，仅仅因为她们是"独立"的。而在工业革命时期的西方，女性的独立就意味着背离传统，因而不被当时的社会所认可。就连身为女性的斯坦福夫人(Mrs. Sandford)也在其《英国妇女指南》中这样说道："独立是非女性化的，是违背自然，也是触犯众怒的。"[③]职业女性在工作中也备受性别歧视：首先，同样的工作对男女要求的条件不同，男子往往只需较低的文凭，而妇女却要求更高一级的证书。即使如此，她们所从事的工作仍然是辅助的技艺工作，她们只是男人的助手，永远不可能担任管理职务。"如果一所学校有女教师，也有男教师，那么男性的影响肯定在较高的决策层次，而女教师的影响只能在较低的教学层次，正如父亲和母亲在家庭中的分工一样。

---

① Eleanor S. Riemer and John C. Fout, eds., *European Woman: A Documentary History 1789-1945*, p. 77.

② Erna Olafson Hellerstein, Leslie Parker Hume and Karen M. Offen, eds., *Victorian Women: A Documentary Account of Women's Lives in Nineteenth-Century England, France and the United States*, p. 435.

③ Bonnie S. Anderson and Judith P. Zinsser, *A History of Their Own: Women in Europe from Prehistory to the Present*, vol. 2, p. 169.

高级女中的领导权也依然属于男性。”[①]其次，一些重要的工作对妇女实施限制。例如，法国直到1940年才允许妇女从事公务员工作，虽然英国早在1871年就允许女性加入公务员队伍，但是她们却被禁止参加晋级为管理层次的考试；[②]再次，男女同工不同酬。同样的工作，妇女的工资却比男子少许多。据统计：在19世纪末，妇女的工资只相当于从事相同工作男子的30％—40％[③]，到1914年一次大战前，法国妇女的工资平均只是男子工资的一半。[④]

社会歧视和不公使妇女，尤其是中产阶级妇女深切地感受到：妇女，作为一个群体是处于父权制压迫之下的。在现存的社会中，她们纵然具有与男子相同的能力，也不可能获得与男子相同的社会地位。南丁格尔在她后来写的回忆录中愤慨地申诉：“为什么妇女的感情、智慧、道德，这三种东西中的任何一个都不能确立妇女的社会地位？”[⑤]此外，她们还意识到妇女并非天生弱于男子，应该依附男人；她们与男子一样，具有思想和理性。她们现在之所以受压迫，是因为现存的法律制度，于是，女权主义者开始提倡女性的独立，要求男女两性的性别平等，即女性与男性一样应该具有参政、工作和接受高等教育等权利，并号召姐妹们通过促进法律改革来争取这些权利。这表明，作为女性中受教育程度较高的一个群体，西方中产阶级妇女的自我意识正在日益觉醒。

三、第一次女权运动的目标和成果

1. 女权运动的爆发和概况

19世纪中期以前，西方部分国家的妇女已经开始参与当时的政治斗争。但这些妇女运动都是零散的、无结果的，因为这些运动的主要目标是社会某个阶层或阶级争取解放或争取权益的斗争，而非男女平权。[⑥] 在运动中，妇女是男性的追随者，她们满怀热情地参与斗争，甚至为此付出了鲜血和生命，但是她们的权益却始终不被重视。

---

① Bonnie S. Anderson and Judith P. Zinsser, *A History of Their Own: Women in Europe from Prehistory to the Present*, vol. 2, p. 187.

② Gerry Holloway, *Women and Work in Britain since 1840*, p. 113.

③ Christophe Charle, *Social History of France in the Nineteenth Century*, Oxford, 1994, p. 162.

④ Gordon Wright, *France in Modern Time*, p. 295.

⑤ Bonnie S. Anderson and Judith P. Zinsser, *A History of Their Own: Women in Europe from Prehistory to the Present*, vol. 2, p. 167.

⑥ Sheila Rowbotham, *Women in Movement*, p. 56.

19世纪中期以后，随着女性自我意识的增强，女权主义者组建妇女组织，出版报刊杂志；发动群众对政府施加压力，向议会提交请愿书，甚至举行示威游行。这时她们也吸收男性参加运动，有的男性甚至还担任了领导职务，但是，这些妇女已经不再是男性政治运动的追随者，而是作为一支独立的群体力量登上历史舞台。她们勇敢地挑战传统的男尊女卑的性别观念，提出男女平等，为争取妇女的权利开展工作。"妇女自我意识的觉醒，通过努力能够结束受压迫的地位和解决多数社会问题的信念，促使欧洲范围的中产阶级女权运动于19世纪中期兴起并且不断发展。"①

在1840年的伦敦世界反奴隶制大会上，美国妇女代表卢克丽霞·莫特（Lucretia Coffin Motl）、伊丽莎白·斯坦顿（Elizabeth Cady Standon）等人决定开展独立的妇女运动。1848年，她们在纽约州的塞尼卡福尔斯召开了美国第一届妇女权利大会，在这次大会上美国妇女仿效《独立宣言》通过了《妇女权利宣言》，它开宗明义："男人和女人生而平等，他们都被造物主赋予了不可转让的权利，其中包括生命权、自由权和追求幸福的权利。"②大会还通过了伊丽莎白·斯坦顿提出的关于妇女选举权的提议。这次大会的召开标志着美国独立的、有组织的女权运动的开始，继美国女权运动之后，英、法、北欧诸国也先后于19世纪50、70、80至90年代发动了独立的女权运动。第一次女权运动就此全面展开。

第一次女权运动以争取妇女政治选举权为中心目标，在政治、经济、社会等方面争取男女平权。由于各国的历史传统和发展状况不同，各国女权运动的进展情况和特点也不尽相同，有的国家曲折反复，有的国家艰难漫长，有的国家相对比较顺利。与其他社会改革相比，女权运动显得更加分散，所以欲将其过程全面、完整地叙述出来实属不易。由于妇女们主要通过建立妇女组织、出版报刊、组织集会、签名请愿、召开大会等方式对政府施加压力，呼吁男女平等，争取通过制定相关的法律而实现在婚姻、教育、经济、政治等方面的男女平权，所以，我们将从以下方面对西方第一次女权主义运动作简略描述。

建立妇女组织 19世纪中期以后，随着中产阶级妇女的觉醒，她们认识到建立组织对争取权益的重要性，于是在西方各国，妇女组织如雨后春笋般纷纷建立，"在19世纪的最后40年，一个地方的，国家的，然后是国际的妇女联合会建立起来了。"③

以英国为例，早在19世纪前半期妇女已经建立了零星的慈善组织。1847年的宪章运动中，安娜·纳埃特（Anne Knight）与7名宪章派妇女组建了英国第一个"妇女政治联

---

① Eleanor S. Riemer and John C. Fout, eds., *European Woman: A Documentary History 1789-1945*, p. 60.
② Sheila Rowbotham, *Women in Movement*, p. 46.
③ Eleanor S. Riemer and John C. Fout, eds., *European Woman: A Documentary History 1789-1945*, p. 60.

合会”，真正开始争取妇女的政治权利。1859年一些社会知名女性建立“促进妇女就业协会”，目的在于促进、帮助妇女走出家庭，通过工作获得经济独立；1865年成立“妇女参政委员会”；1867年在穆勒和泰勒的努力下，成立了“伦敦全国妇女参政会”，随后，曼彻斯特和爱丁堡也建立了各自的妇女参政会。1868年，各地妇女的参政组织联合组成“全国妇女参政会”（National Society for Women's Suffrage），这是英国第一次女权运动中非常重要的妇女组织，在英国19世纪后期的妇女运动中起到了领导作用。1897年10月，英国17个妇女参政组织联合组成“妇女参政会全国同盟”（National Union of Women's Suffrage Societies），它与1903年成立的“妇女社会政治同盟”（Women's Social and Political Union）共同组织和策划了20世纪英国的妇女运动。20世纪英国妇女的参政运动得到了社会各界的支持，涌现了诸如女作家参政同盟（1908）、天主教妇女参政会（1911）、争取妇女选举权男子政治同盟（1909）等。[①]

与此同时，法国妇女在1869年也成立了“妇女权利同盟”，它的主要宗旨是为妇女争取公民权，获得中等教育和高等教育的权利、工作权利和同工同酬；1876年，倍蒂娜·奥克莱尔组成“妇女权利协会”。19世纪90年代以后，法国妇女运动蓬勃发展，涌现出了大批女权运动领袖和众多的妇女组织。如主张温和手段的“妇女参政支会”（1906），有企图动员一切阶层妇女的“法国妇女参政联合会”（1909），还有男性组成的“争取妇女参政选民联盟”（1911）等。[②] 在美国妇女运动中，1869年产生了争取美国妇女参政权的“全国妇女选举权协会”和“美国妇女选举权协会”，这两个组织于1890年整合为“全美妇女选举权协会”（National American Women's Suffrage）。[③] 在西欧妇女运动的影响下，北欧的妇女运动也如火如荼地展开。瑞典、丹麦、挪威、芬兰等国的妇女也纷纷成立了自己的组织。相对落后的俄国中产阶级妇女也在1893年成立“俄国妇女互助博爱会”（Russian Women's Mutual Philanthropic Society），以慈善为宗旨，关注劳动妇女的处境；1905年，俄国还出现了“妇女进步党”。

在第一次女权主义运动中，这些规模、目标、组织成员不一的妇女组织，在启迪妇女思想、帮助劳动妇女、争取妇女经济权和男女平等，尤其是争取妇女参政权方面起到了重要作用。

召开妇女代表大会　在第一次女性主义运动中，西方各主要国家的妇女为了各种目

---

① 参见 Sheila Rowbotham, *Women in Movement*, p. 70；陆伟芳：《英国妇女选举权运动》，第297—305页。

② 端木美、周以光、张丽：《法国现代化进程中的社会问题：农民·妇女·教育》，第150页。

③ 闵冬潮：《国际妇女运动：1789—1989》，第112—113页；王政：《女性的崛起：当代美国的女权运动》，当代中国出版社1995年，第18—21页。

标，先后召开了各种规模的从地方到全国直至国际间联合的妇女代表大会，为自己和姐妹们呼吁经济、政治等各项权利。前文已提到，1848 年美国召开了第一届妇女权利大会。1880 年，英国妇女在曼彻斯特自由贸易厅召开了第一次全国妇女参政会议，来自全国各地的 5000 多名妇女出席了大会。1892 年法国召开“全国女权主义大会”。

为了将各国妇女组织起来，各国的女权主义者一直在努力。1878 年，第一次“国际妇女会议”在巴黎召开，有 12 个国家的代表参加。[①] 1888 年，在华盛顿又召开了“国际妇女会议”，有 3000 多人到会，阿伯丁夫人任主席，该会决定要成为一个永久性组织，每 4 年召开一次。1902 年在华盛顿举行了“国际妇女选举权会议”，来自 10 个国家的代表团与会。[②]

这些会议标志着妇女的团结和力量，也进一步推动了妇女运动的发展。

出版报纸刊物 早在 1848 年，法国的欧叶妮·尼勃瓦伊埃就已创办了《妇女之声》日报，成为抗议把妇女排除在政治领域外的宣传阵地；1881 年，蓓蒂娜·奥克莱尔创办了一份周报《女公民报》，宣传女权主义观点；[③]1868 年，莱昂·里谢(Léon Richer)创办了《妇女权利》，致力于推动法律、教育、观念和妇女经济地位的变革。[④]

英国在第一次女权主义运动中出现的由妇女主办，宣传女权的报纸有：1858 年芭芭拉·博迪雄创办的《英国妇女期刊》(*English Women's Journal*)；1870 年由莉迪亚·贝克尔(Ledia Becker，1827—1890)创办的《妇女参政报》(*Women's Suffrage Journal*)，到 1890 年前，它一直是英国妇女选举运动最重要的舆论工具；1888 年“中央全国妇女参政会”以《妇女便士报》(*Women's Penny Paper*)为机关报，宣传妇女参政。“妇女参政会全国同盟”成立后，1908 年创立《共同事业》(*The Common Cause*)作为自己宣传的工具。1907 年“妇女社会政治同盟”创立了自己的报刊《妇女选举权》(*Votes for Women*)。1912 年《战斗妇女报》(*Suffragette*)创刊。1914 年西尔维娅·潘克赫斯特(Sylvia Pankhurst)创立《妇女无畏报》(*Women's Dreadnought*)。[⑤] 这些报刊通过宣传男女平等思想，发表妇女参政运动的最新消息，介绍妇女组织的活动和计划，成为妇女参政运动的重要组成部分。

---

① Renate Bridentbal, Susan Mosher Stuard and Merry E. Wiesner, eds., *Becoming Visible: Women in European History*, p. 343.

② 陆伟芳：《英国妇女选举权运动》，第 144 页。

③ 参见端木美、周以光、张丽：《法国现代化进程中的社会问题：农民·妇女·教育》，第 144—148 页。

④ Renate Bridentbal, Susan Mosher Stuard and Merry E. Wiesner, eds., *Becoming Visible: Women in European History*, p. 343.

⑤ 参见 Sheila Rowbotham, *Women in Movement*, p. 70；陆伟芳：《英国妇女选举权运动》，第 94，117，118，181 页。

2. 第一次女权运动的目标和成就

虽然西方第一次女权运动中，各个国家的特点不同，但是妇女们的斗争目标大体是一致的，即争取男女平权，具体就是争取政治的选举权、女性与男子同等的受教育权、女性自由工作和拥有财产的权利。

争取政治选举权 西方妇女在争取男女平权时，意识到政治选举权对改变妇女地位的重要性。各国妇女争取政治选举权，是第一次女权运动中最具特色的斗争。各国妇女选举权的获得，对西方妇女社会地位的改变意义深远，对世界妇女运动的影响极大，对人类社会的发展也具有重大的影响。

英国妇女的参政运动经历了艰难的历程。早在19世纪中期以前，英国妇女已经开始为自己争取各项权利并且开始涉及政治权利。英国妇女的参政运动一开始就得到了一些开明男性的支持和鼓励。1825年，威廉·汤普森（William Thompson）在其著作《呼唤人类的另一半》中认为妇女的解放与政治民主、经济发展密切相关；[①]著名思想家约翰·斯图亚特·穆勒在自己的著作中全面地论证了妇女参政的必要性和可能性，批判了现实中对妇女的歧视，呼吁给予妇女政治、经济的平等。这些思想启迪了英国妇女的自我意识，无疑推动了英国妇女参政运动的发展。在1832年以前的议会改革运动中，一些激进的报刊上还出现了关于妇女选举权的文章，一位名叫玛丽·史密斯（Mary Smith）的约克郡富裕妇女曾经向议会提交了一份请愿书，要求“每位有一定财产的未婚女性应该具有选举权”。[②] 但是，作为对妇女要求政治选举权的回应，1832年通过的改革法案中，下议院在选民的资格认定上使用了“男性”（male）一词，每一段的开头都明文规定：“每一个成年男子，不包括任何法律的无能力者。”[③]这样就在英国历史上第一次在法律上将所有妇女排除在政治权利之外。

60年代，英国妇女的参政运动大潮初涌。穆勒不仅在思想上启迪妇女，他还利用自己的议员身份，在行动上支持、领导英国妇女的参政运动。1866年，穆勒将一份由1500名妇女签名的要求妇女选举权的请愿书亲自呈交给议会。[④] 接着在曼彻斯特、伦敦、爱丁堡、伯明翰等地都出现了“妇女参政协会”，1868年统一建立起全国性的组织。这些组织者和

---

① Sheila Rowbotham, *Women in Movement*, pp. 37-38.

② Bonnie S. Anderson and Judith P. Zinsser, *A History of Their Own: Women in Europe from Prehistory to the Present*, vol. 2, p. 358.

③ Renate Bridentbal, Susan Mosher Stuard and Merry E. Wiesner, eds., *Becoming Visible: Women in European History*, p. 335.

④ 闵冬潮:《国际妇女运动:1789—1989》，第119页。

参加者大多是中产阶级妇女，她们组织沙龙，出版小册子宣传女权；开展慈善活动帮助贫困妇女和儿童；通过促进法律改革为女性争取权利；向议会递交请愿书，争取妇女参政等。进入20世纪以后，英国妇女运动的目标更加明确，即争取妇女的参政权；规模也更大，各种妇女参政联盟如雨后春笋般建立，甚至还出现了男子支持妇女参政的联合会；随着英国劳动妇女的加入，运动也逐渐变得激进。1903年，潘克赫斯特夫人和她的女儿西尔维娅及克利斯特贝拉一起成立"妇女社会政治同盟"，她们"除了组织示威、游行、集会等传统的斗争外，她们还闯入内阁，包围大臣，打碎商店橱窗，阻塞交通，放置炸弹，火烧车站……"，[①]到1907年，英国妇女获得了郡市议会的选举权。

1914年爆发的第一次世界大战，再次扩大了妇女走出家庭的机会，她们接替了男人留下的工作，并且还承担了一些军事后勤工作。鉴于妇女在战争中的贡献，英国1918年选举改革给予一切年满30岁，而且本人或丈夫有5英镑年收入的妇女以选举权；1928年，拥有政治选举权的妇女年龄调整到21岁。从此英国妇女与男子一样拥有了政治选举权利。

法国妇女的参政道路较之西方其他国家更加曲折和漫长。早在1791年，古日就宣称妇女应该与男子一样具有公民权和政治选举权。在1848年革命、1871年巴黎公社起义中，法国妇女先后呼吁给予妇女以政治选举权，但是直到"1871年，……整个法国革命的历史都轻视妇女的要求，并且将她们视为保守的而且与天主教联系在一起的"。[②]

第三共和国以后，法国妇女也与其他西方国家的妇女一样展开了第一次女权运动。最初，法国妇女运动的领导权掌握在以玛丽亚·德莱斯姆(Maria Deraismes)为首的温和派手中。在她看来，法国妇女运动的首要目标应该放在对《拿破仑法典》的改革上面，以争取妇女的民事权利，而夺取政治权利还为时过早。但是以蓓蒂娜·奥克莱尔为首的激进派与温和派的观点相反，她们认为，法国妇女运动的首要目标应该是夺取妇女的政治选举权利，因为妇女在民事方面的解放是附属于政治上的解放的。

奥克莱尔的观点在理论上无疑是正确的，但因为法国《1875年宪法》才刚刚确立了男子的普选权和共和国，保皇派依然苟延残喘，随时准备死灰复燃；19世纪70年代的法国妇女与天主教教权派紧密相连，她们当中41%的人不会写自己的名字。[③] 在这种状况下，法国妇女政治权利的获得既不可能，也没有实际意义。所以奥克莱尔在当时法国的女权运动中是比较孤立的，只能依靠她于1876年成立的"妇女权利协会"进行顽强的斗争。

---

① 闵冬潮：《国际妇女运动：1789—1989》，第121页。

② Sheila Rowbotham, *Women in Movement*, pp. 65-66.

③ 端木美、周以光、张丽：《法国现代化进程中的社会问题：农民·妇女·教育》，第131页。

到20世纪初,法国妇女的参政运动进入到一个新的历史时期。这一时期,妇女参政运动的规模扩大了,更多的妇女参与进来,一些新的争取妇女参政权的组织成立了。这些组织四处宣传,不断扩大妇女参政的群众基础,把妇女争取参政的运动变成全国性的运动。

在这一时期,无论激进派还是温和派都以她们自己的方式唤起群众,争取社会和舆论的支持。激进派用非常的手段制造一些非常的事件,以此引起舆论和民众的关注;温和派则通过迂回的方式,尽可能地发动群众,以规模促使政府接受妇女参政。经过多年的努力,法国妇女的参政运动取得很大进展,参加这一运动的妇女人数不断增多,妇女组织不断涌现;一些社会名流、社会舆论也逐渐转变了对妇女参政的态度。1914年,法国妇女成立"妇女参政联盟协会",虽然这只是一个松散的组织,参加的各组织依然保留自己的独立性,但是它毕竟标志着政见不一的法国妇女派别和团体终于联合起来。但是由于各种原因,法国妇女一直到1944年才获得选举权。

经过西方妇女的斗争,北欧的芬兰(1906)、挪威(1913)、丹麦(1915)、冰岛(1915)的妇女首先获得了参政权,随后奥地利(1918)、爱尔兰(1918)、德国(1919)、卢森堡(1919)、荷兰(1919)的妇女也获得了政治选举权。1918年,英国30岁以上的妇女获得选举权,1928年,妇女最终获得与男子同等的选举权。1920年,美国宪法第19条修正案正式生效,美国妇女获得完全的选举权。最后加拿大(1920)、瑞典(1921)、西班牙(1931)、法国(1944)的妇女也获得了完全的参政权利。[①]

经过长达一个世纪的追求,西方妇女终于打开了跨入男人主宰的政治领域的大门,这无论对于西方妇女,还是对于全世界的妇女来说,都是一次巨大的胜利。

争取平等的受教育权　19世纪中期以前,中产阶级以上家庭的女儿也接受一些基础教育,不过那时女孩子的教育与男孩子完全不同,其目的是培养合格的"家庭天使",而不是独立的女性。女孩子的"教育主要来自其父母。人们通常所认同的'社会层次越高,接受的教育越好'是将女孩子排除在外的。"[②]

当时,全面发展的教育依然只是男子的专利,女性只能接受一些家政训练和基础教育。一些保守男子甚至认为,妇女受教育、长才干是一种危险,它将影响女性将来的生育,也将危害现存的家庭和社会秩序。1873年,哈佛大学的医生爱德华·克拉克(Edward Clarke)出版了《教育中的性别,女孩子的公平机会》一书,强调男女生理结构不同,因此男

① 端木美、周以光、张丽:《法国现代化进程中的社会问题:农民·妇女·教育》,第176—182页。

② June Stephenson, *Women's Roots: The History of Women in Western Civilization*, pp. 253-254.

女应该使用不同的教育方式。如果女性读书过多,就会迫使血液从卵巢流向大脑,影响妇女的身体健康,如果在月经期间用脑过多,就有可能影响她们生育健康的婴儿。[①] 约瑟夫・德・迈斯特甚至认为,知识对妇女是最危险的。[②]

随着工业化的进一步深入展开,社会需要未来的劳动者和未来的母亲接受必要的初等教育,此时,资本主义国家已具备了提供这种教育的经济实力。于是,西方各国在19世纪中期都先后颁布了义务教育法,规定女孩子享有与男孩子同样的接受初等教育的权利。"在19世纪的后半期,大多数欧洲国家都为女孩子提供了与男孩子同样的初等教育,因为新兴的国家和工业化都要求未来的母亲和挣工资的女性能够读、写并进行简单的计算。"[③]义务教育法的颁布使社会各阶层的男孩子和女孩子都可以,也必须接受初等的学校教育。但是义务教育法的颁布并没有真正实现男女教育的平等。首先,社会的性别观念和性别角色期望没有改变。人们仍然坚持男女有别,男孩子将来是国家的公民、一家之长;而女孩子接受初等教育不过是资产阶级国家对未来母亲的要求,为的是国家下一代的良好教育,而不是为了实现男女平等,更不是鼓励女子通过接受教育而独立。法国共和国总统茹尔・西蒙在1889年妇女事业和妇女机构代表大会上这样讲到:"夫人们……从某种程度上讲,你们都是小学教师……你们教自己的孩子说话、走路、读书,然后是写字。你们时而作为主妇,时而作为你们丈夫的助手注视着孩子们的成长。可以说这是你们职责中的不可缺少的部分。"[④]其次,女孩子被排除在中等教育和高等教育之外,因为公共领域和私人领域的分离并没有完全消除,女子的活动依然很大程度上被限制在私人领域。在当时"为女孩子提供初等以上的教育还是有争议的,而且遭到男女社会角色分离的传统观念的反对。"[⑤]

但是,西方妇女一直没有放弃争取与男子平等的教育权利,她们在舆论方面争取男女教育平等的同时,也身体力行开办一些学校,对女孩子进行职业训练。中产阶级妇女在从事慈善工作的过程中,为了帮助穷苦人家的女儿,曾经开办了一些女子职业培训学校,例如19世纪初,伊丽莎白・弗赖就在伦敦"新兴门监狱"(Newgate)设立了第一个监狱学

---

① 顾明远编:《妇女教育》,吉林教育出版社2000年,第128页。

② Zeldin, *France 1848-1945: Ambition and Love*, p. 345.

③ Bonnie S. Anderson and Judith P. Zinsser, *A History of Their Own: Women in Europe from Prehistory to the Present*, vol. 2, p. 185.

④ 转引自端木美、周以光、张丽:《法国现代化进程中的社会问题:农民・妇女・教育》,第129页。

⑤ Bonnie S. Anderson and Judith P. Zinsser, *A History of Their Own: Women in Europe from Prehistory to the Present*, vol. 2, p. 185.

校，由一些富裕妇女义务做教师，教导年轻的妇女和孩子简单的读写、编织和缝补；[①]法国的埃莉莎·勒莫尼埃于1862年创办了一所培养贫穷女孩的职业学校，学校设普通课、商业专门课、工业制图课、车间劳动实践等；由于当时西方女仆的需求量大增，一些国家成立了一些专门培训家庭女仆的学校。这些学校帮助了社会下层妇女，为她们的自食其力打下了基础，也为女子职业学校教育的发展开创了模式和先例。与此同时，西方妇女呼吁舆论的支持，督促政府解决妇女的教育问题，创办女子学校以作为大学预科等。在19世纪60年代，妇女的中等、高等教育和就业成为西方各国女权运动的中心问题。[②]

然而，与争取政治选举权利一样，在争取男女教育平等问题上，各国的进展也是不同的。在法国，女子教育的真正发展始于19世纪中叶。1849年，一位名叫玛丽·阿古曾的妇女出版了《道德与政治概述》一书，强调应该让妇女享有受教育的权利。1850年3月15日的法鲁法令规定，每个拥有800居民的市镇都要建立一所女子小学。1867年，教育大臣维克多·迪律伊把上述法令扩充到500居民的市镇。1882年，茹尔·费里（Jule Ferry）法令实现了国家的世俗的小学义务教育，它同时面向男童和女童。

1861年，一名叫朱莉·多比耶的青年妇女，在家里与她的兄弟们一起学习中学课程，并通过考试获得了证书，然而，当局却拒绝承认她的文凭，仅仅因为她的性别。[③] 尽管这一次妇女仍然没有争取到中等教育的权利，却在通向中等教育的路上又迈进了一步。维克多·迪律伊作了一项改革，专门为法国青年妇女设置了一些大学预科班（back-door），让她们在其父母的陪同下上学。[④] 虽然这项举措并没有维持很久，也只有2000名女子听过课，但是这项事业的意义不容低估，它为法国女子中等教育的发展开辟了道路。[⑤] 之后，法国妇女在走向中等以上教育的路上缓慢但稳步地向前发展。1880年12月21日发布卡米伊·塞（Camille sée）法令，确立了女子中学教育体系，从此法国女子被允许接受正规的中等教育，这在当时的欧洲也是独一无二的。据统计，1883年，法国已建有23所女子中学，学生2937名（男子中学352所，学生90441名），[⑥]1900年，法国有24所学校接受女子入学；1910年，妇女被允许参加业士证书的考试。[⑦] 1924年的一项法令规定，男女校

---

① Bonnie S. Anderson and Judith P. Zinsser, *A History of Their Own: Women in Europe from Prehistory to the Present*, vol. 2, p. 178.

② Renate Bridentbal, Susan Mosher Stuar and Merry E. Weisner, eds., *Becoming Visible: Women in European History*, p. 342.

③ Gordon Wright, *France in Modern Time*, p. 294.

④ Sache de Gramout, *The French: Portrait of a People*, p. 402.

⑤ 端木美、周以光、张丽：《法国现代化进程中的社会问题：农民·妇女·教育》，第132页。

⑥ 同上，第135页。

⑦ Sache de Gramout, *The French: Portrait of a People*, p. 402.

的课时应该相等,教学大纲应该相同。[①]

19 世纪 80 年代开始,法国一些大学也向女子开放。但是由于法国的历史传统和经济发展的迟缓,许多女孩子在接受初等教育后便无法继续深造。再加上《拿破仑法典》并未废止,丈夫仍然有权阻止妻子进入大学。所以直到 20 世纪初,法国的女大学生的比例仍然很低,1914 年只有 10%的大学生是女性。[②]

英国妇女争取接受中等教育以上的教育权利,是从培养家庭女教师开始着手的。早在 18 世纪,作为英国知识女性谋生的唯一体面职业,家庭女教师已经具有一定的数量。19 世纪 40 年代,为了提高家庭女教师的素质,中产阶级妇女于 1848 年和 1849 年先后开办了女王学院和贝德福德学院,专门培训家庭女教师。其课程除了基本"才艺"外,还有数学、历史、地理、教育学、语言学等基础课,为的是使女教师具备全面扎实的文化基础,后来这两所学校都发展成为师范学校。

1850 年,弗朗西丝·玛丽·巴斯开办了一所女子中学——北伦敦女子高级学校,该校开创了英国女子全日制学校的新模式,它改变了英国历史上传统的女子寄宿学校的教育,采取走读的方式;同时它还打破了阶级、宗教、家庭出身的界限,除了招收上层社会的女子外,也招收劳动阶层人家的女儿。这种学校教育模式逐渐成为近代普遍流行的教育模式。1872 年,北伦敦女子高等学校发起成立"女子公共全日制委员会"。到 19 世纪末,该委员会共建立了 33 所女子学校,为 7000 多名女孩提供了相当于高中阶段的教育。[③]

英国女子中等教育的发展还得益于埃米莉·戴维斯(Emily Davies)[④]的努力。1865 年,英国组织调查委员会着手调查全国中等教育状况,但是女子中等教育并没有被列入调查的范围,埃米莉·戴维斯通过游说调查委员会成员对议会施加压力,女子中等教育才得以被包括在调查项目之内。由妇女作为专家亲自向皇家调查委员会作证,这在英国历史上还是第一次。学校调查委员会在听取了多方意见后,于 1867 年向政府提出了报告,承认"男女基本能力相同,或几乎相同",并指出女子教育和男子教育一样是与国民利害相关的大事,建议政府重视这方面问题。[⑤] 这个报告发表后,女子中等教育的条件和环境开始得到改善。在随后的 30 年中,英国女子中等教育不仅在观念上,而且在学校设备、师资配备

---

① 端木美、周以光、张丽:《法国现代化进程中的社会问题:农民·妇女·教育》,第 132 页。

② Gordon Wright, *France in Modern Time*, p. 294.

③ 顾明远编:《妇女教育》,第 118 页。

④ 埃米莉·戴维斯(Emily Davies,1830—1921)是英国著名女权主义者、教育改革家。1866 年发表《妇女的高等教育》一文,同年与伊丽莎白·加勒特一道将争取妇女选举权的《女士请愿书》送到议会,以后一直在为英国妇女权利而战斗。1913 年 6 月 4 日,她冲入赛马场试图拦住国王的坐骑,结果受伤死在医院。

⑤ 参见奥尔德里奇:《简明英国教育史》,诸惠芳等译,人民教育出版社 1987 年版,第 119 页。

等方面都有了重大的发展。

英国妇女在争取中等教育权利的同时，也通过各种途径为自己争取高等教育的权利。由于传统大学拒绝接受女子入学，1869 年，埃米莉·戴维斯成立格顿学院，招收女子入学，聘请剑桥大学的教授来此授课，这是英国第一所女子大学。以后又相继成立了剑桥大学的纽哈姆学院、玛格丽特学院、萨默威尔学院、圣休斯学院、圣希尔达斯学院、贝德福德学院、韦斯特菲尔德学院等。这些学院专门招收女生，都讲授大学课程，但是由于传统上男尊女卑的观念，在不短的时间内，这些接受了高等教育的女子却不能获得学位。

但是，女性教育权利的扩大趋势则是确定不疑的。1878 年，伦敦大学允许学位科目吸收女生，并且授予成绩合格的女生以学位，成为英国第一所招收女生并且授予女生学位的大学。以后，英国的一些大学纷纷仿效。

随着一战的爆发后，妇女参与社会生活日益普遍，英国政府于 1918 年给予了妇女议会选举权，在这种情况下，各大学不得不同意授予女子学位。之后，女子受大学教育的限制逐渐被解除，女子高等教育获得了较大的发展。据统计，1929—1930 年间，英格兰、苏格兰及威尔士共有大学生 45603 人，其中女生 12921 人，占总人数的 28.3%。①

与欧洲国家相比，美国女子初等教育的发展更顺利一些，但是美国妇女的中等教育和高等教育改革与欧洲一样遭到来自传统的阻力。甚至到 19 世纪后期，美国哈佛大学校长查尔斯·艾略特(Charles Eliot)依然明确表示："从历史继承下来的伟大知识遗产对妇女毫无用处，因而必须为女性寻求新的模式。"②

为了使女性能接受与男子相同的教育，美国妇女也模仿英国，建立了许多专门的女子学院，为不能进入传统大学学习的美国妇女提供接受高等教育的机会。其中著名的有：伊玛·威拉创办的彻尔女子学院，凯瑟琳·比彻的哈特佛德女子学院等。在各界人士的努力下，1900 年，美国 80%的高等院校都接受了女生。③

女性可以接受与男子一样的素质和职业教育，这就为妇女走上社会准备了条件，也为她们将来的经济独立奠定了基础。

其他权利的获得　在这次女权运动中，西方妇女除了获得政治选举权、男女平等的教育权利之外，她们还获得了自由的工作权、财产权以及其他权利。

在 19 世纪中期以前，欧洲各国的法律规定，已婚妇女的财产(包括从娘家带来的陪嫁和自己婚后的劳动所得)均归丈夫支配，这就将她们在经济方面完全置于丈夫的控制之

① 吴式颖、阎国华主编：《中外教育比较史纲》近代卷，山东教育出版社 1997 年，第 794 页。

② 戴安娜·拉维奇：《美国读本》下册，陈凯等译，第 484 页。

③ 闵冬潮：《国际妇女运动：1789—1989》，第 64 页。

下。而且，根据当时的法律，女性在结婚后无权主动提出离婚。

随着西方妇女自我意识的觉醒，她们意识到女性经济独立与自身家庭、社会地位的密切关系，并且迫切改革已婚妇女法律上没有独立地位和任何权利的状况。所以，西方妇女在争取与男子相同教育权利的同时，还要求修改法律，以改变妇女从属的家庭和社会地位，在这方面，英国和法国获得了较为显著的成就。

1855 年，芭芭拉·博迪雄组织了一个旨在改革法律、争取已婚妇女财产权的委员会，参加该组织的人多是当时社会的知名女性，1856 年 3 月，她们向议会递交了有 26000 名妇女签名的请愿书。[①] 虽然在 1857 年，《已婚妇女财产法案》没有获得通过，但是议会通过了《婚姻诉讼法》。该法第一次建立了世俗的离婚程序，新设立的离婚法院有权判决离婚。而在这以前，所有的离婚案件必须经由教会法庭审理，上议院批准。虽然男女在离婚条件上并不平等，但是女性毕竟获得了离婚权利。随后，芭芭拉·博迪雄与她的朋友们一起以《英国妇女期刊》为论坛，经常探讨妇女问题，促进妇女就业，争取妇女权利。在她们的努力下，1870 年和 1882 年，英国议会两次通过《已婚妇女财产法案》，破除传统的"夫妻一体制"，肯定已婚妇女可以享有独立的财产权；[②]在妇女参政运动的推动下，1895、1902 年的几项法令放宽了妻子的离婚条件，1923 年的《婚姻法》终于使妇女在离婚问题上获得与男子平等的权利。

法国妇女在法律上改变自己的家庭和社会地位的努力是从修改《拿破仑法典》开始的。玛丽亚·德莱斯姆和莱昂·里谢一直致力于妇女法律、教育、道德和经济地位的改变，在她们的努力下，从 19 世纪后半期到 20 世纪初，法国妇女先后获得了一些社会权益，例如，1881 年，已婚妇女可以不经丈夫同意开储蓄存折，1882 年，通过离婚法，1891 年，有合法子女的妇女可以获得丈夫 1/4 的遗产，无子女的妇女可以获得一半的遗产，1907 年的法令给予已婚妇女自由支配自己工资的权利，1917 年，允许妇女监护自己的孩子；1938 年，给予已婚妇女法律权利，即废除了法典的第 213 条——妻子属于且应服从于丈夫；直到 1985 年，法国已婚妇女在婚姻制度和管理家庭财产方面才可以享有与丈夫完全平等的权利。

北欧国家妇女在就业和财产权方面较之西欧的姐妹们要幸运一些，丹麦、瑞典、挪威先后在 1857、1864、1866 年颁布了男女就业平等的法律。瑞典妇女在 1845 年就获得了与

---

① Bonnie S. Anderson and Judith P. Zinsser, *A History of Their Own: Women in Europe from Prehistory to the Present*, vol. 2, p. 360.

② 参见 Lisa DiCaprio and Merry E. Wiesner, eds., *Live and Voices: Sources in European Women's History*, p. 301.

男子平等的财产继承权，1864 年获得财产独立经营管理权，丹麦妇女在 1857 年也获得了与男子平等的财产继承权，[①]挪威妇女在 19 世纪后期也获得了财产权、工作权等经济社会权利。

在获得就业和财产权以后，西方各国中产阶级妇女就业比例明显增高，如英国 1851 年制造业的女工比例是 35.0%，1901 年则是 34.7%，1851 年商业、银行、保险业没有女职员，1901 年为 11.3%，1851 年服务行业[②]的女性比例是 72%，1901 年为 69.1%；法国 1856 年制造业中的女工比例是 35.4%，1901 年则为 38.5%，1856 年商业、银行、保险业中的女职员比例是 30.9%，1901 年为 54.0%，1856 年交通、通信业是 4.5%，1901 年为 26.1%；1856 年服务行业的女性比例是 43.1%，1901 年为 42.8%；德国 1882 年制造业的女工比例是 21.1%，1907 年是 23.9%，1882 年商业、银行、保险业的女职员比例是 20.6%，1907 年为 30.5%，1882 年服务行业的女性比例是 27.4%，1907 年为 35.9%。[③]从上面的数据我们可以看到，制造业中的女性比例从 19 世纪中期到 20 世纪初变化不大，而商业、银行、保险业的女职员以及交通、通信行业的女职员的比例都呈显著增长。

妇女法律地位的改善，财产权、工作权的获得，使妇女获得了经济的独立和一定的社会地位，在男女平等的道路上，西方妇女一步一步向前迈进。

3. 运动的特点和反思

特点之分析　虽然西方第一次女权运动分散在欧、美的许多国家，而且各个国家发起的时间不同，其过程也不尽相同，但是它还是具有一些共同的特征。

第一，这次女权运动是以中产阶级妇女为主体的运动。第一次女权运动并非没有其他阶层的女性参加，英国 20 世纪的妇女参政运动就得到了一些工人阶级妇女的响应。在 1903 年成立的“妇女社会政治同盟”中有不少女工，她们与中产阶级妇女一道参与战斗。然而，“在 19、20 世纪早期，妇女争取权利的运动主要由中产阶级妇女组成，她们来自土地所有者、商人、自由职业者和资本家家庭，这些家庭都有稳定的收入。”[④]英国第一次女权运动主要涉及中产阶级的妇女的教育、工作和财产权利，而妇女参政运动的主要参与者中，73%来自中产阶级家庭，来自下层家庭者仅占 3.8%。法国参政运动的参加者绝大部

---

① 闵冬潮：《国际妇女运动：1789—1989》，第 65、67 页。

② 包括政府职员，自由职业、教师、家政服务。

③ Renate Bridentbal, Susan Mosher Stuar and Merry E. Weisner, eds., *Becoming Visible: Women in European History*, pp. 302-303.

④ Bonnie S. Anderson and Judith P. Zinsser, *A History of Their Own: Women in Europe from Prehistory to the Present*, vol. 2, p. 356.

分也是出身中、小资产阶级的妇女。[①]

之所以如此，是因为这一时期的西方，只有中产阶级妇女具有强烈的男女平等的意识和要求。在19、20世纪早期的西方，各个阶层的妇女处于不同的境况之下，她们各自都面临着自己所要解决的问题。贵族阶层妇女依然保有许多特权，如社会地位和财富，她们没有理由，也没有愿望为女性的权利奔波；工人阶级妇女（包括工厂女工和农场女工）和农民妇女与男性工人、农民一样，还在贫困线上挣扎，为生计而忙碌，大多缺乏思考女性命运所必需的教育素养，也缺乏闲暇。而中产阶级妇女则不同，一方面，她们拥有一定的思想修养和充裕的闲暇时间，具备对自身主体地位进行思考和批判的必要条件，另一方面，由于中产阶级是近代一个蓬勃发展的阶层，这个阶层的男子经过资产阶级革命和工业革命，已经获得了政治、经济、法律、教育等方面的权利，而中产阶级妇女的地位和处境却没有因此而有丝毫改变。这种地位的落差让中产阶级妇女鲜明地感受到自己的权利被剥夺，所以有争取女性权利的愿望和动力。

第二，相对的温和性是第一次女权运动的另一特点。由于这次女权运动的主体是中产阶级妇女，因此决定了其运动的温和性。在第一次女权运动中，虽然西方各国都出现了激进派，但是多数国家还是温和派掌控着运动的方向，只有英国有所不同，20世纪初，在"妇女社会政治同盟"的领导下，英国妇女打着"要行动，不要空话"[②]的口号，组织了和平示威、游行、集会等活动，还使用了暴力手段，如打碎商店的橱窗、在政治会议上喝倒彩、火烧信箱，甚至闯入内阁围攻大臣……这些令英国政府、官员、警察感到头痛的戏剧般的事件的"主角"，的确与历史上特别是维多利亚时期的社会对妇女的角色要求和规范大相径庭。不过即使如此，这些行动较之于英国历史上的革命和改革依然要温和得多。并且英国妇女的"暴力"行为也没有蔓延到其他国家，可以说，其他国家的女权运动基本都没有超越和平请愿和集会的范围。妇女都将斗争手段限制在撰写文章阐述男女平权主张、发表演说、向议会请愿、集会等。

第三，各国妇女运动都与本国的民主改革运动结合在一起，各具特色，但是同时又相互联系、相互促进，形成为一个统一的整体。

虽然第一次女权运动是西方妇女第一次独立领导并且是首次以男女平权为主要斗争目标的运动，但是这次运动并不是孤立的妇女运动。在西方各个国家都是与当地的其他改革运动密切联系在一起的。"整个欧洲大陆，专制、独裁国家的妇女要求教育、法律、经

---

① 参见 Sheila Rowbotham, Women in Movement, pp. 69-70；陆伟芳：《英国妇女选举权运动》，第309页；端木美、周以光、张丽：《法国现代化进程中的社会问题：农民·妇女·教育》，第154页。

② 亨利·理查森：《女人的声音》，郭洪涛译，第133页。

济平等和政治参与权利的运动往往与国内各种各样的社会运动，诸如民族独立、民族自由和其他社会政治改革密切相连。"[①]而且，这场运动获得了不少思想开明的男性的支持。

实际情况也是如此，美国的女权运动与黑人争取权利的斗争密切相连。英国的妇女运动也与本国的政治改革相结合，从20世纪初的反"谷物法"斗争到历次议会改革运动，都可以看到妇女战斗的身影。法国的女权运动历史上一直与本国的政治运动密切结合，从法国大革命、1848年革命到巴黎公社都是如此。

德国、俄国的妇女运动则与无产阶级革命紧密结合。德国妇女在蔡特金和倍倍尔的领导下，发动工人阶级妇女加入工会和德国社会民主工党。俄国女权运动与劳动妇女运动有过一段时间的合作，1908年中产阶级妇女和社会主义妇女代表曾经一起召开了"第一次全俄妇女代表大会"，结果却导致了妇女运动的分裂。以后在布尔什维克的领导下，俄国妇女运动与工人阶级的解放运动合二为一。

北欧国家的女权运动更是与本国的民主改革运动和民族解放运动息息相关。19世纪下半叶，瑞典和丹麦的工业化急剧发展，政治改革风起云涌，女权主义和女权运动也在这时亮相，并且得到中产阶级激进派男性的支持。挪威、芬兰和冰岛的女权运动则是与本国争取民族解放的运动密切相连，这些国家的妇女积极参与了争取国家独立的政治运动，并且在斗争中提高了自己的觉悟，建立了自己的组织，提出了妇女经济、教育和政治问题。

正是由于西方各国的这些进步运动才推动了妇女运动的前进，因为"19世纪的民族运动和反殖民运动依然具有启蒙运动和法国大革命的改革意识，他们倡导人民主权，提倡社会进步和现代化，民族主义的男性领袖们在他们现代化的计划中也包含着妇女解放"。[②]

女权运动不仅与本国的社会运动相联系，而且各国女权运动之间也是相互帮助，相互借鉴的。各国妇女运动通过报刊相互交流信息，切磋斗争经验，各国的妇女组织也通过"决议"、"声明"来相互帮助、相互支持。妇女运动的领导人也相互访问，1882年，美国妇女运动领袖伊丽莎白·斯坦顿和苏珊·安东尼(Susan B. Anthony)访问英国，她们在各种场合与英国妇女广泛接触。[③] 就在这次访问中，两国妇女领导人商定成立"国际妇女选举权委员会"，将两国妇女的参政运动联系起来，并促进了后来国际妇女会议的召开。不

---

① Renate Bridentbal, Susan Mosher Stuard and Merry E. Wiesner, eds., *Becoming Visible: Women in European History*, p. 327.

② Sheila Rowbotham, *Women in Movement*, pp. 103-104.

③ 陆伟芳：《英国妇女选举权运动》，第144页。

仅是英、美两国，实际上“19 世纪末期，争取政治权利的欧洲妇女始终是相互联合的，她们相互传阅对方的书籍、互相访问取经、相互帮助建立新的组织并且让这些组织更加有效地存在”。[①]

正是在西方各国妇女运动相互支持、相互帮助之下，第一次女性主义运动才具有如此大的规模，造成如此大的影响，取得相当大的成就。

影响和反思 第一次女权运动是世界上第一次大范围的妇女争取权益的斗争，它涉及欧美的许多国家，也影响到亚洲和大洋洲的部分国家。这也是妇女为自己的权益首次独立发动和领导的运动，广大妇女不再是男人们的追随者，妇女争取权益的斗争也不再是其他社会改革运动的附属部分，而是一次独立的社会运动。无数的妇女走出禁锢她们的客厅和厨房，进入千百年来一直由男性统治的社会，为女性呼吁政治权利。经过几十年的努力，父权制社会终于被撕开了一个缺口，西方国家的妇女相继获得了与男子相同的政治选举权、中等和高等教育权、工作和财产权，她们同时还获得了部分其他民事权利，如子女的教育权和监护权、离婚权等。妇女们通过自己的斗争，获得与男子平等的权利，这也是人类历史上的第一次。

不仅如此，第一次女权运动还开启了争取男女平权的先例，既然妇女通过斗争（尽管是长期、艰难的斗争）获得了一部分权利，她们就会继续努力，为争取进一步的权益而斗争。艰难的第一步一经迈出，就会有第二步、第三步。半个世纪以后，一场规模更大的女权运动从欧洲向世界各地蔓延。

第一次女权运动并不局限在西方，它以西欧、北美为中心向世界各地蔓延，20 世纪初，有组织的女权运动存在于法国、德国、低地国家、奥匈帝国、瑞典、斯堪的那维亚半岛、俄国、意大利等，并且向西班牙、葡萄牙和希腊扩散。[②] 实际上还不只如此，北美尤其是美国的女权运动一直走在欧洲各国的前面，而且一些女性主义思想也开始向南美、中东、和亚洲传播。各民族国家的民族主义者在领导本国民族运动的同时，也发动了妇女解放运动。“在不同的国家如印度、埃及、土耳其，在 19 世纪后半期都建立了女子学校，吸收中产阶级和上层阶级妇女。教育意味着进入职业和公共领域，在阿根廷、智利和乌拉圭，很多家境优裕的特权妇女在 19 世纪末都成为职业女性，同样，在印度和斯里兰卡也出现了女医生和女教师。”[③]虽然在这一时期，发展中国家的妇女并没有像欧美国家的妇女一样获

---

① Eleanor S. Riemer and John C. Fout, eds., *European Woman: A Documentary History 1789-1945*, p. 61.

② Renate Bridentbal, Susan Mosher Stuard and Merry E. Wiesner, eds., *Becoming Visible: Women in European History*, p. 330.

③ Sheila Rowbotham, *Women in Movement*, p. 105.

得政治选举权，但是依然有一些上层社会的妇女进入了政治领域。

但是，第一次女权运动并没有也不可能解决妇女所有的问题。截止到第一次世界大战前后，妇女在男女平权方面获得的权益还是十分有限的。

政治方面，除了新西兰、澳大利亚、英国、美国以及北欧的挪威、丹麦、瑞典等国妇女获得参政权，包括法国在内的西方妇女和广大的欠发达国家的妇女在1920年以前都没有获得合法的政治选举权。

在教育方面，虽然各国的大学已经开始接受女生，并且授予她们学位，但是在20世纪初，各国女大学生的比例依然相当低。

在工作方面，外出工作的妇女人数虽然在不断增加，但是真正为了男女平等和经济独立而主动工作的妇女还是少数，大多数职业女性依然是因生活所迫而工作。而且男女同工不同酬的现象依然存在，职业妇女的工资仅相当于男工的一半，甚至1/3。

在法律方面，19世纪后半期，西方各国在妇女的推动下，相继废除或者修改了部分男女不平等的法律，但是依然存在着男女不平等的条款。法国的《拿破仑法典》一直到二战结束前才最终废除。

在观念方面，第一次女权运动动摇了男尊女卑的传统观念，但是千百年来形成的传统观念不可能一摧即毁。社会大众甚至是女性自身依然认为妇女的职责是做一个好妻子和好母亲，妻子服从于丈夫是"天经地义"。

除了存在上述已经开始解决，但是仍然没有得到彻底解决的问题之外，在第一次女权运动中还有一些基本未触及的更加实际也更加尖锐的男女平权的问题，如避孕和堕胎问题、家务劳动的社会化问题、男女性平等问题等。

几乎所有的女权主义者，也包括马克思主义者，都强调妇女平等地进入社会领域对妇女解放的重要性。英国著名女权主义者埃米琳·潘克赫斯特在做济贫法督察员时也已经注意到家务劳动没有价值所带来的不公平，许多妇女一生为丈夫和孩子操劳，却老无所养。19世纪后半期，许多女性或者主动或者被迫走出家庭，参与社会生产。可是繁重的家务劳动依然需要职业妇女操持，教育儿女的重担依然压在她们身上，社会生产和家务劳动的双重负担压得职业妇女无法喘息，许多职业妇女不得已而选择独身。1880年，在法国的女邮政职员中有3/4是独身，到1890年仍有2/3是独身。[①]

当时已经有一些女权主义者开始探讨如何解决这个矛盾。梅吕西娜·费伊·皮尔斯确信：家务劳动的变革对妇女来说比争取选票更加重要，妇女应该建立她们自己的社区以

---

① Christophe Charle, *Social History of France in the Nineteenth Century*, p. 162.

解决教育、健康和福利问题，在社区里的直接行动比政治权利具有更大的冲击。[①] 哈里雅特·泰勒认为，雇佣一支装备精良的仆人队伍是最好的解决方法。[②] 但是，梅吕西娜·费伊·皮尔斯提议建立妇女社区进行家务劳动的变革虽然切合实际，但是她们却无权建立自己的社区，更何况女性又如何能够脱离社会而独处？泰勒的方法对于不愁温饱的中产阶级妇女尚不失为一种良方，但是对于那些无法掌握自己命运的下层妇女来说，却是画饼充饥。

看来，所有上述在第一次女权运动中没有得到解决的问题，只好留待以后的女权运动去继续解决了。

① Sheila Rowbotham, *Women in Movement*, pp. 88-89.

② 罗斯玛丽·帕特南·童:《女性主义思潮导论》，艾晓明等译，第 22 页。

第八章　20 世纪上半期的西方妇女

20 世纪上半叶的西方世界，经历了前所未有的社会震荡。相继发生的两次世界大战，在无情地摧毁人类物质文明的同时，也严重地扭曲了人类的精神世界。而在两次大战之间短短 20 年的和平时期，西方主要资本主义国家在经历了短暂的经济繁荣后，遭遇到空前的经济危机和慢性萧条，法西斯主义甚嚣尘上，且相继在意大利和德国取得政权，资本主义的自由经济和民主政治体制面临着前所未有的危机。残酷的战争以及战争间歇之间的深刻变局，皆对生活在这些社会中的女性命运产生了极其巨大的影响。

由于战争打乱了正常的社会秩序，妇女在家庭和社会中担负起了更为重要的角色。战时劳动力缺乏导致的就业真空，使得广大妇女挺身而出，走上了生产第一线，进入昔日为男性所垄断的一些就业领域。而妇女在战争时期的出色表现，也为自身赢得了主流社会的认可，从而促使妇女自我意识的进一步觉醒。但在法西斯掌权的德国和意大利，妇女面对的是另一番处境，在“一切为了国家，一切属于国家”的政策主导下，广大妇女身不由己地成了法西斯政权的服从者、“工具”乃至牺牲品。然而，需要说明的是，战争尽管极大地改变了原有的社会面貌，但并未彻底瓦解男权主导下的西方社会主流价值观。随着战后“常态”的恢复，西方社会对作为“弱者”和“他者”的妇女的偏见与歧视依然照旧。

如果说两次世界大战对于西方妇女地位的触动尚属外部因素，对于妇女地位的提升尚属非常时期的权宜之举，那么，源自 18 世纪后期的工业化、城市化、民主化和世俗化浪潮本身则是一股源源不断的巨大合力，持续地推动着社会的进步，促使两性关系朝着平等的目标逐渐迈进。及至 20 世纪 20 年代，西方绝大多数国家已经赋予了妇女平等的选举权。女子接受教育的水平普遍提高，就业特别是已婚妇女就业呈上升趋势，而且逐渐形成一个以办公室秘书、速记员、打字员、档案员、教师、百货商店销售人员、专业工作者等为主体的女性白领职业阶层。更为重要的是，20 年代的美国和西欧社会还造就了一种特立独行的“新女性”。这是一群以青春、健康、时尚、反传统的面貌出现的年轻女性。她们一反温柔、顺从、谦卑的传统，不拘常规，追求时髦，讲求享乐。她们身着轻便的服装，无拘无束地参加各种社交活动。她们剪掉长发，束起短发。她们涂脂抹粉、抽烟、喝酒、跳舞、骑车，热爱户外运动。夜总会、歌舞厅、电影院是她们追寻流行娱乐的场所。在她们中间还流行单独与异性约会并大胆地拥抱和接吻。较之前辈女性,"新女性"受教育的程度高,有自己的职业,婚姻观也与老辈有别,追求经济独立、职业发展和婚姻家庭的完美结合。毫无疑问,"新女性"的形成离不开消费社会的时代背景、性革命思潮的影响和大众传媒的推波助澜,但也是女性自我意识和行为方式在挑战男权传统中的一次自我张扬。

一、20世纪初西方妇女的状况

站在20世纪的历史基点回顾19世纪,人类虽然取得了巨大的进步,但作为人类社会发展目标的个性解放却仅仅在男性中间初步开始。而人类的另一大群体——女性的解放却仍旧处于"小荷才露尖尖角"的状态,她们在物质生活资料和精神生活状态的主要领域仍旧从属于男性。

20世纪上半叶,妇女运动继续围绕着三个关键问题展开:首先是争取选举权,以便取得对社会劳动成果的分配权;其次是女性就业问题;第三个争论焦点是女性应不应该避孕,应不应该以抚育子女为主要事业——仅以家庭为一生的舞台。而这些目标的实现又与自由主义、民族主义和社会主义等思潮相联系,共同促进了妇女精神领域的解放。

1. 争取选举权

19世纪中期之后兴起的女权运动,发展到20世纪初,争取选举权成为她们一种关键的诉求,被认为是改善妇女地位最重要的权利。争取选举权运动在不同国家有不同的表现。英国和美国因自然权利思想深入人心,妇女运动最为强大;在专制制度较强的德国,妇女争取选举权的热情也相应较弱一些;在法国,妇女的权利斗争跟国家与教育、个人权利和家庭义务以及政党政治缠绕纠葛在一起。[①]

西方女权主义者一直为两个互相依存的基本原则而斗争。其一,妇女应享有公民权;其二,男女两性机会应当均等。在西方的民主进程中,妇女在自身无力改变现状的情况下,与其他阶层结盟,以共同追求自己的政治理想。1903年,英国女权主义者埃米琳·潘克赫斯特夫人与女儿克莉斯塔贝尔、西尔维娅一起,共同创立了"妇女社会政治同盟"。它一成立就与独立工党建立了联系。该同盟的参加者大部分为中、上阶层妇女,是欧洲或美国最早意识到媒体重要性的压力集团之一,它的成员采取激烈手段宣传自己的要求——她们向大臣们扔鸡蛋和土豆,把自己拴在路灯杆上,在监狱中绝食抗议。

① Robert J. Bezucha, ed., *Modern European Social History*, Lexington, 1972, pp. 354-379.

在英国，来自纺织工业区曼彻斯特的激进工会妇女，把取得选举权作为手段来敦促议会立法以改善妇女的地位。这些工会妇女与工人组织联系紧密。工会妇女，如狄更逊夫人(Mrs. Dickenson)、库铂夫人(Mrs. Cooper)、雷迪什小姐(Miss Reddish)和里尔科克小姐(Miss Lilcock)，期望工党支持妇女的选举权，因此在 20 世纪头 20 年里，她们非常努力地为工党候选人竞选。但这一互惠联盟在成人普选权(给所有成人以选举权和废除财产资格限制)和妇女选举权问题之间存在认识上的差异。一些工党人士提出，如果男子普选权比有限的妇女选举权容易得到，那么劳动者更应该为男子的普选权而斗争。而妇女选举权倡导者则主张把支持妇女选举权作为一种实用主义的步骤去实现完全的成人普选。到一战爆发时，妇女与工人及其组织的紧密联系并没有完全建立起来。

大陆妇女，如德国的克拉拉·蔡特金、法国的玛德莱娜·佩勒蒂埃以及俄国的亚历山大·科隆泰采，在与社会主义者和工会建立有效联盟方面碰到同样困难。在 20 世纪头 20 年里，这些社会主义女权运动者们极力敦促改革，旨在减轻工作妇女既是劳动者又是母亲的双重负担。她们不像波兰裔德国人罗莎·卢森堡那样激进，为争取革命的成功忽略自己的性别。她们的要求主要在于改变目前的处境，如支持生育保障、建立日托中心，拓宽职业培训以提高妇女的技能，从事较高收入的工作，并实行同工同酬等。

美国妇女在争取选举权斗争以及妇女运动与工人运动联盟方面不及欧洲。美国社会主义运动不强，妇女争取选举权主要是通过妇女俱乐部和倡导改革的社团来进行的。19 世纪末，美国争取妇女选举权的女权主义者很富战斗性，从 1870 年到 1910 年，她们在 33 个州组织了 480 个社团，但斗争取得的成果甚微。

西方妇女在 20 世纪初的这些斗争为之后妇女运动的深入发展奠定了良好的基础。

2. 女性就业状况

20 世纪初，西方政治模式的转变首先为妇女获得劳动权创造了条件。自由主义在 20 世纪初受到严重挑战。自由放任原则下的工业化进程，带来了诸多负面的后果——贫民窟、童工、长工时和恶劣的卫生条件等，这为政府干预日常生活提供了现实和理论的基础。欧洲国家在扩大公共权力的范围和性质方面采取了史无前例的步骤。公共权力的膨胀改善了妇女与政府的关系。妇女的教育和就业机会被拓宽，在一定程度上提高了妇女的地位。

政府干预为妇女的生活提供了一个新的组织框架。这种新的组织框架不仅成为福利政策的中心，而且强有力地影响了家庭生活、性、阶层和社会关系。从某种程度上说，公共服务使妇女受惠。例如，日托中心使受过教育的已婚妇女安心从事工作，福利立法帮助缓和了阶级冲突。一个丹麦观察家曾讲到，工人需要的不是革命，而是美满的丹麦家庭，应当通过妇女的工作保持家庭的美满。在德国、法国和欧洲其他国家，政府还为低收入妇女颁布了一些保护性立法。这些立法体现出的主要精神是：妇女是母亲，负责主持家政，国家有义务帮助低收入妇女完成这个重要角色。1891年，德国曾立法规定：给已婚的职场妇女一个或一个半小时午休，以便她们能回家做午饭。[①] 就整个西方而言，尽管其民族传统和经济发展水平各异，但在此领域都执行了类似于德国的政策。

除了政治模式变化给妇女们带来的机会之外，社会经济的转型与科学技术的革新也为妇女获得劳动权提供了助力。20世纪西方科学技术的进步推动了服务业的发展，这种趋势改变了妇女在劳动力市场中的地位，使妇女进入劳动领域的人数稳步增长。从20世纪初开始，俄国、瑞典、美国的妇女就业有大幅度的增长；德国和英国的妇女就业稳步增长；法国的妇女就业增长不快，但很稳定。在法国、意大利，农业领域雇用了大量的妇女；俄国在农业上雇用妇女比工业化国家英国、德国和美国还早。例如，在1911年，工作在农业领域41％的法国妇女和56％的意大利妇女有案可查，而俄国达到惊人的92％。[②]

但农业领域的妇女劳动逐渐减少，相同数量的妇女就业转向服务业或第三产业和其他经济领域。转向服务工作在妇女就业模式上带来重要而长期的变化。工业企业扩大后，企业需要更多的打字员、速记员和文员。随着生产产品的日益增多，工厂主需要更大的分销系统，越来越多的零售商店开始出现在市中心，许多年轻姑娘成为了售货员。而政府职能的扩大也需要雇用大量妇女充当办事员、接线员和低级管理人员。伴随着工业化的扩张，办事员成为一种制度化的工作，不需太多文化，也不需太多技能。中产阶级和一些工人阶级的女儿向往这些工作，因为它们比在工厂工作"干净"、安全，且拥有较高的社会地位。同时，这些工作也有可能为妇女提供接触较高地位的男性并与之进行交往和结婚的机会。雇主也发现单身姑娘的工资更低，更服从工作需要，异性吸引还可以改善工作气氛。文员成为一种女性化的职业。[③]

对高素质文员的需求刺激了女性教育机会的扩大。教育成为改变女性生活的重要力量。取得证书后，工人阶级和底层阶级的姑娘就可以进入白领职场。在20世纪中期，女教师赢得了与男教师相同的权利。

① Marilyn J. Boxer and Jean H. Quataert, eds., *Connecting Spheres: Women in the Western World, 1500 to the Present*, p. 200.

② Marilyn J. Boxer and Jean H. Quataert, eds., *Connecting Spheres: Women in the Western World, 1500 to the Present*, pp. 191-193.

③ Marilyn J. Boxer and Jean H. Quataert, eds., *Connecting Spheres: Women in the Western World, 1500 to the Present*, p. 193.

3. 家庭和生育的争论

工业化进程使20世纪初的西方世界进入了一个“家庭消费型经济”时代。这种新的经济形态意味着家庭生活方式的改变。此前，用于食物、服装和房屋的开支几乎占去了工人阶级收入的全部。如今，收入的增加和价值观的改变影响了金钱的使用，用于娱乐和其他方面的钱增多了。随着工资的增长，更多的工人阶级家庭能够用丈夫的收入和子女的工资来满足变化着的家庭梦想。到20世纪初，工人阶级中的已婚妇女也能像中产阶级妇女一样在家里操持家务，成为工业化进程中的受益者。①

“家庭消费型经济”模式的出现使20世纪初西方的家庭变得比以前小，越来越多的妇女少要或不要孩子。几乎在欧洲所有阶级中都存在这种现象，不但居住在城市的家庭如此，在农村的家庭同样如此。童工立法和强制教育改变了人们对孩子的看法，小孩不再被认为是潜在的挣钱人，而是受抚养者，因此，他们在很长一段时间里将是家庭的重要支出项。较好的饮食、卫生保健以及公共健康设施，降低了婴儿死亡率。工作时间的减少使之有更多时间从事家务并开始把更多时间花在孩子身上。将更多的钱用于教育表明，父母希望孩子将来有一个更好的前程，希望孩子的成功使自己家庭有一个美好的未来②。

这种情况导致了西方各国出生率的下降。德国在1871到1930年间，出生率下降很大，但到纳粹时期有所反弹。法国在欧洲国家中，出生率是最低的，1880年仅为24.6‰，半个多世纪间(1851—1911年)人口从3570万增长到3910万，仅增加了340万。英国同样如此，19世纪后半期，英国每对夫妇平均生育6.2个孩子，1915年下降到2.4个。③

20世纪最初10年，西欧下层民众的家庭生育子女相对较多。但在英国的曼彻斯特、法国的鲁贝等工业城镇，由于女工面临着工作和家庭的双重负担，出生率则较低。这是因为在托幼事业和其他家政服务还不完善的情况下，妇女走出家庭加入到社会劳动领域，必然会使家庭人口减少。总的说来，到20世纪20年代，阶级和地区差别导致的出生率差异有所缩小。这一时期，妇女生活一个重要的变化是，把很多时间花在养育孩子上的人大幅减少，大多数妇女不再多生育。

---

① Marilyn J. Boxer and Jean H. Quataert, eds., *Connecting Spheres: Women in the Western World, 1500 to the Present*, p. 194.

② Marilyn J. Boxer and Jean H. Quataert, eds., *Connecting Spheres: Women in the Western World, 1500 to the Present*, p. 195.

③ Marilyn J. Boxer and Jean H. Quataert, eds., *Connecting Spheres: Women in the Western World, 1500 to the Present*, p. 195; John E. Knodel, *The Decline of Fertility in Germany 1871-1939*, Princeton, 1974, pp. 246-247; Angus McLaren, *Birth Control in Nineteenth-Century England*, New York, 1978, p. 11.

生育率的下降使男性政治家担心人口减少影响国家的实力，从而引起一场广泛的争论。政治家、学者及其女权主义者都卷入这一运动之中。此时，依据19世纪的“差异中平等”的原则发展起来的女性主义流派——“家庭女性主义”影响不断扩大。该流派认同劳动的性别分工，褒扬妇女的母亲角色，强调女性特有的作用及其对家庭和社会所作出的贡献。德国“保护母亲和性别改革协会”就是如此，它在1904年由露丝·贝瑞(Ruth Bre)建立，后由倡导性和婚姻实践的海琳·斯多克(Helene Stocker)掌管。它的章程深受瑞典社会与教育改革家埃伦·凯(Ellen Key)的影响。埃伦·凯试图通过将母亲置于公共生活的中心来重构社会。[①] 像埃伦·凯一样，德国保护母亲和性别改革协会成员认为，不管婚姻状况如何，都应提高母亲地位，并希望扩大对年轻姑娘、未婚妈妈和她们孩子的社会服务。她们设立了咨询中心来解决性问题和宣传私生子的法律平等；为争取妇女自愿怀孕的权利而斗争，反对节育器械扩散并对堕胎的合法化不满。[②]

这场争论隐藏着深刻的自然和社会背景。到20世纪，随着自然和社会环境的变化，人类的种族生存受外来干涉的影响而日益减弱，自我调控的作用逐渐增强。伴随着社会思潮的转向，妇女也越来越渴望从毫无节制的种族繁衍所赋予的重担下解脱出来。波伏娃无疑认识到了这一点，她指出：“母性毕竟是使妇女成为奴隶的最技巧的方法。我不是说每一个做母亲的妇女都自动成为奴隶——可以有某些生存方式使母性不等于奴役，但现代的母性仍然万变不离其宗。只要人们仍然认为妇女的主要工作便是养育小孩，妇女便不会投身政治、科技。进一步说，她们便不会怀疑男人的优越性。”[③]也就是说，妇女的解放是与摆脱生育枷锁相关的，这种观念无疑揭示了两性不平等的重要根源。正是基于这种理念，20世纪的妇女们在两次世界大战给予的历史机遇中，把握住了自己的命运，开创了女性历史上的新纪元。

二、第一次世界大战与妇女

一次大战爆发前，尽管战争阴云密布，但西方国家对妇女问题仍然表现出了极大的关注。1917年7月，法国出现了支持赋予妇女在地方选举中投票权的请愿运动，法国“全国

① Marilyn J. Boxer and Jean H. Quataert, eds., *Connecting Spheres: Women in the Western World, 1500 to the Present*, p. 201.

② Cheri Register, "Motherhood at Center: Ellen Key's Social Vision", *Women's Studies International Forum*, No. 6 (1982), pp. 599-610.

③ 牧原编：《给女人讨个说法》，华龄出版社1995年，第263—264页。

总工会联盟”(CGT)也把妇女劳工问题列入其议会党团的议事日程。在英国，妇女问题是战前的头号政治问题，甚至超过爱尔兰问题和社会稳定问题。人们没有意识到即将来临的战争对妇女的影响，妇女自身也没有意识到战争会给她们带来革命性的变化。

1. 战争扩大了妇女参与社会劳动的机会

1914年7月底8月初，欧洲爆发大战。在战争激发起来的爱国主义集体狂欢中，在为丈夫或兄弟送行的妇女人群中，欢呼者多过了流泪者。在为所谓民族事业而战的鼓动下，各交战国国内的男女两性团结在一起。这时，大多数妇女组织，如国际妇女大会和它的各国支部，都退回到“妇女的从属地位”。她们组织各种服务于家庭的活动，培训家庭妇女和向她们提供咨询，为妇女、女警察及其巡查协调工作调动，做救济工作和疏散人群，设立托儿所和孤儿院。为了战争，她们支持暂时搁置妇女选举和妇女保护立法的问题。

战争开始后，男子从军致使各行各业出现劳动力短缺，同时，前线对医护人员和后勤保障的需求，以及战时的扩大生产都极大地增加了对劳动力的需求，由此为妇女参与社会劳动提供了机会。于是，无数的妇女走出家庭，工作在伯明翰的工厂、巴黎的商场和柏林的政府办公室。至1915年，法国出现了银行小姐和铁路小姐。在地铁商场，妇女从事着售货、开票，甚至搬运货物的工作。在兵工厂，尽管妇女总是最后被雇佣，但仍有50万妇女工作在法国的各个兵工厂。另外还有从殖民地和国外来的妇女工作在这些领域。①

随着战争的持续，各国政府号召妇女走出家庭，参与社会工作。1915年秋，英国政府提倡妇女作为“暂时的替代者”到工厂工作，其口号是：“代替前线的男子，奉献你的那份力量。”战争署训令全国的雇主雇佣妇女，并强调雇佣那些新潮的、慧敏的、温雅的，愿意与机器一起工作的妇女。② 在一战期间，英国妇女从事着诸如清扫烟囱、制作水泥和炼钢等种种以往男人从事的工作。

1915年3月，法国政府宣布：“尽可能利用妇女劳动力代替可服兵役的男子劳动力。”于是，各类工厂转向妇女雇员。妇女工作于肥皂厂、制药厂、炸药厂，她们是煤气、电力和军工生产者，她们既当文员又干体力活。运输公司开始雇用女性司机、保安员和售票员。虽然由于农业对女性劳动力的需求较大，法国妇女在工厂就业的人数不及英国女性那么多，但在战时法国妇女离开了其传统的就业领域来到工厂。据统计，仅在军工厂工作的妇

---

① Georges Duby and Michelle Perrot, gen. eds., *A History of Women in the West*, vol. 5, pp. 29-30.

② Georges Duby and Michelle Perrot, gen. eds., *A History of Women in the West*, vol. 5, p. 36.

女就有 68.4 万名。[①]

参加工作人数的增加和就业领域的扩大不仅标志着妇女对战争的贡献，而且也标志着妇女渗入传统上专属男子的工作领域。战争带给妇女前所未有的自由与责任。现在她们可以进入从前不可进入的职业领域，可以自由地为国家服务。许多妇女感到，在一个拥有新工具、新技术的场所工作是非常惬意的事。战争打破了旧框框，为妇女开放了许多令人尊敬的工作职位。1914 年，在整个法国，只有几百个女大夫和几十个女律师。但在战争期间，她们的人数明显增加，女律师甚至被允许在军事法庭上做辩护。年轻妇女也被允许上商科和工程学校。男子学校开始非常热情地欢迎女教师来校任教，并受到了称赞。教职变得越来越女性化，男性开始担心自己被妇女从这些职业领域永久地排挤出去。在一些乡村，当市政官缺席时，女教师成为社会团体的代言人。姑娘们发现，像牛津大学、巴黎大学这些高等学府的大门都已经向她们打开了。[②]

虽然，除了个别例外，这个时期妇女的工资总体上还是低于男性，但与平时相比，战时女性的工资有了较明显的提高。尤其是在兵工厂工作的妇女，她们的工资是传统女性职业所挣工资的两倍。工作在渥尔威克（Woolwick）兵工厂的一个熟练女工每周能挣好几英镑，其中焊工的每周工资为 6 英镑。因此，在兵工厂工作的女工工资实际已经达到了中产阶级的工资水平。[③]

这一时期，虽然妇女在公共和私人领域中仍然处于从属于男性的地位，但她们的劳动已开始超越原有的女性职业，为自己的独立地位争取到了更好的物质基础。

2. 妇女权利扩展的限度

西方妇女在一战中获得了较多的就业机会是毋庸置疑的，但我们并不能因此过高估计战争对于妇女解放的意义。如在美国，一战中妇女进入职场的人数有所增加，但妇女就业模式却因种族、性别和地理等因素，表现出妇女权利扩展的局限性。一般而言，白人妇女取代白人男子在重工业、办公室和交通领域内的工作，以前工作在农场和家庭的黑人妇女则取代那些从前由白人妇女和黑人男子从事的工资低廉又艰苦的工作。由于战争持续时间较短，妇女地位并没有发生重大转变。同时，伴随战后美国保守主义势力上升，致使

---

① Marilyn J. Boxer and Jean H. Quataert, eds., *Connecting Spheres: Women in the Western World, 1500 to the Present*, p. 207.

② Georges Duby and Michelle Perrot, gen. eds., *A History of Women in the West*, vol. 5, p. 40.

③ Georges Duby and Michelle Perrot, gen. eds., *A History of Women in the West*, vol. 5, p. 40.

威尔逊总统希望的对妇女的一些进步措施无法实现。[①]

在劳动领域，欧洲也存在着类似的情况。尽管战时的妇女工资较高，但并非所有妇女都能享受到高工资，到处都碰到工资本应较高但却缩水的现象。传统女性职业领域的工资增长仍然很慢，特别是家政领域。英国早在 1909 年就通过了最低工资法，法国也在 1915 年通过相关法律，但却很难实行。在德国，男性和妇女工资的鸿沟在变小，但随着黑市劳动力市场的增加，妇女的实际工资却在下降。英国雇主每周只支付给妇女不多的工资，理由是妇女的工作与男性不一样，而且她们还有其他收入。1918 年 4 月成立的英国劳动委员会虽然规定了"男女同工同酬"的原则，但它并不反对歧视女性的法律与传统，而且它拒绝女性作为其成员。[②]

在法国，战争并没有从工人阶级中打开接纳妇女为工友的缺口，相反，它强化了敌视妇女劳工的传统态度。工会呼吁采取特别的保护措施以阻止妇女进入男性统治的工作领域。

导致妇女难以走向公共领域和所得与付出不成正比的因素，在于当时社会的主流思潮仍旧是 19 世纪的陈腐观念。虽然在所有交战国中，各政党、各阶级都已结束纷争，结成了"爱国统一战线"以拯救国家，但"性别团结"并未随之到来。民族主义思想被 19 世纪的旧思维习惯所借用。[③] 例如，1917 年 3 月德国议会的商业和工业委员会已计划从战地和工厂遣散妇女，因为内政部担心在这些地方工作将导致妇女发生身心方面的变化："今天，我们看到妇女困难地完成工作任务，我们必须明白是妇女而不是男子在工作。"[④]法国心理学家霍沃特博士用一个新术语"男子化"来表达妇女的新生活，并断言性别混乱会造成"道德无序"的危险。[⑤]

掌握社会舆论导向的仍然是男性，他们利用自己掌握的宣导教化工具，极力美化传统的女性形象。报纸和文学大力讴歌当护士、辅助工的妇女，对进入工厂的妇女则言之甚少。社会评论家们很想传达这样一种印象：世界没有变，性别界限仍然保持原样。

这种社会环境使人们难以正确看待和评估妇女在战时的工作。意大利西北部城市都灵的菲亚特工厂的工人曾对女工们说："你们工作就是把男人送向死亡。"在他们看来，当一名妇女参加工作，就意味着至少一位男子被派往前线。所以，妇女到工厂工作有时被指

① Georges Duby and Michelle Perrot, gen. eds., *A History of Women in the West*, vol. 5, p. 44.

② Valerie J. Conner, "'The Mothers of Race' in World War I: The National War Labor Board and Women in Industry", *Labor History* 21 (Winter, 1980).

③ Georges Duby and Michelle Perrot, gen. eds., *A History of Women in the West*, vol. 5, p. 26.

④ Georges Duby and Michelle Perrot, gen. eds., *A History of Women in the West*, vol. 5, p. 35.

⑤ Georges Duby and Michelle Perrot, gen. eds., *A History of Women in the West*, vol. 5, p. 35.

责为利欲熏心和掘墓人。法国建筑工会领袖雷蒙德·皮卡特和金属工人联合会的阿尔夫斯·麦赫蒙指责妇女比动物还低贱。他们说，狼都知道保护它们的幼崽，而法国妇女却看着她们的男人被送往前线熟视无睹，她们以很低的价格就把自己给卖了。[①]

3. 一战对妇女角色转变的影响

第一次世界大战是一场加速技术、政治和文化变革的历史助推剂，是第一次在陆海空展开的三维战争。它重画了欧洲的地图并破坏了人们的生活。青年人被征召到前线去保卫国家；妇女在家史无前例地维持着经济和社会生活。

战争使妇女填补了男子留下的责任和角色：做一家之主、兵工厂工人、公共汽车司机，甚至军队的辅助人员。这些经历带给妇女新的思想变化和自信。妇女的这些活动被文学、漫画和照片记录下来。在英国，妇女对战争的贡献赢得了官方机构——帝国战争博物馆妇女战争工作小组的认可，这可以从帝国战争博物馆编辑的英法妇女图片集和妇女口述史中反映出来。南安普敦博物馆从一个摄影家那里收集到了各行业妇女的照片，特别是交通运输业。从照片中可以看出，她们穿着自制的工作服，非常满意自己的工作，甚至满意自己的制服。法国和德国妇女在战争中的作用得到非官方组织的认可。20 世纪 70 年代，当历史学家去访谈当年经历过一战的妇女时，几乎所有的妇女都表达出得到解放的惬意感受和自豪的心理。在被访者中，"挣脱了牢笼"是经常听到的声音和情感宣泄。[②] 法国的观察家注意到，在兵工厂工作的妇女"惊人的"高工资和"胡乱"花钱：一些人用自己挣下的钱买靴子和长丝袜，一些人则买水果和鸡翅来吃。所有描写该时期的女权主义作品都强调妇女参加工作、证明自己和促进妇女解放的愿望。一些英美作家也提到与其他妇女相处的惬意心理。哈丽特·斯坦顿·布莱彻把 1918 年的英国描绘成"妇女的世界"，"谦卑、畏惧的老处女消失了，代之而起的是能干、明慧和幸福的妇女。"还有人把战争年月看成是妇女的"美好时刻"和"幸福时光。"[③]妇女文学——从战争时的诗歌、小说到战后的回忆录和战地文稿都欣喜于这种性别地位的变化，"整个世界正在颠倒。"[④]"妇女

---

① Georges Duby and Michelle Perrot, gen. eds., *A History of Women in the West*, vol. 5, p. 37.

② Georges Duby and Michelle Perrot, gen. eds., *A History of Women in the West*, vol. 5, p. 23.

③ Harriot Stanton Blatch, *Mobilizing Woman-Power*, New York, 1918, pp. 54-55. 词汇"美好时光"来自 C. Gasquoine Hartley, *Women's Wild Oats*, New York, 1920, p. 38；词汇"幸福时光"来自 J. Stanley Lemons, *The Woman Citizen: Social Feminism in the 1920s*, Yale University Press, 1973, p. 15。

④ Catherine Reiley, ed., *Scars upon My Heart: Women's Poetry and Verse of the First World War*, London, 1981.

对于能够自由公开地表达她们的愿望感到十分高兴。”[①]1915年，夏洛特·铂金斯·吉尔曼出版了一本乌托邦小说《女儿国》(*Herland*)，描写一个没有男人的女性世界，体现出妇女的自信。

战争带来的影响实际上是一种双螺旋线：妇女的生活暂时和表面上有所改变，但无论是在现实中还是在话语中，妇女仍处于从属于男性的地位。[②] 战争期间女性就业状况的变化是暂时的，一战结束后，许多回归家园的男性迅速地在职场上取代了女性。在英国，战后500万士兵需要就业的现状，使得不少妇女很快地离开她们原来的工作岗位。一些妇女乐意回到传统角色；但其他一些妇女则表示抗议。1918年11月19日，战争结束后不久，6000名妇女高举“难道和平带给我们的是饥饿吗？”的标语，在英国议会大厦门前游行。到1919年，有65万妇女失去工作，其中15万妇女没有得到任何补偿。[③] 战争结束后，法国像英国一样，为给复员军人提供职位，鼓励妇女退职。

三、两次大战之间的西方妇女

一战后的20世纪20年代，随着保守主义的回潮，西方国家妇女丧失了某些权利。而30年代德国兴起的国家社会主义(National Socialism 即纳粹主义)，更是将妇女视为实施法西斯种族主义的工具，鼓动甚至强迫妇女回到家庭充当生育的工具。

然而，不管人们的主观愿望如何，一战历史性的影响和女性自我意识的觉醒毕竟已经发生，新潮是保守主义难以熄灭的，现实再也不可能完全回到战前的状态。相反，从一种职场到另一种职场的妇女劳动力转移加快了战争所形成的趋势。虽然妇女在战后被要求为了退伍军人的利益回到家庭中去，但有些新领域在战后仍然向妇女开放。与此同时，生产的合理化、机械化以及商业销售系统也创造出新的非熟练岗位、事务性工作和销售工作岗位，这些工作岗位适合了愿意接受低工资和服从管理的妇女的需要。这个时期，在妇女运动的压力下，一些西方国家不得不用立法来保证妇女在职场中的位置。例如，1919年，英国议会通过《废除性别歧视法》，该法向妇女开放了高级公务员职位、法律职位和赋予妇女做陪审员的资格。妇女不但未从工厂、商店和办公室消失，反而在社会各个场所的身影

① Margaret R. Higonnet, *Behind the Lines: Gender and the Two World Wars*, Yale University Press, 1989, pp. 197-226.

② Margaret R. Higonnet, *Behind the Lines: Gender and the Two World Wars*, pp. 31-47.

③ Marilyn J. Boxer and Jean H. Quataert, eds., *Connecting Spheres: Women in the Western World, 1500 to the Present*, p. 207.

愈见明显。[①] 同时，纳粹德国在30年代对女性的压迫性奴役，也将随着纳粹的灭亡而烟消云散。

1. 战后时代的"新女性"

社会巨变给两次世界大战之间的性别观念带来革命性的变化。此前，欧洲信奉基督教的原罪说，强调理性；可20世纪初的弗洛伊德心理学说却揭示出了无意识和性冲动的观念。由于强调性冲动对人格发展的重要性，弗洛伊德指出性压抑是有害的，会使男女受到生理和心理疾病的损伤。在某种程度上，弗洛伊德追求变化，他想把人们从道德约束和维多利亚社会的种种限制中解放出来，并让他的病人释放情绪。维多利亚式的妇女是优雅、不动情的，而弗洛伊德学说却承认女人的性是强大的力量，支持女性的性愉悦权利。

弗洛伊德观念的广泛传播，开创了所谓的性革命，并开始了一场有关妇女性解放的争论。一些激进的男人和女人开始试验新的生活方式和性关系。不过大多数弗洛伊德的追随者抛弃了其观点中的革命性意义，而强调对社会的保守价值体系进行调整。然而，西方人比以往更愿意谈论性，许多人逐渐认识到性愉悦是一种合法的追求。这场性实验和"自由之爱"构成的"性革命"在战前持续时间不长。大多数人，包括大多数妇女恐惧新的性角色和性关系。一战前后，两性关系的变化引起了人们对道德退化的恐惧和对文化没落的忧虑。[②]

20世纪20年代，生活在纽约格林威治村和巴黎蒙帕纳斯区的波西米亚人和与德国自然主义戏剧相关联的先锋派剧作家们，描述了生活在情绪化和矛盾中的新的性解放的妇女形象。这种女性在维克多·玛格丽特(Victor Margueritte)1922年的小说《女公子》中得到了表现。女主人公莫尼卡·雷比尔剃了男孩子一样的波波头，穿短裙，跳舞，打球，在巴黎大学上学，找到一份有趣的工作，开自己的车，并想完全靠自己的力量去生养一个孩子。她举止外向，直视看人和热情地握手，非常男性化。该书没出版就已预订2000册，上市后每周卖出1万册。到1929年，共卖出100万册，并译成12种文字，在欧洲获得极大成功。

该书主人公的原型来源于现实生活。法国的保守派否定她，中立的民主派报纸承认却又痛惜她，女权主义者和社会主义者带着复杂的感情肯定她。莫尼卡·雷比尔们是新

① Renate Bridenthal and Claudia Koonz, eds., *Becoming Visible: Women in European History*, p. 424.

② Marilyn J. Boxer and Jean H. Quataert, eds., *Connecting Spheres: Women in the Western World, 1500 to the Present*, p. 206.

型的性文化试验的产儿，[1]穿花边摆裙，束发，进入夜总会和卡巴莱餐馆（其中有歌舞表演）等生活方式，是以前妇女根本不敢想象的，现在对单身职业妇女而言已不再新奇。在着装上，以美国的吉卜赛姑娘的女性形象为代表，她们头发上卷、紧束长发、丰胸、细腰、宽臀、露腿，开衣着不受传统约束少女的先河；她们像男孩子一样不带胸罩，不穿胸衣，胸领低开，穿长丝袜炫耀腿部。

在性爱和生育观念上，大部分妇女认为恋爱自由是妇女自我发展的本质所在。同时，一些人支持生育控制，因为它将生育和性分离了。[2] 为此，俄裔美国无政府主义者埃玛·戈德曼（Emma Goldman，1869—1940 年），非常到位地诠释了妇女解放的本质内容，她说："首先要把自己看作是有独立人格的人，而不是性商品。其次拒绝任何人施与其身体的权利，除非她愿意，否则拒绝生育孩子。不从属于上帝、国家、丈夫和家庭等，使自己的生活更简单，但更深刻和富裕。在复杂的情势下努力学习生活的意义和本质，不怕公众舆论和公众流言。只有那样，而不是选票才会使妇女获得解放，获得无名的力量、真正的爱、平静的心理与和谐的生活"。[3] 此外，一些更激进的人提出了"国际生育罢工"、"妇女革命"等口号。当时，非法的生育控制诊所和性咨询机构迅速蔓延，有一些妇女努力地把避孕法推向世界。

另一方面，传统伦理和男性话语霸权仍很强固，仍然试图按照男性的意志构建女性行为和观念的规范。在文学领域，根据萨得瑞·吉尔伯特等人的看法，花枝招展的妇女犹如淫妇，只有被动、贞洁和操持家务的妇女才是好女人。法国政府拒绝给妇女选举权，却从1920 年开始给妇女授生育勋章：生 5 个孩子授铜质勋章，8 个授银质勋章，10 个授金质勋章；法国政府还颁布《禁止堕胎法》，违者将判 3 年入狱和 3000 法郎罚款；规定任何人宣传避孕，阻止怀孕将判刑 6 个月。对此，法国新马尔萨斯派评论道："妇女权利正在增加，但她们最大的义务是：生育、生育、再生育……难道妇女拒绝生育就不配享有权利吗？"因此，正像有人所说，公共法律和私人个体并没有改变父权制家庭的局面。[4]

总的说来，这个时期的新旧观念以一种双螺旋形的形态缠绕在一起，无论是所谓的"新女性"特质还是传统女性气质的胜利都最终取决于女性独立的社会经济地位。下面我

---

① Marilyn J. Boxer and Jean H. Quataert, eds., *Connecting Spheres: Women in the Western World, 1500 to the Present*, p. 205.

② Marilyn J. Boxer and Jean H. Quataert, eds., *Connecting Spheres: Women in the Western World, 1500 to the Present*, p. 205.

③ Marilyn J. Boxer and Jean H. Quataert, eds., *Connecting Spheres: Women in the Western World, 1500 to the Present*, p. 206.

④ Marilyn J. Boxer and Jean H. Quataert, eds., *Connecting Spheres: Women in the Western World, 1500 to the Present*, pp. 210-211.

们将观察工作结构的变化以及和这种变化缠绕在一起的新旧意识怎样影响妇女，并进而考察工作中两性的相互关系。

2. 职场中的进步与保守

战后，许多妇女失去了她们在办公室、工厂、建筑和工程领域的工作，低技能和低工资的工作则为妇女保留了下来。多数西方国家的妇女就业稳定在总工作人数的 1/4 到 1/3 之间，就业水平总体上低于战前（参见下表）：[①]

	妇女就业者占女性总人口的百分比			妇女就业者占就业总人数的百分比		
国家	一战前	1920 年代	1930 年代	一战前	1920 年代	1930 年代
比利时	28.6(1910)	21.3(1920)	24.1(1930)	30.9	25.0	26.3
丹麦	27.2(1911)	24.1(1921)	26.9(1930)	31.3	29.7	30.5
法国	38.7(1911)	42.3(1921)	34.2(1936)	36.9	39.6	36.1
德国	26.4(1907)	35.6(1925)	34.2(1933)	30.7	35.9	35.5
英国	25.7(1911)	25.5(1921)	26.9(1931)	29.5	29.5	29.8
爱尔兰	19.5(1911)	23.5(1926)	24.3(1936)	23.7	26.3	26.2
意大利	29.1(1911)	27.2(1921)	24.8(1936)	31.3	28.7	28.7
荷兰	18.3(1909)	18.3(1920)	19.2(1930)	23.9	23.2	24.1
挪威	23.0(1910)	21.9(1920)	22.0(1930)	30.1	27.8	27.1
瑞典	21.7(1910)	25.8(1920)	28.7(1930)	27.8	29.8	31.0
瑞士	31.7(1910)	31.4(1920)	29.0(1930)	33.9	33.9	31.5

如果更细致地考察农业、工业和服务业的变化，我们就能更加明了造成这些情况的原因，妇女在变迁中所遭遇的处境，以及为了更好地适应这种变迁所做的努力。

当时，农业女工只能在"国际农业工人联盟"这样的组织中发出一点点微弱的声音。而这一组织主要是代表男性农业工人利益的。在 20 世纪 20 年代，雇主和政府出于对社会主义和女权主义的担心以及农业工人的罢工威胁，把工业领域的一些劳工立法扩展到农业领域，一般包括劳动时间、工资和工作条件等，并为农业女工提供了产假一类的基本社会保障。但是，各国立法仍然没有涉及同工同酬问题，甚至连妇女自己也没有强调这个问题。

"国际农业工人联盟"力量太弱，无力为农业女工争得权益，在日内瓦的国际劳工署妇女局在这方面也做得不多。1921 年，国际劳工署妇女局提议把 1919 年公约中的授予工厂妇女的产假津贴政策延及到农业女工。至 1939 年，有 16 个国家签署了这一公约，但其

---

① Renate Bridenthal and Claudia Koonz, eds., *Becoming Visible: Women in European History*, pp. 425-426.

主要的动机不是因为妇女施加的政治压力，而是政府担心出生率下降。因为政府和农业利益集团担心该政策加重农业负担，所以直到1952年，正式公约才签订。[①]

总之，农村对妇女没有什么吸引力，也无法为妇女提供上升的阶梯。因此，农村有产者家庭的女儿们奔到中等城市，她们要么从事一些公共行政或社会服务工作，要么结婚做中产阶级的全职妻子或母亲。农村劳工的女儿们则到城市的工厂或商店寻找工作，这些地方可以满足她们所希望的工资和劳动条件。[②]

当时，西方工业妇女劳工队伍扩大，这不仅是因为农村女孩的不断进入，而且是因为从前的女仆们也加入到这一领域。虽然，当时有些城市妇女结婚后离开了工厂，但由于有农村妇女和女仆的不断补充，这使得女工占就业女性的百分比基本保持稳定，但此时妇女在制造业总人口中的比例却下降了。如图[③]：

国　家	法国		德国		意大利	
年份	1921	1936	1925	1939	1921	1936
女工占就业女性的百分比	22.2%	21.6%	24.7%	27.0%	23.6%	24.1%
女工占工业总人口的百分比	31.2%	27.6%	22.2%	21.1%	27.2%	25.0%

即使如此，男性却仍然抱怨妇女正在抢走他们的工作。问题出在什么地方？分析工业领域工作本身的变化或许可以回答这个问题。因为，现代化不但意味着更多的工作，而且意味着不同的工作。当时，妇女在纺织和制衣等传统工业部门就业的下降速度要快于冶金、化学和电子等工业新领域为妇女提供就业的速度。同时，最新的工业是以合理化的方式组织起来的，即以流水线生产标准部件，实现在一定时间内的劳动生产率最大化。合理化生产方式下的工作需要非熟练，有耐心和细致的工人，而这正是妇女所具有的特点。在合理化生产中，被雇佣的妇女在低工资水平下，从事着高速度，时常是危险的且容易疲劳的工作。男性工人对于妇女的这种"不公平"竞争充满敌意。[④]

西欧大陆妇女在战争中大量进入原来不曾进入过的重工业领域，轻工业领域对妇女就业的重要性开始下降。同时，整个经济的集中和垄断导致妇女很少能找到同样的管理工作。大企业、大公司的领导职位是为男性预备的。[⑤] 况且，男性工头管理下的工作细分

① Renate Bridenthal and Claudia Koonz, eds., *Becoming Visible*: *Women in European History*, p. 429.

② Renate Bridenthal and Claudia Koonz, eds., *Becoming Visible*: *Women in European History*, p. 429.

③ Renate Bridenthal and Claudia Koonz, eds., *Becoming Visible*: *Women in European History*, p. 430.

④ Renate Bridenthal and Claudia Koonz, eds., *Becoming Visible*: *Women in European History*, p. 430.

⑤ Renate Bridenthal, "Beyond Kinder, Kuche, Kirche: Weimar Women at Work", *Central European History*, 6 (June 1973), pp. 159-161.

是不会为妇女留多少机会的。在工业领域，男子和妇女的工作鸿沟扩大了。

工作竞争导致整个西欧大陆的性别冲突。不断变化的工业结构促使妇女从一个工业部门转向另一个部门，这时常给人一种抢走男子工作的错误印象。在经济危机年代，男女工人的敌意达到顶点。[①] 一战后，男性和女性工会会员的关系开始恶化。大量的复员军人造成职场的残酷竞争，大多数人的生活状态恶化。[②] 妇女工会领袖一次又一次地抗议她们的男性同事与老板合谋让妇女下岗，而不是在集体谈判中捍卫妇女的利益。在整个战争期间，关于妇女工作和妇女的工会资格问题的谈论也反映在经济领域。在经济衰退期，争论甚至涉及妇女是否在心理和生理上适合工作的话题。在20年代后期，关于妇女问题的会议常常陷入争论不休的状态。当时，由于家务负担重、参加工作时间短和难以支付会费等原因，妇女参加工会的人数极少，即使她们成为工会会员，也不能得到男性会员的平等对待。女性难以组织起来的现状使她们在性别冲突中处于十分不利的地位。

但形势的发展并非完全悲观。至少，工会在缩小男女工资差别、产假和保护立法方面上取得了一定的成果。到1931年，一些国家正式确认了6周的产假，另有一些国家把它提高到12周，甚至22周。有15个国家规定产假为3—4周。在这种情况下，产假津贴一般为基本工资的50%—60%，低于当时合理的生活标准。事实上，许多妇女在怀孕期间或在生孩子后失去了工作。这是保护性立法给妇女带来的新问题，虽然这一问题早在1919年就由第一届国际工人妇女代表大会提出。妇女代表们强烈地要求，保护性立法应扩大到不论性别的所有工人，这不仅是出于公平，而且是因为这些为保护妇女而颁布的特殊法律，常常会缩小妇女的工作选择范围，迫使她们离开一些工业领域。[③]

除了工业领域之外，当时还有大量妇女从事商业、行政等服务业工作。迅速增长的服务业包括现代经济的多种职业：交通、通讯、办公室和销售工作，以及有时被称为“服务”性的专业工作。[④] 因为这是一个相对不发达的领域，因此性别分工不很明显。在第一次大战期间劳动力短缺时，妇女相对容易进入这一领域。战后，消费产品大增和新的物流技术为成千上万的妇女提供了售货员和收银员的职位。西方兴起的社区服务工作也产生不少工作岗位，这些工作被认为特别适合妇女去做。技术的进步需要有较高教育水平的劳动力和年轻失业者存在的压力这两种因素，促使政府开办更多的学校延长学生们的在校时间，这就创造了新的教师工作。社会的变化为妇女就业结构的变化提供了平台。在德国，

---

① Renate Bridenthal and Claudia Koonz, eds., *Becoming Visible*: *Women in European History*, p. 431.

② Renate Bridenthal and Claudia Koonz, eds., *Becoming Visible*: *Women in European History*, p. 432.

③ Renate Bridenthal and Claudia Koonz, eds., *Becoming Visible*: *Women in European History*, p. 433.

④ Renate Bridenthal and Claudia Koonz, eds., *Becoming Visible*: *Women in European History*, p. 434.

服务业领域的妇女与妇女总就业之比从1925年的18.8%上升到1933年的24.6%。服务业的同期比重由29.4%上升为32.7%。1921—1936年,法国服务业领域的妇女劳工与总妇女就业人数相比,也从27.2%上升为34.4%。同期,意大利从18.3%上升到25%。①

女性在服务领域里工作有一些较为明显的优势条件:工作环境干净,比非熟练的妇女劳工挣得多,比其他职业更有声望。当时,做售货员与职员的女性人数差不多,她们来源于底层阶级或中产阶级下层。她们之所以出来工作主要有以下几点原因:战争伤亡产生无数"剩余"妇女,她们不得不自己养活自己;大企业、大工厂取代了小商店和手工作坊,一些原来的小资产者逐渐贫穷,迫使他们让自己的女儿去就业;经济危机减少了中产阶级的实际收入,原先整洁、优雅和可能有一份职业的中产阶级妇女,不得不与来自底层阶级的妇女一起站柜台,打字和处理文件。在商业或政府中,这些女性几乎没有机会被提升到领导岗位。歧视使她们在工作上找不到出路,偏见无法体现她们的能力,男同事不愿妇女做他们的上司,而是希望她们结婚后就离开工作。② 因此,妇女失去了本该拥有的自信,一旦挣钱差不多就离开工作。老板喜欢雇用年轻姑娘,当她们不再年轻,雇用她们的可能性就消失了。于是,漂亮的女秘书和"轻浮"的售货员成为人们对这些工作的固有印象。在歧视女性问题上,西方各国政府也负有不可推卸的责任,当预算减少需要裁员时,它们往往通过解雇已婚妇女为男性保留文职职位,③并将社会舆论转化为政策,为这种性别歧视行为树立了不良榜样。

从事服务业中层次较高的中小学教师、护士和社会工作的是受过教育的中产阶级妇女。这些职业意味着家事管理、教育和健康保护等传统的家庭职能被国家的组织化管理所替代。在法国,从事公共职业和专业职业的妇女有相当大的增长,但整个服务业妇女就业却只增长了1%,由30%上升到31%。德国在1925至1933年间,女教师人数实际下降了,从97675减少为94140人。同期,护士从117128人增加到131794人,护理继续保持为女性的专门职业。在社会福利工作方面,这一时期从业的妇女从54582人增加到69895人。由于男性的大量涌入,她们的优势变得很不稳定,其从业率由82%降为67%。在意大利,女教师人数在1921到1931年间由128266上升到134985人,由70%上升为73%。同期(1921—1931年),护士由14200增加到19000人,但护理工作只有一半多是女性。二战后,这些领域的妇女就业人数获得惊人的增长,但在银行、保险、金融和交通领

① Renate Bridenthal and Claudia Koonz, eds., *Becoming Visible*: *Women in European History*, p. 436.

② Renate Bridenthal and Claudia Koonz, eds., *Becoming Visible*: *Women in European History*, p. 435.

③ Renate Bridenthal and Claudia Koonz, eds., *Becoming Visible*: *Women in European History*, p. 436.

域的就业人数增长却不大。[①] 这些数字表明，在上述这些职业上，女性从业者人数较多。与此同时，她们也受到了男性的挑战，两性的职业竞争不断加剧。事实上，就是在这些看来是女性家庭职能延伸的职业中，男性也占据优势，其工作岗位的等级地位往往高于女性。

在这个时期，极少数西方妇女具有更高的职业追求，力图成为工程师、医生、科学家、律师、大学教师。在为实现理想而奋斗的过程中，她们遇到了种种的困难与阻力。除受老师、同事和社会舆论的奚落外，她们还遭受着物质上的困境。女生的津贴比男生少，大多数女生无力购买书籍。她们不容易租到房屋，更不容易得到医疗保障。一个德国法律系的女生写道，在班上女生回答问题不论正确与否都会被嘲笑；讨论家庭法时，男生热情地赞美那些压制妇女的法律；当进行十分钟的模拟法庭陈述时，老师总是指定女生做商业法庭的法官。男生们很难接受性格独立的女孩，在他们看来，女孩可以分为两类：准备结婚的淑女和"其他女人"。[②] 大学毕业后，这些有抱负的女性在寻找工作时更是处处受到性别歧视。

总之，此时西方妇女陷于困局之中，法律地位的提高和技术突破似乎向女性展示了职场发展美好前景。但在现实中，男性的偏见仍维护着传统的桎梏，妇女自身内在的自卑感和责任感也是压力所在。妇女不但被要求是好妻子好母亲，而且须是好女儿好姐妹，因而始终要把家庭的利益置于自己利益之上。生育的责任和家务负担使她们不时中断工作，影响其职业前景。但如果她们以职业为先，又会被讥讽为冷血，缺乏女性温良。[③]

3. 生育与家庭观念的变革

一战后，欧洲一些政治家和观察家认为，生育率已下降到了令人沮丧的水平。在他们眼中，所谓的正统欧洲人几乎没有增加。人口统计表明，英国、丹麦、法国、德国、瑞典、奥地利等国的出生率全都低于可以接受的最低水平。于是"种族自杀"论甚嚣尘上，人们把这种现象归因于妇女表现出的新观念、新行为，要求强化传统的家庭观念。[④] 卫道士们预言，随着女性贞节观念的衰减，所有人与人之间的关系将彻底打破。在他们看来，无视法律买卖避孕药物和不顾惩罚进行堕胎就是道德堕落的明显症候。这种情况甚至发生在当时的苏维埃俄国，由于担心人口减少，苏联政府暂时废除了结婚离婚自由和合法堕胎的

---

① Renate Bridenthal and Claudia Koonz, eds., *Becoming Visible*: *Women in European History*, pp. 436-437.

② Renate Bridenthal and Claudia Koonz, eds., *Becoming Visible*: *Women in European History*, p. 438.

③ Renate Bridenthal and Claudia Koonz, eds., *Becoming Visible*: *Women in European History*, p. 438.

④ Renate Bridenthal and Claudia Koonz, eds., *Becoming Visible*: *Women in European History*, p. 439.

法令。

在斯堪的纳维亚诸国,因各国历史环境和现实条件各异而措施不同。瑞典的中立地位使它在一战中伤害较小。在一对著名夫妇——社会学家阿尔瓦·迈尔达(Alva Myrda)与她的丈夫经济学家冈纳·迈尔达(Gunner Myrda)领导之下,瑞典通过扩大向已婚和未婚妇女开放经济机会,并使妇女将工作与做母亲成功结合来解决人口危机。阿尔瓦·迈尔达认为,做母亲是最值得社会尊重的角色。他在1962年所著的《变化着的男女角色》中说:"早在30年代,我们就成功地说服皇家议会接受这样的观念:已婚妇女的事业应被看作'正常的'。这是第一次把妇女的家庭作用看作是辅助的,非常重要的,官方的要求不应是'已婚妇女去工作的权利',而应是'职场妇女结婚和做母亲的权利。'"①这种做法可以被看作解决问题的一种尝试。

在家庭规模上,传统的大家庭观念仍有市场,但优生和新的财富观得到了普遍支持。新马尔萨斯联盟于1870年在英国、荷兰、法国和德国成立后,一直宣扬新的生育观:底层阶级要么减少生育使家庭支出与工资收入相吻合,要么自由生育使工资去适应需求。随着公众看法的慢慢转变,家庭规模在持续缩小。出现这种结果有几个方面的原因:首先,不少妇女外出工作;其次,婴儿的存活率上升;第三,人们希望在社会阶层方面向上流动,提高家庭的生活水准;第四,城市化造成了城乡居民对生养孩子需求的差异,在农村,父母需要孩子帮助干农活,在城市,养育孩子则成为父母的义务;第五,战后时期家庭职能发生了一些新的变化,人们更加关注家庭内部关系和个性发展,家庭其他职能退化。② 在家庭规模变小和孩子少的情况下,女性可以从无止境的生育怪圈中解脱出来,设法解决工作与家庭角色的冲突,父母与子女的感情加深,也有利于提高孩子的教育质量。

当然,当时西方大多数妇女难以担负起社会和家庭的双重负担。她们中许多人来自农村,文化程度很低,在快速变化的世界中,她们几乎没有能力承担社会职责,与外界的联系也很少。她们只能在生活上照顾孩子,无法在知识上指导他们,从而失去了对子女的权威。女教师填补了这个真空,她们大多在幼稚园、小学工作,其中不少人为了工作而牺牲了自己的家庭生活。这类妇女作为母亲和教师,在另一种意义上疏远了孩子,③使父权制在母亲和孩子观念上固化了。

在这个时期,不仅妇女与子女的关系发生了改变,而且传统的夫妻关系也受到了考

① Marilyn J. Boxer and Jean H. Quataert, eds., *Connecting Spheres: Women in the Western World, 1500 to the Present*, pp. 214-215.

② Renate Bridenthal and Claudia Koonz, eds., *Becoming Visible: Women in European History*, p. 440.

③ Renate Bridenthal and Claudia Koonz, eds., *Becoming Visible: Women in European History*, p. 441.

验。法兰克福学派的代表人物阿多诺(Theodor Adorno)和霍克海姆(Max Horkheimer)在其著作《权力与家庭》中,详细考察了政治行为与家庭的互动作用。他们通过问卷调查发现,父权主义与专制主义倾向的性格发展有关。① 另一位心理分析学家威廉·赖希(Wilhelm Reich)在其著作《1933年法西斯主义的大众心理》中也得出了类似的结论。二战后一些德国社会学家认为,家庭内的权力分配正逐渐趋向平等。当妇女投身工作时,平等的婚姻伴侣关系就会削弱父权制。②

毋庸置疑的是,妇女在某些方面的传统角色减弱了。女性参加工作使她们有更多自我发展的机会,但又常常受到各种条件的限制。一些妇女面临着两难困境:做家庭主妇或出外工作须择选其一,只有少数"女强人"成功地解决了这一难题。此外,20年代的怀旧情结固化了社会的反应,世界性经济大危机造就了保守势力的上升,有人据此认为,一战前后的妇女运动"失败"了。③ 事实表明,要实现男女两性的平等还有很长的路要走。

4. 纳粹主义对女性的控制和奴役

与此同时,20世纪20年代,随着法西斯主义的出现并陆续在一些国家取得政权,妇女的角色地位,在这些国家发生了不同于前述保守主义回潮所带来的变化。以最早的法西斯国家意大利为例,墨索里尼将社会生活的所有方面都置于法西斯国家的控制下。"一切属于国家,国家掌握一切"。④ 当这个口号付诸实施之时,墨索里尼不仅开始掌控公共生活领域而且将其触角伸向私生活领域。这意味着以前许多由教会和家庭执行的社会任务为政府所取代,如教育年轻人、控制生育、控制妇女组织等,这当然是为了创造符合纳粹价值观的大众文化。法西斯主义特别强调男性价值:战斗、力量和勇气,反对女权主义。他们觉得妇女要求工作及其权利,是现代世界的"退化",因此坚持妇女应该回到家庭中去的主张。反女权主义是纳粹意识形态的中心部分。"男人应该具有强烈的男子气概,妇女应该具有旺盛的生育能力",这是墨索里尼经常给女权主义者的训示。但法西斯主义并没有侵入大多数妇女的日常生活,特别是占半数人口的意大利农村。像许多国家一样,墨索里尼政府执行着一条增加出生率的政策。其具体措施有:对父亲进行免税,收取单身税,为母亲设立保险和对拥有大家庭的父亲实行优先雇佣等。堕胎成为叛国的罪行,出售避

---

① Renate Bridenthal and Claudia Koonz, eds., *Becoming Visible: Women in European History*, p. 441.

② Renate Bridenthal and Claudia Koonz, eds., *Becoming Visible: Women in European History*, p. 442.

③ Renate Bridenthal and Claudia Koonz, eds., *Becoming Visible: Women in European History*, pp. 442—443.

④ George Selders, *Sawdust Caesar*, Harper and Row, New York, 1935, p. 432; Alexander de Grand, *Fascism Italy and Nazi Germany: The"Fascist"Style of Rule*, Routledge, New York, 1995, pp. 3-4, 15-31.

孕品的人会受到严惩。就妇女就业领域而言，在整个法西斯统治时期，墨索里尼一直反对妇女就业，他认为，工作是一项具有男子汉气概的行为，妇女只会使国家的力量弱化。然而，发展经济的需要又不得不吸纳妇女进入劳动大军。因此，法西斯提供了一种将妇女整合进公共生活的新模式：即默认女性进入社会公共领域但不给予权利。在对待战争的态度上，意大利妇女表现出两种截然不同的态度。在战争的最后两年，当所有获胜的可能破灭后，一小群极度狂热的法西斯女青年骨干分子穿上军装，拿起武器反对盟军的"入侵"，并为她们的领袖战斗到死。① 另外一些妇女则投身到反对法西斯的斗争中去。

法西斯国家的妇女政策最具典型性的是纳粹德国。德国妇女在纳粹统治时期，一方面在社会宣传上备受尊崇，但在实际生活中却无实际权力并受男性支配；妇女在私人领域有所发展，但在公共领域却对国家政策的制定，甚至有关妇女本身政策的制定都没有产生丝毫的影响；另一方面，妇女无论是作为整体还是个体都失去了自我，成为纳粹政权的服从者，也成为"国家社会主义"的牺牲品。

种族主义 种族主义是纳粹政策的中心，也是其性别政策的中心。德国纳粹政权不存在专门的成体系化的妇女政策，而是体现在它的人口政策、家庭政策、社会政策以及妇女组织等诸多方面。

按照纳粹种族主义观点，人类历史不是阶级斗争的历史，而是种族斗争的历史；雅利安种族是世界上最优秀的种族；犹太人是劣等种族，是一切罪恶的根源，应该加以驱逐和灭绝。② 因此，纳粹的人口政策表现为：培育"优秀种族"，淘汰"劣等种族"。

希特勒在《我的奋斗》中就反复强调种族价值和选择、保存"优秀"分子的重要性。掌权后，希特勒与其他纳粹领袖在关于种族和人口政策所进行的一系列讲话中指出："异族"——特别是犹太人的影响使德国"文化和道德沦丧"，国家正受到"种族混杂"，身心遗传病患者，高于平均出生率的"劣等"种族的威胁。德国人口的20%(1200万)不配做父亲和母亲；相反，"健康的德国人"应该提高30%的生育率；"为使遗传健康的后代增加，就要阻止遗传不健康的种族生育"。③ 在这一意识形态指导下，1933年6月，纳粹第一个人口政策法规定，为优化纯洁德国种族，必须强制优生绝育，必要时可动用警察。为此，纳粹政权建立了250个特别绝育法庭，由法官、心理学家、遗传学家、人类学家和医生组成，由他们来遴选绝育对象。同时，大量的宣传运动开展起来，试图向人们说明这种政策的必要性

① Maria Fraddosio,"The Fallen Hero: The Myth of Mussolini and Fascist Women in the Italian Social Repulic (1943-5),"*Journal of Contemporary History* 31 (1996), pp. 99-124.

② 详细论述请参阅朱庭光主编：《法西斯新论》，重庆出版社1991年，第6章。

③ Georges Duby and Michelle Perrot, gen. eds., *A History of Women in the West*, vol. 5, pp. 151-152.

和好处。

按此政策，德国妇女被划分为"有价值的"妇女和"堕落、劣等"的妇女。前者被看成是"人民的母亲"，应为国家的复兴多多养育孩子；后者被认为不宜生育孩子。希特勒在一次谈话中，将妇女分为四类：(1)鼓励生孩子的妇女；(2)不反对其生孩子的妇女；(3)不应该生孩子的妇女；(4)通过绝育措施阻止其生孩子的妇女。① 这种划分，使犹太妇女首先成了纳粹生育控制政策的牺牲品，她们被认为是"劣等种族"和"劣等人"被强制绝育。1942年3月以后，犹太妇女开始被送进死亡营，对她们惯常的绝育措施逐渐减少，代之以集体屠杀。在二战期间，被屠杀的600多万犹太人中，其中一半是妇女。除犹太人、吉卜赛人和黑人外，绝育政策的另一个重要对象是一些身心有疾者，其中2/3为妇女。

妇女自由堕胎会影响德国的生育率。针对这一做法，1935年纳粹将有关堕胎问题的条款加进到绝育法中，规定堕胎为非法。但却允许犹太人和吉卜赛人合法堕胎，因为她们这样做是在"种族自杀"；对不按规定怀孕的"劣等种族"和"劣等人"进行强制堕胎。为此，纳粹关闭了性咨询中心，对堕胎者的起诉逐年上升，最高达一年7000人。② 1943年的法律更加严厉，规定对堕胎医师实施死刑，因为他们"不停地伤害德国民族的生命"。但在实际执行中，该法多适用于对德国妇女堕胎的东欧医生。③ 这样，一个非政治问题变成了政治问题。纳粹时期，约30万妇女在"优生"的名义下堕胎，大多数属于强制堕胎并伴随着强制绝育。堕胎和绝育成为纳粹规范妇女生育行为的双剑，制约了妇女基本的生存权利。因此，在优生表象下的德国人口政策，实际蕴涵的是种族主义实质，德国妇女深受其害。"生育营"的建立集中体现了这一实质。30年代后期，纳粹开始挑选纯种、健康的雅利安女孩集中隔离起来，然后再挑选纯种、健康的雅利安男子加入她们中间，进行未婚生子。戈培尔要求这些妇女以"严肃的道德感"来配合这种政策，使之"一夜之间降临一千个雅利安健康后代"。④

为了提高种族纯洁，纳粹一方面提升所谓雅利安人多子女家庭的地位；另一方面把少数民族作为主要的反生育对象。雅利安妇女堕胎行为受到严厉惩罚，同性恋者被逮捕并关进集中营，与那些被认为是劣等种姓的犹太人和吉卜赛人为伍，禁止好逸恶劳和水性杨

---

① Ann Taylor Allen, "German Radical Feminism and Eugenics 1900-1918," *German Studies Review*, No. 2 (1989), pp. 45-46.

② Bonnis S. Anderson and Judith P. Zinsser, *A History of Their Own: Women in Europe from Prehistory to the Present*, vol. 2, p. 304.

③ Leila J. Rupp, *Mobilizing Women for War: German and American Propaganda 1939-1945*, Princeton University Press, 1978, pp. 14, 32-33.

④ Renate Bridenthal and Claudia Koonz, eds., *Becoming Visible: Women in European History*, p. 469.

花的妇女结婚；并且对犹太人进行野蛮地屠杀。[①] 这种政策还波及到德国的占领区，纳粹以各种方法降低当地的出生率，甚至通过让妇女去做易于流产的工作来达到目的。结果，工作成为一种反生育政策的工具。在纳粹的人口政策中，反"劣等种族"生育的政策具有优先性。

纳粹利用社会福利政策的导向作用推行种族主义的生育政策。纳粹上台后，为体现所谓的国家社会主义，对家庭、个人等有组织地实施了一些社会福利。但国家福利措施主要作用于父亲，有选择地对贫穷母亲救济或给予荣誉地位。而所谓"不良种族和劣等人"的妇女与儿童则没有任何福利措施。根据1933年的绝育法、1935年的纽伦堡法和禁止重婚法，只有合乎规定的家庭和妇女才能得到津贴。德国劳工阵线、纳粹党的分支机构、个别雇主为受雇妇女给予某些特别补贴。纳粹党福利局设立了"妇女、儿童司"，向"有价值"的多子母亲、怀孕妇女、寡妇、离婚和未婚妇女提供救济，帮助她们就业、孩子入托、休假和家庭理财。1936年，希姆莱创立了一个组织，援助那些怀有种族精英孩子的妇女，以防止她们堕胎。因此，纳粹德国的家庭福利措施不仅只是一种家庭援助政策，从严格意义上讲也是人口政策的一部分，是种族主义在家庭政策上的表现。

这种明显的种族主义特征还体现在对女子的教育和对妇女的家庭和职业培训的课程上。纳粹德国的女子课本，只有3页讲德国女性光荣的一面，却有12页进行种族主义宣传，详细地阐述了不要与犹太人、吉卜赛人和其他有遗传病的人结婚。[②] 这种教育同时伴随着法律保障，1935年9月的纽伦堡法禁止德国犹太人、吉卜赛人和黑人与其他德国人结婚和发生性行为；犹太妇女违反此法将受重罚。

此外，在纳粹控制下的德国妇女组织也将"种族和人口政策"置于其组织活动的中心。除禁止"劣等"种族妇女成为德国妇女组织成员外，她们常以反犹太言论将民族和种族复兴置于优先地位。妇女组织的领袖们坚持，"妇女问题"是第二位的东西，首先要为"种族退化"而斗争，要有为"民族"牺牲的精神；在她们看来，旧时妇女运动的错误在于"把妇女当作民族的一个特殊团体强调"，性合作应优先于"妇女问题"。尽管妇女应该离开政治事务，但应该进行"政治性思维"，这意味着"不要问国家社会主义为妇女做了什么，而要问妇女为国家社会主义做了什么"。妇女首先是德国人，然后才是妇女。根据这种观点，性别差异不是目的、身份和利益的区别，而是为实现同一目标，分工有所不同。妇女结婚、生子

---

① Philippe Ariès and Georges Duby, gen. eds., *A History of Private Life*, vol. 5, pp. 521-522.

② Gisela Bock, "Nazi Gender Policies and Women's History", in Georges Duby and Michelle Perrot, gen. eds., *A History of Women in the West*, vol. 5, p. 155.

必须与关系民族命运的种族与绝育法相吻合。[①]

据此，我们认为，种族主义政策不仅是纳粹的一种制度化的国家政策，它作用于纳粹政策的所有方面，而且也是一种改变妇女的运动，其政策具有区别于同时代其他国家妇女政策的典型特征。这一政策不但破坏了德国母亲与妻子的形象，更重要的是，种族主义思想渗透到德国社会的各阶层、所有性别，特别是妇女和年轻一代身上，其消极作用是巨大的。目前，国内外许多研究纳粹妇女的学者没有触及种族主义，大部分研究种族主义的人又没有触及妇女。因此，强调下面一点是必要的：种族主义不但是纳粹意识形态的中心，而且也是纳粹性政策的中心。

实利主义 德国纳粹时期的妇女历史并非呈线性发展，在不同阶段，其妇女政策视目的需要而定。无论从早期鼓励妇女待在家里，还是后来希望妇女为战争服务，德国纳粹的妇女政策都体现出一种基本倾向：实利主义。这种实利主义表现在纳粹选举策略、家庭政策和社会政策诸多方面。

在纳粹的意识形态中，妇女是“不完全”的人；文明由男人创造，妇女是文明的敌人；妇女的道德观和公正感均不如男人；妇女的“天生命运”就是做母亲。[②] 因此，妇女需要待在自己的世界：相夫、生子、教子、做家务。纳粹认为，妇女从事工作“是在受压迫和折磨……日复一日，经受着枯燥和痛苦”，[③]它号召德国妇女从“解放中解放出来”，回到家庭过幸福的生活。[④] 这种理念源于纳粹希望恢复家庭与社会的父权制，因为魏玛的民主体制已使传统的父权制松弛，也使性关系和家庭生活发生了变化。同时，由于经济危机的后果，当时德国社会普遍有一种妇女“偷”走了男人工作的印象。所以，几乎所有政治党派都要求妇女离开她们原先的工作，以腾出位置给男性就业。但只有纳粹将这一政治理念付诸实践。为了欺骗妇女，获得妇女的选票，在选举中纳粹又竭力否认当政后将把妇女逐出原岗位，反而允诺将保持妇女特别是单身和无助妇女的就业水平；声明只有有孩子的母亲才离开工作岗位——如果她们不愿工作的话。这样，支持纳粹的妇女在1932年选举中比例大增。这种实利主义还表现在纳粹的选举纲领上。希特勒在选举中答应，纳粹当政将使每个丈夫找到工作，每个未婚妇女找到丈夫。由于这两点讲出了妇女的真正需求，从而“触

---

① Georges Duby and Michelle Perrot, gen. eds., *A History of Women in the West*, vol. 5, p. 172.

② Bonnis S. Anderson and Judith P. Zinsser, *A History of Their Own: Women in Europe from Prehistory to the Present*, vol. 2, p. 218.

③ Claudia Koonz, *Mothers in the Fatherland: Women, the Family and Nazi Politics*, St. Martin's Press, New York, 1987, p. 75.

④ Claudia Koonz, *Mothers in the Fatherland: Women, the Family and Nazi Politics*, p. 105.

动了千百万妇女的内心情感”。[①] 对当时德国妇女来说，权利平等是次要的东西，200万“过剩”妇女找到丈夫，男子找到工作才是最重要的。纳粹迎合这种心理，弥补了在以前选举中支持纳粹的选民多为男性的性别鸿沟。

可是当选举目的达到后，妇女首先成为了纳粹政策的牺牲品。希特勒一上台，“回报”妇女的第一个措施就是要求所有受雇妇女放弃她们的工作，为男性空出就业机会。其口号是：“你不适宜事业生活，学习做妻子吧”、“工作不会为你带来幸福，只有家庭才是你合适的领地”。但妇女并没有热烈响应，于是纳粹在1933年6月通过强制立法规定，立刻解雇其丈夫在政府工作的所有妇女，35岁以下的妇女不能获得长期职位。私人雇主被告之：如果其丈夫或父亲支持的话，立刻解雇女雇员。法令颁布后，纳粹立刻解雇了全部的女公务员和在学校的全部女行政人员。德国妇女协会联盟主席杰特拉德·鲍默尔第一个被解雇，随后成千上万的妇女从公共领域中被驱逐。据估计，法令实施一年后，就业妇女就从1100万减少到600万。[②] 对这一明显侵害妇女权利的政策，戈培尔居然堂而皇之地说：“让妇女从公共生活中走开，是恢复她们既有的荣誉……”。[③] 在职妇女也受到各种形式的贬低，如政府命令不再授予高学历的妇女以“博士夫人”的荣誉，以保留给男博士或教授的夫人使用；[④]对男性称他们的官衔（如某博士、经理），对女性则以简单的夫人、小姐呼之。

尽管纳粹领导人一直强调所有妇女的首要任务是做母亲，但这一角色定义则视纳粹党和国家需要而在不同时期有不同的作用。夺权之初，纳粹要求有工作的妇女从工作岗位上离开，将全部身心用于家庭。到1936年时，为了扩军备战，纳粹改变了要求妇女待在家里的政策，转而要求已婚妇女必须在工厂、办公室和田间劳动。1938年，政府为妇女进入工作市场还专门设立“服务年”，[⑤]向希望工作的妇女提供帮助。为了给这一政策转变找到根据，纳粹历史学家对妇女经济地位进行探源，得出了妇女于中世纪和工业革命早期在生产中起主要作用的结论。他们认为，现在是妇女回到生产活动的时候了。工业心理学家从方法上进行探源，认为在办公室和工厂工作将使妇女更加幸福。妇女参加工作的诸多限制正悄悄地消失，反对女子读书、做教师和进入其他职业的人也在下降，甚至接受政府婚姻贷款的条件也必须是女方在婚后寻找工作。

最后，当德国发动全面侵略战争以后，纳粹把妇女完全纳入为战争服务的轨道，其妇

① Hilda Browning, *Women Under Fascism and Communism*, Lawrence, London, 1934, pp. 1-2.

② Renate Bridenthal and Claudia Koonz, eds., *Becoming Visible: Women in European History*, p. 464.

③ Eleanor S. Riemer and John C. Fout, eds., *European Women: A Documentary History 1789-1945*, New York, 1980, p. 111.

④ Claudia Koonz, *Mothers in the Fatherland: Women, the Family and Nazi Politics*, p. 206.

⑤ Carol R. Berkin and Clara M. Lovett, eds., *Women, War and Revolution*, New York, 1980, p. 38.

女政策再次发生剧烈转变——为解决日益严重的劳动力短缺，通过立法要求所有妇女到就业办公室登记。按性别进行分工的规则消失了，妇女进入建筑、军工厂、船坞和铸造厂工作。政府的宣传也故意"忽视"妇女从事这些"不合适"的工作，并且鼓励妇女到占领地为军队工作。[①] 这时，纳粹关于妇女的宣传内容也大大有别于从前，"妇女不仅是民族永远的母亲，而且是男子工作和打仗的战友"；"家"变成了"德国最需要的任何地方"。希特勒开始赞扬妇女"带着铁的纪律加入到战斗的德国团队中"。[②] 这种政策的后果使德国官方登记的妇女就业人数从1933年的1150万上升到1944年的1490万，占整个德国国内劳动力的53%。[③] 二战期间，约250万外国妇女工作在德国的工厂和农村。她们大部分来源于东欧，被强迫工作，其"种族价值"越低(最低者是俄国妇女，其次是波兰妇女)，在繁重的军工厂工作的人数就越多。

纳粹的家庭政策是围绕提高德国民族的生育率和培育具有纳粹理想的年轻一代而展开的。它试图通过激励和强制等多种方式促使"优势种族"妇女生更多的孩子。只要女方同意在结婚后不工作，结婚夫妇将自动获得一笔550马克政府贷款(相当于当时一个工人年收入的1/3)。第一个孩子出生后，贷款减免1/4，到第四个孩子生下来时，贷款全部减免，这使结婚具有经济诱惑力。从1933年8月到1935年春，共有50万夫妇利用了该贷款项目。这使德国在实施此项计划的前三年就生育了20万个孩子。为进一步鼓励结婚和养育孩子，纳粹还给予精神激励。生育9个孩子(或前7个均是男孩)的父母，在下一个孩子出生时，可以选择任何一个政府官员做孩子的教父。到1936年时，希特勒就是1200个这类孩子的教父。生育多的妇女在母亲节受到特别奖励。生育4个孩子的母亲获铜质勋章，6个以上获银质勋章，8个以上获金质勋章，以体现"孩子使母亲尊贵"的理念。[④] 为进一步给予生养孩子的家庭以经济鼓励，政府提高对非婚、无子者的征税，降低或减免结婚、生子者的征税。减税从1934年起执行，以后逐渐加大力度。自1936年起，政府开始发放儿童月津贴，对象是每个家庭的第五个孩子起；1938年后，降低为从第三个孩子就开始发放。

在保护家庭稳定的口号下，纳粹的措施之一就是打击街头妓女，希特勒认为她们是"犹太化"的恶性表现；同时，大规模开展反"双倍收入者"运动(双倍收入者指男性从事第二职业，或有家庭依靠的妇女参加工作)。纳粹认为，个人的"工作权利"原则上必须服从

---

① Renate Bridenthal and Claudia Koonz, eds., *Becoming Visible: Women in European History*, p. 468.

② Renate Bridenthal and Claudia Koonz, eds., *Becoming Visible: Women in European History*, pp. 466-467.

③ Georges Duby and Michelle Perrot, gen. eds., *A History of Women in the West*, vol. 5, p. 158.

④ Jill Stephenson, *Women in Nazi Society*, Harper and Row, New York, 1975, p. 49.

于社会需要，工作不能按抽象的个人权利，而须按家庭需要进行分配。[①]

然而，纳粹的家庭政策与许多其他方面的政策一样具有矛盾性。在复兴、稳定家庭的口号下，没有任何政治制度像纳粹那样破坏家庭，把家庭变为国家政策的工具。根据纳粹的观念，家庭应服务于社会之目的。因此，结婚不是爱的结果，而是政治责任的体现和健康与种族政治需要的基石；爱与婚姻不仅是个人的事情，它应该包含到"民族的整个共同体"中；家庭的社会化实现要由军队、青年组织和学校来完成。所以，家庭成员要融入各种社会组织如青年团、妇女协会中。"男孩的教育不能留给家庭去做，必须掌握在党的手中……他们学习主宰别人比学习文化知识更重要"，而"女子教育首先是身体训练，然后才是智力、精神教育；妇女教育的目的是培养母亲"。[②] 母亲必须以这样的纳粹信仰教育她们的孩子，不这样做，有可能要冒被自己孩子举报的危险。未来的纳粹社会不鼓励以家庭为中心的生活，而鼓励以同性别的组织生活为生活常态，这在第三帝国的最后几年已经变得十分明显了。从表面上看，这似乎表明纳粹政权强调稳固的家庭生活，为妇女提供安全和地位，但实际上却是在破坏家庭团结的根基。孩子们被征调到纳粹青年营，纳粹教育很早就筑构了他们的世界观。这种反家庭的政策分裂了母子亲情。当时，一个普遍的笑话反映了人们对这种组织生活的无奈："我父亲是冲锋队员，我哥哥是党卫军，我弟弟在希特勒青年团，我母亲入了国家社会主义妇女联盟，我是德国女子联盟的成员。""那你们什么时候团聚呢？""哦，是的，我们每年在全国党代会上见。"[③]此外，如果孩子的父亲是雅利安人，母亲是犹太人，那么为避免暴露在"犹太影响之下"，孩子将在与父母隔绝中成长；犹太家庭被迫把孩子送到国外接受教育，留下的只有"我们的孩子都成信件了"的悲叹。从这一层面上看，纳粹的"复兴家庭"政策并非是家庭至上和母亲优先的政策。若将纳粹的家庭政策归结为尊崇母亲，这不仅忽视了妇女在其中所受的压迫，而且也不能正确地理解法西斯社会。纳粹宣称"家庭是国家的中心"。这仅是一个口号而已，其核心目的在于破坏传统的家庭价值观，而使其顺从纳粹意识。在整个德国社会史中，家庭的作用从来没有降低到如此微弱的地步，妇女也从未经历过如此专断的政策压制。

纳粹的家庭与福利政策在相当大的程度上体现出男子中心主义的特点。这除了要求妇女把工作机会留给男子，结婚妇女应相夫、生子，未婚女子去干那些与其身份吻合的工作外，还有一个重要措施就是让男子成为家庭财政的中心。结果，所有针对妇女与儿童的家庭津贴都发给了丈夫和父亲，而不是妻子和母亲。未婚生子的妇女接受津贴必须在其

---

① Leila J. Rupp, *Mobilizing Women for War: German and American Propaganda 1939-1945*, pp. 39-40.

② Philippe Ariès and Georges Duby, gen. eds., *A History of Private Life*, vol. 5, p. 517.

③ Georges Duby and Michelle Perrot, gen. eds., *A History of Women in the West*, vol. 5, p. 170.

父亲授权下才行。父亲因多生子女得到精神荣誉奖励的同时,还可以获得国家财政的物质奖励,但母亲只被授予荣誉称号或被宣传,而得不到物质奖励。纳粹党也曾给予母亲们些微的补贴,但该项经费的来源却不是国家财政,而是妇女组织自身的会费、募捐和其他活动所得的款项。此外,1942 年所制定的妇女保护法也不全是为了保护孕妇和年轻母亲,它也有鼓励那些既工作又做母亲的妇女的意图。而且,它保护的对象既不包括犹太妇女和其他"不良种族"的妇女,也不包括在德国工作的外国妇女特别是苏联和波兰妇女。

"纳粹运动是一场男人的运动……它没有为妇女留下任何政治空间",[①]妇女在纳粹总体政策中始终只具有工具性意义。这种工具性意义不但从纳粹的观念意识和妇女政策上体现出来,而且还贯穿于整个纳粹存续之始终。从其建立到垮台,纳粹党始终没有把妇女看作是与男子一样平等的人,而是将之作为政党工具、服务工具、生育工具、劳动工具纳入到其体制和政策之中。

四、第二次世界大战中的妇女

在第二次世界大战中,妇女们发挥了远远超过一战时的作用,她们不但维持了工业的正常运转而且还使工业产量有所增加。例如,在英国,大约有两倍于第一次世界大战时期的妇女为军事工业和军队服务。[②] 在这场战争中,妇女的位置发生了历史性的变化。从 18 世纪到第一次世界大战,西方妇女和儿童在战争中都被视为多余的人。所有这些在第二次世界大战中发生了变化,战争变成了"总体战",不再局限于前线地区和士兵之间的拼杀,而是整个国家都处于战火波及的范围。作为交战国国民的妇女和儿童,不再能免于战火的洗掠,妇女成为战争的直接参与者和受害者。

1. 卷入战争:西方民主国家妇女的悲剧

下面的描述是妇女成为战争受害者真实一幕的场景:1940 年 7 月,德军闪电突入法国的卢瑞村,布尔乔亚夫人(Mme Bourgeoise)大吵大闹并挥动她的拳头,两个德军士兵抓住她,将她绑在一棵花园里的树上,并恐吓她女儿在 24 小时内不许解开绑住她的绳子,以便警告其他人。[③] 在法国东南部的村庄奥拉多(Oradour),德国纳粹在市政广场上射杀男子,将妇女和儿童驱赶进教堂,然后将教堂点燃。虽然玛格丽特·鲁弗朗克

---

① Renate Bridenthal and Claudia Koonz, eds., *Becoming Visible: Women in European History*, p. 457.

② Angus Calder, *The People's War: Britain 1939-1945*, New York, 1969, p. 331.

③ David Schoenbrun, *Soldiers of the Night: The Story of the French Resistance*, New York, 1980, p. 36.

(Marguerite Rouffranche)得以从窗户中逃生,但她的两个女儿和外孙却死于其中,其他人也被全部烧死,鲁弗朗克是唯一的幸存者。① 占领区的妇女们同时还遭受饥饿和因军队调动所产生的劫难。卡特丽娜·巴内斯(Catherina Barnes)当时18岁,她回忆起了1944—1945年在罗特达姆(Rotterdam)度过的冬天:"有一个星期你不能出去,仅靠一口袋干豌豆过活,我们中间有三个人死了,由于外面的战斗使我们不能埋葬他们,所以只是用床单覆盖或包裹住他们。"②

妇女在二战中受到的直接伤害还具有某种现代特征。之所以这样说,是因为这种伤害方式在历史上所有"野蛮"战争中从未出现过,但却出现在以"文明"著称的现代社会之中。妇女、男子和儿童被纳粹大量运到集中营、劳工营和灭绝营,这种战争经历在人类历史上是前所未有的。在死亡集中营,妇女和儿童首先被送进毒气室和焚尸炉里。夏洛特·德尔波(Charlotte Delbo),一个奥斯威辛的法国幸存者曾记述道,玛莉年迈的父亲和母亲还有她幼小的兄弟姐妹刚刚到达就被直接送进了毒气室。③ 这是因为纳粹允许在集中营里生存的是年轻、健康和没有小孩的人,但是这些人也往往由于集中营里恶劣的生活而仅剩下半条命。而她们之所以得以生存,是因为纳粹需要她们去收集死者的衣物、假牙、头发和其他东西,需要她们将死者拖出毒气室和清理焚尸炉的灰烬,或者在集中营的医院和妓院里工作。当时,强奸是不经常发生的,很多集中营里有专门为德国士兵和党卫军准备的妓院,如设在奥斯威辛臭名昭著的"多尔屋",该机构习惯于让女警卫控制妇女,女警卫像男人们一样残酷地对待妇女。

集中营有男女之分,集中营里的女性由于难友间的相互帮助,而适应了集中营残酷的生活。在集中营里,妇女们组成临时家庭,彼此成为"姐妹",或者"母女"。④ 她们一起分享食物,一起打扫住所,一起庆祝节日。几乎所有的女性幸存者都说,如果没有其他人的帮助和鼓励,她们将不能生存下来。数以百万计的欧洲人死于集中营和战场,在战争结束前的6个月,上万妇女被从奥斯威辛转移到另一个死亡集中营,她们睡在雨中帆布下的污泥中,《安妮日记》的作者安妮·弗兰克就在其中。一些人幸存下来,而安妮却如同二战中无数可爱的儿童那样在战争结束前的两个月离开了人世。⑤

---

① David Schoenbrun, *Soldiers of the Night: The Story of the French Resistance*, p. 378.

② Jean McCrindle and Sheila Rowbotham, eds., *Dutiful Daughters: Women Talk about Their Lives*, University of Texas Press, 1977, p. 89.

③ Charlotte Delbo, *None of Us Will Return*, translated by John Githens, Boston, 1968, p. 35.

④ Bonnis S. Anderson and Judith P. Zinsser, *A History of Their Own: Women in Europe from Prehistory to the Present*, vol. 2, p. 319.

⑤ Bonnis S. Anderson and Judith P. Zinsser, *A History of Their Own: Women in Europe from Prehistory to the Present*, vol. 2, p. 320.

这种极端的苦难直接促使沦陷区的妇女们投入到反法西斯的最前沿。曾经组织过1915年海牙妇女大会的罗莎·马努斯是一名献身于国际和平事业的荷兰妇女，她是首先起来反对德国军队进入阿姆斯特丹的人之一。最后她死于集中营。挪威和平主义者西格丽德·兰德在纳粹的鼻子底下偷运犹太人到瑞典，她也目睹了自己18岁正在读高中的儿子因出版反纳粹报纸而被盖世太保抓走。在1941年，苏联的瓦伦蒂娜·克雷佐杜波娃作为一名女飞行员参加了在莫斯科召开的世界妇女反法西斯大会。

在法国，1940年6月之后，接近160万妇女失去了自己的丈夫。她们不得不承担起维持家庭的经济重担。有人提到，当时在城市、工厂、商店等各个地方，到处都是妇女，整个法国成为一个妇女的国度。到1943年，在广大的被占领地区，妇女们参加了各种形式的抵抗行动。妇女们作为信使、接待员和情报员在下水道中行动，出版秘密报纸，执行护理任务。人们认为，妇女们在机敏、保密、反应敏捷和执行命令方面比男子做得更加出色。一个年轻的女化学家珍妮·波埃克(Jeanne Bohec)就是其中的代表，她从英国潜回法国训练男子制造炸药。[①]

在战争末期，艰难的生活也是对西欧妇女勇气的一种挑战。在极端恶劣的环境下，欧洲妇女积极行动起来抵抗纳粹的统治。妇女在抵抗运动中的行动，包括为流亡者提供住所和传递信息，从公布地下时事通讯到参加针对纳粹的暗杀以及帮助占领区之外的人潜入等等。[②] 法国的玛丽·玛德莱娜·福卡德(Marie-Madeleine Fourcade)指挥一个拥有3000成员的抵抗组织，其中很多人献出了自己的生命。

支持正面战场抵抗纳粹侵略者的英国、加拿大和美国的妇女们也都前所未有地加入了军事组织。据估计，在英国军队中，有45万名妇女承担着军事或辅助岗位。在军事领域中工作的英国妇女都是未婚和没有小孩的。她们在田间劳动，或者为军队提供服务。农村妇女组成“土地军”，使没有男性耕种的农场获得了更大的丰收。城市妇女在工厂中工作，或者加入陆军、海军和空军。在那里，她们学会了操作无线电和转换密码，学会了操作防空武器和探照灯，也学会了操作运载男性士兵的飞机和卡车。[③] 战争改变了这一代妇女，妇女也影响了战争的进程。

---

① Vera Laska, ed., *Women in the Resistance and in the Holocaust: The Voices of Eyewitness*, pp. 4-9.

② 相关内容请参阅 John Cammett, “Women and the Resistance”, in Jane Slaughter and Robert Kern, eds., *European Women on the Left: Socialism, Feminism and the Problem Faced by Political Women, 1880 to the Present*, Westport, 1981.

③ Mary Lee Settle, *All the Brave Promises: Memories of Aircraft Woman 2nd Class 2146391*, New York, 1980, p. 22.

2. 后方生活:西方民主国家妇女的工作与家庭

妇女们在直接面对血腥磨难的同时,还用汗水维持了社会运转的基础。战争初期,妇女迅速地被组织起来,她们看护儿童、制作食物,自发组成护理援助队,建立避难所。一位伦敦的甜菜根售货员组织了邻里间的防空避难所,在业余时间照顾婴儿并为无家可归者提供食宿,她也因之而被授予了战时勋章。[①] 在男子当兵,劳动力越发短缺时,1941 年3 月英国政府强制妇女进行就业登记。政府登记了所有年龄在 18 岁到 50 岁的妇女。从 1941 年开始,英国政府将 20 岁到 30 岁的单身妇女列入另册,让她们选择从事军工劳动或直接服役于军队。1942 年大规模的普查结果表明,大约 97%的英国妇女认同政府的该项政策。到 1943 年,90%的年龄自 18 到 40 岁的单身妇女或在工业领域工作或在军队中服务,在同样年龄段的已婚妇女中这一比例占到了 80%。[②] 可见,英国已经将妇女纳入其总体战中,而最终能够获得这次战争的胜利,与英国广泛发动妇女服务于战争的政策有密切关系。

从 1942 年 12 月起,妇女有选择地被征召进工厂、政府和武装部队。当然官方更愿意妇女自愿响应政府号召,而只将强制征召作为最后手段。到 1943 年,40 岁以下的妇女服务于战争工作已不可避免;同年 9 月,所有 51 岁以下的妇女要求必须登记。在 1939 年 9 月到 1942 年 5 月间,仅在工厂工作的妇女就增加了 110 万人;到 1943 年,仅在工程领域就有 150 万妇女,而战前在此领域工作的妇女人数很少。[③] 英国在二战期间有 44.5%的妇女参加了工作;已婚妇女工作人数比战前增加了一倍以上。[④] 妇女参与战争的程度显然比第一次世界大战要高得多。

二战期间英国各行业妇女工作的人数(万人)[⑤]

	1923	1939	1943		1923	1939	1943
各种金属工业	30	32	46	金属加工	5	6	22
化工	25	27	52	煤气、水电	4	5	17
国家和地方政府	9	17	46	交通	4	5	17
工程技术人员	6	10	34	造船业		2	9
车辆制造	9	9	34				

① Angus Calder, *The People's War*: *Britain 1939-1945*, p. 190.

② Angus Calder, *The People's War*: *Britain 1939-1945*, pp. 268-331.

③ Marilyn J. Boxer and Jean H. Quataert, eds., *Connecting Spheres*: *Women in the Western World*, *1500 to the Present*, pp. 215-216.

④ Peeny Summerfiled, *Women Works in the Second World War*, London, 1984, p. 196.

⑤ Peeny Summerfiled, *Women Works in the Second World War*, p. 199.

相似的情形也出现在美国。尽管美国政府没有强制征募，但却开展了广泛的宣传运动，并许诺给妇女战时工作支付高薪以促使妇女为战争服务。大众媒体在这方面的作用居功至伟。统领媒体舆论的是“战争情报局”，它也是政府与媒体的主要联系管道。它出版的《战争指导杂志》将华盛顿当局认为符合战争目的的宣传口径，如为民主而战斗、合格美国人的态度、满足生产目的的重要性等传达给出版商和作者。“战争情报局”鼓励妇女进入劳动力市场，特别是进入战前劳力短缺的男子工作领域。它还鼓励出版一些妇女传奇故事。战时的文学作品与战前不同，描述的不再是结婚和职业间的紧张关系，而是已婚妇女如何将家庭和战时劳动责任成功地结合起来。鼓励妇女参加战时工作的宣传并非整齐划一，它因阶级而异。例如，像《星期六晚邮报》这样主要面向是中产阶级读者的杂志，描绘的是一些超越男子的工作妇女，它号召中产阶级妇女打破阶层意识去做蓝领工作；而《真实的故事》的读者主要是工人阶级，因此，它鼓励工人阶级妇女应认同和自豪于本阶级的重要贡献。①

二战时，许多美国妇女参加工作，但人们往往并不把她们看作长久的劳动力。被看成是美国战时妇女工作象征的“铆工”露丝(Rosie the Riveter)说，她能胜任工作，但任何人皆认为她的工作“只是阶段性的”。② 战后，不少妇女又重新回到非熟练和传统的女性工作中去，但越来越多的妇女在劳动力市场找到了终身工作。在第二次世界大战期间，有600万以上的美国妇女首次参加工作。③ 美国妇女加入劳动大军的进程并非一帆风顺，它视战争的需要和战争的进程而定。1941年美国为军工行业培训的175万工人中，只有1%是妇女，其负责人声称只能给其中29%的妇女提供工作岗位。但半年后，几百万男子走上战场，妇女培训的人数增加到总数的13%，其中有55%的妇女被企业主保证给予提供工作，政府则宣称80%的人都可以得到工作。④ 同时，妇女还扩大了就业范围，如扳道岔、开吊车、做焊工、制造精密仪器，甚至股票分析人等等。而且联邦政府任命了妇女作为律师，成立了海军女子服务队、女子陆战队等妇女参战单位。

在保守的法国，妇女是否应该工作仍是一个问题。即使在左派人士中，妇女作为母亲、妻子和家庭维系者的理念仍被广泛接受着。1940年10月，法国政府制定了严格限制在其资助机构中雇用妇女的政策，但私人企业不受影响。这一政策是不得人心的，以至于

① Marilyn J. Boxer and Jean H. Quataert, eds., *Connecting Spheres: Women in the Western World, 1500 to the Present*, p. 216.

② Leila J. Rupp, *Mobilizing Women for War: German and American Propaganda 1939-1945*, p. 181.

③ 洛伊斯·班纳:《现代美国妇女》，侯文惠译，东方出版社1987年，第210页。

④ Joan Trey, "Women in the War Economy-World War II", *Review of Radical Political Economics*, (1972), p. 44.

政府最后不得不允许已婚妇女工作。在1942—1943年，许多妇女从事工作，这一方面是由于国家的需要(男性劳动力缺乏)，一方面是家庭低收入使然。1942年9月，法国政府最终废除了1940年的法律。甚至在更早的时候，政府就已经开始雇佣妇女作教师、邮局书记员和铁路雇员了。[①] 维希政府时期，一部分妇女在德国当局的强制下服劳役，她们不但在法国的工厂里做工，还要到德国去做工。但在维希政府力争下，只有少数妇女被派往德国，其派遣顺序是：单身女子——未孕妇女——已婚且有小孩的妇女。在1944年6月，44835名法国妇女在德国工作，占整个外国女工数的2%，而苏联和波兰女工占总数的85%。[②]

根据当时的统计数据，1936—1946年，法国工作妇女所占的比例增长了3.4%，增长出现在25—34岁之外的所有年龄段，而15—24岁年龄段的增长最为显着。这在工业部门特别明显，1921年，非农业部门雇佣了53%的妇女雇员，但在1936年仅为44%。在巴黎地区，妇女在金属加工和电力供应部门就业。食品工业和商业部门的衰退增加了妇女的失业率，于1943年达到顶峰。其他部门则保持稳定。不能在工业部门找到工作的妇女在公共事业部门找到了机会。25000个邮政岗位主要被妇女和年轻女孩所占据。从1941年12月到1943年12月，法国国家铁路部门雇佣了20000名妇女。1940—1944年，相较工业部门而言，更多妇女在办公室工作。据战争刚结束时的估计，妇女在非农部门(包括自由职业和公共部门)就业的百分比从1936年的13.8%升至21%。[③]

3. 战后时代：恢复"常态"

随着战争的结束，政府不得不再一次让妇女从工作岗位上回到家庭，以便为复员军人腾出岗位。整个欧洲到处是被战争破坏的废墟和凝结在人们心中的对战争的厌恶。这是一位1946年工作在柏林的电影女演员希尔德伽·奈夫(Hildegard Knef)的感受：到处都是虱子、痢疾和营养不良，只能在没有暖气的电影棚里制作电影。那一年，克尼夫到瑞士的苏黎世旅行，并为那里妇女的抱怨所震惊："战争太糟糕了，我们买不到大米和可可"，这使她想到"那些沦落到没有住房、没有窗玻璃、没有屋顶；到处是沥青块、碎石、垃圾和老鼠，已成为穷人中的穷人的人。"[④]欧洲妇女的这种苦难延续到20世纪50年代末才告结

① Georges Duby and Michelle Perrot, gen. eds., *A History of Women in the West*, vol. 5, pp. 209-210.

② Georges Duby and Michelle Perrot, gen. eds., *A History of Women in the West*, vol. 5, p. 211.

③ Georges Duby and Michelle Perrot, gen. eds., *A History of Women in the West*, vol. 5, pp. 211-213.

④ Hildegard Knef, *The Gift Horse: Report on a Life*, translated by David Anthony Palastanga, New York, 1971, p. 138.

束。直到那时,妇女和男子才似乎抚平了战争的创伤。即使是在作为战胜国的英国,人们在战后也经历了一段艰难的岁月,大多数物品都实行配给制,这种状况一直延续到1950年。1947年,广受欢迎的杂志《老照片》刊登了一位仍旧每天排一小时长队购买日用品的"埃沃雷吉夫人",她想要的是"更多的休闲,更多的娱乐,更多的食物和衣物,更少的令人精疲力竭的工作"。杂志得出结论说:"她比战争期间更加可怜。"①到了20世纪60年代,最糟糕的日子才终于结束,生活标准才开始又一次提升。

虽然战后整个欧洲大陆到处是破烂的贫民窟,但不久,现代福利国家便出现了。随着法西斯被民主击败,战后的政治风气鼓吹个人权利,妇女也从中获益。法国、比利时、瑞士和意大利妇女赢得了选举权。1948年,联合国通过的《世界人权宣言》没有忘记提到男女婚姻中的性别平等。一系列西方国家采用了新宪法(法国在1946年,意大利在1947年,西德在1949年),这些平等主义的原则被书写在宪法或基本法中。只有美国拒绝通过平等主义的修正案。然而,在私法领域中,男子仍是家庭之首的模式——拿破仑法典所树立并为欧洲和北美广泛仰慕和模仿的模式——一直到1945年后仍旧发挥着重大影响。这种模式将"个人的法律权利限制于家长制之中"。拿破仑法典确立了一条法律准则,即已婚妇女无能力在公民法律下行动。② 按照该法典,已婚妇女必须服从丈夫的权威,她没有独立的法律地位和财产处置等民事权利。实行拿破仑法典的国家比服从于习惯法和日耳曼法的国家更长久地限制了妇女的自由。如下图所示:③

国　家	政治权利	民事权利(已婚妇女)
芬兰	1906	1919
挪威	1913	1888
瑞典	1921	1920
丹麦	1915	1925
荷兰	1919	1956
冰岛	1915	1923
澳大利亚	1918	1811
德国	1919	1896
西班牙	1931	1975
瑞士	1971	1912
卢森堡	1919	1972
加拿大	1920	19世纪后半期和20世纪前期

① Aliki and Willis Barnstone, eds., *A Book of Women Poets from Antiquity 1945-1951*, Baltimore, 1964, p. 139.

② Georges Duby and Michelle Perrot, gen. eds., *A History of Women in the West*, vol. 5, pp. 208, 498-499.

③ Georges Duby and Michelle Perrot, gen. eds., *A History of Women in the West*, vol. 5, p. 500.

续表

国　　家	政治权利	民事权利(已婚妇女)
美国	1920	19世纪后半期和20世纪前期
英国	1928	1882
比利时	1948	1958
意大利	1945	1919
爱尔兰	1918	1957
葡萄牙	1976	1976
法国	1944	1938

核心家庭是社会组织的基本单元，这在欧洲福利国家和美国都是同样的，它同放任政策模式保持着紧密的联系。恢复常态和提高人口出生率的努力将妇女们从公共领域驱逐出去，这是一种类似于将魔鬼推回瓶中的努力。战争对于妇女地位的改变是迅速而又暂时的，它不能真正扭转两性关系中女性屈从男性的一般状况。在战时，妇女们能做任何事，在和平时期，她们仅能收拾屋子，即使是职业女性也面临着工作与家庭双重角色的激烈冲突。战后常态的回归意味着男性政治家决定人类的命运，已婚妇女决定购买洗衣机的牌子。从20世纪60年代开始，这种社会政治和两性关系模式受到新的冲击。

第九章　战后女性风貌与女权运动的新高涨

就世界历史的整体发展而言，第二次世界大战无疑是一个具有重大意义的分水岭；而从妇女社会角色变化方面来考量，这场战争及其引起的社会政治变迁，同样意义非凡。战争本身导致了欧洲人口的巨大损失，一定程度上改变了战后欧洲国家的人口结构和社会关系。在随之而来的战后欧洲重建过程中，女性在社会生产领域扮演了重要角色，对于西方女性意识的演进产生了深远影响。总而言之，由于二战的剧烈冲击，20 世纪中叶西方各国妇女的社会地位均有所提高。然而，妇女解放长路漫漫。客观存在的两性生理差异，根深蒂固的性别歧视，占主流地位的父权文化的制约等等，使得女性赢得真正解放，获得真正平等的美好愿望与现实之间存在着较大的反差。正因如此，在经历了二战后初期的沉寂之后，一场新的女权运动在 60、70 年代席卷欧美。

一、战后初期女性角色的转换

二战结束至 60 年代初，西方社会妇女的处境、家庭、婚姻及其与之相关的价值观念在新的时空坐标下呈现新的变化轨迹。人们对于女性、爱情婚姻、成家立业的价值取向，更多地遵循战前的传统，特别是"维多利亚时代"的理想模式，因而明显有别于 60 年代以后的演进路径。对传统的"回归"，是该时期的最大特征，但褒之者誉其为妇女、婚姻和家庭的"黄金时代"，贬之者毁其为潜藏着女性角色的"压抑"和家庭"危机"。总之，这是一个经历了经济大萧条和世界大战震荡之后的调整时代，同时也是未来广泛深刻的女权运动和社会变革的孕育时期。

1. 女性角色的重新定位

随着第二次世界大战的结束、军人的复员、经济和社会生活的"常态化"，妇女面临着新的角色定位。

遭受冲击最大的是战时填补劳动力真空的生产第一线妇女。战争期间，妇女承担了许多以前难以想象的工作，比如管道工、机修工、焊接工、木工、舰船装配工等等。她们不仅做“男人的工作”，而且拿“男人的工资”。统计资料显示，1940—1945年，美国的女性劳动力增加了60%；新增者当中，3/4属于已婚。战争也给非洲裔美国妇女带来了史无前例的工作机会。虽然她们以前也一直从事劳作，但与白人妇女不同，即便在经济繁荣的20年代她们也只是从事一些卑微的或家庭内的劳动。突然间，战时劳动力的短缺使得她们当中的很多人可以获得报酬很高的制造业乃至白领工作，她们能不感到欣喜？针对这种难得的机遇，一个非洲裔妇女在时隔几十年后回忆时评论说，似乎解放了黑人奴隶的是希特勒，而不是林肯。类似的心态也出现在白人妇女身上。1944年6月12日，一个在造船厂干活的妻子在给前线丈夫的信中写道：“亲爱的：你现在是一个职业女性的丈夫了——干脆就叫我‘造船厂小宝贝’吧……还开了个人的支票账户，填写完全属于自己的支票而不必向他人要一张的感觉，真是太棒了。”①

与30年代的经济大萧条时期不同，二战期间西欧、北美各国政府都鼓励妇女从事有报酬的工作，已婚妇女和未婚妇女一概欢迎。美国的宣传广告上打出这样耸人听闻的警告：除非妇女接过男人留给她们的生产线，否则前线的士兵们将会死去。《星期六晚邮报》的封面和数以千计的宣传招贴画上，塑造出了战争时期最为典型的美国劳动妇女的形象，她的名字是“铆工”露丝。她不仅有一张可爱的脸，而且胳膊上的肌肉丰满有力。1942年，还诞生了一首歌颂露丝的歌曲。在广大劳动妇女看来，参加战时工作不过是“权宜之计”，是出于爱国力量的感召，绝大多数人期望战争结束后离开那里。整个社会也基本上持这种态度。1944年6月《女士家庭杂志》上的一篇文章写道：战争结束后，妇女将愉快地放弃她们的工作，“如果美国女性能够找到一个她希望与之结婚的男人，而他又能养活她，那么，除了待在家里、料理家务这个至关重要的事情之外，工作也就变得无意义了”。②

问题是，劳动妇女们逐渐喜欢上了战争时期的工作以及与之相关的经济待遇，而且希望在战后继续保有它。1945年下半年开始，与战争相关的供货合同减少，生产减缩，不少企业开始裁员。日本投降后，美国政府取消了350亿美元的军事合同。欧战结束后的头10天，就有180万军火工人失业。由于士兵复员，妇女被要求放弃自己的工作，以便那些已经返回的士兵能够就业。很多不愿退出工作岗位的妇女被炒了鱿鱼。许多城市出现了妇女的抗议和不满，但无济于事。1944—1947年，劳动妇女，尤其是那些在待遇比较好、工会化程度高的部门中工作的妇女，陆续被迫地离开劳动岗位。

针对此情此景，绝大多数妇女能够理解并接受，因为复员的士兵需要工作，但是很多

① Stephanie Coontz, *Marriage, A History: From Obedience to Intimacy or How Love Conquered Marriage*, Viking, 2005, p. 221.

② 同上，p. 222.

妇女的失落感越来越强烈。正如一位妇女在1945年4月的《加拿大家庭杂志》上所表达的那样：打发妇女们回家，"就如同将一只小鸡放回笼子里一样——不可能没有伤害(她们的)心情、心灵或心态就做到这一点"。[①] 1950年，阿格尼斯·迈尔在《大西洋月刊》上发表的文章中写道：妇女拥有多种工作，但只有一种职业——那就是做母亲。……在我们这个不安全的世界上，只有身为母亲的妇女——实实在在的或作为一种替身，才能带来安全感。[②] 面对内心深处的矛盾和无可奈何的现实，妇女们只能被动地服从，因为主流社会对于她们的角色定位和希冀就是如此。对于她们而言，战争时期承担起生产和劳动职责是社会的需要，战后离开生产岗位、回归家庭也是需要。其实还在战争期间，妇女承担起管理家庭和支票簿的责任就曾引起人们的担忧。美国杂志《居家美化》(*House Beautiful*)提醒其女性读者："你的职责……是令他的家符合他的口味，懂得为什么他喜欢这样，忘掉你自己的偏爱。"著名的家庭社会学家詹姆斯·巴萨德声称，女性的心灵应该燃起对身为家庭主妇这一角色的感激之光。为了将女学生培养成未来的妻子和母亲，1947年的芝加哥大学婚姻和家庭生活课程甚至规定，做6小时的临时保姆就可以免掉学期论文。[③]

2. 家庭的"回归"

二战结束后，西方各国妇女总体上乐于将战时的经历抛诸脑后，重新拾起她们作为家庭主妇和母亲的传统角色。"20世纪40年代结束的时候，成为20世纪其余时期特征的所有趋势突然间逆转过来了。一百多年来，第一次出现这样的情况：结婚和做母亲的年龄下降了，生育率增长了，离婚率下降了……。"[④]

其实自从进入20世纪以来，西方传统的婚姻家庭价值观念就已经遭到社会经济文化剧变力量的巨大侵蚀。1929年大萧条之前的经济繁荣和兴盛促成了"新女性"的兴起和一种新的"伙伴婚姻"模式的出现。30年代持续的经济大萧条，也在某种程度上预示了婚姻市场和家庭的萎缩。第二次世界大战的爆发改变了这一趋势，一股"结婚热"在战争的头几年里席卷欧美绝大多数国家。二战结束后，西欧、北美、斯堪的纳维亚国家乃至澳大利亚和新西兰，都出现了更大程度的"结婚热"。结婚成家、组建家庭的人数大增，结婚年龄普遍下降。20世纪50年代的美国，拥有有史以来最高的成婚率：已婚妇女的比例高达96%，已婚男子占了94%。更为显著的是结婚年龄的下降，50年代的平均年龄分别为

---

① Stephanie Coontz, *Marriage, A History: From Obedience to Intimacy or How Love Conquered Marriage*, p. 222.
② 参见：萨拉·埃文斯：《为自由而生——美国妇女历史》，杨俊峰译，第277页。
③ Stephanie Coontz, *Marriage, A History: From Obedience to Intimacy or How Love Conquered Marriage*, p. 223.
④ Judy Root Aulette, *Changing American Families*, Allyn and Bacon, 2002, pp. 49-50.

20.2(女性)和22.6(男性)。[1] 1959年,美国近一半的妇女年满19岁就结婚了,70%的妇女年满24岁就结婚了。与此同时,离婚率也从战后的高峰值逐渐跌落,到1958年的时候只有1947年的一半。[2] 在50年代初的法国和澳大利亚,24岁就结婚的男子所占比例是半个世纪之前的两倍。

50年代被人们普遍称之为婚姻家庭的"黄金时代",也被称为"传统婚姻的漫长十年"。所谓"十年"仅为约数,在美国从1947年延续至1963年,在西欧则从英国取消战时配给的1952年持续到60年代末。在该时间段内,出现了对家庭这个情感归宿地和精神寄托港湾的前所未有的大回归:通过约会求爱寻找理想伴侣,出于自我意愿成婚而建立家庭的人数前所未有地大增;已婚者组建的小家庭独立性大增,与大家庭和社区群体的联系明显减弱;对于"家庭"的共识普遍增强,普遍认同只有一种家庭是"正常的",那就是既传统又理想的、维多利亚式的家庭模式。该时期,文化上的和谐观在惨遭战火毁灭和人性摧残之后的欧洲各国以及北美非常盛行,占压倒性优势的主流媒体不厌其烦地宣扬理想的婚姻模式——早婚、小家庭且男性供养的家庭。在美国,不结婚或晚婚,会被看成是"孤芳自赏"、"幼稚"、"不正常"乃至"有毛病"。家庭专家告诫说,除了"病人、严重残疾者、畸形人、情感怪僻和精神缺陷的人"之外,每个适龄成人都应该成婚。美国哥伦比亚广播公司、美国广播公司和全国广播公司等旗下的几大电视台充斥着家庭题材的节目,例如著名的情景喜剧《奥奇和哈里特》、《留给比弗尔》等,不遗余力地以塑造传统家庭形象为己任,吸引了大量观众,影响极为深远。1957年的一份问卷调查显示,每5个美国人当中有4人认为,喜欢独身的人存在生理疾病或心理疾病,是不道德的。更多的人赞同,一旦结婚,丈夫就应该是"养家糊口的人",而妻子则应该待在家里。1961年,以年轻女性为调查对象的一份问卷结果表明,几乎所有的人都希望在22岁以前结婚,绝大多数人希望生育4个孩子,且都想要在第一个孩子出生后便不再外出工作。50年代以前的一些政治活动分子、劳工激进人士和女权主义者,也在该时期放弃了昔日的立场,转向自己的家庭事务。其他国家的情形大同小异。在战后欧洲,"单一家庭模式"(a single family model)成为人们期待的目标,对其任何背离,不管是晚婚、不婚、离婚,还是保持单身母亲身份,甚至晚育,都被视为"不正常"。在精神病学家看来,女性如果不能在持家方面发现自己的成就感,那么必定是严重心理问题出现的征兆。对于这种观点,媒体采取完全赞同的立场。加拿大的大众传媒也倾力打造"温馨的家庭"形象,"每份杂志,每份婚姻手册,每个广告……

---

① Judy Root Aulette, *Changing American Families*, p. 49.

② Stephanie Coontz, *Marriage, A History: From Obedience to Intimacy or How Love Conquered Marriage*, p. 225.

都认同家庭构建在……男性挣工资者和带孩子、持家的家庭主妇基础之上。”①

年轻的在校女大学生也对婚姻趋之若鹜。50 年代的美国，大量的女大学生退学，迫不及待地寻找自己的婚姻归宿。正是在该时期，人们开始取笑女孩上大学是为了捞一个“女士学位”(MRS degree)。整个 50 年代，2/3 的美国在校女大学生中途辍学，通常情况下是离开学校结婚。1952 年，金贝尔百货公司的一则广告挖苦女子学院是“不需要烧饭和干针线活的女孩们前往那里结识一个男人，以便将来能毕其一生为其烧饭和干针线活”的地方。1956 年，《生活》杂志刊登的一篇评论文章认为，女性“有思想，而且应该运用它们……只要她们的主要兴趣在家庭里面就可以了”。该文作者相信：妇女拥有某些工作经历以及男人知道如何烘干盘子，都有好处，这样的话，他们彼此就能够相互理解，相互帮助。但是，他们必须避免“转移主要的职责或者试图相互竞争”。两度成为民主党总统候选人的史蒂文森(Adlai Stevenson)在马萨诸塞州史密斯学院的女生毕业典礼上告诫那些即将跨出校门的女性：“你们当中的绝大多数”将去承担“家庭主妇的卑微角色”，“不管你们现在喜欢不喜欢”，以后“你们将会喜欢它的”。② 这段话，道出了受过良好高等教育的女性将不得不面对无情现实的无奈，也凸显她们所处的依赖性社会地位。

战后欧洲和美国，延续了一个世纪以来女性法律和政治权利不断提高的历史趋势，但是拒绝让妻子享有与丈夫同等的权威。法学专家玛丽·格伦登指出，直到 20 世纪 60 年代，“几乎每个规范家庭决策程序的立法企图，都将支配性的角色给予了丈夫和父亲”。当时，美国的绝大多数州保留了所谓的“户主”法律，丈夫在诸如是否要搬家这样的问题上享有最后的发言权。已婚妇女不能以自己的名字贷款或申领信用卡。无论是在欧洲各国还是北美，同样一份工作，女性所得的报酬少于男性完全合法。在世界各地，男人强行与自己的妻子发生性关系都被视为合情合理合法。鉴于此，有学者认为，20 世纪 50 年代的婚姻法，与 19 世纪 90 年代而不是 20 世纪 90 年代的法典有更多的共同之处。③

50 年代的人们热衷于家庭生活，得益于诸多因素。随着战争的结束、士兵的复员以及战时填补劳动力真空的妇女逐渐被解雇，整个社会对于婚姻、女性持家、男性供养家庭的激情复苏。战争时期的长期分离、担忧、家庭不稳定，以及包括消费品和住房在内的物资短缺，曾经严重地制约了家庭的发展。战争期间结婚的一些夫妇，通常不得不与一方的

---

① Stephanie Coontz, *Marriage, A History: From Obedience to Intimacy or How Love Conquered Marriage*, pp. 229-230.

② 同上，pp. 238-239.

③ John Ekelaar, “The End of an Era?”, *Journal of Family History*, 28 (2003).

父母家庭住在一起。就此角度而言，战后出现对浪漫化的、理想化的家庭的追求和回归，不过是对持续多年的"理想断裂"的一种自然反应。

经济的恢复和繁荣带来了收入的稳步增长和物质生活的巨大进步，使得越来越多的家庭步入中产阶级行列，构成传统家庭回归的经济基础。50年代以前，无论是在北美还是其他国家，可供家庭自由支配的收入仍然比较有限，往往只能满足一些基本开销。比如：偶尔在餐馆吃顿饭，下班之后喝上一两杯啤酒，每周去一趟电影院、游乐场或海滩，每年外出度一次假（通常住在近亲属家里）。有洗衣机和烘干机的家庭极少，冰箱可以用来制冰的容量很小，至少每周得除一次霜。很少家庭能让自己的几个孩子都拥有各自独立的卧室。但是这种情况在40年代后期开始改观。新房大量出现，里面配备的设施齐全，多间独立卧室成为新房的基本规范。支付了基本账单之后的家庭收入在50年代期间翻了一番。到50年代中期，将近60%的人口达到了中产阶级收入水平，而在30年前的"繁荣的20年代"只有31%。到1960年，将近2/3的美国家庭拥有自己的房子，87%的家庭有了电视机，75%的家庭有汽车。欧洲虽然由于二战期间战火破坏惨重，战后的重建和经济恢复缓慢得多，但也在逐年进步。正是得益于这样的物质和技术进步，50年代的家庭生活出现新内涵。无数的年轻人怀着美好的梦想进入婚姻殿堂，开始构筑自己的爱情巢穴和温馨的家，并幻想着如下的美好画面尽快降临到自己身上——幸福的夫妇与孩子围坐在电视机前欣赏喜欢的节目；快乐的妻子钟情于各种各样的女性杂志，从中了解新的时尚、新的家庭电器的性能和操作、新的家居装饰风格；精明的主妇熟知市场动态，合理地安排购物时机和采购额度……50年代，西方一些国家特别是美国正处在消费革命的早期阶段，被视为通向美好生活大门的婚姻本身，创造了广阔的消费市场。人们普遍希望，结婚之后能够尽快购买属于自己的住房。妻子往往在婚后工作几年以帮助攒足首付款或添置家庭设备。二战后的5年间，美国人用于食物和衣服上的开支分别增长了33%和20%，但在家庭设施方面增长了240%。

战后欧美各国采取的福利性政策，也对传统婚姻家庭的增长起到了鼓励作用。影响最直接的当属美国的《军人调整法》（即所谓的GI法案）。该法规定，向注册进入大学的退伍军人支付全额学费和生活补贴。有家庭的老兵还可以获得额外的家庭补助。由政府出的这些钱不必偿还。到40年代末，退伍军人几乎占了绝大多数高校学生人数的一半。政府还给退伍军人提供低息抵押贷款。这些优惠措施，使得为数多达几百万的普通美国人步入中产阶级生活方式行列，不少人在完成大学课程之后成为工程师、会计师、教师、内科医生、牙科医生或银行高级职员。当然，得益于GI政策的主要是白人男子，非洲裔美国人由于在住房购置和教育参与等方面遭受广泛的歧视，因此不能充分享受到该政策的利益。白人妇女退伍军人所获利益也十分有限，原因在于两方面：其一，数量有限。尽管二战期间累计共有35万名妇女应征加入了“美国妇女军团”(Women's Army Corps)、陆军和海军的护士服务队，但能够纳入GI资助之列的为数不多，仅占退伍军人总数的2%；其二，存在针对女性的歧视性做法。例如，注册入学的女性退伍军人，其家庭获得的津贴就少于男性退伍军人；有时候申请资助的女性退伍军人还被要求提供个人生活来源的有关证明。税收政策也起到了导向作用。1948年修订的美国联邦税法，偏向只有一个主要收入来源的已婚家庭。根据其规定，已婚夫妇可联合报税，家庭中收入高的一方可将其收入的一半转移到另一方的名下，由此可以大大降低需要缴纳的所得税。据测算，在收入相等的情况下，一个已婚男子(如果其妻无工作)，通常比一个单身汉少缴纳一半的所得税。二战以后，绝大多数欧洲国家都采纳了家庭津贴的做法，使得50年代成为很多国家家庭津贴的“黄金时代”。60年代，经济出现了高速增长，但社会贫困问题日趋严重，在此背景下，西方工业化国家又进一步完善社会立法，社会保障体系的涵盖面进一步扩展，囊括收入转移、医疗保健、教育、住房、就业、个人的社会服务乃至老年人政策等等。①

3. “黄金时代”表象的背后

40年代末，婚姻和妇女家庭角色的“危机”再次成为人们普遍关心的问题。然而，对于其中的“危机”是否真的存在，人们的看法不一，存在认识分歧。

1947年，一本名为《现代美国妇女：失落的性》的畅销书问世，严厉谴责职业妇女对她们的丈夫进行了象征性的阉割。在该书的两位作者玛丽尼亚·法纳姆和斐迪南·伦伯格看来，职业妇女的角色很糟糕，尤其是已婚职业妇女，但比已婚职业妇女更糟的是不婚妇女；法律应该以“情感不胜任”(emotional incompetence)作为理由，禁止所有的老处女从事任何与孩子教育有关的事务。俩人还谴责女权主义是“沉疴”，对家庭是一个巨大的威胁，因为它起因于现代妇女希望“像男人一样”的“神经质般的渴望”。② 与此同时，乐观派认为男、女的社会角色自二战以来已经稳定了，婚姻正重新赢得吸引力。1948年，社会学家约翰·塞加马基(John Sirjamaki)声称，现代美国人在有关婚姻和家庭生活的价值观方面已经取得惊人一致，婚姻普遍地被视为成年人“正常的和渴望的”状态，人们在感情的基础上选择伴侣，人人都认同“成功婚姻的标志是丈夫和妻子的个人幸福”。由于当今美国

---

① Sheila B. Kamerman and Alfred J. Kahn, eds., *Family Changes and Family Policies in Great Britain, Canada, New Zealand and the United States*, Clarendon Press, 1997, p. 8.

② Stephanie Coontz, *Marriage, A History: From Obedience to Intimacy or How Love Conquered Marriage*, p. 224.

人尊奉的是"个人主义的而不是家庭的价值观"，因此对他们而言，个人是第一位的，家庭是第二位的；家庭是为其成员而存在的，而不是其成员为家庭而存在。此外，该书作者指出，现代婚姻还呈现出两个显著特点，即：和谐的性关系至关重要；妇女已经在法律平等方面取得了长足进步。但所有这些，都不值得担忧和恐惧。[①] 1949 年，秉承"悲观派"观点的法国女权主义者西蒙·波伏娃(Simone de Beauvoir)发表《第二性》。该书强烈地抨击了传统的婚姻和家庭生活，第一周就卖出 22000 本，但出乎人们想象的是，一开始，来自批评家和绝大多数读者的回馈信息都是否定性的甚至敌视的态度。

进入 20 世纪 60 年代，随着黑人民权运动的高涨，妇女遭受的性别歧视更加引人瞩目。1961 年，肯尼迪总统成立妇女地位委员会专门调查这方面的情况。1963 年，著名的妇女运动领袖贝蒂·弗里丹(Betty Friedan)出版《女性的奥秘》，把家庭比喻为美国妇女的"舒适的集中营"，号召妇女冲破家庭的束缚，走向社会，结束对妇女的性别歧视，并由此吹响了新时代女权运动的号角。

其实，"集中营"也好，"黄金时代"也罢，都不过是对战后妇女生活状况及其处境二元对立态势的某种概括。认识上的分歧，恰恰折射出该时期西方妇女处境和法律地位的复杂性。

首先，存在着根深蒂固的女性职业生涯与贤妻良母的角色对立。如前所述，战后大量妇女不得不退出生产领域，回到属于自己的领地——家庭。人们普遍认为，妇女的位置应该在那里，其主要职责是做妻子、母亲和家庭主妇。"在一个此类角色成为妇女主要角色的社会里，生育力的增长便毫不奇怪了。"[②]于是，出现了 50、60 年代遍及西欧、北美、德国、新西兰等国的"婴儿潮"。1940—1957 年，美国的生育率增长了 50%，1940 年美国白人妇女平均生育 2.5 个孩子，1960 年剧增至 3.8 个。[③] 到美国"婴儿潮"的最高峰——1957 年，生育率是 123‰，而 1940 年的时候只有 79.5‰。西欧"婴儿潮"的到来虽然在时间上有些滞后但其势头同样不可轻视。1950 年，西德 21 岁妇女的生育率只有 92.2‰，1961 年上升到 120‰，1969 年进一步增长至 133.8‰。[④] 诚然，生育力的骤然增长离不开

---

① Stephanie Coontz, *Marriage, A History: From Obedience to Intimacy or How Love Conquered Marriage*, pp. 224-225.

② William Egelman, *Understanding Families, Critical Thinking and Analysis*, Pearson Education, Inc., 2004, p. 24.

③ 根据美国人口普查局的资料，学者们对美国白人的生育数量进行了大量研究，大致情况如下：1800 年 7 个，1820 年 6.8 个，1840 年 5.7 个，1860 年 4.5 个，1880 年 4.6 个，1900 年 3.6 个，1920 年 3.6 个，1940 年 2.5 个，1960 年 3.8 个，1980 年 1.8 个，1998 年 2 个。详见：Judy Root Aulette, *Changing American Families*, p. 33.

④ Stephanie Coontz, *Marriage, A History: From Obedience to Intimacy or How Love Conquered Marriage*, p. 227.

战时生育能力的抑制、50年代经济的扩展和中产阶级社会等因素，但更重要的是与社会文化对妇女角色的期望有关。此外，高生育率也意味着妇女在传统的角色领域内付出更多的时间、精力和辛劳。20世纪60年代以后，妇女的生育力呈现下降趋势，主要原因也在于妇女的社会角色正在孕育新的变化。大量的年轻女性进入大学就读，大量的妇女涌入劳动力市场；对越来越多的妇女而言，母亲的角色不再是她们努力实现的唯一角色。有了越来越多的成功机遇，实现个人价值的意识也在增长。广泛的选择无疑对于生育力产生了巨大影响。其次，人们对于生育孩子的价值观也发生转变，重视质量而不是数量，期望通过控制数量能够为将来孩子的教育培养和生活提供更好的条件。

其次，妇女特别是已婚妇女获得了劳动权，但显性和隐形的歧视与不平等长期并存。20世纪50年代，虽然不少妇女被逼退出战时工业中的"男人工作"，但是很多人依然受雇，且越来越多的妇女加入"粉领工作"行列。二战时期出现的"越来越多的妇女进入劳动力市场"这一趋势在50年代及其后并未改变。在美国的劳动力市场上，妇女的参与率持续增长，到1970年达到43.3%。已婚白人妇女的劳动参与率则由1950年的17%上升到1960年的30%。[①] 1952年，参加工作的妻子数量比二战期间的最高值还多200万。已婚妇女参加工作成为50年代女性劳动力参与增长的主要原因，10年间劳动力构成当中母亲的数量增长了400%。50年代劳动力当中的绝大多数妻子和母亲，年龄在45岁以上。她们通常从事兼职或季节性的工作，主要是给家庭增加点"额外"收入。很多妻子参与工作是在结婚初期或者孩子长大之后。在欧洲妇女就业率最高的法国，1954年妇女构成整个劳动力的34%。

劳动权利特别是已婚妇女劳动权的获得，无疑是时代的进步，但法律上的障碍或者文化上的歧视难以消除。二战结束后美国实行的《军人调整法》，给男性就业提供了很多优惠和便利，这在某种意义上意味着工资待遇和工作机会方面的性别不平等在整个50年代和60年代初有所加强。欧洲人对于婚姻有一种持续的追求和认同，特别是对女性而言，直至近代，婚姻家庭一直是女性"获得安全感和社会尊重的唯一途径"。男人和女人"天生的"具有不同角色的观念，为绝大多数人所接受并一直延续至20世纪。一直到19世纪结束，公众舆论普遍地反对给予女性受教育和职业上的选择机会，担心这样的机会让她们取得一份报酬不错的、稳定的工作，而这将会鼓励女性不结婚。[②] 在二战以前的欧洲各国，如果已婚妇女感到丈夫的收入不足以维持家庭所需的话，绝大多数都会外出找工作。妻

① 萨拉·埃文斯：《为自由而生——美国妇女历史》，杨俊峰译，第285页。

② Linda Stone and Nancy P. McKee, *Gender and Culture in America*, 2nd ed., Pearson Education, Inc, 2002, p. 196.

子是否外出工作，往往成为家庭经济是否殷实、健康、稳定的重要指标，一方面是由于妻子在外所从事的工作大多属于“不确定的、繁重的、报酬很差”的一类，另一方面是由于人们普遍认为，若非迫不得已，已婚妻子是不应该拥有工作的。实际上，一些未婚女子没有结婚之前拥有一份“令人尊敬的”工作，可一旦结婚往往意味着工作的结束。例如，荷兰的法律规定，受雇于国家邮政、电话和电报服务行业的女性，一旦结婚必须被解雇。法国则规定，担任电话接线员一类工作的女性，其工作年龄无论如何不得超过 25 岁。在包括英国在内的绝大多数欧洲国家，女教师和女护士通常都是一结婚便丧失此类工作机会。美国的情况也大致类似，航班上的空中小姐一旦结婚便被解雇的规定，一直延续到 20 世纪 60 年代才得以改变。德国一分为二之后，东、西德的妇女社会地位有较大差异。西德社会比较多地坚持传统信念，认为妇女应该待在家里与孩子们一起。担任政府部门文职官员的女性，可能由于结婚而被解雇。1977 年的一项法律允许妇女在家庭之外工作。在东德，妇女参与社会劳动的程度很高，大约 90％的妇女成为劳动力。50 年代制定的法律也有益于工作的母亲。社会还开展了广泛的日托计划。[①]

第三，妇女的家庭观、生育权及相关法律规定。二战期间，未婚生育数量剧增；战后，离婚数量一度剧增，到 1946 年，美国平均每 3 对婚姻中有 1 对以上以离婚告终。针对二战结束初期离婚率居高的现象，有学者将其解释为战争期间已发生的婚姻变化在战后的正式体现。整个 50 年代，美国的离婚率一直很低，最低的时候只有 1946 年的一半。类似的离婚率下降，也出现于加拿大、英国、西德和法国。有学者论述道：“这是一个妇女外出工作的比例相对较低的时期，也是一个对于妇女而言没有‘污名’就很难获准离婚的时期。另一方面，男人和女人到该时期比以前更加平等，无论是在事实上还是在法律上。家庭不再是一个经济实体，作为婚姻基础的浪漫爱情的观念已经取代了作为经济合约的婚姻。”[②]离婚率的下降，与该时期妇女乃至整个社会对婚姻家庭的期许存在着密切关联。对于婚姻，人们满怀激情期盼着，抱着乐观向上的态度经营着。即便日后出现了危机，就算最后不得不离婚，人们也倾向于把它看成是个人的失败而不是婚姻的过错。这种婚姻观，也推动了婚姻家庭咨询业的兴盛。对于如何取得现代婚姻的成功，欧洲人和美国人都倾向于求助“科学”来解决难题，不仅仅求助于大众文化和传媒，而且求助于婚姻专家和咨询师。美国家庭咨询专家保罗·波普诺的“美国家庭关系协会”生意兴隆，雇佣了 37 名法律顾问，到 50 年代已经帮助 2 万人“愉快地调整了”她们的婚姻关系。在 1960 年的一本

---

① Stephanie Hepburn and Rita J. Simon, *Women's Roles and Statuses the World Over*, Lexington Books, 2006, pp. 102-103.

② Arlene S. Skolnick and Jerome H. Skolnick, *Family in Transition*, Pearson Education, Inc., 2007, p. 28.

关于挽救婚姻的书中，他写道：不需要男超人或者女超人就能够取得婚姻的成功，差不多每个人都能够获得成功。[1]

传统家庭中，性与生育紧密地联系在一起并受其制约，这是传统和自然相结合的产物。由于缺乏有效的避孕手段，对于绝大多数妇女而言，性生活不可避免地与生孩子相关联。在很多传统文化中，包括直至20世纪初的西欧国家在内，一个女性一生当中可能会经历10次以上的怀孕。[2] 因此，是否能够控制自己的身体，是否拥有自主的生育权和堕胎权，也是妇女获得身心解放的衡量尺度之一。英国是有关堕胎立法最早的国家。1803年以及其后的有关立法严格禁止堕胎并对违反者施以酷刑。1929年的《婴儿生命保护法案》规定，只有因挽救母亲生命的需要，才能进行堕胎手术。1938年的"莱克斯诉伯恩案"判决将堕胎的许可范围扩展到健康原因（包括生理和心理两方面）以及强奸或乱伦所导致的怀孕。1967年又颁布一个新的《堕胎法》。[3] 美国的堕胎法律大约出现于19世纪20年代，当时的做法是禁止在婴儿有了第一次胎动（大概受孕4个月内）之后进行堕胎。20世纪60年代初，美国所有的州都禁止堕胎。其中一些州设定了几种例外情况，例如，挽救母亲生命之所需、因强奸或乱伦所导致的怀孕、胎儿畸形等等。在1973年的"罗诉韦德案"中，美国联邦最高法院裁定在怀孕的早期阶段可以进行堕胎手术。堕胎在1937年以前的瑞典是非法的，除非为了拯救母亲生命之所需。散发有关信息，出售避孕用具也属非法。1938年的《堕胎法》规定，堕胎可因健康、优生、强奸、乱伦、医疗或困境等原因而合法进行。1946年，"医疗或社会困境"的内涵得到扩展，将居住状况和其他社会经济条件也包括在内。到后来，还进一步地考虑到继续怀孕或孩子的抚养对母亲的身心健康会带来什么样的影响。1935—1976年，瑞典政府曾经实施了6万多例的绝育。其中的强制性措施，绝大多数针对那些混血人种、有多个孩子的单亲母亲、神经性错乱者、吉卜赛人、智商低下者，甚至视力不好的人。[4] 总而言之，到20世纪60年代末、70年代初，西方主要国家基本上都已经实现了堕胎的合法化，其中的规定大同小异。比如，都设定了合法堕胎的一些基本条件，都规定并非随时随地可以堕胎，必须在政府许可的地方进行，必须得到注册医师的认可，必须在妊娠早期的一定期限内进行。

---

① Stephanie Coontz, *Marriage, A History: From Obedience to Intimacy or How Love Conquered Marriage*, p. 233.

② Arlene S. Skolnick and Jerome H. Skolnick, *Family in Transition*, p. 27.

③ Stephanie Hepburn and Rita J. Simon, *Women's Roles and Statuses the World Over*, pp. 79-80.

④ Stephanie Hepburn and Rita J. Simon, *Women's Roles and Statuses the World Over*, p. 101. 瑞典当年强制绝育的政策现在已受到广泛的谴责，瑞典政府亦作出检讨。加拿大政府也曾经对印第安人实行过类似的政策。

二、第二次女权运动的兴起

始于20世纪60年代中期的第二次女权运动，与同时代风起云涌的新左派运动、反主流文化运动、学生运动、反战运动等等遥相呼应，汇合成一幅波澜壮阔的政治画卷。广大女性在新的历史背景下提出了一系列的诉求和主张，要求摆脱作为"第二性"、"他者"的屈从和被动地位，要求改变主流文化价值观中的两性二元对立状态，要求实现充分的、全面的公民权，要求实现真正的两性平等。与第一次女权运动浪潮相比较，这次运动的目标和范围更加广泛，涉及婚姻、家庭、就业、参政、生育、堕胎、社会福利待遇等各方面的权利和权益；运动的规模和影响也更大更深，触及社会文化中的一些深层次问题；所取得的成果也相当可观，对当代西方世界的政治、社会和文化价值观产生了深刻持久的影响。

1. 女权运动波澜再起的原因

第二次女权运动的兴起，与二战后欧美的社会状况和氛围密切相关。

第二次世界大战的浩劫夺去了大量青壮年男子的生命，对于战后社会关系的影响极其深远。战后德国人口统计数字集中反映了这一变化和影响。二战期间，德国士兵死亡多达370万，此外另有1170万被拘禁在战俘营内(1945年数字)。在战后柏林，成年男、女比例是1000：1717；50年代变为1000：1353，当时西柏林的所有家庭中1/3以上是女性户主。这种状况，决定了战后初期的重建工作很大一部分是由女性来承担的。①

随着战后经济的复苏，欧美的妇女就业者日渐增多。服务性的工作类别不断增加，为妇女就业带来了新机会；选择在服务性行业中就业成为广大女性的首选，服务业成为妇女就业最多的部门。最为突出的是，已婚妇女的就业率达到新高，超过工业化进程开始以来的任何一个时期。20世纪初期，如果一个家庭的收入(包括来自就业的丈夫和在工厂做工的孩子的收入)足够维持生计的话，那么，即便是社会底层家庭的妻子也选择留在家中。但是，这种情况在1945年之后发生转变。这一时期，如果一个家庭需要额外的收入作为补充，或者期待住上更好的房子，或者去度一个更长的假期，那么，外出挣钱的必定是母亲而不是孩子。下列表中的统计数字，折射出了这些新变化，从中可以发现妇女就业和家庭的一些新价值取向。

---

① Marilyn J. Boxer and Jean H. Quataert, eds., *Connecting Spheres: Women in the Western World, 1500 to the Present*, p. 217.

1870—1970年美国民用劳动力中妇女的婚姻状况①

类别 年代	女性劳动力中的婚姻状况(%)			各类别女性劳动力在各类别女性人口中所占比例(%)		
	独身	已婚	寡居或离异	独身	已婚	寡居或离异
1890	68.2	13.9	17.9	40.5	4.6	29.9
1900	66.2	15.4	18.4	43.5	5.6	32.5
1910	60.2	24.9	15.0	51.1	10.7	10.7
1930	53.9	28.9	17.2	50.5	11.7	34.4
1940	49.0	35.9	15.0	45.5	15.6	30.2
1950	31.9	52.2	16.0	46.3	23.0	32.7
1960	23.6	60.7	15.7	42.9	31.7	36.1
1970	22.5	62.3	15.0	50.9	40.2	36.8

由上表可见,19世纪末20世纪初美国的女性就业者当中,绝大多数是未婚女性,已婚女性所占比例不足1/6;然而随着时间的推移,情况发生了根本性的变化。未婚女性在女性就业者中的比例稳步下降,与此同时已婚妇女的就业人数迅速攀升,到1970年时已占了就业妇女的近2/3(62.3%)。另一方面,从19世纪末到20世纪70年代的各个时期,美国的"未婚"和"寡居或离异"女性当中就业者的比例没有发生太大的变化,基本维持在40%—50%之间和30%上下;而"已婚"女性就业的比例却从20世纪初的5.6%剧增至1970年的40.2%。

类似于美国的已婚女性大规模就业的情形,也出现在战后西欧各国。1963—1975年,瑞典已婚女性的劳动力参与程度从47%上升到66%;同年,西德从33%上升到39%。之所以出现这一趋势,存在几个方面的原因:一是家庭对教育寄予了很高的期望,各社会阶层的父母都期望自己的孩子在学校里的时间长一些,以便接受高等教育或技术培训;二是不断增长的离婚率(特别是20世纪60—70年代以来),将已婚并生育了子女的妇女推向就业市场。针对这种新现象,有学者指出:"过去人们倾向于认为,是20世纪60年代西方妇女运动的兴起导致了妇女劳动参与的增长,反过来说也许更加正确。"②随着越来越多地进入劳动力市场,广大妇女切身感受到了试图在工作和家庭职责之间取得平衡的巨大紧张和压力,"只有走上社会的妇女才会感到男女之间的不平等,也只有身兼工作与家务双重负担的妇女才会强烈要求改变男女两性角色分工的传统规范"。③ 正是在这一特定

① Marilyn J. Boxer and Jean H. Quataert, eds., *Connecting Spheres: Women in the Western World, 1500 to the Present*, p. 218.

② Marilyn J. Boxer and Jean H. Quataert, eds., *Connecting Spheres: Women in the Western World, 1500 to the Present*, p. 218.

③ 闵冬潮:《国际妇女运动:1789—1989》,第192页。

情形之下,所谓的"女性问题"再次引起人们的普遍关注。

相对于西欧和美国而言,战后东欧的社会主义国家拥有更高的妇女就业率。1970年的统计资料显示,在苏联,92.5%的成年女性参加工作。相形之下,在同一年度,法国和西德成年女性的就业率仅为48%,英国为50%,瑞典差不多60%,意大利仅占30%。在美国,所有年龄在15—65岁之间的女性有近半数成功地实现了就业。与西欧和美国的情况稍有不同,东欧社会主义国家的工业化进程对女性劳动力的依赖程度要高得多,"成为闲暇的家庭主妇"在社会主义国家并非一个可以为社会所接受的选择。由于意识形态上的差异和社会主义建设的实际需要,东欧社会主义国家的女性广泛地参与生产劳动,例如,1928—1975年,苏联的女性劳动力就由280万增加到5370万。[①]

第二次女权运动以美国为发源地和中心。之所以如此,与美国的特殊背景分不开。60年代的美国,是一个自由主义盛行的时代,社会氛围比较自由开放,政治社会文化的氛围比较倾向于改革。特别是在消除种族歧视、消灭社会贫困等问题上,形成了巨大的改革浪潮,最显著的是黑人民权运动。由于不满种族歧视和种族压迫,广大黑人愤怒地发出了要求自由和平等的呼声。美国妇女运动的骨干分子从中受到启发,从黑人遭受的不平等中联想起自己的不平等状况,认识到:如果说黑人是因为其肤色而被看作低人一等,那么,妇女则因为其性别而被另眼相待;虽然二者情形有别,但遭受的不公待遇是相同的。可以说,50年代末开始的黑人民权斗争,帮助妇女认识到女性受社会歧视的深层根源;同时,民权运动的成果也使得妇女对自己的解放运动增强了信念。此外,新左派和反主流文化等大规模的群众性运动,不但为妇女运动的兴起创造了条件,同时也在很大程度上起了催化剂的作用。以反战和学生运动为主体的新左派运动对主流文化和传统观念的冲击和批评,开阔了妇女们的视野,鼓舞了斗志,促使她们认识到自己是美国"人数最多的少数民族",是美国社会中的"第三世界"。而60、70年代风起云涌的社会改革思潮和激进的社会运动,则使得广大妇女进一步认识到社会的种种阴暗面和弊端,从而激发了她们参与和改造社会的强烈愿望。

在第二次女权运动兴起的过程中,美国妇女起到了先导作用。战后社会、政治、经济、文化的发展,促成美国妇女作为一股政治力量迅速崛起。

战后美国,妇女的整体状况有了较大改观。政治上,联邦政府机构扩大,增设了教育卫生、社会福利等一些新的部门。肯尼迪总统就职后不久,迫于妇女运动骨干分子的压

① Marilyn J. Boxer and Jean H. Quataert, eds., *Connecting Spheres: Women in the Western World, 1500 to the Present*, pp. 218-219.

力，于1961年设立了专门调查妇女性别歧视情况的委员会。该委员会虽然没有把妇女从家庭中解放出来作为目标，但首次把妇女问题列入联邦政府的议事日程，表明妇女问题成为社会的关注点之一。该委员会还在州级建立了类似的妇女委员会，从而为60年代中期的妇女运动提供了一个现成的、机构较为健全的妇女组织网络。60年代妇女运动积极分子当中，很多人与联邦和州级的妇女委员会有诸多关联。经济方面，战后美国经济得到迅猛发展，特别是第三产业的发展为大量妇女进入劳动大军创造了前所未有的机会。1948—1963年，妇女在制造业中的就业比例增加了16%；服务性行业中妇女就业增加了53%。另外一则资料显示：1950年，美国大约有1650万妇女在家庭以外的部门中就业；到1960年，这一数目增加到2250万。更加值得注意的是，增长当中的绝大多数发生在已婚妇女身上，已婚就业的妇女从1950年的850万增加到1960年1350万。① 文化上，战后接受中等或高等教育的妇女人数成倍增长，妇女的整体素质得到大幅度提高，既为妇女运动提供了骨干力量，也为妇女进入公职部门输送了人才。受过高等教育训练的知识女性往往思想开放，敢于挑战传统观念，并且具有一定的组织能力。此外，20世纪20年代以后，第一次女权运动虽然逐渐走向沉寂，但留下了许多宝贵的组织经验和斗争经验，特别是在领导群众运动方面。此后虽然没有出现声势浩大的群众性运动，但一些女权运动中的积极分子仍然采取不同形式，通过不同途径开展活动，为第二次女权运动培养了组织力量。总而言之，战后美国妇女处境的新变化产生了多方面的效应：冲击了妇女应该成为"贤妻良母"的传统价值观；使得妇女受到不公平待遇的问题更加突出，也使得妇女对此的感受愈加深切；为未来的妇女运动提供了坚实的社会基础。②

任何运动的兴起，都离不开理论上的启蒙和舆论上的先导，第二次女权运动也不例外。众所周知，经过一个多世纪的抗争，西方妇女运动在20世纪60年代之前已经取得了相当大的成就。在获得了与男人同等的法律权利之后，广大女性似乎已经实现了妇女解放的既定目标，然而实际情况却是"在追求貌似公允的人的价值中，丧失了女性的主体意识"。③ 广大女性虽然在法律上获得了解放，但实质上仍然是夫权社会中的"第二性"。来自男性世界的歧视妇女的夫权思想根深蒂固。同时，女性身上也打上了深深的男权主义印记，自觉或不自觉地处处以男性为楷模。因此，对于女权主义者而言，亟须打破"男女平等"这个带有男性中心意识的范式，用女性主体意识来重新审视这个不合理的社会。正是

---

① Glenna Matthews, *The Rise of Public Woman: Woman's Power and Woman's Place in the United States, 1630-1970*, p. 222.

② 闵冬潮：《国际妇女运动：1789—1989》，第192页。

③ 同上。

在这一背景之下，西蒙·波伏娃的里程碑性著作——《第二性》在1949年横空出世，并迅速产生了轰动性的效应。

西蒙·波伏娃是西方妇女史上带有传奇色彩的人物。1908年，她生于巴黎，父亲是巴黎市执业律师，母亲是虔诚的天主教徒。5岁时波伏娃进入天主教学校学习，19岁获大学学士学位，21岁时结识存在主义大师萨特，同年成为法国最年轻的拥有高等教师资格的哲学教师。此后，她先后在马赛、卢昂、巴黎执教，并与萨特结伴游历西班牙、摩洛哥、意大利、德国、希腊各地。29岁那年写出第一部小说，后来辞去教职成为专职作家。一生出版大约20本书，其中影响最大、最持久的是41岁时发表的《第二性》。

《第二性》的开篇便提出一个带有哲理性的深奥问题："女人是什么？"随之，波伏娃展开论述，提出"女人不是天生的，而是造就的"、"解放妇女也就是解放男子"等著名论点。在书中，波伏娃以科学的态度探讨了妇女为何成为次于男人的第二性；运用心理分析的方法详细考察了女性心理成长的历程，提出关于妇女如何获得自由、独立的人格尊严的设想。贯穿全书的基本命题是：决定女性社会地位的，不是任何单纯的生理、心理或经济上的因素，而是人类文化的整体；正是占统治地位的夫权制文化造就了男性与女性地位的不平等。男女的不平等犹如种族的不平等，其理由荒谬绝伦，即在男性世界中，生为女人便是第二性，正如在白人世界中生为黑人即为劣等民族一样。波伏娃的不少论断起到了振聋发聩的作用。例如，只有全体妇女都认识到自己作为一个个体，同男人一样对历史进程负有责任，才有可能改变受压迫、受歧视的状况，实现妇女的真正解放；妇女应做一位拒绝做第二性的女人！①

《第二性》出版后产生了轰动性效应，被视为"有史以来讨论女人最健全、最理智、最充满智慧的一本书"，被誉为西方妇女解放运动的《圣经》。该书在美国的销售量超过100万册，加上盗印本，数目更加可观。在二战之后妇女运动沉寂的年代，《第二性》"成为正待觉醒的西方妇女之间彼此传递的暗语，为第二次女权运动的兴起锻造了理论上的武器"。美国女权主义者凯特·米列特认为，波伏娃"为全世界妇女打开了一道门……她的一部作品改变了全世界亿万人的命运"。② 从某种意义上可以认为，波伏娃点亮了一座灯塔，照亮了20世纪后半期妇女解放运动的道路。

如果说西蒙·波伏娃在第二次女权运动中扮演了启蒙者的角色，那么，贝蒂·弗里丹则进一步吹响了战斗的号角。作为著名的妇女运动领袖，弗里丹也是第二次女权运动的

---

① 详见西蒙·德·波伏娃：《第二性》，陶铁柱译。

② 闵冬潮：《国际妇女运动：1789—1989》，第193页。

思想先驱。为了真实地了解美国妇女的现状并分析其成因,她跟踪调查了200位美国妇女。1963年,纪实性著作《女性的奥秘》问世,随之成为"一部唤起千百万妇女,表达她们心声的名著",在妇女中广为流传。正如书名所揭示,该书试图阐释的是困扰战后美国乃至西方社会广大中产阶级妇女的一个普遍问题——即所谓的"女性的奥秘"及其成因。

什么是"女性的奥秘"呢?弗里丹指出:进入工业化和城市化社会以后,尤其是二战以来,美国妇女一直受到一套可以概括为"女性的奥秘"的思想观念和道德观的熏陶和毒害。这种观念弥漫于整个社会,渗透于各个家庭。其主要思想是:宣扬妇女的最大幸福在于全身心地承担起母亲和妻子的角色,即做贤妻良母。弗里丹尖锐地抨击道,在鼓吹、宣扬"女性的奥秘"观念时,男性统治权贵不遗余力,不择手段:商业广告大肆宣传妇女可以通过使用最新式的家用电器来取得自我满足感;男子控制的妇女杂志把家务琐事浪漫化,竭力把妇女的欢乐、愉悦和惬意天地定位于"寝室、厨房、孩子和家庭"等范围内。一些心理学家也推波助澜,声称任何不满足于全日制家务工作的妇女大多存在心理失调,从而把妇女的失落感归咎于个人心理因素而不是社会性矛盾。弗里丹的结论是:生活在这种氛围下的妇女,从小就深受这种观念的浸染和熏陶,以为一生最大的职能就是相夫教子。对女性的这种职能定位,严重地限制了妇女的智力发展,迫使她们放弃自己的理想追求,因而家庭实际上成了美国妇女"舒适的集中营"。①

弗里丹等提出的"妇女问题",揭开了"女性的奥秘"的神秘面纱,引起了广大妇女特别是中产阶级知识女性的共鸣。广大妇女从自身的经历出发,逐渐认识到:社会将妇女限制在家务范围内,迫使她们承担全日制性质的家庭主妇工作,对妇女的身心发展产生了消极影响。她们不得不终日忙碌于单调乏味的家庭琐事,缺少精神寄托,难以实现自我价值。因此,对广大妇女而言,家庭根本不再是幸福的港湾,而是不满和怨恨的温床。如何改变现状?弗里丹呼吁美国妇女必须断然否决"女性的奥秘",看穿奥秘的虚幻,出于对社会的责任感和对生活的使命感而坚持从事创造性的劳动,使自己获得新生,这样,"妇女能够按自己内心的呼唤去努力的时代已经不是遥远的将来了"。弗里丹的主张影响了整整一代美国人和西方人,成为公认的美国新女权主义运动的纲领性宣言。

2. 第二次女权运动在美国爆发

在女权主义思潮的激励下,在60—70年代,大规模的民权运动和其他激进思潮和运动的感召下,西方妇女的权利意识迅速复苏并得到加强,女权运动再掀高潮。美国是战后

---

① 详见贝蒂·弗里丹:《女性的奥秘》,程锡麟等译,四川人民出版社1988年。

女权运动的中心。运动中出现两大派别，分别代表了赢得妇女解放的两种不同策略和思路。

一派是以全国妇女组织为代表的温和派。1966年，在贝蒂·弗里丹等人的倡议下，全国妇女组织成立。其主要成员是职业妇女和中产阶级中年妇女，初期确定的宗旨为“采取必要的行动，把妇女引入美国的主流社会，使她们与男性取得真正的平等地位”。由于目标是融入主流社会，因此，全国妇女组织的斗争策略主要是利用现存政治制度，尤其法律制度，与性别歧视作斗争。1973年，该组织有会员1.5万人，到1979年增加至100万左右，成为一个在美国具有重大影响的全国性妇女组织。1970年，弗里丹又协助成立了“全国妇女政治会议”。

全国妇女组织追求妇女平等权利的目标，在1967年举行的全国代表大会上得到进一步的细化。具体体现为：设法尽早通过平等权利修正案；敦促联邦政府保证妇女的平等就业机会；妇女产后恢复工作的权利必须得到法律保护；妇女应该享受产假；有孩子的就业父母在所得税中应该扣除家务和育儿开支；政府应该建立免费育儿中心；政府应该保证妇女享有与男性同等的受教育权利；贫困妇女必须和男人一样获得职业训练、住房等方面的补助；修改福利立法和济贫计划中有损于妇女尊严的条款；妇女应该享有控制生育的权利，包括堕胎合法化。①

为了达到与男性平等权利的目标，全国妇女组织开展了一系列活动，包括：将广大妇女群众在更大的程度上组织起来；向国会和州议会游说，设法促其通过有利于妇女权益的法案；向政府机构、大企业施加压力，要求给妇女委以重要职位；在各妇女组织之间建立联系网络，加强合作。为了达到上述目的，采取了包括罢工、罢课、游行示威、法院诉讼、国会立法游说、媒体揭露、参加公职竞选、加强党内影响力等各种手段。这些做法，在广大妇女群众中获得广泛支持，取得了可观的成果。1967年，约翰逊总统签署行政令，规定在联邦政府机构以及与联邦政府机构做生意的公司企业中，雇佣人员时禁止性别歧视。禁止性别歧视的规定在1969年又被尼克松总统扩大到军事部门。1970年，女权主义者组织了声势浩大的美国妇女获得选举权50周年纪念活动。在8月26日这天，美国各大城市举行了规模空前的游行，在纽约就有3万人参加。活动期间，妇女组织进一步提出自己的要求和主张，其中包括平等权利、人工堕胎权、建立托儿机构等等。活动的声势和影响震动全国，以至于纽约市长宣称8月26日是“妇女解放日”。

---

① Website of NOW (National Organization for Women) http://www. now. org/organization/conference/; Barbara Sinclair Deckard, *The Women's Movement: Political, Socioeconomic and Psychological Issues*, Harper and Row, New York, 1983.

争取“平等权利宪法修正案”是广大美国妇女长期以来所追求的一项目标。早在1923年，全国妇女党就提出修正宪法的议案，要求明确规定：“依照法律，美国或任何一个州对公民的平等权利，不得因性别而予以否定或剥夺。”经过密歇根州民主党女众议员格里菲思夫人等的努力，该议案先后于1971年8月和1972年3月为众议院和参议院所通过。根据规定，该议案必须在7年内获得50个州中3/4的州(38个)批准才能生效。其后的批准过程颇费周折，最初进展顺利，头几年就有30多个州批准，但1976年以后只有1个州批准，4个州驳回了对该修正案的支持。于是，到法律规定的1978年，只有35个州批准。在女权主义者的努力和有关方面的支持下，国会把通过修正案的期限延长至1982年6月底。但届时也未能达到规定的多数票，该修正案不得不以流产告终。合法的堕胎权，也是广大美国妇女孜孜以求的目标。1973年，美国联邦最高法院在一项判决中裁定妇女享有堕胎权，但是该判决引发的关于合法堕胎的争议并未因此终结。

在温和女权主义派别中，除了全国妇女组织之外，“全国妇女政治核心集团”、“妇女平等行动同盟”等妇女组织也持有相类似的观点和主张。

第二次女权运动中的另一支追求激进的女权主义目标，寻求妇女的彻底解放，其代表是美国妇女解放运动。该组织脱胎于全国妇女组织，思想观点、斗争方式较之全国妇女组织要激进得多。其成员主要来自中产阶级家庭的年轻知识女性，经济状况较好，接受过大学教育，大多数晚婚，远离父母独立生活。这些人投身于60年代大规模的社会运动，深受黑人民权运动、大学校园的新左派政治运动影响。

两派在有关妇女受压迫的根源和性质上的认识不一致。激进女权主义者把妇女受压迫的主要原因归咎于性别差异及其所产生的后果，认为妇女受到压迫，固然与男性统治社会制定的法律有关系，但最终根源在于女性的生理特性，即生育能力。妇女有史以来承受着怀孕、生育、月经、哺乳、照顾抚养孩子的责任，这些耗尽了她们的青春年华。正是两性在生理上的差异导致了男女在社会、经济、政治等方面的不同分工，并最终固化为一种结构。妇女要赢得解放，重要的是从繁重的生育负担中解脱出来，以便她们有充分的时间和精力像男性一样在社会上实现自己的价值。因此，就有必要打破传统文化对性别和两性关系所作的界定，以便确保妇女在寻求性解放的道路上有充分的自由。首先，在个人生活领域内“闹革命”，有的人提出对男子展开“性战”，有的建议搞同性恋，有的提出以群居取代婚姻。个人领域开展的“性革命”，实际上等于在向社会上的性别歧视观念和做法宣战。

为实现上述目标，激进女权主义者下基层，举办“提高觉悟”学习班。动员、组织妇女坐在一起，座谈交流在这个男性统治的社会里的切身经历和感受。旨在通过叙述和交流，促使广大女性认识到本人所经受的性压迫、性歧视和性奴役不是个人的经历，而是全社会妇女的经历。期望借助这种形式，让众多的女性在短期内提高觉悟，成为妇女解放运动的一员。激进的女权主义者还仿效黑人学生组织的斗争形式，举行、参加大规模的静坐和游行示威活动。最引人瞩目的一次活动是对 1968 年 9 月全美选美庆典的大冲击。为了抗议美国小姐选拔活动，持激进观点的妇女们将胸罩、束腰、发卷、假睫毛、假发等等所谓的“女性垃圾”扔到“自由垃圾箱”内，并将一头温顺的绵羊加冕为“美国小姐”，以此表达对选美活动的讽刺与不满。激进的女权主义者还身体力行，在社区、校园、公共场所，过群居生活，或建立同性家庭，藉此向正统观念提出挑战。对美国社会产生了深远影响。

60 年代的女权运动在美国社会产生了很大反响，经过媒体的广泛报道和传播，“妇女问题”几乎成为家喻户晓的话题。60 年代末 70 年代初，随着越来越多的女性投身于女权运动之中，温和派与激进派的界限开始变得模糊起来。70 年代中期，两派开始趋向统一，开始在广义的“妇女问题”上联手。1977 年，在休斯敦召开的国际妇女年大会是两派携手的标志。会上，来自美国 50 个州和 5 个海外管辖地的妇女代表通过了 25 条决议，内容涉及妇女教育、就业、生育、同性恋、福利、婴儿抚养等方方面面，显示出美国妇女运动的日趋成熟。

美国是一个多种族构成的国家，各少数族裔妇女也以自己的方式表达了对女权运动的支持。少数族裔在美国社会上遭受着“种族”和“性别”双重歧视，尤以黑人最为突出。黑人妇女早在女权运动爆发之前就积极参与民权运动。大规模的女权运动开展之后，黑人妇女也予以积极支持。有关研究显示，黑人妇女对女权主义的支持率高于白人妇女，“1972 年，黑人妇女和白人妇女对女权主义的支持率分别为 67％和 35％；1985 年则分别为 78％和 72％”。[①] 1977 年休斯敦妇女代表大会召开之后，少数族裔妇女代表被大会所接纳，而且其主张也得到了白人女权主义者的支持。随着运动的深入，包括黑人在内的少数族裔妇女不仅参加了“全国妇女组织”的活动，而且根据自己的情况有针对性地开展活动。由于白人妇女组织注重“性别权利”而轻视“种族权利”，因此，20 世纪 80 年代以后，少数族裔妇女先后建立了自己的妇女组织，例如，“全国有色人种妇女协会”、“有色人种妇女领导委员会”等等。尽管各少数族裔的妇女有着很多的共同点，但是相互间的差异也很明显。为了避免这些差异变成分歧，同时也体现出对各族裔的尊重，因此少数族裔妇女所建立的妇女组织只是一种松散的联盟，对内起协调作用，对外共同作战。到 1999 年，“全国有色人种妇女协会”的附属组织和群体多达 8000 个，其中大多数组织处于起步阶段，既

---

① 王恩铭：《20 世纪美国妇女研究》，上海外语教育出版社 2002 年，第 374 页。

没有专职的办公人员，也没有固定的活动经费。

3. 女权运动在欧洲的回声

20 世纪 60、70 年代，西欧国家也出现了类似美国的社会动荡，新左派运动、学生运动、反战运动此起彼伏。得益于激进思潮和社会运动的推动，这些国家的妇女也揭竿而起，从而将女权运动推向深入。由于具体国情不同，第二次女权运动在欧洲各国的表现形式存在很大的差异，表现出不同的特点。相比较而言，西欧各国特别是法国的女权运动带有浓厚的女权主义色彩；而北欧国家的妇女由于享有较高的社会地位和法律地位，比较早地就获得了参政权，参与政治生活的程度较为广泛，因此，在新女权运动的时代背景下，较多地追求更全面的两性平等这个目标，而不是抽象地强调女权本身。

60 年代末，新左派运动的风暴席卷西欧。广大中产阶级女性深受感召，积极地投身其间。参加运动的广大妇女既从新左派运动中接受了平等、民主思想的熏陶，切身感受到了群众运动的无比威力，又学到了动员群众组织群众的基本技能。但是，她们很快就体会到新左派运动中存在的根深蒂固的性别歧视，于是不久便脱离了新左派运动，转而独立地开展活动。

在新女权运动兴起比较早的荷兰，60 年代末就出现了一些妇女组织，如"男人—女人协会"、"愤怒的米娜"等等。前者比较温和，参加者以职业女性为主，同时也接纳男性加入，目标是通过施加政治影响力，争取男女权利与机会平等。后者比较激进，因经常组织机制灵活的"马路行动"而闻名，并因此而吸引了社会各阶层的广大妇女参加。与前者一样，后者也不排斥男性会员。随着运动的深入，荷兰妇女运动开始改变寄希望于与男性合作的价值取向。由于受到美国女权运动的影响，荷兰也涌现出很多专属女性的"提高觉悟"小组。①

法国的政治文化向来以激进著称，第二次女权运动在法国的情形也折射出这一特点。1968 年的"五月风暴"，滋生了法国的"新妇女解放运动"。但由于存在思想认识上的巨大分歧，70 年代以后的法国女权运动形成了派别林立的特点。不同的政治派别，对于妇女受压迫之根源以及解放之路，有不同的认识和追求。例如，"革命的女权主义者"从西蒙·波伏娃的思想主张中汲取营养，认为妇女受压迫的真正根源是父权制社会结构，而不是阶级统治。"政治精神分析派"以马克思和弗洛伊德的思想作为理论基础，虽不把男性作为自己的对立面，但反对大男子主义。"季米特洛夫小组"忠实于左派政治的理想，批判妇女

① 详见闵冬潮：《国际妇女运动：1789—1989》，第 210—211 页。

运动缺乏斗争策略，为此建立了委员会来推进运动的发展，并帮助那些感到孤立的妇女们。“纵火者小组”最为激进，政治上更倾向于阶级斗争，并视其为妇女解放的基础。尽管这些女权主义组织的名称五花八门，思想基础形形色色，活动方式差异很大，但有一点是共同的，即都对法国妇女的现状心怀不满，都对占统治地位的父权制文化心存抗拒，都对法国妇女的彻底解放心有所系。

与第一次女权主义浪潮有所不同，20世纪60、70年代的女权主义带有更多的理论色彩，所触及的问题更加深入。比如，妇女受压迫的根源究竟何在？如何求得解放？该如何对待男性和男权？性别歧视与阶级压迫之间存在什么关联？妇女解放与马克思主义指明的社会解放是否存在依存关系？凡此种种，在第二次女权运动中均有所涉及。首先，就一般情形而言，在第二次女权运动中社会主义的女权主义思想在西方各国都有相当大的影响。荷兰的“大部分女权主义者具有社会主义思想”；在北欧妇女运动中表现最为激进的丹麦，妇女运动“主要精神支柱也是一种反资本主义的女权主义……认为妇女受到的压迫是整个资本主义社会剥削、压迫的一个组成部分”。[①] 与此同时，另外一些女权主义组织则将男性视为自己的敌人，当作自己的压迫者，强调在妇女解放运动中要超越阶级、种族和年龄的界限。法国“革命的女权主义者”就是这一主张的典型代表。其次，第二次女权运动中各国都普遍出现了对以男女平等为目标的传统女权主义的批判，从肯定、追随男性主流文化转向肯定、创造女性非主流文化。[②] 这一转向，实质上是对妇女“解放”内涵的重新定义。再次，广大妇女在运动中日益感觉到，广为她们所关注和讨论的一系列问题，例如，婚姻关系、伙伴制度、性、生育、家务劳动、孩子抚养、建立托儿所等等，看似“私事”，实则属于政治性的大问题。因为在现行的以男权为中心的政治体制下，男性控制了话语权，妇女关心的问题总是得不到应有的重视，即便妇女通过参政权加入到现行政体中，也不能给妇女生活带来根本的转变。于是，妇女们从心底里发出了新的呐喊——“私人的即政治的”。很快地，这个口号便成为当代西方妇女运动中的新思维，被欧美各国的广大妇女所接受所采纳。

欧洲的新女权运动大致以70年代中期为界分成前后两个阶段。前期，各国的妇女们以采取直接行动为主，通过组织或参与各类活动，进行宣传鼓动，期望藉此唤醒广大民众关注妇女的疾苦，并提高妇女自身的女权意识。

1972年，法国新妇女解放运动在《互助报》上开辟了一个名为“压迫妇女罪行揭露日”

---

① 详见闵冬潮：《国际妇女运动：1789—1989》，第213页。

② 闵冬潮：《国际妇女运动：1789—1989》，第214页。

的专栏，所刊发的一组文章汇集了妇女们的切身经历和所见所闻。有的文章揭露了日常生活中遭受的形形色色的性别歧视，有的则讲述了遭受强奸或被迫堕胎的痛苦经历，道出了深藏在妇女心中的怨恨。通过报刊电台等媒体的广为传播，女权组织的这类活动产生了较大的社会反响。

争取堕胎合法化，是第二次女权运动中各国女权组织开展斗争的一项重要内容。堕胎权是妇女争取自身权利的一个方面。由于宗教、人口政策等原因，自 20 世纪初开始，许多国家制定法令禁止堕胎，违者遭惩罚甚至接受审判。1920 年颁布的法国刑法第 317 条明文规定禁止人工堕胎。为此各国妇女开展了长达几十年的斗争。法国女权领袖早在 1949 年就提出避孕、堕胎合法化的主张，并组织妇女进行斗争，但直至 70 年代才有较大进展。

1970 年 10 月，妇女解放运动和争取堕胎自由化运动举行首次示威游行，要求实行堕胎自由。1971 年 4 月 5 日，由西蒙·波伏娃等 343 位法国知名女性签名的《343 人宣言》发表。宣言谴责将堕胎定性为犯罪(除非危及母亲的生命而不得不进行堕胎这一特殊情况)的法国现存法律制度，同时也对法国广大民众无视危险的非法堕胎做法、漠然处之的态度进行谴责。宣言的签名者抱着大无畏的精神，公开宣称自己都曾有过堕胎的经历，由此揭开了全国性的堕胎问题大辩论，延续多年的堕胎问题由此引起举国关注。① 同年 11 月，三四千名妇女参加了争取堕胎合法化的游行，西蒙·波伏娃也在其列。此举被一些人讥讽为“肚皮革命”、“腹部运动”。同年，女律师哈尼米(Gisele Halimi)等发起成立了一个名为“选择”的妇女协会(the Association Choisir)，西蒙·波伏娃出任协会主席。协会声称，妇女有选择生育次数和生育间隔的自由，也有选择堕胎的自由。为了积聚支持力量，协会采取开放式，既吸纳女性会员，也接受男性同胞加入。协会的直接意图在于“确保免费、便捷的节育，消除一切敌视堕胎的立法，为那些受到‘进行了堕胎手术、从事了堕胎服务或者作为从犯参与了堕胎行为’指控的任何人，提供辩护和帮助”。协会在 1971 年、1972 年和 1975 年先后发动几次大规模的反对政府压制堕胎的群众斗争。

1972 年，围绕堕胎问题引发了一场意义深远的诉讼。17 岁的玛丽—克莱尔(Marie-Claire Chevalier)被指控进行了非法堕胎。位于波比尼(Bobigny)的青少年法庭负责审理此案，哈尼米则代表玛丽—克莱尔应诉。在 10 月份开庭日那天，名为“选择”的妇女协会在法院外举行声势浩大的群众集会，散发传单，进行声援。玛丽—克莱尔最终被法庭宣告无罪，理由是她并非自愿做出了堕胎决定，而是“迫于她无法抗拒的道德、家庭和社会方面

---

① Lisa DiCaprio and Merry E. Wiesner, *Lives and Voices, Sources in European Women's History*, p. 564.

的压力”。然而，案件并非到此终结。稍后，玛丽—克莱尔的母亲、替玛丽—克莱尔动手术的人以及2名中间介绍人，均受到指控。在11月的法庭审理过程中，作为证人出席的有医生、科学家和对堕胎持自由立场的政治家。作为被告的辩护律师，哈尼米在辩护陈词中围绕不合时宜的堕胎禁令以及女性生育问题，进行了慷慨激昂的阐述，赢得多次掌声。哈尼米的演说，既有炽热的充满感性的诉求，更有冷静的理性的思索。在辩词中，她让人们了解到堕胎是法国人现实生活中的一个突出问题：“根据法国的官方统计，法国每年在后院悄悄进行的堕胎手术为40万；但一般认为，真实的数字在80万到100万之间”。那么，现行的堕胎禁令起到了什么样的作用呢？她展示了另外一组数字：1965—1970年，经法庭宣判的堕胎犯罪行为分别只有588、720、623、698、471、340起。在此基础上，哈尼米宣称，“当一个法律不再能够阻止其意图予以禁止的犯罪行为增长之时，可以确信，这个法律已经毫无价值可言。这是一个该受到谴责的法律，人人都这样说，我们的那些证人、报界……我可以说民意也完全如此……”[①]最后，替玛丽—克莱尔进行堕胎手术的被告被法庭判处缓刑一年监禁，玛丽—克莱尔的母亲被判处罚500法郎，但暂不执行。

对于波比尼案件的审判结果，法国媒体给予了高度关注，主要大报都在头版显著位置进行了报道，从而促进了废除敌视堕胎法律的运动。次年，妇女协会“选择”出版了该案件的有关情况，题为《堕胎，波比尼案件：受到审判的法律》。经过反复辩论以及媒体的舆论攻势，1975年1月，法国政府通过议案，废除了1920年宪法中关于人工堕胎的禁令。1979年，议会正式通过《自愿堕胎法》。随之，各公立医院设立了人工堕胎科。法国妇女获得人工堕胎权的重大胜利。

70年代中期以后，欧洲妇女运动中具有轰动效应的妇女直接行动逐渐减少，运动的喧嚣声逐渐平息下来，取而代之的是围绕着推进妇女教育、弘扬女性文化等主题所开展的日常性工作。至此，大规模的女权运动新浪潮基本告一段落。

三、欧美女性的参政运动

第二次女权运动取得了巨大成就，妇女参政便是其中最突出的一个方面。20世纪60—70年代，传统的二元对立关系的思想观念在新女权运动中受到全面冲击，女性追求政治地位改善的呼声大增。随着参政意识的增强，妇女参与政治的深度和广度有了新的

① 关于该案之案情，可进一步参见：Lisa DiCaprio and Merry E. Wiesner, *Lives and Voices, Sources in European Women's History*, pp. 565-573.

突破，广大女性选民在各级政治选举中开始发挥前所未有的作用，妇女直接当选并出任官职的比例也呈上升趋势。所有这些新变化，既得益于二战后经济的繁荣和社会的普遍进步，也离不开广大女性自身的积极进取和不懈努力。

1. 美国妇女参政运动

严格说来，妇女参政是第一次女权运动取得的成果。早在二战前，西方许多国家就已经在法律层面上明文规定妇女拥有参政权，但是实际政治运作中存在不同程度的、潜藏的性别歧视，妇女参政权普遍受到限制。以美国为例，1920 年正式生效的宪法第 19 条修正案规定，合众国或任何一州不得因性别原因而否认或剥夺合众国公民的选举权，从此 2500 万美国成年女性和男子一样拥有了选举权。通过修改宪法确立妇女的政治权力，是美国妇女争取选举权斗争的伟大胜利。然而，赢得选举权并未立即带来美国妇女政治行为的巨变，也没有改变她们对政治影响的力度。获得参政权之后，美国女权主义者的目标实现了，围绕着未来的妇女运动何去何从问题，出现了新的意见分歧，并导致原有的妇女运动组织的分化和瓦解，从此直至二战前后，美国的妇女运动趋向消沉。在获得选举权之后的 40 余年间，美国妇女的政治影响力没有取得大的突破，取得较高政治职位的妇女屈指可数，其中包括：1922 年来自佐治亚州的丽贝卡·拉蒂默·费尔坎成为第一位联邦女参议员，1933 年弗朗西斯出任罗斯福政府的劳工部长，成为联邦政府第一位女性内阁成员。

多元的参政活动 20 世纪 60、70 年代的第二次女权运动，促成了女性参政意识的觉醒，迎来了美国妇女参政的新时代。广大女性开展了深入、持久、多元的参政活动，并且取得显著成就。体现美国妇女呼声的各类政治组织在 60 年代以后异军突起，其中包括最具影响的全国性组织——“全国妇女组织”、具有扎实群众基础的“妇女解放运动”、旨在支持和辅助妇女参政的“全国妇女政治核心集团”，直接为女性竞选人筹集资金的“妇女政治行动委员会”。这些带有明显政治意图的组织，从各个层面开展活动，促进了妇女地位的改善。

作为一种政治力量，60 年代的美国妇女总体上仍处于美国政治的边缘，被排除在政府决策程序之外，只能被动地接受政治体制所施加的安排。第二次女权运动早期阶段，广大妇女还主要借助诸如请愿、抗议、集会、游行等传统的政治手段开展活动，制造声势，营造氛围，但取得的效果非常有限。70—80 年代，妇女政治斗争的策略发生转向，开始更多地介入政党活动或直接谋求政治职位，以期改变昔日被动接受和被边缘化了的政治上的

不利处境，试图走向政治权力结构的中心。主要体现在以下几个方面：[①]

第一，广泛参与政党活动，提高妇女在两党内的发言权。60年代民权运动爆发之前，已经获得选举权的美国妇女囿于政治经验的缺乏、群众基础的薄弱、对女性的社会歧视盛行等因素，在民主、共和两党内的作用极为有限。民权运动为女性参政提供了契机，提高广大妇女的政治意识，唤醒了社会对于女性的歧视和不公待遇的关注。美国最大的妇女组织——"全国妇女组织"在1971年将提高妇女的政治参与作为主要目标。为此一方面积极动员，让广大妇女群体关注、关心并积极投身于各种维护和提高妇女权益的政治活动之中；另一方面主动地与其他妇女组织建立联系，协调妇女运动的方向和策略。1971年全国妇女会议召开，成立了具有广泛群众基础的"全国妇女政治核心集团"，参加者囊括女权主义者、劳工运动、民权运动、宗教组织和众多少数民族的妇女代表。该组织还明确了斗争目标，即与性别歧视、种族主义和结构性暴力、贫困作不懈的斗争。"全国妇女政治核心集团"是一个跨越各州的全国性妇女组织，在其之下则设有600多个州及地方的分支机构，负责具体政策的制定和实施。这些组织着力开展了两方面的活动，一是增加党代会中妇女代表的人数，二是力图将有关妇女权利和权益的条文写入两党的竞选纲领。这方面的活动取得了成效，出席两党全国代表大会的妇女代表比例的变化折射出这一点。1968年，共和党、民主党全国代表大会上的妇女代表分别仅占17%和13%；4年后的1972年，分别剧增至30%和40%。1980年，共和党全国代表大会上的女性代表比例进一步上升至40%。民主党代表大会的女性代表比例虽然在1976年略有下降，但1980年剧增至50%。[②] 女性政治影响力的扩大不仅表现在代表人数的增加上，还进一步体现在政治呼声的提高上。在1972年的民主党代表大会上，妇女代表成功地促成大会将有关支持妇女平等权利的条款写入民主党总统竞选纲领。在1976年的党代会上，妇女代表又顶住党内的保守势力，成功地挫败将"禁止人工堕胎修正案"纳入党纲的企图。

第二，积极参与竞选活动，谋求各级政府机构的职位。1970年以来，竞选联邦众议员的女性候选人数量不断增加，由1970年的26人、1980年的52人上升到1990年的69人，2000年更高达122人，其中赢得选举从而成功当选的比例也有较大提升（见下表）。[③]

---

① 详见王恩铭：《从政治边缘走向政治中心——70和80年代的美国妇女运动之追踪》，《世界历史》1995年第2期。同时参见王恩铭：《20世纪美国妇女研究》，第409—411页。

② 详情请浏览拉各斯大学"美国妇女和政治中心"网站（www.cawp.rutgers.edu/Facts/）。

③ M. Margaret Conway, "Gender and Political Participation", in Sue Tolleson-Rinehart and Jyl J. Josephson, eds., *Gender and American Politics: Women, Men and the Political Process*, M. E. Sharpe, Inc., 2005, p. 67.

美国众议院选举女性候选人数量增长情况一览表

	年代	1970	1980	1990	1992	1994	1996	1998	2000	2002
民主党	参加竞选的候选人	15	27	39	70	72	77	75	80	78
	赢得选举的候选人	10	11	19	35	30	35	39	41	38
共和党	参加竞选的候选人	11	25	30	36	40	43	46	42	46
	赢得选举的候选人	3	10	9	12	17	16	17	18	21
女性候选人总数		26	52	69	106	112	120	121	122	124

有关资料还显示，1970 年之前，须经参议院批准同意任命的官员中，妇女仅占 3%。即使在公务员队伍中，妇女的比例也少得可怜。1960 年，联邦政府的高层官员共有 2050 人，妇女占 24 人；同年联邦法官有 425 人，妇女仅占 3 人。为提高妇女担任公职的比例，“全国妇女政治核心集团”在 1974 年成立妇女竞选基金会，专门负责为女性竞选者筹款。美国从政妇女中心的研究报告显示：1975—1981 年，妇女在县政府委员会中的席位增加了 1 倍；1971—1981 年，妇女在州议会中的人数增加了 100 倍。1985 年全国所有市级政府的竞选职位中，妇女占 14%，与 10 年前相比增加了 260 倍；同年，全国州级竞选职位中，妇女占 15.5%，该比例是 1969 年以来妇女在州级竞选职位中所占人数比例的 4 倍。①

第三，积极参与政府部门的决策，努力争取话语权和发言权。1920 年以前，妇女被排除在通常的政治议事程序之外，只能通过请愿、抗议、游行示威等非正式的政治渠道对政府的政策施加影响，在废奴、禁酒、女权等问题上莫不如是。妇女赢得选举权之后，女性开始作为个体个别地进入政府的重要决策部门，但仅为摆设，象征意义大于实际意义。60 年代民权运动之后，妇女进入决策过程的可能性成为现实。参与决策的主要方式有几种。其一，开展调查研究，向相关的政府部门提交对策建议。70 年代，先后建立了“妇女政策研究中心”、“妇女高等教育研究中心”、“妇女研究与教育机构”等组织。举凡与妇女权益相关的问题，小至家庭暴力，大至性别歧视，都成为女性主义者关注和研究的对象。其二，代表妇女进行诉讼，保护妇女的正当权益。举凡涉及就业、报酬、教育、福利和贷款申请等方面的性别歧视问题，妇女组织通常聘请精练能干的律师，为受到歧视、遭受不公待遇的妇女打官司。其三，直接参与立法过程。妇女立法代表往往在社会进步力量的支持下，直接提出一些针对妇女权益问题的有关法案，例如，1978 年的怀孕妇女无法工作法案，1984 年的儿童抚养实施修正法，1984 年的退休金平等法等等。在州级立法机关，则提出更多的保护妇女权益的法案，其内容更加广泛，涉及妇女的各种具体权益，如人工堕胎、

① 参见王恩铭：《从政治边缘走向政治中心——70 和 80 年代的美国妇女运动之追踪》，《世界历史》1995 年第 2 期；王恩铭：《20 世纪美国妇女研究》，第 407 页。

家庭暴力、育儿义务等。

第四，踊跃参加各类政治选举，通过选票表达政治主张和愿望。20世纪以来，女性选民在选举中的参选率(即合格选民当中参加投票选举的百分比)总体上呈上升趋势。特别是20世纪60年代以来，妇女的政治参与体现出"政治激情不断高涨，两性政治意识差距迅速缩小"的特点。到1980年，美国妇女参加大选投票的参选率(59%)达到男性水平；到1986年，妇女参加国会中期选举的参选率(46%)也达到男性的参与水平。在2004年的大选中，妇女选票占了总选票的54%。统计资料还显示，与男性一样，美国妇女在大选年的参与度明显高于国会中期选举年(详见下表)。在政治倾向方面，两性之间也存在一定的差异，男性选民支持共和党的较多，而女性选民则更倾向于投民主党的票。

1914—1931年芝加哥市男、女选民登记投票情况(百分比)①

年代	1914	1916	1920	1924	1928	1931
男性	68	64	62	62	57	58
女性	32	36	38	39	43	42

大选年美国妇女的政治参与度(参选率)②

年代	1948	1952	1956	1960	1964	1968	1972	1976	1980	1984	1988	1992	1998	2000
男性	69	72	80	80	72	70	64	60	59	59	56	60	53	58
女性	59	62	69	69	67	66	62	59	59	61	58	62	56	61

非大选年美国妇女的政治参与度(参选率)③

年代	1966	1970	1974	1978	1982	1986	1990	1994	1998
男性	58	57	46	47	49	46	45	45	41
女性	53	53	43	45	48	46	45	45	42

更加重要的是，女性选民学会了利用手中选票，积极开展游说活动，对立法者施加压力，从而达到制定有利于妇女的法案。例如，1972年，国会通过妇女平等权利法案和同工同酬修正案，1974年，通过平等就业机会法和平等信贷机会法，都与妇女游说活动有很大关系。

参政成就　如前所述，美国妇女为争取政治、经济和社会平等进行了漫长、曲折的斗

① Glenna Matthews, *The Rise of Public Woman: Woman's Power and Woman's Place in the United States, 1630-1970*, p. 179.

② M. Margaret Conway, "Gender and Political Participation", in Sue Tolleson-Rinehart and Jyl J. Josephson, eds., *Gender and American Politics: Women, Men and the Political Process*, pp. 49-50; Glenna Matthews, *The Rise of Public Woman: Woman's Power and Woman's Place in the United States, 1630-1970*, p. 179.

③ M. Margaret Conway, "Gender and Political Participation", in Sue Tolleson-Rinehart and Jyl J. Josephson, eds., *Gender and American Politics: Women, Men, and the Political Process*, p. 50.

争。20 世纪 60 年代以后，美国妇女逐渐成为一支不可忽视的政治力量，在联邦、州和地方政府部门占据越来越多的职位，其中一些还是比较重要的位置。社会上人们对女性的歧视思维也逐渐发生改变。及至 80 年代末，美国妇女参加政治选举的人数也已经超过男性，广大妇女的呼声日渐增大也愈益受到重视。所有这一切，既是妇女运动在 20 世纪中叶以后所取得的可喜成就，同时也为广大妇女未来的进一步发展提供了更加广阔的舞台和空间。

美国妇女参政的新成就首先突出体现在从政妇女人数的增长上。从 1920 年美国宪法第 19 条修正案通过、美国妇女获得选举权到 20 世纪 60 年代末的半个世纪内，美国女性在州立法机构中的比例很低，充分凸现出妇女在象征男性意志核心的政府机构中的少数和边缘地位。战后初期，通过竞选出任官职的美国妇女为数极少，直至 1969 年，美国各州立法机构中的女性议员比例仅仅占到 4%。然而，第二次女权主义浪潮的兴起，前所未有地将很多女性带入了公共领域。“虽然在 20 世纪 90 年代里妇女在国会中所占的比例仍然不足 10%，但是，她们确确实实地在 20 世纪 70 年代里开始竞选很多其他层次的官职。”[①]据不完全统计，美国历史上已有 220 多名女性担任国会议员，其中 30 余人任职于参议院，非白人妇女议员也超过 30 人。[②] 在 1993—1994 年的第 103 届国会中，妇女拥有 54 个席位(7 名参议员 47 名众议员)，占国会成员总数的 10.1%；在 1999—2000 年的第 106 届国会中，妇女的席位增加到 65 个，占总数的 12.1%；在 2005—2006 年的第 109 届国会中，妇女占有 81 席，所占比例达到 15.1%，其中参议院 14 席(占 14%)，众议院 67 席(占 15.4%)。[③] 在州级层面也获得显著进步。统计资料显示，1969 年妇女在州立法机构中的比例约为 4%，1975 年为 4.5%，1990 年上升到 18%，2001 年进一步上升至 22.4%。2004 年初，50 个州的参议院中妇女占 410 席，占议席总数的 20.8%，在州众议院席位中，妇女占了 1245 席，占总席位的 23%。[④] 2004 年初，在州立法机构中，有 86 名女参议员和 218 名众议员。其中，黑人妇女拥有 37 个州的 57 个参议院席位和 156 个众议院席位，拉美裔妇女集中于 14 个州，拥有 19 个参议院席位和 39 个众议院席位，亚裔妇女在 7 个州拥有 7 个参议院席位和 16 个众议院席位。当有色人种妇女在州立法机构人数增加时，美国本土白人妇女只在 4 个州范围内拥有 1 个参议院席位和 8 个众议院席位。

---

① Glenna Matthews, *The Rise of Public Woman: Woman's Power and Woman's Place in the United States, 1630-1970*, p. 222.

② 详情请参阅拉各斯大学“美国妇女和政治中心”网站 http://www.cawp.rutgers.edu/fast_facts/index.php 资料。

③ Sue Thomas, “Cracking the Glass Ceiling: The Status, Significance, and Prospects of Women in Legislative Office”, in Sue Tolleson-Rinehart and Jyl J. Josephson, eds., *Gender and American Politics: Women, Men and the Political Process*, p. 245.

④ 参见拉各斯大学“美国妇女和政治中心”网站 www.rci.Rutgers.edu/cawp/2006-7-1 资料。

立法部门以外的参政妇女也有所增长。20 世纪 60 年代之后，帕特里西娅·哈里森成为第一位有色人种女性内阁部长，艾达·阿尔瓦雷斯成为第一位出任联邦政府局长的西班牙裔女性，雪莉·奇泽姆在 1968 年成为第一位在国会中工作的黑人女性。到目前为止，已有 30 多名女性获得内阁或内阁级的职务任命。1975—1985 年，妇女在市政部门中的比例翻了三番，由 4%上升到 14%。[1] 1971—2001 年，妇女在州行政管理部门的比例由 7%上升至 27.6%。在州级层面上，1967 年之后女性州长逐渐增多，此前只有 2 人。1974 年，艾拉·格拉索(Ella Grasso)以压倒性优势当选康涅狄格州州长，成为女性中凭借竞选当选州长的第一人，任职期限为 1975—1980 年，后因健康原因辞职。此前曾先后有 3 位女性分别在怀俄明、得克萨斯和亚拉巴马担任代理州长职位。值得注意的是，这 3 人还并非完全依靠自身的实力而走上这一岗位的，而是很大程度上得益于她们的丈夫曾经是前任州长的影响。20 世纪末 21 世纪初，更多的女性出面谋求州一级的行政职位，仅 2003 年在职的女性州长就达到 5 人。2008 年大选之后，美国共有 8 名女性州长，8 名女性副州长，4 名女性州总检察长，12 名州务卿，9 名州财政总长，8 名州审计长，8 名负责教育事务的州教育总长，3 名保险业总监，此外在劳工、公司管理、公共服务、公共管理、道路等部门，都有女性主管。[2] 美国三权分立的政府机构中，司法部门向以保守著称。妇女进军该领域首先在州级层面和联邦巡回法院和地区法院获得突破，但直至 1960 年美国才出现第二位州最高法院女性法官。1981 年上台的里根总统在执政期间，任命了美国联邦最高法院的首位女性大法官——桑德拉·戴·奥康纳，[3]被视为一个具有革命性影响的事件。克林顿执政后，又在 1993 年增加了一位女性联邦最高法院法官——鲁斯·金斯伯格。

历任总统对于联邦上诉法院和地区法院法官的任命情况[4]

在任总统	约翰逊		尼克松		福特		卡特		里根		老布什		克林顿	
	任命的法官人数及其所占的百分比													
女法官	1.9	3	0.4	1	1.6	1	15.5	40	7.6	28	19.5	36	29.2	107
男法官	98.1	159	99.6	223	98.4	63	84.5	218	92.4	340	80.5	149	70.8	260
总数		162		224		64		258		368		185		367

① Glenna Matthews, *The Rise of Public Woman: Woman's Power and Woman's Place in the United States, 1630-1970*, p. 238.

② http://www.cawp.rutgers.edu/fast_facts/index.php 2009-1-18.

③ 奥康纳已于 2005 年 7 月退休。接替她出任美国联邦最高法院首席大法官职务的是小布什总统提名任命的男性大法官约翰·罗伯兹。

④ Sue Thomas, "Cracking the Glass Ceiling: The Status, Significance, and Prospects of Women in Legislative Office", in Sue Tolleson-Rinehart and Jyl J. Josephson, eds., *Gender and American Politics: Women, Men and the Political Process*, p. 223.

纵观20世纪中期迄今美国妇女参政的全程，可以发现：60年代是一个转折点，此时期的妇女参政开始出现局部和零星的变化；70年代里，这一变化日积月累，由局部走向整体，由少数走向多数，已取得的参政成果得到进一步的巩固；90年代至今，美国妇女参政取得新的巨大进展。

80年代，美国妇女积极参加政治选举，竞选热情空前高涨。1980年大选，登记和投票的女选民首次超过男性，而且超出很多。在全国和地方性选举中，妇女的选票不断上升。1986年，投票的女选民比男选民多600多万。1988年，多出将近1000万。1984年，费拉罗女士竞选美国副总统，虽未能成功，但仍被看作是美国政治史上的一个突破，极大地鼓舞了美国妇女。1988年大选时，全美有42个团体推出了"妇女议程"，认为妇女问题不仅影响妇女及其家庭，而且关系到人类的未来前途，呼吁各党派的候选人都应提出"妇女议程"。全美76个妇女团体组成"妇女选举计划"组织，呼吁女性选民投关心妇女问题的候选人的票，鼓励妇女多投票。"妇女议程"得到70%以上选民的认同，成为全国性议程。1988年，竞选州议员的1793名妇女中，有1073名获胜。"美国妇女竞选基金会"曾向131位竞选联邦、州和地方公职的女候选人提供了50多万美元的竞选经费。在总统竞选中，妇女也在决策机构中发挥着重要作用。或者出任新闻总管，或者充当政治顾问，其目的是在候选人获胜后，受托出任政府高级职务。[①]

90年代号称"妇女之年"，女性在各级部门中供职者达到新高。佛蒙特州的麦德琳·昆宁(Madeleine Kunin，1985—1991年任职)成为历史上第一次得以连任3届该州州长的女性。1991年，明尼苏达州最高法院成为历史上第一个女法官占多数的州级法院。竞选州政府官职的妇女成功率上升。1993年，州立法机构中的女议员占20%，创历史最高纪录。1991年，联邦国会议员中有54名女性(参议员7人，众议员47人)，占议员总数(535人)的10%。90年代，还刮起了盛极一时的"希拉里热"。1992年大选期间，44岁的律师希拉里·克林顿是其丈夫比尔·克林顿总统竞选班子的最重要的智囊团成员。女权主义者全力支持希拉里。希拉里在一次群众集会上公开宣称，到2010年要为美国推出一位"女总统"。

20—21世纪之交，妇女在美国政坛的影响力进一步上升。首先是女性国会议员的大幅增加：1961—1963年国会期间女议员为20人，2003—2005年国会期间增加到74人，40年内增长了3.7倍。仅2001年一年，就有13名女性成功地当选为国会参议员。其中，希拉里成为纽约州第一位女参议员，而且是第一位被选入国会的前总统夫人。到2004年，

① 李雪季主编：《世界女性历程图说》第2卷，第282—283页。

妇女在国会中拥有74席，占总席位的13.8%，其中在参议院中14席，众议院中60席。74席中，有色人种妇女占了18席。在2008年大选之后的第111届国会中，妇女拥有90个席位，其中参议院16席，众议院74席，[①]占国会议席总数(535)的16.8%。[②] 这些新变化，某种程度上预示了妇女参政的辉煌成就。其次是一些出任高级官职的妇女成为美国政坛中举足轻重的人物，例如，克林顿政府时期的国务卿马德·奥尔布赖特(1997年1月—2001年1月任职)，是第一个获得如此高级别行政职位的女性。小布什政府时期的国务卿康多莉扎·赖斯(2005年1月—2009年1月任职)，既是女性又是非洲裔，是国际外交舞台上的风云人物。希拉里是首位获得公职的前第一夫人和纽约州第一位女性参议员，她在2008年大选期间引人瞩目的表现令无数人叹服，如今已担负起奥巴马政府国务卿的重任。珍妮特·雷诺(Janet Reno)是美国历史上第一位女司法部长(1993年3月—2001年1月任职)，小布什政府时期的劳工部长赵小兰则是美国历史上的第一位华裔，同时也是第一位亚裔内阁成员。来自加利福尼亚州的联邦众议员南茜·佩洛西(Nancy Pelosi)，是美国历史上的首位众议院女议长，她从2007年1月起担任该职。最后但同样重要的是，女性参政(包括选举期间和任职期间)获得美国社会各方日益广泛的支持，并越来越多地进军政治领域内的男性传统领地。比如，国会中的一些重要委员会(如参议院对外关系委员会)，原来属于典型的男性问题委员会，完全为男性议员所把持，女性议员被认为不适合在其中任职，如今也开始吸纳女性加入。

原因分析　20世纪中叶以来美国妇女参政成就的取得，得益于第二次女权运动的推动，得益于广大妇女长期不懈的诉求和斗争，得益于20世纪60年代以来美国自由主义改革的有利氛围，得益于联邦政府的有利政策和美国社会各界的有力支持。妇女在政治上一系列成就的取得，与妇女经济、社会、法律地位的改善和提高存在着互动关系。

首先体现在妇女就业上。二战以降，越来越多的美国妇女走出家庭，加入劳动大军，就业人数从二战时期的25%上升到1990年的50%。尽管广大女性涌入劳动力市场的初始动机复杂，具体动因各异，例如，有的纯粹出于生存所需，有的旨在增加微薄的家庭收入，还有的意图通过参加工作使得自己的生活充实起来。但是，这一状况造成的客观效果是：大量的妇女就业从总体上提高了妇女的社会经济地位，增强了作为社会基本细胞的家庭以及妇女自身在社会上的影响力，从而进一步激发她们追求更高程度的自立和更广泛的平等。战后妇女的就业也呈现出不同于战前的若干新特点，例如，除了从事传统的护

---

① 另有3名女性分别当选为华盛顿特区、美属关岛和维尔京群岛的国会代表。

② http://www.cawp.rutgers.edu/fast_facts/levels_of_office/Congress-Current.php 2009-1-18.

士、文秘、教师等职业外，美国妇女也开始越来越多地进入高科技领域和男性占主导的工作领域。20 世纪 70 年代，妇女在一些较高层次的职业（如法律、医学等）中有较明显的增长，1972 年妇女在律师行业中的比例仅占 4%，到 1980 年上升到 13%。1960 年，每 10 名医科学生中只有 1 名是女生；到 1980 年学医的女生增加了 1 倍，每 5 名医科学生中就有 1 名女生。尽管战后妇女就业有了诸如此类的可喜进步，然而与之相伴的就业和报酬方面的性别歧视犹存，这也成为美国妇女通过参政而从根本上谋求平等相待的推动力之一。

如果说美国妇女在社会上所处的不利和不公处境以及由此而萌生的改变现状的所作所为出于一种内在驱动力的话，那么，战后美国妇女所处的一种比较宽松的政治环境以及由此而获得的社会地位的改进，则为她们谋求进一步的政治发展创造了不可或缺的有利条件。战后以来，美国妇女在获得政治上的平等权利方面取得不少突破。在女性的不懈努力和社会进步力量的支持下，妇女在平等权利问题上取得了可喜进步。例如，1967 年，约翰逊总统签署行政令，禁止在与联邦政府有关的就业范围内实行性别歧视。妇女在受教育机会、工资待遇和职业性质方面也有显著改善。1972 年，美国国会通过同工同酬法的修正案，1974 年，先后通过了平等就业机会法和平等信贷机会法，1978 年，怀孕妇女没能力工作法生效，1984 年，儿童抚养实施修正法获得通过，退休金平等法也获准生效。在州级层面上，通过了更多的保护妇女权利和权益的法案，内容涵盖人工堕胎、福利保障、家庭暴力、育儿义务等等方面。一系列进步的社会立法，从某种程度上纠正了歧视女性的根深蒂固的不公正社会现象，使得美国社会对于妇女的价值有了更多的认可和认同。这一点，既是美国妇女参政成就的集中体现，也是她们谋求更多更大平等的新起点。

毋庸置疑，战后美国教育特别是高等教育事业的蓬勃发展，为广大美国妇女提供了改善自身处境、提高社会地位的重要物质条件。美国妇女从战后教育的发展中获益巨大。60 年代以降，特别是肯尼迪和约翰逊政府推行扩大受教育机会、提高教育水平和教育质量、加强教育基础设施建设等等长期教育发展措施，使得妇女受教育的人数和水平显著提高。1965 年颁行的《初等和中等教育法》、《高等教育法》提供了政策上的保障。与 1969—1970 学年相比，1979—1980 学年美国妇女获得各种学位的人数增加了 46.7%，从 429703 人增加到 603238 人；同期男学生的增长数为 10%，从 635688 人上升至 700059 人。[①] 授予女性的硕士学位数量也不断攀升：1969—1970 学年 82669 名，1979—1980 学年增加到 147322 人，净增量多达 65000 个。同期，男硕士学位人数从 125624 名增加到 150749，净增 25000 名。女性获得工程学位的百分比也从 1971 年的 0.8% 上升到 1981 年的

① 弗兰克尔：《美国教育统计预测》，任振华、杨立山译，高等教育出版社 1989 年，第 31 页。

10.4%。自1970年以来，获得学士和硕士学位的女性无论在人数上，还是在所占比例上，均呈不断增长的态势。其中，女性学士在1985年以后，女性硕士在1980年以后，甚至均超过了男性。大专院校的女教授人数也从1970年占教授总数的28%上升到1990年的40%。[①] 历史发展的史实表明，接受高等教育是一条改善自身处境、提高自身社会地位的重要捷径。战后美国妇女也正是在很大程度上得益于高等教育而使自己的社会地位获得提升，其表现便是女性日渐在经济领域内与男性平分秋色，在就业人数上，不仅在某些第三产业部门中超过了男性，而且同样能够胜任大型跨国公司的高层次领导职位。

同样值得重视的是，战后美国妇女参政成就的取得，也得益于并且实际上促成了美国社会关于女性观念的转向。妇女的就业和参政，特别是担任产业或政府部门的高级职务，日益得到公众的普遍认可和首肯。关于"妇女问题"的社会文化观念的变化，还体现在更深层次的"话语"取向上，带有性别歧视的话语不仅为女性所不容，而且日益被整个社会所鄙弃。[②] 当然，20世纪60年代的女权运动留下的遗产是多重的，应该进行客观的具体分析。譬如，60年代末期兴起并盛极一时的"性解放"浪潮，对于美国人乃至整个西方世界的婚姻观念、家庭结构、同性恋、离婚率、性生活等方面的冲击和影响极其巨大而深刻，有学者深刻指出，它"既反映了美国妇女自立能力、追求个性、寻求解放的意识的提高……也折射出美国社会伦理道德之严重失范"。[③]

最后，美国社会和政治的多元化特性也为妇女参政提供了便利。长期以来，美国社会以多元性著称，特别是经过20世纪60年代风起云涌的民权运动冲击之后，这种多元的价值取向更加明显。由于对包括非洲裔在内的少数族裔、女性群体在内的社会弱势阶层更加宽容、包容，多元的美国政治文化实质上鼓励群体组织以利益集团的形式参与政治，这种机制的存在为妇女作为利益集团参政提供了机会。此外，还有一个更为具体的因素，就是20世纪60—70年代，美国政府和政党因为越战和水门丑闻而大失民心，有利于女性出面竞选公职，社会氛围也有利于接纳女性候选人。美国妇女在此时期迈步进入政治中心真可谓适逢其时，给美国政坛吹吹来了一股清新的风。

2. 西欧妇女参政运动

在第二次女权主义运动浪潮的冲击下，西欧妇女的参政运动也获得新的动力，取得新的进展。西欧妇女的参政运动既受到来自大洋彼岸的美国妇女参政运动的影响，又承继

---

① 王恩铭：《20世纪美国妇女研究》，第383页。

② 参见下一章对该问题的进一步讨论。

③ 王恩铭：《当代美国的妇女运动》，《美国研究》1995年第3期。

了西欧诸国自身的历史文化遗产，从而表现出一些不同于美国的特点。

英国妇女参政运动 英国的女权主义在第一次女权运动平息后并未从根本上消失，而是在新的历史条件下改头换面，重新粉墨登场。20世纪30年代，在克服经济大危机的特定背景下英国出现了一种所谓的“福利女权主义”，与此同时，越来越多的英国妇女致力于和平运动或者生育控制运动，有的学者将其标榜为“理性女权主义”。[①] 在20世纪初，生育控制运动取得成功和突破之后，英国的女权主义似乎失去了动力。同美国的情形一样，二战结束后的头20年内，英国妇女也将“回归家庭”作为最佳选择，基本上没有再提出要求妇女政治解放之类的呼声，但“六点集团”(Six-Point Group)、“妇女自由联盟”(Women's Freedom League)这样的个别组织除外。尽管如此，英国政府或立法部门却同妇女利益的代表者保持着沟通，如果需要进行协商，政府往往求助于一些传统的渠道，比如，“妇女协会”(Women's Institute)、“女性市民工会”(Townswoman's Guilds)，或者政党中妇女组织的代表、工会和教会等等。相对而言，这些女权组织或者女权代表者的观点比较温和。

第二次女权浪潮在英国的兴起有多方面的原因。最基本的一点是受到美国女权运动的感召和影响，同时也有一系列内在的英国因素在起作用，比如，1968年举行的纪念妇女获得选举权50周年活动、英国劳动阶级妇女不满情绪的增长、学生左派和马克思主义政党组织的复兴等等。该时期出版的一些著作也发挥了重要作用。1966年，朱丽叶·米歇尔在《新左派评论》上发表题为《最漫长的革命》一文，标志着“妇女问题”开始被纳入左派政治的议事日程。1969年，谢拉·柔博萨姆(Sheila Rowbotham)的小册子《妇女解放和新政治》出版，明确地提出了理解英国社会中妇女屈从地位的必要性，在书中，她将英国妇女的家务责任与工作中的不平等权利联系起来进行了讨论。两人所表达的思想可以说顺应了时势的需求，起到了思想启蒙的作用，因为就在1968年，英国伦敦出现了第一批“提高觉悟小组”。英国劳动阶级妇女在运动中扮演了先行者的角色。为了取得“同工同酬”的目标，60年代末期英国妇女开始行动起来。最著名的是1968年，位于达根海姆的福特汽车厂缝纫机械工的罢工。这场罢工虽然没有能够完全实现平等报酬的直接目标，但待遇有了较大提高，也激励了其他阶层的英国妇女。随后不久，一个名为“争取妇女平等权利全国工会联合行动”的组织宣告成立。为了争取《1970年平等报酬法》的通过，该组织做了大量的准备，也为女权主义建立了最初的网络。其中，比较关注妇女权利的女性群体

① Joni Lovenduski, *Women and European Politics, Contemporary Feminism and Public Policy*, The University of Massachusetts Press, 1986, pp. 72-73.

联合在一起，开展工作，并最终促成了《1975 年性别歧视法》的通过。

英国妇女参政也取得了一定的成就。1959 年，玛格丽特·撒切尔被选入议会，1979 年成为英国第一位女首相，任职直至 1990 年。如今，在英国 659 名下院（平民院）议员中有 119 名妇女，714 名上院（贵族院）议员中有 125 名妇女。① 绝大多数女性议员属于工党（94 名）和保守党（14 名）。19 名下院内阁成员中，女性占 4 人，2 名上院内阁成员中，女性占 1 人。26 名国务大臣当中有 8 位女性。1919 年，女子爵南希·阿斯特成为英国议会上院的第一个女议员。下院的第一个女议员是来自工党的女男爵——阿宾杰的沃顿（Wootton of Abinger），她是根据 1958 年的《终身贵族法案》而获得贵族身份并进入贵族院的。贵族院的第一个女性领袖是保守党的女子爵杨格，她担任领袖长达 3 年。第一个女性党纪主督察员（Chief Whip）是工党的女子爵——哈斯塔的勒维琳—戴维斯。获得法律勋爵职位②的第一个女性是里士满的女子爵——黑尔，她在 2004 年根据《司法上诉法案》而获得终身贵族身份。2003 年起担任下院领袖的也是女性，她是女子爵阿莫斯。2006 年 7 月，原工党政府卫生大臣、上院议员女男爵海琳·海曼成为英国历史上第一位选举产生的上院议长，任期 5 年。总体而言，在英国政府部门中担任各类公职的女性为数并不多，为此，英国政府的“妇女和平等部”在 2003 年发起一系列宣传活动，期望吸引更多的妇女参政议政。③

法国妇女参政运动 法国妇女在经过长达一个半世纪的奋斗之后，终于在 1944 年赢得了宝贵的参政权——选举权和被选举权。在 50 年代遍及欧美的“非殖民地化”及国际和平运动中，法国妇女也积极投身其间，摇旗呐喊。早在二战期间就积极参与反法西斯战争的欧仁妮·戈登，在此时期，致力于和平运动，出任法国妇女联盟主席、国际民主妇联主席、世界和平大会常设委员会副主席。阿尔及利亚战争（1954—1962 年）期间，法国妇女连同大学生、知识分子等社会左翼力量一起，致力于消除种族歧视和偏见，给阿尔及利亚的民族独立斗争提供了道义上的声援。④

20 世纪 60、70 年代，法国女权运动受到激进社会思潮的影响，向更高层次发展。

---

① 英国的终身贵族爵位由女王册封，设在上院的贵族推选委员会负责遴选。终身贵族同时可在贵族院拥有席位。根据 1958 年的《终身贵族身份法案》，有 120 名女性成为终身贵族；根据 1999 年的《贵族院法案》，有 4 名女性成为终身贵族；根据 1876 年的《司法上诉法案》，有 1 名女性成为终身贵族。

② 英国有 12 个法律方面的爵位，这些爵位的享有者主要是在英国最高法院审判案件，而不是在议会上院工作。

③ Stephanie Hepburn and Rita J. Simon, *Women's Roles and Statuses the World Over*, p. 81.

④ 阿尔及利亚战争期间，一个名叫 Djamila Boupacha 的 23 岁阿尔及利亚女孩受到法国军方的非法拘禁并遭严刑拷打。1960 年，一群法国女性在巴黎发起并成立了“Djamila Boupacha 辩护委员会”。其后的诉讼引起广泛的国际关注。关于该案之详情，可参见：Lisa DiCaprio and Merry E. Wiesner, eds., *Lives and Voices, Sources in European Women's History*, pp. 554-558.

1968 年，大规模的学生运动和工人示威、罢工席卷欧洲，法国出现了所谓的“五月风暴”。新左派力量的形成与壮大及其对社会的批判立场，极大地改变了欧洲各国的政治气候。正是得益于这一社会氛围，第二次女权运动的浪潮不期而至。斗争的矛头直指教育和就业方面的歧视、妇女在家庭中的地位、性问题上的双重标准和生育选择、女性在政治代表权上的不足、妇女在学术研究项目中的边缘化等等。[①] 社会上的一些弱势群体的政治意识也日益觉醒。70 年代，法国妓女参加了一些全国性的活动，她们在 1976 年进驻教堂、市政厅静坐，反抗男人及国家对性的伪善态度，并要求享有公民权。女性的广泛呼声逐渐得到主流社会的关注。1974 年 7 月，法国设立妇女条件国务秘书处，其宗旨被确定为：“负责推行一切有利于改善妇女条件，使妇女在法国社会中能担任领导职务，消除歧视妇女的措施。”1978 年，在联合国妇女十年活动推动下，法国成立了第一个妇女地位部，成为欧洲第一个此类国家，1981 年，该部门更名为“法国妇女权利部”，属于政府机构。

80—90 年代，法国妇女为改善自身的处境继续进行不懈的努力。她们越来越强调妇女组织的独立性，更多地致力于争取妇女的实际权益、平等权利和独立人格。为了回应广大女性要求免费堕胎的呼声，法国政府在 1982 年制订了《补偿堕胎费用法》。1992 年，法国内阁会议应负责女权的国务秘书倡议，研究了一些有益于妇女的措施，包括：政府将继续实行女子职业多样化的政策；进一步考虑女子就业方面的需求；制定有关制止工作中性骚扰的法律；关注家庭暴力受害妇女；由传媒开展关于年轻女子避孕的全国性宣传运动。

长期以来，法国妇女被拒之于政治领域之外，直接参政成为求解放的必要条件之一。1991 年，法国社会党总统密特朗任命 57 岁的埃迪特·克勒松夫人出任政府总理，向来以稳重立场著称的法国《世界报》为此断言：“法国妇女终于可以在荧光屏上看到自己面貌一新了。”[②]克勒松夫人于 1981 年任密特朗总统的农业部长，1983 年担任外贸部长，1988 年担任欧洲事务部长。作为法兰西共和国历史上第一位女总理，克勒松夫人代表了法国妇女参政的最高成就，遗憾的是，她在位仅 323 天就因社会党在 1992 年 3 月下旬的地方选举中惨败而被迫辞职。1993 年，法国国民议会（577 名成员）中有 6% 的女性议员，1997 年上升到 10.9%。2002 年，女性在法国议会中的议席为 11.8%，与其他西欧国家和发达国家相比，处于最末 5 名之列。在 898 名法国议会议员中，有 101 位女性议员，38 名内阁成员中有 10 位女性部长。190 名上诉法庭成员中，有 70 名女性。市政参事当中女性占了 33%，市长职位当中女性占了 10.9%。2000 年提出的宪法修正案，要求候选人名单上应

---

① Lisa DiCaprio，Merry E. Wiesner eds.，*Lives and Voices*，*Sources in European Women's History*，p. 545.

② 李雪季主编：《世界女性历程图说》第 2 卷，第 24 页。

该拥有同等数量的男、女候选人，违反者将处以罚金。①

西欧妇女参政成就的取得，也在一定程度上得益于欧盟的推动。长期以来，欧盟采取积极的姿态推进男女平等。虽然欧盟自初创至今，尚未出台专门性的妇女问题政策，但其态度和政策取向集中体现在其一系列的条约、决策、决议、决定、指令、规定和法院裁决中。在《1995—1997年社会行动计划》中，欧盟开始将就业列为头等问题，并提出要发展教育与培训、促进男女平等、改善社会保障、加强社会团结、实现社会和公民欧洲，认为这些是增加社会活力的基础。在1997年年度报告中，欧盟认为男女平等在以下几方面取得重大进步：其一，该年6月欧盟各国签订的《阿姆斯特丹条约》进一步加强了男女平等，因为条约的第3条明确规定：欧盟有责任消灭不平等现象，并在各项领域促进平等。第13条允许欧盟采取恰当的行动同包括性别歧视及带性别倾向的各种歧视现象作斗争。其二，欧盟成员国共同决定实施一项新的就业政策，其主要内容很明确，即所有欧洲公民就业一律平等。其三，男女平等的实施在其他政策领域已经取得了进展。

其实，男女平等任重道远。以欧洲议会为例，在1979年以前的选举中，女性议员的比例一直很小，198名议员中只有10名女性，占5%。此后历届选举中，女性比例不断扩大。1979年，有67位妇女进入欧洲议会，占总议席的16.8%。1984年为75人，占17.3%；1989年为97人，占18.7%；1994年为145人，占25.6%。相比较而言，欧洲议会中女性议员的比例，比各个成员国议会中女性议员的比例要大得多。以1982年为例，当时的成员国议会女性议员的平均比例为7.6%，而欧洲议会中女性议员的比例已达到16.1%，高出8.5个百分点。② 长期以来，欧洲议会也吸引了很多知名的女性政治家。1979年直接选举后，女议员西蒙娜·韦伊就任欧盟的第一任女议长。此后，女性议员在议会中的作用不断扩大，表现突出者越来越多，有的还担任要职。1989年第三次选举之后，有2名女性担任副议长，1位担任党团领袖，3位担任议会下属委员会的主席。1994年选举后，当选的正副议长中有3名是女性。

由于欧盟将"增加妇女在决策中的发言权以维持一个更平衡的社会"作为自己追求的一个目标，因此，女性议员在改善欧共体和欧盟的妇女地位方面做了很大努力，收到了突出成效，议会作出了不少保护妇女权益的决议。该机构还积极与各成员国协作推进有关妇女工作，例如，与法国最大的妇女组织密切合作，帮助她们解决日益增长的性骚扰问题，促使法国政府在1992年通过了立法。还资助工人组织，召集专家和一些活动家，讨论性

① Stephanie Hepburn and Rita J. Simon, *Women's Roles and Statuses the World Over*, p. 88.

② 祝吉芳：《西欧新女权主义运动及其未来的走势》，《学海》1999年第6期。

别平等问题。欧洲法院还就禁止性别歧视、保护妇女权益等问题做出一些判决，例如，1986年的马歇尔案。① 由于不同的历史背景、文化传统、社会和经济发展水平的差异，各国妇女的平权面临不同的挑战。作为欧洲国家的联合组织，欧盟积极鼓励成员国的妇女协同行动。

总之，通过长期广泛而执著的诉求，西欧妇女在立法机关、政党、工会及其他社会团体内都取得了更多的政治权利。在法国，立法机构虽仍是男性的圣殿，但情形有所改变。如在法国绿党候选人当中，妇女人数几乎占了一半。在不断增加的压力下，法国社会主义政党的第4次和第5次欧洲议会选举中，均提出一份男女数额均等的代表名单。

3. 北欧妇女参政

北欧的挪威、丹麦、冰岛、瑞典、芬兰，统称北欧五国。它们是后起的资本主义国家，工业革命起步晚，妇女运动兴起的时间也因此晚于英国、法国、美国等国。19世纪以来，随着现代化和民主化进程的推进，北欧的新兴资产阶级为了自身利益，与妇女组织联手对付贵族势力，妇女运动得以借机发展。

历史回顾 瑞典和丹麦的妇女选举权是通过与资产阶级政党的合作而获得的。19世纪末，瑞典社民党女党员组织了“全国争取妇女选举权联盟”(National Association for Women's Suffrage)。这个联盟在斗争中，把争取妇女的选举权和争取社会各阶层的选举权结合起来，赢得了广泛的支持。虽然瑞典妇女并未在19世纪获得选举权，但经过斗争，也的确获得了一些权利，如受教育权、平等继承权，在商务活动中使用自己姓名的权利。② 第一次世界大战结束前后，许多国家发生革命风暴(如俄国十月革命、德国十一月革命)，瑞典也出现了要求民主的抗议活动，这一形势加速了在地方选举和国会选举中对男女普选提案采取行动的过程。③ 以此为契机，瑞典妇女于1919年获得了选举权。丹麦于1849年颁布第一部宪法，确立君主立宪制和议会代表制，公民获得选举权，但“仆人、妇女、罪犯和儿童”被排除在外。1899年，丹麦“全国妇女委员会”(National Council of Women in Denmark)成立，它在章程中将争取妇女选举权列在首位。丹麦社民党男性领

---

① 英国的马歇尔女士在62岁时被雇主要求退休，乃以性别歧视为由(男性退休年龄为65岁)提出申诉，认为此举违反欧盟76/207号同等待遇指令的规定。申诉先后被一个劳动裁判所和雇佣上诉裁判所驳回，理由是这种做法是1975年《性别歧视法案》第6条第4款所允许的。最后，英国上诉法院就此案将下列问题提交欧洲法院：被申诉的行为是否违反欧盟76/207号指令？马歇尔女士是否能据此得到保护？欧洲法院做出了肯定的回答，认为各成员国法院应该适用欧盟的上述指令。

② Joyce Gelb, *Feminism and Politics: A Comparative Perspective*, Berkeley, 1989, p. 146.

③ 斯·哈登纽斯：《20世纪的瑞典政治》，戴汉笠、许力译，求实出版社1990年，第18页。

导人和妇女组织一起参加了争取妇女选举权的斗争。1908 年，妇女获得地方选举中的选举权，1915 年，获得议会选举中的选举权。

芬兰、挪威和冰岛的妇女运动则具有鲜明的民族主义特色，妇女的选举权是在争取民族独立过程中获得的。从 19 世纪下半叶开始，芬兰妇女开始争取选举权，并于 1906 年获得选举权，这在欧洲国家中是最早的。她们之所以能在相对较短的时间里取得斗争的胜利，与芬兰的民族独立运动有密切关系。芬兰原来是瑞典的一个公国，1809 年俄瑞战争中，瑞典战败，芬兰转为沙俄统治下的大公国。随着民族意识的觉醒和现代化进程的推进，芬兰人民于 19 世纪末掀起了争取独立的高潮。1905 年，芬兰人民举行总罢工，迫使沙皇同意芬兰建立代议体制。在这次总罢工中，有 25000 名芬兰妇女联名上书，要求实现议会改革，对总罢工的胜利起了很大作用。正是因为妇女在争取民族独立斗争中与男子并肩作战，多数芬兰男子理解并支持她们争取选举权的斗争。1906 年 7 月，沙皇尼古拉二世签署议案，给予妇女选举权，确立了芬兰的现代议会民主制。

挪威从 1380 年起被丹麦控制，1814 年后被瑞典控制，经过近一个世纪的抗争，于 1905 年独立。这一过程也是挪威妇女运动大发展的过程。1884 年，挪威妇女权利协会成立，其宗旨是争取妇女平等的受教育权及参与经济生活权。1889 年，挪威争取妇女选举权协会组成，其成员主要来自挪威妇女权利协会的激进分子。经过她们的不懈努力，1901 年，有一定收入的妇女在地方选举中首次享有选举权，当年挪威的市政委员会中女代表的比例达 8%。[①] 这一胜利更加鼓舞了妇女的参政热情，1910 年，妇女获得地方选举中的选举权，1913 年，获得在议会选举中的选举权。

冰岛的传统经济以渔业为主，男子长年出海，很少在家，由此形成女子当家和积极介入社会生活的传统。10 世纪时，冰岛人还过着氏族社会生活，妇女有权拥有财产，有权离婚、再嫁，拥有选举权，在社会政治生活中发挥着积极作用。[②]

进入近代，在反抗丹麦统治的同时，冰岛妇女开始争取自身的权利。1907 年 7 月，冰岛妇女权利协会的领导人 B. 白嘉赫妮斯多蒂尔受到美国女权运动的影响，决定开展公开斗争。冰岛妇女权利协会有两个明确的目标：争取妇女的选举权、争取两性受教育机会均等。这两个目标都很快达到。1909 年，冰岛妇女获得了地方选举中的选举权，1915 年获得议会选举中的选举权。一项保证妇女有平等权利接受教育的法令也于 1911 年通过，这是世界上第一次通过类似的法令。

---

① Mim Kelber, *Women and Government*: *New Ways to Political Power*, Connecticut and London, Westport, 1994, p. 65.

② Gisela Kaplan, *Contemporary Western European Feminism*, New York University Press, 1992, pp. 87-89.

参政主体素质及参政途径 政治参与是人类社会生活的高级活动，要求参政个体具备相应的参政素质，包括一定的文化知识水平和现代民主意识、良好的心理素质、实现自我价值的强烈愿望和坚定的政治责任心等。妇女的参政素质主要从两方面衡量，一是是否受过良好的社会教育；二是妇女参与社会活动程度的高低。

妇女的参政意识和能力主要靠社会教育培养。自人类社会进入父权制时代以来，传统社会为两性确定了各自的性别角色：男人在社会上拼搏进取，女人在家中操持家务，育儿助夫。受传统性别角色的束缚，以男权为中心的意识形态和价值评估仍根深蒂固地沉积在女性的心灵中，妇女的权力意识因此十分淡薄。教育作为培养现代化、平等的性别观念的一种手段，其功能已经得到国际社会的公认。受过良好教育的妇女一般具有较平等的性别观念，能够认识到女性的社会价值，思想活跃、自卑感和依赖心理弱，社会主体意识强。这正是女性提高政治认知，增强政治意识，明确政治价值观，主动、均衡、有序参政的重要前提。衡量妇女社会教育地位的高低，一是看妇女的受教育程度和低文化程度妇女的比例；二是看社会为妇女提供的受教育机会以及妇女接受教育的目的和性质。

北欧国家素来以“福利国家的橱窗”闻名全球，它们以全体国民为对象的社会保障制度无所不包。在这种福利制度下，几乎所有的国民都可以过着体面的生活。由于国民生活普遍较富裕，女孩受教育没有经济障碍。在北欧，两性平等观念深入人心，不存在女童就学的社会障碍，妇女文盲率不足5%。[①] 从中等教育入学率（1988年）看，除冰岛的女孩入学率比男孩低4个百分点以外，其他北欧国家女孩的入学率均高出男性，芬兰高出了15个百分点，五国女性的高等教育入学率均高于男性，其中挪威的差距最大（男性31.3%，女性37.8%）。[②]

在对女性进行的教育中，北欧各国很好地贯彻了男女平等的原则。瑞典明文规定了学校教育的宗旨：应谋求实现男女在家庭、劳务市场及一般社会生活中的平等；应对涉及男女生活角色的问题做出指导，鼓励学生讨论重要的男女状况并提出质疑。为贯彻这一原则，瑞典在9年制义务教育过程中，不分性别，所有的学生学习同样课程，如家政学、工艺技术、木工、金属工艺等。这种教育方法为女性自幼形成平等的性别观念创造了有利的环境。这种潜移默化的作用在女性选择高等教育专业时得到发挥。传统性别模式下，社会科学和护理等专业被认为最适合女性；机械工程和建筑等专业则少有女生。但近年来，北欧妇女以实际行动向传统的性别模式提出了挑战，闯入了以前被男性垄断的职业领域，

① 世界银行：《1994年世界发展报告》，中国财经出版社1995年，第163页。

② 熊郁：《面对21世纪的选择——当代妇女研究最新理论概览》，天津人民出版社1993年，第197—205页。

如芬兰的工科院校的女生已占学生总数的20%。[①]

具备良好的教育背景,只是现代妇女参政的基本前提,只能说明她已具备了参政的潜在能力。这种潜能只有通过妇女广泛参与社会经济生活,才可转化为现实。这是因为,首先,在当代政治生活中,不论谋取哪一级的公职,都必须有一定资金作为竞选经费,不参与社会经济生活,没有经济来源的妇女就会被排除在政治生活之外。一项调查表明,不少非洲国家中,失去经济独立的妇女除了日常生活的开销,无以获得用来谋取公职的资金,因而无法进入"权力走廊"。[②] 其次,现代参政妇女必须具有一定的社会经验和群众基础,这种经验和基础只有在参与社会经济生活的实践中方可逐步实现,这决定了参政妇女不可能从只有家务劳动经验的妇女中产生。通常,我们比较妇女参与社会经济生活的指标是妇女的劳动参与率,该数据表明妇女参与社会生产的程度,与妇女的参政程度成正比。

第二次世界大战结束后,由于出生率下降,北欧国家的人口增长缓慢,呈老龄化趋势,劳动力的增长不能满足经济发展的需要。为了弥补劳动力的不足,北欧各国政府积极鼓励妇女参加工作。在政府的扶持下,妇女的劳动参与率直线上升,瑞典妇女就业率在1982年为66%,1986年上升为80%,1988年达到80%—90%;[③]1980年,丹麦妇女的劳动参与率为70.8%,挪威妇女为63.2%,而同时期,英、法、美等国的数字均在60%以下。[④] 妇女对社会生产参与的加深,带来北欧劳动力市场的变化。1991年,北欧妇女在劳动力市场的比重达50%左右,[⑤]几乎与男子不相上下。

通过对以上北欧妇女的社会教育地位及劳动参与状况的透视,不难发现,北欧大多数妇女的主体意识坚定,政治责任感强,政治素质优秀,能积极主动参政,这可以用妇女的投票率来验证。北欧妇女的投票率虽然略低于男性,但绝对数值很高。1968年瑞典大选,男性的投票率达91.6%,女性为90.7%。[⑥] 1970年代后,妇女参政热情高涨,瑞典妇女的投票率一度超出男性。[⑦]

一般来说,妇女的参政途径可分成两种。一种是以妇女的社会经济地位提高及政治参与热情得到相应的增长为前提,这种参政渠道即:改善社会经济地位→政治责任感增

---

① Mim Kelber, *Women and Government: New Ways to Political Power*, p. 136.

② Inter-Parliamentary Union, *The Participation of Women in the Political and Parliamentary Decision-Making Process: Reports and Conclusions*, Geneva, 1989, p. 38.

③ 李占五:《北欧市场经济》,时事出版社1995年,第71页。

④ 熊郁:《面对21世纪的选择——当代妇女研究最新理论概览》,第121—122页。

⑤ Lauri Karvonen and Per Selle, *Women in Nordic Politics: Closing the Gap*, Dartmouth Publishing Company Ltd., 1995, p. 135.

⑥ 福尔默·威斯蒂:《北欧式民主》,赵振强等译,中国社会科学出版社1990年,第127页。

⑦ Joni Lovenduski and Pippa Norris, eds., *Gender and Party Politics*, Sage Publications, London, 1993, p. 269.

强→走向政治参与，它必须以个人社会经济地位的提高为前提，因而在这种“个体化”的参政渠道下，中下层妇女的政治参与率较低。另一种情况是，积极参与社团和政党活动的妇女即使处于较低的社会经济地位，也可能有较高的参政热情。这是因为妇女的高度组织化→群体意识增强→在社团、政党的帮助下走向政治参与。在这种参政渠道中，妇女的个人经济地位不一定必须得到提高，这样，社会各阶层的妇女都会有较高的政治参与率。

可见，高政治参与率是与各种组织的中介作用分不开的，北欧即是实例。北欧的妇女组织历史悠久，群众基础广泛，影响较大的有芬兰的“妇女协会”（1884 年）、丹麦的“妇女联合会”（1899 年）、挪威的“妇女全国理事会”（1904 年）等，它们自觉稳步地开展各项工作，大大拓宽了妇女的参政道路。北欧五国几乎所有的政党内都有妇女小组，芬兰和瑞典的各中央党中有较大规模的妇女集团，丹麦的社民党和社会主义人民党就是倾向妇女的大党。第二次世界大战结束后不久，芬兰土地党、新芬兰人民民主联盟中就已成立妇女小组，由于它们的积极活动，1946 年芬兰女议员的比例达到 12%，高出其他北欧国家。1950—1960 年代，挪威出现妇女参政高潮，各妇女组织都与政界要人就是否增加妇女代表等问题进行磋商，并敦促各政党提名女候选人。另据一项调查，瑞典 40% 的女议员在政治上的成功是妇女组织促成的。[①] 在今日的北欧政治生活中，妇女组织的影响早已渗入政党斗争，成为推动妇女参政的中坚力量。

可以看到，因为北欧妇女自身素质高，能积极主动参政，也因为她们能以妇女组织为依托主动参与，参政渠道畅通，从政之路相对平坦，从这个角度讲，“北欧模式”是一种主动开放的妇女参政模式。

参政客体中妇女的地位及作用考察　北欧五国均实行议会民主制，政治机构基本遵循“三权分立”的原则，参政客体因此分为立法、行政和司法三大系统。

从立法系统看，北欧五国国会中的女议员比例高居全球之首，瑞典为 41%，芬兰、挪威为 39%，丹麦为 34%，冰岛为 24%（1994 年的统计数字），这是北欧妇女参政成就斐然的最主要标志（发达国家的平均值为 9%）。除丹麦外，各国均出现过女议长。1994 年，丽塔·沃苏凯宁出任芬兰议长，同年，比吉塔·达尔出任瑞典议长。

在地方议会中，北欧妇女同样有较高的比例。早在 1971 年挪威的城市选举中，3 个城市议会（包括首都奥斯陆）的女议员数目已经超过男议员。1991 年冰岛大选中，妇女在城镇议会中获得了 32% 的议席，此比例高出中央议会（23.8%）。[②] 另据 1994 年的统计，

---

① Mim Kelber, *Women and Government: New Ways to Political Power*, p. 105.

② Mim Kelber, *Women and Government: New Ways to Political Power*, p. 156.

北欧五国女性市议员的比例如下：冰岛 25%，丹麦 26%，挪威 29%，芬兰 30%，瑞典 41%。[①]

在行政领域，北欧涌现出较多的女性行政长官，是世界上最早接受妇女入阁的地区。早在 1924 年，丹麦就出过女大臣。“从 1970 年代初开始，在北欧地区，认为内阁成员应是清一色男性的观念就已经落伍了。”[②]挪威前首相布伦特兰夫人第三次组阁时，包括首相在内共有 9 名女阁员，占总数的 47%。瑞典前首相卡尔松的内阁中，妇女占 50%，较重要的职位，如外交大臣、司法大臣、交通大臣均由女性担任。

在现代民主制度下，政治精英一般从普通从政人员中遴选。如果普通从政妇女的数量和质量未达一定标准，女性便难以在权力阶梯上逐步攀升，女性高官也成为“无源之水”。这一结论被联合国所主持的一项调查所证实，调查显示：立法机构中女议员的比例和女性部长级官员的比例之间存在非常密切的关系。[③] 具体到北欧，由于女议员的比例高→具备从政经验的妇女多→女性高官有充足的候补人选，这是北欧地区的女性高官比例高出世界上绝大多数国家的直接原因。

司法机关作为法律的监督执行机构，其女职员的存在对于有关妇女法律的落实有着特别重要的意义。挪威和瑞典都出过女性司法大臣。1953 年，丹麦首次出现女性最高法院法官，其他四国也相继于 1960—1970 年代涌现了女性最高法院法官。但女性在法官总数中所占的比例并不高。以芬兰为例，某届最高法院的 23 名法官中仅有 2 名女性。[④]

以上分析的是参政客体中从政妇女的比例，这一比例是衡量妇女参政成就的常用指标。但人数的增多并不完全等同于权力的增大，因此，必须考察从政妇女在参政客体中的政治影响力。从政妇女的政治影响力集中反映了她们在政治生活中的地位，以及她们是否拥有独立的政治人格，能否自觉代表妇女的整体利益，并对政府的决策产生影响，是妇女参政的另一个衡量指标。

北欧的从政妇女人数较多，在各级政治机构中所占的比例从低层到高层缓慢降低，呈梯形特征。她们以其扎实的群众基础，对更多普通妇女的参政起了积极的作用。她们有力地促进和推动了本国妇女运动的发展，并促使政府更多的关注和维护本国妇女的权益。挪威前首相布伦特兰夫人在促进妇女的参政方面身体力行，其内阁成员中近一半为女性，

---

① 戴可景编译：《北欧五国两性比较统计——关于男女平等的事实和数据》，《社会学研究》1995 年第 6 期。

② V. Spike Peterson and Anne Sisson Runyan, *Global Gender Issues*, Westview Press, 1993, p. 51.

③ United Nations, *Division for the Advancement of Women*, *Women and Decision-Making*, Vienna, 1989, pp. 8-10.

④ Mim Kelber, *Women and Government: New Ways to Political Power*, p. 135.

她领导的工党也明文规定妇女在党的各级委员会中应占40%—60%的席位。挪威各政党纷纷效法,规定应选出一定比例的妇女参加领导机构。挪威在保障男女平等方面走在欧美各国的前列,与布伦特兰夫人的努力不无关系。

由于北欧从政妇女(尤其是高层的从政妇女)相对较多,这种数量的优势使女官员可能参与实质性的决策过程。以挪威为例,它是世界上妇女在政府中比例超过80%的少数几个国家之一,这些妇女构成了对政治决策、议案及政治态度、行为、方式产生显著影响的"核心团体"。[①] 在今天的北欧,大多数男政治家承认,从政妇女已经改变了政党的某些观点,她们已成为左右政局的重要力量。

然而,必须指出的是,尽管北欧从政妇女的参政领域较全面,权力结构分布也较协调,但其地位和作用尚待强化。瑞典决策机构中的妇女通常都是副职,在等级制度中的地位低于男人。[②] 即使在享有"世界上最女性化的民主国家"之美誉的挪威,也存在政治决策机构中妇女代表影响力不足的问题。

参政模式 妇女参政并非孤立的社会政治现象,它不仅与各国的社会经济基础、政治制度和政治传统直接相关,还不同程度地受到社会文化氛围的制约,北欧妇女的参政成就正是本地区各种因素综合作用的产物。

首先,从经济基础分析,北欧五国都是工业化国家,先进的经济结构和生产力水平直接导致妇女的就业率很高。同其他西方国家相比,北欧各国政府在经济生活中发挥的作用更加积极。例如,可瑞典政府从1930年代开始干预劳动市场,为妇女提供特别的就业帮助,这保证了妇女有时间和精力广泛参与社会生活。

另外,北欧的经济地理因素在某种程度上促成了妇女积极参与社会生活的传统。以冰岛为例,传统经济以渔业为主,男子长年出海,很少在家,由此形成女子当家和积极介入社会政治活动的传统,今天的冰岛仍保留着以妇女为尊的古老观念。和欧洲其他地区相比,北欧妇女很早就外出谋生。18世纪末,芬兰的资本主义还未萌芽,中部奥卢城的妇女就经常去斯德哥尔摩跑买卖,并和男人一样从事水上贸易。[③]

其次,北欧妇女的从政坦途是与该地区的政治制度和政治传统分不开的。北欧公民参与政治生活有悠久的传统,冰岛的"阿尔辛"(Althing,即冰岛的议会)成立于公元930年;[④]

① Mim Kelber, *Women and Government: New Ways to Political Power*, p. 61.

② A United Nations Study, *Women in Politics and Decision-Making in the Late Twentieth-Century*, Martinus Nijhoff Publishers, 1992, p. 46.

③ Mim Kelber, *Women and Government: New Ways to Political Power*, p. 123.

④ Peter Taylor, *World Government*, New York, 1994, p. 88.

瑞典王国(1809 年前含芬兰)的公众代表机构"里斯达格"(Riksdag)成立于 15 世纪;1814 年,挪威成立了全国性的议会"斯托庭"(Storting),当年就有 45%的 25 岁以上的男性公民获得选举权。到第一次世界大战结束时,北欧五国都已建立较完备的资本主义议会民主制,妇女参政能在民主、法制的氛围中得到长足的发展。

从政党制度看,北欧五国是高度组织化和社团化的国家,政党制度以社团组织为基础运行,各种社团在政治生活中享有崇高的地位——北欧民主的一个重要方面是自发结合的组织在社会的所有方面和所有层次上都发挥着作用。[①] 这个政治传统由来已久。专制制度结束后,北欧国家就再也没有对群众性组织的建立作过限制,各种群众团体如雨后春笋般地涌现,19 世纪,北欧议会民主制的发展及男女选举权斗争的开展都与这些组织有一定联系。它们早在 19 世纪就在政治生活中取得了一定地位,到了 20 世纪,则试图影响政府的决策。今天,这些组织既是政府的决策咨询机构,又是妇女参政的重要中介。正是这些有一定影响力的社团组织为妇女参政铺就了一条坦途。

再次,从社会层面分析,北欧地区的人种、民族和信仰相对单一,宗教文化的影响、良好的社会福利制度和妇女运动的深入人心,为妇女参政提供了宽松的氛围。妇女地位既是各民族历史的产物,也同各民族的宗教观念和制度有关。各民族各自的宗教信仰对待妇女的态度是有差别的,这正是造成各族妇女地位和待遇不同的重要原因。相比而言,基督新教对妇女的态度更加开明。正如著名女权主义宗教学家卡莫迪所说:"宗教改革初期,新教妇女似乎比许多记载所显示的更为活跃,她们已经不受不婚独居的约束,只是被强制地处在屈从地位。"[②]北欧绝大部分居民信奉基督新教,瑞典、丹麦和挪威均以新教为国教。基督新教是伴随着 16 世纪欧洲资本主义兴起而产生的革新派,新教运动在思想渊源上与 16 世纪兴起的资产阶级人文主义思潮有一定联系。因此,新教运动确认了人的信仰自由原则,为近代西方宗教自由和一定程度上的思想自由开辟了道路。新教反对封建等级制度,提倡资本主义自由竞争精神,又为后来欧洲女权主义的勃兴提供了有利的思想背景。新教在北欧各国统治地位的确立,正是在新兴资产阶级的大力支持下才得以实现的。几百年的新教文化熏陶造就了北欧妇女独立的平等意识,也使她们享有较大的参与社会生活的自由。这种宗教文化的传统为北欧妇女参与社会生活提供了良好的背景:北欧国民对妇女从家庭到社会全方位谋求两性平等的行动普遍持赞同态度。

---

① 福尔默·威斯蒂:《北欧式民主》,赵振强等译,第 565 页。
② 卡莫迪:《妇女与世界宗教》,徐钧尧、宋立道译,第 143 页。

挪威前首相布伦特兰夫人和冰岛前总统维·芬博阿多蒂尔的当选很能说明北欧妇女运动的威力。她们都是平民之女，并无家世背景，而是借妇女运动之东风，通过自身的努力跻身政坛，女权运动的推波助澜为她们提供了持续的动力源泉。维·芬博阿多蒂尔的父亲是普通的工程师，母亲是护士。1970年代，冰岛的妇女运动风起云涌，1975年达到高潮，妇女们举行了声势浩大的罢工，在首都举行大规模集会，要求给予妇女更多的参政权。维·芬博阿多蒂尔正是在这种背景下步入政界的。她的参政得到了广大妇女的支持，1992年，她第4次当选总统时，获得93.5%的选票，其中大部分来自女选民。

综上所述，北欧妇女不仅参政领域较全面，女性高官较多，从政妇女与权力的结合也很紧密，能够参与实质性的决策过程，而且她们的从政主要是以妇女组织为依托的主动参与，从政妇女与一般妇女间有着天然的联系，她们之间基本上都存在着一种政治契约——一般妇女积极支持从政妇女，从政妇女则采取高起点的直接—间接行为并举的方式，在政治领域代表广大妇女的特殊利益。总之，"北欧模式"是一种有着主体间紧密同一性的良性模式，呈现出精英—大众政治互动的特征，符合妇女参政发展的大方向（如图所示）。

代↓ 从政妇女 ↑支

表↓ 一般妇女 ↑持

妇女参政是一种复杂的社会历史进程。在前资本主义社会，虽然也有少数女性登上政治舞台一显身手，但她们的权力都是通过世袭其父兄获得的，她们的参政只是封建君主世袭制下男权力量的另一种显现，与现代意义上的妇女参政相去甚远。只有人类社会发展到资本主义阶段，生产方式实现根本变革后，才有可能出现对男权制下妇女从属地位的历史性觉醒与反抗，现代意义上的妇女参政才会随之产生。"北欧模式"正是现代妇女参政的典范，是资本主义民主政治的产物。当然，北欧妇女的参政状况也只是相对其他国家而言较好，比照妇女所应拥有的社会政治经济权利，她们还远未顶着政坛的"半边天"，距离妇女参政权的真正实现还有一段距离。这也是世界妇女参政的整体状况不容乐观的一个例证，要改变这种局面，尚需国际社会作出艰巨的努力。

"北欧模式"对其他国家妇女参政运动的启示主要有三点：

第一，妇女的参政水平主要取决于一国的经济发展水平，尤其是生产的社会化和工业化程度，这是妇女参政的客观物质基础。生产的工业化程度高，妇女就能获得更多的就业机会，通过就业，妇女才能真正实现经济独立，进而获得政治人格的自立；也只有生产的社会化程度高，家务劳动实现社会化，即"妇女可以大量地、社会规模地参加生产，而家务劳动只占她们极少工夫的时候”,[①]才有可能从根本上解决从政妇女的双重角色冲突,促使妇女不断走向政坛。

当然,妇女的参政状况并不总是与社会经济发展水平同步。第二次世界大战后,欧亚一些社会主义国家的经济基础还很薄弱,这些国家的妇女却冲破了性别角色的束缚,以主人翁的姿态投身政治生活,实际参政水平较高。东欧和苏联的社会主义制度不复存在后,妇女在立法机构中的比例均有急剧的下降,其中罗马尼亚的降幅最大,达30个百分点。[②]这说明妇女参政水平与社会制度也有一定的联系。

第二,妇女的参政水平也取决于一国政治系统功能的完善程度。只有政治日益民主化,妇女参政才能得到真正稳定的法律和机制保障;只有现实的政治系统为妇女参政提供了充分、有效和平等的参与形式和途径,妇女参政的深度和广度才有可能得到实质性拓展。以北欧为例,各国的民主传统源远流长,政党和社团一体化,妇女参与社团的比例全球最高,[③]妇女在这种政治系统中,通过社团活动参与政治生活早已成为传统,这正是北欧妇女参政成绩斐然,超过法国、美国等女权运动发源地的背景之一。

第三,妇女参政为各国的社会环境(包括妇女的受教育水平、职业、收入状况、年龄结构、宗教信仰、组织化程度等)制约。其中,妇女的组织化程度是最重要的因素,因为妇女的团结作战是妇女参政健康发展的保障和伟大的酵素,它对妇女参政的促进作用远远超过妇女的职业、收入状况得到改善所起的功效。在瑞典,由于各社团组织(包括妇女组织)的介入,公民的职业地位和投票行为之间几乎毫不相干(在美国,二者有直接的联系),这是因为瑞典公民积极参加社团组织,抵消了低社会经济地位对政治参与的不利影响。[④]这条原则同样适用于妇女参政。北欧妇女的参政模式成为良性模式之典范的社会根源即在此。对广大发展中国家来说,这是一条重要的可供吸取的经验。发展中国家普遍存在传统势力强大,社会组织欠发达,妇女参政缺乏足够的组织认同与支持的问题。如何帮助她们从孤军作战向集体作战的转变,尚待世界妇女运动作出回应。

当然,妇女参政更直接为妇女自身的参政意识和素质所束缚,占人口半数的女性公民是妇女参政的主体。只有实质性地增强她们的心理和文化素质、竞争意识与时代感以及政治参与机会、政治责任感,同时努力拓展妇女运动的深度和广度,增进妇女间的团结和

---

① 《马克思恩格斯选集》第4卷,人民出版社1972年,第158页。

② V. Spike Peterson and Anne Sisson Runyan, *Global Gender Issues*, p. 54.

③ Vicky Randall, *Women and Politics: An International Perspective*, 2nd ed., Chicago, 1987, pp. 112-115.

④ 塞缪尔·亨廷顿、琼·纳尔逊:《难以抉择——发展中国家的政治参与》,汪晓寿译,华夏出版社1988年,第93页。

合作，妇女参政的内涵才能得到进一步的发掘。

从人类社会演进的趋势看，妇女参政是近代以来妇女解放运动追求的主要目标之一，是继婚姻自主、经济自立后妇女提出的更高目标，也是妇女地位提高的必然产物和集中体现。北欧妇女的参政成就表明，妇女参政是时代的潮流和社会文明进步的象征，必将对全球的和平与发展产生积极而深远的影响。放眼世界，随着国际交往的发展，国际妇女参政网络的构建，将会有更多的妇女走出家门，走向社会，步入政坛。

第十章 当代西方女性的困惑与探索

妇女经济、政治和社会地位的高低，妇女的生存状况、经济处境和法律地位如何，是衡量一个国家、民族和社会文明程度的重要标志之一。对此，马克思曾精辟地指出：社会进步可以通过妇女的社会地位来精确地衡量。

20 世纪中叶以后，第三次科技革命和工业革命兴起，全球经济一体化的步伐和进程大大加速，人类的社会生产和生活面貌发生新的巨大改观。受其影响，西方妇女受教育的程度、就业水平、经济状况、社会地位有了很大的提高。与此同时，由于受到日趋开放多元的社会思潮的影响和冲击，西方妇女的婚姻观、家庭观、性别观、权利观等也呈现出新的动向。如果说 20 世纪后半期悄无声息的新科技革命和如火如荼的包括女权运动在内的社会运动推动了社会的进步，那么，社会的进步又反过来促进了妇女社会地位的改善。正是在这种相辅相成、互为因果的关系中，秉承福利国家政策的西方各国政府，给予了包括女性在内的社会弱势群体以更多的关怀，通过广泛的社会立法进一步改善了妇女的社会法律地位。

然而，任何事物都有其对立面。在当代西方妇女积极跻身政坛、越来越频繁地发表自己的政治见解并力图按照自己的政治思维影响政府的决策及其实践的同时，在她们越来越多地投身于社会经济领域、为经济繁荣和发展做出越来越大贡献的同时，在妇女的集体声音越来越响亮、其“群体权利”诉求不再能够被轻而易举地置若罔闻的同时，“妇女问题”迄今仍是困扰当代西方社会的重要问题之一。一方面，广大的女性群体对于已经取得长足改进的自身处境仍未心满意足，尤其是对男权制度文化主宰下的现实生活中无处不在的对女性的显性和隐性歧视极端病诟；另一方面，对于女性“解放”和“权利”诉求的途径、内涵及其尺度等等，不仅作为一个群体的广大女性本身难以达成共识，而且男性社会也存在诸多认识上的分歧。于是，有关妇女的一系列问题及其改进措施，大至男女平权和性别歧视，小至家庭暴力和生育权，无不引起社会广泛的关注和争议。

一、妇女的社会经济处境

1. 社会经济领域中的女性

当代西方妇女经济地位的变化,首先体现在社会经济领域。如前所述,18 世纪后期和 19 世纪后期兴起的两次工业革命以及与之俱来的工业化进程,导致越来越多的妇女开始投身于社会生产劳动领域。两次世界大战期间,妇女填补劳动力空缺,大规模地介入包括军火工业在内的各行各业的社会生产之中。第二次世界大战"是美国妇女就业史上的一个分水岭,至少一度给妇女的经济地位带来了比半个世纪的女权主义者的宣传和鼓动所能取得的更大改变"。[①] 20 世纪下半叶,以电子计算机和原子能技术的突破为起点并迅速波及新材料、电子工程、宇航工程、生物工程等前沿领域的第三次科技革命,深刻影响了人类社会的生产和生活方式,目前一个新的时代——知识经济的时代已雏形粗具。在这个时代,科技的进步创造了越来越多的适合女性的工作机会,特别是日趋重要的服务性部门成为广大女性趋之若鹜的目标;生产自动化和办公自动化程度的提高,在解放劳动力的同时也将越来越多的女性推向了更为重要的职位。对于谋求发展和自我完善的广大女性群体而言,新科技革命的兴起和知识经济时代的降临无疑带来了巨大的福音。

与第二次世界大战以前相比,越来越多的当代妇女不再满足于待在家庭的港湾中扮演贤妻良母和"持家者"角色,而是以"薪金获得者"或"公共领域"活动参与者的身份出现,积极投身于社会生产和社会服务部门。二战以后,特别是 20 世纪 60—70 年代以来,妇女的就业也体现出一些新的特点:不仅未婚女性谋求就业,而且已婚妇女就业逐渐成为普遍现象,并日益成为女性就业中的主体。妇女就业的范围也有了扩展,一些具有良好教育背景的女性开始跻身白领阶层。妇女作为一个群体大规模地介入生产领域,无疑有助于改变妇女作为经济上的依赖者的不利处境,提升了妇女的社会地位和影响力。

20 世纪 70 年代以来,欧美国家越来越多的女性投身于社会生产劳动领域(见下表)。

1990 年欧洲七国 25—49 岁女性的劳动力参与情况[②]

国家	瑞典	丹麦	英国	法国	德国	荷兰	比利时
百分比	91	89	73	73	65	62	57

① William Henry Chafe, *The American Woman, Her Changing Social, Economic and Political Roles 1920-1970*, Oxford University Press, 1972, p. 136.

② Linda Stone and Nancy P. McKee, *Gender and Culture in America*, p. 197.

在最早开始工业化的英国，妇女加入劳动大军有漫长的历史，为改善自身的经济待遇而进行的斗争也旷日持久。二战期间，英国妇女曾积极投入战事活动，除了在军队中担任运输军需物资、护理伤员、保证通讯等辅助服务外，还直接参加各行各业的生产劳动，比如在以前从来不让女性染指的军工生产领域从事炮弹安装等工作。但战争一结束，男性劳动力回归，广大劳动妇女便被迫让位。1945 年的《家庭津贴法》对于英国妇女经济处境的改变产生了长远的影响。为了争取对家庭提供津贴，埃莉诺·佛罗伦斯·拉丝邦女士进行了长达 30 年的努力。一战期间，英国政府曾经向参战士兵的妻子发放补贴，拉丝邦女士认为这一做法可作为和平时期津贴的参照。1917 年，她创建家庭津贴理事会，并在 1924 年发表《被剥夺了继承权的家庭》(*The Disinherited Family*)。作为"平等公民身份社全国联盟"(National Union of Societies for Equal Citizenship, NUSEC)的主席，她成功地将家庭津贴、免费获得生育控制知识纳入该组织的纲领之中，并赢得了广泛的支持。她还利用自己作为利物浦市政会议成员和议会第一个女议员(1929—1945 年)的身份，开展家庭津贴的游说活动，极力要求政府直接向母亲支付家庭津贴，并将所有儿童(包括私生子)纳入作为津贴的接受者。她声称，给家庭中的每个孩子提供津贴，对于消除母亲对丈夫的依赖性至关重要。与此同时，作为优生学会的成员，她还特别致力于鼓励经济状况良好的家庭群体多养育孩子；另一方面，"平等公民身份社全国联盟"也提倡，若有必要，可采取绝育手段防止那些"不合适的人"生育。

1945 年的《家庭津贴法》是战后英国工党政府制定的社会福利立法的一个组成部分，与 1946 年的《国民保险和国民健康服务法》、1948 年的《国民资助法》构成一个有机的整体。根据《家庭津贴法》，政府以"星期"为单位，向拥有两个及两个以上需要抚养的孩子的母亲发放津贴，虽然津贴的标准未能达到拉丝邦女士所期望的数额，但毕竟确立了政府对儿童养育予以财政津贴的福利原则。[①]

40 年代后期到 50 年代，英国妇女开展了各种权利斗争，除了要求和平、反对核战争和种族歧视外，矛头也直接指向自身的社会地位，特别是要求实现同工同酬。60 年代初，英国妇女的同工同酬运动进一步展开。妇女们不失时机地举行集会和示威，其代言人则趁机在政府建筑物前或街头发表演说。妇女参加劳动组织的人数也剧增。英国职工大会的"全国妇女咨询委员会"广造舆论。1968 年，英国的工人阶级妇女又发起要求改善工作条件、平等工作机会和平等工资的运动。1969 年，"英国妇女全国委员会"成立，包括了各个主要政党的妇女部、工会、宗教、职业和商业性的妇女组织以及能够代表妇女利益的组

---

① Lisa DiCaprio and Merry E. Wiesner, *Lives and Voices*, *Sources in European Women's History*, pp. 546-547.

织。该委员会得到英国政府的资助，利用一切可能的方式，保证政府在审议国内外事务时能够对妇女的合理意见予以适当的重视，涉及的问题包括：家庭法的修改、同工同酬、计划生育、就业平等、反对歧视妇女等等。1971年，国际妇女解放运动者在英国牛津召开第一次国际会议，提出平等工资、平等教育、避孕和堕胎自由等要求。同年，英国政府通过《同酬法》。1975年，又颁布《性别歧视法》。妇女生育休假，单亲家庭孩子的幼托等问题，也最终成为一项制度性的规定。1999年的《产妇和父母亲休假规定》，禁止由于休产假、父母假、请假照顾依赖性家眷或怀孕等原因而解雇员工。2002年7月的《就业法》又将母婴带薪休假的时间由18周扩展到26周。母婴休假的期限则增加到一年。伴随着社会、法律地位的提高，英国妇女在国家经济生活中发挥的作用日益重要。1998年，44.4%的英国妇女拥有全日制工作，44.8%的妇女拥有非全日制工作。2000年，妇女占整个劳动力大军的47%，在英国660万非全日制雇工当中，妇女占了80%；在英国的非农业部门就业中，妇女所挣得的工资占全部工资的50%，而20年前的80年代初，妇女所挣工资占全部工资的45%。[①]

战后法国妇女经济处境的改善得益于政府的有力支持。1975年，法国政府成立“重新工作中心”，其职责主要是帮助妇女就业，减少失业，通过开展各种形式的培训活动，使得妇女适应不断发展的科学技术，重新走上工作岗位。1983年，法国通过《男女职业平等法》，不久又颁布一项法令，规定除某些特殊职业外，其他任何行业不得以性别为由，限制招雇妇女。法国妇女权利部采取与雇主协商、与家长协会协商、加强在校生职业指导等方法，改变女性传统的择业观。此外积极开展职业培训。得益于此，法国的职业女性越来越多，不少进入白领阶层。女性所从事的专业范围也不断扩大，20世纪末，法国妇女工作的行业总数多达50余种。一个多世纪前的1882年，布朗舍·爱德华·皮依埃成为法国第一位开诊的女职业医生，到1985年，法国的女医生占医生总数的1/4。[②] 从事新闻工作的女记者、女评论员、女摄影师，也日渐增多。影视行业中的女性更多。电视台的节目主持人、记者和评论员，有一半是女性，电视台主持这个职业正在日益“女性化”。军队中的女性数量也激增。除从事医疗、通讯、文书等辅助性工作外，还逐渐进入伞兵、宪兵、海军、空军等兵种，甚至参加轻装甲兵，步兵中的女性更是多见。为来访的外国高层官员提供“特别安全保证”的高级近身保护者中，也有女保镖。1995年，来自巴黎的一份法新社报道称，法国的“家庭妇女正在逐渐消失”。另外一项调查显示，法国“一生都待在家里的妇女

---

① Stephanie Hepburn and Rita J. Simon, *Women's Roles and Statuses the World Over*, pp. 77-78.

② 李雪季主编:《世界女性历程图说》第2卷，第30页。

非常少见”。如今，法国已成为欧盟国家当中妇女就业率最高的国家，2003年，法国妇女构成法国整个劳动力中的47%，而50年前的1954年仅为34%。随着劳动力参与程度的提高，法国妇女的社会法律地位有所改善。直到1970年，法国的法律一直规定男子是家庭户主，丈夫对孩子和一切财政事务享有绝对的权威。1985年生效的一项法律，赋予已婚男女在有关家庭财产管理方面享有同等的权利。①

如同法国一样，德国妇女的地位也不断提高。集中表现在三个方面：其一，社会法律方面。1977年修订的婚姻和家庭法律，使得西德妇女获得了与男子同等的权利，据此，妇女未经丈夫同意便可要求离婚。1994年的一项法律又规定，配偶双方在婚姻存续期间或者离婚时，选择家庭和孩子名字的时候享有平等的权利。非婚生育的孩子与结婚生育的孩子一样，享有同等的权利。已婚夫妇之间的婚内强奸也在1996年被正式确定为犯罪行为。其二，劳动力参与方面。越来越多的妇女参加生产劳动，但从事非全职工作的比例很高。2000年，非全职佣工当中女性占了86%。其三，颁布了有关父母亲休假的专门法律。根据其规定，男女双方（即母或父）都可享受休假，休假期间可以获得一定的收入。女性在孩子出生前可享受6周的带薪产假，在孩子出生后可享受另外8周的带薪产假。休假期间的工资待遇一部分从社会保险金中支出，另外的部分通常由雇主支付。妇女怀孕或者生产期间被解雇，属于违法行为。父母双方还可一共享受3年的不带薪休假来照顾孩子。此外，父母还可享受每个孩子每年10天的带薪休假，以便照顾生病的孩子。带薪休假照顾生病孩子的最长休假日为25天。②

美国司法部门通常援引1964年《民权法》第7款、《同酬法》、《家庭和医疗休假法案》、《美国残疾人法》的有关规定，来审视妇女在就业问题上是否受到不公对待。1971年，联邦最高法院还创设了所谓的“性别+”理论（sex-plus theory）来保护女性雇员。按照该理论，雇主不得根据性别、是否有孩子、种族、宗教等因素来区别对待雇员。《家庭和医疗休假法案》要求雇主给予雇员每年最多12周的未带薪休假，以满足生育或领养孩子、照顾重病的家庭成员之所需。《美国残疾人法》禁止歧视需花时间离开工作岗位照顾有残疾配偶或孩子的妇女。《同酬法》禁止由于性别原因而实行工资歧视，但女性雇员据此而提起控诉，必须证明其雇主对承担“同等工作”的男、女员工支付了不同的工资待遇。所谓“同等工作”，其内涵指“要求同等技能、努力和责任，且在同等的工作条件下完成”。倘若这些必备要素之一有所不同，则不属于“同工”。此外，法律也不要求雇主公开每个员工的薪酬数

---

① Stephanie Hepburn and Rita J. Simon, *Women's Roles and Statuses the World Over*, pp. 85-86.

② Stephanie Hepburn and Rita J. Simon, *Women's Roles and Statuses the World Over*, p. 103.

额。现实生活中,遭受同工不同酬待遇的女性要想实现真正的待遇平等实属不易。联邦立法上存在的不足,在某些州得到弥补。一些州的立法扩展了对妇女的保护,例如,阿拉斯加州的反歧视法律将家庭包含在内;不少州规定新生儿父母可以享受一定时期的带薪休假;加利福尼亚等州允许雇员每年有40个小时的工作时间参加孩子的学校活动。这些立法措施加大了雇主违规的责任风险,有助于改善妇女的处境。[①] 1990年,美国的女性劳动力参与程度类似于法国和英国,到1994年,25—54岁年龄段美国女性的劳动参与率达到75%。

2. 70、80年代的妇女和平运动

20世纪80年代是世界妇女和平反战运动的高潮时期,西方各国妇女都不同程度地投身其间,表达自己的愿望。其中尤以英国妇女最为典型。

早在20世纪前期,英国的女权主义者、杰出妇女问题专家弗吉尼亚·沃尔夫就提出了妇女反战的强烈呼声,声称女性并不分享大多数男性对战争的狂热,并具体分析了男性好战的主要缘由:在经济层面上,战争是男性职业生涯的重要出路之一;在心理层面上,男性从战争中获得莫名的兴奋与快感;在社会角色上,战争为男性提供了阳刚特质的表现机会。而所有这些都和女性绝缘,因此,男性没有权利要求女性采取相同的好战态度。在她的感召下,英国妇女热情地投入了维护世界和平的运动。50年代,在伯丁顿城召开的"家庭妇女大会"提出了一系列的要求和主张,包括:政府停止备战,不许重新武装德国,禁止使用原子弹,召回参加朝鲜战争的英国军人。1956年,5万伦敦市民举行大示威,抗议英国侵入埃及,妇女在这次示威中表现非常出色。1967—1970年,英国政府曾卷入尼日利亚比夫拉的冲突,结果导致大规模的饥荒和大量无辜平民的死亡。媒体披露了饥民的照片后英国民众深感震惊,社会各界举行大规模抗议,反对英国政府在尼日利亚问题上的政策。英国妇女也踊跃参加了这场运动。

1973年的石油危机极大地增加了工业生产的成本,预示了二战结束以来经济繁荣的终结。凯恩斯经济学首先在英国被1979年上台执政的保守党首相玛格利特·撒切尔夫人所抛弃,她所推行的自由市场经济新取向,结束了二战以来政府优先考虑减少失业而不是关注通货膨胀的做法。作为北约的坚定支持者,英国首相撒切尔夫人热忱地欢迎北约在西欧各国(包括英国在内)部署中程导弹,以对抗苏联为首的阵营。因此,此时期的西欧各国,都程度不同地兴起了群众性的和平抗议运动。作为和平的热爱者,妇女成为运动的

① Stephanie Hepburn and Rita J. Simon, *Women's Roles and Statuses the World Over*, p. 11.

重要力量。最有影响的一次抗议活动，是发生在英国格林罕姆军事基地的大规模反核示威。

1979 年 12 月，北约为提升第一打击能力，决定在西欧国家部署美国巡航导弹和潘兴 II 导弹。巡航导弹的最大射程为 1500 英里，可从海上、陆地或空中发射，其装载的核弹头的破坏力是摧毁广岛的原子弹的 15 倍。北约提出的计划要求生产 4000 枚巡航导弹，并将 464 枚陆基导弹部署在英国、意大利、西德、荷兰和比利时。由此引发了一连串的民众抗议，其中包括英国妇女在格林罕姆开展的旷日持久的抵制和抗议活动。

英国妇女的抗议活动始于 1981 年 8 月 27 日。一小群反"核"活动分子在这天发起了名为"妇女：为了地球上的生命"的行军，从南威尔士的卡迪夫开始向美国设在英国格林罕姆的军事基地挺进。一周后，队伍抵达目的地。抗议者向基地长官递交了信函，表明她们反对军备竞赛特别是反对部署巡航导弹的决心。[①] 随后，抗议者在格林罕姆建立和平营地。在以后的日子里，营地数量急剧增加，不仅国内的支持者源源不断地加入，而且吸引了大量来自西德、美国、丹麦、澳大利亚等国的妇女。营地妇女组织了各种各样的非暴力活动，例如，静坐或者躺卧在基地门前近百米的地上，阻断通往公路的车道，阻止运送军用物资的车辆进出。1982 年 12 月举行的名为"拥抱格林罕姆基地"的国际性抗议行动最具规模和影响。参加这次行动的有近 3 万名妇女，她们手持蜡烛和其他发光物，在基地周围围成一个很大的圆圈。1984 年 1 月，时值首批巡航导弹在此安装之后不久，营地妇女组织了另一次颇具意义的行动。营地妇女们同心协力，编织了一张象征着力量和生命脆弱性的巨网，并借助氦气球将其升上空中。[②]

20 世纪 80 年代，以格林罕姆营地妇女抗议活动为代表的和平运动具有广泛的群众基础和深远的历史渊源。妇女关注人类的和平问题由来已久。早在 1915 年的海牙国际妇女大会上，就宣告成立了"争取永久和平妇女国际委员会"，随后又建立了各国的分委员会。一战结束后，在苏黎世的一次会议（1919 年）上，"争取永久和平妇女国际委员会"更名为"争取和平与自由妇女国际联盟"。半个多世纪以来，该组织连同后来的"核裁军运动"、环保组织等开展了大量的活动，为和平主义奠定了广泛的群众性基础。而各国的妇女活动家也都积极投身于国际和平事业。美国的凯莉·卡特和简·亚当斯都是国际妇女和平运动中的著名领袖。1928 年，国际社会达成《凯洛格—白里安公约》（又称《巴黎非战

---

① 信件全文见：Lisa DiCaprio and Merry E. Wiesner, *Lives and Voices, Sources in European Women's History*, p. 592.

② 1981—1984 年间营地妇女活动的详情，可参阅：Lisa Di Caprio and Merry E. Wiesner, *Lives and Voices, Sources in European Women's History*, pp. 593-594.

公约》、《关于废弃战争作为国家政策工具的一般条约》)。这是人类历史上第一个明确规定废弃战争的国际条约,虽然该条约最终未能组织惨绝人寰的第二次世界大战的爆发,但其意义不容抹杀。学者们普遍认为,该条约的问世至少在一定程度上应该归因于国际妇女和平运动的推动。[1] 20世纪70年代,北爱尔兰问题上的和平运动也为日后大规模的反战和平运动提供了先例。北爱和平运动的发起者是著名的妇女社会活动家玛丽德·科里根。她在爱尔兰共和军同英国军队发生的一次暴力冲突中失去2个侄子和1个侄女,从此便在爱尔兰开始了争取和平的运动。她与另外一名社会活动家、目睹这场冲突的伯蒂·威廉斯女士一起,集合1万多名妇女举行名为"和平人民运动"的游行示威,得到全世界同情者的捐赠。两人一并获得1976年度诺贝尔和平奖。

格林罕姆的妇女和平营地的示威者大多数是受过教育的中产阶级妇女,最大者72岁,最小者是在活动中刚刚出生的婴儿。示威活动存续了7年之久。1987年12月,美苏达成裁减核军备协议。根据规定,美国将在3年内撤除掉部署在西欧的陆基导弹,其中包括格林罕姆军事基地的96枚巡航导弹。随即,格林罕姆的妇女主营地开始撤除,但最后一批营地妇女直到2000年春天才撤离。格林罕姆营地妇女在举行和平抗议活动期间,还提出了其他一些诉求,例如,针对歧视女性的兵役制,要求给予英国女性参加皇家海军服役的权利。

与此同时,东欧国家的妇女面临的是另外一种处境。20世纪70、80年代,东欧各国出现了形式多样的持不同政见者运动,比如捷克的"77条宪章运动",波兰的团结工会运动等等。虽然这些运动相互间存在极大的差异,但有一点是共同的,就是都普遍地要求多党选举,要求妇女运动和工会运动的自主化,要求出版自由。1985年,戈尔巴乔夫出任苏共中央总书记后,推行所谓的"新思维",苏联与东欧的关系开始发生转变。1989年,柏林墙的倒塌意味着冷战终结的开始。随着苏联的解体和东欧诸国的巨变,资本主义开始被引入东欧,东欧国家的妇女由此受到极大的影响。最为突出的就是,由于经济状况糟糕,妇女遭受了高比例的失业率;由于同样的原因,原来享有的一些社会服务例如儿童津贴、教育、健康和住房补贴等等丧失殆尽。1999年,联合国儿童基金会开展了一项深入的调查研究,以便了解市场经济在多大程度上改变了中欧、东欧和苏联27个国家中共约1.5亿妇女、500万女孩的生活状况。基金会最后发表了题为"变动中的妇女"的报告,揭示出一些令人震惊的事实。报告声称,妇女和女孩的处境"自从共产主义崩溃以来一直呈螺旋

---

① Glenna Matthews, *The Rise of Public Woman: Woman's Power and Woman's Place in the United States, 1630-1970*, p. 181.

式下降”；具体而言，在 90 年代里，大约 2500 万人丢掉了工作，其中 1400 万以上是妇女；在绝大多数国家，妇女在政治代表上的比例平均不到 10%，比以前占有的职位数减少了 1/3；妇女的寿命预期值在 16 个国家呈下降之势，部分原因在于妇女的性交易急剧增加。①

3. 国际社会与妇女问题

20 世纪下半叶至今，妇女的处境可以从另外一个角度加以解读：一方面，妇女问题日益国际化，国际社会为此展开了旷日持久的协调行动；另一方面，当代妇女地位的改善和提高，也在一定程度上应该归功于以联合国为代表的国际社会的共同推动。

国际社会对于妇女问题的关注由来已久。1946 年，联合国妇女地位委员会宣告设立。成立伊始，该机构便将职能确定为负责监测妇女的境况并推动她们的权利得到维护。此后，委员会开展了大量工作，协助成员国将当今社会各方面存在的男女不平等现象公之于众。委员会为提高妇女地位而作的这些努力，促成了一些宣言及公约的诞生。在美国总统富兰克林·罗斯福夫人和联合国妇女地位委员会的坚持下，1948 年联合国通过的《世界人权宣言》提到的“人权”包括政治、经济和文化等方面的权利。在其后的岁月里，联合国妇女地位委员会和世界各地的妇女团体和妇女运动对联合国施压，敦促联合国对妇女问题做出有效回应，要求在联合国的各组织和领导层中包含更多的女性，以更加明确的术语来界定作为人权的妇女权利。

从国际社会层面而言，当代妇女在权利的维护方面所取得的最大成就应该说是《消除对妇女一切形式歧视公约》的通过。“联合国妇女十年”(1976—1985)活动期间，在欧美国家妇女的共同努力下，联合国在 1979 年召开了“消除对妇女一切形式歧视”会议，是年 12 月 18 日，联大通过了《消除对妇女一切形式歧视公约》。这项公约是联合国妇女地位委员会 30 多年努力的结晶，1981 年 9 月 3 日在第 20 个国家批准之后作为一项国际公约开始生效。到 1989 年公约诞生十周年之后，已有将近 100 个国家同意受其条款的约束，迄今已有 163 个国家批准，但遗憾的是，包括美国在内的 22 个国家尚未加入。

1995 年，联合国第四次世界妇女大会在北京召开。在欢迎前来出席会议的各国政要的仪式上，中国国家主席江泽民明确宣布中国“把男女平等作为促进社会发展的一项基本国策”。这次会议制定的《行动纲领》，旨在“建立男女在家庭、工作场所和在更广泛的国家及国际社会中共同分担权利和责任的原则”，并“明白确认和重申所有妇女对其健康所有

① Lisa DiCaprio and Merry E. Wiesner, *Lives and Voices, Sources in European Women's History*, p. 585.

方面特别是其自身生育的自主权，是赋予她们权利的根本”。会上，在中国的倡议下，起草并通过了《北京宣言》，声称“以各国政府的名义特此通过和承诺执行以下《行动纲领》，确保在我们所有的政策和方案中体现性别观点”。应该说，这是国际妇女权利维护方面的一个巨大成就。

对妇女的暴力问题也是当代西方社会普遍存在的严重问题之一。它涉及在肉体、性和精神方面对女性的摧残、凌辱和虐待，如殴打、性虐待、婚内强奸、性骚扰、拐卖妇女、强迫卖淫等等，日益引起国际社会的高度重视。在“联合国妇女十年”期间，不少国家的妇女组织将性暴力当作亟须解决的首要问题。1985 年，联合国大会通过了第一个有关反对对妇女暴力的决议。在 1993 年 6 月的联合国人权会议上，妇女代表递交了一份由 124 国家 40 万名妇女签名的请愿书，要求把对妇女暴力视为对妇女基本人权的侵犯。同年，联合国大会通过了联合国妇女地位委员会起草的反对对妇女暴力的宣言。

二、依然存在的性别歧视

1. 妇女就业中的显性和隐性歧视

当代西方国家的妇女虽然赢得了广泛的就业权，但所遭受的不公待遇仍然随处可见。兹以美国为例予以剖析。

二战以来，美国女性受雇的数量不断增长，妇女构成了劳动力的大约 50%。“人们不再普遍认为，如果某个男人的妻子工作的话，那么这个男子的男性气质就打折扣了。”然而，尽管美国联邦政府实施了“肯定性行动计划”，但妇女仍然备受歧视，男女间的薪金待遇差别鸿沟巨大。有关就业的统计数字显示：男子每赚 1 美元工资，妇女仅能挣得 74 美分。美国联邦政府实行同工同酬立法之后的 17 年间，妇女已从最初的 53 美分上升到 63 美分，再到目前的 74 美分。官方统计还表明，接受过高等教育的女性所挣薪水大致相当于仅有中学文凭的男子。研究还表明，薪水差距随着女性年龄的增长而扩大。就业范围上的歧视也仍然存在。妇女期望进入一些传统上由男性统治的职业领域，比如建筑业。但联邦政府劳工部的统计揭示，妇女在所有登记在册的建筑业工匠中仅占 2%。20 世纪末年，美国妇女才获准进入一些带有学徒期的工作岗位。例如，在旧金山，一个水管工人的起薪标准大约为年薪 33000 美元，而一个护士的最高年薪约为 22000 美元。统计研究还显示，即便女性同男性一样获得同等教育，同样接受过大学教育，女性也只能挣得男性的 60%。[①]

1990 年 9 月，美国人事管理部的报告指出，在联邦政府内年薪起点为 61643 美元的获得政治任命或 GS—15 级别的高级职位中，只有 7170 名女性，而该级别的男性数量为 48897 人。1991 年 8 月，另一份政府报告证实，政府部门或者公司内，提升的“渠道”对于女性或少数族裔并非敞开的。少数族裔女性则遭受双重歧视。就全职工作而言，白人男子每赚取 1 美元，黑人男子只能赚取 69 美分，白人妇女只能赚取 57 美分，黑人妇女则仅有 48 美分。年龄在 65 岁以上受雇的非洲裔美国女性中，1/3 的工作属于家政类。女性尽管可能在责任心、训练和技能方面较男子优越，但妇女总是集中在低薪工作部门中。男、女两性工作的工资标准也不一致。20 世纪末期以来，工会和妇女团体一直试图产生一个公正、公平的工种描述体系以便在“可比价值”基础上确定工资待遇。目前，已有很多城市和一些州(例如康涅狄格、威斯康星、明尼苏达、纽约等)通过立法作出规定，按照可比价值来确定工资待遇，或者已经接受该原则作为集体谈判的一个组成部分。“目前(2000 年)，已有 14%的州以可比价值为基础增加了工资标准，46%的州正在从事有关男女薪水平等的研究。”[②]

女性在就业方面所遭受的歧视，还集中体现在女性工作领域的局限性上。由于在学校读书期间就只能接受较差的职业训练，各方面的技能比较弱，因此妇女往往集中在一些“女性化”的职业[③]当中。总体而言，基本上延续了 20 世纪上半叶甚至 19 世纪后期的一些特点。例如，秘书工作就是“女性化”职业中最为典型的代表。资料显示，美国在 19 世纪后期雇用的秘书数量急剧增长：1870 年 9982 人，1880 年增加到 28698 人，1890 剧增至 168808 人，1900 年进一步增长到 238982 人。[④]

美国劳工部 20 世纪末年的统计显示，95%的注册护士、98%的牙科护理师、99%的秘书、96%的儿童保育员、83%的餐厅服务员，属于女性。在小学教师中，女性占了 85%；而在高校教师中，女性仅占 38%。根据 IBM 的研究，虽然将近 50%的互联网用户是女性，但仅有 2%的高级电子商务为女性所经营。在一些传统的男性职业中，女性所占的比例往往非常有限，工程师中女性仅占 7%，航空航海驾驶员中女性占 3%，薪水相当可观的管子工中女性仅占 0.4%。工会的抵制，培训项目和职业教育中的性别隔离等等，是女性难

① June Stephenson, *Women's Roots: The History of Women in Western Civilization*, pp. 304-305.

② 同上，pp. 306-307.

③ 在所谓的“女性化”工种(female intensive jobs)中，60%以上的工作岗位为女性所占有。

④ Glenna Matthews, *The Rise of Public Woman: Woman's Power and Woman's Place in the United States, 1630-1970*, p. 149.

以进入这些部门的主要原因。①

二战以来，虽然越来越多的女性进入劳动力市场，成为挣工资者，但贫困问题的女性化趋势引人瞩目。美国75%以上的贫困人口是妇女和儿童。加上操持家务、抚养孩子、照顾老人，妇女每周的工作时间高达70—80小时。绝大多数最低工资所得者也是女性。在劳动女性当中，70%属于单身、离异、寡居或者其配偶的年收入不足2万美元。②

近些年来，美国有个名叫WAGE Project的项目，积极致力于妇女薪酬待遇不平等和歧视的调查研究，揭示出大量鲜为人知的事实或结论。根据它的研究，2003年，美国2/3的工作妇女集中在500个职业种类中的21种。进入这些所谓“女性职业”排行榜前十名的包括：接待员、秘书、收银员、售货员、注册护士、小学教师、护士助理、簿计、会计、审计和女招待。这类范畴的工人中，女性占了80%—98%。而在所有的工程师、警员、消防队员、机修工、建筑合同工人当中，女性所占仅2%—20%。同年，在工资待遇比较高的各类技术性行业中（例如木工、水管工、管子工、钢铁工、机械师、金属片加工、砖匠、泥瓦匠、机修工等），女性所占的比例均不足2%。不仅职业上的“隔离”现象严重，而且工资的差别待遇也很突出。按照平均值计算，男性每赚取1美元的工资，女性所得只有75美分。这种差距，因行业、岗位而异，且随着工龄的增长而拉大。根据测算，一个职场女性在其一生当中将由于这种性别歧视而损失70万—200万美元的收入。为了证明种种歧视现象的存在，该项目的创立者艾维伦·墨菲女士及其合作者开展了大量的综合性的调查分析和深入研究，并将其丰硕成果通过著作和网站予以发表。③

类似于美国妇女就业方面的问题在欧洲国家同样存在。英国虽然早在1970年就制定了《同酬法》，禁止雇主实行“同工不同酬”，1975年又颁布《性别歧视法》进一步明确规定禁止就业、培训和教育方面的女性歧视，但现实生活中的性别歧视一直存在。根据1991年英国保障权益委员会发表的年度报告，英国职业妇女的平均收入仅为同一职业男性的77%，这一差距比欧洲共同体其他国家高出10%。为了减少不公正现象，英国的有关法律规定，受到不公正待遇或歧视的妇女可以向“平等机会委员会”投诉，后者往往支持受害者向产业部门的裁判所或法庭提起针对雇主的控告或诉讼。“平等机会委员会”还设立“指导线”（guidelines）供雇主遵循。④

---

① June Stephenson, *Women's Roots: The History of Women in Western Civilization*, p. 307.

② 同上。

③ Evelyn Murphy, E. J. Graff, *Getting Even: Why Women Don't Get Paid Like Men—And What To Do About It*, Touchstone, 2005, pp. 146, 153. www.wageproject.org.

④ Stephanie Hepburn and Rita J. Simon, *Women's Roles and Statuses the World Over*, p. 77.

当代法国妇女的就业领域虽然较之以前大为扩展，总数多达50余种，但2/3的就业妇女集中在第三产业中。包括秘书、护士、保育员等在内的一些非创造性劳动部门，成为名副其实的法国妇女垄断性职业，即所谓的"女性化职业"。法国妇女在工资待遇、晋级方面也备受歧视。她们必须有比男子高出两倍以上的能力，才能得到与男子相同的报酬；必须有比男子高出5倍以上的能力才有可能晋升；必须有比男子高出10倍以上的能力才有可能走上领导岗位。法国妇女权利部的办公楼曾张贴着一张巨幅宣传画，上面一个女郎双手叉腰，昂首挺胸地站立着，旁边写着"我们要当工程师"，其中工程师的词尾加上了一个很大的"E"字，表明阳性词阴性化。

平等就业问题不仅在男女两性间有差异，而且在女性当中也因种族和肤色的不同存在不少差异。在美国的劳动力中，少数族裔占了27%。黑人妇女中，36%从事技术性的、销售和管理方面的辅助工作。大约27%的黑人妇女就职于管理、专业性的专门职位或服务业当中。西语裔妇女中，57%是劳动力。其中37%从事技术性的、销售类工作，约28%就职于服务业，18%拥有管理或专业职位，12%的西语裔妇女是各类操作员(operators)，1.7%在农业部门。有关研究显示，美国白人妇女的所得大约为白人男子的75.5%，而西语裔妇女所得仅有白人男子的54.3%。1975—2000年，美国白人妇女的工资增长了14.7%，黑人妇女增长9.2%，西语裔妇女仅增长3.5%。美国的"薪金平等全国委员会"(National Committee on Pay Equity)提交的一份研究报告，揭示了种族、性别因素与收入状况之间的关联(详见下表)。①

种族与社会性别	1975年	2000年	增减%
白人男性	100	100	
黑人男性	74.3	78.2	3.9
西语裔男性	72.1	63.4	−8.7
白人女性	57.5	72.2	14.7
黑人女性	55.4	64.6	9.2
西语裔女性	49.3	52.8	3.5

类似的情况在欧美其他一些国家也普遍存在。由于有色人种妇女工资低，生活困难，生育健康方面也面临不少问题。由于经济上不宽裕，享有医疗卫生服务的机会和条件很有限。美国的患艾滋病妇女中，70%以上属于非洲裔和拉丁裔美国人。

① Stephanie Hepburn and Rita J. Simon, *Women's Roles and Statuses the World Over*, pp. 11-14.

2. 社会文化领域的性别歧视

长期以来，美国的男性俱乐部排斥女性加入，由此极大地阻挠了妇女开展有价值的商业和专业联系。这些男性俱乐部声称，他们的活动纯粹是社交性的；而妇女声称，男性俱乐部帮助他们维持一个网络，便利了他们获得重要的工作，从而限制了女性就业的改善。为了改变俱乐部排斥女性的现状，女权主义者发起一连串的诉讼。1984 年，美国联邦最高法院女法官奥康纳做出比较公正的裁决，认为这些男性俱乐部是商业性的，因而必须受制于民权立法。根据裁决，美国的联邦政府将不再给予歧视性的组织以所得税上的减免。毫无疑问，这一裁决将有助于纠正该问题上的歧视。此后，美国的很多男性俱乐部开始自觉或不自觉地、情愿或非情愿地打开性别封闭的大门，接纳女性加入。[①]

众所周知，男女两性在身体构造和生理方面存在着一定的差异，这在很大程度上是自然选择和物种进化的结果，但遗憾的是，这种差异长期以来被人为地夸大，并被视为男尊女卑的根据。其实，源于生理差异上的歧视是与特定的文化相关联的。史前时代，女性被认为拥有与男性一样的力量。当时她们干的是重活，她们的身体也因此获得发展以便应付这一挑战。世易时移，随着社会中上、下层阶级的分离，女性从事重体力劳动不再被视为“淑女型”。于是，上层阶级和中产阶级女性束起自己的胸和腰，穿上高跟鞋和长裙，甚至如同古代中国女子那样缠起自己的双足。近代女权主义兴起之后，很多女性将政治上的自由与身体运动的自由、服装的自由联系起来。于是，被束缚起来的身体逐渐得到解放，着装越来越多地考虑舒适、宽松、得体。及至 20 世纪 60 年代闹起性革命之际，极端的女权主义者不惜烧毁乳罩，追求与男性一样袒胸露乳。此类举动虽属矫枉过正，不足称道，但反偏见的意义不容忽视。当代社会，诸如此类的对女性的偏见和歧视犹存，例如，1984 年以前，女性参加长跑比赛是被国际奥委会所禁止的。

女性服役，在西方社会也一直存在着偏见，这在美国表现得尤为显著。虽然早在独立战争中，就有少数女性勇敢地投身于这一伟大事业，冒着生命危险给前线的士兵们送水甚至武器弹药，但是直至第一次世界大战，美国妇女才正式地获准参军。一战期间，服役的美国女性达 34000 人，绝大多数充当护士。二战期间，服役的美国女性多达 35 万人，除了主要从事医疗救护工作外，还广泛地参与其他军事部门的辅助性活动。40 年代，围绕是否给予军事部门中的女性雇员以永久性地位问题，曾经产生过激烈的辩论。反对者强调：妇女的体格力量、停经和月经等生理现象对她们的履职能力会产生影响，妇女的情感稳定

① 详见 June Stephenson, *Women's Roots: The History of Women in Western Civilization*, pp. 309-310.

性也很成问题，此外，当兵入伍有可能导致她们的“男性化”，而这样又会对美国的文化带来影响。经过反复辩论，美国终于在1948年通过《武装部队妇女一体化法案》，给予妇女以永久地位。① 此后，服役的女兵越来越多，朝鲜战争中达到4.6万人，越南战争中更高达26.1万人。但是，长期以来军队中的作战人员清一色地属于男性，而妇女则作为单一性别团体提供医疗救护方面的服务。1970年，军队中的这种女性隔离始告终结。80年代，越来越多的职位对女性开放，例如，非战斗性飞行，导弹发射方面的职位，舰船上的职责，提供作战支援等等。90年代，妇女开始进入州军事学院，例如，弗吉尼亚军事学院、南卡罗来纳军事学院。随后，国会取消了对于女性驾驶战斗机和轰炸机的禁令。在1990—1991年的海湾战争中，4万名妇女直接参加了“沙漠风暴”行动，其中15人牺牲，2人被俘。② 然而，女性服役也带来很多问题，诱发很多争议。批评者声称，兵营中男女共处，削弱了士兵的战斗力，影响士气。此外，军队中愈演愈烈的性骚扰问题，也引起人们越来越多的关注。目前，女性虽然构成军事人员的15%，但高级别职位的女性很少。

法国妇女的处境大同小异。自1938年起，法国妇女就一直以平民身份服务于军事部门，二战期间法国南部沦陷之后，有大量女性替战略情报部门工作，充当刺探德军情报的间谍。直至1972年，妇女在军事部门才获得与男性同等的权利。陆军、宪兵队、海军、医疗服务队、空军里，都有女性的身影，她们还和男兵一起接受训练，甚至承担作战任务。1995年，女性不能担任战斗机飞行员的禁区也被突破。迄今，军事人员中的女性已占8.55%，但军官团中的女性仅占4.95%。③

德国对于女性从军服役的偏见要根深蒂固得多。2001年之前，女性只能在部队中从事护理工作。1999年，在部队服役的4250名女性中，仅有50人不属于医疗分队。2000年，欧洲法院裁定德国宪法与欧盟有关军事部门中的反性别歧视规定相违背。鉴于此，德国军事部门在翌年1月向女性开放了所有的职位。244名女性应征者立即进入训练营地。德国宪法也在2000年作了修订，允许妇女参加作战。如今，德国武装部队中女性所占的比例大约为3.6%。与男性不同，德国女性不必承担义务兵役；妇女参军，完全出于自愿。④

二战以来，妇女在受教育方面取得的进展极为显著，就业机会由此得到拓展，但是根深蒂固的性别偏见和歧视，制约了女性职业生涯的发展。法国的男女教育在20世纪里趋

① Stephanie Hepburn and Rita J. Simon, *Women's Roles and Statuses the World Over*, p. 25.

② June Stephenson, *Women's Roots: The History of Women in Western Civilization*, pp. 322-325.

③ Stephanie Hepburn and Rita J. Simon, *Women's Roles and Statuses the World Over*, pp. 88-89.

④ Stephanie Hepburn and Rita J. Simon, *Women's Roles and Statuses the World Over*, p. 105.

向平等。1959年起，法国政府实行6—16岁的义务教育，由此妇女一般都具有中等教育文化水平。80年代，年轻女子求学期限进一步延长；已婚妇女和待业妇女到高校进修、接受职业培训的也很多，妇女的文化水平不断提高。但是，妇女从事"女性职业"的现象很普遍。在中等技术学校，女性大多选择第三产业的学科，其中一半以上选择秘书和速记专业。在高等专业技术学校，2/3的女生倾向第三产业学科。在综合性大学，66%的女生选择文科，选择理工科的仅占6%。①

当代美国社会对于女性就学就业总体上采取了比较开放的立场，但二战以前并非如此。当时，能够接受高等教育的女性毕竟是少数，能够成为专业工作者的机会更为罕见。1922年，宾夕法尼亚州的一份女教师雇用合同就非常详细地列举了该做和不该做的事项。这份格式化的合同内容如下：

________女士同意：

1. 不结婚。一旦结婚，本合同立即失效。

2. 不与男性走在一起。

3. 晚上8点至早上6点之间待在家里，除非学校有事必须参加。

4. 不闲逛市中心的冰淇淋店。

5. 未经校理事会主席许可，任何时候不离开本镇。

6. 不吸烟。一旦发现吸烟，本合同立即失效。

7. 不饮啤酒、果酒或威士忌。一旦发现喝酒，本合同立即失效。

8. 不与任何男子同乘一辆马车或汽车，除非该男子是其兄弟或父亲。

9. 不穿着艳丽服装。

10. 不染头发。

11. 穿至少两条衬裙。

12. 不穿着离脚踝超过两英寸的裙子。

13. 保持教室清洁……

14. 不涂抹面粉、给眉毛染油或涂口红。②

这份合同，针对女性教师在教室外的活动施加了很多限制，充满了那个时代的文化偏

---

① 李雪季主编：《世界女性历程图说》第2卷，第76页。

② June Stephenson, *Women's Roots: The History of Women in Western Civilization*, pp. 275-276.

见和歧视。20 世纪下半叶，美国采取一系列措施纠正包括教育领域内存在的问题。民权运动以后联邦政府实施“肯定性行动计划”，要求联邦资金接受者给予少数族裔和女性群体在升学、就业等方面以一定的倾斜。1972 年通过的《教育综合法》第九条，要求所有接受联邦资金的学校降低女性入学配额，以便实现两性教育机会的平等化。从此，女生在课程修读方面所受的待遇更加公平。20 世纪末，美国妇女占律师比例的 19%，医生的 20%，在所有 MBA 中占 25%。获得的学士和硕士学位中，妇女超过男子，在加州，20 世纪 90 年代 40%的博士学位授予者是女性。[①] 这些数字所揭示的成就是巨大的，但前景也并非令人乐观。1995 年，加州率先在大学入学方面放弃肯定性行动做法。此后许多州争相效法。1999 年 11 月，佛罗里达在本州 10 所大学中终止肯定性行动做法。此举必将给女性群体的就学就业带来影响。

北欧国家瑞典向来被誉为社会运动和妇女进步的先行者。早在 1861 年，它就设立了一所教师培训学院，当时的教师基本上全都是女性。1870 年，女性获准参加大学入学考试，但是不允许她们修读法律或者神学课程。1927 年，女性获得进入中学的平等入学机会。1977 年，进行新一轮的高等教育改革，旨在为男性、女性和不同社会经济背景的人创造平等的入学机会，1993 年，又进行了进一步的改革。2002 年的《大学生平等待遇法案》规定：所有大学禁止基于性别、族裔背景、身体残疾或者性取向的歧视。得益于此，接受高等教育的女性越来越多。1970 年，毕业生中女性占了 38%，1997/1998 学年增长到 60%。教学、医疗卫生、人文科学和神学领域内的绝大多数学生是女性。[②]

三、妇女解放，路在何方？

西方妇女在积极追求改善自身经济、政治地位的同时，也在努力对自身的“权利”做出广泛的解读。在不同的历史时期，围绕着生育权、性伴侣选择权、堕胎权、完全的平权等范畴，妇女提出了日益广泛的诉求，开展了长期不懈的斗争，取得了一些成就，引起了社会广泛的关注和讨论，也在某种程度上加剧了西方社会价值观、思潮、各种势力的分化和重组。当代西方妇女运动取得的成就是显著的，但要赢得完全意义上的解放，还有一段漫长的路要走。

1. “生育权”问题

早在 19 世纪 70 年代，美国的一些早期女权主义者、自由性爱提倡者和道德改革家就

---

① June Stephenson, *Women's Roots: The History of Women in Western Civilization*, p. 303.

② Stephanie Hepburn and Rita J. Simon, *Women's Roles and Statuses the World Over*, p. 98.

发起一场所谓的“自主母亲”(Voluntary Motherhood)运动。运动中的一些激进派宣称：维多利亚时代的观念——即女性没有性冲动且只能在性生活中处于从属地位——是错误的；女性和男性一样有性欲并应得到满足；妇女应该有权决定何时生育。如何做出这一选择？运动的提倡者反对使用避孕用品，主张通过自然避孕以及节欲的方式达到节育目的。“自主母亲”运动宣扬的观念及其主张，无疑冲击了那个时代盛行的性观念，然而，由于自然避孕法存在不确定性，再加上当时流行的医学观念普遍认为节欲有害健康，因此它所提倡的节育方式并未得到推广。与此同时，“自主母亲”运动招致了美国主流社会日渐增长的敌视和批评。由于大量“新移民”在19世纪后期进入美国，并在20世纪初出现高生育率，使得本土白人妇女的出生率相形之下呈现下降趋势，这种状况引起了优生学家和社会学家的极大忧虑，促使他们将这种情形称之为白人的“种族自杀”。1905年，美国总统西奥多·罗斯福声称：妇女的自私应该受到谴责，因为“她们没有履行应尽的义务和责任，没有生育至少6个小孩来维持传统的大家庭”。[①] “种族自杀论”引起激烈讨论，也促使早期的女权主义者认识到，妇女要想赢得“自主的”生育权，必须从根本上改变男女不平等的现状。她们当中的一些人由此呼吁：女性的贡献不只在于生育后代，除了做母亲外，妇女应该像男子一样有别的选择。少数女权主义者则接过欧洲激进的女权主义旗帜，号召妇女通过“肚腹罢工”(即拒绝性爱、生育)来开展斗争。“自主母亲”运动对维多利亚时代的性观念提出挑战，指出女性的性欲应该得到满足，有其进步意义，但仅仅是迈出了一小步。因为它固守的仍然是“性的目的是为了生殖”的传统基督教观，承继的仍然是维多利亚时代推崇母性的传统。即便在她们看来，做母亲仍然是妇女获得社会尊重的唯一途径，她们所提倡的女性“自主”也仅仅体现在可以选择“何时”生育而不是“是否”生育。生育仍然是妇女的责任和义务。女性本身的权利和自由没有受到重视。

20世纪头20年，妇女节育运动有了进一步的发展。一些女权主义者开始比较多地关注妇女的“权利”问题，宣传女性的性觉醒和生育的自主权，反对双重道德标准，反对女性从属于男性的不平等地位，认为节育可以提高女性的地位和尊严，把女性从以生育为天命的角色中解放出来。该时期的一些激进社会主义者也非常活跃，支持妇女的节育运动。所不同的是，她们大多从阶级斗争、劳资对立的角度考虑问题，号召包括女性在内的工人阶级通过节育来改变劳动力的供应，抵制资本家的剥削。

20世纪初的节育运动由玛格利特·桑切尔发起。1916年10月，桑切尔在纽约布鲁克林创办第一家节育诊所，宣传避孕知识，讲解避孕原理，并展示子宫帽的正确使用，很受

---

① 黄晶：《从女权主义角度看美国节育运动的发展》，《国际观察》2003年第2期。

欢迎。出乎意料的是，由于受到违反了1873年通过的反伤风败俗的邮政法——《康斯托克法案》的指控，桑切尔本人遭到监禁，她的诊所被查封。此时期，避孕信息开始广泛传播，节育诊所因深受广大妇女的欢迎而大量涌现。1925年，仅纽约第五大街的一家诊所就为1655名妇女提供了有关节育的服务。节育运动在美国大规模展开并波及欧洲各地。该时期，弗洛伊德的心理学理论已被引入美国，认为性压抑会给人和社会带来极大的危害，于是，反对节欲、提倡性欲满足的观念受到普遍追捧。与此同时，工业化使得大量未婚女性进入劳动力市场，传统的道德约束力对于大城市里的女性已不复存在，为性观念和性行为的改变创造了条件。20年代，以艾玛·戈德曼为代言人的"新女性"开始活跃在美国的社会舞台上，号召妇女与维多利亚道德观决裂，解放自己的灵魂，追求根本的需要——性自由。所有这些因素，促成了妇女性观念的转变。该时期，人们的性行为不再简单地以生殖为目的，节欲不再受到推崇。许多激进的女权主义者甚至反对婚姻，提倡性自由和纵欲，这种做法的泛滥又反过来推动了避孕措施的采用，促进了性行为的改变。但是，一些保守的女权主义者质疑和反对性观念的改变，认为男性不再急于结婚或承担责任将进一步使得在经济上没有保障的女性处于劣势。

20世纪40—50年代，节育运动在玛格利特·桑切尔的带领下走向专业化，大量医生、优生学家和社会学家等专业人士介入。1942年，以桑切尔为主席的"美国节育联盟"更名为"美国计划生育联盟"，将改革并维护健康稳定的家庭作为纲领，并将节育的对象定为"家庭"。大萧条期间，美国官方开始关注并参与节育运动。很多州政府开始实施包括节育在内的国民健康计划，以便减少非法堕胎，保障国民的健康。1941年全国741个节育诊所中有1/3受到政府资助。有的优生学家甚至发出绝育的呼吁。联邦政府把福利方案和节育结合起来，使得节育成为一种"福利"而非一项基本的"人权"。50年代以后，"人口控制"逐渐在节育运动中处于主导地位，成为社会的统筹计划。

二战造成的社会动荡使得家庭的稳定性变得至关重要，一度导致了主流社会对于妇女、家庭、婚姻、性等问题价值认同的回转。健康稳定的家庭以及女性"贤妻良母"角色受到推崇。二战后美国的家庭规模稳步缩小，对冷战的担忧使得50年代的美国人重新"缩回家庭"(homeward bound)。埃雷·泰勒·梅(Elaine Tyler May)在名为《缩回家庭》的著作中，使用了"家庭遏制"(domestic containment)这个术语来概括艾森豪威尔时代美国家庭生活的特征。[①] 在这种背景下，家庭成为激进女权主义者所声称的严重限制妇女发

① Glenna Matthews, *The Rise of Public Woman: Woman's Power and Woman's Place in the United States, 1630-1970*, p. 223.

展的“集中营”。这一时期的“计划生育”运动虽然强调性教育以及妇女在性生活中获得满足，认为夫妻在性生活中的平等和谐对维持家庭很重要，但是，过度强调社会和家庭的稳定性甚至过度美化家庭生活使得妇女的不平等地位被忽视，传统的妇女从属于家庭的地位不仅没有改观，反而比前两个阶段更甚。最终引发60年代后期声势浩大的“生育权”运动。

20世纪60年代风起云涌的民权运动震撼了美国，冲击了传统的社会文化价值观。1965—1975年，发源于大学校园的性解放席卷全美，同居和婚外性行为剧增，新的性观念性道德盛行。在此背景下，女权主义者在70—80年代掀起了以“生育权”为口号的节育运动。此时期的节育运动，不再以做更好的母亲和更好的妻子为目标，而是为了实现妇女自身的生育自主权和堕胎的自由权，认为做母亲不是女性唯一的特性，女性不应该仅仅从属于家庭，女性只有拥有了生育自主权和堕胎自由权之后，才有可能和男性有平等的机会在社会上实现自己的人生价值。堕胎权成为这次运动中的焦点问题。

2.“堕胎权”之争

堕胎问题堪称当代西方社会最具争议、最带有感情色彩的政治问题之一，在美国尤其如此，有学者声称，它是“自黑人奴隶制问题以来美国最具分裂性的问题”。① 围绕着这个颇有争议的问题，西方社会基本上形成了截然对立的两种立场、态度和主张：支持者强调，女性有权做出“选择”；反对者力辩，胎儿的生命权是第一位的。支持的一方还特别强调两点：其一，母亲在不想生育或无力抚养的情况下生下的孩子，不会过上好日子，而且会成为福利制度的额外负担。其二，妇女有权控制自己的身体，若被剥夺了合法的堕胎权，将会不得不寻求非法堕胎，而此举将会伤及孕妇的身体甚至生命。

19世纪后期，以教会为首的保守主义势力和一些自由主义者强烈反对堕胎。天主教会认为，堕胎违背了上帝的旨意并违反了自然法则。对于19世纪末开始的妇女节育运动，天主教会也基本上一直持敌视的态度。1967年，美国全国妇女组织第二届大会召开，会上起草了一份妇女人权法案，其中一项是“妇女控制自己生育活动的权利”，②这也是其他一些女权主义者执著奋斗的目标。60年代后期，教会提出胎儿的“生存权”(生命权)，以对抗女性的“生育权”。而堕胎的支持者则针锋相对地提出怀孕妇女的“选择权利”。

堕胎首先在纽约、加利福尼亚等州取得合法地位。1973年，美国联邦最高法院在“罗

---

① June Stephenson, *Women's Roots: The History of Women in Western Civilization*, p. 300.

② 王政：《女性的崛起：当代美国的女权运动》，当代中国出版社1995年，第118页。

诉韦德案"中做出裁决：堕胎是宪法保障的权利。此后反对堕胎的声音越来越响亮，同时也引起一部分妇女的不满，她们与女权主义者展开了激烈的争辩，并把堕胎问题演化成"赞同生命"和"赞同选择""这样一个高度原则性的大是大非问题，使双方都难以找到妥协的任何细微的希望"。[①] 反堕胎者陈述了三个基本观点：其一，生命从怀孕那一刻就开始了，不管在哪个阶段进行堕胎，都是一种谋杀，因此，"生命权是最基本的权利，其他人权问题和公正问题都建立在这一基本权利之上"。其二，允许堕胎实际上是为女性不负责任的性自由行为提供法律保障。对未婚或已婚但不想要孩子的妇女来说，允许堕胎解除了她们害怕怀孕的担忧，促使她们毫无顾忌地追求性自由。其三，当妇女选择堕胎时，"她实际上是在做出一个极自私的决定，即把她自己的需求（如求学、工作、保持单身或者限制家庭人数）放置于社会的需求之上，从而使社会的最基本期待（如生儿育女以确保人类繁衍）没有得到满足"。[②]

在 1973 年联邦最高法院认可堕胎权之后，美国的反堕胎者致力于将堕胎权限定在某些特定的州，期望借此迫使联邦最高法院做出推翻原判决的新判决。在里根和老布什两届政府期间，两位总统分别任命了一些倾向于反对堕胎的新法官。一些州则通过立法，规定年龄在 18 岁以下的女孩进行堕胎，必须事先征得父母的赞同。支持者声称，这些立法"使得家庭在危机时刻靠得更近"；反对者则争辩说，若不得不告知父母怀孕实情，将会导致怀孕少女被迫离家出走，寻求非法的不安全的堕胎，被赶出家庭甚至于自杀的不良后果。一位研究人员在引述每年全球因非法堕胎导致 20 万例死亡的情况后声称："限制了堕胎途径的各项法律和政策，不能削减堕胎率。相反，会招致妇女死亡。"[③]美国的威斯康星、伊利诺伊等州的立法则规定：晚期堕胎为非法，除非此举为拯救怀孕母亲生命所必需。

关于堕胎的争议并未就此平息，支持和反对的两派在州和联邦层面持续地进行着较量。女权主义者要求更自由更安全更早更好的堕胎；反对者则通过控制联邦资金和增加限制条例，有效地控制了堕胎的实施。1989 年，全国妇女组织在首都华盛顿举行了 30 万人的游行示威，支持堕胎自由。反对者的力量也不甘示弱。2003 年 11 月，在共和党人的推动下，美国国会通过《禁止后期堕胎法案》，并旋即由小布什总统签署生效。法律规定，除非为挽救母亲生命之必需，或为避免胎儿出生后可能出现残障，否则后期堕胎属于违法。该法遭到支持妇女堕胎权人士的强烈反对，他们特别强调两点：一是法律条文过于笼统，未能对"后期"作出明确界定，因而怀孕十几周最常见和最安全的堕胎手术均有可能被

① 王恩铭：《20 世纪美国妇女研究》，第 344 页。

② 同上，第 345 页。

③ June Stephenson, *Women's Roots: The History of Women in Western Civilization*, p. 300.

定为违法;其二,没有将妇女因健康原因而必须堕胎的例外情况考虑在内。由此担心,《禁止后期堕胎法》会成为全面禁止堕胎的第一步。普通民众对于堕胎问题的立场也存在着诸多分野。哥伦比亚广播公司2005年7月14日公布的民意测验显示,多数美国人认同有限制的堕胎合法化。被调查的成年人中,有59%的人表示赞成最高法院在"罗诉韦德案"中的判决。但更多的受访者(67%)也支持对堕胎权进行各种限制:其中38%的人表示,只有在强奸、乱伦或对女性产生危险的时候才允许堕胎;15%的人认为,只有女性的生命处于危险状态时才允许堕胎;14%的受访者只是简单地表示"应该采取更严格的限制"。除此之外,还有25%的被调查者认为,在任何情况下都应允许堕胎。[①] 2007年4月,美国联邦最高法院以5∶4的微弱多数做出裁决,维护《禁止后期堕胎法》的合法性。由5人构成的多数派认为,《禁止后期堕胎法》使政府提出的尊重生命(包括未出生胎儿生命)主张的合法性得到进一步维护;持异议的4人则反驳说,法庭的裁决不惜以妇女的安全为代价,剥夺了妇女的选择权。美国人围绕堕胎权的争议,仍将持续。

堕胎问题上出现的争论,在欧洲国家的情形基本相似。20世纪70年代中期以前,几乎所有的西欧国家妇女都不能随意避孕和堕胎,不能控制自己的身体。针对妇女人身权利无保障的状况,女权主义者把斗争目标集中在争取自由避孕、自由堕胎权上。荷兰的女权运动主要采取广泛联盟的形式,尽力把各种各样的妇女组织联合起来。在法国和意大利也活跃着为此而建立的广泛统一战线。1975年,法国通过《面纱法案》使得堕胎合法化,规定可以因挽救母亲生命,维护母亲的身体和精神健康,因为强奸或乱伦,由于胎儿损伤,或者经济原因等而进行堕胎手术。要求堕胎的女性不必提出某个具体理由,但手术必须在妊娠前12周内,在得到认可的医院内由一名内科医生来进行。超过12周限制很严,除非继续妊娠会严重危及母亲的健康,或者婴儿患上无法治愈的严重疾病的可能性极大这种情况存在。2001年之前的法律曾规定:堕胎手术必须在妊娠的前10周内进行;未成年人寻求堕胎必须征得父母亲监护人的同意。2001年以后,16岁以下的女性未经父母同意即可要求堕胎。与此同时,法国现存的刑法典规定,对孕妇进行非法堕胎,不管是否经其同意,将处以5年的监禁和1800—100000法郎的罚金。所有的公立医院、地方医院和综合性医院,都被要求具有进行堕胎手术的设施。医院应该向病人提供信息。1982年,社会保障法进一步扩展,覆盖了70%的合法堕胎费用。此外,法国政府在1988年批准使用RU—486堕胎药丸。2000年,大约进行了20万例的堕胎手术。[②] 英国在1990年通过

① 李月:《多数美国人认同有限制的堕胎合法化》,《华盛顿观察》周刊第27期,http://www.WashingtonObserver.org,2005/07/27.

② Stephanie Hepburn and Rita J. Simon, *Women's Roles and Statuses the World Over*, p. 87.

《人类受精和胚胎法案》，对1967年的《堕胎法》进行了修改，将堕胎纳入国民健康保险体系之中，据此个人不必因进行堕胎手术而支付费用。1991年，英国成为第二个赞成使用RU—486的国家，但它只能用于国民健康保险体系中的妇产科类别当中。[1] 针对堕胎权问题上旷日持久的争论，美国著名社会学家克里斯汀·露柯曾敏锐地指出："堕胎运动具有标志性，因为它是冰山一角，在其之下是女性的全部信仰和价值观。"[2]时至今日，堕胎问题上对垒的双方——强调生命权居于第一位的"生命派"以及将孕妇个人选择放在首要位置的"选择派"，还不时地燃起战火。

3. "平等权利修正案"的命运

早在1848年7月于纽约上州小城塞尼卡瀑布召开的第一届妇女权利大会上，美国的女权主义者伊利莎白·凯蒂·斯坦顿等就促成大会通过了具有里程碑意义的《女权宣言》（正式名称是《权利和伤感宣言》）。它套用美国《独立宣言》的格式和语言，宣称："一切男人、女人生而平等"，造物主赋予他（她）们若干不可转让的权利，并具体、明确地列举了所要求的各项平等权利，包括挣工资的权利、占有财产的权利、自由演讲的权利、同男性一样经商的权利、接受教育的权利等等。[3] 这是美国妇女争取平等权利的重要开端。经过几代人的努力，美国妇女在1920年赢得了选举权，在劳动所得、就业、学习、经商等其他权利方面，也取得一些改进，但未能实现真正意义上的男女平权。在现实生活中，同工不同酬、各种歧视和机会不均等现象普遍存在。要真正使得广大妇女在政治、经济、文化、社会和家庭生活等各方面享有同男子平等的权利，还有一段漫长的路要走。

"平等权利修正案"由美国妇女党在1923年首次提出，其基本理论依据是"法律面前的权利平等"不能因"性别原因"而遭到剥夺，其基本诉求是给予美国所有妇女以平等的保护，而不论其居住在哪个州。修正案提出后，因遭到主流社会的强烈反对而无进展。20世纪60年代大规模的民权运动爆发后，女权主义者重新启动该修正案的立法进程并取得显著进展。1972年国会通过立法草案，规定在1979年之前必须获得2/3的州批准方可生效。后来批准的期限延长至1982年，但到期限结束时只有32个州批准，未能达到法定38个州的有效数量。此后，每届国会召开期间都会重新提出此草案，但均未获得两院通过。

---

① Stephanie Hepburn and Rita J. Simon, *Women's Roles and Statuses the World Over*, pp. 79-80.

② Kristin Luker, *Abortion and the Politics of Motherhood*, University of California Press, 1985, p. 251.

③ 《权利和伤感宣言》的中文译本详见艾捷尔编：《美国赖以立国的文本》，赵一凡等译，海南出版社2000年，第139—144页。

"平等权利修正案"之所以意义重大,原因在于美国的各州之间关于妇女地位的法律规定存在着巨大的差异,必须仰赖联邦政府在全国范围内通过立法予以规范。例如,在佐治亚州,一对夫妻的家庭财产属于丈夫,即使妻子也挣工资,在财力上支持配偶,并负担共同居住的房子费用。丈夫可以随心所欲地动用财产而不必与妻子商量,妻子也没有法律上的追索权。又比如在佛罗里达州,寡妇继承了婚姻存续期间共同拥有的财产,必须缴纳继承税;而鳏夫则不必。[①]

如同堕胎权问题一样,"平等权利修正案"也引发了美国社会深入持久的争议。对修正案持批评、否定态度的力量构成极其复杂。第一,女性作为一个群体并未在此问题上达成共识,形成一个"声音"说话。第二,男性在此问题上也并非铁板一块,而是存在支持和反对两股势力并存的局面。第三,价值观因素在态度的取舍中起了重要作用,一些右翼势力出于保守主义观念对激进女权主义大加指斥,另一些则是传统家庭观道德观的维护者。平等权利修正案的一些批评者声称,妇女的权利已经得到了保障;他们还担心,一旦平等权利修正案获得通过,将有可能导致妻子受丈夫供养的权利受到削弱。1972年,右翼活动家菲利斯·施拉弗莉发起建立了"停止《平等权利修正案》"组织,旨在扼杀该修正案。在随后开展的一系列公共演说中,她将争取男女平等的女权主义者描绘成"一群遭受痛苦的妇女在寻求用宪法解决她们的人身困难";[②]针对就业妇女,她指出修正案"不会给妇女带来什么好处;相反,它要夺走妇女已有的权利";针对珍视传统观念的群体,她说修正案"将使同性恋合法化,使女子学院不再存在,还要男女合用厕所"。另外,施拉弗莉还大胆地对修正案可能对妇女生活带来的种种难题进行推测。她说,由于修正案要求男女的绝对平等,而各个州政府又被要求同等对待男女,那么,"美国的传统家庭模式将受到削弱,其中没有任何工作技术的中年全职性家庭主妇将就此失去生活安全感"。再如,在年轻妇女面临应征入伍问题上,她表示:"不仅对男女士兵待在一个'狐狸洞'感到难以想象,而且对美国今后的军队战斗力表示担心。"[③]针对上述批评,修正案的支持者强调:虽然妇女的权利有了一些保障,但是妇女并未获得平等的对待;虽然很多州已经通过了自己的平等权利修正案,但是,另外许多州仍然保留着对妇女有害的歧视性立法。例如,截至2000年时还只有8个州在法律上规定,婚姻存续期间积累的财产,丈夫和妻子拥有平等的所有权。"平等权利修正案"的历史命运,从一个侧面折射出了西方妇女追求解放的两难处境。

---

① June Stephenson, *Women's Roots: The History of Women in Western Civilization*, p. 308.

② 萨拉·M.埃文斯:《为自由而生:美国妇女历史》,杨俊峰译,第346页。

③ 王恩铭:《20世纪美国妇女研究》,第340—341页。

4. 婚姻、家庭和性

20 世纪 60 年代以前的两个世纪内，占统治地位的家庭模式是所谓的“维多利亚式的典型家庭”，即外出挣工资的丈夫、操持家务的妻子以及多个孩子。贫困家庭的情形稍有不同，往往是父母双方都外出工作，其孩子也在 5—6 岁起开始进工厂干零活，以便挣取少量报酬贴补家用。近代工业革命的开展、中产阶级人数的增长特别是 20 世纪 60 年代性革命的冲击，使得这种传统的“典型家庭”的模式在不知不觉地发生蜕变。进入 20 世纪 60 年代以后，占主导地位的是中产阶级家庭。此时，传统的“典型家庭”不再“典型”，也不再能够代表家庭中的绝大多数。与之相对应，妇女的婚姻观、家庭观、性观念等等，也发生了革命性的变化，并通过家庭等生活方式体现出来。20 世纪 80 年代，美国劳工统计局的一份报告宣称，“由一个挣面包的丈夫、一个持家的妻子以及几个小孩组成的旧式‘美国典型家庭’，如今仅占美国家庭的 7%”。[①] 其他占绝对多数的家庭类型有两种：一是没有孩子、夫妻双方都工作的家庭；二是女性户主家庭，它也是 20 世纪 80 年代增长最快的生活方式。1988 年 5 月，美国有 230 万对男女两性未婚夫妇生活在一起，其中 70 万拥有孩子；有 150 万对同性伴侣同居在一起。在所有 18 岁以下的儿童中，24% 与单亲生活在一起。在 1991 年出生的所有孩子中，30% 的孩子为单身、未婚、未受过教育的十几岁少女所生，其中绝大多数是白人少女。[②]

德国是欧洲诸国当中比较重视婚姻和家庭的国家。妇女对丈夫和家庭的从属性有着悠久的传统和深厚的根源，并且长期以来受到风俗、宗教和法律的认可。但是二战以后，德国妇女对婚姻、家庭和伴侣关系的态度也发生了很大变化，传统的价值观式微，离婚或不婚者的数量迅速攀升。1970—1987 年，德国人的结婚率急剧下降，1988 年以后，结婚人数有所增长，但到 1989 年又减至 1981 年的水平。与此同时，婚龄也越来越晚，1965 年，21—22 岁的德国女子中有 1/2 的人选择结婚，而到 90 年代这个比例不到 1/3。尤其值得注意的是，不婚者中很多人受过高等教育，而且受教育水平越高，收入越高，选择结婚者越少。不仅如此，已婚者中以婚姻破裂告终的比例不断上升。20 世纪 60 年代，德国每 18 对结婚夫妻中大约有一对以离异而告终；至 90 年代每 3 对夫妻中就有一对要离婚。如今德国有 1/3 的家庭是“单身家庭”。而在德国统一之前，西德的单身家庭多达 800 万人，单亲家庭也越来越多。[③] 20 世纪 80 年代以来，同居成为一种习见的生活方式，调查揭示，

---

① June Stephenson, *Women's Roots: The History of Women in Western Civilization*, p. 313.

② 同上。

③ 李雪季主编：《世界女性历程图说》第 2 卷，第 260—261 页。

1983年西德有30%以上的家庭属于这种方式。

由于长期以来受到“维多利亚风气”的影响，英国的历史社会传统显得相对比较保守。但在进入20世纪，传统的两性道德观和婚姻家庭关系也开始发生“变奏”。最突出地体现在观念的变化上。英国的早期女权主义者批评男人操纵“性”，批评男人逼迫女人服从父权社会为其设定的道德规范，要求男人遵循同一标准，也要达到他们为女人所设的标准。当代的英国女性主义者在此基础上更前进了一步，认为女性不必遵从男权社会的价值规范，认为妇女有权自己来定义“性”，可以在异性恋与同性恋之间进行选择，可以在一夫一妻制、独身主义等生活方式中自由选择。于是，在现当代英国，也出现了结婚年龄越来越大，离婚率越来越高，独身、同居、单亲或同性家庭越来越普遍的类似情况。

较之英国和欧洲其他国家，法国人的家庭存在一些显著特点。首先是参加工作的法国家庭妇女非常普遍，超过其他任何一个国家。1982年，妇女占法国就业人口的41%。而且参加工作挣工资的年轻女子，以及有1—2个孩子需要负担的已婚妇女，日趋增加。1975年，每两个有低龄子女的妇女中就有1个参加工作；而1962年整个比例仅为26%。特点之二是高离婚率、未婚同居与私生子现象严重。离婚在法国长期属于非法，大革命期间一度使得离婚合法化。[①] 1901年实行政教分离，法国人获得离婚自由。当代法国社会对于未婚同居、避孕和人工流产，事实上已经采取认可的态度，法律也表示出比较宽容。1975年，法国通过离婚法修正案，进一步放宽离婚条件，使得离婚变得更加容易，并由此引发离婚新潮。如今，法国离婚案件中有3/4是女方提出，比男方主动提出的多一倍。1986年，法国离婚案件高达10.9万起，其中巴黎市的离婚数字和世界上离婚率最高的美国并驾齐驱，即每两对夫妻中就有一对离婚。相关研究表明，离婚率的上升主要缘由在于法国人伦理观念的变化，特别是广大妇女从传统的价值观和宗教信仰束缚中解放出来，争取到了很多女权，使得她们的经济和社会地位得到改善。伴随高离婚率的是日趋普遍的同居现象。婚前同居已成为流行的社会风气，有关资料表明，1/3的男女在同居，90%的青年曾婚前同居过。同居现象之所以盛行，除了性、婚姻、家庭等观念因素外，也与政府的某些政策有关。例如，法国的税收制度就对未婚同居者而不是合法组建的家庭有利。结成夫妻的家庭要纳税，同居的家庭则可免税。单身父亲或母亲还可以申请专门的补助金。登记结婚时要每人缴纳5000法郎税款，婚后还要交家庭住宅税。结婚夫妇家庭拥有两辆汽车，必须交两辆汽车的税款；而同居男女则可各自申报拥有一辆汽车从而免除某些税

① 近代早期的法国民法规定：妇女若卷入诉讼，不经丈夫批准不得出庭；妻子犯通奸罪，丈夫有权要求离婚，而丈夫犯通奸罪，只有在丈夫将女方带入夫妻共同的家庭时才可以申请离婚。

收。此外，在人寿保险和社会保险方面，未婚者也较为有利。法国也是欧洲国家中人口出生率低的国家，法国每个有生育历史的女性平均生育1.8人，且越来越多的妇女不愿生育，为此政府采取鼓励生育的政策。这也在某种程度上滋长了私生子现象。法国的私生子每年有近10万，而一年的新生儿仅为80万。而这些私生子几乎都是生活在单亲女性家庭之中。值得欣喜的是，非婚生子在法国社会不再像昔日那样受到严厉歧视。

自从1995年联合国第四次世界妇女大会召开以来，国际社会开始将一种新的理念——"社会性别主流化"提上议事日程。所谓"社会性别主流化"，亦称"性别观点纳入主流"，或曰"把社会性别意识纳入社会发展和决策的主流"，属于"一种战略"，旨在将女性和男性的关注事项和经验作为一个整体，纳入政治、经济和社会等所有领域的政策和方针的设计、落实、监测和评估之中，从而使得男女都能平等受益。其基本目标是中止不平等现象，消除社会性别歧视；终极目标是实现社会性别平等和社会性别公正。为了达到这一目标，它要求政府、社会组织、作为个体的人，将社会性别平等作为基本的价值观，并以之为指导努力从组织、制度和纲领上以性别视角开展工作，并把性别问题深入到人们的头脑、心里和行动之中。这是一个宏伟的蓝图，为未来的两性平等指明了奋斗目标和方向。当然，女性的解放和真正平等的实现，是一个极其复杂的系统工程，离不开社会经济的协调发展，离不开人类文化法制观念的与时俱进，同样也离不开包括女性在内的人类自身对于诸如"我是谁"、"我欲何为"之类的女性主义深层理论问题的深入思考与探索。

四、女性主义理论家的探索

西方女性主义理论和西方女权主义运动相伴而生，它不仅是女权主义运动自身发展的结果，在相当程度上亦受到其所处时代的各种思潮的影响，尽管女权主义运动在其发轫之时，就有着明确的社会目标和价值取向，即希望实现社会公正原则，给女性以自由与平等。女性主义的理论目标和价值取向同样是要求男女平权的社会公正，其理论旨趣与学术界之外的女权运动以及与目前男权依然统治社会的状况直接相关，因而其研究有着鲜明坚定的女权立场，它所捍卫的是女性原则和女性的权益，这使得女性主义理论研究具有直接现实性的理论品格。需要指出的是，女性主义理论一词在英语中是复数形式，这说明女性主义理论本身包容了相当广泛和多样化的理论立场，它不具有完整性与连续性，其理论的出发点和立足点以及所采用的方法、视角和框架结构也各不相同，而且即使在某一种女性主义理论内部也还有不同的流派，并且各种女性主义的思想还处在不断变化之中。因此，当人们在刚开始接触和了解女性主义的理论时，可能会感到令人困惑或迷惘，感到众说纷纭和无所适从，但也许这正是女性主义理论的魅力所在，它不是完整的，但却是具有启发性的，它没有任何预先确知的目标，却因此而留下了空间，激励对此有兴趣的人去思考，各种各样的思想与理论都是对真理的探求，因而也都是有意义的。

众多的女性主义理论流派中，除了女性自由主义产生于19世纪以外，大多数的女性主义理论流派均产生于20世纪，以下我们将对20世纪以来主要的女性主义理论作一概要介绍。

1. 存在主义女性主义

1949年，西蒙·波伏娃发表了她的代表作《第二性》，这部有争议的著作揭开了女权主义运动第二次浪潮的序幕。一般认为，女权主义运动第一次浪潮的重点是为女性赢得政治、法律和教育等方面的权利，女权主义运动第二次浪潮的特征则是对女性的压迫和解放进行更深入的分析，而波伏娃的《第二性》正是这种"更深入的分析"的开启者，它甚至被认为是讨论女性的最健全、最理智、最充满智慧的一本书，是20世纪最具意义的女性主义理论文本。

西蒙·波伏娃不仅是存在主义思想大师让-保罗·萨特的亲密伴侣，而且在其生命的几十年中，两人一直在精神思想上保持着亲密联系。在波伏娃的所有作品中我们都可以清楚地看到存在主义思想与理论的印迹，波伏娃用存在主义来解释女人的文化身份和政治地位，在《第二性》中，她指出在一个父权制的文化氛围里，男人是怎样以男性为主体，以女性为非主体；如何将自己定义为自我，而将女人定义为他者；怎样将男性或男性化定为积极的、标准的，而将女性或女性化定为消极的、非主要的、反常的。"定义和区分女人的参照物是男人，而定义和区分男人的参照物却不是女人；她是附属的人，是同主要者相对立的次要者。他是主体，是绝对，而她则是他者。"[①]波伏娃认为，女性之受压迫源于她的他者性质，女性是他者，因为她不是男人。男人是自由的、自我决定的存在，他给自己的存在定义；而女性是他者，是对象，她作为对象的意义是被决定的。这即是说，女性的"他性"是被强加的，女人，就是依据男性主体的观点来定义的人。

人们也许不禁要问：女人是如何成为他者的？波伏娃在《第二性》的前三章"生物学的论据"、"精神分析学的妇女观"、"历史唯物主义的妇女观"中对此进行了逐一探讨，她承认，从生物学的角度，女性由于自身的生物和生理结构，其在生育中的作用同男人相比肯定是首要的，女性的体力同男人相比肯定是较弱的，女性在性生活中同男人相比是较为被

① 转引自约瑟芬·多诺万：《女权主义的知识分子传统》，赵育春译，江苏人民出版社2003年，第170页。

动的，尽管如此，人们赋予以上事实多少价值，完全取决于作为社会存在的我们自己。波伏娃认为，弗洛伊德的精神分析学把文明解释为仅仅是压抑性冲动或性欲升华产物的观点也过于简单，文明比这要复杂得多，男人和女人的关系也是如此。弗洛伊德精神分析学把女人比男人的社会地位低归于女人没有"阴茎"，而波伏娃坚持认为，女人对阴茎的羡慕并不表明女人想要阴茎本身，它只是表明女人渴望得到社会给予阴茎拥有者的物质和心理特权。对阴茎的羡慕可以由"父亲的统治权"来解释，女性作为他者不是因为她们缺少阴茎，而是因为她们缺少权力。

当波伏娃转而思考马克思主义关于性别的社会分工决定了男女的不同经济地位及政治地位的思想时，她觉得也不能完全令人信服。她认为，从资本主义到社会主义的转变并不会自动改变男女关系，女性即使在社会主义社会也依然可能是他者，这是因为女性受压迫的最根本原因并非仅仅在于经济，它更是本体论的。波伏娃强调说："如果人的意识中没有包括这种渴望……控制'他者'的原始渴望，那么，即使发明青铜工具，这也不会导致对妇女的压迫。"①

波伏娃还对男人所创造的种种控制女性的神话进行了分析，并且对 5 位享有盛名的男性作家如劳伦斯和司汤达尔等人的作品进行了剖析。她强调，神话和男作家的作品表明了男人总在寻找理想的女人，理想的女人看上去也许不大一样，但她们都有一些共同的基本特征，即她们或忘掉自我，或拒绝自我，或以某种方式否定自我，并奉行为男人牺牲就是自已义不容辞的责任的原则。更为糟糕的是，许多女性潜移默化地接受和吸收了男人对什么是理想女人的神话与观点，波伏娃对女性在当代社会生活中的各种处境，对女性的各种社会角色（如妻子、母亲、职业妇女、娼妓、自恋者、女神秘主义者等）的作用也进行了详细论述。她指出，这些处境与角色从根本上来说都不是女性自已创造出来的，女性是被男人建构，被他的社会结构和制度建构出来的。女性自由的障碍不是其生理条件，而是政治、法律、文化及习俗等限制造成的。波伏娃最广为人知的观点就是：女人并非生成的，而是变成的。"没有任何生理上、心理上或经济上的定命，能决断女人在社会中的地位，而是人类文化之整体。"②女性对自已"他者"地位的接受是悲剧性的，她把这种接受称之为女性的"神秘"，而且这种神秘代代相传。波伏娃很清楚，女性若要摆脱社会、文明习俗的束缚与男人强加其身的限制、定义和角色并不那么容易。不过在她看来，这也并非不可能，她乐观地认为，女人像男人一样，没有所谓先定的本质，她能够成为主体，能够在社会中从

① 西蒙娜·德·波伏娃：《第二性》，陶铁柱译，第 64 页。

② 西蒙·波娃：《第二性——女人》，桑竹影、南珊译，湖南文艺出版社 1986 年，第 23 页。

事积极的活动,也可以创造她自己的自我而不再作为第二性和他者。为此她必须克服环境的力量。波伏娃强调,尽管现存的性别压迫是结构性的,但解决问题最重要的还是得靠个人战胜环境的努力。因此她尤为看重女性的每个个体的独立和努力,而非女性整体的行动。她认为女人必须把自己当成一个自主的个体,以创造性的设计构筑自己的未来。

波伏娃对女人怎样构筑自己的未来提出了四条途径,这即是:第一,参加社会工作。尽管工作也许会给女性带来工作和家庭的双重负担,但它毕竟为女性的发展创造力了机会,而这种机会是她不工作就得不到的。只有通过工作,女性才能成为积极的有价值的人,从而真正掌握自己的命运。第二,成为知识分子,追求知识的精神活动,因为这毕竟是人进行思考、观察和定义的活动,而不是使自己成为被思考、被观察、被定义的对象。第三,参与对社会进行的社会主义改造中去,以争取工作条件的公平与平等,以便对主体与客体、自我与他人的冲突的最终解决。第四,为了超越对自我的限制,女性应该拒绝社会强加于她的"他者"性,拒绝通过社会里占统治地位群体的眼睛来认同自己,因为"他者的凝视"使得女性忙于照顾自己的身体而无暇去完善自己的精神。如果女性要成为自我、主体,她必须像男人一样超越所有那些限定她存在的定义、标签和本质,她必须而且应该努力使自己成为她所希望成为的任何人。

美国天主教会修女玛丽·戴利(Mary Daly)也是存在主义女性主义的重要代表,她于1973年发表的《超越父神:迈向妇女解放的哲学》被认为是女权主义运动第二次浪潮中最有影响的著作之一。戴利深受20世纪最有影响的两个存在主义新教神学家保罗·蒂利希和马丁·布伯的影响,特别是马丁·布伯的代表作《我与你》对其影响尤为深刻,因而她的《超越父神:迈向妇女解放的哲学》被认为从头到尾都浸润在存在主义的精神与传统中。马丁·布伯认为,真正决定一个人存在的东西,不在于与他对立的种种客体,而在于他自己同世界上种种存在物和事件发生关系的方式。构成一个人的,正是这种关系的性质。换言之,基本的经验的世界即"我—它"关系不是基本的人类关系,"我—你"关系即人与神的关系才是基本的人类关系。

戴利接过马丁·布伯的"人神关系是基本的人类关系"的观点,但她否认神是一个固定的、至高无上的男性形象,她认为人们在犹太教、伊斯兰教特别是在基督教里遇到的超验的上帝,是如此遥远和冷漠,这个超验的上帝就是以我与它、主体与对象、或者自我与它者的关系来思考的上帝;而与这个超验的上帝最为抵触的正是他从完全的无中创造出来的自然世界。女性由于其生育力量而与自然相联系,从而扮演了对象和它者的角色,这些角色与上帝、男人的主体和自我的角色是对立的。正因为这个超验的上帝拒绝女性,戴利希望以一个新的、内在的上帝来取代他,这个内在的上帝置身于世界之内,而不是在这个宇宙之外，这个内在的上帝以我与你、主体与主体、自我与自我的关系来思考；自然界就是这个上帝的一部分，正如他/她/它是自然世界的一部分。因此，在这个上帝面前，女人与男人是平等的，戴利将这个上帝称为“存在”(being)。

戴利认为，反映父权制社会的思考方式的主要特征之一即是“我与它”的思考方式，这种思考方式把僵化的男性气质和女性气质的社会性别角色制度化了。通过这一途径，两性被分裂为两个群体，男性作为一个整体感受和定义作为第二性的女性，每个男性都成了一个“我”或“自我”，每个女性都成了一个“它”或“它者”。戴利提出，若要克服这种“我与它”的思考方式，打破社会性别的两极形式，就得建构雌雄同体的人，这种雌雄同体的人既不是“我”，也不是“它”，而是超越了“我”和“它”两种形式的人。

戴利在重新阐释传统的女性特征时，强调必须小心地把诸如爱、同情与分享等这些正面的女性特征与其病态的过分表现，那种受虐的女性“美德”区分开来，如爱本身是好的，但在父权制下，爱会演化出女人完全牺牲自我或做贞节烈女的形式。妇女应该对成为“道德的牺牲品”这种价值说“不”，有了这个说“不”的否定，才会出现对“人格伦理”的价值说“是”的肯定。[①] 戴利把女权运动看作是一场“精神”革命，认为女人拒绝接受“他性”的地位使她们得到拯救，并引发超越具体的上帝——圣父。她还认为，女人必须排斥并驱除她们已内化了的任何“他性”意识，拒绝成为他者，而要成为有自己的需要、欲望和兴趣的自我。戴利相信：拒绝客体化，肯定新的存在，那么女权主义革命将创造崭新的“我和你”的多种可能性，将努力发展以我—你关系为主旨的新的生活方式，才会结束男人是主人、女人为奴隶的游戏。在《超越父神：迈向妇女解放的哲学》一书中，她满怀信心地指出，救赎的姊妹关系将攻击传统观念，否定父权制的谎言，它并不意味着基督的“再生”，而是一位新的女性形象的再次降临，她的降临提示了存在、转化，提示了生命中的“您”。

存在主义女性主义还有一个重要分支，即 20 世纪 70 年代于美国产生的女性主义神学，女性主义神学与同一时期产生的解放神学和黑人神学有许多相似之处，都是出自对社会不公与多种压迫的一种特定经验的反响，它们都对传统神学作出了深刻的批判，因而有学者将它们归于政治神学之列。不同的是女性主义神学的重点放在批判性别歧视与追求妇女解放的目标上。应该指出的是，女性主义神学也许还可以追溯得更早，1895 年时，曾经为 1848 年美国第一届妇女权利大会起草了《权利和意见宣言》的伊丽莎白·斯坦顿发表了《妇女圣经》，该书收集了《圣经》中所有有关女性的经文并予以重新阐释，她认为，《圣经》是透过男性作者的意识形态、写作以及诠释下启示的书，而且，启示本身是受制在历

---

① Mary Daly, *Beyond God the Father: Toward a Philosophy of Women's Liberation*, Boston, 1973, p. 105.

史、文化和语言之下的。可以说，这是关于女性主义神学的最早表述。

正是在60、70年代如火如荼的女性主义运动与解放神学、黑人神学蓬勃发展的影响下，许多教会女性根据自身的经验，结合女性在教会和社会中所处的从属地位和不公境遇，对教会中长期以来男性控制神学，把女性等同于邪恶等一系列传统观点进行思考，如威廉·道格拉斯(William Douglas)在一篇题为《教会中的女性》的文章中指出，基督教对女性的看法受到了犹太人父权文化的影响，该文还鼓励教会的女性应该响应女权主义运动的召唤，对教会内男女不平等的事实表示不满，并要求教会任用女性担任领导角色。[①]歌丝黛(Valevie Saiving Goldstein)在《人的处境：一个女性的看法》中提出了"神学家的性别影响他的观点"的看法，她认为，历史上的神学均建立在男性观点基础上，他们不仅忽视了女性的经验，而且强化了女性从属于男子的地位。她强调在神学讨论中尤其是在罪论及救赎论中，应慎重地作重新思考，应将女性的经验包括在内。她还认为，随着社会对男女关系的开放，教会不能单以男性的观念从事神学研究，必须对神学研究重新做出反思和重构，否则神学将不切题。[②] 1968年，上文曾提到的玛丽·戴利发表了《教会与第二性》一书，她认为，教会以上帝之名欺骗女性，正是教会强化并助长了男尊女卑思想。她还直接指出了存在于教会建制中的基本矛盾：一方面，宣告人在上帝的恩典中，享有尊严；另一方面，却高举男权主义，在其制度、神学及信条中无视或贬低女性的地位。从而使教会成为一种压迫女性的工具。她还提议凡与女性主义不和的神学都应加以修正。[③] 戴利的这本书被认为是第一部明确含有女性主义思想的神学著作。

80年代以后，女性主义神学家纷纷涌现，她们以"神学家的身份抨击神学，以信徒的身份抨击传统信仰"，认为传统神学如"基督教的上帝观、基督观、人观以及创造论、罪论、救赎论、信仰论、教会论，统统是父权式的言述和结构"，并进而"要求改述基督信仰的基本文本"，这就使得女性神学成为"迄今对传统神学最彻底的更改和批判"。[④] 女性主义神学的主要思想与观点有如下几方面：

第一，重新审视上帝的性别身份。这是因为上帝的男性身份为父权制神学提供了最深厚的理论基础，而在女性神学看来，上帝不仅是天父，也是我们的母亲。温德尔指出：在希伯来文里，上帝的慈爱意味着子宫，而勾勒出这种形象的基础正是《圣经》，在《圣经》中，

---

① William Douglas, "Women in the Church", *Pastoral Psychology*, vol. 12 (1961), p. 15.

② V. Saiving Goldstein, "The Human Situation: A Feminine View", *Journal of Religion*, 40 (1960), pp. 100-112.

③ Mary Daly, *The Church and the Second Sex*, Boston, 1968, p. 188.

④ 温德尔:《女性主义神学景观》,刁承俊译,三联书店1995年,"前言"第1页。

上帝对待以色列的态度，他的忠诚和他的救助往往以母亲的形象表现出来，如“难道一个女人可以忘记自己的孩子，一个母亲可以忘记自己的儿子吗?”这个号召他的子民去战斗的战士耶和华有时是以女性的形象出现的，如“现在我要像一个难产的妇人一样喊叫”。[①]特丽波(Phllis Trible)在其《上帝在性别的修辞》一书中，也是借着希伯来词语“母腹”和“悲悯”之隐喻化的关联中，寻找上帝的女性形象。

第二，批判传统神学的二元论，即传统神学中把灵与肉、精神与肉体相分离的原则，主张在女性的身体原则基础上重建基督宗教及其信仰。在基督教的传统神学中，男与女的二元对立落实在如下的二元划分上：宗教公共事务领域与私人领域、神圣与世俗、灵与肉、精神与肉体等，毫无疑问，宗教公共事务、神圣、灵、精神等与男人相关，而私人领域、世俗、肉、肉体等则与女性相连。在前一个领域，女人无任何权利，也不被尊重。男人是说者，女人是听者，而且说远远高于听。正如保罗所言：“妇女在会中要闭口不言，像在圣徒的众教会一样，因为不准她们说话。她们总要顺服。正如律法所说的。她们若要学什么，可以在家里问自己的丈夫，因为妇女在会中说话原是可耻的。”[②]女性独担肉体的罪责，男性的(只有男性才有的)灵及其所代表的神圣只有不断克服或控制女性所代表的感性、性及肉欲的侵扰，才能最终有所成就。

第三，重新诠释经典，挖掘出或重拾被传统神学所歪曲、所湮没了的对女性肯定与赞美的内容。如在基督教《新约》的四福音书中，记载了许多耶稣对女性精神追求的鼓励和尊重的事例。由于耶稣一视同仁地向所有人包括女性宣讲他的福音，因而很多女性成为她的积极追随者。耶稣有一些很亲近的女性朋友，她们常常像门徒一样跟随在他身边。人们注意到，甚至耶稣复活的喜讯，也是最先向女性即抹大拿的马利亚显现，并由她向耶稣的门徒宣布。马利亚本人和她向使徒宣布耶稣复活的好消息的使命，具有一种类似使徒的崇高性，这一点已为西方教会所确认。在最初的基督教使团里，女性发挥了显而易见的领导作用。有学者认为，《新约》的《希伯来书》实际上可能是一位名叫普里斯西拉的女性写的。在《使徒行传》和保罗的书信中，多次提到一个虔诚的女信徒百基拉的名字，并在提到她时常常把她的名字放在她丈夫的名字之前，可见她的重要性。

第四，男性的解经者忽视了女性的信仰经验，如在基督教神学讨论中，所谓人的经验，在结构的取向及定义上，一般是以男性为主，女性的信仰经验属于次要而不被重视。普拉斯科(Judith Plaskow)在其所著的《性、罪与恩典》中就提到，在许多男性神学家如蒂利希

---

① 《圣经·以赛亚书》42：13—14。

② 《圣经·哥林多前书》14：34—35。

等人的神学中，要么缺少女性的信仰经验，要么对女性的经验不敏感。而女性神学认为，神的经验是一切经验的概括，而女性既然是人类经验的一个不可或缺的部分，女性的经验就理所当然地应包括在神的经验中。

2. 激进女性主义

激进女性主义的理论形成于20世纪60年代末、70年代初，这派理论的创建者们曾是60年代一群积极参与争取黑人民权运动、新左派运动和反越战运动的女性，这群"运动妇女"正是从上述运动中男性激进分子的傲慢态度中发现了她们自身真实的处境，如1969年在华盛顿爆发了反总统就职的示威运动，当女权主义者试图在集会上发表她们的观点时，观众中的男性则不时发出讥笑声，有人吹口哨，有人大声叫喊，甚至还有人高呼"把她拽下来，让她滚蛋"。正是类似的这样一些事情使得这群女性在对处于被压迫阶层的人群的地位认同和对自己在实际生活的受压抑现状的体悟中，更加体会到独立的女权运动的必要性与重要性，她们的不满和觉悟，终于导致了对整个政治文化，即对现存的父权制文化的强烈不满和质疑，她们逐渐认识到对女性的压迫源于父权制，源于人类历史上已经存在了几千年的男性统治——而非资本主义这一类的制度。

早期的激进女性主义理论主要体现在1970年问世的两部著作中，其一是米利特(Millett)的《性政治》，其二是费尔斯通的《性辩证法：女权主义革命案例》。米利特曾是哥伦比亚大学英国文学与比较文学专业的博士研究生，《性政治》是其博士论文的修订版。她在《性政治》中指出，女性受压迫的根源就在于父权制的社会性别制度。在她看来，性是政治，这首先是因为男性—女性的关系是所有权力关系的范式，"当某一群体统治另一群体时，两者之间的关系就是一种政治关系。如果这种关系长久地存在着，它就会变成某种意识形态(封建主义、种族主义等等)。所有人类文明都处于父权制之下：这些文明的意识形态即大男子主义"。[①] "除非最终抛弃这种积习，不再把男性最高权威看作与生俱来的权力；否则，所有的压迫制度还将继续发挥作用，这仅仅只是由于在最初人类处境中它们得到的逻辑上和情感上的规定。"[②]米利特在该书的第二章引入了"父权制"这一概念，而父权制如何构成了性别压迫以及父权制与性别压迫的关系正是激进女性主义最关注的问题。米利特认为，男性对公共和私人领域的控制构成了父权制，而父权制的意识形态夸大了男女之间生物学上的差异，它明确规定了男性永远担任统治的或男性气质的角色，而女

---

① 转引自约瑟芬·多诺万：《女权主义的知识分子传统》，赵育春译，第200页。

② Kate Millett, *Sexual Politics*, *Garden City*, Doubleday, New York, 1970, p. 25.

性永远担任从属的或女性气质的角色。父权制意识形态通过教会、家庭和学术等制度或场所合理化，强化了女性对男人的屈从，结果使得大多数女性从内心接受自己比男人低等卑下的观念。因此，大男子主义制约着女人，使她们为男性服务并自觉地接受为男性服务的角色。米利特认为，父权制的意识形态充斥于文化的每个角落，并影响着我们生活的每个方面——甚至是最私人化的生活，即使是女性最私人最隐秘的经验，也是由拥有特权地位的男性原则的制度和结构造成的。家庭（家庭在米利特看来是社会权力结构的中心部分，是灌输意识形态的重要源头，因而对父权制的再生产是必不可少的）和性这两者都是父权制统治的重要工具。米利特举出著名的男作家 D·H. 劳伦斯、亨利·米勒以及诺曼·梅勒等人的作品中对女人性凌辱的怪诞描写，作为她的一系列的"性政治实例"，以此来突出个体领域中的政治关系，即"性政治"。米利特认为，女性若要得到解放，就必须消除男性统治，为此就必须消除社会中既存的关于男女特定的性地位、性角色和气质禀赋的设定（因为这些都是在父权制下建构出来的意识形态），就应对所有的男性气质特征和女性气质特征作出彻底评估，在肯定男性气质和女性气质分别都有价值的前提下，有一种新的文化整合即把那些值得肯定的男性气质和女性气质结合到雌雄同体的个人素质中，如将传统上与男性相联系的刚毅勇敢和传统上与女性相联系的同情悲悯结合在一起，如此来造就理想的人。

不同于经典的马克思主义理论从经济角度寻找受压迫的根源，也不同于许多女性主义者否定女性的依从地位有其生物学基础的观点，费尔斯通认为，女性受压迫的物质基础不在经济方面，而在生物学中。从性别压迫源于性别差异这一前提出发，她认为女性受压迫的根源在于性别分工，女性的生殖功能是造成这种分工的主要原因，即男性统治和女性屈从这种性政治的意识形态植根于男女的生育角色，这才是征服女性的性政治意识之物质基础。正是"性别间自然的生育差异直接导致了作为阶级根源的第一次劳动分工，同时造成了等级制的典范"。[①] 费尔斯通在其代表作《性辩证法》中对此作了论证，她指出，由于婴儿的成熟期较长，这便决定了婴儿要有较长一段时间依赖于成人，特别是要依赖母奶才能生存，而生育使女性的体质变弱，使她们要依赖男人才能生存。由这一逻辑推演下去，费尔斯通的结论是：女权主义革命要想取得成效的话，必须依靠生育方式的革命，即依靠现代医学提供的生物技术进步，使女性免于生养之苦，如通过人工（子宫外）繁殖即以试管受孕和试管胚胎的方式来替代自然（子宫内）繁殖，以结束与育儿密切相关的性别角色分工。

---

① 转引自约瑟芬·多诺万：《女权主义的知识分子传统》，赵育春译，第 204 页。

费尔斯通还提出，应该发动生物学革命和社会革命来促成人类的解放。她预言，随着人工繁殖家庭必将替代自然（子宫内）繁殖，所谓志愿的家庭（其家庭成员因为友谊或是因为方便等原因互相选择彼此）必将取代传统生物学意义上的家庭（其家庭成员是因为基因的彼此联结而建立起来的）。而随着生物学意义上的家庭终结，禁止父母子女乱伦的俄狄浦斯式的家庭情境也将随之解体，人类因而可以重新享受所有形式的性行为。费尔斯通认为，建立在生物学分工基础上的文化不仅将男性气质与女性气质尖锐地对立起来，而且还造成了科技和艺术之间的文化分裂。人们常常把科学和技术同男人联系在一起，把人文与艺术同女人联系在一起。所谓“男性气质的回应”就是“技术的回应”，它是“客观的、逻辑的、外向的、现实的、关注自觉的头脑（自我），理性的、机械的、务实的、脚踏实地的、稳定的”；[①]所谓“女性气质的回应”就是“美学的回应”，它是“主观的、直觉的、内向的、一相情愿的、梦想的或幻想的、关注潜意识（本我）、感情的，甚至是情绪不稳定的（歇斯底里的）”。[②] 费尔斯通乐观地相信：女性一旦从生物学（繁殖生育）的社会性别角色里解放出来，她们就不再非得是被动的、接受的和容易受伤害的，男性和女性都可以按照自己所喜欢的任何方式去融合与配搭男性气质和女性气质的行为特征，人类因此可以成为雌雄同体的人，所有的文化也因此成为雌雄同体的文化。

应当指出的是，在激进女性主义阵营内部，有人后来进一步推进了费尔斯通的观点，从把女性地位的低下归因于女性的生理状态，转而谴责男性的生理状态，从而走向另一极端，即完全否定男性的本质，鼓吹排斥男性，还有人提出类似“女性是优越的”这样的口号。她们认为，女人主要的敌人是男人，而非资本主义之类的制度。她们拒绝把雌雄同体的观念作为女性主义者追求的目标，不认为解放了的女性必须同时展示男性气质特点与女性气质特点以及相应的行为。她们所要表达的观点是：最好是成为女性的/女性气质的，这好过成为男性的/男性气质的人，女人不应该努力像男人一样，相反，她们应该努力强化女人气质，应该强调和赞美那些文化上与女性相联系的价值和美德，如相互依靠、群体、联系、分享、感情、身体、信任、没有等级制、自然、内向、上进、欢欣、和平和生命等；不要强调和赞美那些文化上与男性相联系的价值和美德，如独立、自主、理性、意志、谨慎、等级制、统治、文化、超越、生产、苦修、战争和死亡等。[③] 她们呼吁整个社会和男性重新评价和接受女性特征，社会正义应当赋予女性特征以正面的、积极的文化价值，并对抹杀男女区别、

---

① Firestone, *The Dialectic of Sex*, New York, 1970, p. 175.

② Firestone, *The Dialectic of Sex*, p. 175.

③ Alison Jaggar“Feminist Ethics”, in Lawrence Becker and Charlotte Becker, eds., *Encyclopedia of Ethics*, Garland, New York, 1992, p. 364.

片面求同于男性标准的主张提出批评。被批评为本质主义者的法国著名女学者伊丽加莱还提出了“什么时候我们才能变成女人”的问题，呼吁母性回归。有的激进女性主义者甚至走得更远，她们明确提出类似“女性是优越的”这样的口号，并试图创造“女性的文化”，为此还建立了女性的新闻通讯、传媒系统、书店、音乐节等，有人甚至认为女性应该彻底和男性分开生活，她们因而又被称为女性隔离主义者。

不难看出，激进女性主义把男性对女性的压迫视为统治的最基本最普遍的形式，视为女性在所有的社会都处于受压迫和从属地位的最普遍现象，以此为依据，有人还提出了整个女性群体“殖民化”的问题，她们认为“妇女普遍的殖民化，即普遍屈从于父权制的压迫”，①其他形式的压迫如种族主义、阶级压迫等，全都与性别压迫有关。而且这种压迫形式并不是依靠消除阶级社会之类的社会变革就可以根除的。因而，女性是作为一个群体同男性利益相对立的。激进女性主义的上述观点以及对两性生理差异的过于强调，受到了许多人的批评，有人认为尽管用父权制的理论来分析女性受压迫的机制在一定程度上是有效的，但它过于宽泛和太过概括了，过于把男女两性的区分状态固定化了。

3. 社会主义女性主义

社会主义女性主义产生于20世纪60年代末、70年代初，这一派受到空想社会主义学说和马克思主义观点（尤其是马克思的唯物主义决定论、劳动和资本主义理论、异化劳动、经济价值论等学说和恩格斯的《家庭、私有制和国家的起源》一书中的理论）的影响，因而擅长从经济的角度剖析两性关系的实质。但这一派对正统马克思主义也有所批评，她们认为，马克思和恩格斯的理论存在着社会性别盲点，在他们眼中，也许女性的受压迫远不如工人受压迫那么重要，因而在一定的程度上忽视了妇女问题。

社会主义女性主义似乎更多受到20世纪思想家路易斯·阿尔都塞和于尔根·哈贝马斯等人的影响，她们坚持认为，女性受压迫的根本原因既不全是“阶级歧视”，也不全是“性别歧视”，而是资本主义与父权制错综复杂的交互作用，她们力图阐明，资本主义如何与父权制交互作用，对女性施加了比男人更异乎寻常的压迫。这一派的最重要的代表人物朱丽叶·米切尔（Juliet Mitchell）在其著作中，既从经济学的角度对资本主义进行阐述，也从意识形态的角度对父权制进行阐述，她把这两者很好地结合起来，并认为，“旨在推翻阶级社会的马克思主义革命，必须与旨在消灭性/社会性别制度的具体的女性主义革

① S. Smith and J. Waston, eds., *De/Colonizing the Subject*, Minneapolis, 1992, p. 19.

命相结合。”①

社会主义女性主义主要关注的是：(1) 女性受压迫源于私有财产制下的经济结构，女性之受压迫与资本剥削劳动具有相同的形式，把“阶级”仅仅用来区分与生产资料有关的不同集团过于狭窄。女性也是一个阶级，性别压迫与阶级压迫一样属于最基本的压迫形式。因此，使女性摆脱压迫的道路就是要克服女性的异化和消除劳动的性别分工，最终目标是使社会上男女阶级的划分归于消失。她们赞同马克思主义关于推翻剥削制度、实现社会解放是妇女解放的首要条件这一观点，承认女性地位的改善是同政治斗争紧密相连的。因而主张不应当有一个独立于全体政治之外的女权主义政治，女性最终的解放之路与阶级斗争及其政治革命密切相关。

(2) 确定“家庭”在资本主义社会中的作用，大量的分析围绕着家务劳动问题以及它对资本主义的贡献展开。加拿大的女学者玛格丽特·本斯顿(Margaret Benston) 1969 年发表的《妇女解放的政治经济》一文中指出，在任何经济劳动分析中必须认真对待家务劳动，不能把它视作边缘的甚至是不存在的状况。她强调，在资本主义制度下，恰恰是妇女在延续着使用价值的生产，而这些使用价值被她们的家庭消费掉了。由于这种劳动不能赚钱，因此它在人们的眼中是微不足道的，是没有价值的，甚至算不上什么劳动，这种现象正是“妇女地位卑下的物质基础……在一个金钱决定价值的社会里……做着这种无价值的事情的女人几乎无法期望像那些为赚钱而工作的男人一样受到重视”②。本斯顿的文章引发了对于家务劳动与异化，与资本主义的关系以及家务劳动的作用与价值等方面的热烈讨论。

(3) 强调社会解放只是妇女解放的首要条件，而不是唯一条件，即使实现了社会解放，废除了生产资料私有制，在满足物质需要方面实现了男女大致平等，但这并不意味着性别歧视就会自然而然地就消除了，为达到妇女的真正解放，还必须发动一场社会文化革命，开展对社会的文化批判，彻底改变人们的意识形态，彻底消除男女二元对立的传统观点，如此才能使女性真正从压迫她们的力量中解放出来。

在社会主义女性主义的主要代表人物中，有三个人的著作是我们应当加以关注的。一是前面提到过的朱丽叶·米切尔，她在《妇女：最漫长的革命》中提出，女性的被压迫是通过四个领域来进行的，即生产、生育、儿童的社会教化和性关系，这四个领域既是相对独立又是相互依存的，不能将它们全都缩减为经济因素。在《精神分析与女性主义》一书中，

---

① 转引自罗斯玛丽·帕特南·童：《女性主义思潮导论》，艾晓明等译，第 171 页。

② 转引自约瑟芬·多诺万：《女权主义的知识分子传统》，第 108 页。

她指出，女性受压迫的原因根植于人的精神深处，从阉割情结和俄狄浦斯情结中产生的女性心理，在父权制社会的社会环境里，这种心理本质上是持续不变的。一个女人无论是贫或富、是黑人或白人、长得美丑与否，就其与“父亲律法的关系”而言，她与其他任何女人所有的地位和作用都是差不多的。[①] 在她看来，只要女性和男人的心理依然在父权制意识形态的支配之下，对待女性的态度就不可能有真正的改变。为了使社会真正充满人性，为了女性的真正解放，必须将资本主义制度和父权制度一起推翻。[②]

第二个应当关注的人物是艾里斯·杨(Iris Young)，她在其《超越不幸的结合：对二元制度理论的批评》一文中提出，“阶级”是一个有社会性别盲点的范畴，因为这个范畴无法对压迫女性的具体情况作出具体的解释。如果社会主义女性主义者也继续以“阶级”观念作为她们分析的中心范畴，那么就不能解释为什么社会主义国家的女性和资本主义国家的女性一样受压迫。她提出用“劳动分工”范畴来代替“阶级”的范畴，即以劳动分工分析来代替阶级分析。艾里斯·杨还提出了在资本主义制度下女性的边缘化问题。她说：“资本主义最重要和基本的特征就是女性的边缘化，这个现象随之而来的结果是：女性沦为次要劳动力。”[③]她通过追溯历史指出，随着前资本主义经济向资本主义经济的转变，女性的地位不是提高了，而是相对下降了。因为在前资本主义时期，婚姻是“经济上的伙伴关系”，妻子们通常保留自己的财产，在以家庭为基础的经济活动中，妻子们往往与丈夫一起劳动，甚至在同等条件下与丈夫一起参加行业协会。但资本主义制度使丈夫与妻子之间的经济伙伴关系解体，因为资本主义把工作场所与家庭分隔开来，资本主义的标准将男人作为“主要”的劳动力资源而送到工作场所，而将女人作为“次要”的劳动力资源限制在家中，女人变成了劳动力的后备军。因此，但新的工厂开工时，女性通常被雇佣去填补开工时的空缺；当男人们必须去打仗时，女性立即接受工厂的工作，而男人们一旦从战场返回，女性就只得回家。

第三个值得关注的人物是阿利森·贾格尔，她在其《女性主义政治学与人性》一书中特别强调，异化是居于性别之间的体验，[④]不同于传统的马克思主义认为只有直接参与资本主义生产关系的人才被认为是真正异化的观点，她认为，不赚工资的女性也同样经历异化。女性与自己的身体疏离，其方式与挣工资的男人和自己的劳动产品疏离的方式是一样的。贾格尔不无尖锐地指出，或许一个女人会强调她的节食、锻炼和打扮的目的是愉悦

---

① Jiliet Mitchell, *Psychoanalysis and Feminism*, New York, p. 408.
② Jiliet Mitchell, *Psychoanalysis and Feminism*, New York, p. 415.
③ 转引自罗斯玛丽·帕特南·童：《女性主义思潮导论》，艾晓明等译，第175页。
④ Alison M. Jaggar, *Feminist Politics and Human Nature*, Totowa, 1983, p. 308.

自己，但事实上她可能是为了取悦男人而修饰自己的身体，因为她知道她的身体会遭遇男人的目光凝视。母职对女性而言也是异化的体验，不仅生几个孩子由不得女性（当社会对劳动力的需求增大时，女性被鼓励多生育；在人口多被视为经济负担的社会，女性想要多生孩子则得不到鼓励，许多女人则只能堕胎或绝育），而且随着生育技术如试管受精等的发展，女性很有可能与生育过程与结果疏离。养育孩子同样也可以变成疏离的体验。贾格尔详细解释了当代的育儿方式如何最终使母亲异化、疏远了与孩子的关系。贾格尔接着不无忧伤地指出，许多女性不仅与她们自己的性、生儿育女、履行母职的过程疏离，她们的精神智力也异化了，她们缺乏自信，不敢在公众场合表达自己的观点与想法，即使已跻身于学术殿堂，她们也经常害怕被人指责为学术骗子，而不是专家教授。由此可见，当思想和话语的条款是由男人设定时，女人们永远也不会轻松自如。[①] 最后，贾格尔强调，女性必须理解在资本主义父权制的结构内，对女性的所有压迫采取了女性与所有事物、所有人特别是与她们自己疏离这种异化形式。她们应当而且必须明白自己不幸福的真正根源。

4. 后现代女性主义

女性主义理论在20世纪80年代最重要的发展可能来自后现代主义对它的重大影响。可以说，后现代主义观念从思路到话语创新，对女性主义研究产生了启发性影响，后现代主义与女性主义研究的相遇、碰撞并相互渗透，使其在思维方式和表现形态上形成了与传统女性主义研究迥然不同的格局，并促生了80年代后现代女性主义研究的兴起。

后现代女性主义的主要思想与观点有如下几方面：第一，消解中心和本源，破除男性与女性二元对立的思维模式。后现代的宗旨之一就是打破“逻各斯中心主义”和“消解语言中心主义”。“逻各斯”（Logos）即语言的内在理性，也是人类和自然的理性，语言和文字的二元对立关系在西方的哲学传统中被演化为精神和物质、主体和客体、心灵和身体、本质和现象、自为和自在、意义和文本、男性和女性等对子的二元对立。在上述对子中，第一个词比第二个词更加受到重视，它处于优先的中心地位，而第二个词是第一个词的补充和附庸，处于边缘地位。如在男性与女性这一对对子中，“女人是对立项，是男人的‘他者’。她是非男人，有缺陷的男人，她对于男性第一原则基本上只有反面价值。但是同样，男人之成为男人只是由于不断排除这个‘他者’或对立项，因此他是相对于她来规定自己

① Alison M. Jaggar, *Feminist Politics and Human Nature*, p. 306.

的”。[①] 可见，二元对立模式所坚持的是所有女性都必须处于作为男人的“他者”位置。后现代主义的理论为女性主义研究提供了新方向，并对女性主义分析“女性”如何变成“他者”及被压制在男性的文本和社会之下提供了强有力的论据。

在其理论影响下，后现代女性主义从根本上反对二元对立的思维模式，并将之运用到男性/女性等级对立的范围内，她们认为，我们所生活的这个世界是一个男性中心思维模式所统治的世界。她们要通过对男性/女性这一二元对立的解构来瓦解父权制建立的一整套象征秩序。因而分解男女之间的二元对立成为后现代女性主义最重要的“破坏”活动之一。当然，“分解”并不是要建立另一个二元对立的等级制选择，而是还要包括对“女性”这个术语本身的分解，这是因为“分解‘女性’一词的策略可以显示把所有女性都归结到一个虚假统一的‘女性’的做法是如何掩护了表面上是团结而实际上是分裂女性利益的权力效用”。[②]

第二，关于话语即权力的理论。在今天的人文科学研究中，事物和话语哪个更重要的问题已成为人们关注的中心议题。人们普遍认为女性是看重事物而不看重话语的，女性不太关注自己在历史文献中被置于边缘地位的问题。因而，后现代女性主义者主张在女性运动内部实行一个“模式转换”，即从只关注事物到更关注话语。关于话语，福柯曾指出：话语是由符号组成的，但它们不可能归结为语言和言语，话语的作用远远超过了语言和言语。福柯在话语的实际运作中看到了权力关系，话语在内部进行的调查、赋予内部事物的秩序与意义，本质上便是赋予它有产生意义的权力及获得进入特定秩序的权力。概而言之，影响和控制话语运动的最根本因素就是权力，而真正具有特殊效应的权力，也是通过话语来执行的。人们作为社会存在物进入社会秩序就是进入话语的权力系统。权力总是通过话语表现出来。福柯因而指出了真理的特殊历史背景：真理都是相对的，没有什么绝对真理。他说：“由于它们是被造出来的，它们就能被毁掉，假定我们知道它们是怎样被制造出来的。”[③]福柯对西方话语所作的分析，其主要攻击目标是西方关于社会、历史与政治的宏观理论。他认为，这些理论都是建立在有关人性、经济、人类历史、力比多(性动力)等总体理论之上，都是建立在本质主义之上，都是建立在话语权力模式之上的。福柯为后现代女性主义提供了如何看待既存理论的视角，以及从权力作用的角度来分析它们的方法。福柯还提醒人们，所有的权力都制造反抗，以反面话语的形式产生出新的知识，

---

① 特雷·伊格尔顿：《二十世纪西方文学理论》，伍晓明译，陕西师范大学出版社 1987 年，第 146 页。

② 张京媛编：《当代女性主义文学批评》，北京大学出版社 1992 年，第 333—334 页。

③ 转引自 C. Ramazanoglu, ed., *Up against Foucault, Explorations of Some Tensions Between Foucault and Feminism*, Routledge, London and New York, 1993, p. 180.

制造出新的真理，并组成新的权力。

的确，在父权制社会的文化领域里，男性具有文化符号体系的操作权，话语理论的创作权和语言意义的解释权。而处于边缘地位的女性要获得这种话语权，就必须丧失自己作为女性的主体，丢弃自己作为女性特有的生存方式、体验方式和言说方式，而不得不用男性社会已经僵化的、制度化的、理性化的口吻、词汇、意向和符号去说话，从而失去自己的一些女性特性，以便进入准男性的话语机制。女性在文化领域中的这种失败，被拉康(Jacques Lacan)解释为一种"阉割的焦虑"，解释成一种丧失了"笔"的非写作存在物，而被置于社会的谱系和文化语境之中。可以说，在很长一段历史时期里，女性虽有自己的生物性别，却丧失了自己的文化性别和精神性别。

受后现代思想大师们的影响，后现代女性主义的雄心之一就是要发明女性的话语。她们指出："这个世界用的是男人的话语，男人就是这个世界的话语。""我们所要求的一切可以一言以蔽之，那就是我们自己的声音。""男人以男人的名义讲话；女人以女人的名义讲话。""迄今为止所有的女性主义文字一直是在用男人的语言对女人耳语。""我们必须去发明，否则我们将毁灭。"[①]法国女性主义者假定有一种基于女性肉体("肉体"一词带有隐喻的意义，它突出了女性解剖学上的特征)的女性语言，这种语言的文本有人们通常没有注意到的价值，她们希望借着这种女性语言(与以阳具中心主义为代表的男性文本相对立的表述)把女性从男性霸权话语中解脱出来。女作家艾琳·希苏(Helene Cixous)为此发起成立了阴性书写中心，她本人的作品成为阴性书写最早的范例。在她看来，语言是控制着文化和主体思维方式的力量，要推翻父权制控制，就要从语言的批判开始。而在西方文化的词语中，男性总是与逻各斯、文化、白昼、主动等词组相关，女性总是与情感、自然、黑夜、被动等词组相关，她进行写作的任务就是要通过"写作"这一语言实践活动，来动摇二元结构的稳定性以颠覆男性中心主体的特权。因而"写作，这一行为将不但'实现'妇女解除对其性特征和女性存在的抑制关系，从而使她得以接近其本原的力量；这行为还将归还她的能力与资格、她的欢乐、她的喉舌，以及她那一直被封锁着的巨大的身体领域；写作将使她挣脱超自我结构，在其中她一直占据一席留给罪人的位置"。[②] 当然，后现代女性主义力图发明女性话语的目的并不是为了与男性争夺统治话语权，而是希望从矛盾冲突到对话互补，到共识，从而由抹杀女性的单一的中心化语言，到形成一种二元的性别话语场。

① J. A. Kourany, et al. ed., *Feminist Philosophies*, New Jersey, 1992, pp. 362-363.

② 张京媛编：《当代女性主义文学批评》，第 194 页。

第三，否定所有的宏大理论体系，更加关注差异，以及文化、历史的特殊性与多元性，并提出了整合的思维模式，如多元的模式、差异政治的模式（其中包括种族、民族、阶级、性别和性倾向的差异）、重视他人的模式、为女性赋予价值的模式等。有人认为“女人缺乏把握规模宏大的法则和原理的能力”。[①] 后现代女性主义则认为：应当对根据社会合法性建立起来的所有法则和原理做重新的审视。在其看来，那些规模宏大和涵盖一切的宏大理论体系都是以男性为其标准的，完全忽略了女性的存在。自由主义和启蒙主义的话语，从洛克到康德，从来就没有把女性包括在内。

受后现代思想大师们的影响，后现代女性主义反对对种族、民族、阶级与性别等作宏观的分析，认为这些分类都过于概括了，她们甚至认为就连“女人”、“父权制”这类概念都大有问题，因为实际上每一个类别的内部都是千差万别的，同是女性，由于身份地位的不同，情况也各不相同。在一个国家内部，例如美国，每一位女人作为美国女人，她所经历的压迫都是不一样的，这不仅是因为她有自己的性取向、年龄、宗教信仰、受教育程度、职业、婚姻状况和健康状态等，而且也因为她所属的阶级和种族不同，白人女性、黑人女性、亚裔女性、土著女性、具有拉美或西班牙血统的女性、同性恋女性、老龄女性、残疾女性等，她们都有自己各自需要面对的问题。正是这种基于对女性之间的差异的强调，许多女性主义学者对“白人”女性主义表示了不满与批评，这当中以黑人女学者的批评最为系统和广泛。有学者指出，以黑人女性的生存状况为例，那些早期的理论基于所有的女人全都依赖和被禁锢在“私人领域”之内的假设，是从那些白种中产阶级女性自身的经验出发，对其他阶层的女性所作的错误的推测。

黑人女作家贝尔·胡克斯（Bell Hooks）在《女性主义理论·从边缘到中心》[②]中指出，走出家庭，争取社会工作权利这样的女权要求在美国只能代表白人中产阶级女性的利益。从美国历史上看，参加家庭以外的社会劳动对黑人女性来说，从来就不是什么要争取的“权利”，不论是当日棉花种植园的女奴，还是今天要养家糊口的劳动女性，她们生存的第一条件就是工作。因此，争取工作权只代表了被丈夫当作玩偶宠物闲置在家里的白人中产阶级女性的要求。胡克斯进而指出，至今为止，现存的女性解放理论，由于阶级局限和文化误解，不能解释女性经验的复杂性和多样性，不能代表受压迫最深的黑人劳动女性。1979年，一些黑人女性发表了一篇后来被视为黑人女性主义的经典之作的《黑人女性主义者的声明》，这一声明指出：黑人妇女的生活结构是多层次的，其所受的压迫不仅建立在

---

① C. L. Bacchi, *Same Difference, Feminism and Sexual Difference*, Allen and Unwin, 1990, p. 14.

② Bell Hooks, *Feminist Theory, from Margin to Center*, Boston, 1984.

种族和性别的基础上，而且建立在阶级、年龄和性倾向的基础上。目前的政治理论不适合用来解释黑人妇女的处境。例如，激进女性主义关于两性冲突的理论只是以性别为基础分裂人类，忽视了黑人妇女和黑人男子的共同利益。黑人妇女所受压迫的复杂性使其不能认同于任何只强调压迫的一两个侧面的群体。她们认为，衡量女性主义理论适用性的唯一最重要的标准应看其能否解释黑人妇女的境况，“如果黑人妇女获得了自由，那便意味着人人都获得了自由，因为我们的自由要求消灭所有的压迫制度”。[①]

在后现代女性主义看来，笼统的分类，忽略了不同的女性所面临的各不相同的性别歧视形式。抽象并试图包罗万象的话语只能阻碍而不能沟通姐妹情谊，因为它忽略了女性中的差异。因此，后现代女性主义提醒人们应注意到在不同肤色、不同种族、不同阶级、不同性偏好、不同民族、不同地区的女性之间都具有差异性，注意到各个不同的女性的特殊性，以避免大而化之和普遍化的概念模式，因为这种普遍化模式往往过度荣宠了白人的、第一世界的、受过高等教育的女性的经验。[②] 因而，在没有对不同女性之间的差异获得充分的重视和认识以前，将社会性别作为一个独立的类别来讨论就是不恰当的。正如南希·弗雷泽、琳达·尼科尔森在《非哲学的社会批判——女性主义与后现代主义的相遇》中指出的，“后现代女性主义理论还应当是非普遍意义的。当它涉及跨文化的问题时，它的模式应当是比较主义的，而不是普遍意义的；应当是适用于变化和差异的，而不是适用于‘总体规律’的。最后，后现代女性主义理论应当是一种历史的理论；它应当用多元和综合建构的社会认同概念取代单一的‘女性’和‘女性气质的性别认同’的概念；它应当把性别当作其他许多概念中的一种，同时关注阶级、种族、民族、年龄和性倾向问题”。[③] 正是这种坚持对于女性之间的差异的关注与强调，后现代女性主义又被人称为多元文化女性主义。

第四，关于身体的思想。在后现代主义思想的影响下，“身体”已成为当代哲学、社会学和人类学分析最喜爱的题目。后现代女性主义借用了后现代思想大师福柯关于身体的思想，她们认为，所谓女性话语是和女性的身体、女性的真实的生理和心理体验紧密联系在一起的。安妮·莱克勒克(Annie Leclere)十分细腻地阐述了女性身体快乐和女性话语之间的关系。她说：“我身体的快乐，既不是灵魂和德行的快乐，也不是我作为一个女性这种感觉的快乐。它就是我女性的肚子、我女性的阴道、我女性的乳房的快乐。那丰富繁盛

---

① 贾格尔等：《女权主义理论概论》，《国外社会学》1989 年第 1 期。

② Steven Best and Douglas Kellner, *Postmodern Theory: Critical Interrogations*, The Guilford Press, 1991, p. 208.

③ 李银河：《妇女：最漫长的革命》，第 148—149 页。

令人沉醉的快乐，是你完全不可想象的。”“我一定要提到这件事，因为只有说到它，新的话语才能诞生，那就是女性的话语。”她还说：“我要揭露你想掩盖的每一件事，因为对它（身体快乐）的压抑是其他一切压抑的起始。你一直把我们所拥有的一切都变成污物、痛苦、责任、下贱、猥琐和奴役。”[①]上文提及的提倡阴性书写的法国女作家艾琳·希苏甚至直接强调女性用“身体写作”。她说：“是生活用我的身体造就文本。我即文本。历史、爱情、暴力、时间、工作、欲望，把文本记入了我的身体。女性写作就是要消解语言中的男性成分，让女性的身体发言”。[②] 阴性书写实际上就是女性用身体写作的一种实验形式。不难看出，在后现代女性主义那里，已经对写作有了一种新的看法，即女性只有自己写自己，才能深切地理解和把握自己，女性用其“反叛式的写作”——用不加虚饰的语言写自己的身体，将自己的每一点细腻的感受和心灵微妙的变化，都写进文本中，这样才有可能使自己不致消失在苍茫无边的时空流逝之中，也不在男性话语中成为一种“他者”的角色。也只有如此，才有可能创造出一种独特的语言，去代替惯常使用的男性书面话语，即那种秩序的、冷静的、观念的、理性的、制度的、冷冰冰的语言。换言之，女性只有自己写自己，通过自己身体的写作，通过对自己肉体的全新体认，才有可能使自己的情感与自己的笔获得某种程度的统一性，从而写作本身成为了源于女性身体内部世界的一种情感和灵感交流的生命力流动，女性只需要把握自己这种内在的生命力的流动，就足以彰显出生命的活力。

第五，关于惩戒凝视的观点。福柯认为，整个社会就是一个大监狱，举凡军营、工厂、机关、学校、医院等，无不充斥着监督与惩罚。人人都处于社会的凝视之下，不可越轨。社会通过纪律约束着人的身体，通过话语来定义何为正常，何为反常，通过标准化或正常化过程来要求人对规范的自觉遵从。后现代女性主义借用福柯的关于标准化或正常化及惩戒凝视的思想，说明女性就是生活在两种压力之下，即来自社会和自我的压力，女性的身体被呈现为男性凝视的对象，女性不仅要服从谁观看/谁被看的男权文化的压力，而且还要自觉遵从其规范，自己制造出自己驯服、使人悦目的身体。英国艺术评论家约翰·柏格曾说过一句著名的话：男人看着女人，女人看着男人眼中的自己。譬如，拿许多女人喜欢做隆胸术这件事来看，它既是男性文化压迫的结果，也是女性自我遵从规范的结果。这正如福柯所说：“用不着武器，用不着肉体的暴力和物质上的禁制，只需要一个凝视，一个监督的凝视，每个人就会在这一凝视的重压之下变得卑微，就会使他成为自身的监视者，于

---

① 转引自 J. A. Kourany, et al. ed., *Feminist Philosophies*, p. 303。

② 吉庆莲：《法国当代女性小说创作扫描》，《当代外国文学》1999 年第 3 期。

是看似自上而下的针对每个人的监视，其实是由每个人自己加以实施的”。[①]

不难看出，后现代主义的理论为女性主义研究提供了新的视觉和启示，后现代女性主义的观点与话语，业已会同“后学”理论对当代的话语言说有重要的变革意义。当然，仅仅是话语的变革还是远远不够的。从“话语”到“存在的现实”，仍然要求女性主义研究去作艰苦的跋涉。另外，我们还要注意到这样一个事实，即后现代主义与女性主义研究本身，也有内在对立紧张之处。试举一例，女性研究将性别看作是大多数社会文化经验与实践中的一个具有重要意义的现象，后现代主义则对“性别”概念本身提出了挑战，后现代主义思想怀疑性别在社会与个人存在中是否具有真实的基础，它强调人的多重身份以及这些身份在多种话语中所表达的方式，这就否定了将性别作为有意义和共有的社会政治类别的观念，从而对女性主义和女性研究的存在本身及合法性提出质疑。另外，针对后现代主义过于理论化，有轻视女性主义政治作用的倾向，南希·哈特萨克（Nancy Hartsock）在《福柯论权利，为女人服务的理论？》中说过，只有将女性视为一个社会群体，女性主义才有其存在意义。过分强调女性内部差异将导致女性主义自身的毁灭。解构“女性”观，无异于颠覆女性主义政治。[②]

5. 心理分析女性主义

心理分析女性主义有时又被称为精神分析女性主义。众所周知，20 世纪影响最大的理论之一是由弗洛伊德创立，并由荣格、拉康等人发展的精神分析学说，它是心理分析女性主义的理论基础。

心理分析女性主义相信：女性心理与女性行为方式有着内在联系，因而从女性心理出发，就能找出对其行为方式的根本解释，仅用两性的生理区别来解释目前社会中的两性关系是无效的，两性的区别主要属于心理范畴，这种区别是在儿童的社会教化过程中形成的，男性对女性的压制是女性属于下等人这一心理的内化。根据弗洛伊德诸如前俄狄浦斯阶段以及俄狄浦斯情结这些概念，心理分析女性主义指出，男女两性的不平等根植于一系列早期的童年经验，这种经验使得人们逐渐形成了父权制社会有关男性气质与女性气质的固定看法，并且认为前者比后者更好。弗洛伊德也许没有料到，他的理论既被心理分析女性主义直接套用，同时也是遭到心理分析女性主义批判的一个靶子，其中一个重要原

---

① 转引自 C. Ramazanoglu, ed., *Up against Foucault, Explorations of Some Tensions Between Foucault and Feminism*, p. 191.

② Nancy Freizer, "Foucault on Power, A Theory for ?", in Linda Nicholson, ed., *Feminism/ Postmodernism*, New York, 1990.

因就是在心理分析女性主义看来，弗洛伊德的理论主要是围绕男性的性欲发展过程而展开的，男性的成长历史就是人类的成长历史，他忽视了对作为主体的女性及其性欲的研究。对此，有人批评道，"最能代表弗洛伊德自己男性支配社会的地方，莫过于他对女性性行为感到迷惑不解——他曾把女性的性行为称作'黑暗的大陆'"。[①] 法国专攻精神语言学的精神分析学者露丝·伊莉加莱（Luce Irigaray）认为，精神分析的论述与其他的论述一样，是被历史与文化所决定的。精神分析只处理"父亲"到"儿子"的传承，处理的永远是男系系谱，精神分析是父权与阳具中心主义的，它尚未充分承认母亲或女性性欲的角色。

有些心理分析女性主义者对弗洛伊德的女性阴茎羡慕、女性自恋和女性天生有受虐的倾向等理论极为反感。如以弗洛伊德的女性阴茎羡慕观点来看，弗洛伊德武断地认为，阴茎隐喻着创造力，女性因为没有男性生殖器而被定义为"匮乏"，"匮乏"的女性则不具备创造的能力。很明显，弗洛伊德是从"男性中心"的立场界定女性的，他使人们错误地相信，女性是有缺陷的，这种缺陷是造成女性在肉体、经济、感情等方面被动性的主要原因。在心理分析女性主义学者看来，女性和男性的社会性别身份、性别行为和性取向等不是生物学事实的结果，相反，它们是父权制社会文化的产物。换言之，女性的被动性、自卑感或自怨自艾等并不是基于生物学的事实，而是基于文化对它们的阐释。在父权制的社会文化环境中，两性关系是不对等的，在这种不对等的两性关系中，持续不断地顺从男性权威，其结果就造成了女性的自我意识比男性的自我意识弱。如果女性一旦明白是社会而不是生物性造成了女性的现状，一旦觉悟到如何把她们自己看作与男人平等的人，社会对女性的影响就会是很有限的了。当然，女性心理的改变还有赖于构成制度文明的法律、政治、经济和社会结构的改变。

又如，弗洛伊德对于儿童心理意识发展和分化过程的分析没有提及两性的区别，有人便对此进行了探索。精神分析社会学家南茜·乔道罗在其著作《母性的再造：精神分析学和社会性别学》中，对前俄狄浦斯阶段男女婴儿性别意识形成时的差异作了详细的论证和分析。她指出，在传统的以母亲为主的家庭教养模式中，儿童第一个热爱和惧怕的人是母亲。儿童都有既爱恋崇拜母亲，又厌恶母亲管束的矛盾心理，而女孩发展自我的过程或性别意识的形成过程是一个不断与母亲认同的过程，形成与母亲相似或相关的性别心理或自我表现意识。而男孩则在"恋母情结"的作用下，强化对父亲的求同，他们的自我意识和独立人格的形成是以压抑对母亲的依恋为代价的，他们性别意识的确定是一个与母亲相

① 张岩冰：《女权主义文论》，山东教育出版社 1998 年，第 147 页。

对照的否定过程。女孩对自身身份的困惑是在俄狄浦斯阶段之后、由于男权和男性文化霸权将性别差异扭曲之后才造成的。因此乔道罗在书中提出，男性应和女性一起共同承担养育子女的责任，以改变男孩与女孩性格上的差异和对女孩性格的扭曲。而且双亲共同养育子女将会彻底打破性别分工，男人“做父亲”的时间和女人“做母亲”的时间同样多，这将有利于女人在上班时间和男人并肩工作，使得女人和男人一样在公共领域和私人领域都能胜任自如，而且被父母双方共同抚育的男孩或女孩，在其成长过程中能发展出同样的独立和与他人相融的能力。[①] 更重要的是，他们不会再将家庭看作女性的领域，把公共世界看成男人的领域，并知道如何把时间分配于家庭和工作。

再如，心理分析女性主义学者对弗洛伊德的女性天生有受虐的倾向之说持有不同的看法。有人极力反对这种观点，认为虐待狂是仇视女性的男权文化的必然表现，它利用女性内心最深处的性欲来强化男性的统治，如果承认女性的受虐倾向是天生的，那么男性统治的社会结构就有了生物学的基础。也有人接受女性天生有受虐倾向的观点，如美国Samois(一个专为有虐恋倾向的女性成立的组织，它的宗旨是积极鼓励那些有虐恋倾向的女性，让她们不必为此害羞)的主要理论家罗宾就将虐恋定义为一般意义上的性自由。在她看来，寻找性快乐和性自由属于基本人权的范围。因此，她对来自女性主义内部对虐恋的批评持反对和否定的态度。

除了上述主要各种女权主义理论流派之外，还有其他许许多多同样重要的理论派别。例如，将生态与女权加以糅合而形成的生态女性主义，以同性恋和文化分离为特征的分离主义女性主义，运用后殖民理论重新阐释女性经历的第三世界女性主义(亦称全球女性主义、有色人种女性主义或后殖民女性主义)，以及正逐渐成为社会和历史研究一个重要范畴的社会性别理论等等。这些方兴未艾、各不相同的理论流派，都有一个共同的主旨，即探讨女性千百年来受压迫的原因，探索女性解放的途径。虽然各个理论流派关于性别歧视的起源、性质等问题有着极不相同的见解，对于女性是否应该否认性别压抑的存在、求同于男性生活方式，抑或确认基于生理差异的独特性气质，以谋求女性的解放之路，也有不尽相同的观点，这些见解和观点对于人们进一步了解自身、了解他人、了解两性之间的关系，从而建立一个更加公平合理的美好社会大有益处。因为“女性主义提供了一种历史与文化的分析，这种分析将性别以及性别结构与性别的不公正置于最突出的地位；女性主义提供了一种共同的事业，这一事业将女性对于这种不公正的抵御置于最突出的地位；女

---

① Nancy Chodorow, *The Reproduction of Mothering: Psychoanalysis and the Sociology of Gender*, Berkeley, 1978, p. 218.

性主义提供了一种不同的，但拥有更好的未来乌托邦远景，这种远景有可能使女性抵御不公正并使这种抵御成为崇高的事业”。[①]

总而言之，尽管女性主义研究目前仍有许多不尽如人意处，仍有许多粗糙、尚待商榷处，但这种研究无疑对于我们今天的社会建立一种真正的男女平等与合作的伙伴关系有着积极的意义，况且女性主义研究本身经历了一个从政治、意识形态的批判到文化建构的变迁，而且这种变迁仍在持续地进行着，因而其发展态势是人们必须而且应该予以密切关注的。

① 斯廷普森：《伍尔夫的房间，我们的工程：建构女权主义批评》，见拉尔夫科恩主编：《文学理论的未来》，程锡麟等译，中国社会科学出版社 1993 年，第 171 页。

参考文献

中文参考书目：

1. 原始资料与史料集：

阿尔贝蒂：《论家庭》，梁禾译，西安出版社1998年。

阿庇安：《罗马史》，谢德风译，商务印书馆1963年。

埃斯库罗斯：《奥瑞斯提亚》，灵珠译，上海译文出版社1983年。

安妮·史蒂布编：《女人语录》，蒋显璟主译，中国社会科学出版社2001年。

奥古斯丁：《忏悔录》，周士良译，商务印书馆1963年。

奥维德：《爱经》，戴望舒译，光明日报出版社1996年。

北京大学哲学系外国哲学史教研室编译：《古希腊罗马哲学》，商务印书馆1982年。

薄伽丘：《名女》，肖聿译，中国社会科学出版社2003年。

格雷戈里：《法兰克人史》，寿纪瑜、戚国淦译，商务印书馆1981年。

郝际陶译：《格尔蒂法典》，高等教育出版社1992年。

荷马：《伊利亚特》，陈中梅译，花城出版社1994年。

荷马：《奥德赛》，陈中梅译，花城出版社1994年。

荷马：《伊利亚特》，罗念生、王焕生译，人民文学出版社1997年。

荷马：《奥德赛》，罗念生、王焕生译，人民文学出版社1997年。

赫西俄德：《工作与时日·神谱》，张竹明、蒋平译，商务印书馆1996年。

克里斯蒂娜·德·皮桑：《妇女城》，李霞译，学林出版社2002年。

李瑜译：《文艺复兴书信集》，学林出版社2002年。

罗洛译：《萨福抒情诗集》，百花文艺出版社1989年。

罗伊斯顿·派克编：《被遗忘的苦难——英国工业革命的人文实录》，蔡师雄等译，福建人民出版社1983年。

玛丽·沃斯通克拉夫特：《女权辩护》，王蓁译；约翰·斯图尔特·穆勒：《妇女的屈从地位》，汪溪译，商务印书馆1995年（合本）。

苗力田主编：《亚里士多德全集》第3卷，中国人民大学出版社1992年。

苗力田主编:《亚里士多德全集》第5卷,中国人民大学出版社1997年。
普鲁塔克:《希腊罗马名人传》(上册),陆永庭、吴彭鹏等译,商务印书馆1990年。
撒路斯提乌斯:《喀提林阴谋　朱古达战争》,王以铸、崔妙因译,商务印书馆1995年。
《圣经》,中国基督教协会新标准修订版·新标点和合本,南京,1995年。
世界银行:《1994年世界发展报告》,中国财经出版社1995年。
水建馥译:《古希腊散文选》,人民文学出版社2001年。
苏维托尼乌斯:《罗马十二帝王传》,张竹明、王乃新、蒋平等译,商务印书馆1995年。
塔西佗:《编年史》,王以铸、崔妙因译,商务印书馆1981年。
塔西佗:《阿古利可拉传　日耳曼尼亚志》,马雍、傅正元译,商务印书馆1997年。
亚里士多德:《政治学》,吴寿彭译,商务印书馆1983年。
杨共乐选译:《罗马共和国时期》(下),商务印书馆1998年。
杨宪益等译:《古罗马戏剧选》,人民文学出版社1991年。
《一六八九——一八一五年的英国》,《世界史资料丛刊·近代史》下册,商务印书馆1997年。
中国妇女出版社编:《外国女权运动文选》,中国妇女出版社1987年。
周枏等编:《罗马法》,群众出版社1983年。
周一良、吴于廑主编:《世界通史资料选辑》(中古部分),商务印书馆1985年。

2. 著作与译著:

阿萨·勃里格斯:《英国社会史》,陈叔平等译,中国人民大学出版社1991年。
爱德华·傅克斯:《欧洲风化史·文艺复兴时代》,侯焕闳译,辽宁教育出版社2000年。
爱德华·傅克斯:《欧洲风化史·风流世纪》,侯焕闳译,辽宁教育出版社2000年。
爱德华·福珂斯:《情爱的觉醒——文艺复兴时代》,孙小宁译,中国盲文出版社2003年。
埃马纽埃尔·勒华拉杜里:《蒙塔尤:1294—1324年奥克西坦尼的一个山村》,许明龙、马胜利译,商务印书馆1997年。
艾捷尔编:《美国赖以立国的文本》,赵一凡等译,海南出版社2000年。
艾米丽亚·基尔·梅森:《法国沙龙女人》,郭小言译,中国社会科学出版社2003年。
艾瑞克·霍布斯鲍姆:《资本的年代》,张晓华等译,江苏人民出版社1999年。
安德烈·比尔基埃等主编:《家庭史》(2卷),袁树仁等译,三联书店1998年。
安东尼·吉登斯:《亲密关系的变革——现代社会中的性、爱和爱欲》,陈永国等译,社会科学文献出版社2001年。

安东尼·肯尼:《阿奎那》,黄勇译,中国社会科学出版社 1987 年。

奥尔德里奇:《简明英国教育史》,诸惠芳等译,人民教育出版社 1987 年。

奥托·基弗:《古罗马风化史》,姜瑞璋译,辽宁教育出版社 2000 年。

鲍特文尼克等编著:《神话辞典》,黄鸿森、温乃铮译,商务印书馆 1985 年。

鲍晓兰编:《西方女性主义研究评介》,三联书店 1995 年。

贝蒂·弗里丹:《女性的奥秘》,程锡麟等译,四川人民出版社 1988 年。

薄洁萍:《上帝作证——中世纪基督教文化中的婚姻》,学林出版社 2005 年。

布赖恩·特纳:《身体与社会》,马海良等译,春风文艺出版社 2000 年。

戴安娜·拉维奇:《美国读本》下册,陈凯等译,三联书店 1995 年。

戴维·罗伯兹:《英国史:1688 年至今》,鲁光桓译,中山大学出版社 1990 年。

丹尼尔·布尔斯廷:《美国人:民主历程》,中国对外翻译出版公司译,三联书店 1993 年。

丁则民主编:《美国内战与镀金时代》,人民出版社 1990 年。

杜学元:《外国女子教育史》,四川人民出版社 2003 年。

端木美、周以光、张丽:《法国现代化进程中的社会问题:农民·妇女·教育》,中国社会科学出版社 2001 年。

恩格斯:《英国状况 十八世纪》,《马克思恩格斯全集》第 1 卷,人民出版社 1956 年。

恩格斯:《英国工人阶级状况》,《马克思恩格斯全集》第 2 卷,人民出版社 1957 年。

恩格斯:《家庭、私有制和国家的起源》,《马克思恩格斯选集》第 4 卷,人民出版社 1972 年。

樊亢、宋则行:《外国经济史》(近代、现代),第 1 册,人民出版社 1965 年。

菲利浦·阿里耶斯、安德烈·贝金主编:《西方人的性》,李龙海、黄涛译,上海人民出版社 2003 年。

福尔默·威斯蒂:《北欧式民主》,赵振强等译,中国社会科学出版社 1990 年。

弗兰克尔:《美国教育统计预测》,任振华、杨立山译,高等教育出版社 1989 年。

高毅:《法兰西风格:大革命的政治文化》,浙江人民出版社 1991 年。

戈登·A.克雷格:《德国人》,杨立义、钱松英译,上海译文出版社 1998 年。

顾明远编:《妇女教育》,吉林教育出版社 2000 年。

古德:《家庭》,魏章玲译,社会科学文献出版社 1986 年。

古朗士:《希腊罗马古代社会研究》,李玄伯译,上海文艺出版社 1990 年。

顾素尔:《家族制度史》,黄石译,上海文艺出版社 1989 年。

汉斯—维尔纳·格茨:《欧洲中世纪生活》,王亚平译,东方出版社 2002 年

哈贝马斯:《公共领域的结构转型》,曹卫东等译,学林出版社 1999 年。

贺璋瑢:《神光下的西方女性》,中国青年出版社 2007 年。
亨利·理查森:《女人的声音》,郭洪涛译,广西师范大学出版社 2003 年。
黄虚峰:《美国南方转型时期社会生活研究:1877—1920》,上海人民出版社 2007 年。
黄洋:《古代希腊土地制度研究》,复旦大学出版社 1995 年。
加林:《意大利人文主义》,李玉成译,三联书店 1998 年。
吉尔伯特·默雷:《古希腊文学史》,孙席珍等译,上海译文出版社 1988 年。
吉尔·里波韦兹基:《第三类女性——女性地位的不变性与可变性》,田常晖、张峰译,湖南文艺出版社 2000 年。
《简明不列颠百科全书》第 6 卷,中国大百科全书出版社 1986 年。
杰里米·帕克斯曼:《英国人》,严维明译,上海译文出版社 2000 年。
坚尼·布鲁克尔:《文艺复兴时期的佛罗伦萨》,朱龙华译,三联书店 1985 年。
卡罗尔·卡尔金斯:《美国社会史话》,王岱、程毓征译,人民出版社 1984 年。
卡罗尔·帕特曼:《性契约》,李朝晖译,社会科学文献出版社 2004 年。
卡莫迪:《妇女与世界宗教》,徐钧尧、宋立道译,四川人民出版社 1989 年。
卡斯蒂尼:《医学史》,程之范等译,广西师大出版社 2003 年。
凯特·米利特:《性的政治》,钟良明译,社会科学文献出版社 1999 年。
康奈尔:《男性气质》,柳莉等译,社会科学文献出版社 2003 年。
克拉潘:《现代英国经济史》第一分册,姚曾廙译,商务印书馆 1986 年。
科瓦略夫:《古代罗马史》,王以铸译,三联书店 1957 年。
库朗热:《古代城邦——古希腊罗马祭祀、权利和政制研究》,谭立铸等译,华东师范大学出版社 2006 年。
拉尔夫科恩主编:《文学理论的未来》,程锡麟等译,中国社会科学出版社 1993 年。
勒诺特尔:《法国历史轶闻》第 2 卷,杨继忠、金琬瑛译,北京出版社 1985 年。
雷吉娜·佩尔努:《法国资产阶级史》近代下册,康新义等译,上海译文出版社 1991 年。
里安·艾斯勒:《圣杯与剑——男女之间的战争》,程志民译,社会科学文献出版社 1995 年。
里夏德·范迪尔门:《欧洲近代生活:家与人》,王亚平译,东方出版社 2004 年。
利奇德:《古希腊风化史》,杜之、常鸣译,辽宁教育出版社 2000 年。
李平:《世界妇女史》,海南出版社 1993 年。
李雪季主编:《世界女性历程图说》,中国文联出版社 1999 年。
李银河:《妇女:最漫长的革命》,三联书店 1997 年。

李银河:《女性权力的崛起》,中国社会科学出版社 1997 年。
李占五:《北欧市场经济》,时事出版社 1995 年。
刘文明:《文化变迁中的罗马女性》,湖南人民出版社 2001 年。
刘文明:《上帝与女性——传统基督教文化视野中的西方女性》,武汉大学出版社 2003 年。
陆伟芳:《英国妇女选举权运动》,中国社会科学出版社 2004 年。
罗伯特·杜普莱西斯:《早期欧洲现代资本主义的形成过程》,朱智强等译,辽宁教育出版社 2001 年。
罗德尼·斯塔克:《基督教的兴起:一个社会学家对历史的再思》,黄剑波、高民贵译,上海古籍出版社 2005 年。
罗斯玛丽·帕特南·童:《女性主义思潮导论》,艾晓明等译,华中师范大学出版社 2002 年。
洛伊斯·班纳:《现代美国妇女》,侯文惠译,东方出版社 1987 年。
马迪厄:《法国革命史》第 1 卷,杨人楩译注,商务印书馆 1973 年。
马克垚:《西欧封建经济形态研究》,人民出版社 2001 年。
玛丽·比尔德、约翰·汉德森:《古典学》,董乐山译,辽宁教育出版社和牛津大学出版社 1998 年。
玛丽莲·亚隆:《老婆的历史》,许德金、霍炜等译,华龄出版社 2002 年。
马嫚:《工业革命与英国妇女》,上海社会科学院出版社 1993 年。
迈克尔·卡米尔:《中世纪爱的艺术——欲望的客体与主体》,刘日明译,广西师范大学出版社 2005 年。
迈克尔·米特罗尔、赖因哈德·西德尔:《欧洲家庭史》,赵世玲等译,华夏出版社 1987 年。
梅里·E. 威斯纳—汉克斯:《历史中的性别》,何开松译,东方出版社 2003 年。
米歇尔·维诺克:《法国资产阶级大革命——1789 年风云录》,侯贵信、孙昆山等译,世界知识出版社 1989 年。
闵冬潮:《国际妇女运动:1789—1989》,河南人民出版社 1991 年。
莫尔顿·亨特:《情爱自然史》,赵越、李建光译,作家出版社 1988 年。
牧原编:《给女人讨个说法》,华龄出版社 1995 年。
诺贝特·埃利亚斯:《文明的进程》第 1 卷,王佩莉译,三联书店 1998 年。
欧金尼奥·加林主编:《文艺复兴时期的人》,李玉成译,三联书店 2003 年。
潘迎华:《19 世纪英国现代化与女性》,浙江人民出版社 2005 年。
潘绥铭:《神秘的圣火——性的社会史》,河南人民出版社 1988 年。

彼得·贝格尔:《神圣的帷幕》,高师宁译,上海人民出版社 1991 年。

钱乘旦:《工业革命与英国工人阶级》,南京出版社 1992 年。

钱乘旦:《第一个工业化社会》,四川人民出版社 1988 年。

乔治·鲁德:《法国大革命中的群众》,何新译,三联书店 1963 年。

丘汉平:《罗马法》,中国方正出版社 2004 年。

热纳维埃夫·多古尔:《中世纪的生活》,冯棠译,商务印书馆 1998 年。

萨拉·M.埃文斯:《为自由而生:美国妇女历史》,杨俊峰译,辽宁人民出版社 1995 年。

塞缪尔·亨廷顿、琼·纳尔逊:《难以抉择——发展中国家的政治参与》,汪晓寿译,华夏出版社 1988 年。

塞诺博:《古代文化史》(中),陈建民译,商务印书馆 1935 年。

史静寰主编:《妇女教育》,吉林教育出版社 2000 年。

斯图尔特 A.奎因、罗伯特 W.哈本斯坦:《世界婚姻家庭史话》,卢怀丹等译,宝文堂书店 1991 年。

沙伊贝、瓦特、福克纳:《近百年美国经济史》,彭松建等译,中国社会科学出版社 1983 年。

斯·哈登纽斯:《20 世纪的瑞典政治》,戴汉笠、许力译,求实出版社 1990 年。

宋兆麟:《巫与巫术》,四川人民出版社 1989 年。

苏拉密斯·萨哈:《第四等级——中世纪欧洲妇女史》,林英译,广东人民出版社 2003 年。

苏珊·伍德福特等:《剑桥艺术史》第 1 卷,罗通秀、钱乘旦译,中国青年出版社 1994 年。

索布尔:《法国大革命史》,马胜利等译,中国社会科学出版社 1989 年。

特奥多瓦·蒙森:《罗马史》第 1 卷,李稼年译,商务印书馆 1994 年。

特雷·伊格尔顿:《二十世纪西方文学理论》,伍晓明译,陕西师范大学出版社 1987 年。

特伦斯·欧文:《古典思想》,覃方明译,辽宁教育出版社和牛津大学出版社 1998 年。

托马斯·H.黎黑:《心理学史》上册,李维译,浙江教育出版社 1998 年。

威尔·杜兰:《世界文明史之 13》,台北幼狮文化公司 1978 年。

瓦西列夫:《情爱论》,赵永穆等译,三联书店 1984 年。

王恩铭:《20 世纪美国妇女研究》,上海外语教育出版社 2002 年。

王贵元:《女巫与巫术》,河北人民出版社 1991 年。

王赳:《激进的女权主义——英国妇女社会政治同盟参政运动研究》,上海三联书店 2008 年。

王觉非编:《英国政治、经济和社会现代化》,南京大学出版社 1989 年。

王晓朝:《希腊宗教概论》,上海人民出版社 1997 年。

王亚平:《修道院的变迁》,东方出版社 1998 年。

王以欣:《寻找迷宫——神话·考古与米诺文明》,天津人民出版社 2000 年。

王政:《女性的崛起:当代美国的女权运动》,当代中国出版社 1995 年。

王政、杜芳琴主编:《社会性别研究选译》,三联书店 1998 年。

威廉·皮克:《蔡特金传》,张才尧、张载杨译,三联书店 1954 年。

温德尔:《女性主义神学景观》,刁承俊译,三联书店 1995 年。

伍尔夫:《一间自己的屋子》,王还译,三联书店 1992 年。

吴式颖、阎国华主编:《中外教育比较史纲》近代卷,山东教育出版社 1997 年。

吴增寿等主编:《现代社会学》,上海人民出版社 1997 年。

西蒙娜·德·波伏娃:《第二性》,陶铁柱译,中国书籍出版社 1998 年。

邢来顺:《德国工业化经济—社会史》,湖北人民出版社 2003 年。

熊郁:《面对 21 世纪的选择——当代妇女研究最新理论概览》,天津人民出版社 1993 年。

雅各布·布克哈特:《意大利文艺复兴时期的文化》,何新译,商务印书馆 2002 年。

晏绍祥:《荷马社会研究》,上海三联书店 2006 年。

伊·尼·亚布洛柯夫:《宗教社会学》,王孝云、王学富译,四川人民出版社 1989 年。

裔昭印主编:《世界文化史》,华东师范大学出版社 2000 年。

裔昭印:《古希腊的妇女——文化视域中的研究》,商务印书馆 2001 年。

裔昭印、苏振兴、路光辉:《古希腊人的爱》,中国青年出版社 2007 年。

约瑟芬·多诺万:《女权主义的知识分子传统》,赵育春译,江苏人民出版社 2003 年。

张京媛编:《当代女性主义文学批评》,北京大学出版社 1992 年。

张岩冰:《女权主义文论》,山东教育出版社 1998 年。

张友伦、肖军、张聪:《美国社会的悖论——民主、平等与性别、种族歧视》,中国社会科学出版社 1999 年。

朱庭光主编:《法西斯新论》,重庆出版社 1991 年。

朱学勤:《道德理想国的覆灭》,上海三联书店 1994 年。

3. 论文:

戴可景编译:《北欧五国两性比较统计——关于男女平等的事实和数据》,《社会学研究》1995 年第 6 期。

宫秀华:《罗马共和末期至帝国初期妇女的社会地位》,《东北师大学报》1992 年第 1 期。

黄晶:《从女权主义角度看美国节育运动的发展》,《国际观察》2003 年第 2 期。

黄虚峰:《美国女黑奴生活状况的历史考察(1661—1863)》,《史学月刊》1999 年第 5 期。
贾格尔等:《女权主义理论概论》,《国外社会学》1989 年第 1 期。
吉庆莲:《法国当代女性小说创作扫描》,《当代外国文学》1999 年第 3 期。
刘文明:《妇女在中世纪西欧城市工商业中的作用与地位》,《首都师大学报》2002 年第 1 期。
唐书明:《妇女与美国进步主义运动》,《黔东南民族师专学报》2000 年第 4 期。
唐琮瑶:《论权利》,《海南大学学报》(社会科学版)1994 年第 4 期。
王恩铭:《从政治边缘走向政治中心——70 和 80 年代的美国妇女运动之追踪》,《世界历史》1995 年第 2 期。
王恩铭:《当代美国的妇女运动》,《美国研究》1995 年第 3 期。
吴黎:《试论古代罗马人的有夫权婚姻和无夫权婚姻》,《世界历史》1994 年第 1 期。
邢来顺:《向工业社会转型中的德国婚姻与家庭形态》,《世界历史》2002 年第 1 期。
徐善伟:《中世纪拉丁西方新型抒情诗的阿拉伯渊源》,《上海师范大学学报》2000 年第 6 期。
杨共乐:《试论共和末叶罗马的经济变革》,《北京师范大学学报》(社会科学版)1999 年第 4 期。
俞金尧:《中世纪欧洲寡妇产的起源和演变》,《世界历史》2001 年第 5 期。
俞金尧:《中世纪晚期和近代早期欧洲的寡妇改嫁》,《历史研究》2000 年第 5 期。
周祥森:《殖民地时期美国妇女观透析》,《史学月刊》1996 年第 5 期。
周以光:《技术革命冲击下的法国职业妇女》,《世界历史》1994 年第 2 期。
祝吉芳:《西欧新女权主义运动及其未来的走势》,《学海》1999 年第 6 期。

西文参考书目:

1. 原始资料与史料集:

洛布古典丛书

Aeschines, *Against Timarchus*, Translated by C. D. Adams, The Loeb Classical Library, 1919.
Aristophanes, *Ecclesiazusae*, translated by B. B. Rogers, The Loeb Classical Library, 1924.
——*Thesmophoriazusae*, translated by B. B. Rogers, The Loeb Classical Library, 1924.
Aristotle, *Nicomachean Ethics*, translated by H. Rackham, The Loeb Classical Library, 1934.
——*Politics*, translated by H. Rackham, The Loeb Classical Library, 1944.

Demosthenes, translated by J. H. Vince and Others, The Loeb Classical Library, 1930-1949.

Greek Lyric, translated by D. A. Campbell, The Loeb Classical Library, 1988-1992.

Herodotus, *Histories*, translated by A. D. Godley, The Loeb Classical Library, 1922-1938.

Hesiod, *Theogony*, translated by H. G. Evelyn-White, The Loeb Classical Library, 1914.

——*Works and Days*, translated by H. G. Evelyn-White, The Loeb Classical Library, 1914.

Hippocrates, *Ancient Medicine*, translated by W. H. S. Jones, The Loeb Classical Library, 1923.

——*Epidemics*, translated by W. H. S. Jones, The Loeb Classical Library, 1923.

——*Regiment*, translated by W. H. S. Jones, The Loeb Classical Library, 1931.

Homer, *Iliad*, translated by A. T. Murray, The Loeb Classical Library, 1924-1925.

——*The Odyssey*, translated by A. T. Murray, The Loeb Classical Library, 1919.

Isaeus, translated by E. S. Forster, The Loeb Classical Library, 1927.

Livy, *History of Rome*, tranlated by B. O. Foster and others, The Loeb Classical Library, 1919-1959.

Lysias, translated by W. R. M. Lamb, The Loeb Classical Library, 1930.

Menander, *Perikeiromene*, translated by W. G. Arnott, The Loeb Classical Library, 1996.

Pausanias, *Description of Greece*, translated by W. H. S. Jones and others, The Loeb Classical Library, 1918-1955.

Plato, *Protagoras*, translated by W. R. M. Lamb, The Loeb Classical Library, 1924.

——*Phaedrus*, translated by H. N. Fowler, The Loeb Classical Library, 1914.

——*Republic*, translated by P. Shorey, The Loeb Classical Library, 1935-1937.

——*Timaeus*, translated by R. G. Bury, The Loeb Classical Library, 1929.

Pliny, *Natural History*, translated by H. Rackham, The Loeb Classical Library, 1938-1962.

Plutarch, *Lives*, translated by B. Perrin, The Loeb Classical Library, 1914-1926.

——*Moralia*, translated by F. C. Babbitt and Others, The Loeb Classical Library, 1927-1976.

Saint Augustine, *The City of God*, translated by G. E. McCracken and Others, The

Loeb Classical Library, 1957-1972.

Suetonius, *Lives of Caesars*, translated by J. C. Rolfe, The Loeb Classical Library, 1914.

Theocritus, *Idyll*, translated by J. M. Edmonds, The Loeb Classical Library, 1914.

Thucydides, *History of the Pelopannesian War*, translated by C. F. Smith, The Loeb Classical Library, 1921-1930.

Xenophon, *Agesilaus*, translated by E. C. Marchant, The Loeb Classical Library, 1968.

——*Constitution of the Lacedaemonians*, translated by E. C. Marchant, The Loeb Classical Library, 1968.

——*Memorabilia*, translated by E. C. Marchant, The Loeb Classical Library, 1923.

——*Oeconomicus*, translated by E. C. Marchant, The Loeb Classical Library, 1923.

其他原始资料与史料集

Amt, Emilie, ed., *Women's Lives in Medieval Europe: A Sourcebook*, Routledge, Chapman and Hall, Inc., 1993.

An Arab-Syrian Gentleman and Warrior in the Period of the Crusades—Memoirs of Usāmah ibn-Munqidh (Kitab al-I'tibar), translated by Philip K. Hitti, Columbia University Press, 1929.

Assézat. J., *Oeuvres complètes de Diderot*, T. 2, Paris: Garnier frères, 1875.

Augustine, *The City of God against the Pagans*, translated by. H. Bettenson, Harmondsworth, 1972.

Aulard, A., *Paris pendant la réaction thermidorienne et sous la Directoire*, Paris: Librairie Léopold, 1899.

Bauor, Carol, *Free and Ennobled: Source Reading in the Development of Victorian*, Fergamon Press, 1979.

Bell, Susan Groag and Karen M. Offen, eds., *Woman and Freedom: The Debate Documents*, vol. 2, *1880-1950*, Stanford, 1983.

Beuchot, M., *Oeuvres de Voltaire*, T. 3, Paris: Lefèvre libraire, 1830.

Cahiers de doléances des femmes en 1789 et autres textes, Paris, 1981.

Condorcet, "Sur l'admission des femmes au droit de cité", dans *Journal de la société de 1789*, No. 5, 3 juillet, 1790.

Coulton, G. G., *From St. Francis to Dante*, New York, 1968.

DiCaprio, Lisa and Merry E. Wiesner, eds., *Live and Voices: Sources in European Women's History*, Houghton Mifflin Company, 2001.

Didrot et d'Alambert, *Ecyclopédie*, T. 13, Paris: chez les Sociétés Typographique, 1780.

Duvergier, J.-B., *Collection complète des lois, décrets, ordonnances, règlemens avis du Conseil d'État*, Paris: Chez A. Guyot et Scribe, 1834.

Fêtes et cérémonies révolutionnaires, Paris, 1793.

Goubert, P. et M. Denis, *1789, Les français ont la parole*, Paris: Julliard, 1964.

Gouges, Olympe de, *Déclaration des Droits de la Femme et de la Citoyenne*, Paris: Mille et une nuits, 2003.

Hellerstein, Erna Olafson, Leslie Parker Hume and Karen M. Offen, eds., *Victorian Women: A Documentary Account of Women's Lives in Nineteenth-Century England, France and the United States*, Stanford University Press, 1981.

Hoffmann, Walther G., *Das Wachstum der deutschen Wirtschaft seit der Mitte des 19. Jahrhundert*, Berlin, 1965.

Kors, Alan C. and Edward Peters, eds., *Witchcraft in Europe 1100-1700: A Documentary History*, University of Pennsylvania Press, 1972.

Krämer, Heinrich and Jacob Sprenger, *The Malleus Maleficarum*, translated by Montague Summers, London, 1928.

Lefkowitz, Mary R. and Maureen B. Fant, eds., *Women's Life in Greece and Rome: A Source Book in Translation*, 2nd ed., The Johns Hopkins University Press, Baltimore, 1992.

Lerner, Gerda, *Black Women in White America: A Documentary History*, Vintage Books, 1973.

Les archives de la Révolution française, 9. 4. 186, Paris: Reprod, 1789.

Mavidal, Jérôme, *Archives parlementaires de 1787 à 1860*. Première série, 1787 à 1799, Paris: Librairie, administrative P. Dupont, 1868-1913.

Mercier, Louis-Sébastien, *Tableau de Paris*, T. 2, Paris: INALF, 1961.

Montesquieu, *De l'esprit des lois*, Paris: P. Pourrat, 1831.

Oeuvres complètes de Voltaire, T. 18, Paris: L. Hachette, 1876.

Perry, Marvin, Joseph R. Peden and Theodore H. Von Laue, eds., *Sources of the Western Tradition*, Houghton Mifflin Company, 1991.

Réimpression de l'ancien moniteur, T. 18, Paris: Henri Plon, 1860.

Riemer, Eleanor S. and John C. Fout, eds., *European Woman: A Documentary History 1789-1945*, Schocken Books Press., New York, 1980.

Rosen, Barbara, *Witchcraft in England 1558-1618*, The University of Massachusetts Press, 1991.

Rosenthal, Joel T., *Medieval Women and the Sources of Medieval History*, The University of Georgia Press, 1990.

Rousseau, Jean-Jacques, *Émile ou de l'éducation*, Paris: GF-Flammrion, 1966.

Troyes, Chretien de, *Lancelot*, translated by W. W. Comfort, Everyman's Library, London, 1914.

Tierney, Brian, ed., *The Middle Ages*, vol. 1, *Sources of Medieval History*, New York, 1983.

Vialay, Amédée, *Les cahiers de doléances du tiers-état aux États généraux de 1789*, Paris: Académique, 1911.

Woloch, Nancy, *Early American Women: A Documentary History 1600-1900*, Wadsworth Publishing Company, 1992.

2. 著作与论文：

Abrantès, Laure Junot, *Histoire des salons de Paris*, T. 1, Paris: chez Ladvocat, 1837.

Abray, Jane, "Feminism in the French Revolution", *American Historical Review*, 80 (1975).

Allen, Ann Taylor, "German Radical Feminism and Eugenics 1900-1918", *German Studies Review*, No. 2 (1989).

Amussen, Susan Dwyer, *An Ordered Society: Gender and Class in Early Modern England*, Basil Blackwell, Oxford, 1988.

Anderson, Bonnie S. and Judith P. Zinsser, *A History of Their Own: Women in Europe from Prehistory to the Present*, 2 vols., New York, 1988.

Ankarloo, B. and G. Henningsen, eds., *Early Modern European Witchcraft: Centres and Peripheries*, Oxford, 1990.

Ariès, Philippe and Georges Duby, gen. eds., *A History of Private Life*, 5 vols., The Belknap Press of Harbard University Press, 1987-1991.

Aulette, Judy Root, *Changing American Families*, Allyn and Bacon, 2002.

Austin, M. M. and P. Vidal-Naquet, *Economic and Social History of Ancient Greece: An Introduction*, University of California Press, 1977.

Ayers, Edward L., *The Promise of the New South: Life after Reconstruction*, Oxford University Press, 1992.

Bacchi, C. L., *Same Difference, Feminism and Sexual Difference*, Allen and Unwin, 1990.

Bader, Clarisse, *La famme française dans les temps modernes*, Paris: Librairie Académique, 1883.

Balsodon, J. P. V. D., *Roman Women: Their History and Habits*, New York, 1998.

Barnstone, Aliki and Willis, eds., *A Book of Women Poets from Antiquity 1945-1951*, Baltimore, 1964.

Barry, Jonathan, Marianne Hester and Gareth Roberts, eds., *Witchcraft in Early Modern Europe: Studies in Cultural and Belief*, Cambridge University Press, 1996.

Bauman, Richard A., *Woman and Politics in Ancient Rome*, London and New York, 1992.

Beard, Mary R., *On Understanding Women*, New York, 1931.

Beard, Mary R., *Women as Force in History*, Collier Books, New York, 1946.

Becke, Lawrence and Charlotte Becker, eds., *Encyclopedia of Ethics*, Garland, New York, 1992.

Bennett, Judith M. and Elizabeth A. Clark, eds., *Sisters and Workers in the Middle Ages*, The University of Chicago Press, 1989.

Benton, John F., *Culture, Power and Personality in Medieval France*, edited by Thomas N. Bisson, The Hambledon Press, 1991.

Berg, Maxine, *The Age of Manufactures Industry Innovation and Work in Britain 1700-1820*, Fontana Press, 1985.

Berkin, Carol R. and Clara M. Lovett, eds., *Woman, War and Revolution*, Holmes and Meier, New York, 1980.

Best, Steven and Kellner, Douglas, *Postmodern Theory: Critical Interrogations*, The Guilford Press, 1991.

Bezucha, Robert J., ed., *Modern European Social History*, Lexington, 1972.

Blatch, Harriot Stanton, *Mobilizing Woman-Power*, New York, 1918.

Blood, Robert and Donald Wolfe, *Husbands and Wives*, Free Press, New York, 1960.

Blood, Robert O., Jr., *The Family*, Free Press, New York, 1972.

Blundell, Sue, *Women in Ancient Greece*, Harvard University Press, 1995.

Boetcher-Jöres, Ruth-Ellen, *Die Anfänge der deutschen Frauenbewegung: Louise Otto-Peters*, Frankfurt am Main, 1983.

Bordin, Ruth, *Women and Temperance: The Quest for Power and Liberty 1873-1900*, Rutgers University Press, 1981.

Bossenbrook, William, *The German Mind*, Wayne State University Press, Detroit, 1961.

Boxer, Marilyn J. and Jean H. Quataert, eds., *Connecting Spheres: Women in the Western World, 1500 to the Present*, Oxford University Press, 1987.

Braybon, Gail and Penny Summerfield, *Out of the Cage: Woman's Experiences in Two World Wars*, Pandora, London, 1987.

Bridenthal, Renate and Claudia Koonz, eds., *Becoming Visible: Women in European History*, Houghton Mifflin Company, 1977.

Bridenthal, Renatae, Claudia Koonz and Susan Stuard, eds., *Becoming Visible: Women in European History*, 2nd ed., Houghton Mifflin Company, 1987.

Bridenthal, Renate, Susan Mosher Stuard and Merry E. Wiesner, eds, *Becoming Visible: Women in European History*, 3rd ed., Houghton Mifflin Company, 1998.

Bridentbal, Renate, "Beyond Kinder, Küche, Kirche: Weimar Woman at Work", *Central European History*, 6 (June 1973).

Briggs, Robin, *Witches and Neighbors—The Social and Cultural Context of European Witchcraft*, Viking Books, 1996.

Brinkley, Alan, *The Unfinished Nation*, vol. 1, The McGraw-Hill Companies, Inc., 2000.

Brown, Judith C. and Robert C. Davis, eds., *Gender and Society in Renaissance Italy*, Longman, 1998.

Brown, Meg Lota and Kari Boyd McBride, *Women's Roles in the Renaissance*, Greenwood Press, 2005.

Browning, Hilda, *Woman under Fascism and Communism*, Lawrence, London, 1934.

Brundage, J. A., *Law, Sex and Christian Society in Medieval Europe*, Chicago, 1987.

Bullough, V. L., Brenda Shelton and Sarah Slavin, *The Subordinated Sex: A History of*

Attitudes toward Women, Georgia, 1988.

Bullough, V. L., and James A. Brundage, eds., *Handbook of Medieval Sexuality*, New York, 1996.

Burkert, W., *Greek Religion*, Basil Blackwell Ltd, 1985.

Calder, Angus, *The People's War: Britain 1939-1945*, New York, 1969.

Cantarella, Eva, *Bisexuality in the Ancient World*, Yale University Press, 1992.

Cantarella, Eva, *Pandora's Daughters*, The Johns Hopkins University Press, Raltimore and London, 1987.

Caron, Francois, *An Economic History of Modern France*, Columbia University, 1983.

Cartledge, Paul, "Spartan Wives: Liberation or Licence?", *Classical Quarterly*, 31 (1981).

Cary, M., J. D. Denniston, J. Wight Duff, A. D. Nock, W. D. Ross and H. H. Scullard, eds., *The Oxford Classical Dictionary*, The Clarendon Press, Oxford, 1949.

Castleden, Rodney, *The Knossos Labyrinth*, Routledge, 1990.

Chafe, William Henry, *The American Woman, Her Changing Social, Economic and Political Roles 1920-1970*, Oxford University Press, 1972.

Chapman, Stanley, *The Early Factory Masters: The Transition to the Factory System in the Midland Textile Industry*, David and Charles, 1992.

Charle, Christophe, *Social History of France in the Nineteenth Century*, Oxford, 1994.

Chodorow, Nancy, *The Reproduction of Mothering: Psychoanalysis and the Sociology of Gender*, Berkeley, 1978.

Chojnacki, Stanley, *Women and Men in Renaissance Venice: Twelve Essays on Patrician Society*, The Johns Hopkins University Press, 2000.

Clark, Norman, *Deliver Us from Evil: An Interpretation of American Prohibition*, W. W. Norton and Company, Inc., 1976.

Clayton, Bruce and John A. Salmond, *The South is Another Land: Essays on the Twentieth-Century South*, Greenwood Press, 1987.

Coate, Mary, *Social Life in Stuart England*, Greenwood Press, 1971.

Coontz, Stephanie, *Marriage, A History: From Obedience to Intimacy or How Love Conquered Marriage*, Viking, 2005.

Cooper, Suzanne Fagence, *The Victorian Woman*, New York, 2001.

Daly, Mary, *Beyond God the Father: Toward a Philosophy of Women's Liberation*, Boston, 1973.

Daly, Mary, *The Church and the Second Sex*, Boston, 1968.

Dean, Trevor and K. J. P. Lowe, eds., *Marriage in Italy 1300-1650*, Cambridge University Press, 1998.

Deane, Phyllis, *The First Industrial Revolution*, Cambridge University Press, 1986.

Deckard, Barbara Sinclair, *The Women's Movement: Political, Socioeconomic and Psychological Issues*, Harper and Row, New York, 1983.

Delbo, Charlotte, *None of Us Will Return*, translated by John Githens, Boston, 1968.

Demos, J., *Entertaining Satan*, New York, 1982.

Dixon, Suzanne, *The Roman Mother*, The University of Oklahoma Press, 1988.

Dohm, Hedwig, *Der Frauen Natur und Recht*, Neunkirch, 1986.

Douglas, William, "Women in the Church", *Pastoral Psychology*, vol. 12 (1961).

Dover, K. J., *Greek Homosexuality*, Harvard University Press, 1989.

Duby, Georges, *Medieval Marriage: Two Models from Twelfth-Century France*, The Johns Hopkins University Press, 1978.

Duby, Georges and Michelle Perrot, gen. eds., *A History of Women in the West*, 5 vols., The Belknap Press of Harvard University Press, 1992-1994.

Duhet, Paule-Marie, *Les femmes et la Révolution 1789-1794*, Paris: Julliard, 1971.

Durston, Christopher, *The Family in the English Revolution*, Basil Blackwell, Oxford, 1989.

Eales, Jacqueline, *Women in Early Modern England 1550-1700*, Ucl Press, 1998.

Egelman, William, *Understanding Families, Critical Thinking and Analysis*, Pearson Education, Inc., 2004.

Ehrenreich, Barbara and Deirdre English, *Witches, Midwives and Nurses: A History of Women Healers*, The Feminist Press, 1973.

Eisenach, Emlyn, *Husbands, Wives and Concubines: Marriage, Family, and Social Order in Sixteen-century Verona*, Truman State University Press, 2004.

Ekelaar, John, "The End of an Era?", *Journal of Family History*, 28 (2003).

Evans, Sara, *Born for Liberty: A History of Women in America*, Free Press, 1989.

Fantham, E., H. P. Foley, N. B. Kampen, S. B. Pomeroy and H. A. Shapiro, *Women in the Classical World*, Oxford University Press, 1994.

Faulkner, Harold V., *The Quest for Social Justice 1898-1914*, The Macmillan Company, 1931.

Firestone, *The Dialectic of Sex*, New York, 1970.

Flacelière, R., *Daily Life in Greece at the Time of Pericles*, New York, 1974.

Ferguson, John and Kitty Chisholm, *Political and Social Life in the Great Age of Athens*, The Open University, 1978.

Fletcher, Anthony, *Gender, Sex and Subordination in England 1500-1800*, Yale University Press, 1995.

Fraddosio, Maria, "The Fallen Hero: The Myth of Mussolini and Fascist Women in the Italian Social Repulic (1943-5)", *Journal of Contemporary History*, 31 (1996).

Frader, Laura L. and Sonya O. Rose, *Gender And Class in Modern Europe*, Cornell University Press, 1996.

Gelb, Joyce, *Feminism and Politics: A Comparative Perspective*, Berkeley, 1989.

Gibbons, Jenny, "Recent Developments in the Study of the Great European Witch Hunt", *Pomegranate* 5 (Lammas, 1998).

Gies, Frances and Joseph, *Marriage and the Family in the Middle Ages*, New York, 1987.

Gies, Frances and Joseph, *Life in a Medieval City*, Harper and Row Publishers, 1981.

Gies, Frances and Joseph, *Women in the Middle Ages*, Barens and Noble Books, 1980.

Gleadle, Kathryn, *British Women in the Nineteenth Century*, Palgrave, 2001.

Godineau, Dominique, "Femme en citoyenne: pratique et politique", dans *Annales historiques de la révolution française*, No: 300, (1995).

Goff, Jacques Le, *The Medieval Imagination*, translated by Arthur Goldhammer, University of Chicago Press, 1988.

Goldstein, V. Saiving, "The Human Situation: A Feminine View", *Journal of Religion*, 40 (1960).

Goncourt, Edmond et Jules de, *La femme au Dix-huitième siècle*, Paris: Charpentier, 1882.

Goode, William J., *World Revolution and Family Patterns*, Free Press, New York, 1970.

Goodman, Dena, *The Republic of Letters: A Cultural History of the French Enlightenment*, Cornell, 1994.

Goodman, Dena, "Governing the Republic of Letters: The Politics of Culture in the French Enlightenment", *History of European Ideas*, vol. 13 (1991).

Gramout, Sache de, *The French: Portrait of a People*, New York, 1969.

Grand, Alexander de, *Fascism Italy and Nazi Germany: The "Fascist" Style of Rule*, Routledge, New York, 1995.

Greenwald, Maurine Weiner, *Woman, War and Work: The Impact of World War I on Woman Workers in the United States*, Westport, Greenwood Press, 1980.

Greven-Aschoff, Barbara, *Die bürgerliche Frauenbewegung in Deutschland 1894-1933*, Göttingen, 1981.

Guibert-Sledziewski, Elisaberth, "La femme, Objet de la Révolution", dans *Annales historiques de la révolution française*, No: 267, 1987.

Gusfield, Joseph R., *Symbolic Crusade: Status Politics and the American Temperance Movement*, University of Illinois Press, 1963.

Guy, Josephine M., ed., *The Victorian Age: An Anthology of Sources and Documents*, London and New York, 1998.

Haas, Louis, *The Renaissance Man and His Children: Childbirth and Early Childhood in Florence 1300-1600*, St. Martin's Press, 1998.

Hall, Lesley A., *Sex, Gender and Social Change in Britain since 1880*, Macmillan Press Ltd, 2000.

Hanawalt, Barbara A., *Women and Work in Preindustrial Europe*, Indiana University Press, 1986.

Hartley, C. Gasquoine, *Women's Wild Oats*, New York, 1920.

Heinemann, Evelyn, *Witches: A Psychoanalytic Exploration of the Killing of Women*, translated by Donald Kiraly, London and New York, 2000.

Hepburn, Stephanie and Rita J. Simon, *Women's Roles and Statuses the World Over*, Lexington Books, 2006.

Herlihy, David, *Women, Family and Society in Medieval Europe: Historical Essays 1978-1991*, Berghahn Books, 1995.

Higonnet, Margaret R., *Behind the Lines: Gender and the Two World Wars*, Yale University Press, 1989.

Hill, Bridget, *Eighteenth-century Women: An Anthology*, George Alhen and Unwin,

London,1984.

Hill, Christopher, *Society and Puritanism in Pre-Revolutionary England*, Schocken Books,New York,1967.

Hilton,Rodney,*Class Conflict and the Crisis of Feudalism*,London,1985.

Hilton,R. H.,*The English Peasantry in the Later Middle Ages*,Oxford,1979.

Holloway,Gerry,*Women and Work in Britain since 1840*,Routledge,2005.

Honeyman, Katrina, *Women, Gender and Industrialisation in England 1700-1870*, Macmillan Press,2000.

Hooks,Bell,*Feminist Theory,from Margin to Center*,Boston,1984.

Hornblower,Simon and Antony Spawforth,eds.,*The Oxford Classical Dictionary*,3rd ed. Revised,Oxford University Press,2003.

Houlbrooke, Ralph A., *The English Family 1450-1700*, Longman, London and New York,1984.

Hufton,Olwen,*The Prospect Before Her: A History of Women in Western Europe*, vol. 1,*1500-1800*,New York:Vintage Books,1998.

Hunter,Tera W.,*To Joy My Freedom: Southern Black Women's Lives and Labors after the Civil War*,Harvard University Press,1997.

Hutson,Lorna,*Feminism and Renaissance Studies*,Oxford University Press,1999.

Hymowitz,Carol and Michaele Weissman,*A History of Women in America*,Bantam Books,1978.

Jaurès,Jean,*Histoire de Socialiste 1789-1900*,T. 1-2,Paris: Jules Rouff,1901.

Jord,Norman K. Ris,*America—A History of the United States since 1865*,vol. 2, Prentice Hall,New Jersey,1985.

Just,R.,*Women in Athenian Law and Life*,London and New York,1989.

Kamerman,Sheila B. and Alfred J. Kahn,eds.,*Family Changes and Family Policies in Great Britain,Canada,New Zealand and the United States*,Clarendon Press,1997.

Kampen,Natalie,*Image and Status: Roman Working Women in Ostia*, Gebr. Mann Verlag,Berlin,1981.

Kaplan, Gisela, *Contemporary Western European Feminism*, New York University Press,1992.

Karvonen,Lauri and Per Selle,*Women in Nordic Politics: Closing the Gap*,Dartmouth

Publishing Company Ltd.,1995

Kelber,Mim,*Women and Government: New Ways to Political Power*,Connecticut and London,Westport,1994.

Kelly-Gadol, Joan, "The Social Relation of Sexes: Methodological Implication of Women's History",*Signs*,1:4 (1976).

Kennedy,David M.,*Over Here: The First World War and American Society*,Oxford University Press,1980.

Kermode and Walker,*Women,Crime and the Courts*,London,1994.

King,Margaret L.,*Women of the Renaissance*,Chicago,1991.

Kirshner, Julius and Suzanne F. Wemple, *Women of the Medieval World*, Basil Blackwell,1985.

Klaits,J.,*Servants of Satan: The Age of the Witch-Hunts*,Bloomington,1985.

Klapisch-Zuber, Christiane, *Women, Family and Ritual in Renaissance Italy*, The University of Chicago Press,1985.

Knapp, Ulla, *Frauenarbeit in Deutschland*, Band 2, *Hausarbeit und geschlechtsspezifischer Arbeitsmarkt im deutschen Industrialisierungsprozess*,München,1984.

Knef, Hildegard, *The Gift Horse: Report on a Life*, translated by David Anthony Palastanga,New York,1971,

Knodel,John E.,*The Decline of Fertility In Germany 1871-1939*,Princeton,1974.

Koonz,Claudia,*Mothers in the Fatherland: Woman,the Family and Nazi Politics*,St. Martin's Press,New York,1987.

Kourany,J. A. et al. eds.,*Feminist Philosophies*,New Jersey,1992.

Kraemer,R. S.,*Her Share of the Blessing*,Oxford University Press,1992.

Kuehn, Thomas, *Law, Family and Women: Toward a Legal Anthropology of Renaissance Italy*,The University of Chicago Press,2000.

Lacey,K.,*The Family in Classical Greece*,Cornell University Press,Ithaca,1968.

Lands,Joan B.,*Women and the Public Sphere in Age of the French Revolution*,Cornell University Press,1988.

Laska, Vera, ed., *Women in the Resistance and in the Holocaust: The Voices of Eyewitness*,Westport,Conn Greenwood Press,1983.

Laiou,A. E.,ed.,*Consent and Coercion to Sex and Marriage in Ancient and Medieval*

Societies, Washington, 1993.

Langdon-Davies, John, *A Short History of Women*, New York, 1927.

Larner, C., *Enemies of God*, Oxford, 1983.

Larner, Christina, *Witchcraft and Religion*, Oxford, 1984.

Laslett, P., *The World We Have Lost*, 3rd ed., New York, 1984.

Laurence, Anne, *Women in England 1500-1760: A Social History*, Phoenix Press, London, 1994.

Lee, W. R. and Eve Rosenhaft, *State Social Policy and Social Changes in Germany 1880-1994*, Oxford and New York, 1997.

Lefkowitz, Mary R., *Women in Greek Myth*, London, 1986.

Lehmann, Arthur C. and James E. Myers, *Magic, Witchcraft, and Religion*, Mayfield Publishing Company, 1985.

Lemons, J. Stanley, *The Woman Citizen: Social Feminism in the 1920s*, Yale University Press, 1973.

Léon, Antoine, *La révolution française et l' éducation technique*, Paris: Arman colin, 1968.

Levack, Brian P., *The Witch-Hunting in Early Modern Europe*, 2nd ed., Longman Publishing, New York, 1995.

Levy, Darline Gay, *Women in Revolutionary Paris 1789-1795*, University of Illinois Press, 1979.

Lightman, Marjorie and Benjamin Lightman, eds., *Biographical Dictionary of Ancient Greek and Roman Women*, New York, 2000.

Lougee, Carolyn C., *"Le Paradis des Femmes": Women, Salons, and Social Stratification in Seventeenth-Century France*, Princeton, 1976.

Lovenduski, Joni, *Women and European Politics, Contemporary Feminism and Public Policy*, The University of Massachusetts Press, 1986.

Lovenduski, Joni and Pippa Norris, eds., *Gender and Party Politics*, Sage Publications, London, 1993.

Lucas, Angela M., *Women in the Middle Ages: Religion, Marriage and Letters*, ST. Martin's Press, New York, 1983.

Luker, Kristin, *Abortion and the Politics of Motherhood*, University of California Press,

1985.

Luther, Martin, "Sex, Marriage and Motherhood", *History Today*, 1983 Dec; 33: 33-8.

MacDowell, D. M., *The Law in Classical Athens*, London, 1978.

Macfarlane, A., *Witchcraft in Tudor and Stuart England*, New York and London, 1970.

Mahowald, Mary Briody, ed., *Philosophy of Woman*, Hackett Publishing Company, Inc., 1994.

Mair, Lucy, *Witchcraft*, McGraw-Hill, New York, 1969.

Mannzmann, Anneliese (Hg.), *Geschichte der Familie oder Familiengeschichte?*, Königstein, 1981.

Marks, Claude, *Pilgrims, Heretics and Lovers*, New York, 1975.

Marshall, Dorothy, *Industrial England 1776-1851*, Routledge and Kegan Paul, 1982.

Martin, Ruth, *Witchcraft and the Inquisition in Venice 1550-1650*, Oxford, 1989.

Mate, Mavis E., *Women in Medieval English Society*, Cambridge University, 1999.

Mate, Mavis E., *Daughters, Wives and Widows after the Black Death*, The Boydell Press, 1998.

Matthews, Glenna, *The Rise of Public Woman: Woman's Power and Woman's Place in the United States, 1630-1970*, Oxford University Press, 1992.

Mattingly, Carol, *Well-Tempered Women: Nineteenth-Century Temperance Rhetoric*, Southern Illinois University Press, 1998.

McCrindle, Jean and Sheila Rowbotham, eds., *Dutiful Daughters: Women Talk about Their Lives*, Austin, University of Texas Press, 1977.

McLaren, Angus, *Birth Control in Nineteenth-Century England*, New York, 1978.

Medick, Hans, "The Proto-industrial family economy: the structural function of household and family during the transition from peasant society to industrial capitalism", *Social History* 3 (1976).

Mendelson, Sara and Patricia Crawford, *Women in Early Modern England 1550-1720*, Clarendon Press, 1999.

Michelet, Jules, *Les Femmes de la Révolution*, Paris: Adolphe Delahays, 1855.

Midelfort, H. C. Erik, *Witch Hunting in Southwestern Germany 1562-1684: The Social and Intellectual Foundations*, Stanford University Press, 1972.

Mignet, François-Auguste, *Histoire de la Révolution française depuis 1789 jusqu'en*

1814, Paris: Didier, 1875.

Millett, Kate, *Sexual Politics*, Garden City, Doubleday, New York, 1970.

Mitchell, Linda E., ed., *Women in Medieval Western European Culture*, New York and London, 1999.

Monter, E. William, *Witchcraft in France and Switzerland*, Cornell University Press, 1976.

Morgan, Carol E., *Women Workers and Gender Identities 1835-1913: The Cotton and Metal Industries in England*, Routledge, London and New York, 2001.

Müller, Johannes, *Deutsche Bevölkerungsstatistik: Ein Grundriss für Studium und Praxis*, Jena, 1926.

Murphy, Evelyn and E. J. Graff, *Getting Even: Why Women Don't Get Paid Like Men—And What To Do About It*, Touchstone, 2005.

Nicholson, Linda, ed., *Feminism/Postmodernism*, New York, 1990.

Nipperdey, Thomas, *Deutsche Geschichte 1866-1918*, Band 1, *Arbeitswelt und Bürgergeist*, München, 1990.

Oakley, *Ann, Sex, Gender and Society*, Maurice Temple Smith Ltd, London, 1972.

O'Day, Rosemary, *The Family and Family Relationships 1500-1900: England, France and the United States of America*, Macmillan, 1994.

O'faolain, Julia and Lauro Marlines, eds., *Not in God's Image*, Redwood Press, 1973.

Offen, Karen, "Depopulation, Nationalism, and feminism in Fin-de-Siècle France", *American Historical Review*, 89, No. 3 (June 1984).

Otis, Leah Lydia, *Prostitution in Medieval Society*, University of Chicago Press, 1984.

Outhwaite, R. B., ed., *Marriage and Society: Studies in the Social History of Marriage*, Europa Publications Limited, 1981.

Panizza, Letizia, ed., *Women in Italian Renaissance Culture and Society*, University of Oxford Press, 2000.

Patterson, Cynthia B., *The Family in Greek History*, Harvard University Press, 1998.

Perkin, Harold, *The Origin of Modern English Society*, London, 1985.

Peterson, M. J., "No Angels in the House: the Victorian Myth and the Paget Women", *American Historical Review*, 89 (1984).

Peterson, V. Spike and Anne Sisson Runyan, *Global Gender Issues*, Westview

Press, 1993.

Pomeroy, Sarah B., *Women's History and Ancient History*, The University of North Carolina Press, 1991.

Pomeroy, Sarah B., *Goddesses, Whores, Wives and Slaves*, Schocken Books, New York, 1975.

Pounds, N. J. G., *An Economic History of Medieval Europe*, London and New York, 1994.

Powell, Anton, *Athens and Sparta*, London and New York, 1988.

Quaife, G. R., Godly Zeal and Furious Rage, *The Witch in Early Modern Europe*, Croom Helm, London, 1987.

Quinlan, Daniel C. and Jean A. Shackelford, "Economy and English Families 1500-1850", *Journal of Interdisciplinary History*, vol. 24, Issue 3 (Winter, 1994).

Ramazanoglu, C., ed., *Up against Foucault, Explorations of Some Tensions between Foucault and Feminism*, Routledge, London and New York, 1993.

Rambaud, T., *Histoire de la civilisation française*, Paris, 1906.

Randall, Vicky, *Women and Politics: An International Perspective*, 2nd ed., Chicago, 1987.

Ranft, Patricia, *Women and the Religious Life in Premodern Europe*, Macmillan Press Ltd., 1966.

Rawson, Beryl, ed., *The Family in Ancient Rome: New Perspective*, Routledge, London, 1992.

Redfield, J., "The Women of Sparta", *Classical Journal*, 73 (1977).

Register, Cheri, "Motherhood at Center: Ellen Key's Social Vision", *Woman's Studies International Forum*, No. 6 (1982).

Reiley, Catherine, ed., *Scars upon My Heart: Woman's Poetry and Verse of the First World War*, Virago, London, 1981.

Reiter, Rayna, ed., *Toward an Anthropology of Women*, Monthly Review Press, New York, 1975.

Rendall, Jane, *The Origins of Modern Feminism: Women in Britain, France and the United States 1780-1860*, Macmillan Publishers Ltd, 1985.

Rich, John and Andrew Wallace-Hadrill, *City and Country in the Ancient World*,

London and New York,1992.

Robbins,Rossell Hope, *The Encyclopedia of Witchcraft and Demonology*, Bonanza, New York,1981.

Robson,L. L.,*The Convict Settlers of Australia*,Melbourne University Press,1994.

Roebuck,Janet, *The Making of Modern English Society From 1850*, Routledge and Kegan Paul,1973.

Rowbotham,Sheila,*Women in Movement*,Routledge,New York,1992.

Rowbotham,Sheila,*A Century of Women*,Penguin Books,New York,1997.

Rupp,Leila J.,*Mobilizing Woman for War: German and American Propaganda 1939-1945*,Princeton University Press,1978.

Russell,Jeffrey Burton,*Witchcraft in the Middle Ages*,Cornell University Press,1972.

Russell,Jeffrey Burton, *The Devil: Perceptions of Evil from Antiquity to Primitive Christianity*,Cornell University Press,1977.

Russell, Jeffrey Burton, *Satan: The Early Christian Tradition*, Cornell University Press,1981.

Russell,Jeffrey Burton, *Lucifer: the Devil in the Middle Ages*, Cornell University Press,1984.

Sadawi,N. El,*The Hidden Face of Eve*,London,1981.

Sanger,William W.,*History of Prostitution: Its Extent,Causes and Effects throughout the World*,New York,1919.

Sawyer,Deborah F.,*Women and Religion in the First Christian Centuries*,London and New York,1996.

Schoenbrun,David, *Soldiers of the Night: The Story of the French Resistance*,New York,1980.

Schwartz,J.,*The Sexual Politics of Jean-Jacques Rousseau*,Chicago,1984.

Scott, Joan W., "Gender: A Useful Category of Historical Analysis", *American Historical Review*,vol. 91,No. 5(Dec.,1986).

Scott,Joan W. and Louise A. Tilly,"Women's Work and the Family in Nineteenth-Century Europe",*Comparative Studies in Society and History*,vol. 17,No. 1 (Jan. 1975).

Selders,George,*Sawdust Caesar*,Harper and Row,New York,1935.

Settle,Mary Lee, *All the Brave Promises: Memories of Aircraft Woman 2nd Class*

2146391, New York, 1980.

Shoemaker, Robert B., *Gender in English Society 1650-1850*, Longman, London and New York, 1998.

Sidky, H., *Witchcraft, Lycanthropy, Drugs and Disease*, New York, 1997.

Simon, E., *Festivals of Attica*, The University of Wisconsin Press, 1983.

Skolnick, Arlene S. and Jerome H. Skolnick, *Family in Transition*, Pearson Education, Inc., 2007.

Slaughter, Jane and Robert Kern, eds., *European Women on the Left: Socialism, Feminism and the Problem Faced by Political Women, 1880 to the Present*, Westport, 1981.

Smith, S. and J. Waston, eds., *De/Colonizing the Subject*, Minneapolis, 1992.

Stafford, P., *Queens, Concubines and Dowagers: The King's Wife in the Early Middle Ages*, Georgia, 1983.

Steiner, Shari, *The Female Factor: A Study of Woman in Five Western European Societies*, New York, 1977.

Stephenson, Jill, *Woman in Nazi Society*, Harper and Row, New York, 1975.

Stephenson, June, *Women's Roots: The History of Women in Western Civilization*, Diemer, Smith Publishing Company, Inc., 2000.

Stone, Lawrence, *The Family, Sex, and Marriage in England 1500-1800*, New York, 1979.

Stone, Linda and Nancy P. McKee, *Gender and Culture in America*, 2nd ed., Pearson Education, Inc, 2002.

Stuard, Susan Mosher, ed., *Women in Medieval Society*, University of Pennsylvania Press, 1976.

Summerfiled, Peeny, *Women Works in the Second World War*, London, 1984.

Taine, Hippolyte, *Les origines de la France contemporaine*, T. 1, Paris: Hachette, 1901.

Tannahill, Reay, *Sex in History*, Scarborough House, Revised and Updated Edtion, 1992.

Taylor, Peter, *World Government*, New York, 1994.

Thomas, Keith, *Religion and the Decline of Magic*, New York, 1971.

Thompson, E. P., *Customs in Common*, Penguin Books, 1993.

Thompson, W. E., "Athenian Marriage Patterns: Remarriage", *California Studies in*

Classical Antiquity, 5(1972).

Tocqueville, Alexis de, *L'ancien régime et la révolution*, Paris: Calmann-Lévy, 1928.

Tolleson-Rinehart, Sue and Jyl J. Josephson, eds., *Gender and American Politics: Women, Men and the Political Process*, M. E. Sharpe, Inc., 2005.

Trey, Joan, "Women in the War Economy-Word War II", *Review of Radical Political Economics*, (1972).

Vicinus, Martha, ed., *A Widening Sphere: Changing Roles of Victorian Women*, Indiana University Press, 1977.

Vickery, Amanda, "Golden age to separate sphere? A Review of the Categories and Chronology of English Women's History", *The Historical Journal*, 36 (1993).

Vrissimtzis, Nikolaos A., *Love, Sex and Marriage in Ancient Greece*, Greece, 1997.

Vuuren, Nancy Van, *The Subversion of Women: As Practiced by Churches, Witch-Hunters and Other Sexists*, The Westminster Press, Philadelphia, 1973.

Ward, Allemn M., *A History of the Roman People*, Prentice Hall, 1999.

Weigall, Arthur, *Sappho of Lesbos*, New York, 1932.

Wehler, Hans-Ulrich, *Deutsche Gesellschaftsgeschichte*, Band 3, *Von der Deutschen Doppelrevolution bis zum Beginn des Ersten Weltkrieges 1849-1914*, München, 1995.

Wemple, S. F., *Women in Frankish Society: Marriage and the Cloister 500 to 900*, Philadelphia, 1981.

White, John and Frank S. Alexander, eds., *The Weightier Matters of the Law Essays on Law and Religion*, Alexander, 1988.

Wiesner, Merry E., *Women and Gender in Early Modern Europe*, 2nd ed., Cambridge University Press, 2000.

Willis, Deborah, *Malevolent Nurture, Witch-Hunting and Maternal Power in Early Modern England*, Cornell University Press, 1995.

Wolff, Janet and John Seed, eds., *The Culture of Capital: Art, Power and the Nineteenth-Century Middle Class*, Manchester University Press, 1988.

Wright, Gordon, *France in Modern Time*, langman, 1981.

Wrightson, Keith, *English Society 1580-1680*, Rutgers University Press, 1982.

Zeldin, *France 1848-1945: Ambition and Love*, Oxford, 1979.

后　记

本书阐述了西方妇女的历史，从中我们可以看出，自希腊罗马时代迄今，在漫长的文明演进中，每一个时代女性的现实地位以及人们对女性的形象建构，均随着社会形态的发展而呈现不同程度的变化，然而，男权社会文化机制和歧视女性的传统却一代一代地传承了下来。迄至今日，西方妇女在经济、政治、科学文化等社会生活各方面越来越活跃，但真正的男女平等仍然是"路漫漫其修远兮"。因此，我们撰写这样一部妇女史，显然承载着一定的现实目的。中国妇女与西方妇女的处境虽有所不同，但同样难以避免沦为"第二性"的命运。通过揭示人类文明史中导致女性长期处于从属地位的观念和制度中所存在的种种"症结"，对于我们解决目前两性关系仍然存在的事实上的不平等问题，不无启发意义。

撰写这样一部妇女史，也具有一定的学术意义。妇女史是当代史学研究的一个前沿性课题。一方面，它的兴起与马克思主义影响增强以及当代西方理论思潮的变迁密切相关，马克思主义的群众史观、年鉴学派的大众史学观、后现代主义的解构理论和社会性别理论，都为研究历史中"被遗忘之角落"的妇女提供了有力的理论支援；另一方面，妇女史还成为还原丰富多彩的历史本来面目之努力中的一个不可或缺的组成部分，这意味着历史学家将逐渐摆脱以男性精英为中心的政治史，把关注的目光从帝王将相的沉浮转向普通大众的日常生活，从男性转向男女两性，从政治、军事、外交转向物质、社会、文化，从而使传统史学中被忽视的女性和性别制度得以显现。自20世纪60、70年代以来，西方学术界的妇女史研究已经取得了很大的进展，但我国的妇女史研究仍处于起步阶段。因此，我们试图借鉴西方妇女史研究的理论方法和已有成果，写一部从古希腊迄今的西方妇女史，意在抛砖引玉，希望能够对推动我国的妇女史研究和建构内容丰富的世界历史有所助益。

本书是国内十多名学者集体智慧的结晶。2002年，笔者主持申请的国家项目"西方妇女地位的历史变迁"获得批准之后，我们就共同开始了探索和研究工作，时至今日，已有七年。由于本书是国内第一本较为系统地研究西方妇女史的学术著作，时间跨度长，涉及的国家多，外文资料量大，讨论的问题甚多，如妇女与政治、妇女与经济、妇女与文化、妇女与教育、妇女与宗教、妇女与战争、妇女与家庭等，同时，还要处理好通史与专题研究之间的关系，其难度是可想而知的。然而，我们始终秉承分工合作、严谨认真和坚持不懈的精神，克服了种种困难。在此期间，我们几次召开会议，讨论提纲，初稿写完后，相互审阅与评论，反复多次修改，终于完成了本书的撰写工作。全书的撰写分工如下：

第一章：裔昭印（教授）、孙晶晶（博士）；

第二章：第一、二、三节 王大庆（博士），第四节 1. 裔昭印 2. 程新贤（博士）；

第三章：第一节 1. 薄洁萍（博士）2. 徐善伟（教授），第二节 薄洁萍，第三、四节 邹翔（博士），第五节 贺璋瑢（教授）；

第四章：第一节 裔昭印、程新贤，第二节 李玉华（博士）、薄洁萍，第三节 徐善伟；

第五章：第一节 宋严萍（教授），第二节 王春来（博士），第三、四节 刘大明（教授）；

第六章：第一节 宋严萍，第二节 邢来顺（教授），第三节 1. 2. 4. 黄虚峰（教授）3. 李慧；

第七章：第一节 傅新球（博士），第二、三节 宋严萍；

第八章：马瑞映（教授）；

第九章：第一、二节 王春来，第三节 1. 2. 王春来 3. 肖莎（博士）；

第十章：第一、二、三节 王春来，第四节 贺璋瑢；

序言、后记和全书的统稿由裔昭印承担，徐善伟、王春来也参与了统稿工作。

在本书付梓问世之际，我们要向国家社科基金评审专家表示深挚的谢意，正是由于他们的全力支持，我们的研究项目才得以启动。同时，我们也要向本项目结项的评审专家表示由衷的感谢，他们在充分肯定本书的优点和创新之处的同时，提出了不少颇有价值的修改意见，使我们受益匪浅。上海师范大学的洪庆明博士参与了本书的修改工作，为保证本书的学术质量作出了贡献。复旦大学的黄洋教授、张巍博士对本书的注释提出了有益的建议，上海大学闵冬潮教授审阅了本书第七章初稿，并提出了建设性的修改意见。北京大学的高毅教授热心地为课题组推荐作者，上海师范大学世界史博士点带头人舒运国教授和研究生处处长陈伟教授鼎力支持我们的研究，我的研究生路光辉、徐海晴、陈佳寒和石慧参与了本书的校对工作，商务印书馆的常绍民先生、郑殿华博士和朱绛先生为本书的出版付出了心血，做了大量细致的工作，在此一并向他们致以诚挚的谢忱。

还要提到的是，正如考察妇女的处境必须结合男性的状况来进行一样，研究和撰写女性与性别史并不仅仅是女性学者的事，解释社会性别制度和建构男女两性和谐的伙伴关系，需要两性的共同努力。以男性为主体的国家社会科学基金评委和结项审查专家对本课题研究的大力支持，以及本课题组有不少男性学者加盟的事实说明了当今性别平等观念的深入人心，也表现了我国历史学家锐意革新、撰写包括妇女等群体和普通民众的历史经验在内的多面的历史的迫切愿望。在此，我向这些学者表示深深的敬意。

本书是课题组全体作者从社会性别的视角对西方妇女史进行探索与研究的初步成果，由于我们的学识和所掌握资料的限制，书中必有不少疏漏和不足之处，恳切地希望专家和读者给予批评和指正。

裔昭印

2009 年 3 月